V

ICONOGRAPHIE

CHRÉTIENNE

HISTOIRE DE DIEU

ICONOGRAPHIE
CHRÉTIENNE

HISTOIRE DE DIEU

PAR M. DIDRON

DE LA BIBLIOTHÈQUE ROYALE
SECRÉTAIRE DU COMITÉ HISTORIQUE DES ARTS ET MONUMENTS

PARIS

IMPRIMERIE ROYALE

M DCCC XLIII
1844

INTRODUCTION.

Depuis le ɪxᵉ siècle de notre ère jusqu'au xvɪɪᵉ, le christianisme a fait sculpter, ciseler, graver, peindre, tisser une innombrable quantité de statues et de figures dans les cathédrales, les églises de paroisses et les chapelles; dans les collégiales, les abbayes et les prieurés. Certaines grandes églises, comme les Notre-Dame de Chartres, de Reims, de Paris et d'Amiens, sont ornées de deux, de trois, de quatre mille statues en pierre; ou, comme la même cathédrale de Chartres et celles de Bourges et du Mans, de trois, quatre, cinq mille figures peintes sur verre. Autrefois il n'y avait pas une seule église, tant petite fût-elle, qui ne possédât trente, quarante, cent figures peintes ou sculptées. Qu'entre le nombre le plus élevé et le nombre le plus petit on prenne une moyenne pour la multiplier par la quantité des monuments religieux qui existaient en France, soit avant les dévastations hérétiques du xvɪᵉ siècle, soit avant les destructions politiques du xvɪɪɪᵉ, et l'on comprendra toute l'importance que le christianisme avait donnée à l'art figuré.

De ces personnages exécutés par des sculpteurs, des ciseleurs ou des peintres, les intempéries des saisons, la succession des siècles, les révolutions humaines en ont singulièrement diminué le nombre; cependant tout le personnel figuré de Chartres et de Bourges existe en entier, et celui de Lyon aux trois quarts; de celui de Reims et de Strasbourg il reste plus de la moitié. Les grandes cathédrales, celles qui étaient le plus peuplées, ont moins souffert que les églises de second ou de troisième ordre; en sorte que la France est même aujourd'hui d'une richesse incroyable en statues et en vitraux. La seule ville de Troyes possède neuf églises éclairées encore de verrières historiées, et qui vont du xiiie au xviie siècle.

Tous ces personnages sculptés et peints dans les églises sont religieux, à peu d'exceptions près : c'est toujours dans la Bible et la Légende dorée, quelquefois dans les fabliaux et autres poésies populaires, rarement dans les chroniques, presque jamais dans l'histoire proprement dite, qu'il faut en chercher l'explication. C'est avec les deux premiers ouvrages en main, la Bible et la Légende, qu'on doit étudier l'art figuré de nos cathédrales, et non pas avec les Monuments de la monarchie françoise, du P. Montfaucon, dont le système pourrait faire tomber dans de graves erreurs.

L'instruction du peuple et l'édification des fidèles semblent avoir été le but principal et général que se proposait le christianisme en adoptant ce mode curieux d'ornementation historiée. Des textes de toutes les époques témoignent que telle était la pensée qui a présidé à l'exécution et à l'ordonnance des figures et des statues qui remplissent les monuments religieux. Ces textes sont nombreux; on se contentera d'en rappeler quelques-uns, en commençant par le plus nouveau, par une inscription qui se lisait autrefois dans l'église de Saint-Nizier de Troyes, et qui a disparu avec la fenêtre historiée de personnages au bas de laquelle elle était peinte. Un curé de Saint-Nizier fit peindre sur verre, au xvie siècle, les principaux sujets de l'Évangile, de la Légende et du dogme, et les plaça dans les fenêtres de la nef, du chœur, de l'abside et des bas-côtés, où on les voit encore aujour-

INTRODUCTION.

d'hui. Au bas de la fenêtre occidentale, il écrivit : *Sanctæ plebi Dei*. A une époque bien différente, en 433, le pape Sixte III dédiait aussi au peuple de Dieu la mosaïque de Sainte-Marie-Majeure, à Rome, et sous les personnages sacrés qu'il avait fait représenter plaçait cette inscription : *Xistus episcopus plebi Dei*[1]. Donc, aux deux extrémités du moyen âge, au v⁰ et au xvi⁰ siècle, vivait la même pensée formulée par les mêmes paroles ; entre ces deux limites, cette pensée a été développée en détail et souvent commentée avec éloquence. Ainsi, à la fin du vii⁰ siècle, Benoît Biscop, abbé de Weremouth, en Angleterre, orna de peintures rapportées d'Italie une église qu'il avait fait bâtir. Il voulait qu'en entrant dans la maison de Dieu tous, même ceux qui ne savaient pas lire, eussent sous leurs regards, partout où ils les dirigeraient, l'image toujours aimable du Christ et de ses saints. Il provoquait ainsi la méditation sur le bienfait de l'incarnation divine, et rappelait, en montrant le jugement dernier, qu'on devait s'examiner avec sévérité[2]. Pour le même motif saint Jean Damascène, au viii⁰ siècle, défendait les images. « Les images parlent, s'écrie l'éloquent apologiste ; elles ne sont ni muettes, ni privées de vie comme les idoles des païens. En effet, toute peinture que nous lisons dans l'église raconte, comme si elle parlait, l'abaissement du Christ pour nous, les miracles de la mère de Dieu, les actions et les combats des saints. Toute image ouvre le cœur et l'intelligence ; elle nous engage à imiter d'une façon merveilleuse et ineffable les personnes qu'elle représente[3]. »

[1] Ciampini, *Vetera monimenta*, p. 49, pars prima.
[2] « Quatenus intrantes ecclesiam omnes, etiam litterarum ignari, quaquaversum inten-
« derent, vel semper amabilem Christi sanctorumque ejus, quamvis in imagine, contem-
« plarentur adspectum ; vel dominicæ incarnationis gratiam vigilantiore mente recole-
« rent ; vel extremi discrimen examinis, quasi coram oculis habentes, districtius se ipsi
« examinare meminissent. » (*Act. SS. ord. S. Bened.* 2⁰ vol. ou ii⁰ siècle bénédict. — *Vie de S. Benoît Biscop, premier abbé de Weremouth*, écrite par Bède le Vénérable, son disciple.)
[3] « Etiam loquuntur (imagines), nec mutæ prorsus sunt omnisve sensus expertes, uti
« gentium idola. Omnis enim pictura quam in ecclesia LEGIMUS, aut Christi ad nos demis-
« sionem, aut Dei genitricis miracula, aut sanctorum certamina et res gestas, velut ima-
« gine loquente, enarrat ; sensumque ac mentem aperit, ut miris eos infandisque modis

INTRODUCTION.

En 1025, un synode d'Arras déclarait, comme Benoît Biscop, que les illettrés contemplaient dans les linéaments de la peinture ce qu'ils n'avaient pas appris à lire et ce qu'ils ne pouvaient voir dans l'écriture [1]. Un chroniqueur ecclésiastique d'Auxerre vient appuyer d'un texte intéressant les textes qui précèdent et confirmer la doctrine religieuse relative aux images. On lit dans son Histoire des évêques d'Auxerre que sous l'évêque Geoffroi, fils de Hugues, vicomte de Nevers, au temps du roi Henri Ier, la cathédrale d'Auxerre fut ravagée par un incendie. En un an l'évêque la fit restaurer, réparer en vitraux, et couvrir d'un toit en charpente et en tuiles. Sur le mur circulaire de clôture qui environnait l'autel, il fit peindre les portraits des saints prélats ses prédécesseurs. Il voulait, par ce moyen, non-seulement écarter de l'œil des prêtres officiants la vue des objets vains et profanes, mais encore et surtout venir en aide à ceux que la vanité ou l'ennui distrairaient d'eux-mêmes. Ainsi, à la présence de ces images et au souvenir de tous ces personnages vertueux exhumés par la peinture, l'esprit de chacun était rappelé, comme par un conseil vivant, au courage de la piété [2]. A ce passage explicite, et qui est du XIe siècle, comme le concile d'Arras, nous ajouterons pour complément ce que saint Paulin, évêque de Nole, près de Naples, écrivait au commencement du Ve, antérieure-

« æmulemur. » (Opera S. Johannis Damasceni, *Adversus Constantinum Cabalinum oratio*, vol. I, p. 619, édit. de 1712, in-fol.)

[1] « Illiterati, quod per scripturam non possunt intueri, hoc per quædam picturæ linea-« menta contemplantur. » Suger (*de Administratione sua*, ap. Félibien, *Histoire de l'abbaye de Saint-Denis*, Pièces justificatives) s'exprime absolument de même cent quinze ans après le concile d'Arras.

[2] « Neque de corona muri claudentis altare, sanctorumque præsulum pictas habentis « effigies silere justum est, quem canentium oculis sacerdotum non solum ideo opposuit « ut ab eis visus inanes et illicitos excluderet, verum et idcirco, ut si quis vanitate vel « tædio gravatus extra se duceretur, sicut sæpe contingere ex nostræ fragilitatis vitio solet, « illa præsenti visione et aperta tot bonorum per picturam memoria mentem et omnium « quasi vivo revocatus consilio ad fortitudinem pietatis relevaret. » (*Nova Bibliotheca manuscriptorum librorum*, par le P. Labbe, tom. I, p. 452; *Historia episcoporum Autissiodorensium*. Paris, 1652, in-fol.)

ment aux textes qu'on vient de lire. Saint Paulin décrit les peintures qu'il avait fait exécuter dans la basilique de Saint-Félix, bâtie par lui à Fondi : « A qui me demanderait, dit-il, pourquoi, ce qui est peu commun, j'ai fait peindre des sujets à personnages dans cette demeure sacrée, je répondrais : Dans la foule qu'attire la gloire de saint Félix, il y a des paysans à foi toute récente, qui ne savent pas lire, et qui ne se sont convertis à Jésus-Christ qu'après avoir long-temps sacrifié aux usages profanes et avoir obéi à leur ventre comme à un dieu. Ils arrivent de loin et de toutes les campagnes. Réchauffés par la foi, ils méprisent la gelée; ils passent la nuit entière dans des veilles joyeuses; ils chassent le sommeil par la gaieté, et les ténèbres par les flambeaux. Mais ils mêlent les festins aux prières, et, après les hymnes chantés à Dieu, ils se livrent à la bonne chère; ils rougissent joyeusement d'un vin odorant les tombeaux des saints. Ils chantent au milieu des verres, et, par leur bouche, le démon ivre insulte saint Félix. Il m'a donc semblé utile d'égayer par des peintures l'habitation tout entière du saint patron; peut-être que des images tracées avec des couleurs feront un spectacle à surprendre d'étonnement ces esprits grossiers. En tête des sujets sont placées des inscriptions, pour que la lettre explique ce que la main a développé. Tandis qu'ils se montrent et se relisent ainsi tour à tour à eux-mêmes ces objets peints, ils ne songent que plus tard à manger; ils nourrissent le jeûne avec leurs yeux. La peinture trompe la faim, et des habitudes meilleures s'emparent de ces hommes étonnés. En lisant ces saintes histoires, la chasteté et la vertu naissent engendrées par de pieux exemples. Les chrétiens altérés s'enivrent de sobriété et oublient l'excès du vin. Tandis qu'ils passent une grande partie du jour à regarder ces peintures, ils boivent beaucoup moins, car il ne reste plus pour le repas que de trop courts instants [1]. »

Ainsi donc, à ces hommes du moyen âge, à tous ces chrétiens impressionnables, mais qui ne savaient pas lire, le clergé livrait des

[1] « Forte requiratur quanam ratione gerendi
« Sederit hæc nobis sententia pingere sanctas,

rondes-bosses, des bas-reliefs et des tableaux où, d'un côté, la science, et de l'autre, le dogme étaient réalisés en personnages. Une voussure sculptée dans le portail d'une cathédrale et une verrière historiée dans les nefs étaient pour les ignorants une leçon, un sermon pour les croyants : leçon et sermon qui entraient dans le cœur par les yeux, au lieu d'y arriver par les oreilles. L'impression, du reste, n'en était que plus forte, car, on l'a dit, un tableau saisit l'âme bien plus énergiquement qu'un récit [1]. Mais l'art dramatique aussi visait au même but. La représentation des *mystères* et des *miracles* mettait en action les personnages peints sur les verrières, sculptés sur les chapiteaux ou incrustés dans les voussures. On jouait dans les cathédrales ces *miracles* de saint Nicolas et de saint Martin, ces

« Raro more, domos animantibus adsimulatis.
« Accipite, et paucis tentabo exponere causas.
« . . . .
« . . . . Visum nobis opus utile, totis
« Felicis domibus pictura illudere sancta ;
« Si forte attonitas hæc per spectacula mentes
« Agrestum caperet fucata coloribus umbra.
« Quæ super exprimitur titulis, ut littera monstret
« Quod manus explicuit. Dumque omnes picta vicissim
« Ostendunt releguntque sibi, vel tardius escæ
« Sint memores, dum grata oculis jejunia pascunt ;
« Atque ita se melior stupefactis inserat usus,
« Dum fallit pictura famem : sanctasque legenti
« Historias, castorum operum subrepit honestas,
« Exemplis inducta piis. Potatur hianti
« Sobrietas ; nimii subeunt oblivia vini.
« Dumque diem ducunt spatio majore tuentes,
« Pocula rarescunt, quia, per miracula tracto
« Tempore, jam paucæ superant epulantibus horæ. »

(Divi Paulini episcopi Nolani opera, *poema* xxvi, *de S. Felice natal. carm.* ix, v. 541-594, p. 642 et 643 de l'édit. de Muratori. Vérone, 1736, in-fol.)

[1] Horace (*de Arte poetica*) émet cette idée dans les deux vers suivants :

« Segnius irritant animos demissa per aurem
« Quam quæ sunt oculis subjecta fidelibus..... »

INTRODUCTION.

mystères de l'Annonciation et de la Nativité, que l'art du dessin avait figurés par la sculpture et la peinture; le geste et la parole traduisaient ce que la ligne et la couleur avaient exprimé, et l'intention que l'on se proposait était la même identiquement; enfin, l'art graphique et l'art dramatique étaient le livre de ceux qui ne savaient pas lire[1]. C'est à ce point de vue qu'il faut se placer; c'est ce caractère qu'il faut reconnaître pour interpréter ces figures, vrais hiéroglyphes du moyen âge que l'archéologie chrétienne, quoique à peine naissante, commence cependant à déchiffrer déjà.

L'art figuré des cathédrales, qui faisait l'office d'une leçon pour instruire, d'un sermon pour moraliser et d'un exemple pour édifier, représenta donc par personnages, aussi bien que les drames religieux, toute la science et tout le dogme chrétien. Aidé par ces objets matériels, par ces statues, ces images et ces jeux scéniques, l'esprit débile pouvait monter jusqu'à la vérité, et l'âme, plongée dans les ténèbres, se relevait dans la lumière que l'art faisait éclater aux yeux :

> Mens hebes ad verum per materialia surgit,
> Et, demersa prius, hac visa luce resurgit[2].

Afin d'atteindre le double but de l'instruction et de l'éducation,

---

[1] « Ejus (Dei) porro formam, sensibili expressam modo, omni in loco statuimus ac per « eam sensum primum sanctificamus — inter sensus enim primas tenet visus —, quemad- « modum et per sermones auditum. Imago siquidem monimentum quoddam est : ac quid- « quid liber est iis qui litteras didicerunt, hoc imago est illiteratis et rudibus ; et quod « auditui præstat oratio, hoc visui confert imago. » (Opp. S. Johannis Damasceni, *Oratio prima de imaginibus*, tom. I, p. 314, 315.)

[2] Ces deux vers, plus beaux de tournure et de pensée que les deux vers d'Horace qu'on vient de citer, et qui expriment une idée analogue, sont de l'abbé Suger, le grand artiste de l'église de Saint-Denis. Suger les fit placer au portail occidental, porte du milieu, sur les vantaux de bronze où étaient ciselées la passion, la résurrection, l'ascension de Jésus-Christ, et sous les sculptures qui représentent le jugement dernier. Cette poésie servait d'explication, pour ainsi dire, à ces jambages, à ces voussures, à ce tympan tout couverts de personnages allégoriques, et qui existent aujourd'hui encore. (Suger, *de Administratione sua*, dans Félibien, *Histoire de l'abbaye de Saint-Denis*, Pièces justificatives. p. clxxij. Paris, 1706, in-fol.)

les écrivains choisirent dans les auteurs sacrés le texte du dogme, et dans les écrivains didactiques de l'époque le texte scientifique. Le livre composé par les uns, ou les théologiens, c'est la Bible historiale, où l'on fondit ensemble l'Ancien et le Nouveau Testament; celui que firent les autres, ou les savants, porta des noms divers, mais qui se résument en celui de livres de clergie : clergie signifie science. De ces deux Bibles, l'une sacrée et dogmatique, l'autre civile et scientifique, fut composé un livre unique, une encyclopédie qui s'appela aussi de noms assez divers, mais dont les plus populaires sont *le Jardin des délices* ou *le Vergier de Solas*, *la Somme*, *le Miroir universel*, *l'Image du monde*, *le Propriétaire des choses*, *le Lucidaire*.

Au XIe, au XIIe, au XIIIe siècle, les savants et les penseurs ne songeaient qu'aux encyclopédies. La multitude des faits naturels et humains, accumulés jusqu'à cette époque par les Grecs, les Romains, les Alexandrins, les Byzantins, était devenue un chaos; on fit alors des efforts inouïs pour porter la lumière dans cette nuit de l'intelligence où tout était dispersé, incohérent, égaré. Avant que de continuer l'investigation sur des faits nouveaux, avant que de donner le jour à d'autres idées, force était de s'arrêter un instant et de se recueillir; on éprouvait le besoin de dresser un inventaire des richesses acquises, de ranger, comme dans un musée ou une bibliothèque, ces masses d'objets qui jusqu'alors avaient été entassés pêle-mêle, ainsi que dans un magasin, confusément et sans ordre. On voulut jeter un regard en arrière avant que d'aller plus loin.

Ce besoin, cette préoccupation de classement respire dans toutes les œuvres scientifiques ou littéraires du moyen âge. Ainsi, et pour citer quelques exemples seulement, les innombrables légendes étaient disséminées dans une foule de volumes. Un archevêque de Gênes, Jacques de Vorage, les recueillit en un seul livre, qu'il appela la Légende dorée (*Legenda aurea*[1]). La science théologique était dispersée dans une multitude de traités; saint Thomas la concentra

---

[1] Il faudrait dire Légende d'or, comme on disait Livre d'or, puisqu'il y a *aurea* et non *aurata*; mais *dorée* a prévalu.

dans son grand ouvrage qui porte le nom de Somme. Les livres saints eux-mêmes étaient épars : l'Ancien Testament se distinguait du Nouveau. Puis dans le Nouveau Testament, les Actes des apôtres, les quatre Évangiles étaient séparés; on réunit les Actes aux Évangiles, l'Ancien Testament au Nouveau, et l'on en fit un seul livre qui porta le nom d'Histoire scholastique. On procédait comme en histoire naturelle, où l'on groupe plusieurs espèces pour faire des genres; où plusieurs genres font une famille, plusieurs familles un règne. On peut assimiler la Légende dorée, résultat de toutes les familles de légendes, l'Histoire scholastique ou la Bible historiale, résultat de toutes les familles de livres saints, aux règnes de la nature. Un homme de profond savoir, Vincent de Beauvais, alla plus loin encore, et, de tous ces règnes littéraires réunis, il fit un empire général sous le nom de Miroir universel (*Speculum universale*). Vincent de Beauvais renferma dans son livre tous les faits et toutes les idées qui avaient eu cours avant lui dans le monde chrétien.

Le classement était devenu presque une manie. Ainsi, dans la narration d'une histoire, dans le récit d'un fait, on trouvait toujours moyen, mais c'était constamment un hors-d'œuvre, de dresser un catalogue d'objets plus ou moins analogues, plus ou moins étrangers. Jacques de Vorage raconte, à la fête de Noël, que la nature entière, la création universelle, reconnut et célébra la naissance de Jésus; en conséquence il s'empresse de saisir l'occasion d'expliquer en combien de familles ou de règnes il faut partager les objets naturels, les êtres créés par Dieu. Il y a, dit-il, les êtres qui existent, mais ne vivent pas, comme les astres; les êtres qui existent et vivent, mais ne sentent pas, comme les plantes; les êtres qui existent, vivent et sentent, mais ne pensent pas, comme les animaux; les êtres qui existent, vivent, sentent et pensent, mais ne discernent pas, comme les hommes; enfin ceux qui ont toutes les qualités précédentes réunies et jointes au discernement, comme les anges. Dans la légende de sainte Catherine, qui était philosophe, le même encyclopédiste de Gênes explique ce qu'on entend par philosophie. Il veut que cette science se divise en théorie, en pratique et en logique; puis il subdivise chacune de ces divisions : la théorie en intellectuelle, naturelle et mathématique; la pratique en éthique, économique et politique; la logique en démonstrative, probable et sophistique [1].

La mode et le besoin étaient donc au classement de toutes choses, aux encyclopédies. Puisque les penseurs qui trouvent les idées, et les savants qui constatent les faits coordonnaient alors les unes et les autres, il fallait bien que les artistes, qui traduisent par une forme propre et spéciale tout ce qui a cours au temps où ils vivent, se ressentissent de la mode générale : ils ne pouvaient pas respirer cette atmosphère encyclopédique sans formuler à leur façon l'idée dominante. Ainsi, quant au but, l'art enseignait; quant au plan, il devait être encyclopédique, et c'est ce qu'il fut effectivement.

Parmi les nombreuses et différentes encyclopédies qui furent composées à cette époque, la plus complète, parce qu'elle fut une des dernières venues, la plus remarquable, parce qu'elle fut l'œuvre d'une tête bien organisée, fut celle de Vincent de Beauvais : cette œuvre porte, comme on vient de dire, le nom de Miroir universel. Vincent de Beauvais, précepteur des enfants de saint Louis, homme d'une extraordinaire érudition, qui avait lu au moins autant que Pline l'ancien, qui savait tout ce qu'on pouvait savoir à la fin du XIIIe siècle, classa toutes les connaissances humaines suivant un ordre qui est le meilleur qu'on ait imaginé encore. Dans cet ordre, la chronologie, prise au plus haut point, concourt excellemment avec la méthode la plus claire, avec l'analyse la plus rigoureuse. Il suit les temps de siècle en siècle, d'année en année, et y fait entrer logiquement et nécessairement tous les faits naturels et humains dont l'analyse lui a fait trouver la division et l'enchaînement.

Il classe d'abord les objets de nos connaissances d'après la nature de ces objets eux-mêmes, et ainsi qu'on fait en botanique, par exemple, où l'on distribue les plantes d'après leurs organes. Cette méthode est immuable comme la nature des choses; elle est

---

[1] *Légende dorée*, De nativitate Domini. — De sancta Katarina virgine.

bien supérieure à celle des encyclopédistes français du xviiie siècle qui ont partagé nos connaissances d'après l'ordre et la prétendue filiation de nos facultés. La classification des philosophes français est artificielle et arbitraire ; c'est une classification variable avec toute variation de système psychologique. Vincent de Beauvais établit donc quatre ordres de sciences : les sciences historiques, les sciences morales, les sciences abstraites et industrielles, les sciences naturelles. Cette division, tranchée par l'analyse, s'ordonne par la chronologie : la nature d'abord, puis la science, ensuite la morale, et enfin l'histoire. Ce n'est pas une classification pure et sèche, un simple tableau, mais un cadre qui se remplit au fur et à mesure ; car après chaque titre vient son chapitre, et le traité scientifique suit immédiatement l'énonciation de la science elle-même.

Avant le monde, d'après Vincent de Beauvais, Dieu seul était ; il vivait solitaire dans son éternité et son immensité. Mais, pour se réfléchir dans ses œuvres, et pour se faire adorer, aimer et comprendre par des créatures, cet être suprême se décide d'abord à donner la vie aux anges. A ce propos, l'encyclopédiste chrétien vous dit ce que c'est que Dieu ; s'il y en a un ou deux, ou plusieurs, ou point ; il vous dit la nature et les attributs de la divinité. Puis il passe aux esprits célestes : à l'ange qui est le bon, au démon qui est le mauvais, et qui tous deux sont les premières créatures. Ensuite Dieu crée le ciel et la terre, et alors vient un traité de géographie et de minéralogie. A la création du soleil, de la lune et des astres, sont attachées l'astronomie et l'astrologie ; au jour où la terre germe, un traité de botanique, et son application à l'agriculture et à l'horticulture ; aux jours des oiseaux, des poissons et des animaux terrestres, toute une zoologie. Enfin arrive l'homme ; alors une anthropologie, assez complète et très-remarquable pour le temps, étudie l'homme dans son corps, dans son âme, dans ses races ; en fait l'anatomie et la physiologie. Puis Dieu se repose, et à ce point Vincent examine et discute la disposition, la beauté et l'harmonie de l'univers. Cette harmonie est bientôt troublée par la chute de l'homme, et ce beau drame cosmique, qui se développait en symétrie, se disjoint et s'embarrasse. Alors les éléments se déchaînent et troublent le monde physique, pendant que les passions bouleversent le monde moral : de là les volcans, les ouragans et les crimes. Avec la chute d'Adam finit la première famille des sciences : les sciences naturelles.

L'homme est tombé, mais il peut se relever; il peut, dit Vincent, se réparer par la science. En conséquence l'infatigable encyclopédiste enseigne à parler, à raisonner, puis à penser. Il fait des traités de grammaire, de logique et de rhétorique, de géométrie, de mathématique, de musique et d'astronomie. Puis viennent les autres sciences et leur application à la vie domestique dans l'économie, à la vie publique dans la politique; leur application aux arts mécaniques, à l'architecture, à la navigation, à la chasse, au commerce, à la médecine. Là finit la seconde division : la classe des sciences proprement dites, celles que Vincent appelle doctrinales.

C'est bien que l'homme sache, mais il faut qu'il agisse. La science coule, mais elle doit couler avec mesure, sans inonder l'intelligence, sans ravager la raison; donc les sciences morales sont invoquées par Vincent de Beauvais pour montrer à l'homme qu'il doit marcher sur une ligne droite qu'on appelle la loi, laquelle est divine et humaine, ancienne et nouvelle. La loi apprend à l'homme ses devoirs en lui enseignant les vertus. Vincent écrit autant de traités qu'il y a de vertus spéciales. Il faut croire, espérer, chérir; il faut être chaste, humble, doux, patient, tempérant, courageux, prudent. A ce prix, on sera heureux dans le ciel, dont on décrit les merveilles au long pour mettre en appétit de bonnes œuvres. Pour peu que l'homme ralentisse sa marche ou se détourne, il tombe en purgatoire, et on dit ce qu'est le purgatoire, ce qu'est le péché varié dans toutes ses espèces mortelles et vénielles. Si l'homme dévie entièrement, il sera précipité en enfer où sont punis particulièrement l'orgueil, l'envie, le blasphème, la paresse, la simonie. Pas un traité important de morale n'est oublié dans ce cadre, qui fait la troisième partie.

INTRODUCTION.

L'homme est né, il sait et il agit : on lui a mis à la main gauche la science comme un bouclier, et la morale à la droite, comme un instrument d'action. L'homme peut donc vivre dans le monde et faire son histoire. Alors viennent se grouper toutes les époques de l'histoire universelle du genre humain, à partir du jour où Adam, expulsé du paradis terrestre, fut condamné au travail. Vincent passe en revue et raconte l'histoire de tous les peuples. Il s'arrête en 1244, époque où il vivait; mais il a deviné, pour ainsi dire, ce qui arriverait après lui. D'ailleurs il était trop catholique, trop universel, pour laisser une lacune. Il a dit quand les temps seraient accomplis, quand l'univers mourrait, quand l'humanité serait jugée et quand l'éternité sans fin recommencerait comme si elle n'avait pas été interrompue quelque temps par la création et l'histoire. Il vous dit comment le monde finira, par l'eau ou par le feu; il prédit tous les phénomènes qui précéderont le jugement dernier, et clot sa quatrième et dernière partie avec la fin du monde.

Je le répète, cet ordre analytique et chronologique, naturel et historique tout à la fois, est des plus remarquables; je le crois supérieur à celui qu'ont inventé Bacon, les encyclopédistes du XVIIIe siècle, et même Marie Ampère, dont la classification, qui est à peu près la dernière, est peut-être préférable à toutes celles qu'on a essayées jusqu'à présent.

Cet ordre est précisément celui dans lequel sont rangées les statues qui décorent l'extérieur de la cathédrale de Chartres. Ainsi cette statuaire s'ouvre par la création du monde, à laquelle sont consacrés trente-six tableaux et soixante et quinze statues, depuis le moment où Dieu sort de son repos pour créer le ciel et la terre, jusqu'à celui où Adam et Ève, coupables de désobéissance, sont chassés du paradis terrestre, et achèvent leur vie dans les larmes et le travail. Dans cette construction encyclopédique, c'est la première assise, celle où se développe la cosmogonie biblique, la Genèse des êtres bruts, des êtres organisés, des êtres vivants, des êtres raisonnables, et qui aboutit au plus terrible dénoûment, à la malédiction de l'homme par Dieu. Cette première partie, ce que Vincent de Beauvais appelle le Miroir naturel, est sculptée dans l'arcade centrale du porche septentrional.

Mais cet homme qui a péché dans Adam et qui, dans lui, est condamné à la mort du corps et aux douleurs de l'âme, peut se racheter par le travail. En les chassant du paradis, Dieu eut pitié de nos premiers parents; il leur donna des habits de peau et leur apprit à s'en vêtir. De là le sculpteur chrétien prit occasion d'enseigner aux Beaucerons la manière de travailler des bras et de la tête. Donc, à droite de la chute d'Adam, il sculpta sous les yeux et pour la perpétuelle instruction de tous, d'abord un calendrier de pierre avec tous les travaux de la campagne; puis un catéchisme industriel avec les travaux de la ville; enfin, et pour les occupations intellectuelles, un manuel des arts libéraux personnifiés, de préférence, dans un philosophe, un géomètre et un magicien. Le tout se développe en cent trois figures, au porche du nord, et principalement dans l'arcade de droite. Telle est la seconde division qui fait passer sous les yeux la représentation historique et allégorique à la fois de l'industrie agricole et manufacturière, du commerce et de l'art.

Il ne suffit pas que l'homme travaille, il faut encore qu'il fasse un bon usage de sa force musculaire et de sa capacité intellectuelle; il faut qu'il emploie convenablement les facultés que Dieu lui a réparties, les richesses qu'il a acquises par son industrie. Il ne suffit pas de marcher, il faut marcher droit; il ne suffit pas d'agir, il faut agir bien, il faut être vertueux. Dès lors, la religion a dû incruster dans les porches de Notre-Dame de Chartres cent quarante-huit statues représentant toutes les vertus qu'il faut embrasser, tous les vices qu'il faut terrasser. L'homme, créé par Dieu, a des devoirs à remplir envers Dieu de qui il sort; envers la société au sein de laquelle il vit; envers la famille qui l'a élevé et qu'il élève à son tour; enfin envers lui-même, dont le corps est à conserver, le cœur à échauffer, l'intelligence à éclairer. De là naissent quatre ordres de vertus : les

INTRODUCTION.

théologales, les politiques, les domestiques, les intimes, toutes opposées aux vices contraires, comme la lumière aux ténèbres. Toutes ces vertus sont personnifiées et sculptées dans les différents cordons des voussures. Les vertus théologales et politiques, vertus tout extérieures et de la place publique, sont placées au dehors; les vertus domestiques et intimes, qui concernent la famille et l'individu, ont été retirées au dedans du porche, où elles s'abritent dans l'ombre et le silence. Telle est la troisième partie, le Miroir moral, qui se déroule dans l'arcade de gauche, et toujours au porche du nord.

Maintenant que l'homme est créé; qu'il sait travailler et se conduire; que d'une main il prend le travail pour appui, et de l'autre la vertu pour guide, il peut aller sans crainte de s'égarer, il peut vivre et faire son histoire : il arrivera au but à point nommé. Il va donc reprendre sa carrière de la création au jugement dernier, comme le soleil sa course d'orient en occident. Le reste de la statuaire sera donc destiné à représenter l'histoire du monde depuis Ève et Adam, que nous avons laissés filant et bêchant hors du paradis, jusqu'à la fin des siècles. En effet, le sculpteur inspiré a prévu, les prophètes et l'Apocalypse en main, ce qui adviendrait de l'humanité bien après que lui, pauvre homme, n'existerait plus. Il ne fallait pas moins que les quatorze cent quatre-vingt-huit statues qui nous restent encore pour figurer cette histoire qui comprend tant de siècles, tant d'événements et tant d'hommes. C'est la quatrième et dernière division; elle occupe les trois baies du portail du nord, le porche entier et les trois baies du portail méridional.

Cette statuaire est donc bien, dans toute l'ampleur du mot, l'image ou le miroir de l'univers, comme on disait au moyen âge. C'est un poëme entier où se réfléchit l'image de la nature brute et organisée dans le premier chant; celle de la science, dans le second; de la morale, dans le troisième; de l'homme, dans le quatrième; et dans le tout, enfin, du monde entier. Telle est la charpente intellectuelle de cette encyclopédie de pierre, tel est son plan et son unité morale; en voici maintenant l'unité matérielle, la disposition physique.

Pour un chrétien, l'histoire religieuse se compose de deux périodes tranchées : de celle qui précède Jésus-Christ, et qui est occupée par le peuple hébreu, le peuple de Dieu; de celle qui suit Jésus-Christ, et que remplissent les nations chrétiennes. Il y a la Bible et l'Évangile. Comme dans la société, les Juifs ne se mêlaient pas aux chrétiens; comme au xiiie siècle, l'Ancien Testament, figuré par des tables à sommet arrondi, était différent du Nouveau Testament, livre carré à sommet plat; de même Notre-Dame de Chartres a séparé matériellement l'histoire du peuple juif de l'histoire du peuple chrétien, en les éloignant de toute la largeur de l'église, ou plutôt de toute la longueur des transsepts. Au porche du nord elle a placé les personnages de l'Ancien Testament, depuis la création du monde jusqu'à la mort de la Vierge; au porche du midi, ceux du Nouveau, depuis le moment où Jésus-Christ dit à ses apôtres qui l'entourent : *Allez, enseignez et baptisez les nations,* jusques et y compris le jugement dernier. Sur des vitraux du xiiie siècle, sur des sculptures du xive, on voit Jésus-Christ trônant sur les nuages, le dos contre un arc-en-ciel; à sa gauche les tables de Moïse sont posées sur l'arche d'alliance, et à sa droite, sur un autel, est dressé le livre de ses apôtres [1]. De toute époque, en effet, la Bible a tenu la gauche et l'Évangile la droite. Cela devait être, car les chrétiens regardent la Bible comme le piédestal de l'Évangile. La Bible est le portrait anticipé dont l'Évangile est le futur modèle; l'Évangile est la réalité dont l'Ancien Testament n'est que la métaphore et l'écho prophétique. Or, de tout temps, même encore aujourd'hui, dans les usages civils, comme dans les manœuvres militaires, comme dans les cérémonies religieuses, la gauche est subordonnée à la droite; on cède la droite à ceux qu'on veut honorer. Les artistes de Chartres ont mis la Bible au nord ou à gauche, et l'Évangile à droite ou au sud. C'est ainsi

---

[1] Voyez *Missale abbatiæ Sancti-Maglorii parisiensis*, biblioth. Arsen. Théol. lat. 188, fol. 214 recto, xve siècle.

que le Northumbrien Benoît Biscop fit peindre avec des sujets de l'Évangile tout le sud de son église [1].

Voilà dans quel ordre sont disposées les dix-huit cent quatorze statues qui peuplent l'extérieur de Notre-Dame de Chartres.

Mais il existe des encyclopédies du moyen âge beaucoup moins complètes que celle de Vincent de Beauvais. Les unes ont préféré telle partie ou tel Miroir à tel autre, au lieu de réunir les quatre branches en un faisceau; les autres ont bien signalé l'ensemble des quatre divisions, mais, dans l'un de ces Miroirs, ils ont passé, en entier ou en partie, tel genre de connaissances afin d'exagérer les dimensions de tel autre genre voisin. De même aussi plusieurs cathédrales de France, on peut même dire la plupart d'entre elles, sont moins complètes que celle de Chartres. Elles ont trop étendu les détails d'une branche encyclopédique, pour diminuer ou couper totalement, soit une, soit deux, soit les trois autres branches. Ainsi la cathédrale de Reims a développé outre mesure, on peut dire, le Miroir historique, et dans celui-ci la vie de Jésus-Christ et la fin du monde ou l'Apocalypse, tandis que le Miroir naturel est écourté, que le Miroir doctrinal est presque oublié. Cependant toutes ces cathédrales indiquent au moins par huit ou dix figures les principaux chapitres du Miroir universel, de l'encyclopédie générale. La cathédrale de Laon elle-même, plus exclusive et plus incomplète sous ce rapport que plusieurs autres, donne néanmoins l'argument ou le sommaire du livre que développe celle de Chartres. Voilà pourquoi on a dû, dans le travail qui suit, s'attacher avec autant de soin à l'ordre suivi par Vincent de Beauvais, et qui est reproduit par la cathédrale de la Beauce.

Cet ordre est de la dernière importance; il faut, dans l'étude et la description des statues sculptées ou des figures peintes, se le rappeler constamment et le suivre sans cesse. Telle statue qui paraît isolée et incompréhensible prend un sens lorsqu'on la rattache à celle

---

[1] « Detulit.... imagines evangelicæ historiæ quibus australem ecclesiæ parietem deco-« raret. » (*Vie de Benoît Biscop* citée plus haut, p. III.)

qui doit la précéder ou à celle qui doit la suivre. Il y a des transpositions extrêmement fréquentes dans la place que certaines figures occupent, soit que l'erreur provienne de l'ignorance du sculpteur ou de la négligence de l'appareilleur; soit que le déplacement ait été obligé par l'architecture du monument, par ses dimensions exagérées ou restreintes, par la surface du champ qu'on laissait libre ou qu'on interdisait à la décoration. C'est donc à l'ordre de Vincent de Beauvais qu'il faut toujours recourir lorsqu'on est embarrassé ou lorsqu'on soupçonne des perturbations. Ainsi, à la cathédrale de Chartres, les signes du zodiaque et les travaux de l'année occupent une voussure du portail occidental; comme il n'y avait de place que pour dix signes, il a fallu renvoyer à une autre voussure, où ils sont dépaysés où ils n'ont aucun sens, les deux signes des poissons et des gémeaux qui n'avaient pu trouver à se loger dans la première. Ces exemples sont nombreux, et l'on doit y faire une attention minutieuse.

Puisque les statues et les figures qui ornent nos églises adoptent l'ordre encyclopédique de Vincent de Beauvais, il a fallu, dans ces instructions, être fidèle à cet arrangement; on a dû commencer par parler de Dieu, puis de la création des premiers êtres, et marcher jusqu'à la fin du monde, en passant par les quatre divisions encyclopédiques énoncées plus haut. On commence avant la Genèse, avant la naissance du monde, et l'on ne s'arrêtera qu'avec l'Apocalypse, après la fin du monde. On commence par Dieu, parce que Dieu précède toutes choses. De Dieu, source de l'existence universelle, on descendra jusqu'au jugement dernier, où viennent aboutir tous les courants des idées et des faits.

Cette première partie des instructions sur l'iconographie comprend donc l'histoire archéologique ou l'iconographie de Dieu; puis l'iconographie de l'Ange, être immortel, sinon éternel, et qui, hiérarchiquement et chronologiquement, vient après la Divinité; enfin, l'iconographie du Diable, ange dégradé, qui fut précipité et terrassé quelque temps après sa création et avant la naissance de l'homme. Dans les parties qui suivront celles-ci, seront développés les sept

INTRODUCTION.　　　　　　　　　　　　　xix

jours de la création, qui sont si souvent représentés dans nos églises, la naissance et la chute de l'homme, l'histoire archéologique de la mort et des danses macabres. Puisque l'homme condamné à mourir se réhabilite par le travail des mains, la culture de l'intelligence et la pratique du bien, on montrera la personnification des travaux de la campagne et de la ville, des arts libéraux, des vertus et des vices, pour en donner le signalement et le sens.

Enfin le reste racontera l'histoire des patriarches, des juges, des prophètes, des rois de Juda. Alors arrivera la vie de la vierge Marie et celle de Jésus-Christ, admirables sujets qui demanderont d'assez longs détails. Puis il faudra passer en revue les figures des apôtres, des martyrs, des confesseurs, des saints les plus remarquables et le plus fréquemment représentés sur nos portails et nos verrières. La fin de ce travail, dont on donne seulement les prolégomènes, décrira les images empruntées à l'Apocalypse.

Des gravures montreront les principaux types, et le texte ne sera jamais que la légende des figures. Les dessins seront tous calqués sur des monuments authentiques, à date et origine aussi certaines qu'il sera possible de les assigner. Ils reproduiront toujours ou une miniature d'un manuscrit, ou une statue, ou un tableau peint sur verre; les fresques, les mosaïques, les tapisseries, les émaux, les ciselures seront également mis à contribution.

Comme ceux qui suivent, ces dessins seront exécutés par M. Paul Durand, correspondant du comité historique des arts et monuments, patient antiquaire, qui porte l'attention la plus scrupuleuse sur tous les caractères archéologiques propres à donner des renseignements indispensables ou simplement utiles. M. Durand m'a accompagné, avec le plus complet désintéressement et un dévouement absolu, dans un voyage que j'ai fait en Grèce et en Turquie, de juillet 1839 en février 1840; il a dessiné dans la ville d'Athènes, en Morée, à Sparte, à Salamine, à Thèbes, à Delphes, aux Météores de Thessalie, en Macédoine, à Salonique, au mont Athos et à Constantinople, tous les monuments bâtis ou figurés que je m'étais proposé de décrire. Plusieurs types byzantins de Dieu, de l'Ange et du génie mauvais, reproduits par son crayon, ont dû trouver place dans le travail qu'on va lire.

A peu d'exceptions près, M. Durand a calqué ou copié tous les dessins qu'on donne ici. Quelques gravures seulement ont été faites d'après MM. Lassus et E. Boeswilwald, architectes à Paris; Duthoit, sculpteur à Amiens; Ch. Fichot, dessinateur à Troyes; Amable Crapelet, architecte à Auxerre; Klein, peintre à Strasbourg; Hippolyte Durand, ancien architecte de Reims. Ces artistes, habiles, savants et obligeants, ont mis à mon entière disposition leur temps et leur talent pour me procurer des motifs qui me manquaient, dont j'avais besoin, et qui sont disséminés dans les cathédrales d'Amiens, d'Auxerre, de Reims, de Troyes et de Strasbourg. M. E. Boeswilwald a moissonné pour moi dans les belles peintures du Campo Santo de Pise.

Tous les dessins ont été gravés avec la plus minutieuse exactitude par MM. Andrew, Best et Leloir, auxquels doit revenir aussi une partie de mes remercîments.

Voilà pour la gravure; quant au texte, il a été lu devant une commission spéciale prise dans le comité historique des arts et monuments, et composée de MM. Delécluze, baron Taylor, comte de Montalembert, comte Auguste de Bastard, du Sommerard, Auguste Leprévost, Schmit et Albert Lenoir. La commission a discuté plusieurs points douteux qui ont été éclaircis; elle a fait diverses observations qui ont été accueillies. Le travail a été ordonné et approuvé par le comité; mais une liberté entière a été laissée à l'auteur dans la coordination et l'appréciation des faits. M. Villemain, ministre de l'instruction publique, a bien voulu autoriser, sur l'avis et la demande du comité, l'impression et la publication de l'ouvrage.

Comme mon travail touchait nécessairement aux plus délicates questions du dogme chrétien, je n'ai pas voulu m'aventurer seul et sans autorité dans une route semée de difficultés. J'aurais inévitablement commis des erreurs, soit dans les mots, soit dans le fond des choses, et j'avais à cœur d'en éviter jusqu'à l'ombre en matière

INTRODUCTION.

aussi grave. Publié par les ordres du gouvernement et par les soins d'un ministre, destiné d'ailleurs à beaucoup d'ecclésiastiques qui se livrent à l'archéologie chrétienne, ce travail devait être à l'abri du moindre reproche d'inexactitude dans le langage et d'hétérodoxie dans les termes. J'ai donc prié monseigneur Affre, archevêque de Paris, de me faire assister d'un théologien instruit qui pèserait mes idées et mes expressions, et ne les laisserait passer qu'après approbation et certificat d'orthodoxie. Monseigneur l'archevêque s'est empressé de répondre à ma demande et a chargé M. l'abbé Gaume, chanoine-official de la cathédrale de Paris, d'examiner mon livre. Les épreuves ont été lues avec le plus grand soin par M. Gaume. Plusieurs questions indécises ont été débattues et approfondies; mais toujours je me suis retiré devant l'urbanité et la ferme raison du savant théologien. Je devais à mes lecteurs, et pour les rassurer, toutes ces explications; je devais à monseigneur l'archevêque de Paris et à M. Gaume l'expression publique de mes plus vifs remercîments.

M. Chabaille, correcteur attaché aux comités historiques, a revu les épreuves de tout mon travail avec une attention, j'oserais presque dire avec une affection toute particulière. M. Chabaille ne s'en est pas tenu aux corrections typographiques ou grammaticales; savant dans l'art dramatique du moyen âge, versé depuis longtemps dans la littérature des *mystères* et des *miracles*, il m'a conseillé de faire, de temps à autre, des rapprochements entre l'art figuré et l'art parlé ou mimé; de poser les représentations scéniques en regard des statues et des images. J'ai dû accueillir avec empressement ces judicieuses observations qui m'étaient présentées avec une obligeance parfaite.

Enfin, et pour m'acquitter à peu près, car je dois beaucoup et à bien des personnes, j'offrirai mes remercîments à MM. les conservateurs de la Bibliothèque royale, à MM. les bibliothécaires de Sainte-Geneviève et à M. Amyot de la bibliothèque de l'Arsenal, qui ont mis à ma disposition les plus beaux manuscrits à miniatures, dont j'ai extrait plusieurs dessins. MM. le comte Auguste de

Bastard et du Sommerard m'ont confié ou signalé des ivoires, des vitraux et des monuments remarquables de notre peinture en émail ou sur vélin. Je garderai toujours le meilleur souvenir de cette bienveillance qui m'a aidé, qui m'encourage et qui m'honore.

DIDRON.

Paris, mai 1841.

ICONOGRAPHIE
CHRÉTIENNE.

ICONOGRAPHIE

CHRÉTIENNE.

DE LA GLOIRE.

Avant que d'entrer dans l'iconographie, il faut parler d'un caractère qui revient fréquemment en archéologie chrétienne et qui souvent, à lui seul, sert à définir le personnage qui en est décoré : c'est LA GLOIRE.

La gloire est un ornement que les artistes, peintres et sculpteurs mettent, soit autour de la tête, soit autour du corps de quelques personnages; c'est un attribut qui sert à caractériser certaines figures, comme la crosse ou le sceptre désignent un évêque ou un roi. Lorsque cet attribut s'applique à la tête, il s'appelle NIMBE. Dans ce cas, il est analogue à la couronne pour la signification; mais il en diffère essentiellement pour la position, si ce n'est pour la forme. La couronne est ronde et le nimbe est presque toujours circulaire; mais la première se place horizontalement sur la tête, que le second environne verticalement.

1. — CHARLEMAGNE NIMBÉ ET COURONNÉ.
Vitrail de la cathédrale de Strasbourg, XIIᵉ et XIVᵉ siècles[1].

Le nimbe est un insigne qu'on pourrait quelquefois appeler microscopique quant à ses dimensions, mais qui est toujours majeur en importance. Un sculpteur qui fait ou refait une statue gothique, un peintre qui restaure un ancien vitrail ou une vieille peinture à fresque, un antiquaire qui s'occupe d'iconographie chrétienne, doivent faire la plus scrupuleuse attention à ce caractère qui entoure la tête de certaines figures, sous peine, s'ils l'omettent, de rabaisser un saint et de n'en faire qu'un homme, et, s'ils en gratifient qui ne devrait pas l'avoir, de transfigurer un simple mortel en un dieu. Cette erreur est fréquemment commise par les artistes contemporains qui représentent des scènes religieuses. Ainsi, il y a quelques années, fut exposé un vitrail où l'on avait figuré des saints et Jésus. A l'un des saints, un simple évêque, on avait

[1] Cette tête de Charlemagne occupe le haut d'un beau vitrail qui orne le collatéral gauche de la cathédrale de Strasbourg. Charlemagne porte la couronne royale et le nimbe; on lit, dans la circonférence du nimbe, KAROLVS. MAGNVS. REX. Ce vitrail, comme la série des quinze rois ou empereurs de ce bas-côté, est du XIᵉ ou XIIᵉ siècle; mais il a été restauré au XIVᵉ. Les fleurons de la couronne et l'inscription du nimbe datent de cette restauration.

mis l'espèce de nimbe qui ne se donne qu'à Dieu, et Jésus avait été dépouillé du signe dont les artistes chrétiens ont constamment caractérisé sa divinité; en conséquence, de Jésus on avait fait un homme, et de l'évêque un dieu. Le nimbe est donc, en iconographie, ce que les doigts ou les mamelles sont en zoologie : un caractère assez petit pour l'œil, mais très-important pour l'idée.

Non-seulement le nimbe environne la tête, mais quelquefois aussi il orne le corps entier : dans ce cas, il doit prendre un autre nom, afin que deux ornements, toujours très-différents de dimension et presque toujours de forme, soient parfaitement distincts l'un de l'autre. Quant à présent, et cette dénomination sera justifiée plus bas, nous appelons AURÉOLE le nimbe du corps.

2. — JÉSUS-CHRIST DANS UNE AURÉOLE ELLIPTIQUE.
Miniature de la Bibliothèque royale, XIVᵉ siècle¹.

¹ Ce dessin est tiré du *Speculum humanæ salvationis*, beau manuscrit italien du

L'auréole est d'un usage plus restreint que le nimbe proprement dit ou l'ornement de la tête. L'auréole est rare en iconographie païenne; en iconographie chrétienne, on la réserve presque exclusivement aux personnes divines, à la Vierge et aux âmes des saints enlevées au ciel après la mort du corps.

Le nimbe de la tête et l'auréole du corps diffèrent notablement. Cependant tous deux, composés des mêmes éléments, sont quelquefois figurés de la même manière, et traduisent d'ailleurs la même idée : l'idée de glorification, d'apothéose, de divinisation. Il est donc nécessaire qu'un seul mot comprenne la réunion des deux ornements et soit l'expression générique de ces deux espèces de nimbe. En conséquence, nous avons dû appeler GLOIRE le nimbe et l'auréole réunis ensemble. Pour nous, le nimbe est spécial à la tête, l'auréole est spéciale au corps, et la gloire s'étend à celle-ci et à celui-là tout à la fois [1].

NIMBE.

SA DÉFINITION.

Nimbe vient du latin NIMBUS, qui n'est pas sans affinité de consonnance et de signification avec le mot grec νιφάς, lequel a pour racine νίφω. Le verbe νίφω, νίφειν, signifie neiger, arroser, mouiller; νιφάς veut dire neige, ondée, rosée, goutte de pluie, et même grêle, par extension. *Nimbus* a la même signification que le substantif grec νιφάς; de plus, il veut dire nuée,

---

xɪvᵉ siècle, qui appartient à la Bibliothèque royale. Le cercle elliptique, dans lequel est inscrit Jésus, est une auréole. La traverse qui coupe cette ellipse par le milieu est l'arc-en-ciel ou les nuages, tels que les Italiens les faisaient à cette époque. Cette traverse sert d'appui au Sauveur montant au ciel après sa resurrection.

[1] Jésus-Christ, pl. 2, p. 3, a le nimbe à la tête et l'auréole au corps ; il est par conséquent enveloppé de la gloire complète.

nuage, c'est-à-dire le lieu où se forment la pluie, la grêle, la neige, que traduit le mot grec. Par extension, *nimbus* désigne le char aérien, la nuée qui, dans Virgile, sert de voiture aux dieux; par métaphore, il signifie un voile de femme, un voile fin et transparent, c'est-à-dire de l'air devenu étoffe, du vent tissu, un nuage de lin, comme auraient dit les anciens Grecs. Ainsi Isidore de Séville déclare, dans ses Origines, que le nimbe est une bandelette transversale, en or, cousue au voile, et que les femmes portent au front[1].

Les Romains disaient *nimbus florum*, *nimbus saxorum*, *nimbus sagittarum*, *nimbus equitum*, *nimbus numismatum*, pour désigner cette pluie de fleurs qui tombent des arbres, cette neige odo-

---

[1] « Nimbus est fasciola transversa, ex auro, assuta linteo, quod est in fronte fœmi-
« narum. » (*Orig.* lib. XIX, cap. XXXI.)

Il est probable cependant que le savant évêque de Séville se trompe, et qu'il ne s'est pas bien rendu compte de l'expression de *nimbus* et *nimbatus*. Il avait vu que Plaute, dans le *Pœnulus*, scène IIe, faisait dire à un valet amoureux d'une fille que son maître voulait obtenir:
  « Quam magis aspecto, tam magis est nimbata, »

et il en avait conclu que *nimbata* signifiait coiffée coquettement. Comparant ce passage à celui de la Satire de Pétrone, où, parmi les beautés d'une dame romaine, on note la petitesse du front (*frons minima*), à celui où Horace déclare que sa chère Lycoris se fait remarquer par son petit front (*insignis fronte tenui*); à celui où Arnobe assure, dans son livre De la nature de l'homme, ch. VIII, que les femmes curieuses de cet agrément se diminuaient le front en le cachant sous des bandeaux, parce que c'était une preuve d'esprit, Isidore de Séville pensa qu'il fallait voir dans le *nimbata* de Plaute une femme qui se coiffe avec élégance et qui, en conséquence, cherche à se diminuer le front. Dès lors il donna du nimbe la définition qui précède. Je pense qu'il faut plutôt traduire ainsi ce texte de Plaute: *Plus je la regarde, plus elle me semble nimbée*, c'est-à-dire *lumineuse*, c'est-à-dire *éclatante* ou *belle*; puisque le nimbe, comme on le verra plus bas, est un rayonnement rendu visible par la sculpture ou la peinture. Du reste, Isidore de Séville lui-même dit encore : « Lumen quod circa angelorum capita pingitur, nimbus vocatur; licet et nimbus sit densitas nubis. »

Le *nimbata* est donc une métaphore servant à exprimer une beauté idéale que rend très-bien notre mot éclatant; mais ce n'est pas un mot propre et qui s'applique à une certaine mode de s'orner la tête. Au surplus, si on veut l'entendre dans ce dernier sens, et trouver

rante du printemps, comme un illustre poëte a dit de nos jours; cette grêle de pierres ou de flèches dont on écrase et dont on perce l'ennemi; cette nuée de soldats qui obscurcissent l'air par la poussière que soulève le galop des chevaux; ces poignées ou cette grêle de monnaie qui se jetaient au peuple en signe de largesse et de joyeux avénement[1]. Cette pluie, cette neige, cette grêle, cette nuée, sont autant de métaphores qui complètent, en l'éclaircissant, le sens de *nimbus* et de νιφάς.

Ainsi entre ces deux mots, l'un grec et l'autre latin, l'analogie est presque une identité quant au sens. Quant à la prononciation, si l'on change le *b* latin en φ grec, c'est-à-dire la labiale douce en labiale aspirée, ou si l'on prononce le *b* comme un *v*, ainsi que font les Grecs modernes, les deux mots auront encore plus de similitude. On peut donc dire que nimbus vient de νιφάς.

Les artistes ont peu respecté l'étymologie; car le nimbe, qui devrait toujours représenter, soit un nuage, soit des flocons de neige, se montre sous la forme d'un disque, d'un cercle, tantôt opaque, tantôt lumineux, et quelquefois transparent. On le voit sous la forme d'un triangle ou d'un quadrilatère; sous celle d'une ou de plusieurs aigrettes de flamme, ou d'une étoile à six, huit, douze rayons ou à rayons sans nombre. On ne connaît pas un exemple de nimbe dont la forme puisse se ramener exactement au sens qu'emporte le mot.

---

dans *nimbus* un voile de femme, une bandelette, ce voile et cette bandelette auraient été ainsi nommés, comme on l'a dit, à cause de la finesse et de la transparence du tissu.

[1] *Monarchie françoise,* par le P. Montfaucon, Discours préliminaire, p. xx. Servius, commentateur de Virgile, disait au IVe siècle, après ces vers du livre I de l'Énéide:

Nimborum in patriam, loca fœta furentibus austris,
OEoliam venit.

« Nimbus nunc ventos significat; plerumque nubes vel pluvias.... Proprie nimbi repen-
« tinæ et præcipites pluviæ. » (Virgile in-4°, édit. de Genève, 1636, p. 176.)

FORME DU NIMBE.

Le nimbe est presque toujours circulaire et en forme de disque. On en voit dont le champ du disque a disparu et dont il ne reste que la circonférence [1].

Ce nimbe circulaire est uni ou orné dans le champ. Quand le champ n'est pas lisse, il est strié de rinceaux; il est décoré d'une arcature de rayons sans nombre ou de trois rayons seulement, minces ou larges, et qui font comme les trois branches d'une croix grecque. Ces croisillons sont eux-mêmes tout unis ou ornés de perles et de cabochons, ou marqués de lettres grecques ou latines; ils sont formés de lignes droites et géométriques, ou de lignes qui rappellent les mouvements et comme les ondulations de la flamme [2].

Voilà pour les lignes qui partent du centre et vont aboutir à la circonférence; mais des cercles concentriques partagent quelquefois le nimbe en plusieurs zones. La zone centrale est le nimbe proprement dit; les autres en sont le prolongement et comme le rayonnement. Dans ces zones, qui sont au nombre

---

[1] Voyez, pour le nimbe de la première espèce, les pl. 1 et 2, p. 2 et 3, et celles qui vont suivre. Ces dessins étant seulement au trait, on a représenté le nimbe uniquement par le trait de circonférence; mais l'intérieur est plein et solide. Les nimbes transparents, ou figurés seulement par un trait de circonférence, se trouvent fréquemment chez les Grecs avant le XIIIe siècle, et chez les Italiens après le XVe. Dans l'histoire de Dieu le père, on donne un dessin tiré d'un manuscrit grec de la Bibliothèque royale, qui représente Dieu parlant à Isaïe entre la Nuit (Νύξ) et l'Aurore (Ὄρθρος). La Nuit porte un nimbe consistant en une seule ligne de circonférence. Raphaël (*Dispute du saint Sacrement*) a donné aux divers personnages réunis en concile des nimbes entièrement à jour.

[2] Ces variétés et d'autres encore seront données dans les divers dessins qui vont suivre. Dans l'évangéliaire de Charlemagne, Bibliothèque royale, saint Matthieu porte un nimbe orné d'une arcature, en forme de coquille. L'ange qui inspire l'évangéliste a le nimbe rayonné, et chaque rayon qui part du centre vient aboutir à une circonférence où il entre dans une perle; ces rayons ressemblent donc à de longues aiguilles dont la perle ferait la tête.

d'une, de deux ou de trois, on figure des perles, des pierres précieuses, des cabochons; on y écrit quelquefois le nom du personnage dont la tête est ainsi environnée [1].

La circonférence du nimbe, à l'extérieur, est simple ou frangée, c'est-à-dire munie d'appendices qui ont ordinairement la forme de rayons droits ou flamboyants; quelquefois, comme à Saint-Remi de Reims [2], dans la circonférence du nimbe, en dehors, sont piquées deux tiges d'héliotrope, plante qui, dans le règne végétal, symbolise le soleil ou la lumière dont le soleil est la source. C'est une espèce de plumet double qui surmonte cette coiffure symbolique.

3. — SAINT JEAN ÉVANGÉLISTE À NIMBE CIRCULAIRE SURMONTÉ DE DEUX TIGES D'HÉLIOTROPE, EMBLÈME DU SOLEIL.

Vitrail du XIIe siècle, à Saint-Remi de Reims.

[1] Le nimbe de *Karolus magnus*, pl. 1, p. 2, se compose de trois zones : la première, l'intérieure, est unie; la seconde est ornée de lisérés et de petites croix de saint André; dans la troisième sont écrits le nom et le titre de Charlemagne.

[2] Vitrail de l'abside, dans la tribune, et datant du XIIe siècle. Il représente la vierge Marie et saint Jean évangéliste qui assistent à la mort de Jésus en croix et qui pleurent cette agonie d'un Dieu. Marie et saint Jean sont nimbés; du sommet de leur nimbe partent deux tiges qui se croisent et qui portent chacune un héliotrope. La figure donnée ici est celle de saint Jean. Ce motif, curieux d'ailleurs, rappelle ces figures égyptiennes

Le nimbe est triangulaire[1]. Cette forme est extrêmement rare en France; elle est assez fréquente en Italie et en Grèce, surtout à partir du xve siècle[2].

4. — DIEU LE PÈRE À NIMBE TRIANGULAIRE ET RAYONNANT[3].
Fresque grecque du xviie siècle.

Il est bi-triangulaire, ou formé de deux triangles qui se coupent et forment comme une étoile à cinq pointes[4].

de la tête desquelles partent ainsi deux tiges qui se dressent et qui se terminent par une fleur de lotus. Le grand ouvrage sur l'Égypte est plein de ces figures.

[1] Le Père éternel qui suit est tiré d'une fresque du mont Athos. Des rayons partent de tous les points de son nimbe triangulaire.

[2] Il faut dire cependant qu'une mosaïque de la fin du viiie siècle ou du commencement du ixe, dans l'église cathédrale de Capoue[a], représente le Saint Esprit en colombe nimbée d'un nimbe triangulaire à la tête, et planant au-dessus de la Vierge, qui tient Jésus; la Vierge est entourée de saint Pierre, saint Paul, saint Étienne et sainte Agathe. Il est possible toutefois que cette mosaïque ait été refaite. Le nimbe non croisé que porte Jésus, et celui non croisé que porte une autre figure divine, en haut de la mosaïque, pourraient faire croire à une restauration. On a tant retouché les mosaïques! Ciampini (*Vetera Monimenta*, 2e part. p. 168) dit : *Hujus triangularis formæ aliud antiquius me vidisse minime recordor*. Il a raison, car le nimbe triangulaire est toujours de date récente, et l'exemple de Capoue, s'il était authentique, serait unique jusqu'à présent.

[3] Voyez, en outre, une gravure grecque représentant le Skite du Prodromos, village monastique situé près d'Ivirôn, au mont Athos.

[4] Plus bas, au paragraphe de l'application du nimbe, on donnera cette forme bi-triangulaire.

[a] Voyez Ciampini, *Vetera Monimenta*, 2e part. pl. 54.

Le nimbe est carré : carré parfait, à côtés droits ou à côtés concaves.

5. — SAINT GRÉGOIRE IV A NIMBE CARRÉ[1].
Mosaïque de Rome, dans Saint-Marc, IX° siècle.

Carré long, carré rectangulaire et en forme de TABLE, suivant l'expression de Jean le Diacre, comme on le voit dans le dessin précédent. Mais de plus, et cette forme se rencontre fréquemment dans les manuscrits italiens, le nimbe ressemble à un VOLUMEN, à un rouleau de parchemin déployé par le milieu et roulé encore sur les bords, à un rouleau qui n'a pas pris entièrement la forme plane ; on dirait d'un cylindre qui n'est pas complétement devenu une plaque et dont les extrémités,

---

[1] Mosaïque de Rome; elle représente le pape Grégoire IV offrant à Dieu l'église de Saint-Marc, qu'il avait fait bâtir et orner vers l'an 828. (Ciampini, *Vetera Monimenta*, 2° pars, p. 119, tab. 37.) Dans Ciampini ce pape est jeune, imberbe, souriant; mais M. Paul Durand, l'auteur du dessin, et qui a vu la mosaïque, m'affirme que Grégoire a la figure triste, comme elle est représentée ici.

sur lesquelles ne s'exerce pas une pression suffisante, s'arrondissent et se replient sur elles-mêmes[1].

Le nimbe est en losange, à côtés droits, comme on le voit à la tête du Père éternel, dans la Dispute du saint sacrement; il est à côtés concaves, d'après un exemple donné plus bas, à l'Histoire de Dieu le père.

Quand le nimbe est circulaire et qu'il appartient aux personnes divines, il est toujours, sauf omission ou ignorance de l'artiste, partagé par deux lignes qui aboutissent à la circonférence et qui se coupent au centre, à angle droit. Ces lignes forment quatre rayons, mais l'un d'eux, l'inférieur, est caché par la tête.

6. — LES TROIS PERSONNES DIVINES ORNÉES DU NIMBE CRUCIFÈRE[2].
Miniature de la fin du xiiie siècle, manuscrit de la Bibliothèque royale.

Quelquefois on ne conserve du disque entier que les rayons ou croisillons qui en partageaient le champ.

Souvent ces croisillons, quand ils ont la forme de rayons

[1] Voyez Séroux d'Agincourt, *Hist. de l'art par les monuments*, peinture, pl. 37. Un dessin de cette forme est donné plus bas, pl. 27.

[2] Ce dessin, tiré du manuscrit *Biblia sacra*, n° 6829, montre les personnes divines créant Adam qu'elles soulèvent de terre. Le Saint-Esprit, sous la forme d'une colombe, a le nimbe partagé par une croix aussi bien que les deux autres personnes. Cette croix est un excellent caractère archéologique; elle est l'attribut invariable de la divinité.

lumineux, se rapprochent et tendent à recomposer le disque; mais du sommet de la tête et des tempes partent des pinceaux plus longs que les rayons d'intervalle. Dans ce cas la circonférence, brisée en trois parties, ne donne à proprement parler que la forme d'une croix grecque, plus large aux extrémités qu'au centre.

Le nimbe, outre le cercle uni ou varié d'ornements, outre le triangle simple, le triangle double ou l'étoile; outre le carré, le carré long et le losange, prend encore d'autres formes dont il ne sera pas inutile de dire un mot. Plus bas il sera démontré que le nimbe n'est autre chose que la représentation du rayonnement de la tête; or ce rayonnement a été figuré de diverses manières. Tantôt la tête entière verse des rayons égaux en nombre et en dimension sur tous les points; alors on a le nimbe circulaire. Tantôt des sources plus puissantes, plus épaisses et plus longues, s'échappent des tempes et du sommet du front, tandis que les autres points rayonnent faiblement; alors, en tirant une ligne de circonférence, pour réunir ces rayons d'inégale longueur, on obtient une espèce de losange à côtés concaves, comme celui qui a été signalé plus haut. Cette ligne n'est presque jamais tirée, ainsi qu'on le voit dans ce dessin [1].

7. — NIMBE SANS LIGNE DE CIRCONFÉRENCE, À RAYONS INÉGAUX.
Miniature du XVIᵉ siècle, manuscrit de la Bibliothèque royale.

[1] En unissant tous ces rayons par une ligne de circonférence, on aurait un nimbe en

NIMBE. 13

Tantôt l'espace intermédiaire entre les trois grandes sources lumineuses ne rayonne nullement; alors le nimbe se résume en trois aigettes composées chacune ordinairement de trois rayons seulement. Souvent un cercle relie ces trois pinceaux et forme le nimbe crucifère qui est si commun; mais d'autres fois les trois faisceaux lumineux dépassent énergiquement cette circonférence, qui ne peut les contenir.

8. — CROISILLONS OU GERBES LUMINEUSES DÉPASSANT LA CIRCONFÉRENCE DU NIMBE [1].
Miniature du IX° siècle, manuscrit de la Bibliothèque royale.

On verra que ces rayons vont tous en divergeant du centre à la circonférence, c'est-à-dire qu'ils sont resserrés à la base, larges et diffus à leur extrémité.

On remarque, surtout dans l'iconographie païenne, des nimbes dont les rayons, larges à la base et aigus à l'extrémité, sont également espacés et sortent de tous les points de la tête [2].

---

losange et à côtés concaves. Ce dessin est tiré du ms. 920 de la Bibl. roy. La miniature est du XVI° siècle.

[1] Cette belle figure de Jésus imberbe, mais sérieux et d'un âge assez avancé, a été reproduite par M. de Bastard, dans son grand ouvrage, *Peintures et Ornements des manuscrits*, 4° livraison. Les croisillons du nimbe sont formés de trois faisceaux à trois rayons chacun; les faisceaux, comme on le voit, partent du front et des tempes.

[2] Montfaucon (*Antiq. expliq.*) donne plusieurs exemples de ces rayons, qui sont ainsi aiguisés au sommet.

14   ICONOGRAPHIE CHRETIENNE.

9. — APOLLON EN SOLEIL, ORNÉ DU NIMBE ET COURONNÉ DE SEPT RAYONS [1].
Sculpture romaine.

Cette forme, semblable à celle que les artistes donnent aux étoiles, rappelle exactement les couronnes radiées si fréquentes sur les monnaies grecques et romaines. Ces rayons offrent un contre-sens avec les faisceaux de lumière dont il vient d'être parlé, et un contre-sens, il faut le dire, avec la nature physique du rayon lumineux; car du centre à la circonférence la lumière est divergente et non pas convergente. Dans ce dessin, les rayons sont reliés, non à leur extrémité, mais à mi-longueur, par un cercle ou un fil qui semble les assujettir. Quelquefois ce filet de circonférence est plus rapproché de la tête, et alors les rayons, au lieu de sortir de la tête, s'échappent de cette circonférence même sur laquelle ils sont fixés. Le nimbe, avons-nous dit, est un disque dont le champ est quelquefois strié de rayons; dans ce cas, les rayons sont à l'inté-

---

[1] Ces sept rayons également séparés dépassent la circonférence du nimbe qui entoure la tête. Cette figure représente le Soleil; elle est tirée de l'Antiquité expliquée de Montfaucon, tom. I, pl. 54, p. 118. Lucien dit également que la tête de la déesse syrienne était rayonnante : Ἐπὶ τῇ κεφαλῇ ἀκτίνας φέρει. — Ciampini (Vet. monim. pars 1ª) dit : « Publ. Victor, in colosso solis, quem Zenodorus Neroni dicavit, de quo Plin. cap. xxiv, « lib. vii, Septenis caput ejus radiis coruscasse tradit, quorum singuli viginti duos pedes « et semis in longitudine præstabant. » — On fera attention que le nombre des rayons qui entouraient la tête du Soleil colossal de Zénodore est précisément le même que celui du jeune Soleil dont nous donnons la gravure; chaque rayon allume une planète dont le soleil est le centre. L'étoile de Jules César, dit Suétone, brilla sept jours de suite.

NIMBE. 15

rieur de la circonférence. Ici la circonférence est en dedans et les rayons en dehors : c'est absolument l'opposé.

10. — NIMBE FRANGÉ DE QUATORZE RAYONS[1].
Pierre gravée, premiers siècles chrétiens.

La circonférence du nimbe est ordinairement marquée par une ligne circulaire continue, par un cercle parfait; cependant, chez les Romains surtout[2] et chez les Indous[3], cette

---

[1] Cette figure est tirée d'une pierre gravée dite *Abraxas*, amulette à l'usage des gnostiques. C'est une espèce de divinité panthée. Ce génie du monde est céleste par le soleil et la lune qui brillent dans le champ où il est gravé, terrestre par sa tête de lion, aquatique par sa queue de reptile, divin par son nimbe rayonnant de deux fois sept traits lumineux. Voyez l'Antiquité expliquée de Montfaucon, tom. IV, p. 362.

[2] Voyez des médailles du temps des Antonins ; elles portent sur le revers un oiseau, le phénix, symbole de l'immortalité. Cet oiseau, qui renaît par le feu, porte la tête nimbée d'un nimbe en zigzag à la circonférence. Sur des médailles de Faustine, l'Éternité tient à la main un paon nimbé de même. Ce qui est curieux, c'est qu'un manuscrit chrétien de la Bibliothèque royale, n° 434, S¹-Germ. montre deux paons nimbés comme des saints.

[3] Voyez la Symbolique de Creuzer, atlas allemand, planche XXXI, entre autres, et la planche XVII de l'atlas français qui accompagne la traduction de M. Guignaut. Là le soleil est au centre d'un disque dentelé intérieurement ; entre ce cercle de lumière, qui environne le Soleil, et un cercle de circonférence où sont les signes du zodiaque, est un cordon occupé par la personnification de huit planètes, qui sont la Lune (ou plutôt *Lunus*, cette constellation étant mâle chez les Indous), Mars, Mercure, Jupiter, Vénus mâle, Saturne, Rahou et Ketou : elles ont la tête entourée d'une auréole ou nimbe dentelé comme l'oiseau immortel des Romains. (Voyez plus bas, pl. 12, p. 20, Maya enveloppée d'un nimbe à circonférence brisée en zigzags.) — Dans les peintures à fresque de la Grèce,

ligne, ce cercle, sont brisés en zigzags, et ont la forme d'un ourlet en dents de scie. La pointe de ces dents peut être regardée comme l'extrémité de cette foule de rayons qui partent de la tête, qui sont compactes jusqu'à la circonférence, et qui, arrivés là, se détachent et poussent des pointes de tous côtés.

Enfin une forme qui semble antique, et que l'iconographie de la renaissance a très-souvent adoptée, c'est celle d'une langue de feu placée sur le front des génies. A la translation des restes de Napoléon, le 15 décembre 1840, nous avons vu cette langue de feu éclairant le front des génies placés sur le pont du Carrousel et sur l'esplanade des Invalides. C'est avec cette flamme au front qu'aux XVIIe et XVIIIe siècles on représente ordinairement les apôtres sur lesquels, à la Pentecôte, descend le Saint-Esprit : alors les apôtres sont transfigurés, et, d'hommes grossiers qu'ils étaient, sont devenus des GÉNIES. Cette langue lumineuse, c'est l'étoile luisant au front de la statue de Jules César [1].

Telles sont les principales variétés du nimbe : ce qui reste à dire sur ce sujet comprendra d'autres différences encore qu'il sera facile de remarquer.

on voit fréquemment le Saint-Esprit, sous la forme d'une colombe, inscrit dans un nimbe général, ou une auréole dentelée à la circonférence comme celle du phénix païen. Une gravure qui vient du mont Athos, et qui représente le grand monastère d'Ivirôn, montre ainsi figuré le Saint-Esprit descendant du ciel, au moment de l'Annonciation. Ciampini (*Vetera Monimenta,* pars 1^a, pl. 36, fig. 14) a fait graver une monnaie de Faustine, sur laquelle la figure allégorique de l'Éternité tient un oiseau que Ciampini croit un paon, qui est un phénix peut-être, et qui porte un nimbe à circonférence en dents de scie comme le Saint-Esprit d'Ivirôn.

[1] « Ludis quos primo consecratos ei (Julio Cæsari) heres Augustus edebat, stella cri-
« nita per SEPTEM dies continuos fulsit, exoriens circa undecimam horam. Creditum est
« animam esse Cæsaris in cœlum recepti, et hac de causa simulacro ejus in vertice additur
« stella. » (Suétone, *Vie de Jules César.*)

APPLICATION DU NIMBE.

En iconographie païenne, le nimbe se donne ordinairement aux divinités; assez souvent aux empereurs romains; quelquefois aux rois de l'Europe orientale et de l'Asie; communément aux magiciennes ou prophétesses; presque toujours aux constellations personnifiées, et aux puissances bonnes ou mauvaises de l'âme humaine, de la nature et de la société[1].

En iconographie chrétienne, on décore du nimbe les personnes divines représentées isolément ou réunies dans la Trinité; on en marque les anges, les prophètes, la vierge Marie, les apôtres, les saints. Quelquefois aussi, mais plus rarement, on le donne à la personnification des vertus, à des allégories d'objets naturels ou psychologiques, à plusieurs constellations, à certaines qualités ou affections de l'âme. La puissance politique, les forces de la nature, le génie du mal, sont rehaussés de cet attribut; mais c'est assez rare, et seulement quand l'esprit païen déteint, pour ainsi dire, sur le génie chrétien.

NIMBE DE DIEU.

Dieu, comme les anges, comme les saints, porte le nimbe circulaire ou en disque; mais, pour distinguer le créateur de ses créatures, on a divisé le champ du disque divin par deux barres perpendiculaires, qui se coupent au centre et qui forment comme une croix grecque. L'un des croisillons, le pied de la croix, est caché par la tête qui s'appuie dessus; les trois autres sont visibles, et semblent s'élancer verticalement du sommet du front et horizontalement de l'extrémité des tempes.

---

[1] Voyez plus bas, pages 64, 112 et 113, et plus haut, p. 14.

11. — TRINITÉ DONT CHAQUE PERSONNE PORTE LE NIMBE CRUCIFÈRE[1].
Miniature des Heures du duc d'Anjou, Bibliothèque royale, fin du XIIIe siècle.

Que l'on ait eu réellement l'intention de décorer d'une croix le champ du nimbe de Dieu, cela semble douteux; il se peut que cet ornement, qui marque le nimbe des personnes divines, ne soit pas, comme on pourrait le croire, une forme empruntée à l'instrument sur lequel Jésus-Christ est mort. On comprendrait bien que le nimbe du Christ en fût orné; mais pourquoi le Saint-Esprit et le Père porteraient-ils cette croix? Serait-ce, en quelque sorte, la livrée du Fils qu'ils arboreraient? ce serait peu convenable. D'ailleurs les dieux indous, les dieux bouddhiques portent cette croix dans l'auréole qui entoure leur tête, et l'on ne peut pas dire que ce soit à la croix du Calvaire qu'ils l'ont empruntée.

Quand on est un saint ordinaire, un mortel qui a reçu les honneurs de l'apothéose ou de la canonisation, on porte le

[1] Cette Trinité est du XIVe siècle, ou plutôt de la fin du XIIIe; elle est tirée du manuscrit qui porte le nom de Louis, duc d'Anjou, et qui est une mine inépuisable pour les iconologues. On fera observer, pour en tirer une conclusion plus tard, qu'il n'est pas possible de distinguer ici Dieu le père de Dieu le fils. La Trinité est au f° 183 du manuscrit coté Lavall. 127.

nimbe uni, l'auréole toute simple, qui est le signe de la sainteté ; mais quand on est dieu cette auréole doit être plus puissante. Non-seulement le corps entier est nimbé, c'est-à-dire est cerné de l'auréole proprement dite, comme on va le voir ; mais le nimbe de la tête est rayé par une croix dont un croisillon part du front, et deux autres croisillons des oreilles ou des tempes. La tête entière rayonne [1] ; mais cependant de cette tête partent trois sources principales qui s'échappent des trois parties essentielles du crâne : l'une sort du front, le vrai réservoir du cerveau ; les deux autres s'élancent des tempes, où la vie afflue, se concentre et bat dans de grosses artères. Le front, les tempes sont comme les trois points cardinaux de la sphère cérébrale.

Quand Dieu est environné de l'auréole et du nimbe, et que le champ de l'une et de l'autre est strié de rayons lumineux qui s'exhalent de tout son corps, on voit ces rayons sortir bien plus abondamment de la tête que du tronc, parce que la tête c'est presque tout l'homme. Le front et les tempes rayonnent plus abondamment encore, parce que le front et les tempes sont à la tête entière ce que la tête elle-même est au tronc : ils en sont les organes essentiels.

Ainsi le dessin suivant représente Maya, la déesse indoue, pressant ses mamelles d'où coule à flots la mer de lait qui engendre et nourrit tous les êtres du monde. Le voile des idées, ou prototypes de la création, entoure la déesse richement parée. Maya est environnée d'une demi-auréole ou d'un grand nimbe ourlé de zigzags à la circonférence, et dont le champ est strié de pétillements lumineux. En outre, à la hauteur et des tempes et du front, jaillissent trois gerbes de rayons qui

---

[1] Voyez, à l'Histoire de Jésus-Christ, une figure tirée du Campo-Santo, et où le Christ lance des rayons de tous côtés.

20   ICONOGRAPHIE CHRÉTIENNE.

correspondent exactement aux croisillons du nimbe divin de l'archéologie chrétienne. Plus bas, pl. 34, p. 82, on verra un jeune Jésus dont la tête rayonne ainsi par trois aigrettes de flamme. Ces aigrettes, ces croisillons représentent donc l'énergie des trois principales sources de la tête plutôt qu'elles ne figurent la croix divine.

12. — MAYA, DÉESSE INDOUE ET SOURCE DE LA MER DE LAIT, ORNÉE D'UN NIMBE CRUCIFÈRE[1].
Iconographie de l'Indoustan.

Cependant il faut dire que quelquefois, mais très-rarement, par exception et seulement lorsqu'il s'agit de Jésus-Christ, c'est bien une croix, l'instrument de la passion, qu'on a figurée derrière la tête du Sauveur. Le fait est évident sur un ivoire du XIe siècle qu'on voit au Louvre[2]. Le Christ, sculpté sur ce curieux monument, pose sa tête sur une croix dont le

---

[1] *Religions de l'antiquité*, atlas, planche 19, n° 103.
[2] Armoires du musée Charles X, salle gothique.

sommet est plus long que les croisillons. Les trois branches ne sont pas reliées entre elles par une ligne circulaire, en sorte que la réalité d'une croix est bien plus évidente encore.

A une ancienne époque, sur un très-vieux sarcophage du Vatican, on voit le Christ barbu, debout sur la montagne mystique, d'où s'échappent les quatre fleuves du paradis terrestre. Jésus donne aux apôtres ses dernières instructions; il leur dit d'aller prêcher et baptiser dans tout l'univers, d'aller prêcher la parole écrite sur le volumen qu'il tient à sa main gauche et qu'il leur tend, d'aller baptiser avec l'eau des fleuves sacrés qui roulent leurs ondes à ses pieds. Les apôtres, dont on ne voit que six dans la sculpture, trois à gauche et trois à droite, sont figurés sous la forme d'agneaux : Jésus-Christ lui-même est accompagné de son agneau symbolique, comme le Férouer, ou le type symbolique de l'homme chez les Persans, accompagne l'homme lui-même dans lequel il habite. Ces agneaux ne portent pas de nimbe; la personne du Christ n'en a pas non plus, parce que le monument est plus ancien que l'époque où le nimbe fut adopté; mais le symbole du Christ, l'agneau divin, porte sur le front, comme on porte une aigrette, la croix où Jésus fut immolé[1]. A Arles, dans l'église de Saint-Trophime, chapelle du Sépulcre, un tombeau qui provient des Aliscamps offre un Christ barbu, enseignant l'Évangile, assis dans une auréole arrondie par le sommet. Sur la tête du Christ, et comme implantée dans le crâne, s'élève une petite croix parfaitement caractérisée. Dans un angle de cette croix, en haut et à droite, est un crochet qui forme un P, le rho des Grecs. La croix équivalant à un chi (X), on a ainsi le mono-

---

[1] Voyez le dessin de ce sujet, plus bas, à l'Histoire de Jésus-Christ.

22   ICONOGRAPHIE CHRÉTIENNE.

gramme du Christ XP (Χειστός¹). Ces exemples sont plus concluants que les autres encore pour démontrer que les rayons qui partent de la tête de Dieu, et qui sont reliés par un cercle, doivent représenter une croix, lorsque c'est le Christ qui en est orné.

De plus, l'agneau de Dieu dont voici le dessin, porte un nimbe qui est d'abord crucifère comme celui de plusieurs autres agneaux; mais qui, en outre, offre chaque croisillon recroisé.

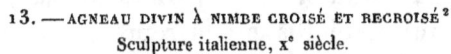

13. — AGNEAU DIVIN À NIMBE CROISÉ ET RECROISÉ².
Sculpture italienne, x° siècle.

Si donc les croisillons indiquent l'énergie divine, comme il est probable, il faut dire que cette curieuse particularité d'un nimbe à croisillons recroisés élève cette énergie à la quatrième puissance en quelque sorte. Une fresque romane de Montoire (Loir-et-Cher), près de Vendôme, et qui décore un des transsepts de la croisée de l'église, offre Jésus-Christ dans une gloire ovoïdale. Le nimbe qui entoure la tête est partagé par des rayons; mais la traverse, dont le centre est caché par la tête dans les exemples analogues, est ici surhaussée

¹ Je dois le dessin de ce Christ à l'obligeance de M. H. Clair, correspondant du comité des arts et monuments; M. Clair l'a fait exécuter par M. Daumas.
² Ce monument est gravé dans Bosio, *Roma sotterranea*, in-f°, édit. de Rome, 1636 (1632), page 627.

et se montre tout entière. Cette traverse, entièrement visible, imprime à ces rayons une forme de croix plus évidente qu'à tous les autres nimbes semblables. Cependant les branches et le sommet de cette croix (le pied de la croix, s'il existe, est couvert par la tête) sont reliés par un nimbe, en sorte que la forme générale ressemble à la boule du monde, telle que Dieu la porte ordinairement dans sa main. Ces trois bandes, qui forment la croix de Montoire, ne paraissent pas autre chose que les cercles qui assujettissent la représentation du globe terrestre. Jésus semble donc soutenir le monde avec sa tête, et cette sphère cerclée nous ramène directement à l'iconographie égyptienne, où nous voyons une foule de personnages portant ainsi le globe du monde sur leur tête.

14. — NIMBE DIVIN À CROISILLONS SURHAUSSÉS [1].
Fresque du xi° siècle, dans l'église de Montoire, près de Vendôme (Loir-et-Cher).

Les branches de ces croisillons du nimbe divin sont plus ou moins larges, plus ou moins déliées : quelquefois ce n'est qu'une

---

[1] Voyez tout le musée égyptien du Louvre; le grand ouvrage sur l'Égypte; le zodiaque de Denderah; les planches 29, 30, 32, 33, 34, 35, etc. de l'atlas des Religions de l'antiquité.

ligne, un simple filet; d'autres fois elles occupent en largeur la moitié de tout le champ. Dans ce cas, elles sont ordinairement relevées de perles, de pierres précieuses ou d'autres ornements variés. Chez les Grecs, chaque croisillon porte une lettre dont les trois réunies forment ο ων, L'ÊTRE. La disposition de ces lettres varie: l'omicron est à gauche, et c'est le cas le plus fréquent, ou au sommet, comme dans le dessin suivant.

15. — JÉSUS-CHRIST GREC, À NIMBE CRUCIFÈRE, LES CROISILLONS MARQUÉS DE O ΩΝ, L'ÊTRE.
Fresque des Météores, en Thessalie, xiv° siècle.

Dans le Guide de la peinture [1] on lit : « Sur la croix qui divise les couronnes (nimbes) des trois personnes, du Père, du Fils et du Saint-Esprit, écrivez ces lettres : ὁ ὤν. C'est par ces mots que Dieu s'est révélé à Moïse dans le buisson ardent : ἐγώ εἰμι ὁ ὤν. Disposez ainsi ces lettres : que l'omicron (ο) soit sur la partie droite du nimbe [2], l'ôméga (ω) sur la partie supérieure, le ny (ν) sur la partie gauche. »

On voit quelquefois l'ο à gauche, mais avec le ν au sommet

---

[1] Ἑρμηνεία τῆς ζωγραφικῆς, manuscrit que j'ai trouvé et acheté au mont Athos, et que M. Paul Durand, mon compagnon de voyage, vient de traduire pour être livré à l'impression, avec des notes et une introduction que j'ai écrites.

[2] C'est la gauche pour celui qui regarde, et la droite pour la personne qui est figurée sur l'image.

et l'*ω* à droite, comme on le remarque à la couronne de cuivre émaillé donnée par l'empereur Frédéric Barberousse, et qui est suspendue sous le dôme d'Aix-la-Chapelle[1].

Chaque croisillon est formé de deux lignes parallèles, qui viennent aboutir au centre, d'une part, et de l'autre à la circonférence du disque. Le croisillon est souvent égal en largeur dans tout le rayon qu'il parcourt; mais souvent aussi il est plus large et comme en spatule à la circonférence : alors il est moins large au centre, plus étroit encore et comme étranglé au milieu.

Entre ces croisillons, pas d'ornements; le champ est uni le plus souvent. Quelquefois de minces filets, de petits rayons, trois par trois, quatre par quatre, occupent l'espace laissé libre par les gros rayons qui composent la croix du nimbe.

Le nimbe crucifère ne se donne qu'à Dieu; il se donne surtout à Jésus-Christ, et souvent, comme dans les monuments byzantins, ainsi qu'on vient de le voir, on écrit entre les branches de la croix *o, ων* : CELUI QUI EST [2].

---

[1] On ne peut pas donner des dessins de tous les monuments ou de tous les faits qu'on cite. Quelquefois ces monuments n'ont jamais été reproduits par la gravure, en sorte qu'il faudra croire sur parole, et c'est le cas pour la couronne d'Aix-la-Chapelle. Du reste, j'ai vu cette couronne et j'en ai fait une description sur place. Toutes les fois donc que je citerai un monument ou un fait sans donner ou sans indiquer une gravure à l'appui, c'est que j'aurai vu ce monument de mes yeux.

[2] Les Grecs, savants en écriture sainte, avaient vu dans la Bible ce verset de l'Exode, ainsi que vient de nous le dire le Guide de la peinture : « Dixit Deus ad Moysen : EGO « SUM QUI SUM. Ait : Sic dices filiis Israël : QUI EST, misit me ad vos » (Liber Exodi, cap. III, v. 14). Ils voulurent traduire ces belles paroles par l'art figuré, et, tout en donnant au Créateur une expression divine, ils inscrivirent *o ων* dans le rayonnement de sa tête. Chez nous, on est moins instruit ou plus confiant dans la toute-puissance de l'art; on s'est donc contenté de la physionomie. Il faut dire qu'à la cathédrale d'Athènes, où est aujourd'hui la bibliothèque publique, le Christ, peint à fresque dans le ciel de la coupole, a le nimbe croisé, mais sans *o ων* dans les croisillons; ce sont des cabochons et des perles qui en tiennent lieu. L'absence de ces trois lettres grecques est peut-être un caractère d'ancienneté. Cette cathédrale est la plus vieille église d'Athènes.

26   ICONOGRAPHIE CHRÉTIENNE.

Les Latins ont quelquefois imité ce motif; mais au lieu de ο, ων, ils ont mis REX en trois lettres aussi, une pour chaque branche visible de la croix [1].

Les artistes, comme les copistes du moyen âge, étaient souvent assez peu instruits : les copistes passaient un mot, une phrase; les artistes omettaient un caractère constant, soit par négligence, soit par ignorance. Il ne faut donc pas s'étonner si l'on rencontre souvent une des personnes divines sans nimbe, ou avec un nimbe uni et non croisé. De pareilles erreurs sont extrêmement fréquentes, comme dans ce dessin qui représente l'ascension de Jésus-Christ, et qui reproduit une sculpture en bois faite en Italie au XIVe siècle [2].

16. — JÉSUS À NIMBE UNI, MONTANT AU CIEL DANS UNE AURÉOLE CIRCULAIRE.
Sculpture sur bois, XIVe siècle.

Une erreur contraire, mais beaucoup moins fréquente que la première, attribue le nimbe crucifère ou divin à un simple

---

[1] Voyez Gori, *Thesaurus veterum diptychorum*, vol. III, p. 79. Le dessin représente un Christ inscrit dans une auréole ovale, et sculpté sur un ivoire qui servait de couverture à un livre d'évangiles. Ce curieux monument, qui provient du musée des Camaldules de Saint-Michel *de Muriano*, de Venise, est d'une date incertaine; mais il a dû être exécuté par un artiste latin qui avait étudié et qui aimait l'art byzantin.

[2] Ce bois appartient à M. Paul Durand, qui l'a rapporté d'Italie.

mortel. Un ancien manuscrit de la bibliothèque d'Amiens montre en tête, dans l'intérieur d'un grand B décoré d'arabesques, un jeune homme imberbe, ceint d'un diadème, assis, tenant un livre ouvert de la main gauche, et de la main droite trempant une plume dans un encrier[1]. Ce jeune écrivain porte un nimbe crucifère; il est attentif à l'inspiration d'une colombe qui lui souffle à l'oreille la poésie qu'il va écrire. Certainement le miniaturiste s'est trompé : ce jeune homme est David écrivant ses psaumes, et ce serait tout au plus saint Jean évangéliste assisté de son aigle; mais, dans l'un et l'autre cas, c'est un mortel et non pas Dieu. A la bibliothèque de l'Arsenal, une miniature[2] montre un prêtre officiant orné d'un nimbe d'or croisé. Ce personnage pourrait être Jésus lui-même exerçant les fonctions de prêtre; mais on remarquera qu'il a la tête chauve comme on représente saint Pierre, et que le Christ n'est jamais chauve. Au surplus, que ce soit Jésus en personne et que l'erreur n'existe pas en réalité, voici d'autres faits.

Le missel de l'abbaye de Saint-Magloire de Paris[3], qui est du xve siècle, montre à la Nativité de Marie la petite Vierge portant un nimbe d'or, lequel est divisé par trois croisillons

---

[1] *Liber psalmorum*, noté comme du ixe siècle. M. le docteur Rigollot (*Atlas de l'Essai historique sur les arts du dessin en Picardie, depuis l'époque romaine jusqu'au* XVIe *siècle*, in-8°, Amiens, 1840) a fait dessiner par M. Duthoit cette grande lettre B, historiée d'arabesques et de personnages. C'est la première lettre du *Beatus vir*, qui ouvre le livre des psaumes. M. Rigollot, sans se décider (*Essai sur les arts du dessin en Picardie*, p. 36), voit, dans ce jeune homme à nimbe crucifère, l'évangéliste saint Jean ou David le psalmiste; nous croyons que c'est le roi David inspiré par le Saint-Esprit. Fréquemment, et on en trouvera un autre exemple dans l'Histoire du Saint-Esprit, la figure de David est ainsi peinte en tête de ses psaumes, tandis que le Saint-Esprit plane sur sa tête ou lui souffle à l'oreille pour lui inspirer ses chants.

[2] *Evangeliarium*, in-f°. Théol. lat. n° 202, fin du xive siècle. Cet officiant se trouve à l'évangile de la fête de la sainte Trinité, f° 139, verso.

[3] Bibliothèque de l'Arsenal, Théol. lat. 188, f° 307, verso, *In Nativitate beatæ Mariæ*.

noirs. Mais la Vierge a bien une grande auréole qui lui environne le corps tout comme Dieu lui-même, ainsi qu'une gravure le montrera plus bas; la Vierge est presque Dieu. On conçoit, à la rigueur, qu'un de ses dévots exagérés l'ait revêtue d'un nimbe crucifère, et qu'il y ait une réelle intention et non pas une erreur dans ce fait; mais l'erreur est manifeste et double dans un autre manuscrit[1] qui est de la fin du XIIIᵉ siècle. On y voit le prophète Johel, jeune, imberbe, portant le nimbe crucifère. Johel écoute Dieu qui lui parle, et, ce qui est curieux, c'est que Dieu porte un nimbe tout uni. Il y a eu transposition, et la divinité a passé, avec le nimbe croisé, de Dieu au prophète, pendant que l'humanité allait du prophète à Dieu. Ces erreurs sont pleines d'intérêt; elles jettent un certain jour sur l'instruction des artistes chrétiens.

Le nimbe de Dieu ne se croise pas de suite; les premiers monuments chrétiens ne mettent pas le nimbe, comme on le remarque sur les sarcophages généralement, ou le mettent uni. Voyez, pour ce dernier fait, un vieil ivoire qui appartient à M. le comte Auguste de Bastard[2], la bible de Charles le Chauve[3], la première et la plus ancienne partie du manuscrit d'Herrade[4]. Dans ce dernier ouvrage, à l'exception du Dieu qui crée les anges, les autres représentations de la divinité ont le nimbe uni et sans croix jusqu'au folio 54. Dans ce dessin,

---

[1] *Officium ecclesiasticum*, Bibliothèque de l'Arsenal, Théol. lat. 123, f° 197, verso.

[2] Cette sculpture, qui pourrait être du IVᵉ ou Vᵉ siècle, représente le paralytique guéri par Jésus, l'hémorrhoïsse touchant les vêtements de l'Homme-Dieu, et les pourceaux se précipitant dans la mer à la voix du créateur incarné. Jésus, dans ces trois scènes, est imberbe, orné d'un nimbe tout uni, et chaussé de sandales.

[3] A la création, dans cette belle bible, le Dieu qui crée est jeune, imberbe, à nimbe sans croisillons, pieds nus, un bâton à la main.

[4] *Hortus deliciarum*, ms. rempli de superbes miniatures. C'est une encyclopédie compilée, dit-on, et même peinte en 1180, par Herrade de Landsberg, abbesse du couvent de Sainte-Odile, en Alsace. Ce manuscrit appartient à la bibliothèque de Strasbourg.

NIMBE.

17. — JÉSUS IMBERBE, À NIMBE UNI.
Fresque des catacombes, premiers siècles du christianisme.

qui est tiré d'une fresque des catacombes de Rome[1], et qui représente Jésus-Christ imberbe, assis entre ses deux apôtres debout, saint Pierre et saint Paul, Jésus porte le nimbe uni et non croisé, absolument comme le portent les deux apôtres. L'âge de cette peinture est indécis; mais ce monument date des premiers siècles de l'église, et cet exemple du nimbe chrétien est le plus ancien qu'on ait pu trouver. Les autres représentations de Dieu sont sans nimbe ainsi que la suivante, où Jésus est encore imberbe et à longs cheveux [2].

---

[1] *Roma sotterr.* p. 475.
[2] Jésus imberbe est assis sur un trône, les pieds posant sur l'écharpe que tient une femme nue, et qui représente la personnification de la terre. La Terre sert d'escabeau à Jésus, d'après le texte d'Isaïe : « Ponam terram scabellum pedum tuorum. » (V. la Rome souterraine.) — Dans ce tableau la figure allégorique qui sert de support à Jésus est une femme, parce qu'elle représente la terre probablement; ailleurs c'est un vieillard barbu. Il est vraisemblable que dans ce cas cet homme âgé représente le ciel. Ce vieux Ciel serait donc un motif emprunté aux idées du paganisme; plus d'une fois l'art chrétien s'est approprié les idées mythologiques. Ces idées, d'ailleurs, avaient pu être prises au monothéisme, à la religion des juifs; le christianisme, en les reprenant aux païens, rentrait donc dans son bien.

18. — JÉSUS IMBERBE, SANS NIMBE.
Sculpture des sarcophages du Vatican, premiers siècles du christianisme.

Les anges, comme les saints de ce monde, portent le nimbe uni. Cependant des monuments assez nombreux offrent des anges dont le nimbe est croisé comme le nimbe de Dieu lui-même. Il y a plusieurs explications à cette anomalie : ou l'artiste s'est trompé, ce qui arrive quelquefois, et a croisé par inadvertance un nimbe qui devait rester uni; ou il a représenté la scène historique de l'Ancien Testament, qui raconte qu'Abraham ayant rencontré trois anges se prosterna aux pieds de l'un d'eux seulement et l'adora : TRES VIDIT, UNUM ADORAVIT.

Les commentateurs ayant déclaré que ces trois personnages représentaient la Trinité sous la forme de l'ange, les artistes suivirent les prescriptions des théologiens et croisèrent le nimbe à cet ange divin qu'adorait Abraham. La bible n° 6 de la Bibliothèque royale a même ôté les ailes et donné une barbe à ce personnage devant lequel Abraham se prosterne, afin d'en faire plus positivement un Dieu [1].

19. — UN DES TROIS PERSONNAGES CÉLESTES QUI APPARAISSENT AU PATRIARCHE ABRAHAM, PORTANT LE NIMBE CROISÉ OU TIMBRÉ D'UNE CROIX.
Miniature du xe siècle, Bible n° 6, Bibliothèque royale.

A l'Histoire du diable on donnera un dessin tiré des Emblèmes bibliques, ms. du xiiie siècle, de la Bibliothèque royale, et qui offre trois anges combattant Béhémoth et Léviathan : l'un des trois, celui qui s'est chargé à lui seul de Béhémoth, tandis que les deux autres sont sur Léviathan, porte le nimbe

---

[1] Ces figures sont mauvaises, mais elles sont calquées scrupuleusement. Ce manuscrit est un des plus curieux sous le rapport archéologique, mais un des plus laids sous le point de vue esthétique.

croisé; ses deux compagnons le portent uni, et sont de simples anges. Y a-t-il une intention dans ce fait, ou est-ce une inadvertance? A-t-on voulu représenter Dieu en trois personnes réunies dans une et qui attaque le génie du mal, c'est-à-dire ce Béhémoth qui règne sur la terre, comme Léviathan, son associé, règne sur les eaux?

Le nimbe, avons-nous dit, entoure constamment la tête: c'est une couronne religieuse; mais à ce fait il y a une curieuse exception qui, du reste, ne concerne que Dieu. Quelquefois l'artiste, pour divers motifs qui seront développés dans l'Histoire archéologique de Dieu, n'a représenté de la divinité qu'une partie du corps, la main par exemple, la main sortant des nuages, tandis que le corps entier reste caché dans le ciel. Afin de montrer évidemment que cette main est la main divine, il l'a entourée d'un nimbe crucifère. Ces mains ainsi nimbées, et dont cet exemple,

20. — MAIN DIVINE SUR UN NIMBE CRUCIFÈRE.
Miniature du IXe siècle, Bibliothèque royale.

qui date du IXe siècle[1], est intéressant pour l'accentuation des croisillons et les rayons qui aboutissent, quatre par quatre, à la circonférence; ces mains sont la plus ancienne représen-

---

[1] *Liber precum*, Bibliothèque royale. La miniature représente le martyre de saint Étienne qui voit les cieux ouverts et cette main divine qui en sort.

tation du Père. Par respect, par une sorte de dogme religieux, ou même par mauvais vouloir, comme on le dira plus bas, on ne montra du Père qu'une main bénissante, sans nimbe d'abord [1], et avec un nimbe crucifère ensuite.

Non-seulement donc la face de Dieu, mais même sa main, lorsqu'il ne montre que sa main, est décorée du nimbe croisé; non-seulement le corps de la divinité se distingue à ce caractère, mais l'idéal de la divinité elle-même, le symbole sous lequel on l'a quelquefois enveloppée. Ainsi l'agneau est le symbole du Sauveur, car Jésus a versé son sang et donné sa vie sans se plaindre; il est le symbole de Jésus, que saint Jean-Baptiste montrait au peuple en disant : « Voici l'agneau de Dieu ». Ce symbole, dont l'usage aussi ancien que le christianisme subsiste encore aujourd'hui, est lui-même distingué par un nimbe crucifère. Sur la planche qui montre saint Jean-Baptiste tenant l'agneau, cet agneau divin n'a pas de nimbe, par omission certainement ou par difficulté à le sculpter sous un aussi petit espace; mais il est inscrit dans une auréole [2]. On retrouvera à l'Histoire de Jésus-Christ une planche qui donne une sculpture des catacombes, alors que le nimbe n'é-

---

[1] Voyez (*Peintures et ornements des manuscrits*) une main divine sans nimbe, au XI° siècle, première moitié, dans un recueil de traités divers, manuscrit de la Bibliothèque royale, fonds de Saint-Germain. Une autre main sans nimbe et apparaissant à saint Étienne lapidé se voit dans un missel de Saint-Denis, milieu du XI° siècle, manuscrit latin, supplément. Dans les fresques de Saint-Savin, XII° siècle, la main de Dieu, non nimbée, sort des nuages et bénit Melchisédech. Dans la cathédrale de Chartres, sur un vitrail qui représente l'histoire de Charlemagne et la mort de Roland, on voit une main de Dieu, non nimbée, sortant des nuages et apparaissant à Roland qui, dans sa détresse, sonne de l'oliphant et coupe un rocher avec sa Durandal. Ce vitrail est du XIII° siècle. Sur les anciens sarcophages, premiers siècles chrétiens, la main qui tend à Moïse les tables de la loi n'est jamais nimbée. Cependant, et malgré toutes ces exceptions, le nimbe circulaire et partagé par des croisillons, décore très-souvent la main du Père éternel; nous en verrons plusieurs exemples.

[2] Cette figure est à l'Histoire de Jésus-Christ; elle reproduit une statue colossale qui se dresse contre une paroi du portail septentrional de la cathédrale de Chartres.

tait pas encore adopté par les chrétiens, et où l'on a, du moins, distingué l'agneau divin des agneaux apostoliques par la croix qui domine son front. Sur la planche 13, page 22, l'agneau porte le nimbe crucifère, et chaque croisillon de ce nimbe est lui-même recroisé.

L'agneau est le symbole le plus constant et le plus populaire par lequel on figure Jésus-Christ, mais il n'est pas l'unique. Le lion symbolise la tribu de Juda[1], et Jésus descend de Juda par David[2]; Jésus, comme le lion de saint Marc, a rempli les déserts de sa grande voix évangélique[3]; Jésus vivait dans le tombeau[4], de même que le lion dort les yeux ouverts. Enfin puisque l'agneau, type de la douceur, représentait le Fils de Dieu, l'art, qui aime les contrastes, devait naturellement compléter ce symbolisme par le lion, type de l'énergie. En effet, la bible de Charles le Chauve[5] montre l'agneau divin orné du nimbe crucifère, en regard d'un lion qui porte le nimbe également partagé par la croix. C'est le Christ dans sa plénitude symbolique, et prêt à rompre les sceaux du livre mystérieux près duquel il est placé. Suger[6] confirme cette explication. Dans un grand vitrail qu'il avait fait exécuter pour la fenêtre

---

[1] « Catulus leonis Juda, » dit la Genèse, cap. XLIX, v. 9.

[2] Saint Matthieu, cap. I, v. 1 et 2. L'Apocalypse, cap. V, v. 5, dit : « Ecce vicit leo de « tribu Juda, radix David. »

[3] « Marcus ut alta fremit vox per deserta leonis. » »

[4] Alciat explique ainsi la présence des lions sculptés qui gardent souvent l'entrée des églises :
  Est Leo, sed custos, oculis quia dormit apertis;
  Templorum idcirco ponitur ante fores.

[5] Cette bible est à la Bibliothèque royale. M. de Bastard (*Peintures et ornements des manuscrits*) a reproduit la miniature où le lion et l'agneau, nimbés tous deux du nimbe crucifère, sont en face l'un de l'autre et séparés par le livre de l'Apocalypse.

[6] *De Administratione sua*, ap. Félibien, *Histoire de l'abbaye royale de Saint-Denis*.

[*] Inscription de Saint-Paul-hors-les-Murs, copiée ou reproduite dans plusieurs évangéliaires manuscrits, notamment dans les *Quatuor Evangelia*, Théol. lat. 33, bibliothèque de l'Arsenal.

occidentale de Saint-Denis, il fit représenter, entre autres sujets symboliques, le lion et l'agneau divins brisant les sept sceaux du livre apocalyptique. Les deux vers suivants, qu'il composa et qu'il fit peindre sur ce vitrail, expliquaient le sujet:

Qui Deus est magnus, librum Leo solvit et Agnus.
Agnus sive Leo fit caro juncta Deo.

Il est probable que ce lion et cet agneau, qui n'existent malheureusement plus, avaient le nimbe crucifère, comme le lion et l'agneau de la bible de Charles le Chauve.

Le nimbe est le rayonnement de la tête, et comme la tête est sphérique, ce rayonnement doit être circulaire; aussi le nimbe est-il presque toujours rond. Cependant il y a des nimbes triangulaires et des nimbes carrés qui entourent les têtes divines; en voici l'explication probable. Le jet lumineux du front et des tempes est représenté plus abondant, plus gros et plus long, parce qu'il est plus énergique. Dans ce cas, le nimbe circulaire est partagé par des croisillons, par des rayons qui vont du centre à la circonférence. Mais à de certaines époques, au XVe siècle particulièrement, ces jets ont été figurés débordant la circonférence du disque, et, pour déplaire moins à la vue, on a retranché cette circonférence[1]. D'un autre côté certains artistes, dans certains pays, ont voulu rattacher entre eux ces trois rayons du front et des tempes, et, tirant une ligne droite de l'extrémité de celui-là à l'extrémité de celles-ci, ils ont figuré une pyramide dont la pointe est en haut, et à laquelle ils ont donné pour base une ligne horizontale, réunissant entre elles les deux flammes des tempes, comme les deux côtés de la pyramide unissaient les tempes au front. On figura ainsi un triangle[2].

---

[1] Voyez le dessin n° 7, page 12.
[2] Voyez le dessin n° 4, page 9.

Mais ce triangle, obtenu par hasard peut-être, ou tout au plus involontairement et par nécessité, s'est maintenu dans l'iconographie et s'est développé par une raison très-élevée, une raison mystique. De tout temps le triangle a été la formule géométrique de la divinité, de la trinité. Une seule aire, terminée par trois angles, figurait merveilleusement l'unité de Dieu en trois personnes. Aussi l'Italie, plus idéale que la France et que tout notre Occident, s'est-elle empressée d'adopter une forme de nimbe qui figurait le dogme fondamental du christianisme. La Grèce a fait comme l'Italie, et, de plus, elle a déclaré positivement que ce triangle exprimait bien la divinité, l'être par excellence, car dans chacun des trois angles, elle a placé l'une de ces trois lettres ο ων, l'être [1].

Les Grecs, plus mystiques encore que les Italiens, ne se sont pas contentés d'un seul triangle ; ils ont fait des nimbes composés de deux triangles qui se coupent et qui représentent cinq angles au lieu de trois. Si un seul triangle exprime la divinité complète, deux triangles semblent indiquer l'infini de la divinité. Il y a là un fait analogue à celui du nimbe orné de croisillons recroisés ; c'est une manière assez ingénieuse de figurer Dieu dans sa toute-puissance [2]. Il est à remarquer en effet qu'on a toujours cherché à figurer par le nimbe les propriétés divines. L'être est désigné par les trois lettres grecques, la trinité par le triangle, l'infini de la divinité par le double

[1] Voyez une gravure grecque représentant l'Annonciation, et qui vient du mont Athos dont elle reproduit une fresque. Au mont Athos, à Karès, qui est la capitale de cette province de moines, on vend des gravures sur cuivre, noires ou coloriées, représentant tous les monastères et tous les skites (villages) de la montagne. En outre, ces images, analogues à celles qui se font à Épinal, reproduisent les principaux saints et les principales histoires du christianisme. On a donc, par ce moyen, toute l'iconographie grecque. J'ai rapporté une série complète de ces gravures qui, du reste, sont assez grossières, mais qui ont beaucoup d'intérêt.

[2] Planche 13, page 22.

triangle, l'éternité par le cercle, la vie par le carré, l'éternité de l'existence par le carré inscrit dans le cercle.

21. — DIEU LE PÈRE À NIMBE BI-TRIANGULAIRE ; DIEU LE FILS À NIMBE CIRCULAIRE ; LE SAINT-ESPRIT SANS NIMBE ET DANS UNE AURÉOLE [1].
Fresque du mont Athos.

C'est donc aux personnes divines que la forme triangulaire

[1] Cette représentation de la Trinité est tirée d'une fresque d'un des grands couvents du mont Athos. Le Saint-Esprit est inscrit dans une auréole qui rayonne et qui enveloppe dans ses feux les deux autres personnes. Le Saint-Esprit n'a pas de nimbe. Le Fils a un nimbe circulaire avec les croisillons, où se lit o ων. Le Père porte un nimbe bi-triangulaire, et l'o ων est tracé dans les coins du triangle dont la pointe ou sommet est en haut — Voyez en outre une gravure grecque représentant le monastère de Saint-Paul, un des couvents du mont Athos. La partie inférieure de cette gravure donne une vue générale du monastère ; le haut représente la Trinité. Le Fils et le Saint-Esprit ont le nimbe circulaire et croisé ; le Père a le nimbe bi-triangulaire. Les cinq pointes du triangle sont reliées entre elles par un cercle. Une autre gravure, où est figuré le couvent athonite de Chilandari, montre la sainte Trinité couronnant la vierge Marie. Marie a le nimbe circulaire et uni, le Saint-Esprit le nimbe circulaire et rayonnant, Jésus-Christ le nimbe circulaire, croisé et portant o ων; le Père seul se distingue par le nimbe triangulaire. Ainsi donc, de la Vierge aux personnes divines on monte en dignité, comme des saints aux anges. De plus, l'artiste a peut-être voulu exprimer par la différence des nimbes la différence de relation qui existe entre les personnes divines elles-mêmes. Ainsi les variétés du nimbe exprimeraient cette hiérarchie pour les créatures et cette relation pour les personnes de la Trinité. Ce qu'on voit sur les gravures grecques, on le voit aussi sur les peintures à fresque des églises de la Grèce : les gravures sont une reproduction, un calque de ces peintures. Nous citons les dessins plutôt que les fresques, parce qu'on peut se procurer assez facilement les gravures et vérifier les faits que nous avançons.

du nimbe est attribuée exclusivement; le plus souvent c'est au Père éternel qu'elle est réservée. Quelquefois les autres personnes portent ce triangle, mais c'est dans les représentations de la Trinité, et parce que le Père est avec elles. Cependant, même alors, à côté du Père qui a le triangle, on voit souvent le Fils et le Saint-Esprit qui n'ont que le cercle : du reste, ces deux personnes, comme la première, jouissent seules du triangle divin. Dans un Dante, imprimé au xvie siècle et qui est orné de gravures, on remarque une Trinité composée de trois têtes sur un seul corps; cette Trinité est ornée d'un nimbe triangulaire, un seul pour les trois têtes[1]. Quelquefois le Père et le Fils portent tous deux le triangle, tandis que le Saint-Esprit est environné d'une auréole circulaire. Ainsi sont figurées les personnes divines sur l'ÉPIGONATION dont se décorent quelquefois les archevêques et évêques grecs; ainsi le remarque-t-on sur l'épigonation que porte une grande image de saint Nicolas, et qu'on voit au principal couvent des Météores, en Thessalie, près de l'ancienne ville de Tricca, aujourd'hui Triccala[2]. Donc, le triangle appartient surtout au Père, quelquefois au Fils, rarement au Saint-Esprit, jamais à la Vierge ni aux apôtres.

Les anciens : les platoniciens, les néoplatoniciens, Pythagore, Plutarque, Pline, Vitruve, etc. se sont beaucoup étendus sur la valeur géométrique et symbolique du triangle.

---

[1] Voyez ce dessin plus bas, à l'Histoire de la Trinité. Comme dans cette iconographie il a fallu être sobre de figures, lorsqu'un fait particulier est énoncé et que le dessin ne vient pas le démontrer, on peut être à peu près sûr de trouver ce dessin dans un autre paragraphe, parce qu'il y occupe une place où il est plus nécessaire. On prie donc les personnes qui liront ce travail de feuilleter les gravures, pour trouver la solution de certaines difficultés ou l'éclaircissement graphique de certains faits qui pourraient les embarrasser.

[2] L'*épigonation* (ἐπιγονάτιον) est un ornement en losange qui pend sur le genou droit, d'où vient son nom (ἐπί et γόνυ), et qui fait partie, comme l'étole chez nous, du costume pontifical. Cet épigonation est brodé d'ornements ou de figures; parmi ces figures on remarque assez souvent la Trinité.

Dans les traditions de l'Inde et de toute l'Asie, la triade est un nombre mystérieux; c'est l'image des attributs de l'Être suprême, car elle réunit en elle les propriétés des deux premiers nombres, de l'unité et de la dyade [1]. L'écho de ces discussions sur les nombres a retenti et s'est grossi pendant toute la durée du moyen âge. Saint Angilbert, le père de Nithard et le compagnon de Charlemagne, fit construire en triangle l'abbaye de Centula, ou Saint-Riquier. Le cloître était triangulaire, et à chaque angle se dressait une église. Dans chaque église, le nombre trois brillait aux autels, aux chandeliers, aux CIBORIA. Ces églises étaient desservies chacune par cent moines, dont le nombre entier était de trois cents, et par trente-trois enfants de chœur: tout cela, et c'est dit expressément, avait été ordonné en l'honneur de la sainte Trinité [2].

[1] M. le baron de Gérando, *Vie de Pythagore,* dans la Biographie universelle.

[2] « Claustrum monachorum triangulum factum est. Sicque sit, ut dum hic inde parietes
« sibi invicem concurrunt, medium spatium sub divo triangulum habeatur. — Quia igitur
« omnis plebs fidelium sanctissimam atque inseparabilem Trinitatem confiteri, venerari,
« et mente colere, firmiterque credere debet, secundum hujus fidei rationem in omnipo-
« tentis Dei nomine tres ecclesias principales, cum membris ad se pertinentibus, in hoc
« sancto loco, Domino cooperante, et prædicto domino Augusto (il s'agit de Charlemagne)
« juvante, fundare studuimus. (C'est Angilbert qui parle lui-même.) — In ecclesia sancti
« Benedicti altaria parata tria; in ecclesiis vero sanctorum angelorum Gabrielis, Michaëlis
« et Raphaëlis, altaria tria, quæ simul fiunt altaria triginta, et ciboria tria, et lectoria tria.
« — Quapropter trecentos monachos in hoc sancto loco regulariter victuros, Deo auxiliante,
« constituimus. — Centum etiam pueros scholis erudiendos sub eodem habitu et victu sta-
« tuimus, qui fratribus per tres choros divisis in auxilium psallendi et canendi intersint:
« ita ut chorus Sancti-Salvatoris centenos monachos cum quatuor et triginta pueris habeat;
« chorus Sancti-Richarii centenos monachos, tresque et triginta pueros jugiter habeat;
« chorus psallens ante Sanctam-Passionem centenos monachos, triginta tribus adjunctis
« pueris, similiter habeat. Ea autem ratione chori tres in divinis laudibus personabunt,
« ut omnes horas canonicas in commune simul omnes decantent. Quibus decenter exple-
« tis, uniuscujusque chori pars tertia ecclesiam exeat, et corporeis necessitatibus vel aliis
« utilitatibus ad tempus inserviat, certo temporis spatio interveniente ad divinæ laudis
« munia celebranda denuo redeuntes. In unoquoque etiam choro id jugiter observetur,
« ut sacerdotum ac levitarum reliquorumque sacrorum ordinum æqualis numerus tenea-

De notre temps, Cambry lui-même, dans ses Monuments celtiques, a déclaré que le triangle représentait les trois qualités divines qui ne peuvent se séparer : être, penser, parler[1]. Donc, puisque le triangle, à toutes les époques, a été l'expression géométrique de la Trinité, on conçoit que le nimbe triangulaire se donne à Dieu.

Cependant la France abolit souvent le nimbe de Dieu, le nimbe circulaire à trois rayons, mais ne le déforme pas, ne le ramène pas au triangle. Cette opération s'est faite en Italie, où une variété, désespérante pour l'antiquaire, déroute toutes les règles fixes qu'on voudrait poser; elle s'est faite en Grèce, où certaines idées religieuses sont en désaccord avec les nôtres; elle s'est faite à la renaissance, qui livre à la fantaisie les lois des époques antérieures et qui abandonne la règle au caprice. La France est moins variable et se contente du cercle qui, du reste, va bien mieux à la tête. Les exemples qu'on pourrait rencontrer chez nous du nimbe en triangle devraient être signalés avec soin; ils seront toujours exceptionnels et pourront indiquer une influence grecque ou latine.

Que le triangle se donne à Dieu, puisque Dieu est triple (DEUS TRINUS UNUS, dit Lactance), on le conçoit; mais qu'on lui applique le carré, c'est moins explicable. En effet, le carré,

---

« tur. Cantorum nihilominus et lectorum æquali mensura divisio ordinetur, qualiter cho-
« rus à choro invicem non gravetur. » (*Acta SS. ord. S. Benedicti*, IVe siècle bénédictin, 1re partie, Vie de saint Angilbert.)

On a cru utile de transcrire une partie de ce texte, qui est certainement l'un des plus intéressants que l'archéologie chrétienne puisse recueillir pour l'histoire des monuments symboliques. Ce cloître triangulaire n'existe plus malheureusement, et cette perte est irréparable, car il n'y a pas ailleurs un monastère affectant ainsi la forme symbolique du triangle.

[1] Il aurait pu mettre *agir* à la place de parler, parce que la parole n'est qu'une des mille variétés de l'action, qu'un seul mode de l'activité intellectuelle qui est infiniment multiple. Cependant Dieu fait tout par sa parole et, dans ce sens, Cambry aurait raison. (*Monuments celtiques*, par Cambry, in-8°. Paris, 1805, p. 157.)

dans les opinions pythagoriciennes et néoplatoniciennes symbolise la terre; or, au figuré comme au réel, la terre est inférieure au ciel, dont, suivant les idées anciennes, elle ne serait que le piédestal tout au plus. Cependant on a donné quelquefois à Dieu et à Dieu le père des nimbes carrés : il est difficile d'expliquer ce fait, surtout quand on sait qu'en Italie on a gratifié de ce nimbe rectangulaire des personnages vertueux, mais peints de leur vivant, et pour les distinguer des personnages ou des saints morts. Le vivant, quelque saint qu'il soit, est toujours inférieur au saint mort, de quelque peu de réputation qu'il jouisse; le vivant est un homme, le mort canonisé est presque un dieu. De là le carré, expression géométrique de la terre, orne la tête des vivants, et le cercle, forme céleste, décore la tête des saints du paradis[1]. Mais pourquoi donc le Créateur de tous ces êtres vivants ou morts porte-t-il un attribut qui le rabaisse jusqu'à la condition de sa créature, et de sa créature vivante et non glorifiée encore? Il faut dire que le nimbe carré donné à Dieu est ordinairement concave et non droit sur les côtés, tandis que celui des vivants est en ligne droite et non en ligne arrondie en creux; il faut dire surtout que ce nimbe de Dieu est presque toujours posé sur angles, en losange, et non pas sur les côtés comme celui des vivants[2].

[1] Les Bollandistes (*Acta SS. maii*, tom. I, p. LXII de l'introduction aux saints de ce mois) ont fait graver une peinture du Mont-Cassin. Elle représente saint Benoît qui donne sa règle à l'abbé Jean. Saint Benoît porte le nimbe circulaire aussi bien qu'un ange qui est derrière lui pour l'assister de ses conseils; l'abbé Jean, au contraire, a le nimbe carré. Les Bollandistes disent à ce sujet : « Vides gemmatum utrique circa caput « ornatum, cum hac diversitate quod S. Benedicto, ut æternitatem felicem adepto, caput « ambiat circulus, æternitatis symbolum; Johanni vero, ut adhuc viventi, quadratum « quid post caput sit, quo creditur firmitas fidei, velut quadro lapide immobiliter nixæ, « repræsentari. » — Si le nimbe carré désigne la force de la foi, pourquoi le donner à Dieu qui est l'objet même de la foi?

[2] Dans une mosaïque de Saint-Jean-de-Latran, Dieu est orné du nimbe carré posé sur côtés et non sur angles.

42 ICONOGRAPHIE CHRÉTIENNE.

22. — DIEU LE PÈRE À NIMBE EN LOSANGE.
Miniature du xive siècle, manuscrit italien de la Bibliothèque royale.

Raphaël aussi donne au Père le nimbe en losange, mais à côtés droits[1]. Peut-être que ce losange fut regardé par les artistes comme un emblème purement mystique, comme un symbole dégagé de tout élément matériel. Dans ce cas, le nimbe en losange ne représenterait plus qu'une idée analogue à celle qui est figurée par le nimbe triangulaire. Enfin, dans l'abside de Saint-Jean-de-Latran, à Rome, une mosaïque exécutée de l'an 1288 à 1294, sous le pape Nicolas IV, offre Dieu le père, sous les traits de Jésus, sortant à mi-corps des nuages; au-dessous de lui est le Saint-Esprit, et plus bas est la croix richement décorée, la croix gemmée. Le Père porte un nimbe qui n'est plus en losange, comme dans les exemples précédents, mais carré comme ceux des papes Grégoire et Pascal : Dieu est vivant. Mais ce nimbe carré est inscrit dans un nimbe circulaire; or le cercle est l'emblème de l'éternité : Dieu est donc éternellement vivant[2]. Je suis et je serai, dit l'Éternel dans plusieurs

---

[1] Le nimbe à côtés concaves est du manuscrit *Speculum humanæ salvationis*; le nimbe à côtés droits est dans la Dispute du Saint-Sacrement.

[2] M. Tournal donne cette explication, et je l'accepte très-volontiers. Je dois à l'obli-

passages des livres sacrés[1]; voilà ce que peut signifier ce carré saisi dans l'aire d'un cercle, car la vie est inscrite dans l'éternité.

Le champ du nimbe divin est ordinairement plus orné que celui des nimbes donnés aux anges, aux hommes et aux êtres allégoriques. La tête divine, foyer de toute lumière, a presque toujours projeté des rayons et des faisceaux de lumière sur le fond du nimbe. Au XVe siècle, ces rayons et ces faisceaux qui, jusque-là, s'étaient arrêtés à la circonférence, où ils se reliaient, s'isolent l'un de l'autre. La circonférence disparaît, les rayons restent seuls.

Ces rayons sont droits ordinairement et tous égaux; quelquefois ils se serrent en gerbe au front et aux tempes, et débordent les rayons intermédiaires; quelquefois ils sont tous flamboyants ou alternativement flamboyants et droits.

Pendant les époques primitives du christianisme, alors que Jésus-Christ était très-souvent, presque toujours, représenté sous la forme d'un agneau, cet agneau se montra ordinairement sans nimbe; souvent aussi il porta un nimbe circulaire. Ce fut un peu plus tard qu'on croisa le champ du nimbe; mais dès lors ce champ fut, rarement il est vrai, marqué du monogramme de la personne divine que représentait l'agneau, du X et du P, deux lettres grecques qui ouvrent le nom de ΧΡΙΣΤΟΣ. Enfin l'A et l'Ω, monogramme commun aux trois personnes divines, lettres qui signifient le commencement et la fin, escortèrent le monogramme spécial du Christ, comme on le voit dans le dessin suivant[2].

geance du savant antiquaire de Narbonne un dessin de cette curieuse mosaïque relevée récemment à Rome par lui-même.

[1] La durée y est même plus complète encore, puisqu'elle embrasse, non-seulement le présent et l'avenir, mais encore le passé : « Ego sum.... qui est, et qui erat, et qui venturus est. » (*Apocalyp.* c. 1, v. 8.)

[2] Cet agneau est dessiné dans la *Roma sotterranea*, p. 591. Il est posé sur la montagne

44   ICONOGRAPHIE CHRÉTIENNE.

23. — AGNEAU DIVIN À NIMBE CIRCULAIRE, NON CRUCIFÈRE, MARQUÉ DU MONOGRAMME DE JÉSUS-CHRIST, ET DE L'α ET DE L'ω.

Sculpture d'un sarcophage du Vatican, premiers siècles chrétiens.

NIMBE DES ANGES ET DES SAINTS.

L'ange porte le nimbe circulaire, mais à champ uni[1]. Quelquefois cependant, en Italie surtout et en Grèce[2], aux XIVe, XVe, XVIe et XVIIe siècles, ce champ est décoré d'une arcature, de rinceaux, de cordons de perles et même de rayons; mais il faut remarquer que, dans ce dernier cas, les rayons sont semés sans nombre et non pas limités à trois, comme au nimbe

mystique d'où sortent les quatre fleuves du paradis : le Phison, le Gehon, le Tigre et l'Euphrate.

[1] Voir à l'Histoire de l'ange les divers portraits que l'on donne de ces créatures célestes.

[2] Sur les fresques de la Grèce, non-seulement le nimbe est peint, mais il est encore sculpté ou modelé. Avant que de peindre cet insigne, on imprime sur la couche fraîche une matrice en bois qui donne des ornements en creux et en relief. Sur cette pâte ainsi modelée le peintre étend ses couleurs; ainsi faisait-on chez nous à de certaines époques, surtout au XIIIe siècle. Le soubassement intérieur de la Sainte-Chapelle de Paris, chapelle haute, présente des nimbes exécutés de cette façon, modelés d'abord et peints ensuite. C'est à ces creux et à ces saillies des nimbes qu'en 1836 j'ai soupçonné, dans une chapelle absidale de Saint-Julien de Brioude, des peintures à fresque cachées sous plusieurs couches de badigeon. Ces peintures doivent être dévoilées aujourd'hui.

de Dieu. Il semble qu'il en soit des rayons du nimbe comme des fleurs de lis du blason : les fleurs de lis sans nombre attestent une noble mais non royale origine, tandis que les trois fleurs de lis seulement caractérisent la royauté, du moins à partir d'une certaine époque. De même aussi les trois rayons du nimbe désignent la divinité, et les rayons plus nombreux s'attribuent aux créatures, surtout aux anges, les plus nobles d'entre elles. Ainsi donc, jamais l'ange ne porte le nimbe croisé, à moins que cet ange ne personnifie Dieu comme chez les Grecs. En Grèce, Jésus-Christ est appelé l'ange de la grande volonté (ὁ ἄγγελος τῆς μεγάλης ϐυλῆς), et on le voit souvent représenté, au fond de l'abside latérale gauche, sous la forme d'un grand ange ailé et imberbe. Cet ange divin, ce dieu messager (ἄγγελος), admirable création particulière à la Grèce, porte le nimbe divin. Dans la scène où Abraham, voyant trois anges, se prosterne aux pieds de l'un d'eux qu'il adore, l'ange adoré porte le nimbe croisé assez souvent, pour signifier que celui-là représentait Dieu[1].

Il y a de très-nombreuses exceptions à ce fait: d'ordinaire ces trois anges ne diffèrent en rien des autres créatures de la céleste hiérarchie et portent, comme elles, le nimbe tout uni, ou du moins non partagé par une croix.

Les personnages de l'Ancien Testament, en Orient surtout, sont nimbés comme les saints du Nouveau. En Occident, les patriarches, les juges, les prophètes et les rois juifs sont bien moins honorés. Jacques de Vorage, dans sa Légende dorée, dit qu'on ne fait pas la fête des saints de l'Ancien Testament, si ce n'est des saints Innocents, qui ont souffert pour le Christ;

---

[1] Voyez le dessin 19, p. 31, où l'une des trois personnes qui apparaissent à Abraham porte le nimbe crucifère, tandis que les deux autres, qui sont de simples anges, ont le nimbe uni.

des Machabées, dont la patience, le courage dans les supplices est proposé en exemple aux chrétiens; enfin, de saint Jean-Baptiste, parce qu'il sert d'anneau entre la Bible et l'Évangile [1]. Du reste, il n'y a pas de fête pour Adam, pour Abel, pour Noé, pour Abraham, ni pour Moïse, Samuel, David ou Isaïe; on ne les appelle pas saints, ils ne servent pas de patrons, et l'on prend rarement leur nom au baptême. Dans les litanies, où l'on nomme les saints et saintes du christianisme un à un, on se contente d'invoquer en masse les personnages bibliques : « Vous tous patriarches, vous tous prophètes, priez pour nous ! » Voilà ce qui se passe en Occident. En Orient, en Grèce, en Asie, il n'en est pas ainsi : on dit saint Abraham, saint Isaac, saint Jacob, saint David, saint Salomon, saint Isaïe. En baptisant un nouveau-né, on lui impose souvent un de ces noms bibliques tout aussi bien qu'un nom évangélique; on peut même dire que les noms de la Bible sont préférés en Orient, et y sont plus distingués que les autres. On dédie des églises à saint Abraham, à saint Isaac, à saint David. On peint ces personnages très en détail dans les églises; on les invoque un à un dans les litanies. Dès lors, regardés comme saints et au même titre que les apôtres, que les martyrs, que les confesseurs, on leur met un nimbe autour de la tête, un nimbe circulaire, un nimbe quelquefois décoré de rinceaux dans le champ. Dans la jolie église du monastère de Kaiçariani, qui se cache dans un pli du mont Hymette, au S. E. et à un myriamètre d'Athènes, on voit ainsi Adam peint à fresque avec un nimbe à la tête et le titre de $\ddot{\alpha}\gamma\iota o\varsigma$ (saint).

---

[1] « Notandum quod Ecclesia orientalis facit festa de sanctis utriusque Testamenti; occidentalis autem non facit festa de sanctis Veteris Testamenti, eo quod ad inferos descenderunt, præterquam de Innocentibus, eo quod in ipsis singulis occisus est Christus, et de Machabæis. De Machabæis, propter quatuor rationes, etc. » — *Légende dorée*, De sanctis Machabæis. — Il aurait fallu ajouter encore saint Joseph et sainte Élisabeth, auxquels on rend également un culte.

NIMBE. 47

Chez nous, dans les localités où l'esprit oriental et byzantin s'est fait jour, comme à Reims, comme à Troyes, comme à Saint-Savin près de Poitiers, et à Chartres, on voit de ces nimbes aux prophètes particulièrement, plus rarement aux patriarches et aux juges, plus rarement encore aux rois. Parmi les rois, les préférés et ceux qui se voient quelquefois avec le nimbe, sont David et Salomon. En Grèce, le nimbe s'étend à Ézéchias, à Manassé, rois saints, plus révérés que les autres. A Saint-Savin, sur les curieuses fresques que va publier le Comité des arts et monuments, on voit Abel et Caïn offrant un sacrifice à Dieu. Caïn, tête maudite, n'a pas de nimbe; Abel, le juste, est orné d'un nimbe jaune. Plus loin, lorsque Caïn, après avoir tué son frère, répond à Dieu, qui lui demande où est Abel, qu'il n'en sait rien et qu'il n'était pas chargé de le garder, on voit un nimbe autour de la tête du fratricide : c'est sans doute le signe dont Dieu marque Caïn pour qu'il ne soit pas tué comme une bête fauve[1]. Plus loin, à la scène où Abraham, après avoir vaincu les cinq rois de la Pentapole, reçoit le pain et le vin que lui apporte Melchisédech, on voit ce prêtre couronné comme un roi et nimbé en jaune, couleur d'or, comme un saint chrétien. A Chartres, Melchisédech, grande statue du portail latéral du nord, est nimbé et, de plus, coiffé d'une tiare comme un pape. On signalerait bien encore un petit nombre de faits analogues qui se remarquent dans quelques villes de France, à Bourges particulièrement, où l'on voit, sur un vitrail, Jacob et Élie nimbés[2];

---

[1] « Posuitque Dominus Caïn SIGNUM, ut non interficeret eum omnis qui invenisset eum. » (*Liber Genesis*, cap. IV, v. 15.)

[2] Voir la Monographie que MM. les abbés Cahier et Martin préparent sur la cathédrale de Bourges. Sur ce même vitrail, Abraham qui va sacrifier Isaac, Moïse qui fait jaillir l'eau du rocher, la Religion chrétienne qui assiste à la mort du Christ, ne sont pas

mais on peut dire, en général, que chez nous et dans tout l'Occident, on réserve le nimbe aux saints de l'Évangile, tandis qu'on le refuse ordinairement aux saints de la Bible. En Orient, au contraire, on prodigue toujours le nimbe aux uns et aux autres.

Saint Jean-Baptiste, même en Occident, où on fait non-seulement la fête de sa mort, mais celle de sa nativité, a toujours la tête nimbée; il ne perd cet attribut qu'à l'époque où les autres saints de l'Évangile en sont dépouillés. Saint Jean-Baptiste, le précurseur qui est circoncis encore, mais qui baptise déjà, qui montre l'Agneau de Dieu, qui prépare l'Évangile, qui est l'agrafe (FIBULA, comme dit l'Église le jour de sa fête) entre l'Ancien et le Nouveau Testament, saint Jean devait avoir un nimbe. Voici la représentation orientale de saint Jean-Baptiste avec son nom écrit en grec: ὁ ἅγιος Ἰοάννης ὁ Πρόδρομος saint Jean le Précurseur[1].

24. — SAINT JEAN-BAPTISTE NIMBÉ.
Fresque du couvent de Kaiçariani, mont Hymette.

nimbés. Il est rare cependant de voir ainsi la Religion chrétienne, l'Église, dépouillée du nimbe.

[1] Saint Jean tient sa tête dans un vase; il est vêtu d'une peau de chameau, il a une

NIMBE.   49

Saint Joseph, le père nourricier de Jésus, est ordinairement nimbé[1] ; cependant on le voit assez souvent sans nimbe[2], par exemple, à la clôture du chœur de Notre-Dame de Paris et sur un vitrail de Notre-Dame de Chartres, au fond de l'abside.

La vierge Marie porte le nimbe circulaire et souvent magnifiquement décoré[3]. La Vierge, la mère de Dieu, cette créature que le moyen âge, dans son culte, rapprocha autant que possible de son fils et du Créateur, jette des rayons non-seulement par la tête, mais par le corps et les mains. Elle n'a pas de nimbe croisé[4], puisque les croisillons sont réservés à la divinité, mais elle a le nimbe aussi riche que Dieu lui-même ; elle a l'auréole et la gloire entière, elle a les mains enflam-

ceinture de cuir et les cheveux incultes comme un pénitent ; il porte le nimbe circulaire. Les Grecs traduisent littéralement : « Voilà que j'envoie mon ange devant vous (*Marc*, cap. 1, v. 2) », et mettent constamment des ailes d'ange aux épaules de saint Jean-Baptiste. Chez nous, où l'on s'attache plus à l'esprit qu'à la lettre, on laisse le nimbe à saint Jean, comme on en verra deux exemples dans l'histoire de Jésus-Christ, mais on lui ôte les ailes.

[1] Saint Joseph, averti par l'ange de prendre la mère et l'enfant et de s'enfuir en Égypte, est nimbé dans le manuscrit du xi⁰ siècle, chronique et traités divers, manuscrit du fonds de Saint-Germain, Bibliothèque Royale. Dans le Bénédictionaire de saint Ethelwold, appartenant au duc de Devonshire, manuscrit du x⁰ siècle, Joseph est nimbé au moment où il assiste à la naissance de Jésus.

[2] Pas de nimbe au saint Joseph fuyant en Égypte, *Évangiles* de saint Martial, xiii⁰ siècle, appartenant à M. le comte Auguste de Bastard. Par contre, ce même manuscrit donne le nimbe aux rois mages et même à Hérode. Le nimbe indiquerait moins la sainteté que la puissance et dénoterait, par conséquent, que ce manuscrit s'est exécuté sous une influence plutôt byzantine que latine, et orientale qu'occidentale.

[3] Sur le retable de Saint-Germer, près de Beauvais, dans la chapelle de la Vierge, Marie porte un nimbe splendidement décoré de perles et d'une arcature. Jésus-Christ seul a le nimbe un peu plus riche encore. Voyez dans l'ouvrage de M. le baron Taylor, *Voyage dans l'ancienne France*, province de Picardie, une lithographie de ce bel autel du xiii⁰ siècle, exécutée par M. Nicolle, d'après un dessin de M. Lassus. Ce monument est sculpté et peint. M. Boeswilwald en a relevé et restauré toutes les peintures dans un dessin préparé pour l'exposition de 1842.

[4] Le nimbe croisé, attribué à la petite Marie venant au monde, dans le missel de Saint-Magloire, cité plus haut, page 27, est une exception unique ou plutôt une faute du miniaturiste.

mées, elle a l'arc-en-ciel pour trône, le soleil pour vêtements, la lune pour escabeau, les étoiles pour couronne, tout aussi bien que Jésus-Christ. Les fresques de Saint-Savin montrent ainsi la Vierge apocalyptique nimbée, assise sur le soleil et posant les pieds sur la lune. Au paragraphe de la gloire, nous verrons, par un dessin tiré du Campo-Santo, que Marie est aussi LUMINEUSE, aussi GLORIEUSE que son fils, qui est cependant représenté en grand juge et dans toute sa gloire. Enfin, dans ces derniers temps, on a frappé une médaille où Marie est représentée versant des ruisseaux de lumière avec les dix doigts de ses mains, absolument comme un grand Christ qu'on voit sculpté à Vezelay, et dont les mains répandent des flots de grâce sur ses apôtres : ces flots ont la forme de rayons sur l'effigie de Marie et sur celle du Christ.

Les apôtres sont toujours ornés du nimbe, comme cela devait être. Avec les personnes divines, les apôtres sont les premiers à prendre le nimbe et les derniers à le quitter[1]. Au portail occidental de la cathédrale de Reims, le nimbe de saint Pierre et de saint Jean évangéliste est orné de perles; sur les vitraux de la même église, dans le sanctuaire, des pierres précieuses ou des cabochons en émeraude, en rubis, en saphir, sont figurés sur le nimbe de presque tous les apôtres.

Tous les ordres des saints, les martyrs, les confesseurs, les vierges, les continents, sont ornés du nimbe et du nimbe circulaire[2].

Le champ du disque est plus ou moins orné, suivant l'époque et le pays où il a été fait, suivant la matière sur la-

---

[1] Au dessin 17, pag. 29, on a vu saint Pierre et saint Paul nimbés comme le jeune Jésus et aussitôt que lui.

[2] Voyez les voussures des cathédrales de Reims, de Paris et de Chartres. L'*Hortus deliciarum*, les Arts au moyen âge, les Peintures et ornements des manuscrits offrent des exemples très-nombreux et très-divers du nimbe.

NIMBE.   51

quelle il est exécuté. Aux époques anciennes du christianisme et à la renaissance [1], le nimbe est plus décoré que pendant le moyen âge proprement dit [2]. En Italie et en Grèce, le nimbe est moins simple que chez nous. Les Grecs, on l'a dit, ne se contentent pas de tracer sur leurs fresques des ornements au pinceau, ils pratiquent encore des reliefs dans leurs enduits. Enfin les nimbes exécutés en orfèvrerie, en ivoire, en émail ou en peinture sur verre, sont plus riches ordinairement que les nimbes sculptés sur la pierre de liais ou le granit. Les premiers sont exécutés avec plus de soin et plus de luxe; d'ailleurs il était plus facile et souvent il était nécessaire de les orner. La belle châsse de Mauzac, en Auvergne, montre ainsi la Vierge inscrite dans une gloire elliptique; Marie porte le nimbe circulaire, en émail bleu et semé de petites fleurs rouges [3].

---

[1] Un vitrail du xvi⁰ siècle, en grisaille, appartenant à M. Guénebault et représentant saint Jean-Baptiste qui tient l'agneau de Dieu, donne des nimbes chargés d'ornements et de rayons. Les beaux vitraux de Saint-Alpin, à Châlons-sur-Marne, de Sainte-Madeleine, à Troyes, et de l'église d'Épernay sont remplis de nimbes richement ornés. Ces vitraux sont également de la renaissance. Quant au rebord du nimbe, c'est ordinairement un ourlet brodé de perles ou un ruban plus ou moins brodé. Cet ourlet est très-riche aux nimbes du Christ et de Marie, sur le tympan de la cathédrale d'Autun, qui est cependant du xii⁰ siècle. La richesse du nimbe, employée comme moyen hiérarchique, est bien indiquée dans le Bénédictionaire de saint Ethelwold, évêque de Winchester. Là Marie, saint Pierre, saint Paul, saint Jean, ont un bien plus beau nimbe que le reste des apôtres et des saints. Ce manuscrit anglo-saxon est de Godemann, qui a marqué cette œuvre de son nom et qui, en 970, était évêque de Thorney.

[2] L'évangéliaire de Charlemagne, connu sous le nom d'Évangiles de Saint-Médard de Soissons, manuscrits latins de la Bibliothèque royale, offre de beaux exemples de nimbes richement ornés. Voyez saint Matthieu et son ange reproduits dans les Peintures et ornements des manuscrits. Le tympan de la cathédrale d'Autun, qui est du xii⁰ siècle, le retable de Saint-Germer, chapelle de la Vierge, xiii⁰ siècle, offrent de beaux exemples de nimbes striés et cannelés. Mais ces deux monuments, quoique en pierre, sont d'une richesse aussi grande que s'ils étaient en argent ou en or. Dans le retable de Saint-Germer, les nimbes sont, non-seulement modelés, mais encore rehaussés de couleurs.

[3] Voyez l'ouvrage de M. Mallay, architecte à Clermont-Ferrand, sur les églises romanes du Puy-de-Dôme. Plusieurs coffrets, châsses, croix et devants d'autel émaillés, donnés

Vers le xive siècle la mode prévalut, surtout en Allemagne, d'écrire dans l'intérieur du nimbe le nom du saint dont on ornait la tête. Ainsi les vitraux de la cathédrale de Strasbourg, qui représentent plusieurs rois et empereurs, qui sont du xie ou xiie siècle, mais qui ont été restaurés vers le xive, à la tête et au nimbe particulièrement, portent des nimbes où on lit : « Karolus-Magnus Rex, Rex Bippinus pater Karoli, Rex Hen- « ricus Claudus[1]. » Nous avons vu le premier, Charlemagne[2]; voici l'empereur Henri II, Henri le Boiteux, qui n'est qualifié que du titre de roi, comme Charlemagne lui-même, parce qu'alors les expressions de roi et d'empereur n'avaient pas la valeur qu'elles possèdent aujourd'hui.

par M. du Sommerard, dans l'Atlas et l'Album des Arts au moyen âge, viennent confirmer ce que prouve la châsse de Mauzac. Voyez principalement le Paliotto de Milan, la Palla-d'oro de Venise, l'autel d'or de Bâle, le reliquaire roman de Chartres.

[1] Cet *Henricus Claudus rex* est Henri, duc de Bavière, empereur après la mort d'Othon III, en 1002, sous le nom de Henri II. Il est mort le 13-14 juillet 1024, et a été canonisé en 1152 par le pape Eugène III. Saint Henri fut un des bienfaiteurs de la cathédrale de Strasbourg. Dans les chroniques allemandes, l'épithète de *Claudus* est traduite par *Lahme*, perclus, boiteux. Les quinze rois peints sur verre dans le latéral nord de la cathédrale de Strasbourg sont tous désignés comme bienfaiteurs de la cathédrale. C'est à eux qu'on doit les revenus considérables qui ont permis de bâtir le monument, et qui, aujourd'hui encore, sont employés à sa conservation. Aucun de ces empereurs et rois, à l'exception de Henri II et peut-être de Charlemagne, n'a été canonisé et n'est reconnu comme saint; tous cependant sont ornés du nimbe. Il y a là un fait curieux et qui mérite explication. M. Klotz, architecte de la cathédrale de Strasbourg, donnera certainement cette explication dans le travail graphique et littéraire qu'il prépare sur tous les vitraux du monument confié à ses soins. Des réparations importantes, exécutées à ces vitraux au xive siècle, mettront sur la voie d'une solution.

[2] Ci-dessus, planche 1, pag. 2. — Raphaël (*Dispute du Saint-Sacrement*) a peint plusieurs noms dans l'intérieur des nimbes qui décorent la tête des saints divers qui contemplent ou adorent l'hostie dans l'ostensoir ou soleil rayonnant. En France, aux xiie et xiiie siècles, on écrivait ordinairement le nom des saints sur la banderole que ces personnages tenaient à la main. L'inscription régnant autour du nimbe, comme une légende sur une médaille, est bien préférable; c'est une heureuse idée que de faire porter aux saints leur nom sur leur tête et dans le nimbe lui-même, qui est le signe de leur apothéose.

25. — L'EMPEREUR HENRI II, À NIMBE CIRCULAIRE ET MARQUÉ D'UNE INSCRIPTION.
Vitrail de la cathédrale de Strasbourg, XII° et XIV° siècles.

En Allemagne, cet usage a persisté jusqu'à la fin du XVI° siècle[1] ; de nos jours, on le pratique encore dans les tentatives qui se font en Bavière et dans le grand-duché du Bas-Rhin, pour ranimer l'art de la peinture sur verre.

Les Grecs suivent presque constamment cette pratique ;

---

[1] Voyez, entre autres, les vitraux de l'abside de la cathédrale, à Freybourg en Brisgau ; les beaux vitraux attribués à Albert Durer, et qui ornent la nef latérale du nord de la cathédrale, à Cologne.

mais, au lieu d'écrire le nom entier, ils ne mettent assez souvent que le monogramme ΙC̅. X̅C̅. (Jésus-Christ) et M̅P̅ Θ̅Υ̅ (la Mère de Dieu), pour le Christ et la Vierge, ou que les initiales Γ, M, P, M, H, Π, pour Gabriel, Michel, Raphaël, Moïse, Hélie, Pierre [1].

NIMBE DE PERSONNAGES VIVANTS.

Les vivants, quand ils étaient arrivés à un degré de sainteté reconnue et incontestée, se décoraient du nimbe, comme l'affirme positivement Jean le Diacre, et, d'après lui, Ciampini [2]. Mais, pour garder aux saints morts leur haute position, le nimbe du saint vivant était carré [3].

[1] Voyez une fresque qui surmonte la porte méridionale et latérale de la principale église d'Argos. Voyez, dans l'Histoire de Jésus-Christ et de l'Ange, des gravures tirées des fresques grecques, et représentant Jésus-Christ en archevêque et l'assemblée (Σύναξις) des archanges. Voyez une gravure représentant la transfiguration de Jésus-Christ (Μεταμόρφωσις), et où se trouve, dans le bas, une vue perspective du monastère de Coutloumousiou, près de Karès, au mont Athos. Dans le dessin où figurent les archanges, on voit Michel, Gabriel, Raphaël; leur nom est indiqué dans le nimbe par les monogrammes M, Γ et P.

[2] Jean le Diacre (*Vit. S. Gregorii*, lib. IV, cap. LXXXIV) dit, en parlant de Grégoire le Grand qui, de son vivant, avait fait exécuter son propre portrait : « Circa VERTICEM vero, « TABULÆ similitudinem, quod VIVENTIS insigne est, præferens, non CORONAM. Ex quo ma-« nifestissime declaratur quia Gregorius, dum adhuc viveret, suam similitudinem de-« pingi salubriter voluit. » Ciampini, qui avait d'abord adopté cette opinion, a dit ensuite le contraire (*Veter. monim.* pars. 2ᵉ, p. 140), mais sans raison; les faits et les textes sont contre lui. Toujours le nimbe carré que porte un personnage signifie que ce personnage vivait quand on l'a figuré. Le nimbe rectangulaire est fréquent en Italie : M. du Sommerard vient de le signaler à Saint-Apollinaire *in classe*, à Ravenne; Ciampini, dans la seconde partie des *Vetera monimenta*, en donne jusqu'à huit exemples; les Bollandistes, dans l'introduction au premier volume des *Act. SS.* du mois de mai, ont fait graver un nimbe carré; Séroux d'Agincourt (*Histoire de l'art par les monuments*) atlas de la peinture, offre de nombreux exemples divisés en trois types différents du nimbe rectangulaire; enfin les Arts au moyen âge, 9ᵉ série de l'Album, reproduisent, dans un magnifique dessin, le célèbre autel dit Paliotto de Saint-Ambroise de Milan, et là, l'évêque Angilbert qui, de son vivant, offre son autel à saint Ambroise, est orné du nimbe rectangulaire, tandis que saint Ambroise a le nimbe en cercle.

[3] Ce dessin représente le pape Pascal tenant l'église de Sainte-Cécile qu'il avait fait

26. — LE PAPE PASCAL À NIMBE CARRÉ.
Mosaïque de Sainte-Cécile de Rome, ixe siècle.

Le carré, ainsi qu'on l'a dit, est inférieur au rond dans les idées de Pythagore et des néoplatoniciens. Suivant ces idées, le carré est l'expression symbolique donnée par la géométrie à la terre; le rond est le symbole du ciel. Le rond est un carré perfectionné; le carré est un rond brisé ou diminué, suivant l'expression héraldique. Dans l'ancienne basilique de Saint-Pierre de Rome, on voyait la série des papes peinte à une époque très-reculée. Au xiiie siècle, le pape Nicolas III fit reproduire, mais un peu plus bas, cette galerie des pontifes romains. Dans cette galerie nouvelle, on avait représenté le pape Libère avec un nimbe carré, parce que le peintre, employé

bâtir, et où il s'était fait représenter en mosaïque. Cette mosaïque est de 820. Le même pape, toujours à nimbe carré, se voit à Rome, sur deux mosaïques qu'il a fait exécuter, l'une, en 815, dans l'église de Sainte-Marie della Navicella; l'autre, en 818, dans celle de Sainte-Praxède. (Voyez Ciampini, *Veter. monim.* pars secunda, tab. 44, 47 et 52.)

par le pape Nicolas, avait copié minutieusement la galerie ancienne où le pape Libère portait le nimbe rectangulaire. Cette forme pouvait convenir au portrait ancien, car ce portrait datait probablement du temps de Libère; mais elle ne pouvait s'appliquer au portrait du xiiie siècle, et le peintre reproduisait le nimbe rectangulaire sans se rendre compte de cette forme et sans en avoir le sens. Cette particularité exerce encore aujourd'hui l'intelligence des antiquaires; nous croyons en avoir donné la signification.

MM. les bénédictins de Solesmes se sont fortement préoccupés de ce nimbe carré, et en ont donné une autre explication[1]. « Nous nous permettrons d'observer, disent-ils, que cette différence dans la manière de représenter Libère a pu venir aussi de la chute que fit ce pape[2], par suite de laquelle la vénération de son nom avait pu s'affaiblir dans l'Église romaine, qui ne paraît pas en effet l'avoir jamais honoré d'un culte particulier, ainsi qu'elle l'a fait pour tous ses prédécesseurs et pour un grand nombre de ses successeurs immédiats. Cette différence de garder sa mémoire avait pu s'exprimer aussi dans un signe extérieur. » Cette explication est ingénieuse, mais elle ne nous paraît pas archéologique. Dans tous les cas, elle viendrait encore à l'appui de notre opinion symbolique sur le nimbe carré, à savoir que cette forme est inférieure à celle du nimbe rond, et que le nimbe rectangulaire est un nimbe circulaire brisé et diminué. On l'aurait donné à Libère, selon MM. les bénédictins, pour l'abaisser devant les autres papes qui portaient le nimbe rond, comme, en blason, on diffame les armoiries d'un noble qui a forfait.

En Italie, sur plusieurs fresques, vieux émaux, ivoires,

[1] *Origines de l'Église romaine*, tome I, pag. 167-168, in-4°. Paris, 1836.
[2] Libère adhéra à la condamnation de saint Athanase persécuté par les ariens.

mosaïques anciennes ou miniatures de manuscrits, on voit donc des nimbes carrés ou rectangulaires. Ni la Grèce, ni l'Allemagne, ni l'Angleterre, ni l'Espagne, n'offrent de ces sortes de nimbes qui sont particuliers à l'Italie [1]. En Italie on use abondamment du nimbe carré et on lui a donné plusieurs configurations : il est simplement rectangulaire, comme celui des papes Grégoire et Pascal qu'on vient de voir [2]; il est réellement en forme de table et avec indication de l'épaisseur, comme Ciampini en donne des exemples dans la seconde partie de son ouvrage [3]; il a la forme d'un triptyque, la tête posant sur la table du fond, et les deux volets étant à moitié ouverts, comme Séroux d'Agincourt en a fait graver des modèles; il est en forme de tableau carré, avec champ et encadrement, comme d'Agincourt en montre encore [4]; il est en forme de rouleau à demi déployé, comme l'exemple que nous donnons ici [5]. Peut-être existe-t-il d'autres variétés encore de cette singulière espèce de nimbe; il faudrait noter avec soin toutes celles qu'on pourrait rencontrer, pour qu'il fût permis d'arriver plus tard à une explication satisfaisante de ce fait bizarre, et dont la seule Italie donne des exemples.

[1] Cette particularité mériterait explication. Peut-être l'Italie, où les monuments chrétiens de tous les âges abondent, où les individualités ont toujours été plus prononcées que chez nous, devait-elle inventer une forme nouvelle et toutes les variétés de cette forme, tandis qu'ici et chez les autres peuples occidentaux on s'en tenait à un type uniforme.

[2] Pl. 5, p. 10; pl. 26, p. 55.

[3] *Vetera monimenta.*

[4] *Histoire de l'Art par les monuments,* peinture, pl. 53.

[5] *Ibid.* pl. 37 et 54. Ce dessin est tiré d'un pontifical, manuscrit à miniatures, latin, du IXe siècle, qui appartient à la bibliothèque de la Minerve, à Rome. Douze tableaux représentent le pontife consacrant des prêtres, et partout cet évêque porte le nimbe à rouleau. Un *Exultet,* dont plusieurs miniatures ont été reproduites par d'Agincourt, offre des exemples semblables.

27. — ÉVÊQUE VIVANT, ORNÉ DU NIMBE RECTANGULAIRE EN FORME DE ROULEAU.
Miniature d'un manuscrit latin du IXe siècle.

Ce fait, que révèle la quadrature du nimbe, est de la plus haute valeur, car il sert à assigner l'âge des mosaïques, des manuscrits et des autres monuments, lesquels sont incontestablement de l'époque où vivait le personnage à nimbe carré. Il est bien fâcheux que la France n'ait pas imité l'Italie, et n'ait pas réservé le nimbe carré pour les vivants, le nimbe rond pour les morts. Si l'on eût adopté cet usage, nous saurions aujourd'hui, et d'une manière certaine, la date de plusieurs monuments de sculpture, de peinture ou même d'architecture, sur lesquels nous discutons et discuterons peut-être éternellement sans pouvoir en assigner l'époque. La découverte d'un de ces nimbes serait d'une telle importance chez nous qu'on doit appeler fortement l'attention sur les attributs de cette forme.

28. — NIMBE CARRÉ À CHARLEMAGNE ET AU PAPE LÉON III; NIMBE CIRCULAIRE À SAINT PIERRE.
Mosaïque de Rome, *Triclinium* du Vatican, IXe siècle[1].

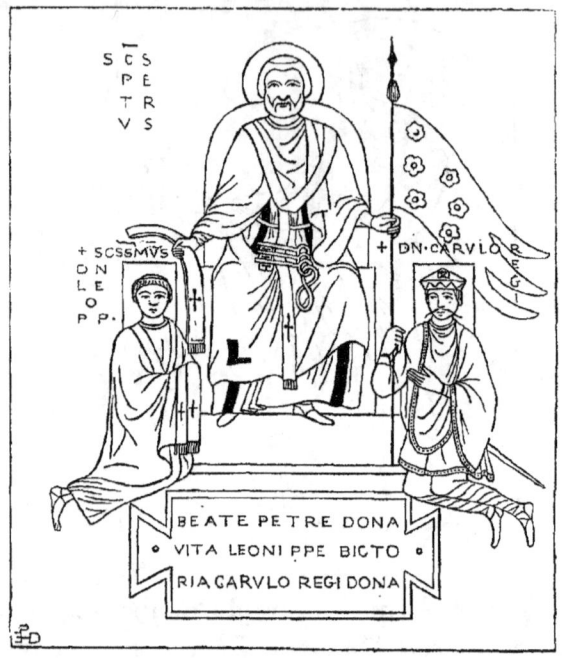

En Italie, on ne s'est pas tenu au nimbe carré ou rectangulaire; on a encore inventé le nimbe hexagonal, et on

---

[1] Cette peinture, en partie détruite aujourd'hui et assez mal restaurée, représente saint Pierre donnant les insignes de la papauté au pape Léon III et l'étendard de la guerre à l'empereur Charlemagne. Cette mosaïque ornait le *triclinium* de Saint-Jean-de-Latran, bâti sous Charlemagne, par le pape Léon. Léon et Charlemagne portent le nimbe carré, et saint Pierre le nimbe circulaire. Voyez Nicolo Alemanni, *De Lateranensibus parietinis*, Rome, 1625, p. 12. Dans le même ouvrage, Alemanni a fait graver une mosaïque qui existait à Sainte-Suzanne de Rome, et détruite depuis deux cent cinquante ans à peu près. Elle représentait encore Léon III et Charlemagne avec le nimbe carré. Léon avait rebâti Sainte-Suzanne; il était debout, tenant son église sur sa chasuble. Charlemagne était debout aussi, habillé comme celui du *triclinium*, gesticulant et paraissant adresser la parole au pape qui a la tête nue.

l'applique à la personnification des vertus théologales et cardinales. Dans ce cas, la forme n'a plus un sens chronologique et n'indique plus que l'individu qui en est orné est vivant, puisqu'il s'agit d'une allégorie, mais elle exprime un sens mystique. Le nimbe triangulaire donné à Dieu fait allusion à la trinité des personnes divines; le nimbe hexagonal, appliqué aux Vertus, doit relever d'une idée analogue. A dire vrai, je ne m'en rends pas bien compte; car les vertus sont au nombre de trois, ce sont les théologales, ou au nombre de quatre, ce sont les cardinales, ou au nombre de douze, comme on le remarque sur les portails des cathédrales de Paris, de Chartres, d'Amiens et de Reims. Mais, en tous cas, il y en a plus ou moins de six. On pourrait dire cependant que l'hexagone fait allusion au nombre douze, dont il serait la moitié. Quoi qu'il en soit, les portes du baptistère de Florence, exécutées par André Pisan; les peintures du chœur de Saint-François de Pise, par Taddéo Gaddi; la voûte d'arête qui couvre l'autel de l'église inférieure d'Assise, par Giotto, offrent les Vertus ainsi nimbées [1].

Du reste, le nimbe n'est en France ni polygonal ni carré; sauf l'exception qui vient d'être signalée, il y est constamment circulaire. C'est, en effet, le rayonnement de la tête. La tête est ronde, le nimbe doit donc être circulaire ou tout au plus légèrement ovale.

NIMBE DES ÊTRES ALLÉGORIQUES.

Les personnages allégoriques auxquels Jésus-Christ, dans ses paraboles, a donné une existence de raison, en quelque sorte, sont nimbés lorsqu'ils expriment une vertu, une qua-

[1] Je dois ces renseignements à M. Orsel, artiste si profondément versé dans l'iconographie chrétienne et qui est chargé de peindre une chapelle dans Notre-Dame de Lorette, à Paris.

lité sainte. Telles sont les vierges sages, et quelquefois les vierges folles; elles portent le nimbe comme des personnages réels. Les vertus, personnifiées par l'art et représentées par les statuaires ou les peintres, sont nimbées ordinairement. Les Vertus appelées théologales, la foi, l'espérance et la charité; les Vertus cardinales, la justice, la prudence, la tempérance et la force, sont nimbées[1]. Leur nimbe est quelquefois hexagonal en Italie, comme on vient de dire; mais chez nous il est toujours circulaire. Dans la cathédrale de Chartres, parmi les quatorze Vertus publiques ou sociales qui occupent un cordon de voussure, au porche du nord, entrée de gauche, se montre la Liberté. La première de toutes est la Vertu par excellence, la mère de celles qui l'escortent, comme dans la mythologie Mnémosyne est la mère des Muses. La Liberté se présente la seconde; elle est par conséquent l'aînée de celles qui la suivent. Les intempéries ont rongé le nom de quelques-unes d'entre elles, gravé dans la pierre. Parmi les noms qui restent on lit, en caractères du XIIIe siècle : *Libertas, Honor, Velocitas, Fortitudo, Concordia, Amicicia* (sic), *Majestas, Sanitas, Securitas.* Trois noms seulement manquent aujourd'hui et ont peut-être toujours manqué. Chacune de ces Vertus porte un attribut qui la caractérise. Des colombes vivent en paix sur le bouclier de la Concorde et de l'Amitié; un château crénelé et des flèches distinguent la Sécurité et la Vitesse. Des poissons, fait curieux ou bizarre, ornent le bouclier de la Santé.

[1] Voyez, à la Bibliothèque royale, le missel de Saint-Denis, manuscrits latins, supplément. On croit que ce missel date du IXe siècle, première moitié. La miniature qui représente Jésus descendant du ciel pour donner la communion à saint Denis emprisonné, est renfermée dans un encadrement où l'on remarque les quatre Vertus cardinales personnifiées par des femmes dont la tête est environnée du nimbe circulaire. M. de Bastard (*Peintures et ornements des manuscrits*) a reproduit cette peinture. Le Pastoral de saint Grégoire, beau et très-ancien manuscrit qui est à l'évêché d'Autun, donne les Vertus cardinales nimbées de même.

Voici la Liberté; elle donnera une idée des autres, car toutes ces Vertus se ressemblent comme des enfants de la même famille.

29. — LA LIBERTÉ DÉCORÉE D'UN NIMBE.
Sculpture du XIIIᵉ siècle, cathédrale de Chartres.

Comme sa mère, qui la précède; comme ses douze sœurs, qui la suivent, la Liberté est décorée d'un large nimbe; c'est une sainte vertu qui méritait cet honneur, aussi bien que toutes les autres qui l'accompagnent ou plutôt qui défilent après elle [1].

[1] La main droite, qui est cassée, devait tenir un étendard ou une pique. Le nimbe est épais et plein, comme la gravure le fait sentir. On lit parfaitement LIBERTAS et non LIBERALITAS, comme on pourrait le croire; il n'y a pas la moindre abréviation. D'ailleurs, d'après les règles de la paléographie, il n'est pas possible d'abréger *liberalitas* en omettant le second *L*. Avant de faire exécuter ce dessin de la Liberté, j'ai eu soin d'estamper l'inscription; on peut donc avoir confiance entière dans la forme et le nombre des lettres.

Les êtres naturels, la personnification des points cardinaux, des vents, des quatre éléments, des constellations, du jour et de la nuit, sont quelquefois nimbés. La religion chrétienne ou l'église personnifiée dans une femme couronnée, tenant un calice d'une main et une croix de l'autre, personnification des plus fréquentes pendant tout le moyen âge, est nimbée[1]. Un manuscrit grec du Vatican[2] montre la ville de Gabaon (πόλις Γαβαων) sous la forme d'une grande femme, coiffée d'une couronne murale, pieds nus, tenant un long bâton; outre sa couronne, cette ville porte un large nimbe circulaire. Le Soleil et la Lune, à l'imitation des païens, portent assez souvent le nimbe; cela se conçoit, puisque le nimbe est un rayonnement, une lumière, et que les deux astres lumineux par excellence, pour les habitants de la terre du moins, sont la lune et le soleil qui partagent le temps en nuit et en jour. Chez nous, où l'on est moins prodigue du nimbe, au lieu d'entourer de cet insigne la tête du Soleil et de la Lune, on met quelquefois une torche ou un flambeau à la main de ces astres, ainsi qu'on le remarque au porche septentrional de la cathédrale de Chartres.

Les chrétiens ont nimbé les saints exactement comme les anciens ont nimbé le Soleil et la Lune. Ainsi voilà Diane ou la Lune avec un nimbe circulaire; seulement, et afin de la reconnaître, on lui a mis le croissant sur la tête[3].

---

[1] Voyez particulièrement un beau manuscrit champenois de la fin du xiii° siècle, qui est à la bibliothèque de l'Arsenal. La Religion chrétienne et la Synagogue assistent au crucifiement de Jésus; la Religion est nimbée, et la Synagogue, que tue la mort du Christ, est sans nimbe. Même bibliothèque, le manuscrit de Guillaume Durand (*Racional des offices,* théol. fr. n° 24, fin du xv° siècle) offre de même une Église nimbée. Le célèbre manuscrit de Drogon (Bibliothèque royale) supplément latin, 645, donne une Église ornée également d'un nimbe d'or.

[2] Voyez Séroux d'Agincourt, *Histoire de l'art par les monuments,* pl. 28. Ce manuscrit est du vii° ou viii° siècle.

[3] Voyez, à l'Histoire de Dieu, un très-beau dessin tiré d'un manuscrit grec, et qui

30. — DIANE, LA LUNE, À NIMBE CIRCULAIRE.
Sculpture romaine [1].

La gravure suivante représente le Soleil. Pour nimbe, il a sept rayons qui lui partent de la tête, avec la figure matérielle du soleil qui sert à le caractériser et qui a la forme d'une roue.

31. — SOLEIL À FIGURE RAYONNANTE, ET À NIMBE EN ROUE SUR LA TÊTE.
Sculpture étrusque.

Les chrétiens ont souvent représenté le soleil et la lune assistant à la mort du Christ et pleurant sur ce martyre d'un Dieu. Au XIII° siècle, ce soleil et cette lune sont figurés sous la forme d'astres et sont tenus par deux anges, qui en sont comme les génies ; mais aux XI° et XII°, ces deux astres sont personnifiés, et posés en buste dans le champ d'un nimbe qui est bordé de

représente la nuit personnifiée et nimbée, comme le prophète Isaïe près duquel elle se trouve. Le manuscrit de Drogon, cité plus haut, montre ainsi, au crucifiement, la Lune en femme blanche, à croissant sur la tête ; le Soleil est un jeune homme rouge, à couronne radiée : tous deux sont inscrits dans un médaillon.

[1] Montfaucon, *Antiquité expliquée*, tom. II, p. 414. Le Soleil suivant est au tom. I, pl. 53, p. 106. Remarquez encore, comme plus haut, le nombre astronomique et planétaire des sept rayons.

lignes onduleuses, figurant des nuages ou des flammes[1]. A Aix-la-Chapelle, sur la couronne en cuivre doré donnée par Barberousse, on voit Jésus attaché à la croix. Le Soleil et la Lune sont représentés en buste. La Lune est une femme qui porte un croissant sur la tête; le Soleil un jeune homme qui est nimbé de ses rayons. Plusieurs manuscrits à miniatures du VIIIe ou IXe siècle offrent ces deux astres, le Soleil et la Lune, absolument sous la forme antique; ils portent le nimbe circulaire et sont montés sur un char à quatre chevaux[2].

Les quatre attributs des évangélistes, l'ange de saint Matthieu, l'aigle de saint Jean, le lion de saint Marc et le bœuf de saint Luc portent le nimbe comme les évangélistes et les apôtres eux-mêmes[3]. Une curieuse particularité est fournie par un manuscrit de la Bibliothèque royale, espèce d'encyclopédie ou de livre de clergie du XIe siècle[4]. Sur le rampant d'une arcade cintrée, dans le tympan de laquelle est un personnage orné d'un nimbe croisé, et tenant un livre, montent deux paons qui se regardent et semblent s'avancer l'un vers l'autre. La triple aigrette, comme un plumet, se dresse sur leur tête; mais, et de plus, cette tête est cernée d'un grand

---

[1] Voir plus bas, à l'Histoire de Jésus-Christ, un crucifiement où le Soleil et la Lune sont ainsi dessinés.

[2] Voyez plus bas, à l'Histoire de Dieu le Fils, un Soleil et une Lune ainsi figurés et pleurant sur la mort de Jésus-Christ.

[3] Voyez, à l'Histoire de la Trinité et de Jésus-Christ, plusieurs dessins représentant ces animaux symboliques ornés d'un nimbe circulaire. Plus bas, au paragraphe de l'auréole, est donnée la représentation d'une fresque romane de la cathédrale d'Auxerre; l'aigle de saint Jean et le bœuf de saint Luc y sont nimbés. A la cathédrale de Chartres, tympan de la porte centrale du portail occidental, est sculpté le Christ entouré des animaux symboliques; seul des quatre, l'aigle est nimbé, parce que les trois autres détachent leur tête trop fortement du fond, et que le nimbe, dans ce cas, était d'une exécution difficile.

[4] Fonds de Saint-Germain, lat. n° 434, olim 547. Voyez *Peintures et ornements des manuscrits*, 8e livraison.

filet circulaire et qui est exactement un nimbe. Ces paons nimbés sont assurément symboliques et doivent exprimer une idée analogue à celle qui se cache sous les animaux des évangélistes. Un manuscrit de la bibliothèque d'Amiens [1], un psautier, offre au psaume LXXXII l'agneau de Dieu peint et inscrit dans le D qui ouvre le premier verset. L'agneau porte le nimbe uni et sans croix, première particularité; mais la tête du D a la forme d'un oiseau qui, avec le bec, saisit un serpent à la gueule. Cet oiseau, qui ressemble à un aigle et qui doit représenter le courage ou la vertu triomphant du vice, porte un nimbe comme l'agneau, un nimbe uni, couleur du parchemin et tracé par une simple ligne noire.

Enfin le génie du mal, Satan, est quelquefois nimbé; à cette occasion, nous devons dire un mot de la valeur du nimbe ou de l'idée qu'il exprime.

SIGNIFICATION DU NIMBE.

Le nimbe, surtout dans les idées occidentales, est l'attribut de la sainteté : tout roi est orné de la couronne, quiconque est saint porte le nimbe [2].

En Orient, il n'en va pas ainsi : le nimbe caractérise l'énergie physique aussi bien que la force morale, la puissance civile ou politique aussi bien que l'autorité religieuse. Un roi porte le nimbe au même titre qu'un saint. Un manuscrit turc de la Bibliothèque royale montre Aurengzèbe à cheval et lisant. Le vieux descendant de Timour est précédé et suivi d'une escorte qui est à pied. Seul, de tous les person-

[1] *Liber psalmorum*, IX° siècle. Le psaume LXXXII commence par ces mots : *Deus, quis similis erit tibi?*

[2] Voyez, entre plusieurs autres exemples, une belle miniature reproduite dans le grand ouvrage de M. le comte Auguste de Bastard, *Peintures et ornements des manuscrits*.

nages qui sont là, le grand mogol est entouré à la tête d'un nimbe circulaire et rayonnant. Voilà pour la puissance civile. Quant au pouvoir religieux, une peinture orientale, rapportée du royaume de Lahore par le général Allard, représente Gourou-Sing et Baba-Nanck, fondateurs de la religion sike. Baba-Nanck, révélateur, porte le nimbe rayonnant; Gourou-Sing, qui n'est qu'un réformateur et un réformateur guerrier, a pour nimbe un cercle lumineux simple et non rayonnant. Ainsi donc, en Orient, on donne le nimbe à tous ceux qui gouvernent par la puissance purement civile, par le pouvoir guerrier et religieux à la fois, et par l'autorité purement religieuse. En Orient on gratifie du nimbe tout ce qui est fort, et non pas seulement les rois et les saints, mais encore les génies du bien et les génies du mal, les démons et les dieux. On le refuse, au contraire, à tous les êtres faibles en puissance ou en vertu. La distinction est des plus faciles à établir. Soyez malade, soyez vaincu ou près de succomber, et vous n'aurez pas le nimbe; c'est un insigne que les seuls êtres forts doivent porter.

En Occident, sauf le petit nombre d'exceptions signalées plus haut, et dans les contrées restées pures de tout contact avec les idées orientales, on ne met de nimbe qu'à la tête de Dieu, des anges, des saints et des idées saintes personnifiées. Un roi ou un empereur, un évêque, un prêtre, un religieux, un magistrat, malgré toute sa puissance, n'est pas nimbé, à moins qu'il ne soit autre chose encore que roi, empereur, évêque, clerc ou bourgeois. Pour être nimbé il faut, comme saint Louis, saint Charlemagne, saint Remi, saint Victor, saint Bernard, sainte Reine, être canonisé ou réputé tel. A plus forte raison ne donne-t-on pas le nimbe à un serf, à un homme vicieux, à un démon, quelque grand qu'il soit d'ailleurs. Par contre, une pauvre femme comme sainte Geneviève, un pauvre mendiant comme saint Alexis, un pauvre batelier comme saint Julien, un pauvre cordonnier comme saint Crépin, seront nimbés parce qu'ils auront aimé Dieu, macéré leur corps, prié pour les autres, secouru les malheureux. S'ils ont fait les six œuvres de miséricorde : s'ils ont nourri les affamés, désaltéré ceux qui avaient soif, recueilli les étrangers et les malades, vêtu ceux qui étaient nus, visité les prisonniers [1], ils seront honorés du nimbe; ils seront plus grands dans le ciel que le roi Clovis, que les empereurs Othon, que le fameux pape Silvestre II, que le grand archevêque Hincmar.

Il ne faut pas s'y tromper, lorsque dans une cathédrale on voit des statues représentant des personnages qui ne portent pas le nimbe, comme on le remarque généralement au grand portail de la cathédrale d'Amiens, on doit se garder de conclure que ces personnages ne sont pas canonisés; car ce sont réellement de très-grands saints : ce sont des apôtres et des martyrs. S'ils n'ont pas de nimbe, c'est qu'il y avait difficulté à sculpter cet insigne d'une manière durable autour de leur tête, et qu'ils sont trop éloignés de la muraille contre laquelle seule on aurait pu appliquer le nimbe. Le nimbe existe, en effet, dans les voussures et sur les tympans où l'exécution de cet attribut était praticable et facile.

D'un autre côté, de ce qu'on ne verrait pas la tête d'un personnage ornée d'un nimbe, on aurait tort de décider, en conséquence de ce qui vient d'être dit, que ce personnage n'en est pas moins un saint, et que, s'il est privé du nimbe, c'est qu'on a oublié ce caractère ou qu'il a été difficile de l'exécuter. Qu'il y ait eu oubli, c'est possible; cela se voit fréquemment. Mais si les erreurs de cette nature abondent dans

[1] Saint Matthieu, cap. xxv, v. 35 et 36.

les manuscrits à miniatures, elles sont bien plus rares en statuaire, où l'on fait preuve de plus d'exactitude. En outre, si les autres figures qui seraient dans la position du personnage en question et qui l'environneraient portent le nimbe, il faut en conclure que celui-ci n'est pas canonisé, et que, tout au contraire, les autres sont des saints. Ainsi, à la cathédrale de Paris, au grand portail, dans le tympan de la porte droite, on voit un roi à genoux et un évêque debout dépourvus de nimbe, tandis que les autres personnages en ont : c'est parce que l'évêque est Maurice de Sully et que le roi est Philippe-Auguste, qui ne sont saints ni l'un ni l'autre.

Au surplus, l'absence et la présence du nimbe ne sont caractéristiques, pour nier ou exprimer la sainteté, que jusqu'au xive siècle inclusivement; après cette époque, le nimbe perd de son importance : on le met et on le retire à peu près arbitrairement. Mais au xiiie siècle, dans certains édifices surtout où le nimbe a une signification, toutes les fois que cet attribut environne la tête d'un personnage, on peut dire que ce personnage est saint. Or, à Chartres, au portail du sud, un ecclésiastique qui se dresse contre la paroi de la porte gauche porte un nimbe; donc cet homme est un saint; donc ce n'est pas Fulbert, l'évêque de Chartres, qui n'a été canonisé nulle part; mais bien le pape saint Clément, que l'on reconnaît à sa tiare, qui n'est pas une mitre, et à la petite maison environnée d'eau sur laquelle il pose les pieds, et qui n'est pas la cathédrale de Chartres s'abîmant dans les flammes, ainsi qu'on l'a écrit.

Pour tout cela, c'est le bon sens, c'est l'habitude de voir et d'expliquer les monuments qui peuvent seuls guider.

HISTOIRE DU NIMBE.

Le nimbe est destiné à qualifier fortement et à la première

vue quiconque en est décoré. Il se porte à la tête comme une couronne, parce que la tête est la plus noble portion de nous-mêmes et parce qu'elle est la plus haute et la plus visible partie de notre corps. En effet, toutes les fois qu'on a voulu attirer les regards ou provoquer le respect, la tête a été prise comme moyen, comme but ou point de mire.

De tout temps et chez tous les peuples, la tête a été considérée comme la plus noble partie de l'homme : c'est à sa tête que le lion doit son titre de roi des animaux; c'est parce qu'il porte la tête droite et qu'il regarde naturellement le ciel que l'homme a été proclamé le chef de la création [1]. La tête est à l'homme ce que la fleur est à la plante, le fronton au portique : c'est l'âme matérielle du corps; et, de plus, c'est l'enveloppe, le siège et le temple de l'âme immortelle. La tête touche, goûte, odore, entend et voit, et par-dessus tout elle pense; au cerveau, source et embouchure de la pensée, viennent aboutir les sens, qui en sont les organes et les affluents. Ce qui est confus et disséminé dans le reste du corps est réuni et concentré dans la tête. La beauté elle-même, qui a cependant pour se développer la surface variée et vaste de tout le reste du corps, la beauté vient s'épanouir et se résumer sur la tête. On est beau avec un corps laid et une belle tête; on est toujours laid avec un beau corps et une tête vulgaire.

Ainsi, dans l'ordre matériel, anatomique et physiologique, tout l'homme est dans sa tête; c'est encore là que l'esthétique a placé la beauté suprême. En psychologie, le corps est peu, la tête est tout. Le corps sans la tête est une tige sans fleur,

---

[1] « Pronaque cum spectent cætera animalia terram,
« Os homini SUBLIME dedit (Opifex rerum) cœlumque tueri
« Jussit, et ERECTOS ad sidera tollere vultus. »

(Ovide, *Métamorphoses*, liv. I.)

une colonne sans chapiteau; quelque chose d'informe qui n'a de nom nulle part. Au contraire, la rose enlevée à la plante et le chapiteau séparé du fût peuvent orner gracieusement une femme et un monument; enfin, de la tête humaine sans le tronc on a fait les plus pures de toutes les intelligences célestes, les séraphins qui ne sont qu'amour.

La religion chrétienne faisait bon marché du corps de l'homme, mais elle estimait sa tête à haut prix. Le tronc séparé de la tête peut s'enterrer partout, disent les anciens liturgistes Guillaume Durand et Jean Beleth ; mais la tête ne peut s'inhumer qu'en terre sainte et consacrée, que dans l'église ou dans le cimetière. Le corps sans la tête ne consacre pas un lieu où il est enterré; la tête sans le corps sanctifie ce lieu immédiatement[1]. A Cologne, de tous ces milliers de martyrs de la légion thébaine qui reposent dans l'église de Saint-Géréon, leur compagnon et un de leurs chefs, on montre particulièrement les têtes, rangées dans des armoires vitrées comme des livres de grand prix dans une bibliothèque. A Sainte-Ursule de Cologne, que fait-on voir des onze mille vierges martyres? Toujours les têtes enfermées dans des reliquaires d'or, d'argent ou de bois précieux. Il y a une grande chambre uniquement occupée par ces riches et curieuses reliques. Combien ne s'est-on

---

[1] Durand, évêque de Mende, s'exprime ainsi (*Rationale divin. offic.* lib. I, cap. v, de cimiterio et aliis, etc.) « ......Religiosa sunt ubi cadaver hominis integrum vel etiam « caput tantum sepelitur, quia nemo potest duas sepulturas habere. Corpus vero vel aliquod « aliud membrum, absque capite sepultum, non facit locum religiosum. » Jean Beleth (*Rationale divinorum officiorum*, cap. II, de loco) dit à son tour : « .....Postremo locus « religiosus ille dicitur in quo integrum hominis cadaver sepultum est, vel tantum etiam « caput. Corpus enim obtruncatum, nisi et caput adsit, locum religiosum facere non « potest. » — Dans ces textes se révèle l'esprit du christianisme qui rend tous les honneurs à la tête, là où l'âme habite spécialement. M. l'abbé Pascal, correspondant du comité des arts et monuments, publiera prochainement un dictionnaire liturgique où sera traitée cette question de la préséance de la tête sur le corps.

pas disputé le CHEF de saint Jean-Baptiste! Cinq ou six églises prétendaient et prétendent encore le posséder. Est-ce que son corps a jamais été l'objet de la moindre contestation? est-ce qu'on s'est même occupé de savoir où il était réellement et à qui il appartenait?

Puisque la tête est douée d'une si grande importance, c'était à la tête qu'on devait attacher principalement tous les insignes qui caractérisent, distinguent ou classent les hommes : les uns commandent et les autres obéissent; les uns marchent en avant, dirigent et ordonnent; les autres suivent et exécutent. Ceux-là sont chefs, et ceux-ci ouvriers. Les chefs portent à la tête un signe distinctif : on reconnaît le roi à la couronne, le pape à la tiare, et l'évêque à la mitre. Chez nous, les sexes eux-mêmes se distinguent surtout par une coiffure qui est mobile pour les hommes et fixe pour les femmes. Les couronnes ou coiffures des chefs civils et militaires sont d'une extrême variété, parce que chez tous les peuples, les plus civilisés comme les plus sauvages, la couronne a été et est encore l'insigne de la puissance suprême. Le diadème chez les Grecs, la couronne ouverte chez les Romains, le cône ou le cylindre chez les nations orientales, la coupole chez les Byzantins, la couronne fermée chez les nations chrétiennes, ne sont que les types principaux d'une foule d'espèces. Au moyen âge, la couronne est un moyen hiérarchique et un signe de reconnaissance entre les nobles, aussi bien que l'écusson; l'écusson distingue les familles, et la couronne, les ordres de la noblesse. Pour l'empereur, c'est la couronne fermée; pour le roi, la couronne voûtée, mais à jour; pour le prince, la couronne à fleurs de lis et à feuilles d'ache. En diminuant de plus en plus la couronne, elle perd ses fleurs de lis et devient à feuilles d'ache simples, à feuilles d'ache entremêlées de perles, à dix-huit grosses perles sans feuilles, à quatre grosses perles entremêlées de petites, à petites perles seulement et en simple filet ou torsade. Ainsi amoindries, les couronnes se portent : la première par le duc, la seconde par le marquis, la troisième par le comte, la quatrième par le vicomte; au baron revient la cinquième. Le casque tout seul sert de couronne au chevalier. La couronne est une sorte d'étendard qui se porte en l'air et qui peut servir à guider. A la bataille d'Ivry, Henri IV disait : « Suivez mon panache, vous le trouverez toujours au chemin de l'honneur. » C'est peut-être par un motif semblable, et aussi comme un signe de décoration, que les rois, chez les sauvages, se coiffent de plumes hautes et brillantes.

Lorsqu'un homme s'illustre par une action d'éclat, la récompense se traduit ordinairement par une couronne; c'est toujours à la tête que s'adresse l'hommage [1]. La couronne murale, les couronnes de chêne, d'olivier, de laurier [2], se donnaient chez les Romains à qui montait à l'assaut d'une ville, à qui remportait une victoire, à qui s'illustrait par un fait glorieux; chez les Grecs on couronnait les Dieux qu'on voulait honorer. Les grands poëtes, les grands philosophes de l'antiquité étaient couronnés de couronnes diverses, et leur iconographie nous les représente souvent ainsi décorés.

Lorsqu'à la naissance du christianisme un genre d'illustration, peu connu auparavant, se fut comme révélé au monde;

[1] Il faut dire que chez nous l'honneur est descendu de la tête aux épaules avec les épaulettes, et des épaules à la poitrine avec la croix.

[2] A Notre-Dame de Brou, on voit saint Jean évangéliste, statue en bois du xvie siècle, placée dans une niche des stalles et provenant de l'ancien pupitre sculpté. Saint Jean est jeune, imberbe, représenté comme un empereur romain; il a sur la tête une couronne de laurier comme un triomphateur antique. C'est une façon de nimbe empruntée au paganisme

lorsque des martyrs donnèrent leur vie pour témoigner de leur croyance qu'ils proclamaient, prêchaient et propageaient, Dieu lui-même consacra ce système de la politique profane et récompensa ces actions héroïques en couronnant leurs auteurs. Les premiers monuments de l'art chrétien représentent ou des mains divines tendant du haut du ciel des couronnes aux martyrs[1], ou des anges descendant du ciel aussi et apportant des couronnes, par ordre de Dieu, à tous ceux qui souffraient la mort pour la foi[2]. Tout le soubassement de la haute Sainte-Chapelle de Paris est décoré d'une arcature. Dans les tympans des arcades est représentée la mort de plusieurs martyrs, de saint Étienne entre autres, et de saint Thomas de Cantorbéry. Au-dessus du supplice apparaît la récompense, car des anges descendent du ciel, apportant des couronnes qu'ils tendent à tous ces martyrs glorieux[3].

Mais un autre moyen fut, sinon inventé, au moins très-largement exploité par le christianisme pour distinguer et honorer ses martyrs et tous les saints. La couronne est un ornement matériel qui entoure et coiffe la tête; la nouvelle marque d'honneur, plus idéale et disposée différemment, quoique cernant la tête aussi, prit un nom différent et s'appela nimbe.

La couronne est un insigne laïque et civil, le nimbe est ecclésiastique et religieux; mais, comme la couronne, le nimbe

---

[1] Voir à l'Histoire de Dieu le Père une main tenant ainsi une couronne, et qui est tirée des *Vetera monim.* Secunda pars, pl. 53.

[2] Voir à l'Histoire de l'Ange une de ces créatures célestes, tirée de la Rome souterraine; d'une main l'ange apporte une palme, et de l'autre une couronne de martyre.

[3] M. du Sommerard possède un manuscrit couvert de plaques d'ivoire; ces plaques sont saisies dans un encadrement orné de filigranes et relevé de riches cabochons. Sur l'un de ces ivoires est sculpté le crucifiement, et dans le haut on voit une main, la main de Dieu le Père, qui sort des nuages et qui tend une couronne au martyr divin.

s'applique à la tête. Il y aurait donc lieu, à l'occasion de la tête et dans un sujet archéologique, à faire l'histoire de ces deux formes, différentes et cependant analogues, de l'honneur rendu à certains personnages. Ici, comme on s'occupe uniquement d'archéologie religieuse, on n'a dû parler que du nimbe, en omettant tout à fait la couronne.

Les païens ont connu le nimbe, comme on l'a déjà dit; mais c'est aux chrétiens qu'en est dû l'usage le plus fréquent, le plus constant, le plus varié et le plus significatif. Depuis le ve ou le vi^e siècle de notre ère jusqu'à nos jours, le nimbe n'a cessé, sauf quelques exceptions ou omissions, d'être peint et sculpté autour de la tête de diverses statues et figures, pour indiquer leur dignité et en donner le signalement hiérarchique. Aussi le nimbe a-t-il une histoire marquée par plusieurs phases distinctes et dont on va nommer les principales.

D'abord le nimbe ne semble pas se montrer dans les quatre premiers siècles, car cette période est remplie de luttes, de persécutions et de discussions. L'Église se fonde, mais elle n'a pas encore d'art à elle. L'Église applique à ses besoins l'art de l'antiquité. Toutefois elle reprend à la religion juive ce qui lui appartenait par anticipation, et elle ne fait au paganisme que des emprunts douteux et que d'ailleurs elle peut sanctifier. Elle transforme bien, à l'aide d'eau lustrale, une basilique en église, parce qu'elle y est contrainte par la nécessité; mais elle pouvait se passer pendant quelque temps du nimbe païen, qui aurait rappelé et les empereurs qui persécutaient, et les dieux qui étaient faux; elle s'en passa le plus souvent. Le nimbe est rare dans les catacombes, sur les fresques ou les sarcophages. Non-seulement les apôtres et les saints y sont représentés sans cet insigne, mais la Vierge, mais Jésus lui-même en sont privés. Le dessin suivant est tiré d'un ancien sarcophage du Vatican.

32. — DIEU IMBERBE ET SANS NIMBE, CONDAMNANT ADAM À LABOURER LA TERRE,
ÈVE À FILER LA LAINE.

Sarcophage du Vatican, premiers siècles chrétiens.

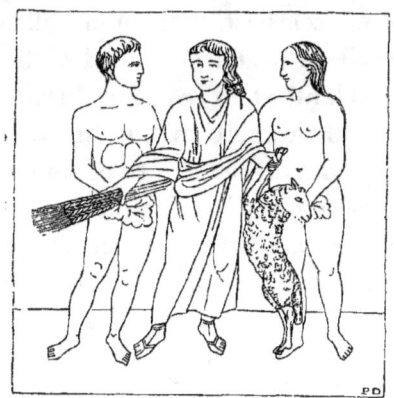

Là, comme sur la plupart des monuments semblables, on voit Dieu imberbe et sans nimbe, condamnant Adam à labourer la terre pour faire pousser du blé, dont il lui offre une petite gerbe, et Ève à filer la laine de l'agneau qu'il lui présente. C'est ainsi qu'en France et en Italie les plus vieux monuments offrent sans nimbe les personnages divins ou sacrés [1].

Plus tard, vers le Ve ou le VIe siècle, puissante à Rome, en

---

[1] Cette gravure est dans Bosio, *Roma Sotterranea*, p. 295. Voyez, dans l'Histoire de Jésus-Christ, deux autres dessins, tirés également des anciens sarcophages chrétiens qui sont actuellement au musée du Vatican; l'un représente Jésus-Christ barbu, debout sur la montagne d'où coulent les quatre fleuves du paradis; l'autre Jésus-Christ imberbe, assis sur un trône, les pieds posés sur la personnification du ciel. Ces deux Jésus proclament l'Évangile. Le premier s'adresse à ses apôtres, qui l'entourent sous la forme de brebis. Le nimbe manque à ces personnages, même à l'agneau de Dieu, reconnaissable seulement à la croix qui lui surmonte la tête. Les sarcophages d'Arles offrent de même plusieurs Jésus imberbes et sans nimbe. Je dois à l'obligeance de M. H. Clair, correspondant du comité des arts et monuments, auteur d'Arles ancien et moderne, deux dessins représentant Jésus sans barbe et sans nimbe; ces dessins, exécutés par M. Daumas, ont été pris sur les sarcophages des Aliscamps.

Europe, en Asie et même en Afrique, l'Église n'eut plus que de rares contradicteurs; elle eut à combattre des hérétiques plutôt que des païens. Alors elle distribua en groupes tout son personnel laïque et ecclésiastique; comme elle était arrivée au pouvoir, elle devait en prendre toutes les allures. Bientôt allait commencer la féodalité: tout se hiérarchisait, les hommes et les choses; tout s'échelonnait suivant un ordre régulier. L'Église elle-même hiérarchisa sur terre comme dans le ciel; elle établit des catégories dans la multitude des saints triomphant dans le paradis, et dans la foule des chrétiens combattant sur la terre. Elle donna des chefs à tous. Comme dans l'armée on distingue par les épaulettes le grade des différents officiers qui commandent les divers bataillons et pelotons, de même on distingua par des nimbes les saints qui commandaient dans le ciel.

Le chef de tous, Dieu, ou le Père, ou le Fils, ou le Saint-Esprit, eut un nimbe en cercle, un nimbe en disque comme les autres saints; mais, par une distinction spéciale, le nimbe des personnes divines fut partagé diagonalement par deux traverses en forme de croix, ainsi qu'on l'a dit et qu'on l'a vu plus haut.

Une fois que le christianisme eut adopté le nimbe comme le caractère de la sainteté et comme un moyen de hiérarchie, ce signe fut constamment employé à peu près jusqu'à la renaissance, mais avec certaines modifications qui composent son histoire archéologique, et dont nous devons parler.

Dans les monuments antérieurs au XIe siècle, on ne trouve pas le nimbe constamment figuré autour de la tête des saints. Avant le VIe siècle, le nimbe chrétien ne se voit pas sur les monuments authentiques. Aux VIIe, VIIIe et IXe siècles s'opère la transition entre l'absence complète et la présence constante du nimbe; un même monument donne des personnages, tantôt avec le nimbe, et tantôt sans cet attribut. Ainsi, un manuscrit de la Bibliothèque royale [1] offre, à la fin, sainte Daria sans nimbe et saint Chrisant nimbé d'un simple filet; ailleurs, dans l'intérieur de ce manuscrit, Jésus-Christ porte, timbré d'une croix, le nimbe que les apôtres ont simplement ourlé et que d'autres saints ont en forme de disque. Ainsi, à cette époque, le nimbe n'est pas constant et, de plus, il varie de forme.

Jusqu'au XIIe siècle, le nimbe eut la forme d'un disque fin, assez délicat. Un très-beau manuscrit grec du Xe siècle, dont il a déjà été question, et que possède la Bibliothèque royale, représente la Nuit sous la figure d'une femme vêtue de noir. Sa tête est entourée d'un nimbe lumineux, transparent, à travers lequel, comme par un verre de télescope, on pourrait apercevoir les étoiles du ciel [2]. Quand le nimbe n'est pas aussi diaphane, il est toujours indiqué assez légèrement pour faire sentir que l'intention de l'artiste était de le figurer comme une atmosphère lumineuse.

Au XIIe, aux XIIIe et XIVe siècles, le nimbe s'épaissit, se rétrécit et dépasse moins la tête; de transparent qu'il était, il devient opaque. Ce n'est plus qu'un disque grossier, une espèce de plat, une sorte d'oreiller circulaire qu'on peint et qu'on sculpte derrière la tête. Il n'y a plus moyen, comme à la période précédente, d'apercevoir le ciel ou la campagne à travers; c'est un mur et non un verre. C'est ainsi que Dieu, les anges et les saints de la cathédrale de Paris ou de Chartres portent le nimbe [3].

---

[1] *Liber precum*, suppl. lat. 641. Ce curieux manuscrit pourrait être du IXe siècle; on le croit généralement du XIe.

[2] Voir à l'Histoire de Dieu.

[3] Voir le dessin 29, pag. 62, représentant la Liberté.

La Sainte-Chapelle, dans l'admirable soubassement qui la décore, montre des anges et des saints dont le nimbe est encore très-lumineux, très-élégant, et peint de couleurs éclatantes ; mais la Sainte-Chapelle est un monument exceptionnel, un édifice royal où l'on croirait que le génie de l'Orient s'est reposé.

Tout le xve siècle et les premières années du xvie fournissent une période où le gothique expire : d'élégant qu'il était aux xiiie et xive siècles, il s'appesantit alors, il se matérialise et finit, quant aux figures, dans la vulgarité des types, et, quant à l'architecture, dans la lourdeur des lignes. Alors le nimbe se matérialise aussi. De large qu'il était encore, il devient plus étroit et surtout plus épais. Jusqu'à cette époque, même au xive siècle, on l'avait considéré comme une auréole, comme une lumière qui s'échappait de la tête, et l'on avait exprimé cette idée parfaitement avant le xiie siècle, plus grossièrement avant le xve ; mais enfin on avait eu l'intention de figurer une lumière. Au xve siècle, au contraire, on n'est plus sensible qu'à la forme du nimbe, on en perd le sens, et on le regarde comme une coiffure. On condense encore cette auréole, on solidifie et on éteint cette lumière, et l'on en fait une large cocarde, une espèce de casquette qu'on pose sur la tête d'un saint, sur la tête de Dieu lui-même, et qu'on penche quelquefois sur leur oreille, tantôt à gauche, tantôt à droite. Alors Dieu et les saints portent leur nimbe comme certaines personnes, nos villageois surtout, affectent de porter leur coiffure. Les vitraux de la fin du xve siècle, plusieurs verrières des églises de Troyes et de Châlons-sur-Marne, présentent de ces nimbes qui sont réellement devenus des coiffures. A la cathédrale d'Amiens, sur les stalles qui sont de 1508 (la date y est), un jeune Jésus enseignant dans le temple porte sur l'oreille un de ces nimbes épais et ouvragés qui ressemblent à une casquette. Le dessin suivant est tiré des mêmes stalles, et montre Jésus montant au temple où il est conduit par saint Joseph et Marie. Le nimbe, comme on voit, est réellement une coiffure; le plat extérieur est orné comme on orne le plat d'une casquette de drap[1].

33. — JÉSUS PORTANT UN NIMBE EN FORME DE CASQUETTE.
Sculpture en bois des stalles de Notre-Dame d'Amiens, xvi° siècle.

Dans toute l'église de Notre-Dame de Brou, à Bourg, il n'y a pas un seul nimbe aux anges sculptés ou peints, pas un seul aux statues de pierre. Une statuette en bois, représentant Jésus qui enseigne dans le temple, est nimbée d'une casquette semblable à celle des stalles d'Amiens. Quelques nimbes seulement se remarquent dans les vitraux. Sur le vitrail où est peinte l'Assomption de la Vierge, les apôtres sont ornés d'un nimbe qui ressemble, moins les barbes et le cylindre, au chapeau des Bressanes. Ce nimbe est même orné sur le plat et à l'extérieur. Tout cela est de la première moitié du xvi° siècle; alors, ou le nimbe disparaît en France, ou on en fait une vraie coiffure.

Je dis en France, parce qu'en Italie, à la même époque et même plus de cent ans auparavant, le nimbe est dignement représenté[2]. Avec la renaissance, quoiqu'on ait soutenu le contraire, on revient aux idées délicates et à la manière élégante

[1] Ce dessin représente Jésus vu de derrière et gravissant les degrés du temple.
[2] Voir plus loin, au paragraphe de la gloire, la Vierge tirée d'une magnifique peinture d'Orcagna, représentant le jugement dernier. Marie, assise dans une auréole

de les formuler; or la renaissance italienne précède de cent à cent cinquante ans la renaissance française. Alors le nimbe tombé si bas, si grossier, si dégradé, se relève; il achève de se volatiliser, ce qu'il avait déjà essayé de faire, mais sans succès, vers la fin du XIVe siècle. A Brou, où le nimbe est si matériel en général, on voit cependant sur un vitrail qui représente Marie Madeleine aux pieds de Jésus ressuscité et qui lui dit de ne pas le toucher (NOLI ME TANGERE), on voit le Christ illuminé d'un nimbe en faisceaux de flamme. Alors on s'ingénie à faire exprimer au nimbe l'idée qu'il représente. Comme dans les premiers siècles, comme chez les païens, on le réduit à un cercle et on en supprime tout le champ, et dès lors on voit clair comme à travers celui de la Nuit byzantine signalée plus haut. Ce cercle est régulier, est ferme comme le bord d'un vase; ou bien on n'en fait plus qu'une ligne diffuse et tremblante comme un cercle de lumière[1]. Souvent, au contraire, cette ligne circulaire disparaît, et l'on fait sauter du disque entier la circonférence, le cadre, pour ne garder que le champ intérieur, parce que ce cadre semble trop grossier, trop épais et indigne de contenir la lumière électrique qui s'échappe de la tête. C'est une ombre de flamme, à forme ronde, mais qui pourrait ne pas s'arrêter. Dans un dessin qu'on trouvera à l'Histoire du Saint-Esprit, et qui montre Dieu bénissant le monde au moment où la Colombe divine rase les flots, on voit que le

---

elliptique comme Jésus-Christ, son fils, a la tête environnée d'une foule de rayons qui jaillissent hors de la gloire elle-même. Cette tête virginale projette une vive lumière de tous les côtés.

[1] Voyez, pour l'Italie, la Dispute du Saint-Sacrement; pour la France, le magnifique manuscrit d'Anne de Bretagne, qui est à la Bibliothèque royale. Dans ce manuscrit, les nimbes en disque sont peu nombreux; les nimbes en cercle et à ligne ferme abondent au contraire; on y rencontre plusieurs nimbes à ligne diffuse et comme simulant une lumière brumeuse.

cercle, la circonférence du nimbe divin a disparu, tandis que les rayons se terminent également et forment un cercle.

Sur d'autres monuments, ces rayons sont longs ou courts, alternativement ou sans ordre. Les belles peintures sur bois, appelées tableaux du puys de la Confrérie de Notre-Dame, et qui sont à Amiens, montrent Marie nimbée de rayons lumineux, courts et longs. L'enfant Jésus lui-même est nimbé ainsi, mais, de plus, des rayons plus longs et fleuronnés à leur extrémité marquent la croix du nimbe. Quant à la circonférence du nimbe qui, ailleurs, rattache les rayons, elle a complétement disparu [1]. Souvent au nimbe de Jésus-Christ cercle et plateau se sont évanouis, et l'on n'a plus conservé que la croix qui le distingue, puisqu'il est Dieu. Cette croix se compose de trois gerbes ou aigrettes de lumière qui partent du sommet et des deux côtés de la tête, ainsi que le montre ce charmant enfant Jésus, qui est du XVI° siècle [2].

34. — JÉSUS NIMBÉ DE TROIS AIGRETTES DE RAYONS.
Miniature du XVI° siècle, ms. de la Bibliothèque royale.

C'est alors aussi qu'on voit des cercles lumineux en perspec-

[1] Voyez l'Atlas et l'Album des Arts au moyen âge ; M. du Sommerard, qui possède l'un de ces tableaux d'Amiens, a fait reproduire avec bonheur ces admirables peintures qui montrent que la renaissance française est antérieure au XVI° siècle, et que notre peinture à l'huile et sur bois est nationale et non exotique. Ces tableaux, qui sont du XV° siècle, ont précédé l'invasion des artistes italiens en France.

[2] Voyez ms. 920, Bibl. roy.

tive, des nimbes transparents et qui suivent le mouvement des têtes. La Dispute du Saint-Sacrement en fournit de beaux exemples : en voici un qui est très-fréquent en Italie, au XVIe siècle. Le dessin représente saint Pierre.

35. — NIMBE EN PERSPECTIVE, À SIMPLE FILET DE LUMIÈRE.
Dispute du saint sacrement de Raphaël.

Les monuments qui fournissent ces variétés du nimbe et d'autres encore sont à la portée de tout le monde. Les églises de Paris, par exemple, depuis Saint-Germain-des-Prés jusqu'à Saint-Sulpice, en passant par la cathédrale, la Sainte-Chapelle, Saint-Germain-l'Auxerrois, Saint-Eustache et Saint-Étienne-du-Mont, donnent sur tous les points la plus complète satisfaction. Toutes les espèces et toutes les phases du nimbe abondent sur les sculptures et les vitraux qui décorent ces monuments, et qui fournissent une période de sept et peut-être de neuf siècles.

Enfin, comme toutes choses, le nimbe s'évanouit. A la fin du XVIe siècle, non-seulement les saints, non-seulement les apôtres et la Vierge, mais les anges, mais Dieu le Père et Jésus-Christ furent dépouillés de cet attribut caractéristique. Quand le nimbe par hasard apparaît encore, illuminant quelque statue ou figure, c'est que l'artiste, luttant contre la mode, a fait de l'archaïsme. Une foule de monuments qui datent de cette époque et se prolongent jusqu'à la nôtre nous montrent sans nimbe les personnages divins, angéliques ou sanctifiés[1]. Ainsi, à la fin du moyen âge se reproduisait un fait qui avait signalé son commencement : Dieu et ses saints furent représentés sans nimbe. Aux premiers jours du christianisme le nimbe n'existait pas encore; aux derniers jours du xve siècle il n'existait déjà plus[2]. Prenez l'ange pour exemple, et appliquez cet exemple à Dieu et à tous les saints. Dans l'Histoire de l'ange, une planche est prise d'un sarcophage des plus anciennes époques chrétiennes, et montre deux créatures humaines et ailées tenant des livres sur une frise dont le centre est occupé par une croix patée; une autre planche est tirée d'un manuscrit du xvie siècle, et donne deux anges qui tiennent les armes du cardinal de Lorraine, archevêque de Reims. Les premiers anges n'ont pas encore de nimbe, les seconds n'en ont plus; mais les seconds comme les premiers ressemblent aux génies antiques, dont, au reste, ils exercent à peu près les fonctions.

Pourtant, de nos jours où l'on comprend mieux le christianisme, où surtout on l'étudie avec plus d'intelligence, le nimbe a été réhabilité. Mais nous vivons à une époque d'éclectisme où l'on adopte toutes les formes et toutes les idées antérieures sans trop s'inquiéter de la confusion, de l'amalgame

---

[1] Voyez, à l'Histoire de Jésus-Christ et de la Trinité, les personnes divines tirées d'une sculpture en pierre, des environs de Troyes. Ce bas-relief est de la fin du xvie siècle et représente la Trinité couronnant la vierge Marie après son assomption. Marie, les deux anges qui l'ont emportée au ciel et les trois personnes qui la couronnent n'offrent pas la moindre trace de nimbe ni de gloire. Rien n'est plus humain, ni plus froidement réel.

[2] Le Bréviaire de Salisbury, qui est de 1434, à la Bibliothèque royale, montre dès cette époque l'indifférence qu'on avait pour le nimbe. A la cène, Jésus-Christ a le nimbe, mais non crucifère; à l'Annonciation, le Saint-Esprit n'a pas de croix non plus sur son nimbe. Presque tous les anges, et ils sont nombreux dans ce manuscrit, l'un des plus riches en miniatures, sont déjà dépouillés de toute espèce de nimbe.

où cet esprit de compréhension absolue nous entraîne. Nos artistes décorent donc leurs figures de nimbes en disque, de nimbes en cercle, de nimbes en triangle et de nimbes en auréole, à peu près arbitrairement; puis, comme ils sont assez peu versés en archéologie, ils croisent ces nimbes à de simples saints, indignes d'un pareil honneur, ou bien, par contre, décorent Dieu d'un nimbe tout uni, en le dépouillant de sa croix divine. Ainsi l'on voit des tableaux qui représentent la sainte Famille, et là souvent saint Joseph est nimbé d'un nimbe croisé, tandis que l'enfant Jésus a un nimbe sans croix. L'artiste, d'un coup de pinceau, dérobe donc à Jésus sa divinité pour en gratifier un homme.

AURÉOLE.

L'AURÉOLE, comme l'on a dit plus haut, est le nimbe de tout le corps, de même que le nimbe est l'auréole de la tête.

Ce mot vient du latin AUREOLA, diminutif d'AURA, petit vent, air, souffle. *Aura* veut dire aussi jour et lumière, parce que le jour et la lumière se lèvent le matin avec le petit vent de l'aurore; ou bien encore éclat et flamme, qui sont l'efflorescence de la lumière et du jour. Dans Horace, ce mot désigne une odeur suave, un parfum léger.

Aura vient du grec αὖρα, vent doux, zéphyr, exhalaison, vapeur, aurore enfin. Toutes ces significations, qui se ramènent à une seule — souffle lumineux —, désignent bien la nature de l'auréole, qui est une flamme; elle se traduit, en iconographie, par des ondulations qui entourent le corps, ou par des raies qui figurent des rayons. L'auréole et le nimbe sont donc de même nature, un nuage transparent, une lumière solide. C'est une auréole surtout, plutôt qu'un nimbe encore, qui enveloppait Minerve de son atmosphère lumineuse, lorsque Virgile montre cette déesse NIMBO EFFULGENS [1].

L'auréole est un nimbe agrandi, comme le nimbe est une auréole diminuée. Le nimbe ceint la tête; l'auréole entoure le corps tout entier. L'auréole est comme une draperie, comme un manteau de lumière qui enveloppe tout le corps depuis les pieds jusqu'au sommet du crâne. Le mot d'auréole est très-usité en iconographie chrétienne; mais il est vague, et on l'applique tantôt à l'ornement de la tête, tantôt à celui du corps. Ici nous le restreignons et nous l'affectons uniquement à ce grand nimbe qui encadre presque toujours Jésus-Christ et quelquefois la Vierge. Cependant les antiquaires appellent ce nimbe vessie de poisson (VESICA PISCIS); mais une terminologie qui se respecte doit repousser, pour sa grossièreté, une pareille expression; elle a été inventée par les antiquaires anglais, qui en abusent. Du reste cette dénomination est fausse, car très-souvent l'auréole n'a pas la forme d'une vessie, comme nous allons le voir. On l'a aussi appelée ovale divin ou amande mystique ; le mot de mystique préjuge, avant tout examen, une intention symbolique dont on peut fort raisonnablement douter. D'ailleurs elle n'est souvent ni un ovale ni une amande; c'est tout simplement le nimbe de la tête. La tête est ronde, le nimbe est rond; le corps debout forme un ovale allongé, l'auréole aussi s'allonge ordinairement à peu près en forme d'ovale. Mais, quand le corps est assis,

---

[1] *Enéide*, lib II. v. 615 :
Jam summas arces Tritonia, respice, Pallas
Insedit, nimbo effulgens et Gorgone sæva.

« *Nimbo effulgens*. Nube divina. Est enim fulvidum lumen quod deorum capita tinguit. » (*sic.*) Ce sont les expressions de Servius, commentateur de Virgile, qui vivait au IVe siècle. Voyez l'édition in-4° de Virgile, Genève, 1636, p. 260.

l'ovale se ramasse en cercle [1], quelquefois en quatre-feuilles; parce qu'alors les quatre portions saillantes du corps, la tête, les jambes et les deux bras, ont chacune leur lobe particulier, leur section de nimbe, et que le torse vient s'encadrer dans le centre de ce quatre-feuilles.

36. — DIEU DANS UNE AURÉOLE EN QUATRE-FEUILLES.
Fresque de la cathédrale d'Auxerre, dans la crypte, à l'abside; fin du XII° siècle.

Ce dessin est fait d'après une fresque placée au fond de la grande crypte qui s'étend sous le chœur et le sanctuaire de la cathédrale d'Auxerre. Dans l'auréole de Dieu brillent deux chandeliers à sept branches; hors d'elle sont peints deux anges thuriféraires et les quatre attributs des évangélistes, dont l'un, le lion, est détruit. Au centre de la rose occidentale de la cathédrale de Chartres, est assis de même, dans une auréole en quatre-feuilles, Jésus-Christ jugeant les hommes. Chaque lobe

---

[1] A Saint-Savin, près de Poitiers, dans le porche et dans la crypte de l'église, Dieu est peint à fresque; son corps est assis et inscrit dans une auréole entièrement circulaire, dont le champ est verdâtre. Dans la nef, Dieu est environné d'une auréole ovale, parce qu'il est debout.

de ce quatre-feuilles est mieux occupé et sert plus positivement encore qu'à Auxerre, parce que le Christ, au lieu de tenir à la main gauche un livre sur ses genoux et d'élever la main droite en l'air, comme le Christ d'Auxerre, étend ses deux mains horizontalement, pour en montrer les plaies aux pécheurs qu'il condamne. Ce geste des mains exigeait donc impérieusement les deux lobes latéraux de l'auréole.

On a encore donné le nom de nimbe byzantin à l'auréole; cette dénomination convient beaucoup mieux à la nature de l'auréole qui est un véritable nimbe; mais l'épithète de byzantin a le grave inconvénient d'attribuer à l'école grecque et au style byzantin, comme si elle en sortait ou qu'on l'y eût employée plus fréquemment, une forme qui n'est particulière ni à cette école ni à ce style, une forme qui appartient tout aussi bien à l'Église latine et au style occidental. Le nom d'auréole est donc celui auquel nous nous arrêtons ; nous espérons que l'archéologie chrétienne l'adoptera dans sa terminologie.

FORME DE L'AURÉOLE.

On le voit, la forme de l'auréole est assez variée. Celle qui se rencontre le plus fréquemment est l'ovoïdale à base et sommet pointus, et non pas émoussés comme dans l'ovale proprement dit. Cette forme semble convenir assez bien à un corps humain qui est debout. L'auréole est un habillement de lumière[1] ou un rayonnement du corps. Dans le premier cas, l'auréole épouse étroitement la forme du corps pour le vêtir; dans le second, elle se modèle aussi sur le corps mais elle s'en détache comme un rayon qui part du centre.

Les pointes de cet ovoïde, aiguës ordinairement, sont

---

[1] « Deus.... amictus lumine sicut vestimento. » (*Psal.* CIII, v. 2.)

AUREOLE. 89

mousses quelquefois et s'adaptent plus complétement encore à la tête et aux pieds.

Ou bien l'ovale, écourté au sommet et à la base, n'enveloppe que le tronc, et se rallonge en haut par un lobe cintré, en bas par un lobe de forme semblable, lesquels sont intersectés tous deux par l'ovale du tronc. Dans l'exemple suivant, tiré du manuscrit de Saint-Sever dont il a été déjà question, une nuée entoure de quatre lignes onduleuses Jésus, qui descend du ciel. Cette nuée prend exactement la forme des pieds, du tronc et de la tête. La tête s'y adapte surtout d'une façon remarquable; on pourrait dire qu'elle s'y incruste; cette auréole est une sorte de moule où le corps entier prend sa forme.

37. — LE SEIGNEUR DANS UNE AURÉOLE DE NUAGES QUI SE MOULENT SUR LE CORPS.
Miniature du xe siècle, manuscrit de Saint-Sever, Bibliothèque royale.

Chez les Italiens, le rebord extérieur qui embrasse tout le champ de l'auréole est régulier, géométrique, comme toutes les lignes de l'art chrétien en Italie. On dirait que c'est un cadre menuisé par un ouvrier, à l'aide d'un rabot. Comme preuve, voyez l'Ascension de Jésus, tirée d'un manuscrit italien, et qu'on a donnée plus haut, page 3, pl. 2. Chez nous, comme vient de nous l'offrir le manuscrit de Saint-Sever, c'est ordinairement une ligne onduleuse et qui figure les nuages ou l'eau aérienne[1]; car le champ de l'ovale n'est autre que le ciel même où repose Dieu. C'est à Dieu en effet qu'est réservée le plus ordinairement l'auréole, à Dieu le Père, ou le Fils, quelquefois au Saint-Esprit. Mais, dans ce dernier cas, et surtout avant le xive siècle, il faut que le Saint-Esprit entre dans la Trinité et qu'il accompagne les deux autres personnes divines. Au xve siècle, ce rebord est quelquefois tout rempli d'anges, comme on garnit d'arabesques le cadre d'un tableau. Ainsi une peinture sur bois, qu'on voit dans l'église de l'abbaye de Saint-Riquier, et qui représente l'Assomption, montre en haut, dans le ciel, la Trinité qui se dispose à recevoir Marie que des anges enlèvent et emportent en paradis. La Trinité est au sein d'une auréole presque circulaire, et dans la bande du cercle brille un cordon d'anges. La magnifique Cité de Dieu, traduite par Raoul de Presles, et que possède la bibliothèque Sainte-Geneviève, offre plusieurs exemples de ces auréoles qui environnent Dieu, et qui sont tapissées de chérubins et de séraphins d'azur, de feu ou d'or.

Souvent, lorsque Dieu est assis dans l'auréole, ses pieds posent sur un arc-en-ciel; un deuxième arc-en-ciel lui sert de dossier, et un troisième d'oreiller où s'appuie sa tête. C'est une

---

[1] Les artistes chrétiens figurent de la même façon l'eau et la vapeur, les ondes et les nuages.

belle idée, surtout quand le champ est bleu, constellé d'or, et que le cadre est grisâtre et ondulé comme des nuages. Souvent les deux arcs-en-ciel de la tête et du dos sont supprimés; car Dieu n'a pas besoin d'appui. Dans ce cas, l'arc-en-ciel des pieds est quelquefois remplacé par un tapis d'or constellé d'argent. Voyez une fresque qui appartient au commencement du XIIIe siècle, qui existe encore dans la tour de Baugency, et qui représente le Christ tenant un livre de la main gauche, pendant qu'il bénit de la main droite[1]. Ce motif est moins élevé que le précédent; mais il est encore distingué, puisque ce tapis pourrait être le ciel à fond d'or semé d'étoiles d'argent. Plus souvent, au lieu de tapis, c'est un escabeau, comme à Chartres[2], au tympan de la porte royale. Alors on est tombé au troisième motif, le plus matériel de tous et qui est la traduction grossière et littérale de ce passage d'Isaïe : COELUM SEDES MEA; TERRA AUTEM SCABELLUM PEDUM MEORUM[3]. A Saint-Denis, au tympan de la porte centrale du portail occidental, les pieds de Jésus-Christ posent sur un escabeau. Le bas du corps est circonscrit par une auréole; mais dans cette auréole s'implante la croix contre laquelle le souverain juge est adossé, motif très-rare à cette époque du XIIe siècle, et très-beau. Cet escabeau, sur lequel posent les pieds de Dieu, qui est assis sur un trône et entouré d'une auréole, est très-fréquent. Ainsi, dans les fresques de Saint-Savin, près de Poitiers, Dieu est représenté trois fois environné d'une auréole circulaire ou ovale, et trois fois ses pieds reposent sur un escabeau. Cet escabeau, plus ou moins orné en creux ou en relief, n'est pas

---

[1] Cette fresque, à demi ruinée et que le gouvernement devrait bien faire restaurer, a été dessinée par un jeune artiste d'Orléans; le dessin appartient à M. A. Duchalais.

[2] Monographie de la cathédrale de Chartres, dessin de M. Amaury Duval.

[3] Chap. VI, verset 1.

un chauffoir, comme on l'a dit. Rien qui puisse faire croire à ce motif vulgaire ne se trouve dans l'Écriture sainte, tandis que l'escabeau (scabellum) est bien nettement indiqué. D'ailleurs la forme de ce meuble prévient toute erreur à ce sujet. Le dessin qu'on donne ici, n° 38, est tiré d'une fresque qui orne la muraille occidentale de la grande église du couvent de Salamine, connu sous le nom de panagia phanéroméni. Il montre le Christ descendant du ciel pour juger tous les hommes. L'auréole qui l'environne est circulaire, variété que nous a déjà offerte la figure n° 16, et elle est portée aux quatre points cardinaux par quatre chérubins. Le champ de cette auréole est divisé par des carrés symboliques à côtés concaves et qui s'intersectent. Les pieds du juge divin posent sur une ligne circulaire qui figure un arc-en-ciel; un second arc lui sert de siége. Cette peinture est du xviiie siècle; elle serait du xiiie en France, car les Grecs n'ont pas fait un pas depuis cinq ou six cents ans. L'explication de ce dessin qui reproduit une fresque remarquable est fournie par les psaumes de David : « Dieu abaisse les cieux et descend; il monte sur les chérubins et vole; il vole sur les ailes des vents [1]. Seigneur, mon Dieu, vous êtes très-magnifique et couvert de majesté et d'éclat. Vous êtes habillé de lumière comme d'un vêtement. Vous montez posé sur les nuées; vous marchez sur les ailes des vents. Du souffle vous avez fait vos anges, et du feu brûlant vos ministres. »

---

[1] « Inclinavit cœlos et descendit.... Et ascendit super cherubim et volavit; volavit super « pennas ventorum. » (Psaume xvii, vers. 11 et 12.) Et ailleurs : « Domine, Deus meus, « magnificatus es vehementer. Confessionem et decorem induisti : amictus lumine sicut « vestimento.... Qui ponis nubem ascensum tuum : qui ambulas super pennas ventorum. « Qui facis angelos tuos spiritus, et ministros tuos ignem urentem. » (Psaume ciii, versets 1, 2, 3 et 4.)

AURÉOLE. 93

38. — DIEU DANS UNE AURÉOLE CIRCULAIRE,
RAYONNANTE EN DEDANS ET PARTAGÉE PAR DES CARRÉS SYMBOLIQUES, À CÔTÉS CONCAVES.
DIEU EST ASSIS SUR UN ARC-EN-CIEL, SES PIEDS POSENT SUR UN AUTRE ARC-EN-CIEL.

Fresque du grand couvent de Salamine, XVIII° siècle.

DESSINÉ A SALAMINE PAR PAVL DVRAND

Le champ de l'auréole est éclairé parfois de deux étoiles qui rayonnent près de la tête du personnage divin encadré dans cette auréole même : l'une est à droite, l'autre est à gauche. Quand la figure assise bénit de la main droite et que le champ de l'auréole est étroit, la disposition de la main qui absorbe la place fait reporter à droite les deux étoiles. Quelquefois le champ tout entier est semé d'étoiles comme le ciel par une nuit claire [1]; c'est assez rare. Le nombre des rayons ou des

---

[1] *Histoire de l'Art par les monuments*, de Séroux d'Agincourt; sculpture, planche 2. Ce dessin représente un devant d'autel de la cathédrale de Città-di-Castello, en Italie, et qui fut donné en 1143 ou 1144 par le pape Célestin II. Au centre, dans une auréole ovale, paraît le Christ à nimbe croisé : à sa gauche reluit le croissant de la lune; à sa droite, le soleil fait éclater ses rayons flamboyants; dans le champ de l'auréole brillent des étoiles à cinq pointes, à cinq lobes ou en forme de rose.

pointes des étoiles varie : il est de quatre[1], de cinq, de six, de sept[2], même de huit[3]. L'étoile de gauche a souvent moins de pointes que celle de droite. Dans ce cas, l'étoile gauche indique la lune, et l'étoile droite le soleil[4], quoique ces astres soient figurés sous la même forme. Presque toujours le soleil et la lune, souvent des étoiles assistent à l'ascension de Jésus au ciel ou à sa descente sur la terre au jugement dernier. Le dessin n° 16 a déjà montré très-positivement ce soleil, cette lune et ces étoiles dominant la scène où le Christ est représenté s'élevant au ciel; le magnifique tympan de la cathédrale d'Autun, où l'on a sculpté, au XIIe siècle, le jugement dernier, offre de même le soleil à la droite, et la lune à la gauche du Christ jugeant le monde, et inscrit dans une auréole elliptique[5].

A la Transfiguration, chez les Byzantins et les Grecs modernes, l'auréole qui entoure Jésus-Christ offre une particularité. Cette auréole a la forme d'une roue. Du centre ou du moyeu partent six rayons qui vont toucher aux jantes, à la circonférence; mais ces rayons, au lieu de s'y arrêter comme dans une roue ordinaire, se prolongent et aboutissent l'un à Moïse, l'autre à Élie, le troisième à saint Pierre, le quatrième à saint Jean, le cinquième à saint Jacques. Ces personnages sont les seuls qui aient assisté à la transfiguration ou métamorphose, comme

---

[1] Voyez l'autel de saint Guillaume, à Saint-Guilhem-du-Désert, décrit et dessiné par M. R. Thomassy, dans les Mémoires de la Société royale des antiquaires de France, tom. XIV, pag. 222.

[2] Voyez la personnification de l'air ou de la musique, dessin du XIIIe siècle, dans un *Pontificale* manuscrit de la bibliothèque de Reims.

[3] Voyez une vierge byzantine en argent repoussé, et que je possède.

[4] Voyez la personnification de l'air, manuscrit de Reims.

[5] Voyez un très-beau dessin de ce tympan tout entier exécuté par M. Victor Petit et qui fait partie de l'Atlas des arts au moyen âge, de M. du Sommerard; c'est une des pièces capitales de ce riche recueil.

AURÉOLE. 95

disent les Grecs. Quant au sixième rayon, il est absorbé ou caché par Jésus lui-même. Le Christ est appliqué contre cette gloire en roue; on dirait qu'il y est cloué comme à un instrument de supplice, car c'est ainsi que l'on représente le martyre de saint Georges qui fut roué [1]. Cette disposition singulière est des plus rares chez nous [2]; on ne la voit que dans les édifices qui semblent trahir des influences byzantines au moins indirectes, comme Notre-Dame de Chartres, d'où est tiré le dessin suivant, copié sur une des trois grandes verrières romanes du portail occidental.

39. — JÉSUS TRANSFIGURÉ, DANS UNE AURÉOLE À FORME DE ROUE.
Vitrail du xii° siècle, cathédrale de Chartres.

En Sicile, au contraire, cette portion de l'ancienne Grande-

[1] Voyez, à la cathédrale de Chartres, le martyre du guerrier saint Georges peint dans la nef de la même église, sur un vitrail; voyez le même martyre, sculpté au portail méridional, dans le soubassement d'une statue qui représente ce saint.

[2] Le manuscrit d'Herrade, *Hortus deliciarum*, où se montrent des traces de l'école byzantine, offre une miniature représentant la transfiguration. Des rayons d'argent sortent

Grèce où le rite grec des offices religieux est encore observé aujourd'hui et dans plusieurs localités, ce genre de transfiguration est constant; on le remarque principalement dans les peintures à fresque qui décorent la chapelle royale de Palerme. Là on voit une auréole elliptique et non circulaire; mais les rayons sont en nombre égal à ceux de Chartres, et tombent ou s'élèvent de la même manière en partant du divin transfiguré.

L'auréole présente plusieurs autres variétés, outre celles du cercle, de l'ovale et du quatre-feuilles dont on vient de parler. Puisque l'auréole, qui est une espèce d'ombre lumineuse, embrasse la forme du corps, elle doit se partager souvent en deux : la portion supérieure, plus petite de diamètre, serre la tête et le buste jusqu'à la ceinture; la portion inférieure, plus grande, au contraire, part de la ceinture et descend jusqu'aux pieds. Cette auréole se compose de deux cercles superposés, se coupant l'un l'autre, évidés à leur intersection et donnant, pour la forme, la coupe verticale de la gourde que portent les pèlerins. C'est particulièrement de cette configuration que les antiquaires ont tiré le nom de vessie de poisson; mais elle est beaucoup plus rare que la forme elliptique et ovoïdale. Ainsi, outre son inconvenance, cette dénomination a le tort de se rapporter à une variété peu importante; double motif pour la repousser. Quelquefois le cercle du bas est plus étroit, le cercle du haut plus large : alors c'est une gourde renversée; quelquefois le cercle du haut est ouvert et celui du bas fermé, les pieds posant sur cette fermeture alors la tête a de l'air et peut se mouvoir à droite et à gauche, sans être arrêtée par un cadre. D'autres fois, c'est le cercle d'en bas qui est ouvert et

du corps de Jésus; ils sont au nombre de seize, huit de chaque côté. Mais ces rayons ne sont pas reliés entre eux par une ligne circulaire; c'est une roue sans les jantes. Le byzantin n'est pas là dans toute sa pureté.

celui d'en haut qui reste fermé; d'autres fois le haut et le bas sont ouverts, et l'auréole se compose seulement de lignes parallèles plus ou moins bizarres, et qui ne se rencontrent pas plus que les asymptotes de la géométrie ne rencontrent les courbes auxquelles elles appartiennent.

Toutes ces variétés et d'autres encore se voient particulièrement dans un psautier de la Bibliothèque royale, de la fin du XIIe siècle[1]. Les miniatures qui ornent la fin de ce manuscrit paraissent avoir été exécutées en Italie vers le XIVe siècle. Cette grande variété d'auréoles serait un argument de plus à joindre à la facture, à la couleur, au dessin, aux costumes, à la tournure des personnages, qui portent à croire que ce manuscrit est italien[2].

Pour les personnes qui prétendent que l'auréole est la représentation symbolique de certaines parties naturelles, espèce de sein maternel où nagerait la divinité, il y a difficulté invincible à rendre compte de ces formes si variées et si hétérogènes. Puis il faudrait expliquer pourquoi Dieu le Père, qui n'est le fils de personne, qui engendre, mais n'a pas été engendré, est enfermé dans cette auréole aussi bien que son fils, aussi bien que le Saint-Esprit.

Aux antiquaires païens, l'auréole, quand elle a la forme d'un cercle ou d'une amande, pourrait rappeler les IMAGINES CLYPEATÆ si fréquentes chez les Romains et même chez les Grecs[3]. Dans un manuscrit de la Bibliothèque royale, Dieu, armé d'un

---

[1] Suppl. fr. n° 1132 bis.

[2] Voyez f°s 27, 53, 80, entre autres. L'Italie est la patrie de la variété archéologique, c'est-à-dire du mouvement. Chez nous l'art est beaucoup plus uniforme et d'une imagination moins active.

[3] Dans l'Iconographie grecque de Visconti, les poëtes Sophocle et Ménandre sortent ainsi en *imagines clypeatæ* d'un disque percé comme une lucarne. Au XVIe siècle, à la renaissance, ce motif était singulièrement en faveur et d'un grand usage dans l'ornementation.

glaive et de flèches, en buste et en saillie dans un cercle, comme sur un bouclier, ressemble entièrement à ces images sur bouclier qu'on voit sur les sarcophages romains particulièrement. Dans l'Histoire de Dieu le Père, une gravure montre Dieu en médaillon, et tenant, comme un dieu païen, un arc, des flèches, un glaive; c'est le dieu de la force et des combats. Ce dessin est tiré du psautier du xiie siècle, cité plus haut. Il serait donc facile de trouver dans l'archéologie romaine une des origines de l'auréole, en songeant que des bustes du Christ sont fréquemment placés au front des basiliques de forme païenne, en ce lieu où les gothiques ont depuis percé une rose; où, avant les gothiques, les architectes romans avaient ouvert un OCULUM; où, avant cet *oculum* à jour, on remarque un *oculum* aveugle et rempli par le Christ et les attributs des évangélistes. Notre-Dame de Poitiers, qui est du xiie siècle, a conservé encore la trace de cet usage : elle nous montre ainsi Jésus-Christ entouré des attributs des évangélistes et enfermé dans une espèce d'ovale, un *oculum,* ou une rosace aveugle[1]. A Saint-Paul-hors-les-Murs, avant le désastreux incendie de 1823; à Saint-Pierre de Rome, avant sa destruction par le pape Paul V, qui a fait place au Saint-Pierre d'aujourd'hui, on voyait la série des pontifes romains peints à fresque, à des époques très-anciennes. Tous ces portraits en buste étaient encadrés dans un tableau circulaire, et ressemblaient aux images sur bouclier des Romains.

[1] Voyez les nombreux dessins qui représentent le portail de Notre-Dame de Poitiers. « Sur cette manière de représenter le Christ en buste, dit M. Raoul-Rochette (*Discours sur l'art du christianisme,* note 2 de la page 25), imitée des images en bouclier, voyez Buonarotti, qui en cite pour exemple la mosaïque, aujourd'hui détruite, du grand arc de Saint-Paul-hors-des-Murs, *Dittico sacro,* etc. page 262. Cet usage durait encore au viie siècle, et l'on en a acquis la preuve par la peinture de l'oratoire de Sainte-Félicité, découvert en 1812 dans les thermes de Titus, en haut de laquelle était une image pareille du Sauveur en buste. » (Guattani, *Memorie enciclopediche,* etc. t. I. tav. xxi.)

AUREOLE. 99

Le plus ordinairement l'auréole a la forme ovale; mais cet ovale est quelquefois figuré par des branches d'arbres qui se croisent, s'écartent pour laisser un espace vide, et se recroisent ensuite, composant ainsi comme une double ogive, l'une en haut et l'autre en bas ou retournée. Presque tous les arbres généalogiques, surtout ceux du XIIe et du XIIIe siècle, le long desquels s'échelonnent les ancêtres de la sainte Vierge et de Jésus-Christ, sont ainsi disposés. Dans chaque ovale est inscrit un aïeul, un roi; au sommet domine Jésus-Christ, assis sur un trône, et qui bénit le monde avec la main droite. Le dessin suivant est tiré du psautier de saint Louis [1]. Une page entière de ce manuscrit est occupée par un de ces arbres généalogiques.

40. — JÉSUS DANS UNE AURÉOLE ELLIPTIQUE FORMÉE DE RINCEAUX.
Miniature du XIIIe siècle, psautier de saint Louis.

On n'en a donné ici que le sommet, que le dernier ovale dans

[1] Ce manuscrit est à la bibliothèque de l'Arsenal.

lequel Jésus est encadré. A l'extérieur de cet ovale est représenté le Saint-Esprit reproduit sept fois, parce que Jésus fut doué des sept esprits de Dieu. Chacun de ces esprits, sous la forme d'une colombe, est enfermé dans une auréole circulaire. L'esprit suprême, celui qui domine les autres et qui est tout au sommet, est non-seulement inscrit dans l'auréole, mais il porte encore un nimbe à la tête. On voit que le nimbe de ce grand esprit n'est pas croisé : c'est une erreur de l'artiste ou une imperfection de la miniature. Chacune de ces colombes devrait avoir un nimbe crucifère, car elles sont la personnification des propriétés divines de l'Esprit-Saint. A la cathédrale de Chartres, sur un vitrail de la grande nef, à gauche, on n'a pas commis cette faute. Ce vitrail représente la Vierge, qui tient Jésus. Vers l'enfant divin viennent converger, sur des rayons d'un rouge de flamme, les dons du Saint-Esprit qui ont la forme d'une colombe. Ces colombes portent toutes le nimbe crucifère.

APPLICATION DE L'AURÉOLE.

On ne peut pas dire que l'auréole soit réservée à Dieu exclusivement; cependant, sauf les exceptions qui vont être notées et dont on donnera les raisons, l'auréole est un attribut qui caractérise assez spécialement la divinité. Elle est, en effet, l'expression figurée de la puissance suprême, de l'énergie poussée au plus haut point possible. C'est donc à Dieu surtout qu'elle devait se donner, à Dieu qui a en propre et en lui-même la toute-puissance, tandis que les créatures, dans quelque rang qu'elles soient, ne la tiennent que de lui, comme la lune n'a de lumière que par le soleil.

Cependant la vierge Marie, qui est la première des pures créatures humaines et qui s'avance immédiatement après Dieu,

AURÉOLE. 101

Marie, supérieure aux saints et aux anges par les fonctions qu'elle a remplies et par les honneurs qu'on lui a rendus, devait être assez souvent entourée de la gloire. Ici,

41. — MARIE DANS UNE AURÉOLE OVALE INTERSECTÉE PAR UNE AURÉOLE OVALE AUSSI, MAIS PLUS PETITE.

Miniature du Xe siècle, manuscrit *Liber precum*, Bibliothèque royale.

dans ce dessin, l'auréole est ovale et à pointe obtuse. Ailleurs la pointe est aiguë et formée par des branches qui se croisent, comme dans les arbres généalogiques; ailleurs c'est un nuage qui encadre Marie dans un ovale qui prend la forme de son corps et l'enlève au ciel, à l'Assomption [1]. Dans le jugement

[1] Voyez, à Notre-Dame de Paris, un bas-relief encastré dans le mur latéral nord, et qui représente la Vierge enlevée au ciel par les anges; la Vierge est enchâssée dans un ovale de nuages. Dans le Campo-Santo de Pise, au jugement dernier, la Vierge, comme son fils Jésus-Christ, est assise dans une auréole et sur un arc-en-ciel.

dernier, peint au Campo-Santo de Pise par André et Bernard Orcagna, la Vierge, comme Jésus-Christ, est assise dans une auréole elliptique et sur un arc-en-ciel. La mère est honorée autant que son fils qui est à ses côtés. Au XVIe siècle, cette auréole se débarrasse ordinairement de son rebord, de ce cadre de nuages. Alors le champ reste seul et se compose de rayons flamboyants[1] ou alternativement droits et flamboyants, qui partent du corps de la Vierge sur tous les points. Ainsi l'auréole environne Marie dans quatre circonstances particulières. Premièrement, quand elle tient son enfant divin; secondement, à l'Assomption, quand elle est enlevée au ciel par les anges; troisièmement, au jugement dernier, quand elle implore la clémence de Jésus; quatrièmement, quand on la figure avec les attributs de la femme apocalyptique, symbole dont elle est la réalité. Dans le premier cas, et la planche 43, page 107, nous en fournit un exemple, on peut croire que l'auréole est plutôt pour son fils que pour elle-même. Dans le second cas, c'est bien à elle que l'auréole appartient. Au jugement dernier, on la voit quelquefois sans auréole; mais cet attribut est constant et des plus complets quand on lui applique le passage de l'Apocalypse : « La femme, habillée du soleil, avait la lune sous ses pieds et une couronne de douze étoiles à la tête[2]. »

Quelquefois aux XIIIe et XIVe siècles, surtout aux XVe et XVIe, époque où se dégradent et se perdent les traditions, on hu-

---

[1] Voyez le bas-relief qui décore le tympan du pignon méridional de la cathédrale de Reims. Deux planches plus bas, p. 107, les rayons droits et flamboyants alternent.

[2] *Apocalyp.* cap. XII, v. 1. — On lit cette inscription sur un vitrail du XVIe siècle qui orne l'église de Notre-Dame de Moulins : « Hæc est illa de qua sacra canunt eulogia; « sole amicta, lunam habens sub pedibus, stellis meruit coronari duodenis. » Le vitrail où est peinte cette inscription représente Marie tenant l'enfant Jésus; ce qui montre bien que la femme de l'Apocalypse est la figure de la sainte Vierge, comme l'agneau égorgé est celle du Christ.

milie l'auréole jusqu'à la faire servir à l'apothéose d'un saint ou d'une sainte. Ainsi un vitrail de la fin du XIIIe siècle, à Chartres, nous montre saint Martin, archevêque de Tours, enlevé au ciel par deux anges, dans une auréole de feu. Sur des manuscrits voisins de la renaissance est peinte, enveloppée de cette divine auréole, Marie Madeleine ravie en extase par des anges au-dessus de la Sainte-Baume. Il faut prendre garde alors de ne pas confondre Marie Madeleine avec la mère de Dieu, l'exaltation de Madeleine avec l'assomption de Marie. La grotte, l'âge de la sainte et d'autres caractères peuvent servir à distinguer l'une de l'autre. — Il semble que l'honneur de l'auréole ait été décerné à un saint ordinaire bien avant le XIIIe siècle. On lit, en effet, dans la vie de saint Benoît, qui mourut en 596, qu'il aperçut un jour l'âme de Germain, évêque de Capoue, enlevée au ciel par des anges et dans une sphère de feu [1]. Ce globe de feu est bien une auréole; il est vrai qu'il enveloppait, non plus le corps, mais l'âme d'un saint, et qu'une âme pareille semble se rapprocher de la divinité. C'est de même dans une auréole ovale, rouge ou de flamme, qu'est enlevée, à Chartres, cette âme de saint Martin [2].

[1] « Vidit Germani, Capuani episcopi, animam in *sphera ignea* ab angelis in cœlum de-
« ferri. » (*Act. SS. ord. S. Bened.* 1er vol. Vie de saint Benoît.) Voici comment saint
Ouen (Vie de saint Éloi, dans d'Achery, *Spicilegium*, tom. II, p. 113) raconte la mort
de saint Éloi, son ami, et comment il décrit l'auréole resplendissante, la lumière sphérique, le *phare* qui environna l'âme du saint montant au ciel : « Inter verba orationis fla-
« gitatum à superis emisit (Eligius) spiritum. Statim vero cum esset hora prima noctis,
« visus est subito velut *pharus* magnus ingenti claritate resplendens ex eadem domo corus-
« cando conscendere, atque inter mirantium obtutus *sphæra ignea* crucis in se similitu-
« dinem præferens, velocique cursu densitatem nubium præteriens, cœli altitudinem
« penetrare. »

[2] Vitrail d'une des chapelles de l'abside, côté du sud.

42. — ÂME DE SAINT MARTIN DANS UNE AURÉOLE ELLIPTIQUE.
Vitrail du XIIIe siècle, cathédrale de Chartres¹.

L'auréole est si bien l'attribut de la puissance suprême, de la toute-puissance divine, que les anges eux-mêmes, ces créatures si voisines du Créateur, ne jouissent pas de cet insigne. Quelquefois, et les manuscrits à miniatures en fournissent de nombreux exemples, les anges sont compris dans l'auréole de Dieu, qu'ils accompagnent, soit à la création, soit sur le mont Sinaï, soit au jugement dernier; mais cette auréole ne leur est pas propre, elle appartient à Dieu, qui rayonne et qui les absorbe dans sa lumineuse atmosphère. Cependant un vitrail de la cathédrale de Chartres, dans le croisillon méri-

---

¹ Ici saint Martin est nu, selon la manière accoutumée de figurer les âmes; mais ailleurs, à Chartres même, dans le vitrail représentant l'histoire de saint Remi, l'âme de l'évêque de Reims est totalement vêtue. On lit dans la Vie de sainte Françoise romaine (*Acta SS.* des Bollandistes, 2ᵉ vol. de mars) que l'âme de saint Ambroise de Sienne monta au ciel en habits pontificaux.

dional, offre une curieuse particularité. Sur cette verrière, qui est du XIIIe siècle, est peinte la hiérarchie céleste, ou la distribution des anges en neuf chœurs. Les anges sont caractérisés chacun par un attribut spécial; dans le premier et le plus élevé des trois groupes, on voit les Trônes représentés par deux grands anges à ailes vertes, ayant le sceptre en main, et qui sont enfermés dans une auréole rouge et de forme elliptique. Les Trônes seuls sont décorés de cet insigne; or ces anges, comme l'indique leur nom, sont les dépositaires de la toute-puissance divine. Ce fait confirme encore que l'auréole est bien l'attribut spécial de Dieu, car la divinité, en déléguant sa puissance aux Trônes, leur délègue en même temps une portion de sa majesté [1].

HISTOIRE DE L'AURÉOLE.

Le nimbe, comme on l'a dit plus haut, est souvent absent. Il existe à peine, il ne se voit pas encore dans les sarcophages et les fresques des catacombes; il disparaît à la fin du moyen âge. L'auréole, et cela devait être, puisqu'elle n'est qu'un nimbe agrandi, est soumise aux mêmes phases historiques; on ne la voit pas dans les plus anciens monuments chrétiens.

---

[1] Saint Denys l'Aréopagite (*de cœlesti Hierarchia*, cap. XV, p. 198) dit que les anges sont quelquefois revêtus d'un nuage; cette auréole qui environne les Trônes de Chartres pourrait figurer ce nuage. L'auréole, en effet, qui entoure Dieu, la Vierge et les âmes des saints, n'est autre chose que la nue sur laquelle montent ou descendent ces personnages divins ou sacrés. A Aix-la-Chapelle, au centre de la couronne donnée par Barberousse et qui pend sur le tombeau de Charlemagne, on voit l'archange saint Michel enfermé dans une auréole en quatre-feuilles comme le Christ d'Auxerre donné plus haut, pl. 36, p. 87. L'archange descend du ciel pour combattre les ennemis de la paix, car, par un singulier contraste avec l'esprit belliqueux de Charlemagne et de Barberousse, la couronne proclame la béatitude des pacifiques : « Beati pacifici, quoniam filii Dei vocabuntur, » dit une inscription prise du sermon sur la montagne (saint Matthieu, chap. V, verset 9).

Qu'on se rappelle le dessin de la page 76 qui est tiré des sarcophages chrétiens trouvés dans les catacombes. Cette gravure représente Dieu imberbe, qui condamne Adam à labourer la terre et Ève à travailler la laine : à l'une, il offre un agneau, dont elle filera la toison; à l'autre des épis de blé, image de ceux que l'homme fera croître à la sueur de son front. Dieu n'est entouré ni de nimbe à la tête, ni d'auréole au corps. Le dessin 18, page 30, se distingue également par l'absence du même caractère. L'auréole apparaît même plus tard que le nimbe, et celui-ci est déjà pratiqué dans la plupart de ses variétés, que l'auréole ne montre pas encore; elle disparaît aussi avant la disparition du nimbe, en sorte que son existence est assez restreinte. En outre, au plus fort du moyen âge, alors que le nimbe, sauf oubli, est constamment usité, l'auréole n'est pas toujours figurée. C'est donc une forme plus rare et de plus courte durée que celle qui environne la tête. Voyez, à l'Histoire de la Trinité, un dessin tiré du manuscrit du duc d'Anjou, Bibliothèque royale, XIIIe siècle; la Trinité y est nimbée du nimbe croisé, mais elle n'a déjà plus d'auréole.

Vers le XVe et le XVIe siècle, le nimbe perd son rebord extérieur, et il est assez souvent dépourvu de la circonférence qui en rattache les rayons; il en est de même de l'auréole. La périphérie disparaît et le champ seul reste. Ce champ est strié de rayons ou droits ou flamboyants, et quelquefois droits et flamboyants alternativement. Un dessin qu'on trouvera dans l'Histoire de la Trinité et qui est tiré d'un manuscrit de la Bibliothèque Royale, de la fin du XVe siècle[1], représente la Trinité sous trois personnes à forme humaine : le Père, en pape et tenant le globe; Jésus, en crucifié et tenant sa croix; le Saint-Esprit, en jeune homme et sur la tête duquel est posée la

[1] *L'Aiguillon de l'amour divin*, in-4°, n° 5094 et 7275.

AURÉOLE. 107

divine colombe, qui est son symbole. Tous trois portent le nimbe croisé; la colombe elle-même est éclairée de cet insigne. Des rayons flamboyants, c'est-à-dire l'auréole, sortent en effluve des trois personnes divines. Ces rayons ne sont pas rattachés entre eux; ils s'échappent libres et sans être reliés par une circonférence. Il en est de même du dessin suivant,

43. — MARIE ET JÉSUS DANS UNE AURÉOLE À RAYONS DROITS ET FLAMBOYANTS.
Miniature du xviᵉ siècle, bibliothèque Sainte-Geneviève.

qui représente Marie tenant l'enfant Jésus. La Vierge et son fils sont enveloppés dans une auréole blanche ovoïdale, et dont la circonférence est frangée de rayons droits et flamboyants. Jésus et sa mère sortent du lys mystique de la tribu de Juda[1].

[1] Ce dessin reproduit une miniature du xviᵉ siècle, manuscrit n° 460, de la bibliothèque Sainte-Geneviève. On voit que la mère et l'enfant divin portent tous deux le nimbe circulaire; mais on n'a pas croisé celui de Jésus Au xviᵉ siècle on commet souvent des erreurs de ce genre.

GLOIRE.

Par gloire, avons-nous dit, nous entendons la réunion du nimbe et de l'auréole, comme la main est la réunion des doigts qui la composent. Il fallait un mot générique pour comprendre à la fois les deux espèces, et ce mot nous l'empruntons, mais en le précisant toutefois, au vocabulaire iconographique.

Le mot de gloire (GLORIA) est, suivant nous, formé d'une onomatopée, ou de deux cris exprimés par les deux voyelles principales que trois consonnes relient entre elles pour faire le mot. Ce mot, dans le langage usuel, est l'expression d'un éclat extraordinaire environnant tout individu qui s'illustre par de grandes actions, par de hautes pensées, par des œuvres sublimes. Alexandre, qui conquiert l'Asie; César, qui domine l'Europe; Aristote et Platon, qui gouvernent les intelligences; Homère et Virgile, qui allument toutes les imaginations; saint Vincent de Paule, qui enflamme tous les cœurs et fait des prodiges de charité; Phidias et Raphaël, qui produisent des chefs-d'œuvre de sculpture et de peinture, et bien d'autres et dans tous les ordres de l'activité humaine, sont des hommes éclatants et couverts de gloire. A l'aspect de génies analogues, dans l'enfance du monde, alors que les langues étaient naissantes et que les idées s'exprimaient surtout par gestes et par exclamations, le peuple enthousiaste traduisit son admiration par ces cris que la grammaire appelle des voyelles, et par ceux-là surtout qui étaient les plus sonores, les plus bruyants, les plus conformes à l'état des âmes qui les poussaient. Or, parmi les voyelles, les deux plus éclatantes sont l'*o* et l'*a*. Poussées successivement et répétées plusieurs fois de suite et sans interruption, ces voyelles s'unissent et se modifient. Le lien et la modification se sont obtenus par les consonnes *g*, *l*, qui précèdent l'*o*; dans le même but l'*r* est venue se placer devant l'*a* avec la voyelle *i*, voyelle sourde et servant à rendre plus facile l'émission de l'*a*, qui est si retentissant. Il est possible que le mot *gloria*, comme celui de *bravo*, où l'*o* vient après l'*a*, ne soit qu'une acclamation bruyante, et que l'expression de l'hommage rendu à un homme de génie.

Quoi qu'il en soit de la génération du mot, ce mot lui-même n'en exprime pas moins l'éclat ou la lumière morale qui environne tout homme illustre. Lorsqu'on a voulu formuler matériellement cet éclat, le peindre ou le sculpter, le rendre visible à l'œil et sensible au toucher, on l'a représenté par une ligne arrondie qui enveloppait tout le corps, et par une autre ligne circulaire, le nimbe, qui environnait la tête.

Nous donnons le nom de gloire à cette réunion du nimbe et de l'auréole, parce que c'est un nom qui emporte avec lui une signification complète, et parce qu'il est à peu près consacré dans le langage usuel.

En effet, ce nom appliqué à cette forme est encore populaire aujourd'hui : il sert à désigner ces grands soleils qu'on étale à l'orient des églises, c'est-à-dire ces rayonnements en bois doré dont on décore quelquefois le fond du sanctuaire [1]. D'ailleurs, les livres saints prononcent souvent le mot de gloire et l'appliquent à des rayonnements qui s'échappent du corps de Dieu, ou à des nuages qui l'environnent lorsqu'il descend sur la terre. Ainsi Ézéchiel dit : « Je vis comme une figure de feu; depuis les reins jusqu'en bas c'était du feu, depuis les reins jusqu'en haut c'était comme de la flamme et de l'airain mêlé d'or. Là était la GLOIRE du Dieu d'Israël[2]. La GLOIRE du

---

[1] Voyez le sanctuaire de la cathédrale d'Amiens, et celui de Saint-Roch, à Paris.
[2] *Ezechiel*, cap. VIII, v. 2 et 3.

110   ICONOGRAPHIE CHRÉTIENNE.

Dieu d'Israël s'éleva de dessus le Chérubin où elle était [1]. La GLOIRE du Seigneur s'éleva de dessus les Chérubins jusqu'à l'entrée de la maison; et la nuée couvrit la maison, et le parvis fut rempli par l'éclat de la GLOIRE de Dieu [2]. »

Ainsi David, dans ses psaumes, dit que Dieu se montre dans sa gloire, et l'Exode même déclare que la gloire de Dieu ressemble à la flamme [3].

Ainsi dans une foule de textes sacrés il est question de Jésus qui, à la fin du monde, descendra dans sa gloire et sa majesté pour juger les vivants et les morts. Or, toutes les fois que sur des sculptures, sur des vitraux, sur les miniatures des manuscrits, les scènes signalées dans ces textes sont exprimées par des personnages; toutes les fois qu'on représente Dieu ainsi rayonnant ou placé dans les nuages, ces rayonnements et ces nuages prennent précisément la forme circulaire à laquelle nous donnons le nom de gloire. C'est en l'enveloppant des lignes onduleuses ou géométriques, auxquelles nous imposons ce nom, que les artistes chrétiens ont représenté Dieu qui se montre à ses prophètes [4] et le Christ qui juge le monde. Le dessin 37, page 89, nous a montré ainsi Jésus descendant du ciel en terre; il est entouré de nuages et environné de la gloire. Une inscription : « Dominus in nubibus, et vident eum inimici « ejus et qui cum pupugerunt, » ne laisse aucun doute à cet égard [5].

---

[1] *Ezechiel*, cap. IX, v. 3.

[2] *Ibid.* cap. X, v. 4 : « Et elevata est GLORIA Domini desuper Cherub ad limen domus ; « et repleta est domus nube, et atrium repletum est splendore GLORIÆ Domini. »

[3] Cap. XXIV, v. 17 : « Erat autem species GLORIÆ Domini quasi ignis ardens. »

[4] Ézéchiel est des plus positifs dans sa vision prophétique. Lisez et comparez les différents versets du chapitre premier. Ces textes extraordinaires qui expliquent si bien la GLOIRE de Dieu, la nature flamboyante et la forme circulaire de cette gloire, les roues mystérieuses et les animaux symboliques qui l'accompagnent, ont été figurés par la sculpture et la peinture, à toutes les époques de l'art chrétien.

[5] *Apocalyp.* cap. I, v. 7. « Ecce venit (Christus) cum nubibus, et videbit eum omnis

GLOIRE.

Cette miniature pourrait être du IXe ou du Xe siècle. Le manuscrit d'où elle est tirée vient de l'abbaye de Saint-Sever, en Gascogne; il est à la Bibliothèque royale.

NATURE DE LA GLOIRE.

Que la nature du nimbe et de l'auréole, que l'élément qui les constitue l'un et l'autre soit le feu, ou la flamme qui est comme l'efflorescence du feu, il ne peut y avoir aucun doute sur cette proposition. Le dernier dessin, page 107, le montre positivement pour l'auréole; deux gravures prises au Campo-Santo, et qu'on donnera plus bas, le démontrent aussi positivement pour le nimbe. C'est sous la forme de rayons lumineux et d'aigrettes flamboyantes que l'auréole de la tête et l'auréole du corps environnent les divinités hindoues. Le corps de Zoroastre, cette pure émanation de la divinité des anciens Perses, jetait une telle clarté, lorsqu'il vint au monde, que toute la chambre où il vit le jour en fut illuminée [1]. Crichna, allaité par Dévaki, sa mère, éclaire aussi l'appartement où il passe son enfance avec les rayons que verse sa tête, et que vivifient encore ceux que projette la tête de sa mère [2]. Des feux pétillent et sortent du corps et surtout de la tête de Maya, au moment où la mer de lait s'écoule de son sein en deux ruisseaux [3]. Dans les livres bouddhiques qui sont à la Bibliothèque royale, on voit les saints dévots à Bouddha enveloppés très-souvent dans

« oculus, et qui cum pupugerunt..... » Le texte du manuscrit est peu différent du texte apocalyptique. David, psaume XVII, v. 12, dit aussi : « Dieu a sa tente tout autour de lui ; l'eau ténébreuse dans les nuées de l'air. » (*In circuitu ejus tabernaculum suum; tenebrosa aqua in nubibus aeris.*) C'est l'explication littérale de la gloire du manuscrit de Saint-Sever.

[1] *Religions de l'antiquité*; par M. J. D. Guigniaut, 1er vol., p. 317.

[2] *Ibidem*, pl. cah. 1, n° 61.

[3] *Ibidem*, pl. cah. 1, n° 103. — Le dessin de cette déesse est donné plus haut, pl. 12, page 20.

une auréole ovale ou circulaire, de la périphérie de laquelle s'échappent des rayons droits ou flamboyants[1]. Chez les Grecs, les Romains et les Étrusques, toutes les constellations, le soleil, la lune, les planètes, représentées sous la forme humaine, sont environnées ou de rayons, ou de cercles lumineux entièrement semblables à nos nimbes et à nos auréoles[2]. Nous avons déjà vu le Soleil et la Lune, voici maintenant Mercure, reconnaissable à ses petites ailes et à son caducée; il est nimbé[3] comme un saint du christianisme.

44. — MERCURE À NIMBE CIRCULAIRE.
Sculpture romaine.

Ces rayons et ces cercles sont l'emblème, ou même mieux, sont l'image de la lumière; car, lorsque ces constellations ne sont pas personnifiées, mais représentées sous leur forme naturelle, elles en sont également entourées. Dans l'Égypte, on vient de trouver des peintures où le soleil est figuré lançant des rayons à l'extrémité desquels est attachée une main[4]; c'est ainsi, à part les mains, que le Saint-Esprit est représenté sur nos monuments, à la Pentecôte, lorsqu'il s'arrête sur la tête de chaque apôtre, en forme d'une langue de feu[5].

[1] J'ai dû à l'obligeance de M. Stanislas Julien communication de ces divers ouvrages.
[2] Voyez le Planisphère de Bianchini, qui est au musée du Louvre; l'Antiquité expliquée, de Montfaucon, *passim*, etc.
[3] *Antiq. expliquée*, tom. II, pl. ccxxiv, p. 414.
[4] *Journal des Savants*, numéro d'octobre 1840, article de M. Letronne.
[5] Cloître de Saint-Trophime, à Arles; chapiteaux de Sainte-Madeleine de Vezelay; plu-

GLOIRE. 113

Chez les Perses modernes, chez les Arabes, chez les Turcs, la tête des personnages sacrés, bons ou mauvais, de Mahomet et d'Éblis, est surmontée d'une gerbe de flamme qui s'élève, suivant sa nature, comme une pyramide et la pointe en l'air, ainsi qu'on le remarquera ici. Ce roi, couronné d'une flamme, est tiré d'un beau manuscrit persan que possède la Bibliothèque royale[1].

45. — ROI PERSAN ORNÉ D'UN NIMBE EN PYRAMIDE FLAMBOYANTE.
Manuscrit persan, Bibliothèque royale.

C'est bien une flamme qui entoure la tête de ce roi, car un autre manuscrit hindou, possédé par la Bibliothèque royale,

---

sieurs manuscrits à miniatures de la Bibliothèque royale. Un des plus remarquables exemples de ces langues de flamme attachées au bout d'un rayon lumineux et se reposant sur le front des apôtres, est fourni par la grande coupole de Saint-Marc de Venise. La magnifique mosaïque qui tapisse cette coupole représente la descente du Saint-Esprit sur les apôtres. — Aux Actes des Apôtres, chap. I, v. 3, on lit : « Apparuerunt illis dispertitæ « linguæ tanquam ignis. »

[1] Voyez un manuscrit persan de la bibliothèque Sainte-Geneviève, intitulé: *Medgialis*. Voyez en outre le Livre des Augures, manuscrit turc de la Bibliothèque royale, et qui a

et où est représentée une veuve qui se brûle sur le bûcher de son mari, montre les flammes de ce bûcher peintes absolument comme celles qui sortent de la tête de ce roi persan. Puis vient le *lambere flamma comas* de Virgile, pour fortifier notre proposition; puis la SPHÈRE DE FEU, qui enveloppe l'âme de Germain, évêque de Capoue, et l'âme de saint Éloi; puis ce visage et ces cornes lumineuses qui éclairaient Moïse lorsqu'il descendait du Sinaï, après son entretien avec Dieu; puis ce Dieu lui-même qui est comme une fournaise et qui fait fumer le Sinaï à son approche[1]; puis une foule de textes dont j'extrais ceux-ci : « Tout à coup le bienheureux Ægidius est ravi en esprit, et il voit l'âme de Consalvus, débarrassée de sa masse corporelle, reluire d'une lumière éclatante; elle était emportée par les mains des anges à travers l'immensité de l'espace[2]. » C'est ainsi que sur la châsse de Mauzac, en Auvergne, est enlevée par deux anges l'âme de Saint-Calminius sous la forme d'un enfant nu et sans sexe. L'âme est inscrite dans un cercle parfait, découpé en quatre lobes, dont deux s'adaptent aux épaules et deux aux hanches. Une main, la main de Dieu,

été écrit et peint pour une princesse ottomane. Le *Medgialis* offre un saint homme nimbé d'une flamme d'or à filets verts et rouges, donnant audience à deux démons; le Livre des Augures, riche en figures de démons, nous en présente une qui sera donnée plus bas, et qui est nimbée d'une flamme comme le roi persan et comme le saint homme du *Medgialis*. Ces nimbes en flammes rappellent parfaitement la configuration si particulière des chapiteaux turcs; c'est le même principe d'ornementation. Seulement, dans les chapiteaux, la base de la pyramide ou du cône est tronquée et renversée, parce que les lois de la construction le voulaient ainsi. Une colonne turque serait-elle donc comme un immense flambeau allumé de son chapiteau?

[1] « Totus autem mons Sinaï fumabat, eo quod descendisset Dominus super eum in « igne, et ascenderet fumus ex eo quasi de fornace. Eratque omnis mons terribilis. » (*Liber Exodi*, cap. XIX, v. 18.)

[2] « Vidit Consalvi animam, terrena mole jam deposita, fulgentissima luce radiantem, « per immensi aeris hujus spatia angelorum manibus sursum ferri. » (Bollandistes, *Act. SS.* 3ᵉ vol. de mai, p. 412, Vie du B. Ægidius, prêcheur, né en Portugal en 1190.)

appliquée contre un nimbe crucifère, sort des nuages pour recevoir cette âme qu'on lui apporte.

« Sur la paroi du mur où reposent les restes sacrés de saint Antoine, un peintre avait tracé l'image du saint. Il se préparait à placer autour de la tête de cette figure une couronne d'or, et creusait la muraille, comme il était nécessaire[1]. Mais voilà que par les fentes qu'il avait pratiquées éclate tout à coup une lumière ineffable et d'un prix infini. Elle vient frapper la figure du peintre qui travaillait et qui, ne pouvant soutenir ces rayons intolérables qui se réfléchissaient dans ses yeux, était sur le point de tomber à terre. Cependant, soutenu par la dévotion, il put achever promptement son œuvre[2]. » Voilà le rayonnement du nimbe accusé positivement. Dans Flodoard[3], il est dit : « Un rayon de lumière partit du ciel et vint couronner la tête de Remi; une liqueur divine se répandit sur sa chevelure et l'embauma tout entière de son parfum céleste. A cette vue, l'assemblée des évêques de la province le proclama sans hésiter et le consacra évêque de Reims. » On dirait que l'historien chrétien s'est approprié le texte où Virgile raconte que la chevelure du jeune Ascagne fut caressée par une flamme. Des deux côtés cette lumière présage de grandes des-

---

[1] Cette pratique de modeler le nimbe avant que de le peindre, qui est constante en Grèce et en Italie, qu'on retrouve à la Sainte-Chapelle de Paris, sur le retable de Saint-Germer et dans l'église de Saint-Julien de Brioude, est très-ancienne et très-bien constatée, comme on voit.

[2] « In latere muri ubi sanctæ ejus (S. Antonini, abbatis Surrentini) reliquiæ continentur, « in imagine ipsius designata, cum pictor coronam inauratam capiti circumponere pararet, « parietem, prout necesse fuit, cavabat. Et ecce per rimas factas lux inæstimabilis et inenar- « rabilis subito emicans vultum dolantis faciebat. Quam per intolerabiles radios oculorum « acie reverberata non sustinens, ruinam dare in terra minabatur; sed tamen pro devo- « tionis intentione confirmatus, opus festinanter consummavit. » (*Acta SS. Ord. S. Bened.* 5ᵉ vol. vie de saint Antonin, abbé de Sorrento, vers 820, écrite par un anonyme de Sorrento.)

[3] *Histoire de l'Église de Reims*, liv. I.

116   ICONOGRAPHIE CHRÉTIENNE.

tinées, la royauté à Iules, et presque l'empire ecclésiastique à saint Remi. Sur la tête de saint Léger, le célèbre évêque martyrisé par les ordres d'Ebroïn, une lumière était également descendue du ciel, comme au milieu d'un CERCLE et était venue briller sur son front[1]. Les gloires qui sont réservées surtout à Dieu et à la Vierge prennent leur source dans deux textes de l'Apocalypse. Le premier est relatif à Jésus-Christ, qui descend juger le monde. « Le voilà qui vient sur les nuées, s'écrie saint Jean. Et au milieu de sept chandeliers d'or, je vis comme la ressemblance du fils de l'homme, vêtu d'une robe qui lui tombait aux pieds, et ceint d'une ceinture d'or sous les mamelles. Sa tête et ses cheveux étaient blancs comme de la laine blanche et comme de la neige; ses yeux étaient comme la flamme du feu. Ses pieds ressemblaient à l'or et à l'airain lorsqu'ils se mélangent dans la fournaise ardente; sa voix était comme la voix des grandes eaux. Il avait dans sa main sept étoiles. De sa bouche sortait un glaive à deux tranchants. Sa face luisait comme le soleil dans sa force[2]. » Quant à la vierge Marie, dont la femme de l'Apocalypse persécutée par le dragon est le symbole, nous avons vu qu'elle avait le soleil pour vêtement[3], la lune pour escabeau et douze étoiles

---

[1] Vie de S. Léger, évêque d'Autun, par un moine anonyme contemporain, traduite par M. Guizot, *Collection des Historiens de France.*

[2] « Ecce venit cum nubibus, et videbit eum omnis oculus et qui eum pupugerunt.... « Et conversus vidi septem candelabra aurea, et in medio candelabrorum aureorum si- « milem filio hominis, vestitum podere, et præcinctum ad mamillas zona aurea. Caput « autem ejus et capilli erant candidi tanquam lana alba, et tanquam nix; et oculi ejus « tanquam flamma ignis. Et pedes ejus similes aurichalco, sicut in camino ardenti; et vox « illius tanquam vox aquarum multarum. Et habebat in dextera sua stellas septem; et de « ore ejus gladius utraque parte exibat; et facies ejus sicut sol lucet in virtute sua. » (*Apocal.* cap. I, vers. 7, 12, 13, 14, 15, 16.)

[3] « Amicta sole, et luna sub pedibus, et in capite ejus corona stellarum duodecim. » (*Apocalyp.* cap. XII, v. 1.) Dans l'église de Solesmes, parmi les charmantes figures qui représentent l'histoire de la Vierge, on lit un éloge de Marie, à côté de la bête à sept têtes.

pour couronne. C'est non-seulement dans l'Apocalypse mais dans les livres apocryphes que les artistes ont puisé le nimbe, l'auréole, la gloire de clarté dont ils rehaussent la figure de Marie. Ainsi l'un de ces principaux ouvrages raconte l'agonie et le trépas de la Vierge. Les anges ayant déposé dans un cercueil la mère de leur Dieu, les apôtres mirent sur leurs épaules le précieux fardeau [1], et le portèrent au tombeau dans la vallée de Gethsémani. « Devant le cercueil de la vierge Marie était portée la palme merveilleuse qui jetait un grand éclat. La nature entière fut attentive à ce spectacle. Au moment où le corps sortit de la maison, un nuage brillant apparut dans l'air et vint se placer au-devant de la Vierge, formant sur son front une couronne transparente comme l'auréole qui accompagne la lune à son lever [2]. »

Il n'y a rien de plus resplendissant que tous ces textes, rien de plus concluant pour montrer que la gloire n'est que de la lumière figurée par le dessin. Rien n'est plus éclatant que le soleil, la lune, les étoiles, la laine blanche, la neige, l'or,

---

La fin de ce panégyrique se termine ainsi : « O tu mystica a Johanne visa mulier amicta « sole, habens sub pedibus lunam, id est affectionibus per vanitatum contemptum domi- « nari ; et in capite tuo coronam stellarum duodecim moralium, seu omnium virtutum « perfectionem : habensque in utero tum mentis, tum corporis, quasi speculo et rorida « nube, sapientiam Dei se in eis efformantem. » La femme apocalyptique est donc bien la figure de la vierge Marie, comme nous l'a déjà montré le vitrail de Moulins. Le manuscrit d'Herrade (*Hortus deliciarum*) donne un des plus beaux exemples de cette femme mystique contre laquelle la bête vomit un fleuve. La femme est debout sur le croissant de la lune, et elle a le corps appliqué contre le disque du soleil ; un disque plus petit, un nimbe, lui cerne la tête, que couronne un diadème byzantin. Ce diadème est orné de douze étoiles en guise de diamants. (*Peintures et ornements des manuscrits.*)

[1] Voir les bas-reliefs encastrés dans le mur latéral nord de Notre-Dame de Paris. La mort, le convoi, l'assomption et le couronnement de Marie y sont sculptés en détail. C'est la traduction en pierre du livre des apocryphes.

[2] « De Transitu B. Mariæ Virginis, ap. Fabricium, *Codex Apocryphorum Novi Testamenti*. » Voyez aussi les apocryphes recueillis par Thilo.

l'acier poli, l'airain et l'or fondus dans la fournaise. C'est pour cela que les monuments eux-mêmes montrent ces auréoles, où Dieu et Marie se renferment, sillonnées par des traits de flammes. Quelquefois la gloire entière n'est faite que de flammes et que de rayons qui s'échappent de tous les points d'un centre [1].

Dans nos églises, l'eucharistie est toute lumineuse au sein de ces ostensoirs en or qu'on expose aux grands jours de fêtes. De la circonférence de ces auréoles de métal, que du reste on appelle des soleils, s'échappent des rayons sans nombre, comme il en sort des auréoles qui entourent les images de Dieu et de la Vierge que nous avons déjà données. La croix elle-même, celle qui est peinte dans les mosaïques à fond d'or de l'Italie et de la Grèce, répand la lumière de tous côtés, sous la forme de rayonnements en pierreries ou en étoiles, d'où lui vient son nom : *crux gemmata, crux stellata*. Voici comme Dante [2] parle de la croix vivante et du Crucifié qu'il a vu en paradis : « De même que la voie lactée, parsemée de petites et de grandes étoiles, forme une trace blanche de l'un à l'autre pôle, grand sujet de doutes pour les savants; ainsi, dans la profondeur de Mars, ces rayons constellés formaient le signe vénérable que produit dans le cercle la réunion des cadrans..... Le Christ flamboyait sur cette croix, et je ne saurais trouver de comparaison pour la décrire. Mais celui qui prend la croix et qui suit le Christ excusera bien mieux encore ce que je laisse, en songeant que Jésus lui-même brillait dans cette splendeur. D'un bras à l'autre de cette croix et de la cime à sa base couraient des lumières scintillant avec force, lorsqu'elles se rencontraient et qu'elles passaient outre. C'est ainsi qu'on voit des atomes

---

[1] « Erat autem species GLORIÆ Domini quasi ignis ardens. » (*Liber Exodi*, cap. XXIV, v. 17.)

[2] *Paradis*, chant XIV ; traduction de M. Pier-Angelo Fiorentino.

courant et tourbillonnant, rapides ou lents, longs ou courts, se mouvoir dans le rayon qui sillonne l'ombre de la chambre; cet abri que l'homme s'est fait par son art et par son adresse. »

Puisque nous avons nommé Dante, en qui se résume l'art écrit du christianisme, comme dans la cathédrale de Reims vient se concentrer l'art figuré, il convient d'en extraire encore ce qui peut intéresser notre sujet. Tout le Paradis de Dante est rempli de clartés qui entourent chaque saint, comme le corps, ici-bas, entoure chaque âme; ou plutôt tous ces saints, la Vierge et les apôtres, les confesseurs et les martyrs, ne sont que des lumières qui s'avivent l'une l'autre. Le grand poëte dit, par exemple [1] : « Telle que, dans la sérénité des pleines lunes, Hécate rit au milieu des nymphes éternelles qui brillent dans toutes les profondeurs du ciel, tel je vis, parmi des milliers de clartés, un soleil qui les allumait toutes, comme fait le nôtre des étoiles; et à travers ces vives lumières apparaissait la substance divine, si éblouissante à mes yeux que je n'en pouvais soutenir l'éclat. » Plus haut [2], Dante avait déjà dit, en parlant de divers saints : « Je vis cent petites sphères qui s'embellissaient en s'éclairant de leurs rayons mutuels. La plus grande et la plus brillante de ces perles s'avança pour satisfaire ma curiosité. »

Quittons la poésie pour l'histoire, et nous verrons qu'à sa transfiguration Jésus fut entouré d'une gloire. Cette gloire était faite de lumière, et c'est ainsi que les peintres chrétiens nous ont représenté cette scène. Voici ce que dit l'Évangile : « Jésus prit avec lui Pierre, Jacques et Jean, son frère. Il les mena seuls sur une haute montagne à l'écart, où il monta pour prier. Pendant qu'il priait, la forme de son visage parut tout autre, et il se transfigura en leur présence. Sa face devint

---

[1] *Paradis*, chant XXIII.
[2] *Ibid.* chant XXII.

resplendissante comme le soleil. Ses vêtements parurent tout brillants de lumière, et d'une blancheur vive comme celle de la neige. Tout à coup se montrèrent deux hommes qui s'entretenaient avec lui : c'étaient Moïse et Élie. Ils parurent dans un état de gloire. Les trois apôtres virent la gloire de Jésus et les deux personnes qui étaient avec lui[1]. » Cette transfiguration du Fils de l'homme en Dieu resplendissant rappelle ces paroles de Salomon, qui, du reste, ont été appliquées à Jésus-Christ par les Pères de l'Église, en commençant par saint Paul : « Il est la vapeur de la vertu divine et une pure émanation de la clarté du Tout-Puissant : il est le rayonnement de la lumière éternelle et le miroir sans tache de la gloire de Dieu[2]. » Saint Paul, faisant allusion à ce passage, dit que Jésus est la splendeur de la gloire[3]. Après tous ces faits, et lorsque tous les monuments figurés montrent Jésus-Christ ainsi resplendissant au milieu de ces auréoles en cercle, en ovale, en ellipse, en quatre-feuilles, on ne peut plus douter que la nature des auréoles ne soit ignée, et que la flamme, sous les diverses formes qui entourent la tête et le corps, ne soit un attribut spécial de la divinité du Créateur, ou de la sainteté des anges, ou de la vertu de la Vierge et des âmes innocentes, créatures qui se rapprochent le plus de la divinité. On a donc dû affirmer que la nature du nimbe et de l'auréole était celle de la lumière; que le nimbe était la chevelure lumineuse de la tête, et que l'auréole était le vêtement resplendissant de tout le corps. C'est

---

[1] Le *visage* et la *face* sont illuminés du nimbe; les *vêtements* sont embrassés par l'auréole, et le tout fait une gloire complète. Voyez Saint Matthieu, ch. xvii; saint Marc et saint Luc, ch. ix.

[2] *Liber Sapientiæ*, cap. vii, v. 25 et 26. « Vapor est enim virtutis Dei, et emanatio « quædam est claritatis omnipotentis Dei sincera.... Candor est enim lucis æternæ et « speculum sine macula Dei majestatis. »

[3] *Ad Hebræos*, cap. i, v. 3 : « Splendor gloriæ. »

une belle idée que d'avoir choisi le feu comme attribut de la puissance humaine, comme signe de l'apothéose et comme symbole de la toute-puissance divine. Le feu est le plus fort, le plus mystérieux et le plus irrésistible des éléments; voici ce que saint Denys l'Aréopagite en dit[1] :

« Le feu existe dans tout, pénètre tout, est reçu par tout. Quoiqu'il donne sa lumière en entier, il la tient cachée tout à la fois. On l'ignore quand on ne lui donne pas une matière pour exercer sa force ; il est invisible, mais indomptable, et il a le pouvoir de transformer en lui tout ce qu'il touche. Il rajeunit tout par sa chaleur vitale; il illumine par des éclairs brillants. On ne saurait le tenir ni le mélanger; il divise et il est immuable. Il monte toujours.... et il est toujours en mouvement; il se meut de lui-même, et il meut toute chose. Il a la puissance de saisir, et on ne peut le prendre. Il n'a besoin de personne; il se gonfle en secret, et sur toutes choses fait éclater sa majesté. Il produit, il est puissant, il est invisible et présent à tout. Qu'on le néglige, on croirait qu'il n'existe pas ; mais qu'on frotte une substance, et soudain, comme un glaive du fourreau, il s'en échappe, reluit par sa propre nature et s'envole en l'air.... On lui touverait bien d'autres propriétés encore. Voilà pourquoi les théologiens ont déclaré que les substances célestes étaient formées de feu, et par cela faites autant que possible à l'image de Dieu. »

Ainsi Dieu n'est qu'un foyer immense qui souffle sur Adam et lui met dans le corps une âme ou un rayon divin ; c'est une effluve qui tombe sur les apôtres en langues de flamme; c'est un brasier projetant sur tous les saints une auréole qui est comme une partie de lui-même. Le soleil enfin serait l'image visible et finie de cette flamme infinie et invisible qui

---

[1] *De cœlesti Hierarchia*, cap. xv, p. 193-194, édit. d'Anvers, 1634, I" vol.

est Dieu. La puissance, espèce de démembrement de la divinité, devait donc s'exprimer matériellement par la flamme qui compose la substance divine.

Un mot pour expliquer cette dernière idée.

Dieu n'a pas de corps, Dieu est un pur esprit; toutes les fois donc qu'on a voulu le montrer, lui qui est immatériel et invisible, on a dû lui composer un corps avec la substance la plus ténue et la plus spirituelle. Si le corps de l'homme est de l'argile vivante, son âme, qui est faite à l'image de Dieu et qui est un souffle de la divinité, est quelque chose qui participe du feu et de la flamme. Le feu, qui est une des manifestations visibles de l'électricité, devait composer le corps de Dieu, comme les os et les muscles composent celui de l'homme. Aussi Dieu, dans la Bible, dans l'Évangile, dans la Divine comédie, est-il constamment représenté environné de feu, de flammes, d'éclairs qui sortent de son corps comme l'eau jaillit d'une source. Sous sa forme visible, Dieu est une lumière; son symbole naturel le plus fréquent, le plus adoré en Orient c'est le soleil, foyer de toute lumière pour les hommes. Lorsque Jésus-Christ dit : « Je suis la lumière du monde[1] », cette parole peut s'entendre au réel autant qu'au figuré.

En Orient les rois, les empereurs, les prophètes sont considérés, non-seulement comme des délégués de la divinité, ainsi qu'on les accepte chez nous, mais comme des émanations de Dieu, comme des fils directs de Dieu et presque comme des dieux incarnés. Par suite de la même idée, et puisque le soleil est le symbole visible de Dieu, ces mêmes rois, empereurs et prophètes sont regardés comme des descendants du soleil. Zoroastre chez les Perses, Manou chez les

[1] Évangile de saint Jean, ch. viii, v. 12; ch. xii, v. 46. « Ego sum lux mundi. — « Ego lux in mundum veni; ut omnis qui credit in me in tenebris non maneat. »

Indiens, Confucius chez les Chinois, Hermès chez les Égyptiens, sont autant de fils de Dieu.

Dans les cartouches royaux qui couvrent les temples et les obélisques de l'Égypte, et qu'on est parvenu à déchiffrer, les Pharaons sont nommés fils du soleil, fils de Dieu. Les mages ne sont pas autre chose en Perse.

Puisque Dieu est la lumière, puisque le soleil est son image, les fils de Dieu et du soleil, les rois de Perse, les rois d'Égypte, les empereurs de la Chine, peut-être même les empereurs de Constantinople, devaient hériter de Dieu, leur père, un peu de cette lumière dont il est composé. Dieu et le soleil rayonnent; leurs enfants devaient rayonner aussi et porter le nimbe, qui est la forme de ce rayonnement.

Chez les Occidentaux, nations plus froides, les rois règnent bien par la grâce de Dieu, mais ne sont pas fils de Dieu; aussi, rarement orne-t-on leur tête d'un nimbe [1]. Les saints, au contraire, émanent plus directement de la divinité par leurs vertus, par leurs actions; le nimbe, moins lumineux toutefois

[1] Il faut dire qu'à la cathédrale de Strasbourg une galerie de rois, dont nous avons extrait pour ces instructions Charlemagne et Henri le Boiteux, est peinte sur verre dans la nef latérale du nord; or ces rois sont tous nimbés sans exception. Que Henri, qui est saint, porte le nimbe, rien de plus juste; que Charlemagne lui-même, qui a été canonisé (par un anti-pape, il est vrai), soit nimbé, on le conçoit encore; mais certainement le nimbe n'est pas un signe de sainteté pour Charles-Martel, qui donna les biens et les offices du clergé à ses soldats brutaux et libertins. La légende dit que, pour ce fait, Martel après sa mort et dans sa tombe, fut dévoré par le diable. Certainement ce ne peut être un signe de sainteté pour le terrible Frédéric-Barberousse, qui fut excommunié, qui créa des anti-papes, qui mena une vie assez scandaleuse, et qui, dit-on, est l'auteur d'un écrit impie, si ce n'est athée. Cependant Charles-Martel et Barberousse portent un nimbe très-riche et très-large sur les vitraux de Strasbourg; c'est donc comme chefs politiques, comme délégués de Dieu, comme émanation du soleil éternel, et non pas comme saints, qu'ils sont décorés du nimbe. Ce fait curieux suffirait à lui seul pour démontrer que ces vitraux sont byzantins, quand le costume que portent ces empereurs et ces rois, depuis leur couronne jusqu'à leur chaussure, ne viendrait pas le prouver évidemment.

et moins riche que celui de Dieu, devait reluire à leur tête. Mais de plus ils sont souvent enveloppés dans la gloire de Dieu, qui les éclaire d'une manière éblouissante. Ainsi, dans nos cathédrales, le portail occidental principalement est percé d'un trou circulaire immense, auquel on donne le nom de rose ou de rosace. Cette baie est remplie de vitraux coloriés disposés en quatre, cinq ou six cercles concentriques, diminuant d'étendue à mesure que l'on va de la circonférence au centre. Dans le cercle central brille Dieu assis sur un trône, ou la Vierge qui tient l'enfant Jésus. Un cordon d'anges environne le créateur ou la céleste créature; puis un cordon de patriarches; puis viennent les apôtres, les martyrs, les confesseurs; enfin le cordon extérieur, celui qui confine à la circonférence, est occupé par les vierges. Tout ce personnel est enchâssé dans des médaillons de verre, transparents et lumineux autant que les saints eux-mêmes, comme des cercles de rubis, d'émeraudes ou de saphir, dans lesquels seraient saisis des diamants. Ces rosaces sont des gloires qui embrassent un monde entier, et qui entourent une multitude, au lieu de cerner un seul individu. En sculpture, il en est de même. Les voussures de ces portails sont partagées en plusieurs demi-cercles concentriques, en plusieurs cordons affectés chacun à une classe de saints. Dante lui-même donnait le nom de rose à ces épanouissements circulaires où se rangent les saints et qu'une lumière divine, qui s'échappe du centre où est Dieu, éclaire vivement. On me permettra encore de terminer ce paragraphe par un passage du Paradis qui achèvera de prouver que nimbe, auréole et gloire sont l'image de la lumière figurée par le dessin :

« Je vis une lumière qui était comme un fleuve éblouissant de splendeur, entre deux rives émaillées par un printemps merveilleux. De ce fleuve jaillissaient de vives étincelles qui s'éparpillaient de tous côtés sur les fleurs, comme des rubis enchâssés dans l'or. Puis, comme enivrées de ces parfums, elles se replongeaient dans le fleuve admirable, et lorsqu'une y entrait, une autre en sortait.... » La rivière et les topazes qui entrent et qui sortent, et les gazons qui sourient, sont les préludes par lesquels t'est cachée la vérité, dit Béatrix à Dante. Le poëte ajoute : « Je me penchai sur ces eaux, et lorsque le bord de mes paupières s'y fut plongé, je vis ce fleuve, de long qu'il était, devenir rond; puis, comme des gens cachés sous le masque paraissent autres qu'ils n'étaient d'abord, s'ils dépouillent l'aspect étranger sous lequel ils étaient couverts, ainsi se transformèrent en une plus grande joie les fleurs et les étincelles, et j'aperçus sans voile les deux cours du ciel [1]. » — Ce fleuve devenu rond, et cette surface, longue d'abord, s'étant ramassée en disque, Dante raconte [2] ce qu'il aperçoit dans cette ROSE, et dit : « Sous la forme d'une rose éblouissante se montrait donc à moi la sainte milice que le Christ épousa avec son sang; mais l'autre, qui en volant voit et chante la gloire de celui qu'elle aime, et dont la bonté la fit si grande, comme un essaim d'abeilles tantôt se plongeant dans les fleurs, et tantôt s'en retournant à la ruche où déjà se forme la saveur de son miel, descendait dans l'immense rose ornée de tant de feuilles; puis elle en ressortait pour revenir là où son amour demeure sans cesse. Ces esprits avaient tous le visage de flamme et les ailes d'or, et le reste était d'une telle blancheur, qu'aucune neige n'en approche. Lorsqu'ils descendaient dans la fleur de degré en degré, ils répandaient, en secouant leurs ailes, la paix et l'ardeur qu'ils venaient de puiser dans le sein de Dieu. Et ces multitudes volantes, quoique interposées entre la fleur,

---

[1] *Paradis*, chant XXX.
[2] *Ibidem*, chant XXXI.

et le haut, n'arrêtaient ni la vue, ni la splendeur; car la lumière divine pénètre tellement l'univers, selon qu'il en est digne, que rien ne peut lui faire obstacle. »

ORIGINE ET PATRIE DE LA GLOIRE.

Il reste maintenant à chercher l'origine de la gloire, à dire le lieu et le temps où elle est née.

Quant à l'époque où la gloire a été employée pour la première fois, il est impossible de le savoir; il semble que l'usage de cette forme soit aussi ancien que les plus anciennes religions. On trouve le nimbe et l'auréole sur les plus vieux monuments hindous, qui paraissent être les plus vieux monuments du monde.

Les Égyptiens n'ont pas ignoré la gloire, car le grand disque lenticulaire qui surmonte la tête de plusieurs divinités égyptiennes, qui est blanc ou rouge, les plus lumineuses de toutes les couleurs; qui est si bien accentué et si bien coloré sur une peinture égyptienne qu'on voit au musée du Louvre [1], paraît bien ressembler au nimbe [2]. On a déjà fait remarquer plus haut que le Christ peint à fresque dans l'église de Montoire portait sur sa tête une espèce de sphère ou disque égyptien, cerclé comme on cercle la boule du monde. L'Harpocrate égyptien est fréquemment nimbé [3].

Le nimbe était en usage chez les Grecs et les Romains. En effet, sur les peintures d'Herculanum, Circé se montre à

---

[1] Musée Charles X, salles égyptiennes.

[2] Ciampini (*Vetera monimenta*, pars 2ª) dit : « Hunc orbem Egyptii in summo capite « simulacrorum suorum locabant...... Ab illis Romanos sumpsisse licet suspicari, et va- « riasse, habita decoris ratione, quod capiti cui divinum quid inesse putabant, eo situ « corona aptaretur. » Ainsi, d'un globe les Romains auraient fait un disque.

Antiquité expliquée, tom. IV.

GLOIRE. 127

Ulysse la tête entourée d'un nimbe, comme se représentent ordinairement la vierge Marie et les saints du christianisme. La magicienne s'offre ainsi dans sa gloire au moment où Ulysse veut la forcer, l'épée à la main, de rendre leur ancienne forme à ses compagnons changés en pourceaux par elle. Une Cassandre et un Priam, trois convives assis à une table, dans un *triclinium*, le tout peint dans le Virgile du Vatican[1]; une femme[2] sur un vase grec qui est gravé dans l'Antiquité expliquée de Montfaucon; divers personnages peints sur les grands vases grecs de la collection du Louvre; le buste de l'empereur Claude[3]; l'empereur Trajan[4] sculpté sur l'arc de Constantin, à trois places différentes; le Valentinien trouvé, au XVIIIᵉ siècle, dans l'Arve[5]; les empereurs Maurice et Phocas gravés sur leurs mé-

---

[1] *Antiquité expliquée*, tom. V, p. 113.

[2] Montfaucon (*Antiquité expliquée*, tom. XIII, pl. 35, p. 84) prend cette femme pour Proserpine : tout fait croire que c'est Diane, ou plutôt la lune, la déesse de la nuit. Voyez en effet, dans Séroux d'Agincourt (*Recueil de fragments de sculpture antique en terre cuite*, pl. 28), et dans l'atlas allemand de la Symbolique de Creuzer, pl. 44, la représentation du soleil et de la lune, traînés chacun dans un char à quatre chevaux et sortant de la mer pour éclairer le monde. La lune, dont les chevaux sont conduits par le génie ailé et nimbé du sommeil, a le même nimbe, la même tournure, le même âge, le même costume que la Proserpine de Montfaucon. Le soleil est nimbé comme la lune : de plusieurs cordons circulaires s'échappent une foule de rayons courts et en forme de perles allongées. Voyez encore, dans le musée Charles X, salles étrusques, un des grands vases grecs placés au centre d'une salle, sur une table de marbre.

[3] *Antiquité expliquée*, tom. V, p. 162.

[4] L'arc de Constantin est orné des dépouilles de celui de Trajan. Sur un bas-relief, on voit Trajan qui fait un sacrifice à Apollon. Trajan a autour de sa tête un cercle d'or lumineux, tel que les peintres le mettaient autrefois à la tête de nos saints. Les Romains le donnaient aussi à leurs dieux et à leurs empereurs : ce cercle était appelé *nimbus*. Pline dit de ce *nimbus* que Caligula l'a usurpé et que Trajan l'a mérité. (*Antiquité expliquée*, 6ᵉ vol. pl. 179 et 183.)

[5] Sur un disque en argent, trouvé en 1721 près de Genève, dans l'ancien lit de l'Arve, on voit Valentinien entouré d'un nimbe à la tête. L'empereur est représenté faisant des largesses à ses soldats. Il tient une victoire ailée qui le couronne et qui a les pieds posés sur un globe. (*Antiquité expliquée*, tom. XIV, pl. 28, p. 51.)

128	ICONOGRAPHIE CHRÉTIENNE.

dailles ; une innombrable quantité de figures grecques et romaines représentant le soleil sous la forme d'un jeune homme, la lune sous celle d'une femme ; les diverses constellations, l'Apollon des médailles de Rhodes, le Soleil rayonnant des as romains[1], les divinités astronomiques du planisphère de Bianchini[2], les autres dieux du panthéon antique et le chef de ces dieux, Pan qui fait danser les satyres et qui est nommé Pan lumineux[3], toutes ces figures de l'histoire, de l'allégorie et du mythe religieux se montrent avec le nimbe, tracé absolument comme celui qui orne la tête de saint Jean-Baptiste, de l'ange et de Jésus-Christ. Enfin, Servius, comme on l'a vu plus haut, dit que le nimbe est un fluide lumineux qui environne la tête ou le corps des dieux. Virgile lui-même connaissait le nimbe, lorsqu'il parle du petit Iüles dont une flamme descendue du ciel venait caresser et comme baiser la chevelure. Voici le passage de Virgile, auquel on a déjà fait allusion ; il explique parfaitement la nature de l'auréole et rappelle ces deux cornes

[1] *Antiquité expliquée*, 13ᵉ vol. pl. 47.
[2] Musée du Louvre, salle de la Melpomène. — Ce monument, trouvé sur le mont Aventin en 1705, et où sont gravés des dieux païens avec la tête cernée du nimbe, est appelé planisphère de Bianchini, parce que le savant astronome italien de ce nom est le premier qui l'ait publié. On y voit les figures égyptiennes des décans, divinités subalternes, à chacune desquelles l'astrologie égyptienne avait attribué la présidence de dix jours de chaque mois ; en plaçant trois décans sous l'influence de chacun des douze signes, on a donc trente-six décans. Le zodiaque de la cathédrale d'Athènes a trente-cinq figures seulement ; l'une manque et, de plus, aucune des autres n'est nimbée. Il est remarquable que les divinités égyptiennes du planisphère de Bianchini ne sont pas nimbées, tandis que les divinités grecques correspondantes le sont. Le nimbe, malgré la présence du globe dont nous avons parlé, aurait-il donc été inconnu aux Égyptiens, et pratiqué seulement par les Grecs qui, alors, auraient pu l'emprunter aux Hindous ? Dans l'Inde, on a toutes les formes du nimbe ; on y trouve l'auréole aussi, du moins à l'état rudimentaire.
[3] *Antiquité expliquée*, tom. XI, pl. 55, p. 166. Le Pan qui a deux cornes au front porte un nimbe formé de courts et nombreux rayons qui s'ordonnent en cercle. Il y a dans tous ces nimbes romains une assez grande variété de formes.

GLOIRE. 129

lumineuses que Moïse avait au front[1], et ce visage flamboyant dont les Hébreux étaient éblouis et effrayés, lorsque leur législateur et leur chef descendit du mont Sinaï où il venait de conférer avec Dieu :

> « Ecce levis summo de vertice visus Iüli
> « Fundere lumen apex, tactuque innoxia molli
> « Lambere flamma comas, et circum tempora pasci.
> « Nos pavidi trepidare metu, crinemque flagrantem
> « Excutere, et sanctos restinguere fontibus ignes[2]. »

Le vieil Anchise, qui a la science et l'expérience des symboles orientaux, loin de s'effrayer comme font ceux qui assistent à ce spectacle, se livre à une grande joie. Il lève les yeux et les mains au ciel, et prie Jupiter de lui accorder le secours et les chances heureuses que lui fait présager cet augure. Anchise sait bien que cette auréole de lumière, que cette apothéose terrestre, annonce que son petit-fils sera maître d'un grand royaume et fondateur d'un puissant empire[3].

---

[1] « Videbant faciem egredientis Moysis esse cornutam. » *Lib. Exod.* cap. xxxiv, v. 35.

[2] *Énéide*, liv. II.
Dans le Virgile manuscrit du Vatican, dont Séroux d'Agincourt (*Histoire de l'art par les monuments*, pl. 23 de l'Atlas de la peinture) a fait graver plusieurs miniatures, on voit la tête d'Ascagne tout enflammée, et des domestiques effrayés cherchant à éteindre avec de l'eau cet incendie merveilleux; le vieil Anchise, tout joyeux au contraire, adresse des prières et des remercîments à Jupiter. — Dans ce même manuscrit du Vatican, une miniature représente le Soleil qui se lève et éclaire les travaux des laboureurs et des bergers. Le Soleil a la forme d'un jeune homme sans barbe. De la tête de cet astre personnifié partent des pinceaux de lumière qui sont reliés entre eux par une circonférence, par le cercle du nimbe; mais ces aigrettes lumineuses sont puissantes et jaillissent au delà du cercle. Cette figure du Soleil est en tout semblable à celle du Jésus-Christ de notre planche 8, page 13; la seule différence est que le Soleil projette cinq gerbes de lumière et Jésus-Christ trois seulement. (*Histoire de l'art par les monuments*, peinture, pl. 20.)

[3] Il semble que Virgile ait emprunté cette fiction poétique à l'histoire elle-même; car l'élévation future du jeune esclave qui devint ensuite roi sous le nom de Servius Tullius, fut de même annoncée par une flamme qui lui ceignit la tête. Aussi Servius, le commentateur, fait suivre le *lambere flamma comas* de Virgile de cette curieuse observation : « Item hoc quoque de igni (*sic*) ad Servium Tullium pertinet. Nam cum Tarquinius

130   ICONOGRAPHIE CHRÉTIENNE.

Quant à la patrie de la gloire, c'est en Orient qu'il faut la chercher. La gloire vient de l'Orient, d'où vient la lumière: *ex Oriente lux.* Ce n'est pas seulement parce que la gloire est l'image de la lumière, mais encore et surtout parce qu'elle s'y montre beaucoup plus anciennement que chez nous, et qu'elle y est d'un usage bien plus multiplié qu'en Occident.

Avec les religions de l'Inde, de la Perse et de l'Égypte; avec Brama, Siva et Vichnou; avec Maya, Sacti et Dévaki, et tout le panthéon mâle et femelle de l'Inde; avec Ormuzd et Zoroastre; avec Isis, Horus et Osiris; avec les décans astronomiques de l'Égypte et de la Grèce, et tout cela antérieurement au christianisme, apparaissent le nimbe et l'auréole[1]. La religion chrétienne n'a pas inventé, mais s'est approprié cette forme symbolique. Voilà pour l'antiquité proprement dite. Dans les temps modernes, dans la période qui date de notre ère, c'est encore en Orient, en Asie, à Constantinople, qu'on trouve le plus ancien et le plus constant usage du nimbe.

M. de Saulcy a fait graver une médaille d'argent de l'empereur Anastase qui régna de 491 à 518[2]. L'empereur est debout,

---

« cepisset Vericulanam civitatem, ex captiva quadam in domo ejus natus est Servius « Tullius Hostilius; qui, cum obdormisset, caput ejus subito flamma corripuit. Quam « cum vellent restinguere, Tanaquil, regis uxor, auguriorum perita, intelligens augu- « rium, prohibuit. Flamma puerum cum somno deseruit. Unde intellexit eum clarum « fore usque ad ultimam vitam » (Servius, *Commentaire* sur le livre II de Virgile, p. 263 de l'édition in-4° de Genève, 1636).

Comparez cette poésie et cette histoire de l'Orient et de Rome à l'histoire occidentale de saint Remi et de saint Léger, auxquels une flamme qui descend sur leur tête présage également la destinée; c'est identique. Remarquez, en outre, l'expression de Servius. Le commentateur dit que la clarté dont la tête du jeune esclave est entourée annonce que cet enfant sera illustre ou éclatant toute sa vie (CLARUM). L'éclat matériel présage donc l'éclat idéal, et le nimbe est positivement l'image de l'illustration et la figure de la clarté.

[1] Voyez l'Antiquité expliquée, les Religions de l'Antiquité, le Planisphère du Louvre, l'Atlas allemand de la Symbolique de Creuzer, etc.

[2] *Essai de classification des suites monétaires byzantines.* Metz, 1838, planche 1, figure 3.

nimbé, tenant un globe dans la main gauche. Avant et après Anastase, on a une série continue, non-seulement d'empereurs, mais d'impératrices qui sont ornées du nimbe [1]. Le nimbe est, en Orient, de toute antiquité moderne, si on peut dire ainsi [2]; en Occident, en Italie, on ne le voit pas sur les plus anciens monuments chrétiens, qui sont les sarcophages. Là, ni Dieu, ni les apôtres, ni les autres saints ne sont nimbés; et cependant c'est l'époque où Constantin et Hélène, où Anastase et Justin, où Justinien et Théodora, où Tibère-Constantin et Anastasie sa femme se nimbaient. Les plus anciennes fresques, les plus vieilles mosaïques mêmes ne donnent pas ordinairement de nimbe aux personnes divines ou saintes [3]. Si l'on voit le nimbe sur des mosaïques qui semblent dater du vi^e siècle, comme sur celles qui ornent les églises de Saint-Vital et de Saint-Apollinaire *in classe* à Ravenne [4], c'est que ces mosaïques ont été exécutées par des artistes orientaux, des artistes byzantins, et qu'elles représentent Justinien et Théodora, qui régnaient à Constantinople.

Les monuments et les faits de l'histoire démontrent donc que le nimbe nous vient de l'Orient. Une remarque sur la nature du sol, une observation naturelle confirmera peut-être cette proposition établie d'après l'histoire et l'archéologie.

Le nimbe est un fluide lumineux; nous l'avons amplement prouvé. Au xve siècle, chez nous, cette chevelure mystique dont

---

[1] « Les empereurs de Constantinople ont toujours mis le nimbe à leurs images jusques à la prise de cette ville par Mahomet II, qui arriva en 1453. » (*Monuments de la monarch. franç.* Discours préliminaire.)

[2] *Constantinopolis christiana*, par Du Cange; *Vetera monimenta* par Ciampini.

[3] Voyez Bosio, *Roma sotterr.* les *Vetera monimenta* de Ciampini, le *Thesaurus veterum diptychorum* de Gori, les *Vasi antichi di vitro* de Buonarotti, *passim*. Plus haut, une exception a été signalée pour les fresques.

[4] Voyez M. du Sommerard, *Album des arts au moyen âge.*

on entoure la tête des saints nous apparaît, sur les monuments figurés, comme un épanouissement de rayons flamboyants, comme les rayons d'un soleil ardent. Or, toute image, toute allégorie, tout symbole, toute métaphore même, sont empruntés presque toujours aux images ou, pour mieux dire, aux réalités de la nature. On transporte dans l'idéal le corporel. Je suis donc persuadé qu'on donna le nimbe aux têtes intelligentes ou vertueuses, par analogie avec ce rayonnement qu'aux époques énergiques et viriles de l'année on voit sortir des objets naturels. En été, par l'ardeur du midi, tout rayonne dans les champs; la nature entière sue la lumière. Une vapeur enflammée s'échappe de la terre, sort des épis de blé, du sommet des arbres, et les environne. Cette flamme joue autour des plantes comme celle qui caresse la chevelure du jeune Iüles ou du jeune Servius Tullius Hostilius, et qui descend sur la tête de saint Remi ou de saint Léger. Chaque tige, chaque fleur, chaque cime des arbres, chaque sommet des collines, chaque pointe des rochers est illuminée d'une auréole. C'est un nimbe naturel. Or, ce qui est un accident chez nous; ce que, dans nos contrées, nous ne voyons qu'en une saison et à certains jours embrasés, est l'état habituel en Orient. En Orient, l'été est éternel, pour ainsi dire; la chaleur est ardente à toute époque de l'année. Par conséquent, en tout temps les objets rayonnent : les plantes comme les animaux, les maisons comme les hommes sont entourés d'une atmosphère enflammée.

« L'Aderbidjan, cette grande contrée de la Perse, est fameuse par ses sources de naphte; le sol y est chargé de substances résineuses. Le bitume y flotte à la surface des lacs, et souvent, quand il s'allume, et qu'au milieu d'une nuit obscure on le voit tout à coup s'échapper en flammes brillantes, il offre un spectacle bien fait pour exalter l'imagination. Des hommes grossiers encore et peu capables de remonter aux causes physiques devaient voir, dans ces apparitions soudaines, une manifestation immédiate de la divinité[1]. » Dans l'Arabie-Pétrée, Dieu prit une colonne de feu pour guider les Hébreux vers la Terre sainte, où déjà Sodome et Gomorrhe avaient disparu dans un lac enflammé. En Égypte, dans l'Afrique entière, le désert se change en étangs de feu; le sable bouillonne dans les plaines comme l'eau dans une chaudière, et les Sarrasins de Tunis se battaient contre saint Louis en jetant à la face des croisés des poignées de cette terre, comme de nos jours on lance des obus et des boulets rouges. Le feu, la lumière, sont en Orient ce que la vapeur humide et les brouillards sont chez nous : un phénomène permanent et d'une horrible puissance.

Il n'est donc pas étonnant que là, plus tôt et plus communément que chez nous, on ait songé à illuminer d'un nimbe la tête des hommes distingués, des hommes forts, des hommes de génie et de sainteté. Il est bien simple que ce phénomène naturel et continu ait été transporté dans l'art, en vertu d'une métaphore qui, pour l'Orient, était une réalité de tous les jours.

CARACTÈRE DE LA GLOIRE.

Non-seulement en Orient le nimbe est plus ancien, mais il est beaucoup plus prodigué qu'en Occident. Ainsi chez nous, et sauf de très-rares exceptions que l'on va noter, il est réservé à Dieu et aux saints; en Orient, il ceint presque toutes les têtes. Il n'est pas un empereur, pas un roi, pas un prince, ou leurs femmes, qui ne soient rehaussés de ce glorieux attribut; il semble inhérent à leur personne. Justinien, qui n'est pas saint,

---

[1] *Religions de l'antiquité*, tom. I, p. 319.

est nimbé. Il existe au Musée du Louvre[1] une coupe ciselée, d'origine arabe, et qui était autrefois dans la chapelle du château de Vincennes. Les ciselures de ce vase représentent des chasseurs à la poursuite de bêtes fauves ou de bêtes féroces; tous ces chasseurs sont nimbés sans exception. De plus, les principaux d'entre eux sont enveloppés, eux et leurs chevaux, dans une grande auréole de forme circulaire. Sur ces beaux vases de la Chine et du Japon, exposés chez les marchands de curiosités, on remarque souvent des personnages civils illustrés du nimbe. Le nimbe décore même quelquefois la tête de ces bêtes monstrueuses, fantastiques, qui rugissent sur ces brillantes porcelaines et qui ont tant d'analogie avec nos diables chrétiens, avec les gargouilles vomissantes de nos cathédrales. Dans les livres bouddiques que possède la Bibliothèque royale, on voit des génies bons et même des génies mauvais qui sont honorés du nimbe. Un psautier grec, orné de nombreuses, curieuses et fort belles miniatures, sous le n° 139, à la Bibliothèque royale, nous offre une foule de personnages nimbés. Ce sont d'abord les prophètes Isaïe, Jonas, Nathan, Samuël, Moïse, et la prophétesse Anne. Il n'y a pas lieu de s'étonner, puisqu'il en est quelquefois ainsi même chez nous[2], et que ces personnages, pour n'être pas appelés saints par l'É-

---

[1] Salle des bijoux.

[2] La cathédrale et Saint-Nizier de Troyes, la belle église de Saint-Urbain de la même ville, le portail nord de la cathédrale de Chartres, et quelques autres églises montrent ainsi des prophètes et des prophétesses peints et sculptés, et qui sont ornés du nimbe. A Chartres, on voit Aaron, Moïse et Melchisédech nimbés. Il y a mieux, sur le vitrail de cette cathédrale où est peinte l'histoire de Roland et l'expédition de Charlemagne en Espagne, on voit Charlemagne et Roland ornés d'un nimbe. Il est vrai que Surius (*Vitæ sanctorum*) met Roland et Olivier parmi les saints, et leur consacre dans son livre un chapitre sous ce titre : *De sanctis Rotlando et Oliviero, et sociis eorum.* Cependant saint Roland ne se trouve pas dans le martyrologe. La cathédrale de Chartres a de certaines et curieuses affinités avec l'Orient; il serait important de les constater.

glise latine, n'ont pas moins ce qui constitue la vraie sainteté; mais chaque sujet historique est accompagné, dans ce manuscrit, de personnages allégoriques qui servent à expliquer l'histoire. Ainsi, à côté de David se tiennent debout la Sagesse et la Prophétie (ΣΟΦΙΑ, ΠΡΟΦΗΤΙΑ), sous la forme de deux grands génies habillés en femmes, qui inspirent le roi prophète et poëte[1]; ainsi David, qui se repent de son crime, est assisté par le génie du Repentir; ainsi David, qui tue un lion ravisseur de ses agneaux, est assisté par le vigoureux génie de la Force; ainsi la Prière assiste Ézéchias qui demande à vivre encore; ainsi la Nuit regarde le désastre de Pharaon qui se noie dans la mer Rouge. Eh bien! tous ces génies, qui, du reste, ont la forme antique, sont ornés d'un nimbe bleu, jaune, rouge et rose. Les rois eux-mêmes, David et Ézéchias, sont nimbés; il y a plus, Saül, un roi qui s'est suicidé, est nimbé; bien mieux, Pharaon, l'impie roi d'Égypte, au moment où il est englouti dans les abîmes de la mer Rouge, est nimbé, et est nimbé du nimbe d'or, comme David lui-même et Ézéchias; enfin l'affreux roi Hérode, ce monstre qui fit périr tous les petits enfants de son royaume, nés à peu près en même temps que Jésus, est illustré du nimbe sur la mosaïque de Sainte-Marie-Majeure, exécutée par un artiste grec. Et la scène où il est ainsi représenté est précisément celle du massacre des Innocents. Le nimbe est donc réellement prodigué par les Byzantins[2] et dans tout l'Orient.

C'est qu'en Orient le nimbe n'est pas, comme chez nous,

[1] Voyez la gravure de ce sujet à l'Histoire du Saint-Esprit.

[2] Dans la Bible à miniatures de Saint-Paul-hors-les-Murs, qui est du IXe siècle, on voit Josué nimbé lors du passage du Jourdain. Balaam, un prophète infidèle et prévaricateur, est là nimbé aussi et au moment même où il est sur son ânesse et arrêté par l'ange qui lui ordonne de bénir le peuple d'Israël au lieu de le maudire. (*Hist. de l'art par les monum.* pl. 43 et 44, Atlas de la peinture)

le symbole exclusif de la sainteté; il est encore, et surtout, l'attribut de la puissance en général, de la vertu, en prenant ce mot dans le sens le plus compréhensif et qui est celui de la force. Le nimbe n'est pas restreint aux qualités de l'âme; mais il est étendu aux forces du corps, à la puissance intellectuelle, à l'autorité acquise et dont on se sert pour le bien comme pour le mal. En Occident, plusieurs monuments, ceux-là surtout vers lesquels a coulé quelque filon de génie byzantin ou oriental, démontrent curieusement cette assertion. A la cathédrale de Reims est sculptée la parabole des vierges folles et des vierges sages. Les sages sont nimbées; c'est justice: les sages sont nimbées partout, car Jésus-Christ les admet en paradis. Mais à Reims les vierges folles sont aussi nimbées, ce qui n'existe guère que là[1]. Ce n'est pas la folie assurément qui est nimbée, qui est canonisée, mais la virginité; car les malheureuses femmes, quelque folles qu'elles soient, n'en sont pas moins vierges, et la virginité, pour l'Orient où tout bouillonne, est une sublime qualité chrétienne. Notre-Dame de Reims, dans plusieurs de ses sculptures et sur tous ses vitraux, exhale comme une vertu byzantine pleine de grâce et d'idéalité. Un manuscrit de la Bibliothèque royale représente la prise de Jésus au moment où il est trahi par le baiser de Judas. Jésus-Christ a le nimbe croisé, et saint Pierre, qui coupe l'oreille à Malchus, est nimbé. C'est à merveille, car Pierre est saint et courageux. Mais Judas lui-même est nimbé; cependant un chrétien,

[1] Elles sont au portail du nord, voussure de la porte gauche. A la cathédrale de Laon, dans une voussure du portail occidental, on remarque de même la série des cinq vierges folles nimbées tout aussi bien que les cinq vierges sages. La cathédrale de Laon est la mère de celle de Reims, et je ne connais cette curieuse particularité du nimbe attribué à des femmes folles qu'à Reims et à Laon seulement. Il y a là peut-être une influence byzantine, qui se démontrerait encore par quelques autres faits analogues.

et il aurait raison, se signerait d'horreur s'il entendait dire saint Judas Iscariote. Judas n'est qu'un avare, n'est qu'un traître, n'est qu'un sacrilége; c'est vrai, mais c'est encore un apôtre. Or l'apostolat est une fonction suprême émanée de Dieu; le nimbe, qui désigne, en Orient, toute dignité et toute puissance bonne ou mauvaise, devait donc éclairer encore la tête de Judas. Chez nous, il n'indique ordinairement que la sainteté; aussi Judas, même à la Cène, à plus forte raison au Jardin des Oliviers, est-il privé du nimbe[1]. Le manuscrit de

[1] Cependant M. le comte Auguste de Bastard (*Peintures et ornements des manuscrits*) a donné des exemples de ce nimbe, attribué chez nous à Judas. M. de Bastard a fait calquer de très-belles miniatures d'un manuscrit du XIII° siècle, connu sous le nom de manuscrit de Limoges, parce qu'il vient de Saint-Martial; là, à la Cène, Judas porte un nimbe d'or, absolument comme Jésus-Christ. Dans le même ouvrage, Hérode est nimbé au moment où il se trouble et grimace ignoblement, parce que les mages lui demandent où est le roi des Juifs qui vient de naître. Il faudrait savoir si ce manuscrit d'une province qui confine à des contrées couvertes d'églises réellement byzantines et grecques, n'aurait pas été exécuté sous l'influence de certaines idées orientales. Quand on voit à Périgueux, Angoulême, Saintes, Cahors et le Puy, à Solignac, Souillac et Bourdeille, des cathédrales, des églises d'abbayes et de paroisses voûtées en coupoles comme Saint-Marc de Venise et Sainte-Sophie de Constantinople, on peut bien croire à l'infiltration des principes byzantins dans le Limousin. Vers 977 ou 987, alors que Venise était entièrement byzantine, il s'établit à Limoges une colonie de marchands vénitiens qui étaient en constante relation avec la mère patrie. Une rue de Limoges s'appelle aujourd'hui encore la rue des Vénitiens, parce que ces marchands l'habitaient. Des fouilles récentes, faites à Saint-Martial de Limoges, ont donné des monnaies vénitiennes portant SANCTUS MARCUS sur une face, et sur l'autre.... OLO; est-ce Dandolo, comme on croit, ou bien Orséolo, ce doge qui abdique à la fin du X° siècle pour se retirer en France, dans le monastère de Saint-Michel de Cusan, au diocèse de Perpignan? En 1010 l'évêque Hilduin reconstruit l'abbaye de Saint-Martin de Limoges; les Vénitiens lui viennent en aide dans cette œuvre et lui donnent de l'argent. Dans les dernières années du XI° siècle, Marc et Sébastien, l'oncle et le neveu, tous deux nobles vénitiens, fondent le couvent de l'Artige, à deux myriamètres de Limoges. (Labbe, *Nova Bibliotheca mss. latino* tom. II, p. 278.) Enfin, en 1421, une femme, Jeanne Aldier, fait construire un Saint-Sépulcre ou monument dans Saint-Pierre de Limoges par un artiste vénitien. Du reste, M. Félix de Verneilh prépare un important travail sur la cathédrale actuelle de Périgueux, l'ancienne église abbatiale de Saint-Front. Les recherches devant porter sur toutes les églises à coupoles qui existent en France, il faut espérer qu'elles jetteront du jour sur l'école byzan-

138   ICONOGRAPHIE CHRÉTIENNE.

la Bibliothèque royale a pu être peint par un miniaturiste byzantin d'origine, d'école ou d'affection.

Dans l'abside d'une des petites et si nombreuses églises dont la ville d'Athènes est peuplée[1], la Cène est peinte à fresque; tous les apôtres sont ornés du nimbe, et Judas comme les autres; mais le nimbe des bons apôtres est d'une couleur vive et glorieuse, peint en blanc, en vert, en jaune d'or, tandis que celui de Judas est en noir. Judas est un apôtre, et il est nimbé; mais son cœur est ténébreux et son nimbe semble porter le deuil.

Il y a mieux, Satan lui-même est nimbé chez les Byzantins. Une vieille bible[2] est ornée de miniatures du IXe ou Xe siècle. L'une d'elles représente Satan qui saute de joie devant Job, sur les ruines qu'il vient de faire. Plus bas, l'être infernal brûle Job lui-même d'un aiguillon qui fait une grande plaie de tout le corps du patient. Ce Satan qui danse sur des ruines, ce Satan qui blesse, sont tous deux nimbés comme pourrait l'être un ange gardien ou consolateur[3]. Voici le premier, celui qui danse devant Job assis tristement sur les ruines de sa maison. Ce démon nimbé tient à la main un réchaud avec lequel il va incendier les habitations qu'il a renversées.

tine de l'Occident et sur l'influence des idées orientales dans notre pays; cette question est la plus compliquée et la plus inexplorée de notre archéologie nationale.

[1] Au mois d'août 1839 il y avait encore à Athènes quatre-vingt-une églises : je les ai vues et comptées. Il paraît que depuis cette époque on a achevé d'en raser deux ou trois qui avaient beaucoup souffert pendant la guerre de l'indépendance et qui étaient à demi ruinées.

[2] B. R. bible ms. n° 6.

[3] Satan ressemble en effet à un ange, surtout aux anges qui sont peints dans le même manuscrit n° 6. Ainsi, à la miniature qui représente Élie enlevé au ciel dans un char qu'emportent des chevaux de feu, un ange se tient au fond du char comme un pilote à la poupe d'un vaisseau. Cet ange est en tout semblable au Satan de la planche 46. Comme le génie mauvais, l'ange a des ailes d'oiseau, un nimbe formé d'un simple filet circulaire; il est à peu près nu et vêtu seulement d'un jupon qui lui couvre les reins et les cuisses. La seule différence vraiment visible, c'est que l'ange a des ongles aux pieds où Satan porte des griffes.

GLOIRE.   139

46. — SATAN PORTANT UN NIMBE CIRCULAIRE ET TOURMENTANT JOB.
Miniature du x° siècle, Bible n° 6, Bibliothèque royale.

Enfin, une Apocalypse manuscrite[1], à miniatures de la fin du xiie siècle, représente le dragon à sept têtes combattu par saint Michel; le serpent à sept têtes, qui poursuit la femme dans le désert; et la bête de mer, agitant sept têtes aussi au-dessus de son corps monstrueux. Toutes ces têtes sont nimbées de vert ou de jaune, comme le serait le plus grand saint du paradis. Cette Apocalypse, du reste, a certainement été peinte par un artiste qui était Byzantin ou avait vu Byzance, car les croissants qui blasonnent les boucliers des anges, et les coupoles arabes qui surmontent les édifices, le prouvent évidemment[2].

[1] Bibliothèque royale, n° 7013.
[2] Les croissants et les coupoles ne sont ni arabes ni d'origine musulmane, comme on croit. Les Turcs, qui se sont emparés de Constantinople au xve siècle, ont trouvé dans cette ville le croissant qui surmontait les édifices, et qui, depuis Philippe, le père d'Alexandre le Grand, c'est-à-dire dès le ive siècle avant J. C. fut introduit comme blason

140 ICONOGRAPHIE CHRÉTIENNE.

Ici, on donne un dessin tiré d'un beau manuscrit à miniatures de la Bibliothèque royale [1], et qui représente la bête à sept têtes de l'Apocalypse, le léopard à pieds d'ours. Ses têtes sont nimbées en bleu, et celle du milieu — la plus petite matériellement, mais sans doute la plus grande hiérarchiquement et la maîtresse tête — est nimbée de rouge, couleur de feu. L'une de ces têtes est dépouillée du nimbe. C'est celle qui, comme dit l'Apocalypse, fut blessée à mort [2].

dans ce qu'on peut appeler les armoiries de Constantinople; ils y ont aussi trouvé les belles coupoles de Sainte-Sophie, des Saints-Apôtres et de plusieurs autres églises. Copistes et non inventeurs, les conquérants approprièrent à leur usage la coupole et le croissant; ils firent de l'une le caractère principal de l'architecture des mosquées, et de l'autre la pièce unique de leur blason, absolument comme avaient fait les Byzantins. Voilà pourquoi, au XII° siècle, un miniaturiste byzantin ou qui avait vu Byzance représenta des croissants et des coupoles bien avant que Byzance fût tombée au pouvoir des musulmans. Une fois Constantinople prise, le croissant et la coupole, adoptés par les Turcs, se répandirent parmi les autres nations musulmanes qui, d'ailleurs et probablement depuis longtemps, avaient déjà adopté, soit en Égypte, soit en Syrie, les coupoles chrétiennes d'Alexandrie et de Damas. Les peuples mahométans, les Arabes entre autres, ont vulgarisé beaucoup de faits et d'idées, mais ils en ont créé très-peu. Nous leur avons certainement plus donné que nous n'en avons reçu. Il y a vingt-cinq ans on proclamait que de tout temps les nations occidentales et chrétiennes avaient été tributaires des musulmans qui ont conquis l'Espagne. Dans ce système, le style gothique, l'arc ogival, la chevalerie, les mathématiques, la médecine, l'alchimie, c'est-à-dire, l'art, les mœurs et la science nous seraient venus des Arabes. Aujourd'hui on fait complète justice de ces erreurs. Relativement à l'architecture les preuves abondent. Notre système ogival est complètement différent de celui des Arabes et lui est probablement antérieur. L'arc en fer à cheval, dont l'invention avait été attribuée aux Arabes, vient d'être trouvé en Asie par M. le vicomte Léon de Laborde et M. Ch. Texier, dans des monuments chrétiens qui portent une date gravée sur la pierre et antérieure au VII° siècle. Le minaret lui-même, ce membre d'architecture aussi indispensable aux Mahométans que le clocher l'est aux chrétiens, n'appartient peut-être pas à l'islamisme; on le retrouve dans les églises des bords du Rhin, églises qui se sont inspirées de Sainte-Sophie, et qui ont bien pu lui emprunter ses cages d'escalier ou minarets, comme certaines portions de son plan et de sa décoration. Quant à notre chevalerie, M. J. J. Ampère a prouvé, dans ses leçons sur la littérature française, qu'elle était indigène et n'avait aucun rapport avec la chevalerie arabe.

[1] *Psalterium cum figuris*, suppl. fr. 1132.
[2] « Et vidi unum de capitibus suis quasi occisum in mortem. » — *Apocalypse*, ch. XIII, v. 3.

GLOIRE. 141

47. — BÊTE À SEPT TÊTES; SIX SONT NIMBÉES, ET LA SEPTIÈME, BLESSÉE À MORT, EST SANS NIMBE.

Miniature du xii° siècle, *Psalterium cum figuris*, Bibliothèque royale.

Puisque chez les Orientaux le nimbe désigne la puissance, une tête à l'agonie ne devait plus avoir de nimbe. Quand un individu est dans sa force, on l'honore du nimbe; mais lorsqu'il faiblit, lorsqu'il ne peut résister à une attaque, lorsque la maladie ou la mort en triomphent, alors il est dégradé et dépouillé de son auréole. Tout cela est conséquent. Sur les fresques romanes de Saint-Savin, près de Poitiers, où paraît se trahir en plusieurs endroits une influence byzantine, on remarque d'abord le grand dragon apocalyptique, au moment où il attaque la femme de laquelle naît un enfant qui doit gouverner les nations[1]; puis le même monstre, lorsqu'à son tour il est attaqué par saint Michel et ses anges[2]. Sur le premier

[1] *Apocalypse*, chap. xii, v. 13, 15.
[2] *Ibidem*, v. 7, 8, 9.

tableau, ce dragon roux est plein de vie et de puissance; il vomit de sa gueule un fleuve d'eau pour y engloutir la femme. Là aussi il est et il devait être nimbé. Il porte un nimbe jaune, un nimbe d'or comme l'ange qui arrache l'enfant à la colère du monstre. Mais sur le second tableau il est assailli par les anges, il va être précipité en terre et vaincu, et déjà sa tête est dépouillée du nimbe; son front ne lance plus de rayonnement, parce que sa puissance s'éteint. La rose occidentale de la Sainte-Chapelle de Paris présente les mêmes particularités. La bête à sept têtes, chargées de cornes et de couronnes, y est figurée plusieurs fois. Chaque tête est nimbée, parce que le monstre est adoré par les infidèles, et parce qu'il entraîne avec sa queue la troisième partie des étoiles du ciel; il est tout-puissant alors; il est dans sa force et dans son triomphe. Mais lorsque l'ange qui a la clef de l'abîme l'enchaîne et le scelle pour mille ans dans le gouffre, alors il est vaincu, dégradé, et par conséquent dépouillé du nimbe; il n'a plus sur sa tête que les couronnes royales [1].

Ainsi donc, en Orient, le nimbe est l'attribut de la puissance bonne ou mauvaise : qu'on soit diable ou archange, qu'on soit criminel ou vertueux, qu'on soit grand traître ou Dieu, on est fameux, et, à ce titre, nimbé. Cette idée s'est infiltrée chez nous, surtout aux époques de nos relations avec Constantinople; mais elle n'a pu prendre racine, et la tendance à ne décorer du nimbe que la sainteté, que la vertu morale, a fini par prévaloir. Nous avons été plus avares d'un attribut que nous avions emprunté et non pas inventé; d'ordinaire, en effet, on ne prodigue que les richesses qui coulent de source. Cependant à Troyes et à Reims, dans toute la Cham-

---

[1] Cette verrière date de Charles VIII; ce roi l'a fait marquer de son chiffre, que surmonte une couronne royale de couleur jaune et simulant l'or.

pagne, depuis Ville-Hardouin et Joinville jusqu'à nos jours, a soufflé une brise orientale et byzantine qui a fait épanouir une foule d'idées et d'images propres à l'Orient. On se contentera de citer une peinture sur verre qui date du xviᵉ siècle, et qui brille dans la grande nef de Saint-Nizier de Troyes. Là aussi est représentée la bête à sept têtes et dix cornes, et le nimbe, attribut oriental de la puissance, brille autour de chacune des têtes. On en donnera le dessin à l'Histoire du diable.

COULEUR DE L'AURÉOLE.

Puisque le nimbe et l'auréole sont l'efflorescence lumineuse de la tête et du corps, la couleur qui les anime dans les monuments figurés et peints doit être celle de la lumière elle-même. On peut donc surprendre ce fait sur les mosaïques, les fresques, les vitraux, les miniatures des manuscrits et les tapisseries historiées. Mais la lumière est versicolore; comme l'eau, elle se teint de couleurs diverses, suivant les objets qui l'entourent et qu'elle reflète, et suivant sa propre intensité. Les étoiles, source de la plus vive lumière, scintillent bleues, violettes, rouges et blanches; le rouge cerise et le rouge blanc sont des degrés de lumière très-appréciés des physiciens. D'ailleurs, la lumière se décompose dans le prisme en sept éléments principaux qui, en se combinant, multiplient les nuances à l'infini. La gloire, jouissant des propriétés de la lumière, devait donc comme elle varier de couleur, depuis le bleu foncé jusqu'au blanc le plus vif. Aussi les auréoles et les nimbes sont tantôt bleus, tantôt violets, tantôt rouges, tantôt jaunes et tantôt blancs. Mais de tout temps le jaune, la couleur de l'or, a été regardé comme la plus précieuse, la plus noble et souvent comme la plus éclatante des couleurs; l'or, son type, était considéré comme de la lumière solidifiée. De là, très-ordinairement, les nimbes et les auréoles, surtout les nimbes et les auréoles de Dieu, sont colorés en or et en jaune. De là les représentations du soleil, qu'elles soient antiques ou modernes, sont colorées en jaune; ordinairement le soleil est jaune quand toutefois, et pour un dessein particulier, il n'est pas rouge. Homère dit qu'Apollon a la chevelure d'or; Phébus le blond ou le doré est aussi populaire que la blonde Cérès.

La couleur donnée aux nimbes est quelquefois symbolique, comme le prouve le nimbe noir, nimbe en deuil, attribué au traître Judas; mais souvent aussi elle est purement hiérarchique. Puisque le nimbe, par sa forme, était un ingénieux et puissant moyen de hiérarchie, la couleur devait venir en aide à cette forme. En voici un exemple. La bibliothèque publique de Strasbourg possède un magnifique manuscrit, déjà cité[1]. Ce grand ouvrage, si on en croit la tradition, a été écrit et peint par une abbesse du couvent de Sainte-Odile en Alsace, qui s'appelait Herrade. C'est une encyclopédie de toutes les sciences connues et pratiquées au moyen âge, et qui fait pressentir l'admirable Miroir universel de Vincent de Beauvais. Vers la fin de ce manuscrit, est peinte la cour céleste, tout le paradis. En haut est le Christ, nimbé en or et couronné de même. Puis arrivent neuf ordres de saints, entremêlés d'anges et ainsi disposés : les vierges[2], les apôtres,

---

[1] Page 28, note 4.

[2] Notez que les Vierges, les dernières partout ailleurs, comme on le voit aux cathédrales de Paris, de Reims et de Chartres, sont ici en tête de la sainte hiérarchie, immédiatement après Dieu, et avant les apôtres et les martyrs. On sent bien que ce manuscrit a été composé par une religieuse et pour un couvent de religieuses. C'est ainsi qu'au portail de la cathédrale de Paris, dans cette grande église d'une ville où l'intelligence a toujours eu le pas sur toutes choses, on a mis les confesseurs avant les martyrs, ce qui est un anachronisme et, de plus, une exception curieuse à la pratique constante de

les martyrs, les confesseurs, les prophètes, les patriarches, les continents, les mariés, les pénitents. Les quatre premiers ordres, les plus élevés de tous, portent le nimbe doré. Les prophètes et les patriarches, ces saints de la vieille loi, et qui n'ont connu la vérité qu'imparfaitement et à travers des métaphores, ont le nimbe en argent. Les continents sont nimbés en rouge. Les mariés portent le nimbe vert, et les pénitents jaunâtre et légèrement nuancé. Ainsi voilà bien la couleur employée comme moyen hiérarchique; elle se dégrade à mesure que l'on descend des ordres supérieurs à l'ordre le plus bas placé et après lequel il n'y a plus de saints, mais seulement de simples hommes.

Ajoutons que cette hiérarchie de couleurs pourrait bien, dans les idées du moyen âge, s'allier en même temps au symbolisme. La plus éclatante couleur c'est l'or, et ici elle se donne aux plus grands saints. L'argent, couleur de la lune qui est inférieure au soleil, mais sa compagne toutefois, devait venir après; puis le rouge ou le feu, attribut de ceux qui luttent contre la passion, et qui est inférieur aux deux métaux de l'or et de l'argent, au soleil et à la lune, dont il est une simple émanation; puis le vert, qui symbolise l'espérance et qui peut convenir aux personnes mariées; enfin le jaunâtre, couleur équivoque, moitié blanche et moitié jaune, couleur altérée et qui se donne à des saints, pécheurs autrefois, mais qui ont pu se réhabiliter et s'éclairer un peu aux yeux de Dieu par la pénitence. C'est de la hiérarchie et du symbolisme; c'est, en quelque sorte, le système rendu visible de l'émanation hindoue.

l'art chrétien. Ces troubles dans la hiérarchie sacrée, ces hérésies de l'art, pour ainsi dire, doivent être signalées avec soin; car il y a des conséquences historiques et morales à en tirer.

On a dit que la couleur attribuée aux nimbes et aux auréoles était symbolique quelquefois et non pas toujours. Il ne faudrait pas, en effet, chercher constamment un sens dans la couleur et s'exagérer l'importance qu'elle pourrait avoir, car il est facile de prouver qu'elle ne signifie rien la plupart du temps. Voyez les fresques de Saint-Savin. Dieu y est représenté un assez grand nombre de fois, soit avec le nimbe seulement, soit avec le nimbe et l'auréole tout ensemble. Eh bien, le champ du nimbe est tantôt rouge à croisillons blancs, tantôt rouge à croisillons jaunes, tantôt jaune à croisillons verts, tantôt jaune à croisillons rouges, tantôt jaune à croisillons bleus, tantôt bleu foncé à croisillons bleu clair. Le champ de l'auréole, jaune à l'une, est verdâtre à deux autres. Chercher un sens mystique dans ces couleurs diverses, c'est se fatiguer puérilement; on peut tout au plus reconnaître que le jaune et le rouge dominent dans ces auréoles, et que le jaune est la couleur de l'or, tandis que le rouge est celle du soleil et du feu; voilà tout.

DIEU.

Dieu est un pur esprit, invisible, mais présent partout. Dieu est éternel et immense, infini en durée comme en étendue. Il est souverainement puissant, souverainement bon, souverainement intelligent. Unique en essence, triple en personnes, Dieu est le créateur, le maître et le modérateur de tout.

Telle est, suivant le dogme chrétien, la définition de l'Être suprême, ou de la cause première de ce qui existe. Cet être invisible, l'art l'a fait voir dans des images et des statues; cet être immense, l'art l'a réduit à des dimensions finies. Sous la volonté de l'homme, cet esprit a pris un corps, cet éternel a vécu dans le temps. Nous allons parler de sa représentation peinte, ciselée ou sculptée par les artistes chrétiens aux différents siècles de notre ère; nous allons décrire les divers portraits que les sculpteurs et les peintres nous ont laissés de l'image qu'ils se faisaient de Dieu.

Unique en substance, indivisible en nature, Dieu, disons-nous, est triple en personnes. C'est la réunion de ces trois personnes ou hypostases qui constitue la divinité dans sa plénitude parfaite; Deus trinus unus, a dit Lactance dans un langage orthodoxe et concis [1].

---

[1] La philosophie antique, par l'organe de Platon, dans le Timée, avait déjà dit: « L'unité est divisée en trois et la trinité est réunie en un. » Dante ajouta : « Cet un et deux et trois qui vit toujours et règne toujours en trois et deux et un, non circonscrit et qui circonscrit toute chose. » (*Divine Comédie*, Paradis, chant XIV.)

148   ICONOGRAPHIE CHRÉTIENNE.

A chaque personne divine le dogme chrétien attache un nom différent et des fonctions particulières ; l'art, de son côté, a revêtu ce nom d'une figure spéciale, a représenté ces personnes et caractérisé ces fonctions par des attributs distincts.

La première personne divine s'appelle le Père, la seconde le Fils, la troisième le Saint-Esprit. Toutes trois ont été représentées, soit isolément, soit ensemble, par les artistes. Il convient donc de les étudier d'abord une à une, et de tracer à part l'iconographie de chacune d'elles ; puis de les réunir sous un même chef, dans un même chapitre, sous le nom de Trinité.

DIEU LE PÈRE.

Dans ses rapports avec l'homme, dans l'histoire, Dieu le père s'est manifesté très-souvent. Il est bien vrai que le Père, toutes les fois qu'il s'est révélé, révélait en même temps le Fils et le Saint-Esprit ; cependant certains actes lui sont attribués à lui plus spécialement qu'aux deux autres personnes. Toute action où se montre principalement l'énergie divine qui correspond à ce que nous appelons la force ou la puissance est faite par le Père ; les deux autres énergies qui correspondent à l'amour et à l'intelligence semblent revenir de préférence au Fils et au Saint-Esprit.

Historiquement, c'est plus volontiers dans l'Ancien Testament, dans la Bible proprement dite[1], que le Père se manifeste ; tandis que le Fils se révèle dans l'Évangile surtout, et que le

[1] Dans le cours de ce travail, on l'a déjà vu, nous avons donné le nom de Bible à l'Ancien Testament et celui d'Évangile au Nouveau. Rigoureusement il faudrait entendre par Bible la réunion de tous les livres sacrés, aussi bien ceux du Nouveau Testament que ceux de l'Ancien ; mais nous avons préféré nous servir du langage vulgaire et réserver le nom de Bible exclusivement aux livres canoniques de l'Ancien Testament.

Saint-Esprit apparaît tantôt dans l'un et tantôt dans l'autre. On peut dire que la Bible renferme spécialement l'histoire de Dieu le père, et l'Évangile l'histoire de Dieu le fils.

Ainsi le Père crée le ciel et la terre, les plantes, les animaux et l'homme. C'est lui qui reçoit l'offrande d'Abel et rejette celle de Caïn, qui punit les hommes par le déluge, renverse les projets des constructeurs de Babel, appelle Abraham à la foi, donne à Moïse les tables de la loi, guide les Hébreux dans le désert et les dirige vers la Judée, combat les ennemis de son peuple choisi, inspire les prophètes et les juges, donne la sagesse à Salomon et la vertu à Ézéchias. C'est lui qui inflige la captivité aux Juifs et leur rend ensuite la liberté; lui enfin qui envoie l'archange Gabriel annoncer à la vierge Marie qu'il l'a élue pour être la mère de son fils.

L'Ancien Testament est donc véritablement le théâtre où Dieu le père déploie toute sa puissance. C'est Jéhovah qui est déclaré créer le monde. Les deux autres personnes de la Trinité apparaissent à peine. On soupçonne leur présence dans plusieurs phrases, surtout au « Faciamus hominem ad « imaginem et similitudinem nostram[1]; » mais ces expressions ne sont pas toutes à l'abri de la controverse. D'ailleurs le Père est nommé et nommé seul dans une multitude de passages très-clairs et très-explicites. Le Père règne à peu près sans partage dans l'Ancien Testament : il parle, il se montre, il agit, il punit, il récompense; il converse avec Adam, Caïn, Noé, Abraham, Moïse, avec les rois, avec les prophètes; il est avec eux, au milieu d'eux. On le sent, on l'entend, on le voit partout; chaque verset en parle.

Dans le Nouveau Testament, au contraire, Dieu le Père s'efface presque complétement et recule au dernier plan : on

[1] *Liber Genesis,* cap. I, v. 26.

le voit à peine, on ne l'entend presque pas. La scène entière semble envahie par son fils. Deux fois il parle dans le lointain pour dire, au baptême et à la transfiguration de Jésus-Christ, « Celui-ci est mon fils bien-aimé dans lequel j'ai mis mes complaisances[1]; » puis il semble rentrer dans un silence absolu. Quand le Christ lui crie, à son agonie de sang, « Mon père, éloignez ce calice de moi[2], » ce n'est pas Dieu mais un ange qui vient le fortifier. Lorsque, clouée à sa croix, la victime divine s'écrie, « Mon Dieu, mon Dieu, pourquoi m'avez-vous abandonné[3] ! » pas un mot de consolation ne descend du ciel. Dieu le père garde le silence, et les anges eux-mêmes se taisent. Voilà ce qu'enseignent, à la première lecture, les textes sacrés, le sens littéral des livres saints.

Les artistes, fidèles à l'histoire plutôt qu'au dogme abstrait et raisonné, l'ont ainsi compris, au moins à la fin de la période gothique; dans toutes les scènes de l'Ancien Testament, ils figurent Dieu le père, à l'exclusion, en quelque sorte, du Fils et du Saint-Esprit. Cependant c'est à la fin du xiv° siècle seulement, c'est aux xv° et xvi° principalement, que les sculpteurs et les peintres ont ainsi représenté le Père; car dans les siècles antérieurs il se passe un fait étrange, que l'archéologie confirme par beaucoup d'exemples et qui mérite explication.

Que le Fils, le Père et le Saint-Esprit concourent ensemble aux mêmes actes et se manifestent tous les trois en même temps dans les diverses histoires de l'Ancien Testament, on le conçoit, puisque la Trinité est indivisible dogmatiquement et que toute œuvre faite par l'une des trois personnes est faite col-

[1] Saint Matthieu, chap. III, v. 17; chap. XVII, v. 4 et 5.
[2] Saint Marc, chap. XIV, v. 36.
[3] Saint Marc, chap. XV, v. 34.

lectivement par les trois à la fois. Mais, du moment qu'on ne représente qu'une seule personne, c'est le Père, à ce qu'il semble, qu'il faudrait montrer à la Création[1], comme c'est le Fils qu'il faut montrer à la Passion, et le Saint-Esprit à la Pentecôte. Représenter le Fils tout seul créant Adam et Ève est un fait extraordinaire. Historiquement c'est un anachronisme; car le Fils, qui est Jésus-Christ, n'était pas encore né. Cependant rien n'est plus fréquent que de voir Jésus prenant la place de son père et créant le monde à lui seul, commandant à Noé de construire l'arche, arrêtant la main d'Abraham qui est sur le point de sacrifier Isaac, parlant à Moïse du sein du buisson ardent.

De plus, lorsque c'est peut-être Dieu le père qu'on a voulu représenter conversant avec Abraham, Moïse, les prophètes et les rois, on a semblé craindre de le faire voir en entier et on n'en a montré qu'une petite partie, la main, par exemple, quelquefois la face, plus rarement le buste, presque jamais le corps entier[2]. Ainsi, ou le Fils remplace son père dans les œuvres faites par ce dernier, ou l'on ne montre du Père que le moins possible; ou bien le Père est absent, ou il est presque entièrement voilé, on pourrait peut-être dire sacrifié. Ce sont deux faits parallèles et presque identiques. Mais avant que d'en chercher l'explication, il convient de les prouver par l'iconographie, et de démontrer premièrement que Jésus-Christ prend la place de son père dans les œuvres dont le Père est plus spé-

[1] Nous nous plaçons ici au seul point de vue historique ; car, dans un instant, il sera prouvé par la théologie qu'il faudrait mettre le Fils où les artistes du xve siècle et de la renaissance ont mis le Père.

[2] Sur les sarcophages du Vatican et les fresques des catacombes, les plus anciens monuments figurés du christianisme, on ne voit jamais autre chose du Père éternel que la main sortant des nuages. Voyez *Rom. Sotterr. passim*, surtout pages 45, 59, 73, 231, 339, 363 et 367 de l'édit. ital. Rome, 1632.

cialement l'auteur; secondement que le Père, si toutefois c'est lui qu'on a voulu représenter, ne révèle sa présence que par une main, un bras, une face, le reste étant invisible.

Et d'abord Jésus-Christ se représente à la place du Père.

Dans le chapitre qui sera consacré, après celui-ci, au fils de Dieu, on dira à quels caractères d'âge, de physionomie, de costume, d'attitude, d'attributs on le reconnaît; qu'il suffise d'énoncer ici que Jésus se montre sous deux formes complétement distinctes. Ou bien, comme sur les anciens sarcophages, sur quelques fresques de la Grèce, dans quelques sculptures de notre pays influencées par le génie byzantin, il est jeune, imberbe, adolescent de quinze à dix-huit ans, pieds chaussés de sandales et rarement nus, longs cheveux tombant sur les épaules, sans nimbe [1]; ou bien, comme il se montre le plus ordinairement, surtout dans nos contrées, il est âgé de trente à trente-trois ans, époque de sa mort, avec la figure allongée, la barbe fine et courte, les cheveux mi-longs et divisés sur le front, la physionomie douce et mélancolique, le nimbe partagé par une croix, les pieds nus, la robe et le manteau longs. A voir ces deux figures consacrées qui se donnent au Christ, on ne peut s'y tromper et le confondre avec une autre personne. D'ailleurs, non-seulement la figure est un caractère qui sert à le distinguer, mais encore assez souvent son nom est écrit à ses pieds ou autour de sa tête, soit en entier, soit en abrégé, soit en monogramme.

Or une foule de monuments, qui représentent la Création et toutes les scènes de la Bible où Dieu le père est acteur et auteur, montrent non pas le Père, mais le Fils reconnaissable et à sa physionomie hiératique, et à son nom peint ou gravé.

---

[1] Voyez plus haut, page 29, pl. 17, et page 30, pl. 18, deux portraits de Jésus imberbe; le premier est chaussé de sandales.

Il est constant que sur une multitude de sarcophages en marbre blanc, qui datent des premières époques du christianisme, du iv° au viii° siècle, Jésus-Christ est représenté jeune et imberbe, comme on vient de dire. On ne peut douter que ce ne soit bien Jésus, car il s'agit, dans les sujets que portent les sarcophages, de la résurrection de Lazare, de la guérison de l'aveugle-né et du paralytique, de la multiplication des pains, de la conversation avec la Samaritaine, de l'entrée triomphante dans Jérusalem, de la comparution devant Pilate, de la prédication aux apôtres ; or celui qui ressuscite, guérit, multiplie, parle, triomphe, comparaît, prêche, c'est ce jeune homme imberbe dont nous parlons, c'est Jésus en adolescent. Mais sur les mêmes monuments sont sculptés, ordinairement à gauche, des sujets parallèles aux précédents, qui sont à droite. On y voit Dieu condamnant au travail Eve et Adam, parlant à Noé, arrêtant le bras d'Abraham, donnant sa loi à Moïse ; et ce Dieu, c'est toujours le jeune adolescent imberbe qui ressuscite Lazare et envoie ses apôtres prêcher dans l'univers. Ce Dieu, c'est le Fils qui prend la place de son père.

Le dessin 32, page 76 (Dieu imberbe, de qui Ève et Adam reçoivent un agneau et des épis), représente précisément ce jeune homme divin, sans barbe, à longs cheveux tombant sur le cou, aux pieds chaussés de sandales ; Dieu y condamne Adam à labourer la terre, qui portera des épis semblables à ceux dont il lui donne une gerbe, et Ève à filer la toison de l'agneau qu'il lui présente. Ce dessin est tiré d'un sarcophage du Vatican.

On pourrait croire peut-être que ce Dieu qui parle à Ève et à Adam est Dieu le père, bien qu'on pût s'étonner à bon droit de voir cet ancien des jours, comme l'appellent la Bible et les Grecs ($\dot{o}$ $\pi\alpha\lambda\alpha\iota\grave{o}\varsigma$ $\tau\tilde{\omega}\nu$ $\dot{\eta}\mu\varepsilon\rho\tilde{\omega}\nu$), à peine sorti de l'enfance ; on pourrait croire que, suivant en cela la pratique des anciens

154   ICONOGRAPHIE CHRÉTIENNE.

Grecs, les premiers chrétiens ont représenté Dieu le père ou Jéhovah, jeune et sans barbe, pour caractériser la divinité immuable qui ne vieillit jamais, et qui vit dans une jeunesse éternelle. Mais le dessin suivant[1] ne laisse aucun doute : c'est bien Jésus-Christ qui préside à la création et à toute l'histoire génésiaque ; car là Dieu est représenté créant Adam, le premier né (Ἀδὰμ ὁ πρωτόπλαστος), et ce Dieu n'est autre que le Christ, comme son nom ΙΓC XC, écrit dans le champ de l'auréole circulaire d'où il semble s'élancer, en fournit la preuve[2].

48. — LE CRÉATEUR EN JÉSUS-CHRIST ET NON EN DIEU LE PÈRE.
Peinture à fresque, IXe siècle.

Du reste, le manuscrit de Panselinos[3] est encore plus explicite, si c'est possible. Lorsque cet ouvrage enseigne aux peintres la manière dont ils doivent représenter Moïse devant le buisson ardent, voici les indications qu'il donne et le ta-

[1] Il représente un ivoire gravé au XIIe ou XIIIe siècle probablement. Gori l'a donné dans son *Thesaurus veterum diptychorum*, tom. II, p. 160.

[2] Seroux d'Agincourt (*Histoire de l'Art par les monuments*) reproduit un autre exemple semblable à celui-ci qui est donné par Gori.

[3] Ἑρμηνεία τῆς Ζωγραφικῆς, seconde partie.

DIEU LE PÈRE. 155

bleau qu'il dessine par la parole : « Moïse déliant sa chaussure; autour de lui des brebis. Devant Moïse est le buisson ardent, au milieu et sur le sommet duquel brillent la Vierge et son enfant. Près de Marie, un ange regarde du côté de Moïse. D'un autre côté du buisson, on voit encore Moïse debout, ayant une main étendue et tenant de l'autre une baguette. » C'est donc non-seulement Jésus que les Grecs substituent à Dieu le père, mais encore la Vierge, et cela plus de quatorze cents ans avant sa naissance. Notre art occidental a suivi plus d'une fois lui-même les prescriptions de l'art byzantin, ou du moins il s'est rencontré avec lui. Pour n'en citer que deux exemples, on voit à Reims, sur une tapisserie du XVIe siècle, et à Saint-Sauveur d'Aix, sur un tableau attribué au roi René, Moïse se prosternant devant un buisson tout vert, et d'où sortent des langues de flammes. Sur la tapisserie de la cathédrale de Reims, on lit, en vers tissés dans la laine :

> Comment Moyse fut tres fort esbahi
> Quant aperceut le vert buisson ardant
> Dessus le mont de Horeb ou Synaï
> Et n'estoit rien de sa verdeur perdant.

Enfin un manuscrit de la Bibliothèque royale, qui est des dernières années du XIVe siècle[1], montre Dieu apparaissant à Moïse, au milieu des éclairs, sur le mont Sinaï, et Dieu ayant la tête hors des nuages lorsque Moïse lève les mains vers lui et l'implore contre les Amalécites. Dans ces deux miniatures, Dieu est jeune et complétement imberbe. Sur les fresques de Saint-Savin, près de Poitiers, on voit Dieu donnant à Moïse, sur le mont Sinaï, les Tables de la loi, Dieu parlant à Noé, Dieu créant le monde; partout ce Dieu a la

[1] *Biblia* 6829. Cf. Bible 6, Bibl. roy. miniature des enfants dans la fournaise.

20.

figure du Christ : son âge est de trente à trente-cinq ans, ses cheveux sont jeunes et blonds, sa physionomie est pleine de douceur. Ce Dieu, c'est le Jésus, non plus imberbe comme sur le manuscrit dont on vient de parler, mais Jésus arrivé à l'âge de la prédication et de la vie publique; ce n'est pas Dieu le père.

A ce nom de Tout-Puissant, la figure qu'on se fait de la personne qui le porte est celle de la Trinité entière et qui a la plénitude de la puissance divine, ou celle de Dieu le père auquel la force paraît attribuée plus spécialement; mais on songe moins à Jésus-Christ, en qui se sont incarnés plutôt le dévouement et la charité. Et cependant chez les Grecs, au fond des grandes coupoles qui couvrent le centre des églises, se montre la figure gigantesque du Tout-Puissant, du Pantocrator, comme ils l'appellent, peinte à fresque ou en mosaïque sur fond d'or. Ce Dieu bénit les fidèles du haut de ce ciel de l'art avec la main droite, tandis qu'il tient un livre à la main gauche. Ce Dieu est un peu jeune pour être le Père, l'ancien des jours. Cependant, comme on lit en gros caractères ὁ παντοκράτωρ, on pourrait croire un instant, et malgré la croix qui décore son nimbe, que c'est bien ὁ παλαιὸς τῶν ἡμερῶν. Mais bientôt on est détrompé, car au-dessous de la première inscription, sur les épaules du personnage, éclatent de plus grosses lettres encore, ΙC ΧC (Ἰησοῦς Χριστός), Jésus-Christ; puis, sur le livre qu'il tient à la main on lit ce que Jésus dit de lui-même dans l'Évangile : « Je suis la lumière du monde. » Du reste la figure, quand le nom et l'inscription ne la qualifieraient pas, représente évidemment Jésus et non pas Dieu le père [1].

[1] Le dessin qui suit a été pris sur une peinture à fresque qui orne la principale église du couvent de l'île de Salamine. A Mistra et dans la cathédrale d'Athènes; aux Météores, dans la Thessalie; au mont Athos, dans la Macédoine; à Daphné, près d'Athènes et sur

DIEU LE PÈRE.

49. — JÉSUS-CHRIST, ET NON LE PÈRE, EN TOUT-PUISSANT.
Peinture à fresque de Salamine, XVIIIe siècle.

A la cathédrale de Chartres (porche du nord, arcade centrale), on a sculpté en très-grand détail toute la création racontée dans la Genèse. Or, dans la Genèse, avons-nous dit, c'est le Père qui crée, c'est Jéhovah ; il n'y est question ni du Fils, ni du Saint-Esprit, pas autrement que dans ces mots : « Faciamus hominem ad imaginem et similitudinem nostram. « — Et Spiritus Dei ferebatur super aquas [1]. » C'est le Père qui parle, qui approuve son œuvre, qui modèle l'homme, qui édifie la femme [2], qui prononce la défense et qui adresse les

---

la route d'Éleusis ; à Saint-Luc, en Livadie, au pied du mont Parnasse, il en est constamment de même. Or les peintures qu'on voit dans ces diverses localités embrassent une période de treize siècles, depuis Justinien jusqu'à nos jours. En 1839, au mois de novembre, j'ai vu peindre un de ces Christ en Pantocrator au mont Athos.

[1] *Genèse,* chap. I, v. 2 et 26.
[2] « Et ædificavit Dominus Deus costam, quam tulerat de Adam, in mulierem. » (*Genèse,* chap. II, v. 22.)

reproches. La sculpture de Chartres a représenté dans cette création Dieu treize fois et dans treize différents bas-reliefs ; ce Dieu n'est pas le Père, n'est pas Jéhovah, mais bien le Fils, âgé de trente ans à peu près ; il est orné, comme nous l'avons déjà vu, de ces beaux cheveux lisses qui ombragent ses épaules, et de cette barbe fine et bifurquée qui lui descend du menton. Ce créateur est en tout semblable au Pantocrator qui précède.

La Bible de Charles le Chauve reproduit en miniatures la création entière. Là le Dieu qui crée n'a que vingt ans ; il est imberbe, déjà orné du nimbe ; mais ce nimbe n'est pas encore croisé. Les pieds, qui sont nus, ont déjà quitté les sandales, qu'on voit sur les sarcophages. A la main est un long bâton. Ce Dieu est le Fils et non pas Jéhovah.

Il est vrai que le Symbole de Nicée déclare que toutes choses ont été créées par le Verbe, qui est le fils de Dieu, et l'art, comme nous le verrons, a dû être fidèle à ce dogme ; mais ailleurs, où il faudrait évidemment le Père, et tout au plus le Verbe non fait chair encore, on a mis le Christ. Du temps d'Isaïe, le Christ, l'Homme-Dieu, n'était pas encore né ; aussi, dans l'Ancien Testament, quand Dieu parle ou apparaît aux prophètes, c'est Jéhovah, ou Dieu le père, qui se montre et parle ; historiquement ce ne peut être que lui. Cependant non-seulement la cathédrale de Chartres a éloigné Dieu le père de la création qu'elle fait accomplir par le Fils, mais elle déclare que c'est Jésus et non Jéhovah qui apparaît aux prophètes et leur parle. Ainsi, au porche septentrional, dans le soubassement de l'un des piliers qui portent les arcades, est représenté Samuel debout ; Dieu lui révèle ce qu'il va faire de la maison d'Héli, et le jugement qu'il est sur le point d'exécuter contre le grand prêtre et ses enfants [1]. Ailleurs, à

---

[1] *Liber I Regum*, cap. III, v. 11-14.

DIEU LE PÈRE. 159

la cathédrale de Reims, le Seigneur donne à Isaïe la mission d'annoncer les principales révolutions des royaumes de Juda et d'Israël, de proclamer la naissance du Messie et la délivrance des enfants de Jacob. Ce Dieu, ce devrait être Jéhovah, puisqu'il entretient Isaïe de la future naissance du Messie, son fils[1], et qu'il parle à Samuel, prophète qui n'a pu voir le Christ; cependant, on le reconnaît à son âge, à sa physionomie, à sa figure, c'est Jésus. Mais, de crainte qu'on ne s'y méprît, et pour témoigner que sa volonté était bien telle, le sculpteur de Chartres a gravé profondément dans la pierre, sous le personnage qui n'est pas Samuel, χριτvs[2]. C'est non-seulement Dieu le fils qui, à ne considérer que le dogme et la théologie, aurait pu parler à Samuel; mais c'est le Christ, c'est le Dieu fait homme, lequel se montre ainsi plus de mille ans avant sa naissance.

Le manuscrit grec de Panselinos[3] est complétement d'accord avec nos sculptures occidentales de Reims et de Chartres; car, sous ce titre, *Vision d'Isaïe,* on lit cette description du tableau prescrit aux peintres byzantins : « Une grotte; au dedans, nuages et grande lumière; au milieu est le CHRIST, assis comme un roi, sur un trône élevé. Il bénit de la main droite; de la gauche il tient un cartel, sur lequel on lit : Qui enverrai-je, ou qui ira vers ce peuple? » Ainsi, il n'y a pas de

---

[1] Voyez les prophéties d'Isaïe, *passim*, surtout les chapitres VI, VII, XI, XIV.

[2] C'est ainsi que le nom est écrit; les trois premières lettres sont grecques, les trois dernières sont latines, et l'on a oublié l's qui aurait pu séparer les caractères grecs des caractères latins. Je ne sais s'il y a là dedans habitude, symbolisme ou ignorance, mais je pencherais vers l'habitude ou même l'ignorance dont les sculpteurs, ceux de Chartres entre autres, donnent assez souvent des preuves. Au même porche, à la création du ciel et de la terre, les sculpteurs ou tailleurs de pierre ont écrit TERREM pour TERRAM; est-ce une faute, ou est-ce une preuve qu'à Chartres, à cette époque, l'*a* se prononçait comme un *e*, ainsi que cela existe encore dans certaines provinces de France?

[3] Ἑρμηνεία τῆς Ζωγραφικῆς.

doute, le nom de Christ est écrit dans ce livre comme il est gravé au porche de Chartres, là où il faudrait absolument Dieu le père, ou tout au plus le Verbe.

Chez les Grecs, le Fils est substitué non-seulement à la toute-puissance, mais encore à la sagesse du Père. Les Grecs du bas-empire dédièrent à la divinité, sous le nom de Sainte-Sophie, le plus beau de leurs temples, le plus riche et le plus grand, celui qui donna naissance à toutes les églises byzantines. On pouvait croire que cette qualification s'appliquait à la Trinité tout entière et non à une seule personne, ou, dans ce cas, qu'elle revenait de droit à Dieu le père et plus spécialement encore au Saint-Esprit, mais moins facilement au Fils. Eh bien! le contraire est advenu. Il existe à Lyon, dans la bibliothèque du palais Saint-Pierre, un très-curieux manuscrit, enrichi de miniatures du XIIe siècle, peut-être du XIe. La première de ces miniatures est la représentation allégorique de l'encyclopédie du moyen âge. Les sciences principales sont représentées sous la forme de femmes à qui Dieu, la sainte Sophie, communique l'intelligence et la science d'un souffle, comme d'un souffle il donna la vie au limon dont il avait fait la statue d'Adam. Cette sainte Sophie c'est un jeune Dieu de trente ans, légèrement barbu, décoré d'un nimbe croisé : c'est Jésus-Christ. Pour qu'on ne pût s'y tromper, le peintre, comme le sculpteur de Chartres, aurait dû écrire JESUS au-dessus de SANCTA SOPHIA [1].

---

[1] Ce manuscrit est une *Psychomachie* de Prudence; il est rempli d'une multitude de miniatures représentant les Vertus et les Vices. Le moyen âge affectionnait ces tableaux allégoriques où étaient figurées la science et la morale, pour montrer leur mutuel appui. Cette concordance du vrai et du bon se complétait souvent par le beau, et l'art venait alors couronner l'Instruction et la Vertu. (Voyez les porches de Notre-Dame de Chartres.) Au campanile de Santa-Maria-del-Fiore, à Florence, Andrea de Pise sculpta les Sciences et les Arts, que Giotto compléta par les figures d'Apelles et de Phidias, personnifiant la peinture et la sculpture. Luca della Robbia y ajouta la Grammaire, la Philosophie, la Musique, l'Astronomie et la Géométrie, personnifiées de même.

DIEU LE PÈRE. 161

50. — JÉSUS-CHRIST EN SAINTE SOPHIE.
Miniature de Lyon, XII° siècle [1].

Non-seulement le Père est souvent remplacé par son Fils, mais, quand on le représente, on n'en montre qu'une faible partie. Le Christ est peint et sculpté en pied, dans toutes les attitudes, à tous les âges et sous tous les aspects possibles ; quant au Père, ou il est absent, ou il ne se révèle que par une petite portion de lui-même. Tantôt on ne voit que sa main, tantôt la main et l'avant-bras ; puis la main et le bras entier ; plus tard, on risque la face et enfin le buste. Il faut attendre longtemps, pour qu'on fasse à Jéhovah son portrait en pied. On ne s'arrête pas ici sur ce fait curieux, parce qu'il va être développé dans un paragraphe particulier.

[1] Cette Sainte-Sagesse donne la complète intelligence, car elle la distribue sous les deux formes principales du manuscrit, qui est son instrument. Ces deux formes usitées alors étaient le rouleau, que notre figure tient à la main gauche, et le livre proprement dit, qu'elle présente de la main droite. Le livre, étant plus considérable et pouvant renfermer plus de matière, était regardé comme l'attribut d'une plus grande sagesse. Un liturgiste, Guillaume Durand (*Rat. div. offi.* lib. I, cap. III), déclare qu'on ne met aux mains des prophètes de l'Ancien Testament que des rouleaux, parce que ces prophètes n'ont connu la vérité qu'à demi et à travers des métaphores, tandis que les figures des apôtres, qui ont vu la vérité entière, portent des livres. C'est une remarque du plus haut intérêt pour l'iconographie chrétienne ; mais il y a bien des exceptions à ce fait, et nous avons beaucoup d'apôtres, même des évangélistes, qui ne tiennent que des rouleaux, tandis que des prophètes, par contre, portent de gros livres. Preuve, entre autres, qu'il ne faut pas toujours croire sur parole les symbolistes du moyen âge, Durand, Jean Beleth, Jean d'Avranches, et Hugues de Saint-Victor.

162   ICONOGRAPHIE CHRÉTIENNE.

La place que l'on donne à Dieu le père, dans les monuments chrétiens, est souvent peu honorable; son fils a le pas sur lui. Il faut se souvenir que la place, dans les idées du moyen âge, aussi bien que dans les nôtres, n'est pas indifférente. La préséance, accordée à tel personnage plutôt qu'à tel autre, est toujours significative. Ainsi la gauche est inférieure à la droite, le bas moins honorable que le haut, le centre est préférable à la circonférence. Un mot à ce sujet, pour appeler l'attention des antiquaires et les engager à bien constater la place qu'occupent les objets, hommes ou choses, qu'ils étudient; ce fait est d'une certaine importance.

La gauche est inférieure à la droite. — Dans les vitraux et les sculptures, on représente souvent Jésus-Christ trônant sur des nuages, le dos contre un arc-en-ciel; on voit à sa gauche les tables de Moïse posées sur l'arche d'alliance, et à sa droite, sur un autel, le livre de ses apôtres. De tout temps, en effet, la Bible a tenu la gauche et l'Évangile la droite. Un abbé d'Angleterre fait peindre l'église de son couvent : au nord, à la gauche, il fait représenter des scènes de l'Ancien Testament; au midi, à la droite, il met les scènes du Nouveau. A Chartres, la sculpture des deux porches latéraux embrasse toute l'histoire religieuse. Au porche nord qui est à gauche, en regardant l'abside, sont placés les personnages de l'Ancien Testament; au porche du midi ou de droite, ceux de l'Évangile, depuis l'entrée du monde nouveau, du monde chrétien, jusqu'au jugement dernier[1]. Enfin, d'après les Psaumes, pour faire honneur au

---

[1] Voir l'Introduction, page XVI. Vasari, *Vies des peintres*, traduit par MM. Leclanché et Jeanron, dit dans la vie de Giovanni Cimabue, vol. I, p. 41 : « Cimabue décora à fresque la partie supérieure des parois de l'église (San-Francesco d'Assise). A gauche de l'autel, il représenta seize sujets de l'Ancien Testament, et à droite, en face, seize sujets tirés de la vie de la Vierge et du Christ. » On voit que la tradition est constante depuis

DIEU LE PÈRE. 163

triomphateur, à Jésus qui a vaincu Satan et racheté le monde, Dieu lui dit de s'asseoir à sa droite.

Le bas est moins honorable que le haut. — On élève sur le pavois, sur un trône ou sur un char, un roi, un pape, un triomphateur. C'est dans le bas, contre les parois du soubassement, qu'on met les saints représentés vivants, militants et accomplissant leur histoire; c'est dans le haut, dans la voussure, qu'on place ces mêmes saints triomphants, morts et arrivés au paradis. Dans le bas ils sont hommes tout simplement; dans le haut ils sont hommes glorifiés ou saints. Enfin, à Chartres, tout au sommet du grand pignon occidental, à cinquante mètres du sol, domine Jésus-Christ qui bénit le monde étendu à ses pieds.

Le centre est préférable à la circonférence. — Dans une voussure de cathédrale, dans le champ d'une rose remplie de vitraux peints, c'est au centre qu'on met, soit Dieu le créateur et le juge, soit la Vierge qui est la première des créatures humaines. Puis les différents ordres des anges, à commencer par les séraphins, qui sont les premiers de tous, et à finir par les simples anges, les moins élevés dans la hiérarchie. Puis les apôtres, puis les martyrs, puis les confesseurs et enfin les vierges qui, comme femmes et comme moins éminentes en vertu que les ordres de saints qui précèdent, sont placées au cordon extérieur et à la circonférence. Ainsi, à mesure qu'on s'éloigne de Dieu ou du centre, l'esprit s'obscurcit, la matière prédomine, la vertu faiblit. Cette hiérarchie, figurée dans les roses et les voussures de nos cathédrales, rend visible, ainsi qu'on l'a dit plus haut [1], le système éthique et cosmogonique

Benoît Biscop jusqu'aux sculpteurs de Notre-Dame de Chartres, et jusqu'au grand peintre de l'Italie, Cimabue.

[1] Chap. de la *Gloire*, p. 145.

de l'émanation hindoue. Il y a des exceptions à cette hiérarchie chrétienne, mais elles confirment notre assertion au lieu de la détruire. Ainsi, au portail occidental de la cathédrale de Paris, porte centrale, on a disposé hiérarchiquement les différents ordres des personnages qui sont en possession du paradis. Dieu est au centre, comme il convient. Près de Dieu se tiennent les anges; les apôtres viennent ensuite. Mais au lieu des martyrs, qui devraient prendre rang après les apôtres, ce sont les confesseurs qui se présentent; les martyrs sont donc abaissés et les confesseurs élevés d'un degré. C'est probablement parce qu'à Paris, capitale de l'intelligence, on préfère un homme que l'intelligence a sanctifié à celui qui a donné sa vie pour la foi; on aime mieux le saint qui répand des idées que le martyr qui verse son sang. Un fait analogue se remarque dans le manuscrit d'Herrade, abbesse de Sainte-Odile, dont il a été question à l'histoire de l'Auréole. Les vierges, qui sont toujours les dernières partout ailleurs, à Paris comme à Reims et comme à Chartres, sont ici en tête de la céleste hiérarchie, immédiatement après Dieu, et avant les apôtres, avant les martyrs, même avant les confesseurs, les confesseurs qui marchent les premiers de tous à Notre-Dame de Paris. Le manuscrit a été écrit et peint par une femme et pour des femmes, par une religieuse et pour des religieuses. Ces femmes, ces religieuses, ces vierges, ont voulu s'honorer elles-mêmes en donnant une aussi belle place à leurs patronnes; elles se sont glorifiées par leurs propres mains.

Ainsi la gauche, le bas et la circonférence sont moins honorables que la droite, le haut et le centre. Cela constaté, voici ce qu'on observe relativement, soit à la place que Dieu le père et son fils occupent dans les monuments figurés, soit à la manière dont on les a représentés. Notre-Dame de Paris, un édi-

DIEU LE PÈRE.

fice qui est sous les yeux de tout le monde, pourra servir de type pour les autres monuments.

Au portail du nord de Notre-Dame de Paris, lequel est de la fin du XIIIe siècle, on ne montre de Dieu le père que sa main, dans un des cordons de la voussure, à la brisure de l'arc; tandis qu'on a placé le soleil avant lui, dans un cordon intérieur. Au portail du sud, on fait voir sa figure, il est vrai, mais au cordon extérieur de la voussure, où elle est exposée à la pluie et au vent, tandis que de simples anges sont posés dans les cordons intérieurs et à l'abri des intempéries. Au portail occidental, à la porte gauche, il n'est pas question du Père, tandis que le Fils y est en pied et de grandeur naturelle.

A la porte centrale, le Père n'est encore qu'en face, laquelle est comme étranglée dans les pointes des cordons de la voussure, entre les dais qui couronnent les martyrs et les patriarches. On l'a mis là pour remplir un vide, et parce que, les dimensions ayant été mal calculées, il restait de la place inoccupée. A la porte droite, Dieu est rejeté tout à fait au cordon extérieur, au cordon le moins honorable, à la rencontre des pointes de l'ogive, dans une place étroite et incommode. Au contraire, au cordon intérieur, et bien abrité contre la pluie et le vent, est Dieu le fils sous la forme d'un agneau; deux anges le portent en triomphe et l'élèvent sur des nuages comme sur un trône. Au cordon inférieur, il y avait de la place pour le Saint-Esprit, mais le Saint-Esprit a été sacrifié aussi : l'artiste a préféré mettre là un grand ange qui tient de chaque main une nappe où se dressent deux petites âmes toutes nues.

Notre-Dame de Paris paraît donc peu respectueuse pour le Père éternel; mais, par contre, elle a mille tendresses pour Jésus-Christ : à lui tous les honneurs, à lui le triomphe. Il est grand, en pied et non en buste; il est assis sur un trône, à la porte centrale, et jugeant le monde à la fin des siècles. Il est tout petit entre les genoux de sa mère, à la porte droite. A la porte gauche, il est grand et debout, assistant à la mort de sa mère qu'il couronne ensuite à l'étage supérieur. Au portail du nord, sa vie est représentée au tympan, jusqu'à la fuite en Égypte, tandis que, sur le trumeau, Marie le présente à l'adoration des fidèles. Au portail du sud, il apparaît sur les nuages à saint Étienne, qu'on lapide [1]; il reçoit sur ses genoux le précieux manteau que saint Martin a coupé pour en donner la moitié à un pauvre d'Amiens. A la porte Rouge, il couronne sa mère; il la couronne sur un des bas-reliefs encastrés dans le mur latéral nord. De ce même côté, on le voit encore jugeant le monde. A l'intérieur, la clôture du chœur représente dans les plus grands détails toute son histoire, de sa naissance à sa résurrection. Les tableaux en hauts reliefs qui n'ont pas été brisés pour faire place à la grille actuelle le représentent treize fois, à toutes les époques de sa vie. C'est toujours l'étoile polaire vers laquelle se tournent, comme des aimants, tous les autres personnages. Là, au contraire, le Père n'apparaît qu'une fois; il montre seulement sa figure et allonge son bras au moment où Jésus lui dit : « Éloignez ce calice de moi. »

Enfin, lorsqu'on met réellement Dieu le père en scène, on lui fait jouer parfois un rôle ridicule, grossier, odieux et même cruel. Ainsi, sur un chapiteau de Notre-Dame du Port, à Clermont, il est représenté donnant des coups de poing au coupable Adam, inconvenante manière de lui reprocher son crime,

---

[1] Il est dit dans les Actes des apôtres, chap. vii, verset 55, que saint Étienne vit la gloire divine et Jésus qui était à la droite de Dieu : « Vidit gloriam Dei et Jesum stan- « tem a dextris Dei. Et ait : Ecce video cœlos apertos, et Filium hominis stantem a dex- « tris Dei » ; on devrait donc voir, à la porte de Notre-Dame de Paris, où est représentée cette scène, Dieu le père aussi bien que son fils. Comme Jésus seul paraît, il faut en conclure de nouveau que le Père est sacrifié.

tandis qu'un ange saisit notre pauvre premier père par la barbe, qu'il lui arrache. Dieu et l'ange remplissent un office plein de brutalité. Dans un manuscrit latin de la Bibliothèque royale, à miniatures italiennes probablement, Dieu chasse lui-même Adam et Ève à coups de flèches, absolument comme Apollon dans l'Iliade poursuit les Grecs! Ce rôle convient à Apollon, un homme plutôt qu'un dieu, plein des passions et de la colère humaines; mais on s'indigne contre l'artiste qui attribue ce caractère à Dieu le père. Dans un psautier de la Bibliothèque royale, de la fin du XIIe siècle, Dieu est plusieurs fois représenté tenant en main un arc, des flèches, une pique, un glaive. C'est bien le Dieu fort, le Dieu des armées, le Dieu des combats, le Jéhovah hébreu; mais ce n'est pas le Dieu chrétien[1]. Voici l'une de ces représentations.

51. — JÉHOVAH EN DIEU DES COMBATS.
Miniature italienne, fin du XIIe siècle[2].

Ce Dieu a la figure du Fils, parce que le Père, à cette époque, n'a pas encore de portrait à lui; mais c'est bien le Père sur le point de tuer ses ennemis à coups de flèches, et à

---

[1] Le psaume 17, qui montre la colère divine rouge comme des charbons allumés, et ténébreuse comme des nuages de grêle, dit que Dieu exhale cette colère en flamme et en fumée, et qu'après avoir rompu ses ennemis par la foudre, il les tue à coups de flèches : « Ascendit fumus in ira ejus, et ignis a facie ejus exarsit; carbones succensi sunt ab eo. « Et misit sagittas suas et dissipavit eos ; fulgura multiplicavit, et conturbavit eos. »

[2] Ce dessin est tiré du psautier manuscrit de la Bibl. roy. suppl. fr. 1132 bis.

juger toute chair avec le glaive, suivant les expressions du psalmiste. Par un raffinement tout particulier, et pour donner à ce Dieu une tournure plus guerrière encore, on l'a inscrit dans un médaillon, et on en a fait une « imago clypeata » comme celles dont nous avons parlé à l'article de l'auréole[1].

L'art a donc fait Jéhovah redoutable, comme pour en détourner les âmes mystiques du moyen âge et attirer tout l'amour sur Jésus-Christ, le Dieu de charité. Le christianisme a fait du dévouement un dogme fondamental; mais la force, soit par réaction contre le paganisme, soit par haine contre la noblesse et toute la société féodale, lui est en horreur. On dirait, en conséquence, que les artistes n'ont pas tout le respect désirable pour Dieu le père, c'est-à-dire pour le côté divin qui représente la force.

En résumé, ou Dieu le père est absent sur les monuments figurés, ou, s'il est présent, on n'en montre qu'une faible partie. Quant à cette portion de lui-même, elle n'est pas toujours honorablement placée, ou bien on lui fait jouer un rôle inconvenant. Le Fils, au contraire, est toujours présent, même quand on ne devrait pas le voir; il est toujours figuré dignement, toujours placé honorablement. Plusieurs raisons peuvent expliquer ces faits; on les donne toutes ici, parce qu'elles font partie intégrante de l'histoire archéologique de Dieu.

La première est la haine que les gnostiques portaient à Dieu le père; la seconde, la crainte qu'on avait de rappeler Jupiter et de paraître offrir une idole païenne à l'adoration des chré-

---

[1] Pages 97 et 98. — Non-seulement le cercle où Dieu est inscrit est regardé comme un bouclier par les artistes chrétiens, qui copiaient en cela les artistes romains et grecs, mais le nimbe lui-même était considéré par eux comme un bouclier qui protégeait la tête. Un texte du manuscrit d'Herrade (*Hortus deliciarum*) est explicite à cet égard; on le donnera plus bas. Ainsi le nimbe est une espèce de casque religieux. C'est ainsi que le liturgiste Guillaume Durand l'entend dans son *Rat. div. offic.*

tiens ignorants; la troisième, la ressemblance identique du Père et du Fils fondée sur des textes sacrés; la quatrième est l'incarnation du Fils, qui est la parole ou le Verbe du Père; la cinquième, l'absence de manifestation visible, absence établie sur des textes; la sixième enfin est la difficulté de formuler une si imposante image.

Et, d'abord, la haine que les gnostiques portaient à Jéhovah dut nuire aux représentations iconographiques de Dieu le père.

Dans les premiers siècles du christianisme, une violente hérésie s'éleva contre Dieu le père, contre Jéhovah. Les sectaires, étudiant l'Ancien Testament en aveugles plutôt qu'en hommes intelligents, virent que, pour avoir transgressé une défense, l'homme et toute sa race avaient été condamnés à mort; que, pour des crimes qu'ils refusaient de croire suffisamment graves, le genre humain avait péri par le déluge; que les Israélites, pour s'être abandonnés aux murmures, dans le désert, mouraient piqués et empoisonnés par des serpents; que vingt-quatre mille hommes périssaient d'une seule fois, sur l'ordre de Jéhovah, pour s'être laissé prendre à la beauté des filles de Moab et avoir encensé leurs dieux avec elles; que le peuple, expiant l'orgueil de son roi David, mourait de la peste, et que soixante et dix mille hommes expiraient en peu de temps.

Égarés par la lettre et l'apparence extérieure de tous ces faits, au lieu de s'élever à leur intelligence par les raisons impérieuses de la politique ou cachées et profondes du dogme, les gnostiques s'irritèrent contre Jéhovah. La nouvelle secte se révolta contre le Dieu qui avait forcé Samuël à couper en morceaux le roi des Amalécites, Agag, épargné par Saül; elle s'indigna surtout contre ce serviteur de Jéhovah, cet Élisée, qui fit manger par des ours, que ce Dieu envoyait, des enfants qui avaient insulté le prophète en regardant sa tête chauve. Passant du fait à l'idée, et de l'histoire à la prédication, les gnostiques s'excitaient à la rébellion contre Dieu, surtout en lisant ce passage d'Isaïe où Jéhovah promet à Israël sa délivrance et lui dit : « Je nourrirai tes ennemis de leur propre chair ; je les enivrerai de leur sang comme d'un vin nouveau. » Ils s'exaspéraient contre le texte où le même prophète annonce que Dieu descend du ciel dans sa colère pour tout mettre à mort [1].

Les gnostiques repoussèrent toute explication. S'obstinant à ne pas comprendre que ces terribles rigueurs provenaient du caractère des Juifs et non de Dieu lui-même, ils fermèrent les yeux à ces passages du Deutéronome où Moïse, avant de mourir, donne ses dernières instructions à son peuple, et récapitule, en les opposant, la dureté du cœur, l'ingratitude, l'infidélité, les malédictions, les crimes du peuple hébreu, et la patience, l'équité, la tendresse de Dieu. Ils relisaient les versets où il est dit : « Le feu de la colère divine s'est allumé et dévorera la terre dans son germe; la famine, les oiseaux de proie et le glaive consumeront, dévoreront, ravageront le jeune homme et la jeune fille, l'enfant à la mamelle et le vieillard. » Mais ils raturaient, dans le même chapitre, ces passages où Moïse rappelle aux Hébreux que Dieu « les a protégés comme la prunelle de ses yeux. Ainsi qu'un aigle excite ses petits à voler et voltige autour d'eux, ainsi Dieu a déployé ses ailes, a pris son peuple dans ses bras et l'a porté sur ses épaules. » On dirait que Moïse s'a-

---

[1] Proph. Isaïæ, cap. XLIX, v. 26. « Et cibabo hostes tuos carnibus suis ; et quasi musto, « sanguine suo inebriabuntur. » — *Ibid.* cap. LXVI, v. 15 et 16. « Quia ecce Dominus in « igne veniet, et quasi turbo quadrigæ ejus, reddere in indignatione furorem suum, et « increpationem suam in flamma ignis. Quia in igne Dominus dijudicabit, et in gladio « suo ad omnem carnem, et multiplicabuntur interfecti a Domino. »

dresse aux gnostiques, lorsqu'il s'écrie : « Ah ! s'ils avaient la sagesse ; ah ! s'ils comprenaient et prévoyaient à quoi ces choses doivent aboutir [1]. » Mais les gnostiques s'endurcirent, refusèrent de comprendre, et prirent en exécration Dieu le père et cette dure justice qui anime tout l'Ancien Testament. La secte insensée nia que Jéhovah fût un Dieu; elle le regarda comme un affreux tyran, altéré de sang et affamé de mort; comme un père jaloux de son fils, qu'il condamne au supplice infâme de la croix. Elle brisa ses images, qui furent remplacées par celles de Jésus-Christ, son Dieu chéri, et défendit qu'à l'avenir Dieu le père fût représenté par la sculpture ou la peinture. Dans son Histoire littéraire de la France, M. J. J. Ampère dit [2] : « Il est des gnostiques qui se rattachent au judaïsme, hellénisé, platonisé, si je puis parler ainsi, par Philon [3]. Les opinions de Cérinthe, un des plus anciens gnostiques, touchaient en plusieurs points à la théologie judaïque; mais le gnosticisme alla s'en écartant toujours davantage, et finit par en venir à une opposition violente, à une haine furieuse de Jéhovah. Frappé des différences de l'Ancien Testament et de l'Évangile, ne pouvant concilier le Dieu exclusif et impitoyable des Juifs avec le Dieu universel et miséricordieux des chrétiens, Marcion fit de Jéhovah un démiurge inférieur et mauvais, ennemi du bien, ennemi du Verbe, ennemi du Christ, qui excite Judas à le trahir, et finit par le faire crucifier.

« Inspirés par la même aversion, les ophites, autre secte gnostique, voyaient dans le Dieu des Juifs non-seulement un

---

[1] *Liber Deuteronomii*, cap. XXXII, v. 10, 11, 22, 24, 25, 29.

[2] *Hist. litt. de la France*, tom. I, p. 178-180.

[3] Une portion du gnosticisme est en germe dans Philon. Il y a chez lui des Ofons, et parmi eux, Sophia, la Sagesse, qui devint, pour les gnostiques, la mère des êtres ; mais chez Philon tout est plus purement métaphysique.

être méchant, mais un être stupide ; ce Dieu, qui s'appelle Jaldabaoth, attend un messie charnel, et quand le Messie véritable arrive, il ne le reconnaît pas. Le Messie va s'asseoir à sa droite, toujours sans être reconnu, et de là il attire à lui le principe de la vie des êtres, pour détruire la création vicieuse de Jaldabaoth et faire tout rentrer dans le sein de l'unité infinie. Les ophites interprétaient d'une manière étrange la chute de l'homme par le serpent; selon eux Jaldabaoth, ce mauvais démiurge adoré par les Juifs sous le nom de Jéhovah, avait été jaloux de l'homme et l'avait voulu frustrer de la science; mais le serpent, agent de la sagesse supérieure, était venu enseigner à l'homme ce qu'il avait à faire pour reconquérir la connaissance du bien et du mal; en conséquence, les ophites adoraient le serpent et maudissaient Jéhovah. On peut croire que, dans ce rôle donné au serpent, il entrait quelques réminiscences des religions phénicienne et égyptienne, où le serpent était considéré comme une divinité bienfaisante. D'autres furent appelés caïnites parce que, toujours dans le même esprit, ils honoraient Caïn, ils honoraient tous ceux qui sont réprouvés dans l'Ancien Testament; ils honoraient les villes frappées par la foudre du ciel et la pluie de feu. »

Eh bien ! il semble que l'art ait partagé cette hérésie; car aux époques anciennes, sur les sarcophages, les fresques, les mosaïques, les verres sacrés, les vieux ivoires, on ne voit pas la figure de Dieu le père, ou bien elle est incomplète et vraiment humiliée. L'art lui garda rancune très-longtemps. Ce fut assez tard et petit à petit qu'il se décida à le représenter convenablement.

Il ne faut pas s'étonner que le gnosticisme ait pénétré dans l'art chrétien et ait eu de l'influence jusque dans nos cathédrales occidentales. En effet, M. Raoul-Rochette a prouvé que les plus anciennes images du Christ, de la Vierge et des principaux apôtres étaient toutes de fabrique gnostique, et que de cette source, tout impure qu'elle fût, nous était arrivé le portrait de Jésus, de sa mère et de ses disciples[1]. Il ne faudrait pas croire non plus que l'art ait toujours été parfaitement orthodoxe; une simple observation pourra prouver le contraire. Tous les livres apocryphes, sans exception, ont été condamnés à plusieurs reprises, depuis le ve siècle, par le pape Gélase Ier, jusqu'au xvie, par le pape Paul IV; pendant tout le moyen âge, l'autorité pontificale s'est élevée contre les apocryphes. Aux papes se sont unies les plus hautes et les plus saintes intelligences du christianisme. Ainsi saint Athanase, saint Cyrille de Jérusalem, saint Augustin, Eusèbe de Césarée, Tertullien, entre autres; ainsi des auteurs ecclésiastiques, Baronius, Bellarmin, Ellies du Pin, le Nain de Tillemont, n'ont pas d'expressions trop dures pour stigmatiser cette poésie légendaire. En tête de la compilation des apocryphes faite par Fabricius, ont été recueillis tous les témoignages et toutes les censures qui, à toutes les époques, depuis le iiie siècle jusqu'au xviie inclusivement, ont été portés contre les apocryphes. Le pape Gélase affirme que Leuticius ou Leucius, le plus fécond des auteurs légendaires, est un disciple du diable; Eusèbe de Césarée déclare que les apocryphes sont absurdes et impies; saint Athanase veut qu'on les rejette comme SPURII; Paul IV les proclame indignes de foi et les repousse parmi les écrits condamnés. Le Nain de Tillemont assure qu'Abdias; premier évêque de Babylone et auteur du COMBAT DES APÔTRES, un des principaux livres apocryphes, est un inventeur. Ellies du Pin est de l'avis de Tille-

---

[1] *Discours sur les types imitatifs qui constituent l'art du christianisme;* in-8°. Paris, 1834, p. 17 et 18 entre autres.

mont, et dit que les apocryphes sont indignes de foi, pleins de folies, de contes et de fables. Les légendes apocryphes sont donc bien condamnées, anathématisées, déclarées anticanoniques; néanmoins la plupart des légendes peintes sur les vitraux, sculptées sur les portails de nos cathédrales, sont tirées textuellement de ces apocryphes, et des plus célèbres, et de ceux qui sont désignés nominativement dans les anathèmes, à savoir: de l'Évangile de l'enfance, de la Petite Genèse, du Combat des apôtres, de l'Évangile de Nicodème. A Chartres, la vie de saint Jean évangéliste, peinte dans le latéral du sud; les vies de saint Thomas, de saint Jacques, de saint Simon, de saint Jude, de saint Pierre, de saint Paul, qui brillent aux fenêtres de l'abside, sont extraites du Combat des apôtres, lequel est condamné comme un livre de fables. Saint Augustin réprouve la cruauté apocryphe de saint Thomas, et cependant elle est sculptée dans l'église de Semur, et peinte dans la cathédrale de Bourges[1]. Il faut reconnaître que des sujets tirés des livres anathématisés, hérétiques, composés surtout par les gnostiques, étaient et sont encore peints sur verre et sculptés dans la pierre, au sein de nos plus grands et plus catholiques monuments. Il est donc croyable que la haine des gnostiques contre Dieu le père aura pu survivre et se propager dans le cœur des artistes chrétiens, et que si Jéhovah est maltraité par l'art, c'est qu'un sentiment gnostique animait l'art, peut-être à son insu.

A cette première cause a pu se joindre la crainte de faire une idole.

Jéhovah, Dieu le père, c'est le Dieu de la force, le Dieu des armées et des combats[2]; le Dieu qui épouvante et devant

---

[1] *Legenda aurea*, De sancto Thoma apostolo.

[2] Voyez dans la Bible, aux Psaumes particulièrement, toutes les épithètes guerrières et violentes données à Jéhovah.

DIEU LE PÈRE.   175

lequel il faut toujours trembler[1]. Jupiter, qui détrône son père, qui terrasse les Titans, qui propose à tous les dieux de les enlever suspendus au bout d'une chaîne, c'est aussi le Dieu de la force et des batailles. L'analogie des attributions étant flagrante, faire le portrait de Dieu le père c'était s'exposer à représenter Jupiter, et à solliciter la dévotion des chrétiens pour une image qui aurait rappelé la grande idole olympique si vénérée chez les païens. La propension à représenter Jéhovah en Jupiter devait être si grande, qu'on songeait, dès les premiers siècles de l'église, à donner la physionomie de Jupiter à Jésus-Christ lui-même, à cet agneau mystique qui représente le côté divin de la douceur, de la charité[2], et non pas de la force. En effet un artiste chrétien voulut dessiner une tête du Christ d'après une image de Jupiter, mais sa main, subitement desséchée, ne reprit son état naturel que par l'intervention miraculeuse et les prières de Gennadios, archevêque de Constantinople[3]. Il y avait donc surtout péril

---

[1] « Adorabo ad templum sanctum tuum in timore tuo, » dit le psaume v, verset 8 ; « Pavete ad sanctuarium meum, » dit l'inscription judaïque sculptée sur le trumeau de la porte centrale, portail occidental, à Saint-Germain-l'Auxerrois.

[2] « Jesus cum dilexisset suos qui erant in mundo, in finem dilexit eos. — Sicut dilexit me pater, et ego dilexi vos. Manete in dilectione mea. » (Saint Jean, chap. XIII, v. 1; chap. XV, v. 9.)

[3] Theod. *Hist. eccles.* lib. I, cap. XV; S. Joan. Damas. *De imaginibus*, orat. III, p. 386, 387. — Voici le texte de Théodoret : « Pictori cuidam, qui Christi Domini pinxerat imaginem, manus ambæ exaruerunt. Ferebatur autem Gentilis cujuspiam hominis jussu hoc opus, sub nomine Salvatoris specie ita pinxisse, ut capillis ex utraque oris parte discretis facies nullatenus tegeretur (ea utique forma qua pagani JOVEM pingunt), ut ab iis qui ipsum viderent Salvatori adorationem offerre existimaretur. » — Au XIV° siècle, Dante (*Purgatoire*, chant VI°) appelle Jésus souverain Jupiter :

« O summo GIOVE,
« Che fosti 'n terra per noi crocifisso. »

A l'extrémité chronologique opposée à celle de Théodoret, et presque de notre temps, c'est encore dans les traits de Jupiter qu'on a cherché l'idéal de Jésus-Christ. Effectivement Poussin avait fait, pour un noviciat de jésuites, un tableau représentant saint

à fixer le génie des artistes et la piété des fidèles sur une figure comme celle de la première personne divine, à laquelle on aurait prêté certainement les traits du père des dieux païens. Il y avait moins de danger pour Jésus, dont la vie, les attributions et la physionomie s'éloignaient complétement de celles des divinités païennes; et quand un artiste s'oubliait, comme celui dont parle Théodoret, un miracle en faisait justice; ce qui n'empêchait pas l'art de s'exercer sur ce type, inconnu aux anciens, d'un Dieu-homme et mourant pour les hommes. Il était moins possible de confondre Jésus avec aucune divinité païenne; il y avait donc peu de danger à le figurer. Les iconoclastes eux-mêmes, et les plus rigides, ne pouvaient donner contre Jésus les raisons qu'ils cherchaient à faire prévaloir avec énergie contre le Père. De là cette rareté des portraits de Jéhovah et cette multitude des portraits de Jésus.

La troisième cause est la ressemblance identique du Père et du Fils fondée sur des textes sacrés.

« Qui me voit voit celui qui m'a envoyé, dit Jésus-Christ lui-même [1]; moi et mon Père nous ne sommes qu'un [2]; sachez que je suis dans mon Père et que mon Père est en moi [3]. » L'art, prenant ces textes à la lettre, a dû souvent représenter Dieu le père sous la forme de son fils. Lorsque, dans les sculptures de

François Xavier; on lui reprocha d'y avoir figuré le Christ en Jupiter tonnant. Poussin répondit qu'il n'avait pas dû s'imaginer le Christ avec un visage de torticolis ou de père Douillet. (Voyez *Collection des lettres de Poussin*; Paris, 1824, p. 95.) — Donc si de nos jours, et Michel-Ange, dans son Jugement dernier, en est une autre preuve, des artistes ont pu s'oublier jusqu'à donner au doux Jésus-Christ les traits de Jupiter, à plus forte raison, dans les premiers temps du christianisme, alors qu'on était encore aux prises avec les types des divinités païennes, était-il difficile de ne pas représenter Jéhovah en Jupiter tonnant. C'est pour éviter ce danger, comme je le présume, qu'on a dû interdire aux premiers artistes chrétiens de figurer Dieu le père.

[1] « Qui videt me videt EUM qui misit me. » S. Jean, ch. XII, v. 45.
[2] « Ego et Pater unum sumus. » *Ibid.* ch. X, v. 30.
[3] « Pater in me est et ego in Patre. » *Ibid.* ch. X, v. 38.

DIEU LE PÈRE. 177

Chartres, dans les peintures à fresque de Saint-Savin, près de Poitiers, dans les fresques du Campo-Santo, dans une foule de manuscrits, ou bien sur les anciens sarcophages, nous voyons Jésus créant Adam et Ève, Jésus parlant à Noé, à Moïse, à Isaïe, c'est probablement Dieu le père qui nous apparaît sous la forme de son fils, parce qu'en voyant le Fils on voit le Père, parce que l'un, qui a pris un corps humain et qu'on a vu parmi les hommes, est l'image de l'autre qu'on n'a jamais vu [1].

Un autre texte, fondé sur l'un des dogmes les plus fondamentaux du christianisme, a provoqué encore la substitution du Fils au Père dans les représentations figurées. Saint Jean, dans le premier chapitre de son évangile, déclare que Jésus, la personne divine qui s'est incarnée, est le Verbe, est la parole de Dieu [2]. Par conséquent, dans toute scène religieuse où la divinité parle, c'est la figure, non pas du Père, mais du Fils qui doit se montrer. Le Père peut bien agir, mais c'est par son Fils qu'il parle. Il faut donc moins s'étonner si la personne divine qui converse avec Isaïe dans la cathédrale de Chartres, qui s'entretient avec les prophètes dans nos vitraux gothiques et nos manuscrits à miniatures, qui reproche leur désobéissance à nos premiers parents, son crime à Caïn le fratricide, scènes si fréquentes dans les vieilles sculptures des sarcophages, est représentée sous les traits de Jésus et non pas de Jéhovah, puisque la divinité parle dans tous ces sujets, et que Jésus est la parole faite chair. De plus, la Genèse dit que Dieu fit le monde par la parole. Dieu, en effet, ne se contente pas de penser; mais il parle en créant la lumière, le firmament, les corps lumineux, les plantes, les animaux

---

[1] « Qui est imago Dei invisibilis, primogenitus omnis creaturæ, » comme dit saint Paul, *Ad Coloss.* cap. I, v. 15.

[2] « Verbum caro factum est. »

et l'homme : « Dieu dit : Que la lumière soit, et la lumière fut[1]; Dieu dit : Faisons l'homme à notre image et ressemblance[2]. » Les théologiens déclarèrent donc que Jésus, d'après saint Jean, étant la parole divine, c'était Jésus qui avait créé le monde, puisque le monde était sorti du néant à la parole de Dieu. Ainsi Grégoire de Tours, en tête de son Histoire des Francs, dit : « Au commencement Dieu créa dans son Christ, qui est le principe de toutes choses, c'est-à-dire Dieu créa dans son fils le ciel et la terre[3]. » Ainsi le symbole de Nicée, qui se lit ou se chante tous les jours à la messe, déclare que toutes choses ont été créées par le fils unique de Dieu[4]. Assurément la Trinité tout entière a concouru à la création ; mais c'est le Fils qui en a été l'agent essentiel, l'artiste principal; c'est à lui qu'elle est attribuée spécialement sinon uniquement. Donc lorsqu'un artiste, rigoureusement théologien comme le sculpteur de la cathédrale de Chartres ou comme le peintre de l'église de Saint-Savin, ne représentait pas la Trinité entière à la création, mais une seule personne divine, c'est le Christ qu'il devait figurer, et non pas Dieu le père, ni le Saint-Esprit. Au xve siècle, et surtout à la renaissance, les principes théologiques s'étaient énervés ; aussi la plupart du temps, à cette époque, c'est le Père qu'on représente créant le monde, et non le Fils, non le Verbe. D'ailleurs, en ce temps, la théologie était subordonnée à l'histoire; or, selon l'histoire, le Fils n'étant pas encore incarné à l'époque de la création, on se fit un scrupule de le montrer, et on mit le Père à sa place. Enfin l'art, devenu plus hardi, ne fut pas fâché de lutter avec cette impo-

---

[1] *Genèse*, chap. 1, v. 3.
[2] *Ibidem*, v. 26.
[3] *Hist. Ecclesiast. Franc.* lib. I, n° 1. « Dominus cœlum terramque in Christo suo..... « in filio suo formavit. »
[4] « Jesum Christum, Filium Dei, unigenitum.... per quem omnia facta sunt. »

sante figure de Jéhovah; ce type idéal et sublime, il chercha à le réaliser. C'est Dieu le père et non pas le Fils, c'est le Père vénérable, à barbe blanche, mais puissant de physionomie, qui crée le monde et débrouille le chaos dans les peintures de Raphaël. Une fois qu'on eut fait une figure au Père, le Père fut représenté dans toutes les scènes de la Bible. On ne s'inquiéta plus de savoir si le Fils avait fait la création et avait parlé, en sa qualité de Verbe, aux personnages de l'Ancien Testament; on le confondit, lui qui est éternel, avec Jésus qui est né dans le temps. On se dit : dans l'Ancien Testament le Christ n'est pas né encore; donc, toutes les fois qu'il s'agit de Dieu, c'est le Père et non le Fils qui est désigné, c'est le Père et non le Fils qu'il faut représenter. On était dans la vérité chronologique ou plutôt historique, selon le sens humain du mot, mais on sortait de la vérité théologique. Raphaël tout le premier, lorsqu'il peignait pour les papes des sujets de l'Ancien Testament, la création et d'autres scènes où Dieu paraît, s'écartait du vrai dogme chrétien en figurant le Père. De nos jours tout peintre et tout sculpteur qui voudrait représenter la création devrait donc figurer la Trinité tout entière; mais s'il n'en prenait qu'une personne, il faudrait que cette personne fût le Verbe ou le Fils de Dieu. La doctrine théologique et le gnosticisme ont été les deux causes les plus puissantes qui aient produit, en iconographie chrétienne, la rareté des portraits de Jéhovah et la fréquence des portraits de Jésus.

Une autre raison encore, mais purement esthétique, a pu donner le même résultat. Il est possible que ce résultat soit sorti d'une pensée diamétralement contraire à celle des gnostiques.

L'idée d'un Dieu créateur de l'univers et maître souverain de tous les êtres, d'un Dieu que l'imagination la plus audacieuse ne peut se figurer que très-incomplétement, d'un Dieu qui, d'un rayon de ses yeux, fait la lumière du jour, et, d'un souffle de sa bouche, crée les plantes et les animaux[1], une idée pareille a dû faire reculer les premiers artistes chrétiens ; car aujourd'hui encore elle donne des éblouissements à nos plus grands poëtes, et Raphaël lui-même ne l'a traduite que très-imparfaitement. Quant à Jésus-Christ, on l'avait vu, on avait décrit au long sa physionomie, on avait fait son portrait; la témérité était moins grande pour le représenter. Soit donc par difficulté de se figurer Dieu le père, soit par respect devant cette majesté redoutable et par une sorte de crainte religieuse, les artistes n'osèrent s'exercer sur un pareil sujet que dans la suite des temps et après de nombreux essais.

Il faut le dire enfin, les premiers chrétiens, jusqu'aux Ve et VIe siècles, furent assez mal disposés pour les images en général; tous étaient iconoclastes, ceux-ci un peu plus, et ceux-là un peu moins. On sortait du paganisme, qui faisait consister presque toute sa religion à fabriquer et adorer des statues et des images; en outre, le christianisme procédait du judaïsme, lequel proscrivait toute représentation de Dieu ou des hommes. On ne doit donc pas s'étonner si, pour trancher plus énergiquement avec les idolâtres, et si, pour s'écarter un peu moins de la loi ancienne que l'on complétait et que l'on ne détruisait pas, on s'efforça de contenir les artistes et de les empêcher de représenter la divinité par la sculpture et la peinture aussi souvent qu'ils l'auraient désiré.

Il y a de ce fait un exemple curieux. Saint Jean Damascène n'était certes pas un iconoclaste, puisqu'il a fait des discours contre les iconoclastes et contre Léon l'Isaurien, comme Dé-

[1] « Qui cœlum palmo metitur, ac terram manu continet, et pugillo aquam claudit. » (Opp. S. Joh. Damas.)

DIEU LE PÈRE. 181

mosthène contre Philippe; et cependant il déclare positivement qu'il ne faut pas représenter la nature divine, parce que personne ne l'a vue [1]. Il permet seulement de figurer le Fils de Dieu, parce que, « par une bonté ineffable, le Fils s'est fait chair, s'est montré sur la terre sous la forme humaine, a conversé avec les hommes, a pris notre nature, notre corps épais et lourd, la figure et la couleur de notre chair. Nous ne sommes donc pas dans l'erreur, ajoute-t-il, lorsque nous représentons son image, car nous désirons voir sa figure et nous la voyons comme à travers un miroir et comme en énigme [2]. »

Ainsi le Damascène, si éloquent et si large lorsqu'il veut qu'on représente Jésus-Christ, est restrictif à l'égard du Père. Si les artistes se permettent de figurer le Père, ce doit être avec les traits du Fils; car le Père et le Fils sont un, et qui voit l'un voit l'autre. Jésus-Christ, dans l'évangile de saint Jean,

---

[1] Dieu dit à Moïse : « Non poteris videre faciem meam : non enim videbit me homo, et « vivet. » (*Exod.* cap. XXXIII, v. 20.) — A son tour Moïse dit aux Hébreux : « Locu- « tusque est Dominus ad vos de medio ignis. Vocem verborum ejus audistis, et formam « penitus non vidistis. » (*Deut.* cap. IV, v. 12.)

[2] Voici les textes de saint Jean Damascène : « In errore quidem versaremur si vel in- « visibilis Dei conficeremus imaginem ; quoniam id quod incorporeum non est, nec visi- « bile, nec circumscriptum, nec figuratum, pingi omnino non potest. Impie rursum « ageremus si efformatas a nobis hominum imagines Deos esse arbitraremur, iisque tan- « quam diis divinos honores tribueremus. At nihil horum prorsus admittimus. Sed « posteaquam Deus, pro ineffabili bonitate sua, assumpta carne, in terris carne visus est « et cum hominibus conversatus est; ex quo naturam nostram corpulentamque crassi- « tiem, figuram item et colorem carnis suscepit, nequaquam aberramus cum ejus imagi- « nem exprimimus. — Ex quo Verbum incarnatum est, ejus imaginem pingere licet. » — Le grand théologien permet donc de figurer le Verbe, parce que le Verbe s'est incarné; mais comme personne n'a vu Dieu le père, il défend de le représenter : « Dei, qui « est incorporeus, invisibilis, a materia remotissimus, figuræ expers, incircumscriptus « et incomprehensibilis, imago nulla fieri potest. Nam quomodo illud quod in aspectum « non cadit imago representarit ? » (Voir les Œuvres de S. Jean Damasc. édit. de Paris, 1712, in-fol. 1ᵉʳ vol. Oratio secunda, *de Imaginibus.*)

dit de lui-même : « Moi et mon Père nous ne sommes qu'un ; je suis dans mon Père et mon Père est en moi. »

Ces divers textes ont été appliqués pendant presque tout le moyen âge, non pas seulement à la divinité du Père, qui est la même que celle du Fils, mais encore et surtout à sa figure, à ses traits. Jusqu'à la fin du xiiie siècle, c'est la figure de son fils que Dieu le père emprunte pour se manifester aux hommes.

Telles sont donc les principales raisons qui peuvent expliquer ce fait iconographique intéressant de la rareté des portraits du Père, de la multiplicité des portraits du Fils, de la substitution du Fils au Père en une foule de circonstances, et des honneurs enlevés au Père au profit du Fils. La difficulté de se figurer Jéhovah et de le représenter était considérable pour les artistes; cependant je crois que c'est par ressentiment, par hostilité contre la force et la violence, que l'art a surtout répugné à représenter Dieu le père, et bien moins, comme on pourrait le croire, parce que Dieu le père ne s'étant jamais manifesté, l'art n'osait le représenter et ne savait quelle figure lui donner. C'était un prétexte plutôt qu'une raison. D'abord Dieu le père s'est manifesté visiblement et à plusieurs reprises dans l'Ancien Testament : Moïse l'a vu dans le buisson ardent ; il s'est montré au patriarche Abraham sous la forme d'un ange plus majestueux que les autres, et le prophète Ézéchiel le vit semblable à un homme assis sur un trône et tout environné de lumière [1]. D'ailleurs l'art chrétien n'aurait pas reculé devant la création d'une forme visible pour traduire une substance invisible ; c'était, au contraire, une magnifique occasion pour sa vive imagination que d'exprimer matériellement l'idée la plus

---

[1] Ézéchiel, chap. I, v. 26 et 27 : « ... Et super similitudinem throni, similitudo quasi aspectus HOMINIS desuper. » Au chap. XLIII, v. 3, Ézéchiel dit encore qu'il revit Dieu sous la même forme : « Species secundum aspectum quem videram juxta fluvium Chobar. »

haute, la plus sublime de toutes, l'idée divine. Certes l'art eût embrassé avec joie un pareil sujet, lui qui a revêtu d'un corps tant d'idées, et d'une forme tant d'êtres impalpables et métaphysiques; lui qui a donné la vie à des abstractions, et qui a créé ces belles allégories, peintes et sculptées en hommes et en femmes, de la Liberté, de la Promptitude, du Courage, de la Foi, de l'Espérance, de la Charité, de la Lâcheté, de l'Avarice, des Arts libéraux, de la Religion juive, de la Religion chrétienne, des Fleuves du paradis terrestre, et une infinité d'autres. Si donc il n'a pas représenté Dieu le père, c'est probablement parce qu'il ne l'a pas voulu, car il l'a pu.

En résumé, le gnosticisme d'une part, le dogme théologique de l'autre, ont contribué, bien plus puissamment que les causes voisines, à rendre très-rares les portraits de Dieu le père.

L'histoire archéologique de cette personne première est donc assez limitée. Nous allons en retracer les principales périodes.

PORTRAITS DE DIEU LE PÈRE.

Dans les premiers siècles de l'église, jusqu'au XIIe, on ne voit pas de portrait de Dieu le père. Sa présence ne se révèle que par une main qui sort des nuages ou du ciel. Cette main s'ouvre en entier et lance quelquefois des rayons de chaque doigt, comme si c'était un soleil vivant, pour ainsi dire. Ces rayons expriment la grâce, les faveurs que Dieu répand sur la terre. Le plus souvent cette main est bénissante et présente les trois premiers doigts ouverts, tandis que le petit doigt et celui qui lui est contigu restent fermés[1]. Dans la planche suivante, la main est rayonnante et bénissante tout à la fois.

---

[1] Il faut toujours observer la direction des doigts. La bénédiction grecque diffère, à quelques égards, de la bénédiction latine; une bénédiction grecque sur une image latine, et réciproquement, offrirait donc un grand intérêt historique.

52. — MAIN DIVINE RAYONNANTE ET NON NIMBÉE.
Miniature grecque du xe siècle.

La gravure est prise sur un manuscrit grec, et la bénédiction ne se fait pas avec les trois premiers doigts ouverts, comme dans l'église latine, mais avec l'index ouvert, le grand et le petit doigt courbés, tandis que le pouce se croise sur l'annulaire pour former un *chi* (X). C'est la bénédiction grecque [1].

[1] Bibl. royale, *Psalterium cum figuris*, grec, n° 139. — A l'Histoire du nimbe, p. 78,

On reconnaît à cette main la main de Dieu, parce qu'elle tend à Moïse les tables de la loi, parce qu'elle arrête le bras d'Abraham, qui va sacrifier Isaac, parce qu'elle apparaît au moment où Jésus-Christ baptisé et transfiguré entend cette voix qui part du ciel : « Celui-ci est mon fils bien aimé, dans lequel j'ai mis toutes mes complaisances. » C'est donc seulement à cause du sujet historique, et non par un attribut caractéristique, qu'on doit de pouvoir affirmer que cette main est bien celle de Dieu le père, et n'appartient pas à l'une des deux autres personnes divines, à un ange ou à quelque saint.

Néanmoins, très-souvent encore, un caractère distinctif vient s'ajouter à celui que l'on tire de l'histoire, pour empêcher qu'on ne confonde cette main avec celle d'un ange ou d'un saint, si ce n'est avec celle du Fils ou du Saint-Esprit. On a vu en effet, dans les prolégomènes [1], que le nimbe crucifère distinguait Dieu de toutes ses créatures : tout personnage orné de cet attribut, et sauf les très-rares exceptions et

---

nous avons noté le nimbe transparent de cette belle Nuit (ΝΥΞ), qui a une tournure tout à fait antique ; le voile semé d'étoiles qu'elle arrondit au-dessus de sa tête, et le flambeau qu'elle renverse, parce qu'elle est ennemie du jour, complètent cette allégorie. Le prophète Isaïe est placé entre cette personnification de la nuit et celle de l'aurore. L'Aurore ou le Point du jour (Ὄρθρος) est un petit génie, un enfant de quatre ans environ, à peu près nu, qui tient un flambeau allumé, debout et non renversé. Le prophète est à la fin de la nuit et au commencement du jour ; la Nuit est donc grande, et le Jour petit et à sa naissance. La nuit, qui éclaire d'une lumière d'emprunt, a moins de force que le jour, qui s'éclaire et s'échauffe à la lumière directe du soleil ; la Nuit est donc une femme ici, et le Jour un homme, comme le genre des mots qui les nomment est féminin pour l'une et masculin pour l'autre. Ce tableau remarquable est la traduction par la peinture des divers passages où Isaïe raconte la puissance de Dieu et la mission qu'il en reçoit : « Ecce Dominus Deus in fortitudine veniet, et brachium ejus dominabitur. » (Cap. XL. v. 10.) — « Dabo in solitudinem cedrum, et spinam et myrtum, et lignum olivæ; po- « nam in deserto abietem, ulmum et buxum simul. » (Cap. XLI, v. 19.) — « Ut sciant hi, « qui ab ortu solis et qui ab occidente, quoniam absque me non est : ego Dominus et « non alter. Formans lucem et creans tenebras. » (Cap. XLV, v. 6 et 7.)

[1] Nimbe, pages 17-44.

erreurs signalées, et résultant ou de l'ignorance ou de la négligence de l'artiste, est infailliblement une des trois personnes divines. Or, souvent cette main est appliquée contre un nimbe partagé par une croix grecque : donc elle désigne l'une des trois personnes de la Trinité. Si, d'ailleurs, le Fils et le Saint-Esprit sont présents, il n'y a plus de doute; c'est bien la main de Dieu le père. La planche suivante montre le baptême de Jésus[1]. Le Christ est dans les eaux et le Saint-Esprit, en forme de colombe, descend sur sa tête; Dieu le père met hors du ciel constellé sa main droite, pour traduire aux yeux les paroles de l'Évangile : « Celui-ci est mon fils bien aimé. » Il n'y a pas de doute, cette main est et ne peut être que celle de Dieu le père.

53. — MAIN DE DIEU LE PÈRE, NI RAYONNANTE, NI NIMBÉE, MAIS ENTIÈREMENT OUVERTE.
Miniature latine, IXe siècle.

Par analogie, toutes les fois qu'on voit sortir du ciel une main

[1] Ce dessin vient du manuscrit *Liber precum*, Bibl. roy. suppl. lat. 641.

bénissante ou rayonnante, quand même les autres personnes divines seraient absentes (ce qui arrive fréquemment) et quand même le nimbe croisé ne la caractériserait pas, on peut être sûr que cette main appartient réellement à Dieu le père. Ainsi donc, de même que le nom de Jésus-Christ se résume dans une ou deux lettres, J. C. de même la figure totale de Jéhovah se résume dans une partie de son corps, dans sa main. La main est une espèce de monogramme à l'usage des sculpteurs et des peintres.

Jusqu'au XIIe siècle, cette main représente exclusivement le Père; mais, dans la seconde et la troisième période de l'art chrétien, pendant le règne du gothique et de la renaissance, même alors que le Père est figuré, soit en buste, soit en pied, la main se voit encore de temps en temps; elle persiste jusqu'au XVIIe siècle. Elle se montre avec plusieurs variétés, qui sont plutôt archéologiques que chronologiques; car, à la même époque, ces variétés se produisent toutes à peu près.

Cette main est donc ou bénissante et ouverte de deux, de trois doigts seulement, suivant les exemples donnés par les planches 20 et 52 ; ou donatrice, ouverte entièrement et laissant tomber de chaque doigt des rayons de grâce, comme à la planche 22, et comme on en verra d'autres variétés plus complètes à l'Histoire de Dieu le fils; ou donatrice et bénissante à la fois, à moitié ouverte et rayonnante, comme à la planche 52. Cette main est sans attribut, surtout aux époques qui se distinguent, soit par l'absence, soit par la rareté du nimbe; ou bien elle se pose sur un nimbe qui est ordinairement divisé par des croisillons, comme le nimbe de la tête même, mais que, soit par oubli, soit par ignorance, on voit sans croisillons quelquefois. L'absence du nimbe est constante dans les fresques des catacombes, les anciens sarcophages et les plus vieilles mosaïques. Le dessin 52, donné plus haut, offre la main sans nimbe; ici la main est sur un nimbe crucifère[1].

54. — MAIN DIVINE APPLIQUÉE SUR UN NIMBE CRUCIFÈRE.
Sculpture italienne du XIIe siècle, au portail de la cathédrale de Ferrare.

Dans la série des mosaïques, il n'est pas rare de voir le commencement du bras attaché à la main. C'est ce qu'en blason on appelle dextrochère ou sinistrochère, suivant que cette main, unie au bras, est droite ou gauche.

Le dessin qui suit présente une main divine inscrite dans une couronne qu'elle tend à Jésus; l'enfant divin est dans les bras de sa mère[2].

[1] Cette main donne la bénédiction latine et non la bénédiction grecque. Chez nous, la direction des doigts ne semble pas symbolique, tandis que chez les Grecs l'index s'allonge comme un I, le grand doigt se courbe comme un C, ancien sigma des Grecs, le pouce et l'annulaire se croisent pour faire un X, et le petit doigt s'arrondit pour figurer un C. Tout cela donne IC-XC, monogramme grec de Jésus-Christ (Ἰησοῦς Χριστός). — Cette main, sculptée dans un tympan de la cathédrale de Ferrare, semble appartenir par sa position à un personnage à terre, et qui bénirait, du haut de sa grandeur, des individus placés plus bas. Page 32, pl. 20, nous avons donné une main dont la position est toute différente, et qui descend du ciel au lieu de monter de terre. Au portail occidental de la cathédrale de Sens, une main divine, appliquée sur un nimbe crucifère, descend également du ciel et bénit, du sommet de la voussure, tout un cordon de martyrs qui montent, à droite et à gauche, le long des branches de l'ogive.

[2] *Vetera monimenta*, IIe partie, pl. 53, mosaïque qu'on voit dans l'église de Sainte-Marie-la-Neuve (*S. Maria-Nova*), et qui date de 848. Bosio (*Rom. Sott.*, p. 133) a fait graver Dieu qui tend de chaque main une couronne à deux saints.

DIEU LE PÈRE.

55. — MAIN DIVINE TENDANT UNE COURONNE À JÉSUS ENFANT.
Mosaïque latine du ix° siècle.

Cette couronne, que le Père offre à son Fils, Dieu la donne encore aux hommes de bien; c'est la couronne de vie dont il récompense la vertu. Dans le manuscrit d'Herrade est figurée une échelle morale qui va de la terre au ciel; au sommet, au dernier échelon, la main de Dieu, qui est dans les nuages, tend une couronne triomphale à la Vertu, à la Charité qui a vaincu tous les obstacles et qui touche au ciel. Dans Herrade, Dieu récompense la vertu humaine; dans la mosaïque latine, il rend hommage au dévouement divin, au sacrifice de Jésus.

Depuis la naissance du Christ jusqu'à son retour dans le ciel après sa résurrection, la main du Père dirige, bénit et soutient les pas du Fils. Lorsqu'au baptême de Jésus par saint Jean une voix descend du ciel et dit : « Celui-ci est mon fils bien aimé, » on aperçoit une main, la main du Père, sortir des nuages, pour traduire aux yeux et par l'art les paroles qui viennent d'être prononcées [1]. Au jardin des Oliviers, lorsque le Sauveur abattu par une tristesse surhumaine s'écrie : « Mon Père, détournez de moi ce calice, » une main sort du ciel, la main du Père, qui bénit son fils et le console [2]. Lorsque sur la croix Jésus, prêt à mourir, jette à son Père ces paroles désespérées : « Mon Dieu, mon Dieu, pourquoi m'avez-

---

[1] Voyez le dessin 53, p. 186.
[2] C'est ordinairement ainsi qu'est représenté ce sujet ; mais dans Notre-Dame de Paris, à la clôture du chœur, le Père montre la main et la tête entières.

vous abandonné ! », on aperçoit se dessiner, sur le sommet de la croix, une main qui bénit, et qui est la main du Père[1]. Enfin, lorsque Jésus remonte au ciel après sa passion et tenant en main sa croix de résurrection, son père lui tend la main droite et l'aide en quelque sorte à s'élever. Ce dernier sujet, fréquemment reproduit dans les manuscrits à miniatures[2], est expliqué par ces deux vers d'Alcuin, placés précisément sous une Ascension peinte[3] :

« DEXTERA quæ Patris mundum ditione gubernat
« Et Natum cœlos proprium transvexit in altos. »

Ces mains divines jouent un grand rôle, non-seulement dans les monuments figurés, mais dans les textes eux-mêmes. Saint Marc d'Athènes, ermite en Lybie, meurt au IVe siècle; l'âme du bienheureux est portée au ciel sur une nappe blanche, et là elle est prise par la grande main de Dieu, qui la place en paradis[4].

[1] Entre autres exemples, voyez un vitrail du XIIe, peut-être du XIe siècle, qui orne la galerie-absidale de Saint-Remi de Reims. Le saint Jean à nimbe surmonté de deux héliotropes, page 8, pl. 3, vient de ce vitrail. M. du Sommerard possède un émail du XIIe siècle, représentant Jésus en croix; au sommet de la croix, comme au vitrail de Reims, une main paraît, la main de Dieu le père, qui témoigne ainsi de sa présence à la mort de son fils. Cette main est sans nimbe et sans rayons. Cette présence est plus manifestement exprimée par une miniature des Heures latines du XIVe siècle, ms. 459 de la bibl. Ste-Genev. Là, au crucifiement, le Père éternel se montre dans les nuages et en buste. C'est un vieillard à longue barbe et à longs cheveux; il est entièrement bleu comme les nuages qui l'entourent, et comme le ciel, du haut duquel il assiste à la mort de son fils.
[2] Un manuscrit de la Bibliothèque royale, suppl. lat. 648, du XIe siècle, présente Jésus s'envolant au ciel, les mains et les bras tendus. Jésus, qui a le nimbe crucifère, regarde la main droite de son Père, qui le bénit en ouvrant les trois premiers doigts. Dans le bas sont les apôtres et la vierge Marie, auxquels deux anges, qui sont entre ciel et terre, disent certainement : « Viri Galilæi, quid statis aspicientes in cœlum? Hic Jesus « qui assumptus est a vobis in cœlum, sic veniet quemadmodum vidistis eum euntem « in cœlum. » (Act. Apost. cap. I, v. 11.)
[3] Voyez dans Baluze (Miscellanea, IVe vol.) les différents vers composés par Alcuin pour expliquer les miniatures d'un manuscrit carlovingien.
[4] Bolland. Mars, IIIe vol. Vie de saint Marc.

Saint Eucher, évêque de Lyon au ve siècle, dit que par la main de Dieu on désigne la puissance divine[1]. C'est ainsi que la main de justice indique la puissance royale; l'idée est la même dans l'ordre religieux que dans l'ordre civil. Saint Prosper d'Aquitaine parle aussi de cette main de Dieu qui fait et modèle Jod, comme un sculpteur modèle une statue[2]. Il semble, en effet, que ce motif provienne de l'Ancien Testament; car, dans une foule de passages bibliques, il est question de cette main qui fait toutes choses, qui est l'expression de la puissance souveraine[3], qui façonne l'homme comme un potier l'argile[4]. Au début de sa vision, Ézéchiel dit : « Je regardai, et voilà qu'une main me fut envoyée; elle tenait un livre qu'elle déroula devant moi, et qui était écrit en dedans et en dehors[5]. » Enfin, dans le chant sublime du *Libera,* qui est la suprême et dernière prière de l'Église pour ceux qui ne sont plus, le mort s'écrie : « O mes amis, vous du moins, ayez pitié de moi, parce que la main de Dieu m'a touché[6]. » C'est pour la même raison et par le même symbolisme que le bras a représenté Dieu, et que cette partie a figuré la puissance divine tout entière. Quand on voit ce bras dessiné sur nos vitraux, dans les miniatures de nos manuscrits, dans l'amortissement de nos ogives, on se

---

[1] *Liber Formularum spiritualium*, cap. i. « Per manum Domini ipsius potestas demonstratur. »

[2] *Exposition des Psaumes,* ps. cxviii, au mot *Jod.*

[3] « Omnia hæc manus mea fecit et facta sunt omnia, cujus summa potestas. » (Isaïe, chap. lxvi, v. 2.)

[4] « Sicut lutum in manu figuli, sic vos in manu mea, domus Israel. » (Jérémie, chap. xviii, v. 6.)

[5] Ézéchiel, chap. ii, v. 9 : « Et vidi, et ecce manus missa ad me, in qua erat involutus liber, et expandit coram me, qui erat scriptus intus et foris. » Au chap. viii, v. 1 et 3, Ézéchiel dit encore : « Et cecidit ibi super me manus Domini Dei. — Et emissa similitudo manus apprehendit me in cincinno capitis mei; et elevavit me spiritus inter terram et cœlum. »

[6] « Miseremini mei, vos saltem amici mei, quia manus Domini tetigit me. »

192   ICONOGRAPHIE CHRÉTIENNE.

rappelle ce passage du cantique chanté par la vierge Marie en présence de sa cousine Élisabeth : « Dieu a déployé la puissance de son bras; il a dissipé les orgueilleux, renversé les grands, élevé les petits [1]. Enfin tous ces textes de l'Ancien et du Nouveau Testament semblent se résumer dans ce motif que la peinture des églises grecques offre si fréquemment, et qui représente les âmes des justes, petits êtres humains nus, priant à mains jointes, dans la grande main de Dieu. Cette main sort des nuages; après avoir été prendre sur la terre ces âmes des justes, elle les remonte au ciel, dans le paradis [2].

56. — LES ÂMES DES JUSTES DANS LA MAIN DE DIEU.
Fresque grecque du xviiie siècle.

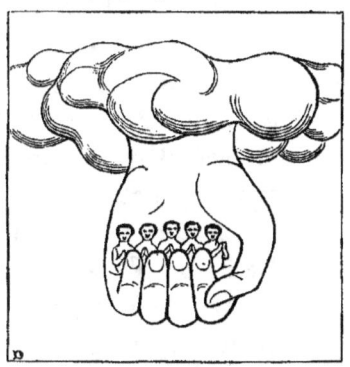

Aux xiiie et xive siècles, Dieu le père ne se contente plus de faire paraître sa main ou son bras; il montre sa figure d'a-

[1] « Fecit potentiam in BRACHIO suo; dispersit superbos mente cordis sui. Deposuit potentes de sede et exaltavit humiles. » — S. Luc, chap. I, v. 51, 52.
[2] Ce dessin est tiré d'une fresque de Salamine, qui est dans l'église du grand couvent. « Animæ justorum in dextra Domini. » — Ces peintures de l'église principale du grand couvent de Salamine nous ont fourni plusieurs dessins, bien qu'elles datent seulement de 1735, parce qu'elles résument parfaitement le système de la peinture byzantine. D'ailleurs la Grèce, depuis le xie ou le xiie siècle, est restée stationnaire dans son art, en sorte que des peintures du xviiie siècle ont encore une grande valeur archéologique. Une inscription, que j'ai relevée, dit que Georges Marc, de la ville d'Argos, a fait ces

bord, ensuite son buste, enfin sa personne entière. Le voici montrant sa face hors du ciel ou des nuages[1].

57. — FIGURE DE DIEU LE PÈRE SOUS LES TRAITS DE SON FILS.
Miniature française, xiv° siècle.

Mais alors il n'a pas encore de physionomie à lui, ni de traits qui lui soient propres. Il faut qu'une inscription, il faut que le sujet représenté déclarent que c'est bien Jéhovah et non pas Jésus, autrement, en vertu des raisons développées plus haut, on le prendrait pour son fils; car il en a l'âge, le costume, l'attitude et l'expression. Comme son fils, et ce qui lui convient moins bien, il porte le nimbe crucifère, le nimbe marqué de la croix où Jésus est mort. Dans Saint-Saturnin de Toulouse, au soubassement du sanctuaire, on voit un bas-relief en marbre représentant le Père éternel enfermé dans une auréole ovale et perlée sur les bords. C'est bien le Père, car il est accompagné d'un chérubin, autour duquel est gravée cette inscription : « Ad dextram PATRIS cherubin stat cuncta potentis. » Or ce Père, à la droite duquel se tient le chérubin, est complétement imberbe, comme le Fils dont nous avons déjà donné des exemples[2]. Il porte à la tête un nimbe crucifère, et dont

peintures en 1735, avec le secours de trois de ses élèves. Aujourd'hui l'école d'Argos est éteinte, et presque tous les peintres chrétiens de la Grèce se sont réfugiés au mont Athos.

[1] Manuscrit de la Bibliothèque royale, xiv° siècle, Heures du duc de Berry, folio 65. La scène représente Jésus-Christ au Jardin des oliviers; Dieu le père met sa figure hors des nuages et apparaît à la victime céleste pour la consoler.

[2] Pages 13, 29 et 30, pl. 8, 17 et 18.

la branche transversale est marquée de a, ω[1]; il a de la douceur dans les traits, de la bonté dans la physionomie; il est entouré des quatre attributs de ses évangélistes, et tient un livre où sont écrits ces mots de l'Évangile, ce salut qu'il adressait à ses apôtres : « Pax vobis. » C'est en tout point le Jésus-Christ que nous voyons sur les anciens sarcophages, sur les vieilles fresques des catacombes et sur les plus anciennes miniatures des manuscrits. Comment donc accorder ces attributs et ces caractères avec l'inscription qui déclare que ce Dieu est le Père et non le Fils? Cette personne divine de Saint-Saturnin a beaucoup d'analogie avec le jeune Dieu que nous donnons ici, et que nous ne pouvons dire avec certitude être Dieu le père plutôt que Dieu le fils.

58. — DIEU IMBERBE, PÈRE OU FILS.
Miniature française du xie siècle.

Si c'est le Père, il eût été convenable de lui donner de la barbe; si c'est le Fils, on aurait dû lui ôter le globe pour y

---

[1] Je dois ces renseignements à M. Ferdinand de Guilhermy. En pendant au chérubin qui se tient à la droite du Père, on voit un séraphin qui se tient à la gauche. Les deux

substituer la croix de la résurrection ou le livre de ses Évangiles. Ce dessin est extrait d'un manuscrit qui est à Beauvais, et qui contient un traité de saint Augustin sur la Genèse. Or, dans ce traité, il n'est pas question du Fils, mais du Père, du Tout-puissant qui crée spécialement le ciel et la terre, suivant le symbole des apôtres[1]. Je crois donc que cette image est celle de Dieu le père, mais du Père caché, pour ainsi dire, sous les traits de son Fils, car le Père n'a pas encore de figure à lui.

Cependant, déjà au xive siècle, surtout dans les manuscrits à miniatures, on surprend la tendance qui s'empare des artistes à donner enfin une figure spéciale à Jéhovah. Rien n'est curieux comme d'assister à ces essais timides et successifs d'un art qui, jusqu'alors, n'avait pas voulu ou n'avait pas pu figurer la toute-puissance divine, Dieu le père, le Créateur. Ils s'efforcent de le caractériser de plus en plus et de le différencier d'avec son fils. On assiste réellement à la naissance et au développement de la figure du Père éternel. D'abord, comme nous l'avons vu, il y a identité entre les deux figures; il est impossible de les distinguer. Le Père ressemble au Fils comme deux exemplaires d'un même ouvrage. Ainsi, page 11, planche 6, on voit la création d'Adam s'effectuant par la coopération des trois personnes divines; il est absolument impossible de dire qui est le Père, qui est le Fils. Dans le dessin précédent, le Père est imberbe comme on représente souvent le Fils; dans le suivant, où le Père et le Fils sont barbus, on

---

anges sont absolument semblables entre eux; il ne serait pas possible de les caractériser sans l'inscription qui les distingue. Autour du séraphin on lit :

« Possidet inde sacram seraphin sine fine sinistram. »

[1] Le traité de saint Augustin a pour titre : *de Genesi ad litteram*. M. l'abbé Barraud, professeur d'archéologie chrétienne au grand séminaire de Beauvais, ne doute pas que le personnage représenté dans cette vignette ne soit Dieu le père. L'encadrement où est la figure forme un O; la première lettre du traité commence par : *Omnis divina scriptura*.

ne peut distinguer l'un de l'autre. Est-ce le Père qui est assis et qui reçoit son Fils? mais il tient à la main une croix de résurrection, qui est invariablement l'attribut du Christ. Est-ce le Fils? mais il est assis à la gauche de l'autre personne et, d'après le texte [1], le Fils doit être à la droite du Père. D'ailleurs ces deux personnes ont le même âge et la même figure [2].

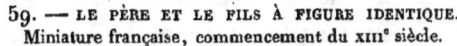

59. — LE PÈRE ET LE FILS À FIGURE IDENTIQUE.
Miniature française, commencement du XIII° siècle.

Puis on paraît saisir une légère différence : les deux personnes sont encore de même âge, de même couleur et de même forme pour tous les traits de la figure; mais cependant l'une est plus accentuée et indique plus de force, l'autre est plus fine et annonce plus de douceur. On dirait de deux jumeaux. C'est à

---

[1] « Sede a dextris meis. »

[2] Ce dessin, un peu plus petit, est inscrit dans la lettre D du psaume *Dixit Dominus Domino meo*; il fait partie d'un psautier manuscrit de la bibliothèque de Chartres.

DIEU LE PÈRE.

ces deux figures qu'on peut appliquer ces expressions d'Ovide : « Non facies una, nec diversa tamen. » Dans le dessin suivant, tiré d'un manuscrit qui date des dernières années du XIIIe siècle[1], on reconnaît le Père au globe qu'il porte et le Fils à son livre. D'ailleurs la gauche que tient le Père, tandis que le Fils est à la droite, vient encore en aide pour les caractériser. Mais la figure elle-même indique à peine des différences. Cependant le Fils semble plus mince, le Père plus fort et plus gros ; il n'est pas sûr que la tête du Christ soit plus effilée, et celle de son Père plus arrondie.

60. — LE PÈRE DIFFÉRANT À PEINE DU FILS.
Miniature française, fin du XIIIe siècle.

On le voit, les nuances sont encore extrêmement fugitives.

[1] Bibl. roy., Heures du duc d'Anjou. Ce dessin représente la Trinité ; le Père et le Fils sont unis par le Saint-Esprit, qui va de l'un à l'autre par l'extrémité de ses ailes.

Cependant la différence peut déjà se préciser davantage : ce sont deux frères encore, mais qui ne sont plus jumeaux ; il y a une ou même plusieurs années entre eux. Puis l'opposition commence à se montrer. A l'un, c'est le Père, la barbe et les cheveux sont plus longs et moins épais : le retrait des muscles commence à faire saillir les pommettes, à marquer la figure de plans plus nombreux. L'autre, c'est le Fils, reste dans l'âge où il est arrivé au XIIIe siècle, c'est-à-dire à trente ou trente-trois ans.

Tout ce curieux travail iconographique se fait dans le courant du XIVe siècle; mais, vers 1360, l'idée de paternité et de filiation se dégage irrévocablement et se tranche de plus en plus jusqu'à nos jours, où elle est arrivée à son plus complet développement. On ne peut plus s'y tromper : Jéhovah est bien le père de Jésus, et, comme tel, il est plus âgé que son fils de vingt-cinq, trente et même quarante ans. Au commencement du XIVe siècle, c'est encore un père trop jeune pour qu'il y ait une distance convenable entre lui et son fils ; mais au XVIe et surtout à la renaissance, les proportions de l'âge sont naturelles et parfaitement gardées. Ici, dans ce dessin tiré d'un manuscrit de la fin du XIVe siècle [1], le Père est bien caractérisé. Comme un père de famille entre ses deux enfants, le Père tient le Fils à sa droite et le Saint-Esprit à sa gauche; il a de vingt à vingt-cinq ans de plus que Jésus et de quarante à quarante-cinq de plus que le Saint-Esprit. En outre, par sa couronne royale, le Père semble encore plus relevé que les deux autres personnes. Enfin la place d'honneur qu'il occupe et le globe qu'il tient à la main gauche, comme un empereur, confirment la supériorité que l'âge et les dimensions de la tête indiquaient déjà.

[1] *Roman des trois pèlerinages*, folio 226 verso, Bibl. Sainte-Geneviève.

61. — LE PÈRE DISTINCT DU FILS ET DU SAINT-ESPRIT.
Miniature française, fin du XIV° siècle.

Dieu le père a désormais une figure en propre, figure qui lui appartient et qu'il ne perdra plus. L'idée théologique a le dessous; elle est battue par l'histoire, par la réalité humaine. On est arrivé à une époque de matérialisme. On dédaigne le dogme qui déclare que le Fils et le Père sont coéternels et de même âge absolument, mathématiquement; on se jette en pleine nature, et puisqu'on voit dans la nature que tout père a vingt ou vingt-cinq ans de plus que son fils, on donne au fils de Dieu vingt ou vingt-cinq ans de moins qu'à Dieu lui-même. Ici, dans ce Dieu créateur qui fait sortir Ève du côté d'Adam [1], il faut reconnaître le Père et non pas le Fils. Dès lors, à la création, ce sera cette figure divine âgée et souvent très-vieille, ce sera l'ancien des jours que l'on verra constamment représenté. L'art a conquis enfin cette figure de Dieu le père.

[1] Vitrail du XVI° siècle, à Sainte-Madeleine de Troyes. Le Père est habillé en pape et porte une tiare cerclée de trois couronnes royales comme celle du pontife romain.

200   ICONOGRAPHIE CHRÉTIENNE.

62. — LE PÈRE, CRÉATEUR, EN VIEILLARD ET EN PAPE.
Vitrail français du xvie siècle.

Il y a plus, avant le xve siècle, dans les représentations de la Trinité, c'est le principe de l'égalité des trois personnes qui prédomine presque constamment. Lorsqu'on figure la Trinité, on fait les trois personnes aussi égales que possible. Le Père, le Fils, le Saint-Esprit, comme on le verra au chapitre de la Trinité, sont exactement de même âge, portent le même vêtement, sont ornés du même nimbe et ont quelquefois le même attribut. Au xve siècle, et à plus forte raison au xvie, c'est la différence qu'on cherche surtout à caractériser. Ainsi, ou les trois personnes sont distinctes et représentées une à une, comme dans le manuscrit de l'Aiguillon de l'amour divin, ou elles sont soudées, incorporées l'une à l'autre, comme dans un Dante imprimé à Florence en 1491. Dans le premier cas (ceci arrive déjà vers la fin du XIVe siècle) le Père est un vieillard de soixante à quatre-vingts ans; le Fils, un homme de trente à trente-cinq; le Saint-Esprit, un adolescent de douze à dix-huit[1]. Dans le second cas, les trois personnes n'ont qu'un seul corps et que deux bras pour elles trois; la main droite bénit, la main gauche porte un gros globe, qui appartient aux trois personnes à la fois; un seul nimbe est à la tête. C'est bien l'égalité; mais il y a trois têtes sur ce tronc unique, et les trois visages sont complétement distincts. Ainsi le Père est toujours un vieillard; le Fils, toujours un homme mûr; le Saint-Esprit, toujours un adolescent.

Au XIIIe siècle, lorsqu'on fait les trois personnes égales, alors que le Fils et le Père ne peuvent se distinguer, le Père revêt l'âge et la physionomie du Fils[2]. Aux XVe et XVIe, on observe quelquefois le phénomène contraire : c'est le fils qui vieillit et qui prend l'âge de son Père. Le Fils suit; le Père entraîne. Entre autres exemples, on citera une Trinité peinte sur le beau manuscrit in-folio de la bibliothèque Sainte-Geneviève, et qui contient la traduction, par Raoul de Presles, de la Cité de Dieu. Le Père et le Fils sont unis par le Saint-Esprit, qui a la forme d'une colombe et qui touche les deux personnes divines par l'extrémité de ses ailes. Le Père est en pape, comme on le représente assez souvent à cette époque; sa figure est celle d'un vieillard à longue barbe, à longs cheveux. Le Christ,

---

[1] Voir le Roman des trois pèlerinages, manuscrit à miniatures, du XIVe siècle, et cité plus haut.

[2] Nous en avons déjà vu plusieurs exemples, notamment pages 11 et 18, pl. 6 et 11; plus bas, à l'Histoire de la Trinité, nous en aurons d'autres encore. Il y a surabondance de preuves.

qui est à sa droite, semble son reflet, car il est presque aussi vieux. Sa barbe est un peu moins longue; mais on ne saisirait pas une différence d'âge dans les traits et les cheveux : la tiare et le nimbe de Jésus et de son père sont identiques [1].

Le Saint-Esprit lui-même, qui affecte presque toujours l'âge d'un adolescent, rarement celui d'un homme, suit le mouvement de l'époque et se montre quelquefois vieux à l'égal du Père [2]. On peut donc, relativement à Dieu le père, partager le moyen âge en deux périodes. Dans la première, qui est antérieure au xive siècle, la figure du Père se confond avec celle du Fils; c'est le Fils qui est tout-puissant et qui fait son père à son image et ressemblance. Dans la seconde période, après le xiiie siècle, jusqu'au xvie, Jésus-Christ perd sa force d'assimilation iconographique, et se laisse vaincre par son père; c'est au tour du Fils à se revêtir des traits du Père, à vieillir et à se rider comme lui. Quant au Saint-Esprit, lorsqu'il prend la figure humaine, il est absorbé dans la première période par le Fils, et dans la seconde par le Père; il subit presque toujours, mais il n'influence jamais les révolutions iconographiques qui se font autour de lui. L'Esprit se laisse figurer comme on veut. Enfin, depuis les premiers siècles du christianisme jusqu'à nos jours, nous voyons le Père croître en importance : son portrait, d'abord interdit par les gnostiques, se montre timidement ensuite, et comme déguisé sous la figure de son fils; puis il rejette tout accoutrement étranger, et prend une figure spéciale; puis, par Raphaël et enfin par l'Anglais Martin, il gagne une grave et une admirable physionomie qui n'appartient qu'à lui.

[1] Le dessin de cette miniature sera donné à l'Histoire du Saint-Esprit.
[2] *Cité de Dieu*, traduction de Raoul de Presles, bibliothèque Sainte-Geneviève. Le manuscrit du duc d'Anjou lui-même offre une Trinité dont le Saint-Esprit a la figure d'un vieillard comme les deux autres personnes.

DIEU LE PÈRE.

Puisque le temps est arrivé où le Père a sa figure spéciale, il faut tâcher d'indiquer à quels signes on distingue cette personne divine des deux autres.

ATTRIBUTS CARACTÉRISTIQUES DU PÈRE ÉTERNEL.

Avant le xie siècle, on reconnaît Dieu le père à cette main qui sort des nuages, qui est bénissante ou qui tient une couronne; ni Jésus, ni le Saint-Esprit ne sont ainsi représentés.

Au xiie siècle, quand la figure paraît, on ne peut la définir et l'attribuer avec certitude à Dieu le père qu'autant que le Fils et le Saint-Esprit sont présents. Dans ce cas, les attributs que portent les deux autres personnes servent indirectement à caractériser la première. Si l'une tient une croix et l'autre une colombe, la troisième, qu'elle ait ou n'ait pas d'attribut, est évidemment le Père. Mais on ne doit pas encore s'occuper ici de la distinction des trois personnes réunies dans une même scène; c'est au chapitre de la Trinité qu'il en sera question.

Le globe, la boule du monde, qui se donne quelquefois aux deux autres personnes, plus rarement au Saint-Esprit et plus souvent au Christ, est presque exclusivement réservé au Père, soit parce que le Père serait considéré comme le principal auteur de la Création, soit parce qu'il aurait la puissance en propriété particulière. Cependant ce caractère n'est pas certain, puisqu'il est attribué quelquefois aussi aux deux autres personnes. On lit dans la vie de Jeanne d'Arc, que l'héroïne d'Orléans portait à la main un étendard blanc fleurdelisé, sur lequel était Dieu avec le monde dans ses mains; à droite et à gauche, deux anges tenaient chacun une fleur de lis. Il est fâcheux que l'archéologie ne puisse pas refaire cet étendard d'une manière certaine et affirmer que ce Dieu était le Père plutôt que le Fils. On doit cependant, malgré la grande douceur du caractère de Jeanne d'Arc, croire que c'était le Père, parce que le Père porte le globe bien plus souvent que le Fils, et parce qu'il est surtout le Dieu des armées et des combats.

Le livre n'est pas non plus un caractère qui puisse faire distinguer le Père, car on le met à peu près indifféremment entre les mains du Père et du Fils, et même, il faut le dire, il se donne bien plus souvent au Verbe divin, qui est venu nous apporter l'Évangile [1].

Le nimbe crucifère, la nudité des pieds, conviennent également aux trois personnes et non pas à l'une d'elles plus particulièrement; mais le nimbe triangulaire ou en losange est ordinairement réservé au Père : il est rare que le Fils, il est plus rare encore que le Saint-Esprit le portent [2].

Jusqu'ici donc, rien que d'assez vague. Vraiment, pendant cette seconde période qui s'étend du XIIe au XIVe siècle, lorsque Dieu a été représenté seul et non en trinité, il est à peu près impossible d'affirmer que ce soit le Père plutôt que le Fils. Aux XIVe, XVe et XVIe siècles, au contraire, les caractères se précisent et se multiplient.

L'âge, dans les sujets exécutés avec soin, aide assez bien à définir le Père. Cette personne a la barbe et les cheveux plus longs que les deux autres; la figure accuse cinquante, soixante, quelquefois quatre-vingts ans. La tête est beaucoup plus forte que la tête du Fils et surtout que celle du Saint-Esprit. Ce dernier fait, qui a de l'intérêt, n'est pas constant; mais il est assez fréquent néanmoins. Il semble que la tête,

---

[1] La gravure 61 offre le Père avec une couronne, le Fils avec un livre et le Saint-Esprit sans attribut.
[2] Voyez, au chapitre du Nimbe, les pages 36, 37 et 38.

comme le corps, grossisse avec l'âge, même quand, physiologiquement, la tête ni le corps n'augmentent plus, ou plutôt diminuent et se retirent. C'est donc une façon grossière et toute conventionnelle d'indiquer un âge plus avancé. Un dessin tiré d'un manuscrit de la bibliothèque Sainte-Geneviève, de la fin du xv*e* siècle, et qui sera placé dans le chapitre de la Trinité, montre ainsi le Père avec une tête double à peu près de celle du Saint-Esprit et plus forte d'un tiers que celle de Jésus-Christ. La planche 61 offre déjà en germe ce fait intéressant.

A la fin du xiv*e* siècle, pendant tout le cours du xv*e*, dans les premières années du xvi*e*, on s'ingénia à représenter Dieu d'une manière digne de lui. Impuissant qu'on était à traduire, par le simple jeu de la physionomie et par la seule expression morale, la toute-puissance créatrice et l'autorité souveraine qui gouverne les mondes qu'elle a faits, on chercha dans la société le type qui pouvait exprimer le mieux la puissance suprême, et on en revêtit la Divinité, afin de la rendre sensible à nos yeux. En Italie, le type le plus élevé de la toute-puissance, c'est le pape, qui est infaillible, qui gouverne les consciences, qui tient dans ses mains de roi et de pontife le corps et l'âme des hommes, qui est le représentant de Dieu sur la terre, qui est le maître des empereurs et des rois. Pour les Italiens, le pape est ce griffon tout-puissant de Dante, qui tire sans effort et sans remuer les ailes le char de l'Église; c'est l'animal énergique, aigle et lion, qui entraîne le monde derrière lui; c'est la double nature de prêtre et de roi, spirituelle comme l'aigle céleste, et temporelle comme le lion terrestre, à laquelle tout est forcé de céder[1]. En Allemagne, c'est

---

[1] *Purgatoire*, chant xxix. Le pape, comme pontife, a des membres d'or dans la portion du corps où il est oiseau; dans l'autre, le quadrupède royal a des membres mêlés

l'empereur, et non plus le pape, qui est le plus puissant des hommes ; on y regarde comme une usurpation toute prétention de la papauté à élire, à déposer, à punir et à récompenser les empereurs ; en Allemagne, la puissance impériale est l'expression visible de l'invisible Providence. Chez nous on révère le pape, et l'empereur y est assez honoré ; mais le roi était le maître direct et absolu de la France. Donc, en Italie où le pape est tout, Dieu a dû être représenté en pape ; en Allemagne, où c'est l'empereur, c'est en empereur qu'on l'habille ; en France, on en a fait volontiers un roi [1]. Les autres nations, l'Angleterre et l'Espagne, ont agi de même. En Angleterre, où le pape est mal vu depuis longtemps, Dieu ne pouvait prendre les insignes de la papauté ; en Espagne, au contraire, où le pape possède au moins autant d'autorité que la personne royale, Dieu devait se montrer aussi souvent en pape qu'en roi.

C'est ainsi, en effet, que Dieu le père nous apparaît ordinairement chez les diverses nations qu'on vient de nommer : ce qui ne veut pas dire qu'un Dieu roi ou empereur ne se montre quelquefois en Italie, un Dieu pape ou roi en Allemagne, un Dieu empereur ou pape en Angleterre et en France ; mais ce sont des exceptions qui ne sont réellement pas en très-grand nombre. Une représentation de Dieu le père, pure de toute influence étrangère, pure de toute idée mystique commune à l'époque ou personnelle à l'artiste, accuse toujours les différences locales et se teint de la couleur historique qu'on vient de signaler. En France, par exemple, on voit quelque-

---

de blanc et de vermeil. Ce triomphe allégorique du Christ et de l'église, décrit si richement dans le Dante, et peint si splendidement sur un vitrail de Notre-Dame de Brou, n'a pas été compris des traducteurs ou annotateurs de la Divine Comédie. Récemment on a pris ce griffon pour le Christ, et l'on ne s'est pas aperçu qu'en faisant traîner le char de l'Église par Jésus on imposait à Dieu un rôle indigne de lui.

[1] Plus haut, p. 199, pl. 59, on a donné un exemple de Dieu en roi.

fois Dieu en pape; mais c'est dans les couvents atteints d'ultramontanisme, c'est à l'époque où l'on est content du pape régnant, c'est au moment de nos guerres en Italie, c'est quand l'artiste a une dévotion particulière à la papauté. Même alors, et dans toutes ces circonstances, la France proteste assez souvent contre cette idée d'assimiler le Père éternel au pape, qui n'en est que le vicaire, et de n'en faire ainsi qu'un vice-dieu. N'osant ou ne pouvant encore s'élever à un type nouveau, le génie français veut du moins exhausser la Divinité et la placer au-dessus de la papauté. Ainsi la tiare papale est garnie, suivant les époques, d'une, de deux et de trois couronnes, dont le nombre indique le degré ou, comme on dirait en mathématiques, la puissance de la souveraineté. Les Français adoptèrent cette idée et, quand ils figurèrent Dieu en pape, ils lui mirent une tiare sur la tête, et une tiare à trois couronnes, puisque ce nombre indique la plénitude du pouvoir souverain; mais, plus hardis, ils portèrent ces couronnes jusqu'au nombre de quatre et même de cinq, pour déclarer que Dieu était bien au-dessus du pape lui-même. Les vitraux de Saint-Martin-ès-Vignes, à Troyes, offrent ces curieux exemples, et le suivant, qu'on a fait graver et qui vient de Saint-Martin, donne ainsi Dieu le père tenant son fils attaché à la croix. Le Père est vêtu d'une aube, d'une tunique, d'une chape et d'une tiare, comme le pape; mais sur la tiare s'étagent, non plus trois couronnes seulement, mais cinq, toutes décorées de fleurons et de fleurs de lis comme celles de nos rois de France[1]. En Champagne, Dieu est donc supérieur de deux couronnes au pape.

[1] On remarquera la chaussure de Dieu dans ce dessin. En iconographie chrétienne, Dieu a les pieds nus presque toujours, comme son fils et les apôtres; ici, pour l'assimiler davantage au pape, on le chausse de ses mules. Un manuscrit de la Bibliothèque royale (*Biblia sacra*, n° 6829), qui est de la fin du XIV° siècle et tout rempli de miniatures, offre une singulière particularité. Au tableau qui représente Aaron, qu'on

63. — DIEU LE PÈRE EN PAPE, COIFFÉ D'UNE TIARE À CINQ COURONNES.
Vitrail français, fin du xvie siècle.

Avant que de se montrer en pape, le Père apparaît chez nous sous le costume d'un roi. Ce roi divin porte la couronne royale comme Philippe de Valois, Jean le Bon et Charles V; il tient, comme notre empereur Charlemagne, la boule du monde; il porte la longue robe et le long manteau; seulement

vient de purifier pour qu'il soit un digne prêtre de Dieu, on voit Dieu ayant un pied nu et un pied chaussé d'un brodequin noir. Y a-t-il erreur, y a-t-il intention dans ce fait? Je ne m'en rends pas compte, mais je croirais volontiers à l'erreur. On remarquera encore l'absence du Saint-Esprit dans cette représentation de la Trinité sur le vitrail de Troyes; il en sera question dans le chapitre consacré spécialement à la Trinité divine. Les artistes, comme les copistes du moyen âge, se sont assez souvent trompés. Les copistes passaient ou défiguraient un mot; les sculpteurs ou les peintres oubliaient ou dénaturaient un attribut caractéristique. Dans une série de sujets il n'est pas rare que les artistes en oublient un ou deux.

DIEU LE PÈRE.

il a les pieds nus et le nimbe crucifère, parce qu'enfin il est Dieu. C'est à cette couronne royale et à ce globe, réunis à la longue barbe qui témoigne d'un grand âge, qu'on distingue le Père du Fils. Un seul de ces caractères ne suffirait peut-être pas, parce que, ainsi qu'on l'a dit, le globe se donne assez souvent au Fils, et même la couronne royale. Ce dernier insigne est plus rare sur la tête du Fils : car cette tête est nue, ou elle porte une couronne d'épines.

Avec ce Père en roi, on traverse tout le XIVe siècle, et tout le XVe avec le Père en pape. Ce pape est ordinairement vêtu de l'aube et de la chape; la chape est souvent absente. Ce pape, il faut le dire, est une figure quelquefois estimable, mais vénérable jamais; elle excite plutôt le mépris que la considération. Je n'en citerai pour preuve que ce Père éternel qui ouvre la série des statues dans la clôture du chœur de Notre-Dame, à Chartres. Certes, l'artiste qui a sculpté ces statues d'hommes si austères et de femmes si gracieuses n'était pas impuissant à représenter dignement Dieu le père; et cependant ce Dieu est habillé d'un costume qui n'a pas été fait pour lui, qui est beaucoup trop long, qui a beaucoup trop d'ampleur. Une tiare charge sa vieille tête, une chape couvre ses épaules, une aube emprisonne son corps, une étole pend sur ses cuisses amaigries; sa figure est sillonnée de rides sèches et sans puissance; ce n'est pas l'expérience ni la plénitude des jours qui ont vieilli cette figure, mais l'amaigrissement des muscles et la décrépitude. Cette face n'est pas vieille; elle est usée. Ces yeux sont petits, éteints et sans force. Dans le dessin qui représente la Trinité, et dont le Saint-Esprit porte sur la tête la colombe symbolique[1], le Père, qui est en pape, fait vraiment peine à voir. C'est un vieillard infirme, qui n'a plus la force de tenir sa boule du

[1] Ce dessin est plus bas, à l'Histoire du Saint-Esprit en homme.

monde, et qui prend la main du Saint-Esprit plutôt pour s'en faire un soutien que pour exprimer l'union qui les rapproche. Sa tête penche sur sa poitrine comme celle d'un vieillard débile; les joues sont creuses et la face allongée. Dans la Cité de Dieu [1], le Père, à longue barbe blanche, est chauve et n'a plus sur le front qu'une mèche de cheveux, comme un vieillard décrépit.

C'est un spectacle des plus curieux que de voir comment l'art réfléchit profondément et clairement l'époque qui l'a fait. Quand la société est gouvernée par le clergé, du ve au ixe siècle, l'art est grave, austère; les physionomies sculptées ou peintes se teignent de la couleur générale. Jamais ces physionomies ne se dérident, même pour sourire. Quand, du ixe au xiiie siècle, on est sous le régime féodal, les attitudes sont roides; il y a dans la tournure quelque chose d'arrogant, il y a de l'audace dans l'expression. Le courage, mais aussi la dureté, éclate dans tous les traits. Puis, du xiiie au xve, lorsque, dans les communes émancipées, eut germé et pullulé la bourgeoisie, l'art s'assouplit. Alors la roideur des époques précédentes se plia à des mouvements nombreux: la sauvagerie descendit à la familiarité, la noblesse des traits à la vulgarité; l'idéal tomba dans le réel.

Ce fut dans des types vivants que les artistes allèrent chercher leurs modèles pour représenter le Père, et cet anthropomorphisme inférieur remplit nos monuments d'un Dieu changé en homme et animé des passions mesquines de l'humanité. Cependant l'homme de cette époque, c'était le bourgeois voulant imiter la noblesse, à laquelle il aspirait, et par conséquent ayant encore des semblants d'élévation, des velléités de distinction. Mais du xve au xvie siècle, dans la politique comme dans l'art, fit irruption la foule sans nom, le populaire en haillons, troué aux habits, appauvri de formes et de costumes,

[1] Manuscrit de la bibliothèque Sainte-Geneviève, 10°, 11° et 21° miniatures.

porteur d'une physionomie toujours commune et d'une âme souvent grossière. Cette foule troubla l'esthétique, et donna sa physionomie épaisse à l'idéal le plus élevé, même à la vierge Marie; Marie ne se montra plus que sous les traits d'une grosse femme vulgaire, ainsi qu'elle nous apparaît dans tous les monuments de cette époque.

Il fallait que les grands artistes italiens de la renaissance, le Pérugin, Raphaël et Michel-Ange, vinssent au monde pour créer cette admirable figure de l'Éternel, de Jéhovah, de ce Vieillard divin qui fait trembler la terre, mieux que le Jupiter antique, d'un froncement de ses sourcils. Donc, avec la renaissance, et il était temps, renaquit l'idéal ancien. La renaissance remonta à la source de toutes choses, aux origines du christianisme aussi bien que du paganisme, et la source est toujours plus limpide que l'embouchure. Elle clarifia le courant esthétique que les deux périodes précédentes avaient troublé de leur bourgeoisie vulgaire; elle rajeunit Dieu le père, ou plutôt elle le transforma, comme tous les autres types du christianisme. La renaissance dépouilla Jéhovah de la tiare, qui l'assimilait à un pape, et qui en faisait un vicaire de Dieu plutôt qu'un dieu; elle fit retomber de sa tête sur ses épaules une chevelure blanche et puissante à la fois. Quand on regarde ces images de Dieu le père, peintes ou sculptées par les artistes de la renaissance, on sent comme Job un frisson qui vous agite : on est sous le charme imposant, quelquefois terrible, qu'on éprouve à l'aspect d'un homme de génie qu'on voit pour la première fois. Cette belle divinité, ce magnifique vieillard si serein et si puissant, c'est bien réellement l'Ancien des jours, le Παλαιός τῶν ἡμέρων des Grecs.

La renaissance est donc l'époque où Dieu le père triompha de l'oubli, des injures, des hérésies, des grossièretés, des vulgarités des époques antérieures. Ce soleil divin eut enfin la force de percer toutes les couches de nuages jaloux ou vulgaires que les époques chronologiques avaient amoncelés autour de lui. Depuis trois cents ans, à peu près, la première personne de la Trinité est en possession du rang le plus élevé. Cette réhabilitation, quoique tardive[1], a produit d'assez bons monuments. Ici, comme on ne doit pas dépasser le xvie siècle ni la renaissance proprement dite, il suffira de donner les indications qui précèdent. La Dispute du saint Sacrement, entre autres tableaux de Raphaël, offre un Père éternel d'une grande beauté. Ce Jéhovah, que Raphaël nous a montré créant les grands luminaires de notre globe, et lançant d'une main le soleil dans l'espace tandis que de l'autre il y jette la lune, est une admirable création. Le peintre Martin a surpassé Raphaël lui-même, dans la cosmogonie qu'il a dessinée d'après le Paradis perdu de Milton; je regrette que les limites imposées à mon travail ne m'aient pas permis de reproduire cette gravure.

Dès lors on ne s'inquiète plus de la théologie. On ignore que Dieu le père ne doit pas être figuré, puisqu'en parlant rigoureusement on ne l'a pas vu; on ne sait pas ou l'on oublie que Jésus étant le Verbe, la parole de Dieu, il serait convenable de représenter le Fils toutes les fois que Dieu parle. On s'en tient à la réalité historique, et l'on représente Dieu le père dans toutes les scènes de l'Ancien Testament, à la Création, comme au mont Sinaï, comme à l'élection des juges et des rois, comme à la vocation des prophètes. Quant aux scènes

[1] En Italie, où l'art est plus hâtif, la réhabilitation avait déjà été tentée au xive siècle. Ainsi une sculpture sur bois, qui date de cette époque et dont on donnera le dessin plus bas, montre le Père sortant du ciel à mi-corps pour bénir son fils que saint Jean baptise dans le Jourdain. Dieu le père est déjà un assez beau vieillard et fait pressentir les admirables représentations des grands artistes italiens du xve et du xvie siècle.

DIEU LE PÈRE.   213

du Nouveau Testament, on fait assister Dieu le père au baptême, à l'agonie, à la mort et à l'ascension de son fils.

Enfin, au xvie siècle, on représenta la divinité par son nom seul et une figure géométrique. Le triangle, avons-nous dit au chapitre du nimbe, est la formule linéaire de Dieu et de la Trinité divine. Dans ce triangle on écrivit en lettres hébraïques le nom de Dieu, de Jéhovah, et l'on plaça le mot et la figure au centre d'un cercle rayonnant qui représentait l'éternité.

64. — NOM DE JÉHOVAH INSCRIT DANS UN TRIANGLE RAYONNANT.
Sculpture en bois, xviie siècle.

Dieu le père ou Jéhovah occupe donc le champ de la Trinité, qui est inscrite elle-même dans l'éternité. Cette formule abstraite eut beaucoup de succès, et aujourd'hui, dans une foule d'églises, au centre de ces gloires dont nous avons parlé, ou bien au milieu du maître-autel, ou sur les voiles des calices, ou sur le grémial des évêques, ou sur le chaperon des chapes et le dossier des chasubles brillent en or ces lettres, ce triangle et ce cercle rayonnant. Une belle tapisserie du xvie siècle, qui se conserve dans le trésor de la cathédrale de Sens, offre un des plus brillants exemples de cette représentation; celui que nous donnons est emprunté à l'église de Hautvillers, près de Reims. Dans la chapelle du palais de Versailles, au centre de la GLOIRE qui garnit le fond du sanctuaire, brille un triangle divin et lumineux à peu près semblable.

Après le chapitre sur le nimbe, l'auréole et la gloire, nous n'avons plus rien à dire sur la forme de ces attributs que l'on donne à Dieu le père. Le nimbe de Jéhovah est circulaire et timbré d'une croix ; mais quelquefois Raphaël et les Italiens mettent à leur Père éternel en ancien des jours le nimbe carré, le nimbe en losange, le nimbe triangulaire ou le nimbe rayonnant. D'autres fois, le nimbe disparaît, l'auréole elle-même s'évanouit, et, du corps entier de Dieu, sort une lueur diffuse, ou bien une lumière à rayonnement tantôt droit et tantôt flamboyant ou onduleux. Alors on se rapproche des textes sacrés et de l'idée que les grands poëtes, comme Dante, se faisaient de la Divinité. Dans l'Ancien Testament, en effet, Dieu marche constamment environné de feux et de flammes. Quand Ézéchiel entrevoit Jéhovah sous la forme d'un homme, il dit : « J'eus une vision. QUELQU'UN me parut comme un feu ardent. Depuis les reins jusqu'en bas ce n'était qu'une flamme ; depuis les reins jusqu'en haut c'était comme une splendeur et une apparence d'or mêlé à de l'argent [1]. »

Quant à Dante, il fait de la lumière divine, où se plongent les anges et les saints, cette description éblouissante : « Une lumière est là-haut ; elle rend le Créateur visible à la créature qui, à le voir lui seul, sait mettre toute sa paix. Elle s'étend en une figure circulaire si démesurée, que sa circonférence serait pour le soleil une ceinture trop large. Tout ce qui en apparaît n'est qu'un rayon réfléchi sur le sommet du Premier Mobile, qui prend de là sa vie et sa puissance. Et comme dans l'eau qui baigne sa base se mire un coteau pour voir, il

[1] Ezechiel, cap. VIII, v. 2.

semble, sa parure, et combien il est riche et d'herbe et de petites fleurs; ainsi, suspendues tout autour du fleuve lumineux, je vis s'y mirer, sur plus de mille degrés, toutes les âmes qui, de notre monde, sont retournées là-haut. Et si le rang le plus bas concentre en lui tant de lumière, quelle n'est pas la splendeur de cette rose dans ses feuilles les plus hautes? Alors, vers le cœur doré de la rose éternelle qui se dilate, s'étage, et qui exhale un parfum de louanges au soleil, cause du printemps sans fin, Béatrice m'entraîna [1]. »

C'est dans ce centre, c'est au foyer de cette éternité lumineuse, que resplendit la divinité. Dante a voulu sans doute décrire une de ces rosaces à mille feuilles qui éclairent les portails de nos plus grandes cathédrales [2]; rosaces contemporaines du poëte florentin, et qu'il avait vues dans son voyage en France. Là, en effet, au milieu du calice de cette rose en verre coloré, éclate la majesté divine. De tous les degrés de la corolle, disposée en amphithéâtre; de tous les cordons hiérarchiques de la rosace, semblent accourir, pour se mirer dans la source centrale, d'abord les innombrables légions des anges, puis les âmes des patriarches, des juges, des rois et des prophètes; enfin celles des apôtres, des martyrs, des confesseurs et des vierges.

DIEU LE FILS.

Si la figure du Père, exposée au mauvais vouloir et même aux injures des hérétiques, à la vulgarité et à l'impuissance des artistes, a souffert pendant toute la durée du moyen âge, il n'en a pas été ainsi de celle du Fils. Jésus est l'auteur

---

[1] *Divine Comédie*, Paradis, chant xxx.
[2] Particulièrement à Paris, à Reims et à Chartres.

du christianisme; c'est de lui et non pas de Jéhovah que la religion nouvelle prend son nom. Aussi les chrétiens lui furent-ils reconnaissants comme des enfants envers un père. Dans les sentiments comme dans l'art, qui est le miroir et l'expression matérielle des idées, Jésus-Christ eut un règne glorieux depuis les catacombes jusqu'à nos jours. C'est la personne divine à laquelle l'art a toujours rendu et rend encore les plus grands honneurs.

Le christianisme n'a pas élevé une seule église à Dieu le père en particulier; il en a dressé, au contraire, une quantité considérable à Dieu le fils, sous le nom de Saint-Sauveur[1], de Sainte-Croix, de Saint-Sépulcre, de Sainte-Anastasie. La cathédrale d'Aix est dédiée à Saint-Sauveur, celle d'Orléans à Sainte-Croix. La célèbre église de Florence, où reposent Dante, Michel-Ange, Machiavel et Galilée, s'appelle Santa-Croce. Les églises de la Résurrection ou de Sainte-Anastasie abondent en Orient. Les églises du Saint-Sépulcre sont assez communes chez nous, où les chapelles de ce vocable sont extrêmement nombreuses; à Cambridge et à Northampton, en Angleterre, deux églises circulaires s'appellent Saint-Sépulcre. Il paraît même que la Sainte-Sophie de Constantinople aurait été consacrée plutôt à la sagesse divine de Jésus-Christ qu'à celle du Père ou de la Trinité complète. A Paris, l'église du Val-de-Grâce est dédiée à Jésus enfant[2].

[1] Des églises, des abbayes, des villages, des bourgs et même des villes portent le nom de Saint-Sauveur; un gros village du département du Nord, près de Valenciennes, s'appelle Saint-Saulve. Jeanne d'Arc, dans ses derniers moments et sur le point d'être brûlée à Rouen, demanda une croix; on lui apporta celle de la paroisse Saint-Sauveur, qui était voisine (M. Michelet, *Histoire de France*, V^e vol. p. 172). A Redon, il existe encore une église de Saint-Sauveur. La France possédait autrefois vingt-trois abbayes de Saint-Sauveur; celle de Redon en faisait partie.

[2] JESU NASCENTI, comme dit l'inscription tracée sur la frise du portail.

De nos jours encore, dans l'office de l'église, à la fin de chaque psaume, on chante deux versets, une espèce de refrain annonçant que le psaume est terminé et qu'on va commencer l'antienne, qui en est le couronnement. Ces versets sont connus de tous : « Gloire au Père, au Fils et au Saint-Esprit ; comme au commencement, à présent, toujours et dans tous les siècles des siècles [1]. » C'est une glorification de la Trinité tout entière ; mais, dans le diocèse de Reims, quand on la prononce, le nom du Père passe sans attirer l'attention. A peine, au contraire, la première syllabe de Filio a-t-elle retenti, que les enfants de chœur se lèvent et font une respectueuse révérence en se tournant vers le grand autel ; les prêtres et les chantres saluent ce nom adoré en ôtant leur coiffure, et les fidèles s'inclinent pieusement devant ces divines syllabes. On se redresse, on se rassied, on se recoiffe. Puis arrive le nom du Saint-Esprit, et ce nom passe comme a passé celui du Père. Le Gloria Patri nomme le Père avant le Fils ; mais cette préséance est généalogique, et non pas honorifique. Elle exprime la relation des personnes divines entre elles, et non la différence du culte ou de l'honneur qu'on doit leur rendre.

En chaire, quand les prédicateurs nomment le Père ou le Saint-Esprit, on n'aperçoit pas le moindre mouvement parmi les auditeurs ; mais que le nom de Jésus-Christ soit prononcé, et sur-le-champ vous verrez les hommes baisser la tête pour saluer, et les femmes se signer de la tête à la poitrine, et d'une épaule à l'autre.

Il fallait être Newton, et l'on cite ce fait comme une particularité curieuse, pour ôter son chapeau en entendant prononcer

---

[1] Guillaume Durand (*Rationale divin. offic.* lib. V, cap. ii) dit que les deux versets du *Gloria Patri* ont été composés par saint Jérôme et envoyés par lui au pape Damase, qui ordonna de les chanter dans les psaumes.

le nom de Dieu. Aujourd'hui personne ne se découvre à ce nom tout seul. Mais, quelque peu religieux que l'on soit, que cela tienne à l'éducation des mères, ou à la tradition, ou à la réflexion, on n'entend pas nommer Jésus-Christ sans être saisi d'un grand respect. C'est involontaire peut-être, mais par cela même ce n'en est que plus puissant. Au nom de Jésus, s'écrie saint Paul, il faut que tout genou fléchisse dans le ciel, sur la terre, aux enfers[1].

Il semble que Jésus-Christ résume en lui la divinité tout entière[2]. La croisure du nimbe, avons-nous dit plus haut,

---

[1] « Ut in nomine Jesu omne genu flectatur cœlestium, terrestrium et infernorum. » (*Epist. ad Philipp.* cap. II, v. 10.) — Quand on chante le symbole de Nicée, dit G. Durand (*Rat. div. off.* lib. IV, cap. xxv, *de Symbolo*), « et cum dicitur ibi : *Et homo « factus est*, debemus genua flectere, quia Christum hominem factum et pro nobis cru- « cifixum adoramus. » Encore aujourd'hui, on fléchit les genoux, ou du moins on s'incline profondément. M. l'abbé Gaume, qui veut bien relire les épreuves de mon travail, me fait observer que ces honneurs sont rendus à Jésus, parce qu'il est mort pour nous, et non parce qu'il est la seconde personne divine, le fils de Dieu. Comme seconde personne de la Trinité, le Fils n'est pas plus honoré que le Père et que le Saint-Esprit. C'est uniquement devant le nom de Jésus que l'on se prosterne, parce que ce nom rappelle directement l'auteur de la rédemption. Quand on dit le fils de Dieu, le Verbe et même le Christ, on ne salue pas plus qu'en prononçant le nom du Père et du Saint-Esprit. Dans le diocèse de Reims, si l'on s'incline au *Filio* du *Gloria Patri*, c'est une exception; partout ailleurs on ne salue qu'à la fin du *Gloria*, pour rendre hommage à la Trinité entière, aux trois personnes réunies. M. l'abbé Gaume est persuadé qu'on rend et qu'on a toujours rendu des honneurs égaux à chacune des trois personnes divines; dans le culte comme dans le dogme, le Fils n'a jamais été plus que le Père et que le Saint-Esprit. Je défère respectueusement à cet avis, et j'aurais corrigé sans peine sur le manuscrit ce que j'ai dit et ce que je vais dire d'opposé à cette conviction; mais il faudrait remanier entièrement plusieurs feuilles d'impression. Ce n'est pas une ou plusieurs phrases que je devrais modifier, mais l'esprit de tout ce chapitre que j'aurais à faire disparaître. Je conserve donc ce qui est imprimé après les explications que je donne et les réserves que je viens de faire.

[2] Dans le symbole des apôtres, sur douze propositions, une seule en quatre mots concerne le Saint-Esprit (*Credo in Spiritum Sanctum*), une seule en neuf mots est relative au Père (*Credo in Deum Patrem, omnipotentem, creatorem cœli et terræ*); mais il y a cinq propositions entières pour Jésus-Christ, lesquelles font matériellement la plus forte moitié de tout le symbole.

DIEU LE FILS. 219

fut le signe qui caractérisa le Fils comme les deux autres personnes; mais cette croix est un insigne qui vient du Christ et dont se parent les deux autres personnes de la Trinité. En outre, la plénitude de l'être, la toute-puissance, ne devrait pas plus appartenir à Jésus-Christ qu'au Père et qu'au Saint-Esprit; car elle réside dans la Trinité et non pas spécialement dans une seule personne. Si l'une des trois personnes divines devait se l'approprier de préférence, ce serait plutôt Dieu le père assurément[1]. Cependant, chez les Grecs surtout, la toute-puissance et la source de l'être sont attribuées très-souvent et presque exclusivement à Jésus-Christ. Ainsi, dans le ciel des grandes coupoles byzantines, brille sur fond d'or la gigantesque figure du Tout-Puissant, du Pantocrator. Ce mot de Tout-Puissant, qui réveille chez nous l'idée du Père plutôt que du Fils ou du Saint-Esprit, est en opposition avec cette figure qui a trente ans, la barbe fine et courte, les traits doux et jeunes. Cette image pourrait donc être celle du Père sous la figure de son fils, comme la rigueur du dogme théologique semblerait le vouloir; mais à côté de l'inscription ὁ Παντοκράτωρ, on lit celle-ci : ΙC ΧC. On ne peut s'y méprendre : c'est Jésus-Christ qui domine l'Église grecque comme il domine le monde. D'ailleurs, dans les croisillons de son nimbe crucifère, on voit ο ων. Ainsi le Christ est tout à la fois l'être et la puissance par excellence. Les beaux manuscrits grecs que la Bibliothèque royale possède peuvent fournir dans plusieurs de leurs miniatures la vérification de ce fait[2].

[1] « Credo in Deum patrem, OMNIPOTENTEM, creatorem cœli et terræ, et in Jesum « Christum, filium ejus unicum, etc. » Le symbole des apôtres attribue donc spécialement la puissance à Dieu le père. Toute la tradition chrétienne est constante à cet égard; dans le chapitre consacré à la Trinité, nous donnerons un texte de Richard de Saint-Victor, qui est formel sur ce point. — Dante (*Divine comédie*, chant x du Paradis) dit également que c'est le Père qui crée et ordonne le monde.

[2] Voyez, entre autres, le manuscrit grec 1128. — Guillaume Durand remarque dans

Jésus-Christ semble donc plus honoré que son père. Le langage usuel en fournit une nouvelle preuve. Dieu le père n'y est pas considéré comme notre souverain, comme notre roi, tandis que nous donnons ce titre à son fils. En tête du nom de Jésus-Christ, on met Notre-Seigneur, comme on dit Notre-Dame en parlant de la vierge Marie. C'est qu'en effet il y a surtout deux personnes qui gouvernent notre cœur, Marie et Jésus, la mère et le fils. Voilà les deux étoiles vivantes qui rayonnent sur la chrétienté.

En iconographie, le Dieu par excellence, c'est Jésus. A toutes les époques et sans interruption, il a été représenté sous toutes les formes par l'art, et l'art est la contre-épreuve des croyances. Au temps où le Père ne montrait que la main, Jésus apparaissait en pied et à tout âge, imberbe ou barbu, à dix-huit ou trente ans. Il faut même dire qu'alors il est très-souvent et presque toujours représenté sous la forme d'un beau, d'un adorable adolescent imberbe, à figure douce, de quinze à dix-huit ans, à longs cheveux abondants et bouclés sur les épaules; il est quelquefois orné d'un diadème ou d'une bandelette au front, comme un jeune prêtre des dieux païens. C'est une figure chérie et que l'art caresse avec amour[1]. A une époque opposée, au XVe siècle, alors que le Père est défiguré par l'art et abaissé à la condition d'un pape usé de vieillesse et

---

le *Rationale* (lib. I, cap. III) que, même dans l'Église latine, la toute-puissance est attribuée à Jésus. Il dit : « Imago Christi... picta ut residens in throno, seu in solio excelso, præ- « sentem indicat majestatem, quasi dicat : Data est ei omnis potestas in cœlo et in terra. »

[1] Voyez les sarcophages dessinés dans la *Roma sotterranea*, édition de Rome, 1632, pages 285, 293, 295. Voyez plusieurs sarcophages trouvés dans les Aliscamps d'Arles et disséminés aujourd'hui dans plusieurs villes du Midi, notamment à Marseille et peut-être à Toulouse. Dans la petite ville de Saint-Maximin, à Tarascon et à Clermont-Ferrand, j'ai vu de ces sarcophages où brille ce Jésus imberbe. Dans un village de l'arrondissement de Reims, dans la cathédrale de Reims même, des sculptures des Xe et XIIIe siècles montrent le même gracieux adolescent entre les pèlerins d'Emmaüs, après sa passion, et dans

tombé en décrépitude, Jésus conserve toute sa beauté, tout son éclat, toute sa dignité. L'art italien est précoce et devance le nôtre de cent ou même deux cents ans; par conséquent, il a trouvé, il a exécuté, un siècle ou deux avant nous, le portrait de Dieu le père. Cependant Buffamalco, dans la première moitié du xive siècle, peignait encore sur les murs du Campo-Santo de Pise Jésus-Christ, et non pas Dieu le père, faisant sortir le monde du néant. Dans la figure de ce créateur, il est impossible de reconnaître le Père éternel. Sa jeunesse, les ondes abondantes de sa chevelure, la finesse et la rareté de sa barbe, la douceur de sa physionomie, trahissent tous les traits qui signalent Jésus-Christ[1]. Dans le dessin suivant, la personne divine, qui fait naître les neuf chœurs des anges sous le souffle de sa bouche et la bénédiction latine de sa main, se révèle encore sous la figure du Fils et non pas sous celle du Père[2]. Ce Dieu de trente à trente-cinq ans tient le globe, image de l'univers qu'il a créé.

les eaux du Jourdain, à son baptême. Dans la cathédrale de Reims, c'est contre la muraille occidentale, et à l'intérieur, qu'on voit ainsi Jésus imberbe. Il se montre jeune et souriant à Moïse, du haut du buisson ardent. Puis il passe, toujours imberbe et toujours plein de sérénité, devant la foule à qui saint Jean dit : « Voici l'agneau de Dieu. » Il convenait bien en effet que cet agneau divin, à forme humaine, fût représenté dans un âge tendre. Enfin Jésus est imberbe lorsqu'il descend dans le Jourdain pour être baptisé par saint Jean. Ces statues et toutes celles qui tapissent la paroi occidentale de cette cathédrale sont des chefs-d'œuvre à soutenir la comparaison devant les plus belles statues de l'antiquité; le geste, l'expression et le dessin sont presque toujours irréprochables.

[1] Le dessin de cette belle peinture est donné plus bas, au chapitre de la Trinité.

[2] Notre dessin est tiré du *Psalterium cum figuris*, Suppl. fr. 1132^a, Bibl. roy. — On remarquera les neufs chœurs des anges, qui sont groupés trois à trois; cette ordonnance est allégorique et se trouve expliquée dans la Céleste hiérarchie de saint Denys l'Aréopagite. Il en sera longuement question dans l'Histoire de l'Ange. Remarquons, cependant et au préalable, que ces neuf chœurs sont identiques dans notre dessin. Il est impossible, faute d'attributs spéciaux, de distinguer les Séraphins, les Chérubins et les Trônes, qui composent le premier groupe; les Dominations, les Vertus et les Puissances, qui forment le second; les Principautés, les Archanges et les Anges, qui entrent dans le troisième. Les Grecs caractérisent les anges beaucoup plus nettement.

65. — LE CRÉATEUR SOUS LA FIGURE DE JÉSUS-CHRIST.
Miniature italienne, fin du xiiie siècle.

Ainsi donc, pendant tout le cours du moyen âge, le fils de Dieu n'a cessé d'être représenté sous toutes les formes possibles. Ici, on ne doit point parler de l'homme divin, ni faire la biographie archéologique de Jésus ; c'est plus tard, et dans un travail à part, qu'on fera l'histoire du Christ depuis son incarnation dans le sein de Marie jusqu'à son ascension. En ce moment, on ne considère Jésus que comme Dieu, que comme seconde personne de la Trinité. La plupart des dessins qui vont suivre montreront donc le Fils dans l'exercice de ses fonctions divines et non humaines. On va le voir parlant à son père près de qui il est assis, ou créant le monde, ou condamnant Adam et Ève au travail, ou enchaînant la mort et foulant aux pieds le lion et le dragon, l'aspic et le basilic; ou remontant au ciel après sa vie terrestre, ou rayonnant dans une gloire, au sein du paradis et les pieds posés sur le ciel; ou porté dans l'immensité de l'espace sur les ailes des Séraphins, ou bénissant le monde du haut du ciel, ou debout sur la montagne sacrée, d'où s'écoulent les quatre fleuves mystiques et du haut de laquelle il donne sa loi à l'univers, son Évangile à ses apôtres; ou jugeant les hommes à la fin des siècles, ou, enfin, vivant au sein de la Trinité entre le Père et le Saint-Esprit. C'est encore sous la forme de l'agneau ou du bon pasteur qu'on le verra, parce que le symbolisme ôte à ces représentations tout caractère humain.

Cependant quelques dessins le montreront homme et naissant dans le sein de la Vierge, plongé dans le Jourdain et baptisé par saint Jean, attaché à la croix et mourant en présence de Marie, sa mère, et de saint Jean, son ami, parce que ces diverses représentations serviront à préciser certains points d'iconographie divine. On donnera aussi plusieurs variétés de croix, parce que la croix sans le crucifié est un symbole comme l'agneau; mais, on le répète, il est question ici de la seconde personne divine, du fils de Dieu et non du fils de l'homme, non de Jésus-Christ ou du divin crucifié.

HISTOIRE DES PORTRAITS DE DIEU LE FILS.

On n'avait pas, contre la représentation du Fils, les raisons ou les prétextes qu'on alléguait contre celle du Père. D'abord le Fils s'était incarné; tout le monde avait vu ses traits, tout le monde pouvait les reproduire. « Puisque, dit le Damascène, celui qui ne peut être vu a pris un corps et s'est montré, fais donc son image. Puisque l'être qui, comme Dieu, n'a ni quantité, ni dimension, ni qualité, a pris la forme d'un esclave, s'est rapetissé à la quantité et à la qualité, s'est revêtu de la forme d'un corps, peins-le sur des tableaux. Montre publiquement celui qui a voulu se montrer. Peins son ineffable humilité pour nous, sa naissance dans le sein d'une vierge, son baptême dans le Jourdain, sa transfiguration sur le Thabor, ses tourments qui nous ont rachetés, ses miracles qui manifestaient sa nature divine et sa puissance, tandis qu'il les accomplissait à l'aide de son corps; sa sépulture qui nous a sauvés, sa résurrection, son ascension au ciel, décris tout cela par des paroles ou par des couleurs, dans des livres ou sur des tableaux [1]. » D'un autre côté les gnostiques étaient dévoués à Dieu le fils. Enfin la théologie déclarait que toutes choses avaient été faites par le Fils ou le Verbe. Toutes ces causes réunies produisirent une innombrable quantité de portraits représentant Jésus.

Les gnostiques, ennemis du Père, avaient proscrit son image ; mais, favorables au Fils, ils peignirent et sculptèrent la figure du Sauveur dans toutes les dimensions et sous toutes les formes. Il paraît même, comme le croit M. Raoul-Rochette, que nous devrions aux gnostiques les premiers portraits de Jésus [2]. « C'est pour l'usage des gnostiques et par la main de ces sectaires, qui avaient entrepris, à di-

---

[1] « Quando is qui cerni non potest assumpta carne se conspicuum præbuerit, tunc il-
« lius deformes imaginem. Quum ille qui in forma Dei existens, ob naturæ suæ excel-
« lentiam, quantitatis, et qualitatis, et magnitudinis est exsors, forma servi accepta, ad
« quantitatem qualitatemque sese contrahens, corporis figuram induerit, tum in tabellis
« eum exprime, palamque conspiciendum propone qui conspici voluit. Ineffabilem ipsius
« demissionem designa, nativitatem ex Virgine, baptismum in Jordane, transfigurationem
« in Thabor, cruciatus illos, quia cruciatus nos exemerunt; miracula quæ cum carnis
« ministerio patrarentur, divinam ipsius naturam et efficaciam promerebant. Salutarem
« Salvatoris sepulturam, resurrectionem, ascensum in cœlum, hæc omnia cum sermone,
« tum coloribus describe, tum in libris, tum in tabellis. » Opp. S. Joh. Damasceni, *Oratio tertia de imaginibus*, t. I, p. 349.

[2] *Discours sur l'art du christianisme*, par M. Raoul-Rochette, in-8°, p. 15-18. M. Ro-

verses époques et sous mille formes différentes, d'opérer une combinaison monstrueuse de quelques-uns des dogmes du christianisme et des superstitions païennes, que furent fabriquées d'abord de petites figures du Christ, dont ils rapportaient le premier modèle à Pilate lui-même, par une supposition qui ne pouvait tromper que les plus ignorants de leurs adeptes. Ces statuettes se faisaient d'or ou d'argent, ou d'autre matière, à l'instar de celles de Pythagore, de Platon, d'Aristote et des autres sages de l'antiquité, que les sectaires exposaient, couronnées de fleurs, dans leurs conciliabules, et qu'ils honoraient toutes d'un même culte. Telle est, en effet, l'assertion positive de saint Irénée [1], confirmée, ou du moins reproduite par saint Épiphane [2]. Cette superstition, qui admettait pareillement les images peintes du Christ, était surtout en vogue chez les gnostiques de la secte de Carpocrate; et l'histoire a conservé le nom d'une femme, Marcellina, affiliée à cette secte, pour la propagation de laquelle elle s'était rendue du fond de l'Orient à Rome, et qui, dans l'espèce de petite église gnostique qu'elle y dirigeait, exposait à l'adoration de ses fidèles des images de Jésus et de saint Paul, d'Homère et de Pythagore. Ce fait, qui repose sur le témoignage grave de saint Augustin [3], se trouve d'ailleurs parfaitement d'accord avec le trait si célèbre de l'empereur Alexandre Sévère, qui avait

chette cite S. Irénée, S. Épiphane, S. Augustin, Lampridius, Jablonsky, Fueldner, Heyne et Bottari; on a conservé toutes ces citations dans l'extrait suivant du Discours.

[1] S. Iren. *Advers. hæres.* lib. I, cap. xxv, § 6, édition de Massuet.

[2] S. Epiphan. *Hæres.* xxvii, § 6. Voyez à ce sujet la dissertation de Jablonsky, *de Origine imaginum Christi Domini in Ecclesia christiana,* § 10, dans ses *Opuscul. philol.* t. III, p. 394-396.

[3] S. Augustin, *de Hæresib.* cap. vii : « Sectæ ipsius (Carpocratis) fuisse traditur socia « quædam Marcellina, quæ colebat imagines Jesu et Pauli, et Homeri et Pythagoræ, « adorando incensumque ponendo. » (Voyez la dissertation de Fueldner, sur les carpocratiens, dans le *Dritte Denkschrift der Hist. theol. Gesellschaft zu Leipzig*, p. 267 et suiv.)

placé dans son laraire, entre les images des philosophes et des princes les plus révérés, les portraits du Christ et d'Abraham, opposés à ceux d'Orphée et d'Apollonius de Tyane, et qui leur rendait indistinctement un culte divin [1]; en sorte qu'on ne saurait douter que cette association bizarre n'ait eu lieu dans le sein de certaines écoles néoplatoniciennes, comme de plusieurs sectes gnostiques; et de là on peut conclure que c'est par le fait de ces images fabriquées de main gnostique, que les chrétiens se laissèrent induire à les adopter pour leur propre usage, à mesure que l'opinion de l'église se relâcha de son ancienne aversion pour les monuments de l'idolâtrie [2]. Il y a toute apparence, en effet, que, dès le commencement du IIIe siècle, les images du Christ circulaient dans les mains des fidèles, de ceux du moins du dernier ordre, particulièrement à Rome, où le gnosticisme avait obtenu à cette époque tant de faveur et gagné tant de prosélytes. »

Les images miraculeuses, que n'avait pas faites la main des hommes, et qui pour cela étaient dites *acheiropoiètes*; l'image vraie ou apocryphe peinte sur le voile de sainte Véronique; les portraits attribués à Nicodème, à Pilate ou à saint Luc; les portraits qui avaient cours du temps d'Eusèbe; la statue érigée à Jésus-Christ, dans la ville de Panéas, par l'hé-

---

[1] Æl. Lamprid. *in Alexandr. Sever.* cap. XXIX : « In larario suo, in quo et divos prin-
« cipes, sed optimos (et) electos, et animas sanctiores, in queis et Apollonium, et,
« quantum scriptor suorum temporum dicit, Christum, Abraham et Orpheum, et hujus-
« modi ceteros, habebat, ac majorum effigies, rem divinam faciebat. » Telle est, pour l'emploi de ce texte, la leçon proposée par Heyne. (Voyez sa dissertation *de Alexandr. Sever. Imp. religion. miscell. probant. etc.* dans ses *Opuscul. Academ.* t. VI, p. 169-281; voyez encore à ce sujet la dissertation de Jablonsky, *de Alexandro Severo, imperatore Romano, christianorum sacris per gnosticos initiato*, dans ses *Opuscul. philol.* t. IV, p. 38-79.)

[2] « Telle est aussi l'induction, dit M. Raoul-Rochette, que tire de ces témoignages le pieux et savant Bottari, *Pitture e sculture sacre*, t. I, p. 196; et son opinion, formée dans le sein de l'orthodoxie catholique, est restée celle des antiquaires romains. »

morroïsse que Jésus avait guérie[1] : tous ces faits, vrais ou faux, mais dont la tradition écrite remonte aux premiers siècles de notre ère, prouvent que le fils de Dieu était souvent représenté par la sculpture ou la peinture, même à l'aurore du christianisme. Saint Jean Damascène dit qu'une tradition, anciennement accréditée et qui régnait de son temps, reconnaissait Jésus comme auteur d'un de ses propres portraits. Abgare, roi d'Édesse, ayant appris, dit le Damascène, tout ce qu'on racontait du Seigneur, s'enflamma de l'amour divin. Il envoya des ambassadeurs au fils de Dieu pour l'inviter à venir le voir. Dans le cas d'un refus du Seigneur, il chargea ses députés de faire tirer son portrait par un peintre. Jésus, à qui rien n'est caché et qui peut tout, ayant connu le dessein d'Abgare, prit un morceau d'étoffe, y appliqua sa figure, et y peignit sa propre image. Cette image, parfaitement conservée, se garde encore aujourd'hui, ajoute le Damascène[2].

A cette époque circulait une description détaillée de la figure de Jésus-Christ. Le signalement qu'on va lire, et qui est d'une grande valeur, fut envoyé au sénat romain par P. Lentulus, proconsul en Judée avant Hérode. Lentulus avait vu le

---

[1] Fabricius, *Codex apocryphus Novi Testamenti.*

[2] Opera S. Joh. Damasceni, in-f°, vol. I, *Oratio prim. de imaginibus,* p. 320, édit. de Lequien, Paris, 1712. « Antiquitus tradita narratio ad nos usque pervenit Abgarum « scilicet, Edessæ regem, auditis quæ de Domino ferebantur, divino succensum ardore, « legatos misisse, qui eum ad se invisendum invitarent; sin vero abnueret, mandat ut « pictoris opera imaginem ejus exprimant. Quod cum sciret ille cui nihil obscurum est « quique omnia potest, accepto panno, suæque faciei admoto, propriam effigiem appinxisse. « Quæ ad hæc usque tempora servatur incolumis. » — Le Damascène ajoute, pag. 631 et 632 du même volume : « Quin et ipse omnium Salvator et Dominus, cum adhuc in terra « ageret sancti vultus sui expressam in texto lineo effigiem, Augaro cuidam magnæ « Edessenorum civitatis regulo per Thaddæum apostolum misit. Divino namque sui vultus « absterso sudore, cuncta illius lineamenta in linteo servavit. Quam effigiem præmagni- « fica celeberrimaque Edessenorum civitas ad hunc usque diem, haud secus atque scep- « trum regium retinens, præclare gloriatur et exsultat. »

Christ et l'avait fait poser devant lui, en quelque sorte, pour dessiner ses traits et sa physionomie. Ce portrait, tout apocryphe qu'il soit, n'en est pas moins un des premiers que nous connaissions; il date des premiers temps de l'Église, et les plus anciens Pères l'ont mentionné. Lentulus écrit donc au sénat : « Dans ce temps apparut un homme, qui vit encore et qui est doué d'une grande puissance : son nom est Jésus-Christ. Ses disciples l'appellent fils de Dieu; les autres le regardent comme un prophète puissant. Il rappelle les morts à la vie; il guérit les malades de toute espèce d'infirmités et de langueurs. Cet homme est d'une taille haute et bien proportionnée; sa physionomie est sévère et pleine de vertu, de façon qu'à le voir on puisse l'aimer et le craindre aussi. Les poils de sa tête ont la couleur du vin, et, jusqu'à la naissance des oreilles, sont droits et sans éclat. Mais, des oreilles aux épaules, ils brillent et se bouclent. A partir des épaules, ils descendent dans le dos, distribués en deux parties à la façon des Nazaréens. Front pur et uni, figure sans tache et tempérée d'une certaine rougeur, physionomie noble et gracieuse. Le nez et la bouche sont irréprochables. La barbe est abondante, de la couleur des cheveux, et fourchue. Les yeux sont bleus et très-brillants. A reprendre et à blâmer, il est redoutable; à instruire et exhorter, il a la parole aimable et caressante. La figure est d'une gravité et d'une grâce merveilleuses. Personne ne l'a vu rire une seule fois; mais on l'a vu plutôt pleurer[1]. Élancé de corps, il a les mains droites et longues, les bras charmants. Grave et mesuré dans ses discours, il est sobre

[1] Le texte n'est pas suffisamment clair, et la rigueur grammaticale voudrait peut-être : *Personne ne l'a vu rire, et pas même pleurer.* Mais l'Évangile déclare que Jésus a pleuré sur Lazare et sur Jérusalem. Une des larmes versées par le Christ était honorée spécialement à Vendôme, qui la possédait. Le P. Mabillon a fait sur cette larme une lettre qui est célèbre.

de paroles. De figure, il est le plus beau des enfants des hommes [1]. » C'est d'après cette ancienne description que l'empereur Constantin avait fait peindre les portraits du fils de Dieu. Au viiie siècle, du temps de saint Jean Damascène, les principaux linéaments de cette figure remarquable avaient persisté comme ils persistent encore. La chevelure et la barbe, d'une couleur peu déterminée dans la lettre de Lentulus, car le vin peut être blond, doré, rouge ou violet, se caractérisent nettement dans le Damascène, qui ajoute encore la couleur de tout le visage. Du reste, comme Lentulus, le Damascène se prononce pour la beauté du Christ, et reproche durement aux manichéens l'opinion contraire. Ainsi donc le Christ, qui avait pris la forme d'Adam, reproduisait exactement les traits de la vierge Marie. « Taille élevée, sourcils abondants, œil gracieux, nez bien proportionné, chevelure bouclée, attitude légèrement courbée, couleur élégante, barbe noire, visage ayant la couleur du froment comme celui de sa mère, doigts longs, voix sonore, parole suave. Extrêmement agréable de caractère, il est calme, résigné, patient, entouré de toutes les vertus que la

[1] « Hoc tempore vir apparuit et adhuc vivit, vir præditus potentia magna ; nomen « ejus Jesus Christus. Homines eum prophetam potentem dicunt ; discipuli ejus filium « Dei vocant. Mortuos vivificat, et ægros ab omnis generis ægritudinibus et morbis sanat. « Vir est altæ staturæ proportionate, et conspectus vultus ejus cum severitate et plenus « efficacia, ut spectatores amare eum possint et rursus timere. Pili capitis ejus vinei « coloris usque ad fundamentum aurium, sine radiatione, et erecti ; et a fundamento « aurium usque ad humeros contorti ac lucidi ; et ab humeris deorsum pendentes, bifido « vertice dispositi in morem Nazaræorum. Frons plana et pura ; facies ejus sine macula, « quam rubor quidam temperatus ornat. Aspectus ejus ingenuus et gratus. Nasus et os « ejus nullo modo reprehensibilia. Barba ejus multa, et colore pilorum capitis, bifur- « cata. Oculi ejus cœrulei et extremè lucidi. In reprehendendo et objurgando formida- « bilis ; in docendo et exhortando blandæ linguæ et amabilis. Gratia miranda vultus cum « gravitate. Vel semel eum ridentem nemo vidit, sed flentem imo. Protracta statura « corporis, manus ejus rectæ et erectæ, brachia ejus delectabilia. In loquendo ponde- « rans et gravis, et parcus loquela. Pulcherrimus vultu inter homines satos. » (*Codex apocryphus Nov. Testam.* ap. Fabricium, Hamburgi, 1703 ; Iª pars, pag. 301, 302.)

raison se figure dans un Dieu homme [1]. » En Occident, cent ans après le Damascène, Jésus-Christ apparaissait toujours ainsi. Saint Anschaire, archevêque d'Hambourg et de Brême, le vit haut de taille, habillé à la manière des Juifs, beau de visage. Les regards du Christ lançaient, comme une flamme, la splendeur de sa divinité; mais sa voix était pleine de douceur [2].

Voici maintenant ce que nous donnent les monuments. Nous ne tiendrons pas compte des abraxas gnostiques, ni des tessères chrétiennes en pierre ou en métal, ni même de certaines peintures des catacombes de Rome, et qui, abraxas, tessères et peintures, portent l'image du Christ; car ces monuments sont de date très-contestée et fort contestable. Mais nous prenons en masse les plus anciens monuments chrétiens, c'est-

[1] « Qui cum impollutis manibus formaverit hominem, homo ipse ex sancta Virgine ac
« Dei genitrice Maria sine mutatione aut variatione factus, carni communicavit et san-
« guini, animal rationale, intelligentiæ et scientiæ capax, trium forte cubitorum magni-
« tudine, carnis crassitie circumscriptus, nostræ simili forma conspectus est, maternæ
« similitudinis proprietates exacte referens, Adamique formam exhibens. Quocirca de-
« pingi eum curavit (Constantinus Magnus), quali forma veteres historici descripsere :
« præstanti statura, confertis superciliis, venustis oculis, justo naso, crispa cæsarie, sub-
« curvum, eleganti colore, nigra barba, tritici coloris vultu pro materna similitudine,
« longis digitis, voce sonora, suavi eloquio, blandissimum, quietum, longanimem, pa-
« tientem, hisque affines virtutis dotes circumferentem, quibus in proprietatibus Dei
« virilis ejus ratio repræsentatur; ne qua mutationis obumbratio, aut diversitatis variatio
« in divina Verbi humanatione deprehenderetur veluti Manichæi deliraruntl. » (Opp. S.
Joh. Damas. tom. I, p. 630, 631). — La barbe du Christ, ordinairement roussâtre aujourd'hui, était noire à cette époque.

[2] « Ecce vir per ostium veniebat, statura procerus, judaico more vestitus, vultu
« decorus; ex cujus oculis splendor divinitatis, velut flamma ignis, radiabat. Quem
« intuitus, omni cunctatione postposita, Christum Dominum esse credebat, atque pro-
« currens ad pedes ejus corruit. Cumque prostratus in facie jaceret, ille ut surgeret im-
« peravit. Cumque surgens coram illo reverenter adstaret, atque præ nimio splendore
« oculis ipsius emicante in faciem ejus intendere non valeret, blanda voce illum allocutus
« est. » (Act. SS. Ord. S. Bened. VIe vol. Vie de S. Anschaire). Saint Anschaire est
mort vers 864. Sa vie a été écrite par saint Rembert, son disciple et son successeur.
Saint Anschaire, comme on le voit, ajoute le costume aux détails des descriptions précédentes, et s'appesantit sur l'éclat extraordinaire des yeux.

à-dire les fresques des catacombes, les premiers sarcophages, les plus vieilles mosaïques; puis de là nous passons aux manuscrits à miniatures, aux chapiteaux des églises romanes, aux voussures et aux vitraux des églises gothiques. Voici donc ce que nous observons.

Dans la série des monuments, deux faits iconographiques se développent parallèlement. La figure du Christ, jeune d'abord, vieillit de siècle en siècle, à mesure que le christianisme gagne lui-même en âge. La figure de la Vierge, au contraire, vieille dans les catacombes, se rajeunit de siècle en siècle; de quarante ou cinquante ans qu'elle avait à l'origine, elle n'a plus que de vingt à quinze ans sur la fin de l'époque gothique. A mesure que le fils vieillit, on voit la mère rajeunir. Vers le XIIIe siècle, Jésus et Marie portent le même âge, trente ou trente-cinq ans à peu près. La mère et l'enfant, qui s'étaient rencontrés alors, se quittent ensuite pour s'éloigner de plus en plus[1]. Cette jeunesse du Christ, qu'on remarque dans les plus anciens monuments chrétiens, est un fait dominant et des plus curieux. C'est ainsi que Jésus apparaît sculpté sur les sarcophages, peint sur les fresques et dans les mosaïques. Jésus est un beau jeune homme de vingt ans; un gracieux adolescent de quinze, sans barbe, à figure ronde et douce, tout resplendissant d'une jeunesse divine, comme les païens représentaient Apollon, comme les chrétiens figurent les anges. Il est assis sur une

[1] Dans Saint-Pierre de Rome, on admire un groupe de la Vierge et du Christ mort sculpté par Michel-Ange; c'est le seul ouvrage que le grand artiste ait signé. « Ce chef-d'œuvre, » dit Vasari, « couvrit de gloire Michel-Ange et étendit sa renommée au loin. Il y eut cependant des sots qui prétendirent que l'artiste avait donné au visage de la Vierge un trop grand air de jeunesse. Ces ignorants ne savent donc pas que les femmes chastes et pures conservent longtemps les grâces de la jeunesse? Il devait en être autrement pour le Christ, qui avait essuyé toutes les vicissitudes de l'humanité. » (Vasari, *Vies des Peintres*, Vie de Michel-Ange, trad. et annot. par MM. Leclanché et Jeanron, t. V). L'explication que Vasari donne de la jeunesse de la Vierge et de l'âge avancé du Christ est très-curieuse.

chaise curule, comme un jeune sénateur, dont il porte la longue robe et la toge; ou bien il est debout sur la montagne mystique d'où partent les sources des quatre fleuves sacrés[1]; il est chaussé de sandales attachées par des bandelettes; il tend le bras droit et ouvre la main; il tient à la gauche le volume antique déployé ou roulé. C'est une charmante figure qui ne ressemble en rien aux figures du Christ consacrées depuis par l'art chrétien.

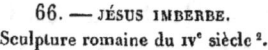

66. — JÉSUS IMBERBE.
Sculpture romaine du IVe siècle[2].

On pourrait croire que ce Jésus représente l'enfant divin enseignant dans le temple avant sa prédication, et que cette jeunesse est un âge naturel et non pas symbolique. Mais Jésus

---

[1] « Quatuor paradisi flumina quatuor sunt evangelia ad prædicationem cunctis gen-
« tibus missa. (S. Eucher, in Genes. lib. I, cap. III). (Cf. Bède, Isidore de Séville et G.
Durand.) Bède (in Genes. cap. II) dit: « Quatuor paradisi flumina, quatuor evangelistæ. »
Page 44, pl. 23, nous avons donné un agneau de Dieu debout sur un monticule d'où
s'échappent les quatre fleuves symboliques. Plus bas, page 308, pl. 75, on voit Jésus et
son agneau divin; ils sont debout tous deux sur la montagne aux quatre sources, et
sont accompagnés de six apôtres figurés de même en six agneaux.

[2] Ce jeune Dieu fait partie des sculptures qui décorent le célèbre tombeau de Junius

ainsi représenté pose les pieds sur le ciel, où il est remonté après son ascension, ou bien il donne ses dernières instructions à ses apôtres, ou bien il condamne au travail Adam et Ève; tous actes antérieurs à sa naissance humaine ou postérieurs à sa mort. De plus on le voit ainsi accomplissant les merveilles de sa vie : ressuscitant Lazare, guérissant l'aveugle-né, le paralytique et l'hémorroïsse; bénissant et multipliant les pains et les poissons; enfin on le voit devant Pilate qui le condamne à mort. Or tout cela s'est fait pendant la vie publique de Jésus, après son baptême, et lorsqu'il avait de trente à trente-trois ans. Il ne peut y avoir de doute; ce n'est pas l'enfant, c'est l'homme. Mais cet homme, qui a plus de trente ans dans l'histoire, n'en a que douze, quinze ou vingt dans l'art. L'art a donc exprimé, par ce fait, une idée que nous tâcherons de faire connaître; mais, auparavant, il faut achever de signaler ces portraits de Jésus.

Dans la première et la seconde période de l'art chrétien, c'est-à-dire du IIe ou du IIIe siècle jusqu'au Xe, jusqu'au règne des premiers Capétiens, le Christ est représenté le plus souvent jeune et imberbe. Cependant ce n'est pas en vain que Lentulus et le Damascène ont déclaré que le Christ, comme un homme mûr, portait une barbe abondante, fourchue, noire ou colorée comme le vin. A côté de ces Jésus imberbes,

---

Bassus. Bassus est mort en 359, et le sarcophage paraît dater de cette époque. Sous ce Jésus, qui donne ses instructions à ses deux grands apôtres, saint Pierre et saint Paul, on voit le Dieu, jeune et imberbe, assis sur une ânesse et prêt à faire son entrée dans Jérusalem. Cette extrême jeunesse est donc symbolique et non pas naturelle; car Jésus, lors de son entrée dans Jérusalem, le jour des Rameaux, avait au moins trente-trois ans. Suivant saint Irénée, Jésus-Christ était encore plus âgé. Guillaume Durand dit :
« Et nota quod Christus completis triginta duobus annis et mensibus tribus, vel, secun-
« dum Chrysostomum, triginta tribus et dimidio, crucifixus est eadem die qua conceptus
« est de Virgine, scilicet in sexta feria quæ fuit octavo kalend. aprilis. » (*Rat. div. off*.
lib. VI, cap. LXXVII, de die Parasceves, n° 28.)

et à la même époque, nous avons des Jésus barbus, beaux hommes de trente à trente-cinq ans, qui ne démentent pas les descriptions que nous venons de lire. Les sarcophages et les peintures des catacombes, les anciens tombeaux d'Arles, nous offrent de ces Jésus âgés et barbus; mais ils sont beaucoup moins nombreux que les autres [1], et l'on pourrait dire, à la rigueur, qu'ils font exception. Un des sarcophages du Vatican présente même une particularité intéressante [2]. Le Christ y est figuré dans quatre scènes différentes : dans l'une, celle où il guérit l'hémorroïsse, qui se jette à ses pieds, il est barbu; mais dans les trois autres, où il donne sa loi à ses apôtres [3], où il prédit son reniement à saint Pierre, où il comparaît devant Pilate, il est jeune et imberbe. Jusqu'aux Capétiens, c'est ce type de la jeunesse, de la grâce, de la beauté délicate et de la bonté charmante qui prédomine. Hroswitha, la célèbre religieuse du couvent de Gandersheim, en basse Saxe, voit encore le Christ en jeune homme. Dans sa comédie de *Callimachus*, où elle met en scène la résurrection de Drusiana par saint Jean évangéliste, l'apôtre ami du Christ dit à Andronicus, mari de Drusiana : « Voyez, Andronicus! le Dieu invisible se montre à vous sous une forme visible. Il a pris les traits d'un beau jeune homme [4]. »

Ainsi, à la fin du xe siècle, sous l'empereur Othon II, le Christ

---

[1] *Roma sotter.* pag. 61, 63, etc. Dans l'Histoire du nimbe et dans celle de Dieu le Père, nous avons donné plusieurs dessins où Jésus est barbu; nous allons en voir d'autres encore.

[2] Il est gravé dans la *Roma sotter.* p. 85 et 87. Le sarcophage de la page 63 reproduit le même fait. Là, aux Rameaux et devant Pilate, Jésus se montre imberbe; mais il est barbu lorsqu'il donne sa loi à ses apôtres. Ce Jésus barbu est le Jésus aux sept agneaux que nous donnerons plus bas, page 308, planche 75.

[3] Nous avons donné ce sujet page 30, pl. 18.

[4] Voyez, à la bibliothèque Mazarine, *Opera Hrosvite, illustris virginis et monialis germane* (sic) *gentis Saxonia orte, nuper a Conrado Celte inventa.* C'est un petit in-folio rarissime, avec gravures et ornements sur bois du xve siècle.

est encore un adolescent, un jeune homme imberbe. Mais, aux approches de l'an mil, tout s'était rembruni. La croyance à la fin du monde ne fut peut-être pas aussi répandue qu'on l'a dit, et l'on a probablement exagéré son influence sur l'art. Cependant les événements qu'on venait de traverser étaient sombres; les mœurs d'où l'on sortait à peine étaient grossières, et la société ecclésiastique, livrée aux hommes d'armes et à la violence, ne pouvait plus se contenter de ce jeune Dieu si miséricordieux, qui guérit toutes les infirmités, soulage toutes les misères et sourit constamment à tous. Il lui fallait un Dieu plus sévère pour effrayer les descendants de ces Normands qui avaient mis la France à feu et à sang. Donc, dès le XIe siècle, le Xe même, les artistes font de Jésus-Christ un homme dur d'attitude et triste de physionomie. Au jugement dernier, le Christ est inexorable d'expression lorsqu'il condamne les méchants. C'est aux damnés, et non aux élus, qu'il s'adresse; on le voit foudroyant ceux-là de ses regards au lieu de rassurer ceux-ci de sa parole. Dans les sarcophages et les fresques, même dans les mosaïques anciennes, on s'était attaché à représenter les miracles de Jésus, les faits de cette vie bienfaisante qui se passe à guérir les maladies du corps et à charmer les souffrances de l'âme[1]. De la Passion on n'avait indiqué que le commencement, et de ce commencement on avait écarté la Cène, l'agonie du jardin des Oliviers, la trahison de Judas, la prise de Jésus, pour ne montrer que la condamnation au moment où Pilate se lave les mains en s'écriant qu'il est innocent de la mort de ce juste. Mais, du Xe siècle au XIIe, on se contente d'indiquer, on traite en passant, ou l'on saute totalement des miracles de charité, pour développer en détail tous les épisodes de la Passion

---

[1] C'est au Jésus de cette époque surtout qu'on peut constamment appliquer le « per-« transiit benefaciendo » de l'Évangile.

jusqu'au crucifiement. Au jugement dernier, Jésus n'est plus imberbe, souriant et assis sur le ciel ou le monde personnifiés ; mais on le voit barbu, sévère, inexorable.

Un motif affectionné par les premiers chrétiens, et reproduit à satiété sur les sculptures et les peintures des catacombes, a totalement disparu à partir de l'an mil ; c'est celui du bon Pasteur. Dans les siècles primitifs, on est ému par le passage de l'Évangile où Jésus se compare au bon pasteur qui abandonne dans le désert son troupeau tout entier pour aller à la recherche d'une brebis égarée, et qui, l'ayant retrouvée, la met sur ses épaules, et, malgré le poids du fardeau, la longueur et la difficulté du chemin, la ramène avec joie au bercail [1]. Alors on s'ingénie à représenter cette scène dans toutes ses variétés possibles, et l'on invente mille modifications dans le but de faire éclater de plus en plus la bonté du Sauveur. Mais du XIe siècle jusqu'au XVIe, les monuments figurés n'offrent plus aucune trace de cette consolante parabole. On dirait que le cœur de Jésus s'est endurci par l'ingratitude de ses brebis, si douces et si chéries autrefois [2].

Le christianisme a passé le printemps, où tout sourit, pour entrer dans l'été, où la nature est puissante, mais orageuse, alors que toutes choses mûrissent sous les âpres ardeurs du soleil, et que les grondements du tonnerre effrayent les imaginations.

Le but que se proposaient les artistes et le clergé, en faisant le Christ jeune et souriant dans la première période de l'art, vieux et sévère dans la seconde, était bien de charmer et d'épouvanter les âmes, car on lit l'intéressante histoire qui suit dans Orderic Vital, né en 1075, et qui écrivait son His-

[1] S. Luc, ch. xv, v. 4-6.
[2] Voyez plus bas, page 321 et note 2, page 320, un dessin et des remarques sur la figure du bon Pasteur.

toire de Normandie dans les premières années du XIIe siècle.

« Un jour des chevaliers oisifs jouaient et causaient ensemble dans la salle du château de Conches; ils s'entretenaient, comme c'est l'usage de telles personnes, de différents sujets, en présence de madame Élisabeth. Alors l'un d'entre eux parla ainsi : « J'ai eu dernièrement un songe dont j'ai été fort effrayé;
« je voyais le Seigneur attaché à la croix, ayant le corps tout
« livide, se tourmentant par excès d'angoisses, et me consi-
« dérant avec un regard terrible. » Comme il racontait ces choses, ceux qui étaient présents dirent : « Ce songe est grave
« et fait pour effrayer; il paraît vous menacer de la part de
« Dieu d'un jugement horrible. » Cependant Baudouin, fils d'Eustache, comte de Boulogne, ajouta : « Et moi aussi, der-
« nièrement, je voyais en songe le Seigneur Jésus pendant à
« la croix, mais brillant et beau. Il me souriait agréablement,
« et, me bénissant de la main droite, il fit le signe de la croix
« avec bonté sur ma tête. » Les assistants répondirent : « Une
« telle vision paraît vous annoncer la douceur d'une grande
« grâce. » ..... Peu après ..... le premier chevalier reçut une blessure mortelle dans une certaine expédition, et périt sans confession et sans viatique. Quant à Baudouin, gendre de Raoul de Conches, il prit la croix du Seigneur sur l'épaule droite, et, par l'ordre du pape Urbain, il fit partie de l'heureux pèlerinage contre les païens..... Il fut fait gouverneur de Ragès ou d'Édesse; quelques années après, à la mort de son frère Godefroy, il posséda longtemps le royaume de Jérusalem[1].

Les Christs de cette période sont plus souvent terribles, comme celui du chevalier mort sans viatique et sans confes-

---

[1] Orderici Vitalis uticensis monachi *Ecclesiast. Hist.* lib. VIII, ad annum 1090, p. 688 et 689, dans Duchesne, *Hist. norm. script.* — Voyez l'excellente édition d'Orderic Vital que M. Aug. Leprévost publie en ce moment.

sion, que brillants et beaux comme le Christ de Baudouin. Cependant on ne passe pas sans transition des portraits presque toujours jeunes aux portraits constamment âgés ; dans certaines localités, plus douces de mœurs ou plus en retard sur la coutume régnante, on rencontre quelquefois encore des Jésus souriants et jeunes. A partir du XIIe siècle, ces exceptions deviennent de plus en plus rares. Jésus s'attriste davantage et se montre surtout à sa passion et au dernier jugement. Alors il est vraiment redoutable; c'est bien le « Rex tremendæ ma-« jestatis » de notre DIES IRÆ ; c'est presque le Dieu des Juifs voulant que la crainte soit le commencement de la sagesse [1]. Dans les Jugements derniers sculptés aux voussures et peints aux rosaces de nos cathédrales, le Christ semble insensible aux prières de sa mère, qui est placée à sa droite; de saint Jean évangéliste, son ami, ou de saint Jean-Baptiste, son précurseur, qui sont placés à sa gauche. Il écrase les méchants en leur montrant les trous de ses mains, de ses pieds et de son côté; il les noie dans le sang qui coule de ses plaies. Les Grecs, plus hébraïsants que les Latins, ont un Christ plus terrible encore. Les fresques byzantines appliquées contre le mur occidental, en dedans[2] et même en dehors[3], représentent ordinairement le Jugement dernier. Là, on voit le Christ assis sur un trône ; il est entouré d'anges qui tremblent de frayeur en entendant les redoutables malédictions qu'il lance sur les pécheurs. Non-seulement ce Dieu est juge comme chez nous, mais il exécute lui-même son jugement. A peine a-t-il porté la sentence de réprobation, qu'à sa voix un fleuve de feu sort de son trône, de dessous ses pieds, et dévore les coupables. Ces re-

---

[1] « Initium sapientiæ timor Domini. » Psaume CX, v. 10.

[2] Comme dans l'église principale du couvent de Salamine, appelé *Panagia-Phaneroméni*.

[3] Comme dans la grande église du couvent de Vatopédi, au mont Athos.

DIEU LE FILS.   239

présentations, traitées ordinairement avec un talent remarquable, traduisent littéralement un texte de saint Jean de Damas qui fait autorité aujourd'hui encore[1]. Le christianisme de l'Orient est beaucoup moins doux et bienveillant que le nôtre. Ainsi, au couvent de Sainte-Laure du mont Athos, on voit, dans un médaillon d'où partent des flammes, Jésus-Christ peint en buste. Le fils de Dieu tient de la main gauche un livre ouvert, et de la droite une épée nue. On sent comme revivre, dans une pareille représentation, la religion païenne, la religion de la force, ou tout au moins le judaïsme de Moïse et d'Isaïe. On dirait que le Christ du mont Athos donne à choisir entre la foi et la mort, entre le livre et le glaive. Cette peinture, qui est du XVIᵉ siècle, semble trahir en outre comme un esprit mahométan. Les Grecs ont beaucoup pris aux Turcs, et ce Christ de Sainte-Laure en est une preuve intéressante ; on croirait que Jésus s'est déguisé en Mahomet. C'est effectivement avec le Coran d'une main et le cimeterre de l'autre que s'opéraient

[1] Voici le texte du Damascène : « Nam, rogo, ubi repræsentante imagine secundum « Christi Dei nostri adventum inspexeris, quando veniat in majestate; angelos item in- « numera multitudine cum timore et tremore ejus adsistentes throno ; IGNEUM FLUMEN, « quod de throno egrediens peccatores devorat. » (Opp. S. Joh. Damas. *Oratio adversus Constantinum Cabalinum*, vol. I, p. 619.) Dans le manuscrit d'Herrade (*Hort. delic.*), qui est de 1180, on voit, au Jugement dernier, le Christ assis sur un arc-en-ciel ; il est dans une auréole ovale, posant ses pieds percés et saignants sur un second arc-en-ciel, montrant ses mains saignantes et son côté ouvert et saignant. Sous cette redoutable figure, on lit : « Deus manifeste veniet et non silebit ; ignis in conspectu ejus exardescet, « in circuitu ejus tempestas valida. Ignis ante ipsum precedet et inflammabit in circuitu « inimicos ejus. » Ce feu, comme dans les peintures grecques et dans le texte du Damascène, sort des pieds du Christ et va envelopper les faux prophètes « qui per inspi- « rationem et incantationem immundorum spirituum ventura predixerunt, vel qui vera « dixerunt et falsa operati sunt. — Omnes superbi et omnes facientes impietates erunt « quasi stipula. » — On voit que rien n'est plus conforme aux opinions et à l'art de l'Orient. Il fallait que l'esprit byzantin fût bien puissant dans le couvent de Sainte-Odile, pour que des femmes et des religieuses de notre pays prissent un parti aussi violent dans la représentation du Jugement dernier.

les conquêtes religieuses de Mahomet et de ses successeurs. Conformément au génie grec et au texte du Damascène, le manuscrit de Panselinos recommande aux peintres de faire le Christ terrible au jugement dernier; il en donne cette description : « Le Christ est assis sur un trône élevé et de feu; il est vêtu de blanc et lance la foudre au-dessus du soleil. Tous les chœurs des anges sont saisis de frayeur et tremblent devant lui. De la main droite il bénit les saints; mais de la gauche il indique aux pécheurs le lieu des gémissements..... Un fleuve de feu sort des pieds du Christ; les démons y précipitent les méchants...... Les prophètes sont à droite et à gauche du jugement avec des rouleaux. Malachias dit: « Voici : le jour « vient ardent comme une fournaise, pour consumer les enne- « mis et ceux qui commettent l'iniquité. Le Seigneur tout- « puissant les châtiera au jour du jugement et donnera leur « chair au feu et aux vers [1]. »

A partir de la seconde période, du XIe au XVIe siècle, le Christ est donc un homme dans la force de l'âge; il a toujours de trente-cinq à quarante ans : il est constamment barbu, jamais souriant, et sa figure est sérieuse quand elle n'est pas triste. C'est un fait des plus extraordinaires que de rencontrer un Christ imberbe et d'une expression satisfaite. Cette anomalie est cependant offerte par la cathédrale de Reims et par une sculpture de la fin du XIIIe siècle, pour ne pas dire du commencement du XIVe. Mais la cathédrale de Reims est un édifice exceptionnel et tout rempli de particularités qui contredisent les autres monuments de la même époque.

Aux XIIIe et XIVe siècles, naît et se pratique un motif iconographique dont il sera question avec développements dans le chapitre relatif à la Trinité. Alors on représente Dieu le père

---

[1] Ἑρμηνεία τῆς ζωγραφικῆς. Le Christ lançant la foudre rappelle bien le Jupiter tonnant.

assis dans le ciel et tenant entre ses bras son fils attaché à la croix. Ainsi le crucifié se voit non-seulement sur la terre, où il meurt au milieu des souffrances qui déforment son beau corps, mais il vient encore attrister le ciel de ses cruelles angoisses. Désormais la croix, instrument de son supplice, n'abandonnera que rarement Jésus, même quand on le montrera triomphant après sa mort. Assurément la croix entre les mains de Jésus est pour les chrétiens ce que l'arc-en-ciel dans les nuées est pour Noé et sa race : l'arc annonce qu'il n'y aura plus de déluge, et la croix, que le monde est désormais sauvé. Dieu, après la sortie de l'arche et après la mort de son fils, fait une alliance éternelle avec l'homme; il sauve son corps après le déluge, il sauve son âme après la passion de Jésus. Mais cependant la croix, qui est un signe de paix pour les gens de bien, est en même temps un étendard de colère pour les méchants; elle rassure et elle épouvante tout à la fois.

Aux xve et xvie siècles, on renchérit encore sur la tristesse des époques antérieures. Les ecce-homo, les crucifix, les descentes de croix, les Christs au tombeau, sont réellement à la mode; mais nous devons les signaler sans nous y arrêter : ici, on le répète, il s'agit du fils de Dieu, et considéré dans sa nature divine et non dans sa nature humaine. Les crucifix suivent eux-mêmes une progression de tristesse remarquable. Dans les temps primitifs, on voit la croix, mais sans le divin crucifié[1]. Vers le vi^e siècle, on parle d'un crucifix exécuté à Narbonne[2]; mais c'est un fait étrange et qui est signalé pour

---

[1] La petite statue qui vint se placer miraculeusement sur la croix exécutée par Marc, artiste contemporain de Dioclétien, représentait Emmanuel et non le Crucifié. Emmanuel, jeune et imberbe, se posa sur la croix entre les archanges Michel et Gabriel, mais il n'y était pas attaché. (Voyez Labbe, *Conciliorum collectio maxima*, t. VII, col. 768, deuxième concile de Nicée.)

[2] «Est et apud Narbonensem urbem, in ecclesia seniore quæ beati Genesii martyris

sa nouveauté. Au x‍e siècle, quelques crucifix apparaissent çà et là, mais le crucifié s'y montre avec une physionomie douce et bienveillante; il est d'ailleurs vêtu d'une longue robe à manches, laquelle ne laisse voir le nu qu'aux extrémités des bras et des jambes[1]. Aux xi‍e et xii‍e siècles, la robe s'écourte, les manches disparaissent et déjà la poitrine est découverte quelquefois, parce que la robe n'est plus qu'une espèce de tunique[2]. Au xiii‍e siècle, la tunique est aussi courte que possible; au xiv‍e, ce n'est plus qu'un morceau d'étoffe ou même de toile qu'on roule autour des reins, et c'est ainsi que jusqu'à nos jours Jésus en croix a constamment été représenté. En même temps qu'on attriste la figure du Crucifié et qu'on grave les souffrances physiques sur son corps divin, en même temps aussi on le dépouille de la robe et du petit vêtement qui le protégeaient. On a même été plus loin, et, chose hideuse à dire, on a représenté entièrement nu Jésus attaché à la croix. Cette nudité absolue d'un Dieu est un spectacle révoltant. Je dois convenir cependant que je connais un seul exemple de cette nudité complète; nous le trouvons dans un manuscrit de la Bibliothèque royale[3]. Il est possible, il est probable qu'on le doit à une erreur du miniaturiste; mais, tout en restreignant notre proposition, cette erreur ne la confirme pas moins.

reliquiis plaudit, pictura quæ Dominum nostrum quasi præcinctum linteo indicat crucifixum. » (Grégoire de Tours, *De Gloria martyrum*, lib. I, cap. xxiii.)

[1] Ces Christs abondent dans les cabinets d'antiquités chrétiennes; M. du Sommerard en possède plusieurs. Le crucifix miraculeux d'Amiens, appelé Saint-Saulve, est complétement couvert d'une robe à plis nombreux.

[2] On ne cite pas les exemples, parce qu'ils sont innombrables.

[3] *Heures* du duc d'Anjou, f° 162. — Je crois en avoir vu un second exemple dans la *Biblia sacra*, n° 6829. Si je me le rappelle bien, le Christ entièrement nu est opposé à la miniature qui représente le prêtre Eléazar brûlant une vache rouge hors du camp des Hébreux. Le rapprochement établi entre cet animal rouge, qui périt pour les péchés des Israélites, a dû faire représenter le Christ avec la barbe et les cheveux roux, malgré le texte que nous avons vu, et où l'on déclare que Jésus était brun. Comme homme, Jésus pouvait être brun; il était roux comme personne symbolique.

Nous disons donc que du vi^e siècle au xve, on dépouille successivement le Crucifié jusqu'à ce qu'on arrive à la nudité presque complète. Le fils de Dieu, même dans le ciel, même triomphant après son ascension et sa victoire sur la mort, est représenté la couronne d'épines en tête et la croix en main. Au xiiie siècle, il était vêtu d'une robe et d'un manteau ; à partir du xve, on le voit fréquemment dépouillé de sa robe et à peine couvert de son manteau, qui laisse voir nus ses bras, ses jambes, sa poitrine et son côté percé d'une lance[1]. On s'enfonce de plus en plus dans la désolante réalité, et l'on arrive à Michel-Ange, qui montre Jésus-Christ, au jugement dernier, sous l'aspect d'un Jupiter tonnant, faisant mine de vouloir châtier le genre humain à coups de poing. Triste aberration d'un homme de génie qui dégrade ainsi la divinité tout entière, et particulièrement celle-là d'entre les trois personnes divines que son amour incroyable pour l'humanité a fait le type de la douceur infinie. Le peintre florentin a été plus loin encore que le texte du Damascène et les fresques byzantines; car son Christ est sans dignité, tandis que celui des Grecs est dur, mais reste noble. C'est en comparant la peinture de Michel-Ange aux sculptures des sarcophages, au Jésus du tombeau de Junius Bassus, donné plus haut, qu'on voit surtout la différence des époques et des idées. Qu'il y a loin en effet de ce Christ impitoyable de Michel-Ange, à cet aimable Dieu des anciens sarcophages! Il a fallu bien des siècles et bien des malheurs pour passer, dans le même pays, du type peint sur les fresques des catacombes à celui que montre la fresque de la chapelle Sixtine. On n'est pas arrivé sans transitions de cette extrémité à l'autre, et ces transitions composent précisément l'histoire archéologique du fils de Dieu. Michel-Ange lui-même n'est que la der-

[1] Les monuments funéraires de cette époque le représentent presque toujours ainsi.

nière expression d'une idée née avant lui, et l'on a fait remarquer avec raison que son Christ était sorti de celui que le peintre Orcagna a placé dans le Jugement dernier du Campo-Santo et dont voici le dessin.

67. — LE SOUVERAIN JUGE.
Fresque du Campo-Santo de Pise, xiv° siècle.

Michel-Ange, on le voit, a copié le geste d'Orcagna, mais sans le comprendre. Le Christ du Campo-Santo ne menace pas les méchants; il leur montre la plaie de son côté, qu'il découvre de la main gauche, et le trou de sa main droite qu'il lève et qu'il ouvre en même temps. Michel-Ange a cru, dans sa rudesse, que ce Christ fulminait quand il se contentait de faire voir ses plaies. Le Christ d'Orcagna est assis; mais celui de Michel-Ange est debout, et cette attitude donne à son Dieu guerrier un caractère plus redoutable encore. Enfin le Christ de Pise, coiffé d'une tiare, vêtu de somptueux vêtements, la tête toute pétillante de lumière, est un pape, est un Dieu, et, par cela même, pacifique et assez bienveillant encore; mais le Christ de la chapelle Sixtine, sans nimbe, sans auréole, et nu-tête, n'est qu'un homme et un homme de la classe la plus vulgaire. Jamais Dieu n'a été plus abaissé que par le dur artiste de Florence.

A partir de la renaissance jusqu'à nos jours, on a cherché à rendre à cette grande figure du Christ toute sa douceur de physionomie, toute sa bonté ineffable, et l'on a fini par tomber dans l'excès contraire à celui qui avait égaré Michel-Ange, c'est-à-dire à faire des Jésus fades et langoureux, aux cheveux blonds, aux yeux bleus, à la figure plutôt sentimentale que grave et sereine. Il faut reconnaître cependant que par de louables tentatives on cherche à ramener le Christ au beau type qui le caractérisait aux XIIe et XIIIe siècles. On ne peut qu'applaudir à cette réaction intelligente contre la réalité brutale et farouche des XVe et XVIe siècles.

Il résulte de ce qui précède, que divers types figurés, et non pas un type unique, ainsi qu'on le dit à tort, ont été appliqués à Jésus-Christ. Mais cependant toutes ces variétés de figures peuvent se ramener à deux : ou Jésus-Christ est jeune et imberbe, ou il est barbu et à l'âge d'homme. L'absence de barbe et la grâce de la jeunesse caractérisent les représentations du

Fils de Dieu depuis les premiers siècles du christianisme jusqu'aux approches du xii°. A partir du xii° siècle et jusqu'à nos jours, Jésus porte la barbe plus ou moins fine et courte; pour l'âge, il a de trente à quarante ans. Mais, du xi° au xvi° siècle, on rencontre quelquefois des Jésus imberbes, et du iv° aux xiii° et xiv°, on voit des Jésus barbus. De plus, les imberbes de la seconde période sont très-rares, tandis que les barbus de la première, même dans les catacombes, sont très-fréquents. Il convient, à cette occasion, de signaler une question qui s'est agitée particulièrement dans les premiers siècles de l'Église, et qui est relative à la beauté ou à la laideur du Christ.

Certains Pères, ceux de l'Église africaine particulièrement, ont donné à quelques expressions de saint Paul une extension qu'elles ne comportaient pas. L'apôtre écrit aux Philippiens, et leur dit : « Jésus s'est anéanti lui-même en recevant la forme d'un esclave et en prenant la ressemblance des hommes; à l'extérieur on ne voyait qu'un homme en lui[1]. » Un Dieu qui se fait homme s'anéantit comme Dieu, mais cet homme peut cependant se revêtir d'une très-belle forme humaine. Les chrétiens d'Afrique, extrêmes en tout, exagérèrent la pensée de saint Paul; ils appliquèrent à l'humanité ce que l'apôtre entendait seulement de la divinité. D'ailleurs, il faut le dire, ils s'appuyaient sur le texte suivant d'Isaïe, qui dit, en parlant du Messie : « Il est sans beauté et sans éclat; nous l'avons vu, et il n'avait rien de beau, et nous l'avons méconnu. C'était un objet de mépris, le dernier des hommes, un homme de douleurs et connaissant l'infirmité. Son visage était comme caché et méprisé; aussi ne l'avons-nous pas estimé. Lui-même il a pris nos langueurs; lui-même

---

[1] « Semetipsum exinanivit (Jesus-Christus) formam servi accipiens....., etc. » (*Epist. ad Philipp.* cap. ii, v. 8.)

il a porté nos douleurs. Nous l'avons considéré comme un lépreux frappé de Dieu et humilié. Il a été blessé lui-même par nos iniquités; il a été broyé pour nos crimes. Le châtiment, cause de notre salut, est tombé sur lui, et nous avons été guéris par ses meurtrissures[1]. » Les docteurs d'Afrique entendirent ces paroles à la lettre, et, malgré le signalement que nous avons donné plus haut, et qui fait du Christ un homme d'une rare beauté, ils soutinrent que le Verbe, en venant au monde, et en se chargeant de toutes les misères humaines pour les guérir, avait assumé sur lui seul toutes les laideurs physiques afin de les transfigurer.

Suivant cette opinion, ces maladies de l'âme se seraient traduites au dehors par les difformités du corps, et Jésus aurait été le plus laid des enfants des hommes. Ce corps, où aurait circulé le venin de toutes les misères humaines, se serait altéré et défiguré. La peau décolorée, les muscles amaigris, toutes les formes appauvries, auraient témoigné du dévouement de Jésus. Le Fils de Dieu se serait inoculé la laideur comme on s'inocule le poison en suçant une plaie envenimée.

D'autres, les Pères de l'Église latine surtout, déclarèrent que Jésus avait été le plus beau des enfants des hommes. Même sur terre, Jésus était le Fils de Dieu, et Dieu c'est la beauté suprême. Dieu est beau comme il est bon, comme il est puissant, comme il est intelligent; il est beau à l'infini. Les infirmités et les vices que Jésus était venu expier n'avaient pu déformer son beau corps, pas plus qu'un rayon de soleil,

[1] C'est au chapitre LIII, versets 2, 3, 4 et 5, qu'on lit ces remarquables paroles du prophète Isaïe : « Non est species ei neque decor ; et vidimus eum, et non erat aspec« tus, et desideravimus eum : despectum et novissimum virorum, virum dolorum et « scientem infirmitatem, etc. » — S. Pierre (*Epist.* I, cap. II, v 24), dit aussi : « Qui « peccata nostra ipse pertulit in corpore suo super lignum, ut peccatis mortui, justitiæ « vivamus ; cujus livore sanati estis. »

qui touche ou traverse un objet immonde, ne se salit au contact. Les apôtres et les saints, qui guérissaient de la fièvre, de la peste et de la lèpre, qui redressaient les boiteux et ressuscitaient les cadavres en putréfaction, ne contractaient pas cependant la corruption, les difformités, la lèpre, la peste ou la fièvre ; pourquoi donc le Christ, qui était venu racheter l'homme de la damnation et le guérir du vice, aurait-il revêtu la livrée des vicieux et la laideur des coupables? Jésus, au contraire, tua la mort et mit en fuite les horreurs qui l'accompagnent. En s'incarnant dans le sein d'une vierge, Jésus prit de l'homme la beauté et la grâce; sa divinité resplendissait à travers son corps.

Devant ces deux opinions si divergentes, les antiquaires demandèrent à l'art le parti qu'il avait pris. Mais, pour résoudre ce problème intéressant, on étudia les livres au lieu de voir les monuments; on lut au lieu de regarder, et l'on tira les conclusions que les monuments n'admettent pas. Les artistes chrétiens n'ignorèrent certainement pas les controverses qui se firent sur cette question; ils durent y prendre une part plus ou moins directe et la résoudre ou dans un sens ou dans un autre. Puisque les écrivains et les théologiens étaient partagés, les artistes aussi durent se diviser au moins en deux camps; l'un se composa des partisans de la laideur, et l'autre des partisans de la beauté. On doit donc retrouver dans les œuvres de l'art chrétien tantôt des Christs beaux, tantôt des Christs laids.

La laideur et la beauté n'ont pas besoin d'être définies; tout le monde attache à ces deux mots des formes parfaitement reconnaissables, impossibles à confondre. Or, au sens qu'on attribue à ces deux expressions, il n'y a pas de Christ peint ou sculpté, à aucune époque, qui soit réellement très-beau; surtout il n'y en a pas qui soit réellement laid. Ces Fils de Dieu, figurés par l'art, ne sont absolument ni laids ni beaux. Ce sont des hommes tout simplement, des hommes assez bien conformés; mais ni la laideur ni la beauté ne les rendent remarquables. Jésus, quand il est un jeune et gracieux adolescent, comme on le remarque dans les monuments des catacombes, ne surpasse pas en beauté les jeunes gens de cet âge. Tout jeune homme de quinze à vingt ans vaut cette figure du jeune Dieu, quelque gracieuse qu'elle soit. Quand on le représente âgé et triste, il n'est pas plus laid que tous les hommes de trente ou de quarante ans. Sur les monuments du xiiie siècle, à la cathédrale de Paris, par exemple, au tympan de la porte gauche du portail occidental, on voit Jésus assistant, avec ses apôtres et ses disciples, à la mort de Marie, sa mère, et recevant dans ses bras l'âme de la Vierge, qui se dirige vers le ciel; le Christ de cette sculpture n'est pas plus beau, n'est pas plus laid que les apôtres qui sont à ses côtés, que les rois et les patriarches de la voussure qui s'ordonnent en plusieurs cordons autour du tympan. Il y a mieux, c'est qu'il serait impossible de distinguer le Christ de ses apôtres, ou de ses ancêtres, rois ou patriarches, sans le nimbe dont sa tête est ornée; cette tête divine a le nimbe crucifère, tandis que celle des apôtres a le nimbe uni, et que celle des personnages de l'Ancien Testament ne porte aucun ornement. Jésus est un homme et un homme comme les autres. La renaissance a bien cherché à idéaliser, à embellir le Christ, mais elle n'en a pas fait la plus belle de ses créations. Le précurseur de Jésus, saint Jean-Baptiste, enfant ou homme, est aussi beau dans l'œuvre des maîtres italiens, allemands et français, que les Jésus hommes ou enfants. Saint Jean évangéliste est souvent plus beau que le Christ, son divin ami.

Quand, par hasard, on voit une laide figure du fils de

Dieu, on peut se convaincre aisément que cette laideur n'est pas physiologique, mais provient de l'inhabileté seule de l'ouvrier. L'artiste, incapable et mauvais, a fait une laide figure, parce qu'il n'a su ni pu en faire une belle; c'est à un défaut dans l'exécution, et non pas à une intention dans la doctrine qu'il faut attribuer cette laideur [1]. Sur les médailles laides le Christ est laid; il est beau sur les belles médailles. C'est-à-dire que le Fils de Dieu est mal exécuté sur celles-là et bien exécuté sur celles-ci; mais réellement il n'est ni beau ni laid dans un sens philosophique.

Est-ce donc à dire que les Pères auraient discuté la beauté et la laideur mystiques de Jésus, et que les artistes auraient été sourds à tout ce bruit qui se faisait autour d'eux? Pendant que les uns auraient pris chaudement parti pour la beauté, et que les autres auraient soutenu avec acharnement la laideur, l'art, qui traduit toujours les idées de l'époque où il vit, serait-il resté neutre? Cela ne peut être assurément et cela n'a pas été; nous allons en avoir des preuves. Les artistes, il est vrai, entendent la moindre rumeur qui bruit à leurs oreilles; ils reflètent, au moyen des dimensions, des lignes, des couleurs, des sons, des syllabes et des gestes, par l'architecture, la sculpture, la peinture, la musique, la poésie et l'orchèse, toutes les images, tant vagues soient-elles, qui passent devant leurs yeux. Ils répètent, en le précisant, en le grossissant, tout ce qu'ils entendent, tout ce qu'ils voient, tout ce qu'ils touchent; mais ils le répètent en se l'appropriant, en lui faisant subir une série de transformations qui le purifient et l'embellisent. Ils

---

[1] Voyez un Christ en émail sur cuivre, de la fin du XIe siècle, qui appartient à M. du Sommerard. Le travail en est des plus grossiers, et l'extrême laideur de la figure se reproduit dans le reste du corps et jusque dans l'ornementation. On sent bien que c'est un Christ mal fait, mal exécuté, et non pas un Christ laid.

connaissaient ces audacieuses expressions de Tertullien : « Jésus-Christ fut dégradé d'aspect, et son corps humain n'était pas présentable ; mais tout vulgaire, tout ignoble, tout déshonoré qu'il est, c'est mon Christ à moi[1]. » Ils savaient que saint Cyrille d'Alexandrie avait déclaré que le Fils de Dieu était le plus laid des enfants des hommes[2]. Des artistes vulgaires, partisans de la laideur, auraient représenté un Christ difforme, usé d'organes, appauvri de muscles, ignoble d'expression ; mais en eux vivaient les traditions antiques perfectionnées par les nouveaux sentiments apportés avec le christianisme. Ils comprirent parfaitement qu'un Dieu laid serait encore un homme très-beau, et par conséquent qu'un Dieu, sous la figure d'un homme, quelque beau qu'il fût, serait toujours un Dieu laid, pourvu que les caractères de l'humanité fussent nettement accusés. Or l'un des plus visibles de ces caractères, l'un des plus frappants, c'est la barbe assurément ; car, par sa couleur et sa forme, la barbe imprime à la physionomie un cachet tout particulier qui trahit l'âge et le tempérament. Donc les artistes représentèrent Jésus avec une barbe, comme un homme, lorsqu'ils voulurent le figurer laid ; ces natures délicates transfigurèrent, en les interprétant dans le sens de l'humanité, les énergiques paroles de Tertullien. Par contre, ceux auxquels répugna cette interprétation, et qui prirent parti pour la beauté du Sauveur, le représentèrent sans barbe et par conséquent dégagé, autant que possible, de tout ce qui caractérise l'humanité. Enfin, pour les premiers, le Christ laid fut un homme ; pour les seconds, le Christ beau fut un Dieu.

---

[1] « Ne aspectu quidem honestus. » (*Adv. Jud.* cap. XIV.) « Nec humanæ honestatis fuit corpus ejus. » (*De carnat. Christi*, cap. IX.) « Si inglorius, si ignobilis, si inhonorablis, meus erit Christus. » (*Adv. Marcian.* lib. III, cap. XVII.)

[2] Ἀλλὰ τὸ εἶδος αὐτοῦ ἄτιμον ἐκλῖπον παρὰ πάντας τοὺς υἱοὺς τῶν ἀνθρώπων. (S. Cyrille d'Alexandrie, *de Nudatione Noe*, lib. II, t. I, p. 43.)

252   ICONOGRAPHIE CHRÉTIENNE.

Pour les uns, ce fut un être indiquant un âge; pour les autres, les partisans de la beauté, ce fut un Dieu qui n'était ni d'hier, ni d'aujourd'hui, ni de demain, un Dieu qui n'a pas d'âge, parce qu'il a toujours été et qu'il sera toujours[1]. Jésus barbu, c'est le Christ laid des Pères de l'Église d'Asie et surtout d'Afrique; Jésus imberbe, c'est le Christ des Pères de l'Église latine et de tout notre Occident.

Les œuvres d'art sont conformes à notre explication. Ainsi, dans un même monument, un manuscrit est couvert de deux ivoires qui sont de la même époque. Sur la couverture du recto, on voit ce Jésus en croix.

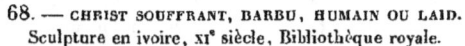

68. — CHRIST SOUFFRANT, BARBU, HUMAIN OU LAID.
Sculpture en ivoire, XIe siècle, Bibliothèque royale.

[1] « Jesus-Christus heri, hodie et in sæcula. » (S. Paul, *Epist. ad Hebræos*, cap. IV, v. 8.)

DIEU LE FILS.   253

Les pieds posés sur un calice[1] où doit couler son sang, il semble jeter un dernier regard sur sa mère avant de rendre

[1] Il est probable que ce calice est le *graal* si célèbre dans nos romans du moyen âge, et à la recherche duquel Perceval consacre une vie traversée de mille aventures étranges. Le graal, dit-on, avait servi à la Cène ; c'est dans ce vase que Jésus aurait changé le vin en son sang. Ensuite Nicodème, le Juif converti, ou plutôt Joseph d'Arimathie recueillit dans ce divin calice le sang qui coula des plaies du Sauveur. Puis, par la suite des événements, le mystérieux graal passa en France, où il devint le sujet de nombreuses et très-longues épopées. On dit que la fable de ces épopées et que l'origine du graal sortent de la Bretagne, grande ou petite : il n'en est rien. Le graal est né dans les livres apocryphes, qui sont tous d'origine asiatique ou grecque. C'est en France, dans la Champagne, à Troyes, que les événements dont il est l'objet se sont développés, et c'est à la France que les Bretons ont emprunté ce beau sujet. Il en est du graal et de toutes les épopées du moyen âge comme du style ogival. Le système gothique est né et s'est développé en France, ou pour mieux dire en Picardie, en Champagne et dans l'Ile-de-France ; c'est de là qu'il est allé en Angleterre, en Suède, en Allemagne, en Italie et en Espagne. Quant au graal, que nous avons possédé quelque temps à Paris, sous Napoléon, de 1809 à 1815, il est retourné à Gênes, où il est précieusement gardé dans le trésor de la cathédrale, sous le nom de SACRO CATINO. Cette précieuse coupe, en verre et non en émeraude, de forme hexagonale, et munie de deux anses, a un mètre quinze centimètres de circonférence ; elle s'est fendue dans le trajet de Paris à Gênes.

Dans les monuments figurés des XIIe, XIIIe et XIVe siècles, la Religion chrétienne, personnifiée sous les traits d'une reine, reçoit dans un calice, toujours le graal, le sang qui coule du côté percé de Jésus en croix. Gori (*Thes. vet. dipt.* tom. III, p. 116) a fait graver une ancienne couverture d'un psautier de Fréjus, où l'on voit ce sujet. Là, au bas de Jésus à la croix, la Religion chrétienne tend une coupe pour recevoir le sang qui coule des pieds ; mais, de plus, le sang des mains est recueilli par les archanges Michel et Gabriel, qui tendent également chacun un calice. Nous avons, dans cet exemple, trois graals pour un. Outre Gênes, les villes d'Auxerre et d'Angers réclamaient l'honneur de posséder le Graal ; il a pu y avoir en effet, non pas une coupe, mais plusieurs qui auraient servi, pendant la Cène, à différents usages. Dans la cathédrale de Beauvais, à la chapelle de la Vierge, qui est au fond de l'abside, on voit un vitrail du XIIIe siècle, dans la rosace duquel est peint un crucifiement. Adam, qui est enterré au pied de la croix, suivant la légende, sort tout entier du tombeau ; une draperie verdâtre est jetée sur sa tête et autour de ses reins. De la main gauche il tend une coupe d'or, où tombe le sang qui coule des pieds de Jésus. On appelle l'attention des antiquaires sur ces diverses coupes : c'est de là qu'est sorti le graal, c'est là qu'est le germe de ces épopées dont le graal est l'objet. Les apocryphes d'abord, puis les monuments figurés, enfin les épopées de nos poëtes champenois et picards, voilà où les Bretons ont puisé à pleines mains ce qu'on a tort d'appeler leurs inventions. Les pieds, dans le Christ de notre dessin, ne sont pas croisés et attachés par un seul clou, mais libres et percés de deux clous. Jusqu'au XIIIe

l'âme. En bas, sur terre, Marie et saint Jean [1] pleurent la mort, l'une de son fils, l'autre de son ami, tous deux de leur Dieu. En haut, dans le ciel, cernés par une auréole circulaire et onduleuse, le soleil, sous la forme d'un jeune homme imberbe, la lune, sous celle d'une femme portant un croissant sur la tête, s'attendrissent aux souffrances du maître de la nature. Le nimbe du Christ est crucifère, mais sans ornements. De l'autre côté, au verso, et par opposition, est le Fils de Dieu assis dans le ciel, environné d'une auréole elliptique, orné d'un nimbe que des perles décorent à la circonférence. Les quatre symboles des évangélistes, l'ange, l'aigle, le lion et le bœuf, escortent le héros divin de l'Évangile. Au recto, Jésus est souffrant; il est triomphant au verso. Là il est attaché à la croix, gibet infâme; ici il est enveloppé de l'auréole, gloire divine. La nature, par l'homme et les constellations, compâtit à ses douleurs et à sa mort dès l'entrée du manuscrit; à la fin, les évangélistes, leurs attributs, célèbrent son triomphe, et le lion de saint Marc rugit de joie et de bonheur. [2]

siècle, on a attaché indifféremment le Christ avec trois ou quatre clous. G. Durand est pour quatre clous encore, comme Grégoire de Tours l'était bien avant lui. Après le XIII° siècle l'usage de ne mettre que trois clous l'emporte définitivement.

[1] Saint Jean est barbu ainsi que les Grecs le représentent constamment, tandis que chez nous c'est un beau jeune homme encore imberbe. Dans cet ivoire, qui est latin, on sent, à l'âge de saint Jean et à la personnification du soleil en Apollon et de la lune en Diane, une influence byzantine incontestable.

[2] « Marcus frendens ore leonis, » comme disent les symbolistes du XIII° siècle. « Marcus ut alta fremit vox per deserta leonis, » comme s'exprime un évangéliaire du IX° siècle, que possède la bibliothèque de l'Arsenal. (*Quatuor evangelia*, théol. lat. 33.) — Ces expressions justifient bien le rugissement de notre lion. Un évangéliaire in-folio, provenant de la Sainte-Chapelle de Paris, à laquelle il avait été donné en 1379 par Charles V, contient ces vers qui expliquent les quatre attributs des évangélistes :

« Quatuor hæc Dūm signant animalia $\overline{X\rho\mu}$:
« Est homo nascendo, vitulusque sacer moriendo,
« Et leo surgendo, cœlos aquilaque petendo ;
« Nec minus hos scribas animalia et ipsa figurant. »

DIEU LE FILS. 255

69. — CHRIST TRIOMPHANT, IMBERBE, DIVIN OU BEAU.
Ivoire du XI° siècle, Bibliothèque royale.

Ce Jésus, ce fils de l'homme transfiguré en Fils de Dieu, donne au monde la grâce et la science ; la grâce avec la main

Ainsi ces attributs figurent à la fois le Christ et ses quatre évangélistes. Quant à la place qu'ils occupent et aux livres qu'ils tiennent tous quatre, voici ce que Guillaume Durand en dit au chapitre III, livre I, du *Rationale divinorum officiorum* : « Quandoque etiam cir-
« cumpinguntur quatuor animalia secundum visionem Ezechielis et ejusdem Johannis.
« Facies hominis et facies leonis a dextris, et facies bovis a sinistris, et facies aquilæ
« desuper ipsorum quatuor. Hi sunt quatuor evangelistæ. Unde pinguntur cum libris
« in pedibus, quia, quæ verbis et scriptura docuerunt, mente et opere compleverunt. »
— Durand confond le tétramorphe d'Ézéchiel avec les quatre attributs séparés. Dans le tétramorphe, l'aigle est tout en haut, mais l'ange ou l'homme est au centre, et dans ce cas les attributs ne portent aucun livre. Durand ne s'est pas compris lui-même, ou bien, ignorant les représentations, il a voulu renchérir sur le *cœlos aquila petendo*. Il faut toujours à Durand, même aux dépens de la raison, un sens symbolique exagéré. La place que, sauf erreur, les attributs des évangélistes occupent et doivent occuper invariable-

droite, qui bénit, la science avec les livres qu'il tient à la main gauche et dans son giron. La science est là, représentée dans sa plénitude, dans le livre carré et dans le livre rond, ou volume. Ces deux formes, les seules connues alors, étaient usitées simultanément chez les Romains. Les symbolistes du moyen âge, Guillaume Durand entre autres, déclarent que le rouleau signifie la demi-science et que le livre carré signifie la science entière; pour cette raison, ajoute-t-il, les sculpteurs et les peintres donnent aux prophètes le rouleau (*volumen*), parce que ces prophètes n'ont aperçu la vérité qu'à moitié, qu'en énigme et en image, et comme dans un miroir; mais quelques apôtres et les évangélistes, qui ont vu la vérité directement, qui l'ont connue tout entière et l'ont enseignée, portent le livre. Jésus-Christ, qui est venu compléter le passé, qui a résumé en lui l'Ancien et le Nouveau Testament, lui que les prophètes ont prédit et que les apôtres ont vu, lui la lumière et la vérité incarnées, devait se montrer porteur à la fois du livre et du rouleau [1].

ment est celle-ci, en prenant Jésus-Christ comme point de départ : en haut, l'ange est à droite et l'aigle à gauche; en bas, le lion est à droite et le bœuf à gauche. La nature des attributs et le sens qu'on leur donne exigent cet ordre. En ligne ascendante, le bœuf, qui est le plus lourd et le plus grossier, est en bas; au second degré rugit le lion; l'aigle vole au troisième, et l'ange s'élève tout en haut. Cet ordre est quelquefois interverti, mais c'est par ignorance. Les erreurs commises à cet égard n'ont pas plus de valeur que celles dont se rendent journellement coupables les restaurateurs modernes de nos églises.

[1] G. Durand, *Rat. div. off.* lib. I, cap. III. — Suger a fait exécuter à Saint-Denis un vitrail peint de divers sujets dont il donne la description et pour l'explication desquels il avait composé lui-même des vers. L'un de ces sujets, qui existe encore, représente le Christ enlevant un voile qui cachait la figure de la Synagogue personnifiée; les vers suivants, dont on ne voit plus que quelques lettres, indiquent cette action :

Quod Moyses velat, Christi doctrina revelat;
Denudant legem qui spoliant Moysen.

L'Ancien Testament, la loi de Moïse, est une doctrine voilée que Jésus-Christ est venu éclairer d'une vive lumière; avec le Christ, nous voyons la vérité en elle-même et face à face. Cette action de dévoiler Moïse et les prophètes a donné lieu à plusieurs compositions peintes; un manuscrit de la Bibliothèque royale en offre un exemple douze fois répété.

L'intention est évidente : l'artiste a fait un Christ laid dans le patient sur la croix, un Christ beau dans le triomphateur sur le trône. Or le premier est barbu, et le second est imberbe; donc la laideur et la beauté discutées par les Pères de l'Église ont été exprimées dans l'art chrétien, l'une par la présence, et l'autre par l'absence de la barbe. Ce fait est capital; il explique ces Jésus barbus et imberbes qu'on voit simultanément dans les monuments analogues, de style et d'époque, aux fresques et aux sarcophages des catacombes de Rome et des Aliscamps d'Arles. Toutes les fois donc que l'on trouve un de ces Jésus adolescents, imberbes, souriants, posant les pieds sur la personnification de la terre ou du ciel, debout sur la montagne du paradis ou sur les eaux du Jourdain, faisant des miracles ou comparaissant devant Pilate, on peut dire que l'artiste, partisan de la beauté dans la question qui nous occupe, a fait beau Jésus, même considéré comme homme et accomplissant sa mission évangélique. Toutes les fois, au contraire, et le cas est assez fréquent, qu'on rencontre un Christ barbu, même quand il remplit des fonctions divines plutôt qu'humaines, et quand, debout sur le mont aux quatre fleuves symboliques, il donne ses dernières instructions à ses apôtres, on peut dire que l'artiste était partisan de la laideur, et qu'il a fait un Christ laid, c'est-à-dire un Christ humain.

Du reste, le manuscrit de la Bibliothèque royale n'est pas le seul monument qui appuie la solution qu'on vient de donner. Il existe à Saint-Guillem-du-Désert, en bas Languedoc, un autel dont le devant, formé d'une mosaïque blanche et noire, représente d'un côté le crucifiement, et de l'autre le triomphe de Jésus. Sur la croix, le Christ est barbu et âgé; mais, environné de l'auréole, qui est ovale comme dans l'exemple qu'on vient de donner, il est imberbe et jeune. Ce curieux monument date

258   ICONOGRAPHIE CHRÉTIENNE.

probablement du xi⁰ siècle, et paraît avoir été l'autel même de Saint-Guillaume, dédié par un légat de Grégoire VII¹.

Cette discussion élevée sur la beauté et la laideur du Fils de l'homme, ou, pour nous exprimer plutôt comme les artistes que comme les Pères, cette question relative au Christ envisagé dans sa nature divine et dans sa nature humaine n'eut d'importance et de retentissement réel que dans la première période de l'art chrétien, du v⁰ siècle au xii⁰. Alors on prend parti pour la laideur ou la beauté, sans que l'Église adopte une décision à cet égard, et l'on exécute des œuvres où tel système est préféré ici, et tel autre ailleurs. Cependant le parti de la beauté ou de la nature divine, plus fort dans le principe, finit par fléchir de plus en plus; vers le xii⁰ siècle, au xiii⁰ surtout, c'est la laideur ou la nature humaine qui triomphe exclusivement. Un manuscrit déjà cité², qui date de la fin du xiv⁰ siècle, montre le prêtre Éléazar brûlant une vache rouge hors du camp des Hébreux, pour détourner la colère de Dieu. En regard, une miniature représente Jésus attaché à la croix, Jésus entièrement nu et dont la chair est rouge ou laide, dit la glose, parce qu'il s'est chargé de nos péchés. Ici le Christ est non-seulement barbu, mais dans une complète nudité et de couleur rouge; il est homme, il est pauvre, il est laid³. On a donc ici une preuve nouvelle de la réalité et de la tristesse qui

¹ *Découverte et restitution de l'autel de Saint-Guillaume*, par M. R. Thomassy, dans le XIV⁰ vol. des Mémoires de la société royale des antiquaires de France.
² *Biblia sacra*, n⁰ 6829.
³ Chez nous, la couleur rouge de la peau, de la barbe et des cheveux est considérée comme un signe de laideur. Depuis trois cents ans à peu près, on représente le Christ à barbe et cheveux roussâtres, parce qu'on croit se rapprocher davantage du type juif. Le peuple est persuadé, contrairement à la tradition ancienne et au texte de saint Jean Damascène, que Jésus était roux, et, dans un dicton fort répandu en Champagne et en Picardie, les gens du peuple déclarent que *Dieu a fait plus beau que lui, parce qu'il était roux, tandis qu'il a créé des hommes bruns et des hommes blonds.*

DIEU LE FILS. 259

s'emparent du monde et qui passent de la société dans l'art. Alors Jésus, même exerçant les fonctions divines, est presque constamment barbu. Il porte la barbe quand il remonte au ciel après sa résurrection, quand il s'assied à la droite de son Père dans le paradis, quand il bénit la terre du haut du ciel, quand il descend sur les nuages pour juger les hommes à la fin du monde. A plus forte raison est-il barbu lorsqu'il est baptisé par saint Jean, lorsqu'il est enlevé au désert par Satan, lorsqu'il prêche, lorsqu'il entre dans Jérusalem, lorsqu'il meurt sur la croix. Le voici emporté par Satan sur le sommet d'une montagne d'où le génie du mal lui montre tous les royaumes et toutes les richesses du monde. Satan dit à Jésus qu'il lui donnera tout ce qu'il a sous les yeux s'il veut l'adorer, et Jésus lui répond : « C'est toi qui dois adorer ton Dieu. » Jésus est barbu et porte le nimbe croisé, comme tous ceux que nous avons vus[1].

70. — JÉSUS BARBU ET TENTÉ PAR SATAN.
Miniature française, XIIe siècle.

[1] Ce dessin est tiré d'un ms. de la Bibl. roy. (*Psalterium cum figuris*, suppl. fr. 1132) qui

Il y a plus, l'humanité et la barbe, qui en est le signe, sont attribuées même à Dieu le père, même au Saint-Esprit, quoique jamais ils ne se soient incarnés. Mais, on l'a dit, Jésus entraîne dans son atmosphère les deux autres personnes; donc, puisqu'il est barbu, le Père et le Saint-Esprit devaient l'être. Pour le Père, d'ailleurs, il y avait une raison qu'on a donnée plus haut, c'est qu'il est appelé l'Ancien des jours, et que cette ancienneté divine a été traduite par un des signes de la vieillesse, une barbe longue et fine. Quant au Saint-Esprit, on l'a représenté barbu pour signifier qu'il était égal au Père et au Fils, et qu'il avait aussi bien qu'eux l'éternité en partage. Du reste, et on le verra dans son histoire, l'Esprit a souvent la forme d'un adolescent à peine barbu ou même d'un tout jeune enfant.

SIGNES ARCHÉOLOGIQUES QUI CARACTÉRISENT JÉSUS-CHRIST.

L'âge et la physionomie ne caractérisent pas Jésus; car, on l'a vu, cet âge varie de quinze à soixante ans. Dans les catacombes, Jésus est souvent un adolescent; sur les vitraux du XVIe siècle il est quelquefois un vieillard. La physionomie et les signes extérieurs qui pourraient la préciser sont tout aussi vagues. Au portail occidental de Notre-Dame de Paris, sur le tympan de la porte gauche où est sculptée la mort de la Vierge, il est impossible, par l'expression et la coupe de la figure, de

date du XIIe siècle. Satan, pour faire succomber Jésus plus aisément, s'est fait accompagner d'un aide qui tient le fils de Dieu par le corps. Cet aide, au moyen de ses deux paires d'ailes et de sa force musculaire, dont témoignent les deux grosses cornes de son front, a transporté le Seigneur sur la montagne. L'autre, le Satan en chef, à queue de vipère, à ventre en figure humaine, tient une banderole où on lit : « Hæc omnia tibi dabo si « cadens adoraveris me. » Mais Jésus fait un geste impérieux de commandement, et déclare à Satan qu'il doit l'adorer, comme l'indiquent ces paroles du rouleau qu'il tient à la main gauche : « Dūm Deū tuū adorabis. »

distinguer Jésus-Christ des autres apôtres qui sont là. Plusieurs de nos dessins, ceux surtout des xiiie et xive siècles, offrent la même incertitude. Les vêtements ne sont pas un meilleur caractère; Jésus est ordinairement vêtu, comme ses apôtres, de la robe et du manteau. La couronne royale qui couvre sa tête ne lui est pas spéciale : les rois, certaines vertus, certains arts libéraux, comme on en voit aux cathédrales de Chartres et de Clermont-Ferrand, sont ainsi couronnés. La tiare lui est commune avec son Père, avec Melchisédech, avec Aaron, avec saint Pierre. Le livre ouvert ou fermé, qu'il tient à la main gauche, est porté par ses apôtres. Rien de tout cela ne le caractérise spécialement.

D'autres attributs cependant le distinguent de la foule, s'ils ne le séparent pas de tous les autres personnages sans exception. La nudité des pieds caractérise quelquefois les prophètes, toujours les apôtres, toujours les anges et les personnes divines. Je ne parle que des personnages représentés habillés; car Job sur son fumier, le pauvre Lazare devant le riche impie, le voyageur dépouillé par les voleurs et que recueille le Samaritain, l'enfant prodigue dans une certaine période de son existence, beaucoup de saints subissant le martyre, et d'autres encore, ont les pieds nus, puisqu'ils sont à peu près sans aucun vêtement. Mais toutes les fois qu'un personnage est habillé et que de certains caractères, le nimbe, par exemple, le font reconnaître comme saint, on peut dire avec assurance que c'est un prophète, un apôtre, un ange ou une personne divine, si ses pieds sont nus. En tous cas, c'est encore un bien insuffisant caractère pour Jésus-Christ, puisque par là il reste confondu avec tant d'autres personnages. Ajoutez, en outre, que sur des sarcophages, dans les anciennes fresques, souvent dans quelques très-vieilles mosaïques, Jésus a les pieds chaussés de sandales rattachées par des cordons qui passent sur le cou-de-pied. Jésus est habillé en Romain, même pour la chaussure. Au xve siècle, il n'est pas rare de voir à Jésus les pieds enfermés dans de riches chaussures, surtout quand il est habillé en grand prêtre ou en pape, dont il prend le costume entier. Au xive siècle même, quand surtout il accompagne les pèlerins d'Emmaüs, il porte souvent, comme un pèlerin, le chapeau à larges bords, le bourdon, la panetière et les fortes chaussures[1]. On fait la même exception pour saint Jacques, le patron des pèlerins. La réalité, le matérialisme des xive et xve siècles répugnent à faire marcher pieds nus saint Jacques, qui va d'Asie en Europe, de Jérusalem à Compostelle. Cependant, entre le vi{e} et le xve siècle, la nudité des pieds est un caractère à peu près certain pour faire distinguer le Christ entre les confesseurs, les martyrs, les vierges et les personnages allégoriques.

La gloire, auréole et nimbe, destinées à glorifier les personnes saintes et divines, devait être attribuée au Christ plus qu'à tout autre, en raison des honneurs immenses qui ont toujours été rendus à la seconde personne divine. Les monuments nous présentent, en effet, le fils de Dieu orné des auréoles les plus lumineuses et des nimbes les plus éclatants. Dans le sein de sa mère, le Verbe incarné est déjà tout rayonnant, ainsi que la planche suivante en donne un exemple curieux.

[1] Une grande statue de Jésus en pèlerin, à Notre-Dame de Reims, est chaussée comme le serait un saint ordinaire. Elle porte un chapeau de pèlerinage, à bords larges et faits pour abriter le voyageur contre le soleil et la pluie. Le nimbe timbré d'une croix fait seul reconnaître le Christ. Dans nos légendes du moyen-âge, Jésus se déguise fréquemment en pèlerin; on le voit surtout passant un fleuve dans une barque dirigée et conduite par Julien le Pauvre et sa femme. Dans ce cas, Jésus est ordinairement habillé comme le grand Christ de Reims. Le nimbe marqué d'une croix est le seul attribut qui le caractérise, car son grand chapeau et ses vêtements à la mode le feraient prendre pour un pèlerin ordinaire. (Voyez un bas-relief représentant saint Julien et qui est de la

71. — JÉSUS DANS UNE AURÉOLE FLAMBOYANTE [1].
Vitrail français, XVIᵉ siècle.

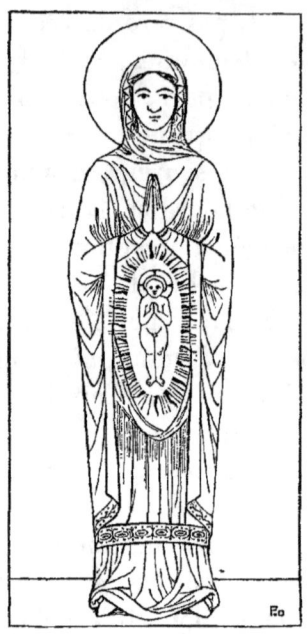

Cette auréole, formée par des rayons droits et flamboyants,

fin du XIIIᵉ siècle; il est aujourd'hui dans la rue Galande, n° 42, à Paris. Ce bas-relief intéressant provient de l'église Saint-Julien, qui est près de là.)

[1] Ce dessin reproduit un vitrail du XVIᵉ siècle, qui se voit dans la pauvre église de Jouy, petit village de l'arrondissement de Reims. En 1836, j'ai vu à Lyon, chez l'architecte Pollet, qui est mort depuis, deux volets en bois où l'on avait peint au XVᵉ siècle une Visitation. La Vierge et sainte Élisabeth, toutes deux enceintes, se saluaient affectueusement. Le peintre avait eu la hardiesse de représenter sur le ventre des deux cousines deux petits êtres humains qui figuraient Jésus et saint Jean-Baptiste. Les deux enfants se saluaient également. Le petit saint Jean tressaillait et s'inclinait pieusement sous la bénédiction que le petit Jésus lui donnait de ses doigts presque imperceptibles. En mourant, Pollet a fait don à la ville de Lyon, comme on me l'a dit, de ces peintures intéressantes, qui ont bien quelque rapport avec notre vitrail de Jouy, et qui ne seront pas une des moindres curiosités du musée de Lyon. Outre leur intérêt archéologique, ces peintures ont encore de la valeur comme œuvres d'art.

est analogue à celle que nous avons donnée plus haut [1] ; seulement ici, le petit Jésus est plongé tout seul dans cet ovale lumineux qui est plus accentué et qui épouse mieux le contour général du corps.

La forme de l'auréole qui entoure le Fils de Dieu est extrêmement variée : elle est elliptique, ovoïdale, circulaire, tétrafoliée, comme nous en avons donné plusieurs exemples [2] ; elle affecte les formes les plus simples et les plus complexes de la géométrie. L'auréole étant un signe matériel du culte qu'on rendait au Christ, du respect et de l'admiration qu'on avait pour son dévouement et sa doctrine, l'imagination, celle des Grecs surtout, s'est agitée en tous sens pour inventer des formes nouvelles; on cherchait à témoigner ainsi de l'amour infiniment varié qu'on portait au Sauveur. Le triangle, nous l'avons dit en détail [3], est la figure de la divinité : deux triangles accusent la divinité plus fortement encore, et plusieurs triangles désignent l'absolu de la puissance divine. Dans la planche 21e, nous avons donné un double triangle; mais c'est au nimbe et non à l'auréole, à la tête seulement et non pas au corps qu'est appliqué cet attribut bi-triangulaire. Ici, nous avons quatre triangles et non plus deux seulement, qui s'intersectent, et de ces quatre triangles émerge le corps du Fils de

Un ancien émail de Limoges, que possède M. l'abbé Texier, curé d'Auriat (Creuse), et correspondant du comité des arts et monuments, offre un sujet entièrement semblable à celui de Jouy. La Vierge y est vêtue d'une robe blanche, retroussée en partie et laissant apercevoir une robe de dessous, rouge et dorée. Dieu le père, qui plane dans les cieux, bénit la mère de son fils. Sur le ventre de la Vierge est figuré, dans une auréole dorée, un petit être humain nu et joignant les mains. Marie se détache sur un fond bleu ; elle est entourée de la lune, d'une étoile, d'une tour, d'un lys, etc. attributs qui la caractérisent, surtout au xve siècle.

[1] Planche 43, page 107.
[2] Entre autres, planches 36, 37, 38 et 40, pages 87, 89, 93 et 99.
[3] Histoire du nimbe, p. 35-40.

DIEU LE FILS. 265

Dieu. Les trois grands archanges Raphaël, Michel et Gabriel[1], portent en triomphe ce jeune Dieu, qui bénit le monde des deux mains à la fois. Jésus a des ailes comme les archanges eux-mêmes, parce qu'il a été le messager, l'ange (ἄγγελος) de la grande volonté de Dieu, comme les Grecs s'expriment dans leur magnifique langage.

72. — JÉSUS EN ANGE, DANS UNE AURÉOLE COMPOSÉE DE TRIANGLES[2].
Peinture grecque, xv° siècle.

[1] Selon la coutume des Grecs, le nom des archanges est figuré par la première lettre de ce nom inscrite au sommet du nimbe.

[2] Ces représentations de l'assemblée des archanges (ἡ σύναξις τῶν ἀρχαγγέλων) offrant

Souvent les Grecs émoussent les pointes de ces triangles ou les relient par une circonférence circulaire; alors ils ramènent à la forme d'un cercle parfait l'auréole d'où s'élance le jeune Dieu. Page 93, pl. 38, nous avons donné une figure divine, qui est probablement le Fils ou, tout au moins, le Père sous les traits de son Fils; le Dieu est assis au centre de carrés à côtés concaves et projetant six pointes triangulaires. Les extrémités de ces triangles viennent toucher à un cercle qui les réunit. Ainsi nous revenons à cette « imago clypeata » déjà plusieurs fois signalée et dont nous avons donné des exemples [1]. Le Christ ne bénit plus que d'une main, et quelquefois, comme dans une peinture du couvent de Sainte-Laure, la main ne bénit pas, mais elle s'arme d'une épée nue. Alors l'image est complétement guerrière, car l'auréole circulaire et le nimbe lui-même sont assimilés à des boucliers. On lit dans le manuscrit d'Herrade : « Les lumières que l'on peint autour de la tête en forme de cercle veulent dire que les saints qui en jouissent sont couronnés de la lumière et de la splendeur éternelles. C'est pour cela qu'on leur donne la forme d'un bouclier rond, parce qu'ils sont défendus par la protection divine comme par un bouclier. De là vient qu'ils chantent eux-mêmes : Seigneur, défendez-nous avec le bouclier de la volonté[2]. » Dans

à l'adoration leur jeune maître sont très-nombreuses chez les Grecs. Il n'y a guère d'églises qui n'en possèdent une peinture à fresque ou un tableau sur bois, appliqué contre la clôture du sanctuaire. A eux trois, les archanges Michel, Gabriel et Raphaël représentent, selon les idées des Grecs, la triple puissance militaire, civile et religieuse, dans le royaume céleste. Raphaël est considéré et habillé comme un prêtre; en cette qualité, il occupe la place d'honneur; il est au milieu, entre Michel et Gabriel. Michel, toujours vêtu et armé comme un guerrier, a pour mission de combattre les démons et les ennemis de Dieu. Gabriel se charge des messages pacifiques, et vient, par exemple, annoncer à Marie qu'elle sera la mère du Verbe. La différence des costumes indique celle des attributions.

[1] Notamment planche 51, page 167.
[2] « Lumina quæ circa caput sanctorum in modum circuli depinguntur, designant
« quod lumine æterni splendoris coronati fruuntur. Idcirco vero secundum formam ro-

DIEU LE FILS.

le dessin suivant, le Christ est plus pacifique; il tient un rouleau de la main gauche et bénit de la main droite. Son auréole circulaire est inscrite dans une autre auréole semblable qui renferme Marie.

73. — JÉSUS DANS UNE AURÉOLE CIRCULAIRE [1].
Sceau en argent du mont Athos.

Certainement ces auréoles, si diverses et si splendides dont on relève la personne du Christ, sont remarquables de beauté; cependant elles ne peuvent servir encore à le faire distinguer

« tundi scuti pinguntur, quia divina protectione ut scuto muniuntur; unde ipsi cantant « gratulabundi : Domine ut scuto voluntatis..... » (*Hortus deliciarum.*)

[1] Ceci est la représentation du sceau dont le gouvernement du mont Athos marque tous ses actes. Ce gouvernement s'appelle *épistasie*; il est composé de quatre moines nommés *épistates*, élus chaque année, au mois de mai, par tous les couvents de la montagne sacrée. Un secrétaire perpétuel complète cette autorité annuelle. Toutes les délibérations de ce pouvoir électif ne sont exécutoires qu'après avoir été scellées du sceau de l'état. Ce sceau est en argent et coupé en quatre parties égales; chaque épistate est dépositaire de l'une de ces parties. Quand la délibération est prise, les épistates déposent sur une table leur quart de sceau, en guise de boule. Le secrétaire prend ces quatre parties et les réunit au moyen d'une clef ou d'une vis à queue dont il est le dépositaire. Il noircit, à la fumée d'une bougie, ce sceau ainsi recomposé, et il en marque le papier sur lequel il a écrit la délibération. Puis il divise le sceau, rend son quart à chacun des délibérants et garde la clef pour lui. C'est ainsi que fut scellée une lettre que les épistates me délivrèrent, au mois d'octobre 1839, pour me recommander aux différents monastères que j'allais visiter. A la circonférence de ce sceau, on lit en grec et en turc :
SCEAU DE L'ÉPISTATE DE LA COMMUNAUTÉ DE LA SAINTE MONTAGNE. Les quatre épistates, par

suffisamment. Ainsi, plus haut, nous avons vu un Christ du Campo-Santo enveloppé d'une auréole ovoïdale et assis sur un arc-en-ciel [1]. La circonférence de l'auréole et l'intérieur de l'arc sont rayés d'une foule de lignes et brodés comme un riche vêtement. La tête du Christ elle-même lance des rayons avec tant de force qu'elle les pousse hors du champ de l'auréole. Et cependant, malgré l'attention évidente d'honorer spécialement Jésus et de montrer sa gloire, on ne peut, à ces caractères, le distinguer, non-seulement de Dieu le père, mais même de sa mère, une simple créature. Effectivement, sur la même fresque du Campo-Santo, où est figuré ce Christ si lumineux, est peinte la Vierge tout aussi éclatante que son fils. Marie est assise sur un arc-en-ciel; elle est entourée d'une auréole ovoïdale, et elle rayonne à la tête absolument comme le Christ. Le champ de l'arc, la circonférence de l'auréole, le nombre et la force des rayons égalent ce qu'on voit dans l'image du Fils de Dieu.

l'unanimité de leurs délibérations, sont considérés comme un seul individu. Ce sceau représente la Vierge et l'Enfant Jésus. Tout le mont Athos est dédié à Marie. Les femmes et même toutes les femelles des animaux sont exclues du mont Athos; il n'y a et il n'y a jamais eu que des hommes. On y voit des troupeaux de boucs, de moutons, de chevaux et de mulets; les dindons et les coqs abondent dans certains couvents; mais il n'y a ni chèvres ni brebis, ni juments, ni mules, ni dindes, ni poules. Cependant ces moines, si ennemis des femmes, ont mis leur gouvernement sous la protection d'une femme, de la Vierge; presque tous les monastères sont dédiés à la Vierge et à tous les événements de la vie de Marie. Les deux premiers couvents sont dédiés, l'un à la nativité de Marie, l'autre à son entrée dans le temple de Jérusalem. Le dernier, celui qui est au fond de la péninsule athonite, est consacré à la mort ou à l'assomption de Marie. Ceux des couvents, qui ne sont pas tout entiers sous la protection de Marie, renferment une, deux ou trois églises qui lui sont dédiées. Le mont Athos a voulu se soustraire à la femme, et cependant la montagne entière, les habitations et les églises, les moines et leurs actes sont gouvernés et protégés par une femme. Il n'y a pas une seule fête de la Vierge, depuis sa nativité jusqu'à sa mort et son couronnement, qui ne soit célébrée avec pompe dans tout le mont Athos. La religion grecque a porté le culte de Marie plus loin encore que l'Église latine.

[1] Planche 67, page 244.

DIEU LE FILS.

74. — MARIE GLORIFIÉE COMME JÉSUS-CHRIST.
Fresque italienne, xiv° siècle.

Quelquefois les deux mains du Christ lancent des rayons, comme celui qu'on voit dans Sainte-Madeleine de Vezelay, à la porte de l'église proprement dite[1]; mais la Vierge elle-même est également représentée laissant tomber de chacun de ses doigts des rayons de grâce sur ceux qui l'invoquent. Une médaille, frappée en son honneur dans ces derniers temps, la

---

[1] Il y a deux bâtiments, le porche et l'église; c'est à la porte de l'église que se voit cette statue.

figure ainsi laissant tomber des torrents de faveurs de chacune de ses deux mains.

On le voit, par ces différents caractères de l'âge, de la physionomie, du costume, de l'auréole, le Christ ne se distingue pas assez, puisque sa mère et souvent de simples saints sont honorés au même degré. Le nimbe est un meilleur caractère. Jésus, sauf les exceptions signalées dans l'histoire de cet ornement archéologique, porte un nimbe crucifère. Comme les croisillons de cet attribut sont quelquefois marqués des mots ὁ ὤν, REX, A et ω, ou A, M, Ω [1], on ne peut confondre le Christ, auquel ils se rapportent, avec les autres créatures historiques ou allégoriques. Les trois personnes divines ont seules le droit de porter un nimbe semblable, et c'est à Jésus qu'il appartient surtout. Ainsi nous distinguons le Christ de plus en plus, nous le tirons successivement de la foule. Par la nudité des pieds, il était confondu avec les anges, avec les apôtres, même avec les prophètes; maintenant, à l'aide du nimbe ainsi caractérisé, nous affirmons que c'est une des trois personnes de la Trinité, et probablement la seconde[2]. Mais quand cette personne, que le nimbe

---

[1] Dans le poëme de Rhaban Maur (*De laudibus sanctæ crucis*, figura 1^a), Jésus est figuré portant un nimbe crucifère où sont inscrites ces trois lettres, A, M, Ω, qui sont le commencement, le milieu et la fin de l'alphabet grec, parce que Jésus renferme en lui le passé, le présent et l'avenir. Rhaban dit d'une manière symbolique ce que les Byzantins, par ὁ ὤν, expriment littéralement; mais c'est le même principe dans les deux variétés. Dieu est l'être par excellence (ὁ ὤν); il embrasse, dit Rhaban, le commencement, le milieu et la fin de tout; il était hier, il est aujourd'hui, il sera demain. — Le poëte Prudence dit dans sa neuvième hymne :

> Alpha et omega cognominatur ipse ; fons et clausula
> Omnium quæ sunt, fuerunt, vel post futura sunt.

Sur une archivolte de l'église ancienne de l'île Barbe, près de Lyon, on lit, rédigé en fort mauvais latin, mais gravé en beaux caractères du XIe siècle :

> Alpha vel O, primus, finis michi convenit ergo.

C'est le Christ qui parle ; il tient une croix avec laquelle il terrasse un lion.

[2] C'est au Christ en effet que convient principalement le nimbe crucifère; le Père et

crucifère décore ainsi, est armée de la grande croix de la Passion ou de la petite croix de la Résurrection, et qu'à cette croix flotte un étendard rouge teint dans le sang de la victime divine ; quand cette personne n'a pas de robe, mais un simple manteau, qui laisse à nu les bras et la poitrine, et qui s'entr'ouvre pour faire voir la plaie du côté droit ; quand un vêtement de prêtre latin ou d'archevêque grec couvre la personne au nimbe crucifère, parce que Jésus-Christ est prêtre suivant l'ordre de Melchisédech [1], parce qu'il est le grand archevêque qui officie dans la liturgie divine [2] ; quand cette personne est entourée des attributs des évangélistes ; quand près de sa tête se lit le mono-

le Saint-Esprit, en l'adoptant, semblent, comme nous l'avons déjà dit, rendre hommage à Jésus et se parer de sa livrée. Le texte qui suit, et que nous croyons devoir transcrire en entier, complétera ce que nous avons dit sur le nimbe en général et sur le nimbe du Christ en particulier : « Considerandum quoque est quod Jesus semper coronatus « depingitur, quasi dicat: Egredimini filiæ Hierusalem, et videte regem Salomonem in « diademate quo coronavit eum mater sua. Fuit enim Christus coronatus tripliciter. « Primo a matre, corona misericordiæ, in die conceptionis ; quæ corona duplex est propter « naturalia et gratuita, ideoque et diadema vocatur, quod est duplex corona. Secundo a « noverca, coronæ miseriæ, in die passionis. Tertio a patre, corona gloriæ in die resurrec- « tionis. Unde : « gloria et honore coronasti eum, Domine. » Demum coronabitur a familia « corona potentiæ, in die ultimæ revelationis. Veniet enim cum senatoribus terræ, judi- « cans orbem terræ in equitate. Sic et omnes sancti pinguntur coronati, quasi dicat filiæ « Hierusalem : Venite et videte martyres cum coronis aureis quibus coronavit eos Do- « minus; et in libro Sapientiæ (Sap. v) : « Justi accipient regnum decoris et diadema spe- « ciei de manu Domini. » Corona autem hujusmodi depingitur in forma scuti rotundi, quia « sancti Dei protectione divina fruuntur. Unde cantant gratulabundi : « Domine, ut scuto « bonæ voluntatis coronasti nos. » Verumtamen Christi corona per crucis figuram a sancto- « rum coronis distinguitur, quia per crucis vexillum sibi carnis glorificationem et nobis « meruit a captivitate liberationem et vitæ fruitionem. » (Guill. Durand, Rat. div. off. lib. I, cap. III.) On voit que Durand confond la couronne avec le nimbe, ou plutôt qu'il donne le même nom à l'une et à l'autre. Du reste il déclare que la *couronne* crucifère distingue le Christ de tous les saints.

[1] « Tu es sacerdos in æternum, secundum ordinem Melchisedec. » (*Psal.* CIX, v. 4.)

[2] Ὁ μέγας ἀρχιερεύς. On voit ainsi le Christ en costume d'archevêque, recevant successivement, et des mains d'une procession d'anges, les divers instruments qui servent au sacrifice de la messe que le prêtre divin va offrir ensuite. Le tambour des coupoles

gramme latin J. C. ou le monogramme grec IC XC ; quand elle est marquée de stigmates aux pieds, aux mains, au côté; quand elle porte à la tête une couronne d'épines, et à la main un livre ouvert ou fermé [1], et quand sur les pages du livre ouvert on voit l'un de ces textes :

> Pax vobis [2].
> Ego sum via, veritas et vita [3].
> Ego sum lux mundi [4].
> Ego sum resurrectio [5].
> Qui vidit me vidit et Patrem [6].
> Ego et Pater unum sumus [7].

centrales, dans les églises de la Grèce, est presque toujours peint de ce magnifique sujet qu'on appelle la sainte liturgie, ἡ ἅγια λειτουργία.

[1] Le livre que tient le Christ est fermé quelquefois, mais il est ouvert la plupart du temps. Voici comment Guillaume Durand explique les deux manières de figurer ce livre mystérieux ; « .... Divina majestas depingitur quandoque cum libro clauso in manibus, « quia nemo inventus est dignus aperire illum nisi leo de tribu Juda. Et quandoque cum « libro aperto, ut in illo quisque legat quod ipse est lux mundi, et via, veritas ac vita, « et liber vitæ. » (*Rationale divin. off.* lib. I, cap. III). (Voyez dans l'Apocalypse, chap. v, verset 5, l'allusion faite au lion de la tribu de Juda.)

[2] C'est le salut que Jésus adressait d'ordinaire à ses apôtres et à ses disciples. Dans le triclinium de Saint-Jean-de-Latran, à la mosaïque de l'abside, qui est de l'an 797, le Christ donne à ses apôtres la mission de baptiser. Il est debout, sur un tertre d'où sortent les quatre fleuves mystiques ; il montre un livre ouvert, où se lit ce *Pax vobis*. (Ciampini, *Vet. moni.* 2ᵉ pars, tab. 39, p. 128). Ces paroles d'amour sont gravées également sur le livre que tient le Dieu escorté d'un séraphin à sa gauche et d'un chérubin à sa droite, et qu'on voit sculpté en marbre à Saint-Saturnin de Toulouse.

[3] C'est précisément le texte que cite Guillaume Durand, et qui est tiré de saint Jean évangéliste.

[4] A Saint-Laurent de Gênes, sur le tympan de la porte principale.

[5] Sur la mosaïque de Saint-Marc de Rome, d'où est tiré le pape Grégoire IV à nimbe carré, donné dans l'Histoire du nimbe, p. 10 : le Christ est au centre des personnages ; il tient un livre ouvert sur lequel est écrit : « Ego sum lux. Ego sum vita. Ego sum resur- « rectio. » (Voir Ciampini, *Vet. moni.* 2ᵉ pars, pl. 37, p. 119.)

[6] Sur une mosaïque du vɪᵉ siècle, à Saint-Michel de Ravenne. Saint-Michel a été bâti en 545.

[7] Ces deux dernières inscriptions sont peintes toutes deux à la fois sur un livre que tient un Christ exécuté en mosaïque à Saint-Michel de Ravenne : *Qui vidit me vidit et*

DIEU LE FILS.

In principio erat Verbum[1].
Ἐγώ εἰμί τὸ φῶς τοῦ κόσμου[2].

Alors il n'y a plus de doute, cette personne de la Trinité est bien le Christ; car tous ces attributs, tous ces textes conviennent à lui, et la plupart d'entre eux ne peuvent convenir qu'à lui seul. Après les nombreux et divers portraits donnés de Jésus-Christ, surtout dans l'Histoire du nimbe[3], il ne paraît pas utile de donner ici ceux qui présenteraient les divers caractères que nous venons de rappeler.

Un sujet fréquemment reproduit aux XIIe, XIIIe et XIVe siècles, ne laisse aucune incertitude sur le personnage qui en occupe la partie principale. Sur les vitraux et les miniatures des manuscrits exécutés surtout pendant les trois siècles que nous venons de nommer, on voit un personnage debout, plus souvent assis, autour duquel rayonnent sept petites colombes. Ce personnage ayant les pieds nus, ce pourrait être un apôtre; mais c'est l'une des trois personnes divines, parce qu'il porte un nimbe crucifère. Or ces colombes symbolisent les sept esprits de Dieu, et d'après Isaïe[4], d'après l'Apocalypse[5], d'après

---

Patrem est sur le verso; *Ego et Pater unum sumus* est sur le recto. Outre son livre, Jésus tient une croix beaucoup plus haute que lui. (Voyez Ciamp. *Vet. mon.* pars 1e, pag. 80, tab. 24.)

[1] Les monuments où cette inscription est reproduite sont en si grand nombre, qu'il semble inutile de les citer.

[2] Sur la plupart des livres que tiennent les figures grecques du Christ Pantocrator. (Voyez le dessin n° 49, p. 157.) Dans le manuscrit de Panselinos nous donnons toutes les inscriptions écrites sur le livre que tient le Christ; ces inscriptions sont nombreuses et varient suivant les endroits où le Fils de Dieu est représenté et suivant les fonctions qu'il remplit. Ainsi, lorsqu'il est en ange de la grande volonté, on lit sur la banderole ou le livre qu'il tient : « Moi, je viens de Dieu et j'y retourne ; car je ne suis pas venu de moi, mais c'est lui qui m'a envoyé. »

[3] Voyez particulièrement pages 12, 13, 24 et 29, planches 7, 8, 15 et 17. D'autres portraits vont suivre et compléteront le signalement du fils de Dieu.

[4] *Prophet.* cap. XI, v. 1, 2 et 3.

[5] Chap. v, versets 6, 11 et 12.

les docteurs de l'Église[1], c'est le fils de Dieu, c'est Jésus qui fut spécialement animé des sept esprits divins. Ainsi donc, toutes les fois qu'on verra un personnage jeune ou âgé, barbu ou imberbe, nimbé ou sans nimbe, entouré de sept colombes, on peut affirmer hardiment que ce personnage est le fils de Dieu. Nous n'en dirons pas davantage sur ce sujet, parce que nous y reviendrons avec plus de détails dans l'histoire du Saint-Esprit[2].

Un autre signe, mais indirect et tiré de l'histoire, sert à reconnaître Jésus-Christ : c'est quand, dans une scène évangélique, on voit un personnage accomplissant les actions que l'Évangile attribue à Jésus. Dans ce cas, lors même que ce personnage serait dépouillé de tous les caractères que nous avons signalés, on ne peut hésiter à le reconnaître. Mais, dans cette partie de l'iconographie chrétienne, nous ne parlons du Verbe qu'en l'envisageant comme Dieu et non pas comme homme, nous faisons l'histoire de la seconde personne de la Trinité avant et après son existence sur la terre; nous ne devons donc pas traiter cette question, qui trouvera son développement complet dans l'histoire évangélique de Jésus. D'ailleurs un sujet fréquemment représenté, et qu'il faut men-

---

[1] Notamment Rhaban Maur, de Laudibus sanctæ Crucis, figura XVI, pag. 312, Ier vol. des OEuvres complètes.

[2] Au chapitre de l'auréole, page 99, planche 40, nous avons reproduit une miniature du psautier de saint Louis conservé à la bibliothèque de l'Arsenal. Jésus, assis au centre d'un ovale de branchages et au sommet d'un arbre généalogique, est entouré de sept colombes divines. Dans l'église de Saint-Denis, sur les vitraux donnés par Suger, on voit deux fois le fils de Dieu cuirassé et nimbé des sept esprits. Le même sujet est peint sur un vitrail de la Sainte-Chapelle de Paris, sur un vitrail d'une église de village, près de Reims, sur la rose septentrionale de la cathédrale de Chartres, etc. A l'histoire du Saint-Esprit, nous donnerons deux gravures tirées, l'une d'un manuscrit, l'autre d'une verrière de la cathédrale de Chartres, et qui présentent les esprits prophétisés par Isaïe. Les sept esprits sont encore peints dans le *Vergier de Solas*, curieux manuscrit que possède la Bibliothèque royale. On ne peut citer tous les monuments qui reproduisent les esprits animant et entourant le fils de Dieu, tant ils sont nombreux.

tionner ici, résume la vie mortelle de Jésus : c'est le triomphe du Christ après son ascension. Cette apothéose, remarquable de conception et souvent admirable d'exécution, couronne tous les actes de l'humanité divine. Les portes du ciel s'étaient ouvertes pour laisser sortir le Verbe, qui allait accomplir sa mission sur la terre; trente-trois ans après, elles se rouvrent pour recevoir l'Homme-Dieu revenant prendre sa place à côté de son père. Alors les anges et les saints portent en triomphe, les uns leur maître et les autres leur libérateur. Tel est le sujet peint ou sculpté dans les monuments du moyen âge, avec des détails plus ou moins nombreux.

TRIOMPHE DU CHRIST.

Lorsque les temps furent accomplis, quatre mille quatre ans après la création du monde, Dieu le père envoya son Fils sur la terre vivre et mourir pour les hommes. Il avait promis un réparateur de la faute d'Adam, et, lorsqu'il jugea le moment venu de tenir sa parole, il appela son fils, le Verbe divin, pour être l'organe et l'agent de sa volonté suprême. Suivant les prophéties, la seconde personne de la Trinité répondit à cet appel par ces paroles de David : « J'ai dit : Voilà que je viens [1]. » Le Fils se fait donc immédiatement le messager de la volonté de son Père; il s'offre en sacrifice pour le salut du monde, et accepte avec empressement toutes les souffrances qu'il lui faudra endurer pour expier les crimes du genre humain.

L'art a très-souvent représenté cet acte de dévouement, qui prend son origine dans le ciel, se poursuit sur la terre, et s'achève où il a commencé. Tout ce qui se passe sur terre, nous le réservons pour l'histoire de la vie humaine du Christ; mais nous devons signaler ce qui précède et ce qui suit l'incarnation

---

[1] *Psal.* xxxix, vers. 8. « Tunc dixi : Ecce venio. »

du Verbe. Dans l'Église grecque comme dans l'Église latine, on a dessiné la scène où le Verbe dit au Père: « Me voilà. » Mais en Grèce, où les traditions de l'idéalisme antique ne se sont jamais perdues, le sujet est plus grave et plus beau que chez nous. Dans les chapelles latérales, à la demi-coupole qui les couvre, on voit un grand ange imberbe, peint à fresque ou en mosaïque, et déployant ses longues ailes dans toute leur largeur. La belle créature est vêtue d'un costume chargé d'ornements en or et en pierres précieuses; elle tient à la main un bâton d'or, comme pour faire un long voyage. Cet ange aux ailes ouvertes, et qui s'apprête à descendre du ciel en terre, c'est le Fils de Dieu, c'est celui qui va être Jésus-Christ. Il porte à la tête un nimbe crucifère, comme les personnes divines, et sur les branches de la croix du nimbe est écrit ο ων. Il est en ange, parce qu'il est le messager (ἄγγελος) des ordres divins. Tout autour de sa tête on lit ces graves paroles : Ο ΑΓΓΕΛΟΣ ΤΗΣ ΜΕΓΑΛΗΣ ΒΟΥΛΗΣ. Cet ange de la grande volonté fait une profonde impression; c'est, avec le Pantocrator des grandes coupoles, la plus remarquable figure que l'art chrétien de la Grèce ait imaginée. L'art antique n'a certainement rien de plus beau; ce type soutiendrait probablement la comparaison avec le Jupiter Olympien que nous n'avons plus[1].

Chez nous, le même sujet a été traité d'une façon moins

[1] Il n'a pas été possible à M. Paul Durand de dessiner, pendant notre voyage en Grèce, un de ces admirables anges de la grande volonté ; je regrette donc de ne pouvoir offrir ce type inventé par les Grecs, et qu'eux seuls ont exécuté. Ces anges divins sont nombreux en Grèce; on en voit surtout à Mistra, aux Météores, à Salonique et au mont Athos. Un des plus beaux est celui du couvent de Saint-Barlaam, aux Météores, dans l'abside latérale du nord ; il a pour pendant, dans l'abside méridionale, un Fils de Dieu, imberbe, et qui est appelé ὁ Ἐμμανουήλ. Dans le Guide de la peinture, ce manuscrit byzantin que je cite souvent, on lit la prescription suivante : « Au dehors du sanctuaire, sur les voûtes des croisillons, représentez l'Ange de la grande volonté sur un nuage et supporté par quatre anges ; il tient une banderole et dit : « Moi, je viens de Dieu et j'y retourne;

élevée, mais plus humaine. Le Verbe n'est plus une créature céleste, un messager divin, comme chez les Grecs; mais un homme, un enfant, un pauvre être humain, nu, faible, souffrant. Il descend beaucoup moins pour publier la grande volonté de son père que pour accomplir un rude pèlerinage. C'est, en effet, sous ce nom de pèlerinage que sa mission est annoncée. Il va donc, pauvre pèlerin, prendre un bâton pour s'appuyer dans ses fatigues, et une panetière pour mettre les provisions du voyage. Un manuscrit du XIV° siècle, qui appartient à la bibliothèque Sainte-Geneviève, et qui est intitulé *Romant des trois pèlerinages*[1], raconte en vers le long et pénible pèlerinage du Christ. Les vers sont entremêlés de miniatures qui traduisent le texte pour les yeux. Jésus, à l'entrée du poëme, va commencer son pèlerinage; il se présente nu, sous la forme d'un enfant de dix ans, à son père, qui lui adresse ces paroles:

> En terre où iras l'aval,
> Auras assés poinne et traval
> Pour Adam de chartre getter
> Et de ses peines délivrer,
> Et plus de xxx ans voyage
> Feras et pelerinage,
> Avant que il soit la saison
> De faire sa rédemption;
> Car se homme très bien parfait
> N'estoies quant feras le fait
> De li racheter, complainte
> En feroit justice enfrainte.

car je ne suis pas venu de moi-même, mais c'est lui qui m'a envoyé. » Écrivez cette épigraphe : Jésus-Christ, l'Ange de la volonté. — Dans le second bras de la croix, représentez à la voûte Emmanuel sur un nuage, et disant sur un rouleau : « L'esprit de Dieu est sur moi; c'est pourquoi il m'a oint, et m'a envoyé prêcher l'Évangile aux pauvres. »

[1] Ce pèlerinage de la vie humaine a été composé par Guillaume de Guilleville, moine de Chalis (sans doute Chaalis, grande abbaye du département de l'Oise, près de Senlis). Cet ouvrage est de la seconde moitié du XIV° siècle, 1358; il comprend : 1° le Pèlerinage de la vie; 2° le Pèlerinage de l'âme; 3° le Pèlerinage de Jésus-Christ.

Si que pource que longuement
Tu feras pelerinement,
Bourdon et escherpe te fault
Dont au moins prendras cy en hault
Ma potence où t'appuieras
Et de quoy ton bourdon feras.

A ces vers est joint ce dessin, qui est au folio 165 du poëme.

75. — LE VERBE DE DIEU, ENFANT, NU, RECEVANT DE SON PÈRE LE BOURDON ET LA PANETIÈRE, ET PARTANT EN PÈLERINAGE.

Miniature française du xiv° siècle.

Le petit Jésus, qui va partir pour sa croisade, reçoit donc de son père la panetière ou escarcelle (escharpe), et le bâton ou bourdon, qui n'est autre chose que le bâton de vieillesse (potence) du Père éternel lui-même. Il y a quelque chose de touchant à voir ce vieillard divin ainsi envoyer, dans le monde où il voyagera longtemps, où il aura beaucoup de travail et de peine, son jeune fils, qui se dévoue pour le salut des hommes. Tout cela part du cœur et d'un profond sentiment

DIEU LE FILS.

de pitié pour nous; mais il y a peu de dignité dans le sujet et dans la manière dont il est exécuté[1]. On a ainsi la différence fondamentale qui distingue en toutes choses l'art chrétien de l'Orient de l'art chrétien occidental. En Orient, en Grèce, c'est plus grave, mais plus froid; chez nous, c'est plus vulgaire, mais moins sévère. Nos Christs ont plus de douceur: ils ne sont pas, comme en Grèce, porteurs et exécuteurs de leur sentence, tout à la fois, et de leur trône ne sort pas un fleuve de feu qui va dévorer les damnés. Le judaïsme et l'islamisme n'ont pas glacé de leur dureté, comme en Grèce, les idées de l'Église latine.

Jésus descend donc sur la terre accomplir son douloureux pèlerinage. Un jour nous raconterons en détail, avec l'aide des monuments figurés, cette vie merveilleuse de l'Homme-Dieu; aujourd'hui, nous la passons tout entière, et nous courons au dénouement. Jésus-Christ, par sa prédication et son ardente charité, foule aux pieds, suivant la prophétie de David, le lion et le dragon; il marche sur l'aspic et le basilic. C'est-à-dire qu'il terrasse les plus redoutables et les plus cruelles passions figurées par quatre des plus terribles bêtes féroces et venimeuses : « Super aspidem et basiliscum ambulabis; et conculcabis leo- « nem et draconem[2]. »

Le voici gravé sur un bel ivoire italien, qu'on croit du xe siècle, d'après l'âge, le costume et la forme du livre que porte ce fils de Dieu.

---

[1] Ici, nous voyons que le Père est en roi; qu'il est âgé, orné du nimbe crucifère, et qu'il a les pieds nus. La nudité des pieds le distingue des créatures humaines; le nimbe crucifère le distingue, ainsi que son Fils, de toutes les créatures humaines et célestes, des saints et des anges. Il est vieux, parce qu'il est du xive siècle, époque où il prend une physionomie distincte; il est roi, peut-être parce qu'il a été fait en France, comme nous l'avons déjà fait remarquer.

[2] *Psalm.* xc, vers. 13.

76. — JÉSUS TERRASSANT L'ASPIC, LE BASILIC, LE LION ET LE DRAGON[1].
Ivoire italien, x° siècle.

Ici l'aspic et le basilic sont morts déjà, et le Christ, beau jeune homme imberbe, écrase sous ses pieds nus le lion et le dragon[2]; c'est une modification du texte sacré. Ce sujet est ex-

---

[1] Cet ivoire est au musée du Vatican; il est gravé dans Gori, *Thesaurus vet. dipty.* tom. III, p. 33.

[2] Au sujet de la jeunesse du Christ et de ses pieds nus, Gori (*Thes. vet. dipty.* t. III, p. 30 et 31) s'exprime ainsi : « Quod vero Christus in prima juventæ suæ ætate sculptus « exhibeatur, hanc formam ei tributam censent doctiores agiologi, quòd hac specie cum « humanitate clarius eluceat ejus divinitas, ex Davidis prophetico testimonio et oraculo. « Quod profert Paulus ad Hebreos I, 6. *Dominus dixit ad me: Filius meus es tu ; ego hodie genui te.* Et paullo post : *Omnes sicut vestimentum veterascent ; tu autem idem ipse es , et*

trêmement fréquent dans nos cathédrales; mais il se montre avec une foule de variétés. Il est rare que les bêtes sataniques soient représentées toutes les quatre. A Notre-Dame de Reims, au portail du nord, sur le trumeau de la porte gauche, le Christ, superbe statue qui porte le nom populaire du beau Dieu, foule aux pieds le dragon seulement. A Notre-Dame de Chartres, au portail du sud, sur le trumeau de la porte centrale, le Christ foule de ses pieds nus le lion et le dragon; mais l'aspic et le basilic ne sont pas figurés. A Notre-Dame d'Amiens, au portail occidental, sur le trumeau de la porte du milieu, le Christ est comme celui de Chartres; mais le dragon s'y montre mieux accusé.

Dans tous ces sujets, le Sauveur écrase les génies du mal, les instruments et les agents de la mort; mais dans le sujet suivant, tiré du missel de Worms [1], il tient enchaînée la Mort elle-même. La Mort, sous la forme d'un homme sale, à cheveux hérissés, à jambes nues, à vêtement étroit et pauvre, est enchaînée au cou et aux mains par un carcan et des menottes. Au carcan est attachée une chaîne que Jésus tient fortement de la main gauche. De la main droite, le Dieu imberbe menace d'enfoncer le bout de sa croix dans la bouche de la Mort. La

« *anni tui non deficient.* — Nudis quoque pedibus insistit, occultata divinitatis suæ majes-
« tate; sed statim aliis emblematibus quanta sit ejus virtus, fortitudo ac potentia ostendi-
« tur, dum nudis pedibus conculcat animalia quædam teterrima ac ferocissima. » — Notre dessin, par inadvertance, ne rend pas le rugissement du lion, fort bien exprimé sur l'ivoire; le dessinateur a négligé un caractère que rendait nécessaire le *circuit Leo rugiens, quærens quem devoret.* Gori semble dire que la nudité des pieds est exceptionnelle et marque, dans l'espèce, la puissance divine; il se trompe. Ce caractère, comme nous l'avons dit, est constant et distingue les apôtres, les anges et les personnes divines de tous les autres personnages figurés par l'art chrétien. C'est un signe mystique de haute sainteté. Nous en donnerons les raisons dans l'Histoire de l'ange.

[1] Manuscrit de la bibliothèque de l'Arsenal, théol. lat. n° 192, in-f°. Ce manuscrit est daté comme du IX° ou X° siècle, sur le catalogue de la bibliothèque de l'Arsenal; je le croirais plutôt du XI°.

bête humaine écume, vomit des flammes et se tord sous les pieds vainqueurs qui la foulent et la tiennent renversée[1]. Jésus va tuer la Mort; il semble lui adresser ces paroles prophétiques de l'Ancien Testament, qui se chantent dans la semaine sainte, et qu'on applique à la Passion, qui nous a sauvés : « O Mort! je serai ta mort[2]; » ou bien ces paroles de saint Paul, qui se disent en même temps, et comme leur corollaire évangélique : « Mort, où est ta victoire? Mort, où est ton aiguillon[3]? »

77. — LE CHRIST ENCHAÎNÉ ET TERRASSE LA MORT.
Miniature allemande, XIe siècle.

Ainsi victorieux, le Christ remonte au ciel et vient rendre

[1] Jésus est encore imberbe, bien que le manuscrit puisse être regardé comme du XIe siècle; mais il est âgé cependant, et son front se ride sous les années plutôt que sous les efforts nécessités par sa lutte avec la Mort. Le nimbe est déjà crucifère, tandis que, dans l'exemple précédent il est encore uni ou simplement orné d'une arcature. Le Jésus de la planche 66, p. 232, est également imberbe, mais la figure est beaucoup plus jeune. Le Christ de Worms est plutôt rasé qu'imberbe; celui du Vatican plutôt imberbe que rasé. Le monument du Vatican est plus éloigné du moyen âge et plus rapproché des siècles primitifs que celui de Worms.

[2] Osée, cap. XIII, v. 14 : « De manu Mortis liberabo eos, de Morte redimam eos. Ero « Mors tua, ô Mors; morsus tuus ero, inferne. »

[3] Epist. ad Corinth. I, cap. XV, v. 55. « Ubi est, Mors, victoria tua? Ubi est, Mors, sti-

compte à son Père de la mission qui lui avait été confiée, qu'il s'était imposée et qu'il a glorieusement remplie. Le voici qui rentre au paradis avec la panetière et le bourdon qu'il avait pris à son départ. Comme homme, il a grandi : c'était un enfant lorsqu'il descendit sur terre, maintenant il a de trente à trente-cinq ans. Il trouve son Père assis à côté du Saint-Esprit, qui est en homme, et non en colombe. Le Père en roi et tenant le globe de la puissance, l'Esprit en docteur et tenant le livre de l'intelligence, bénissent tous deux, à la façon latine, la troisième personne de la Trinité.

78. — LE CHRIST REVENANT DE SON PÈLERINAGE[1].
Miniature française, XIVe siècle.

« mulus tuus? » Le sujet peint dans le missel de Worms semble être tiré de ce passage des œuvres de saint Jean Damascène : « Quisnam est iste qui cruci affixus est? quis hic qui
« resurgit ac SENIS illius caput calcat? Nonne, cum per imaginem erudiendo, respondes :
« Hic qui affixus est cruci, Dei filius est, qui ad tollenda mundi peccata eo fuit supplicio
« affectus. Hic qui resurgit, ipse est qui secum primum parentem Adam ob prævarica-
« tionem lapsum mortuumque ressuscitat, quique infernum tot jam seculis vinctum,
« a quo ille insolubilibus vinculis ac vectibus in inferioribus terræ partibus tenebatur,
« proculcat. » (Opp. S. Joh. Damasc. tom. I, p. 620.)

[1] Cette miniature est au folio 225 verso. Remarquez les nimbes crucifères que portent

Le Christ penche la tête, il courbe son corps, il s'appuie sur le bourdon ; il semble fatigué de sa mission qui lui a tant coûté. Dans toute cette attitude et dans cette physionomie, il y a comme l'expression d'un regret; on dirait que le Christ est fâché d'avoir rempli une si lourde tâche. En effet, les vers qui interprètent cette miniature, à la façon de ceux qui accompagnaient le départ, ne laissent aucun doute sur l'intention du dessinateur. Le Fils adresse la parole à son Père :

>Père, dist Jhésus, retourné
>Suis à toy, et ai consummé
>Ce que faire me commandas
>Quant jus ou monde m'envoyas,
>DONT BIEN JE M'EN FEUSSE PASSÉ.
>Enseignes t'en ay aporté
>Si com aultres pélerins font
>Qui en estrange terre vont;
>De tielx denrées com a là
>Je t'ay fait venir par deçà,
>NON OBSTANT QUE GRANS COUSTEMENS
>J'AYE MIS ET GRANS DESPENS...
>. . . . .
>Aussi, dist Jhésus, mon bourdon
>Ay aporté, et est raison,
>Ce me semble, que mis il soit
>Avec l'escherpe cy endroit,
>Afin que ne soit oublié
>Comment pélerin ay esté.

les trois personnes. Le nimbe du Père, avec son double filet de bordure, semble plus riche que les deux autres; en outre, les croisillons du nimbe que porte le Fils approchent de la circonférence du disque plus près que ceux du nimbe qui décore le Saint-Esprit. Il n'est guère possible qu'on ait voulu, par ces caractères si peu importants, établir la différence de relation qui existe entre les trois personnes; mais dans la miniature originale les trois nimbes sont identiques. Les différences proviennent sans doute de l'inattention du dessinateur. Le livre que porte le Saint-Esprit, et qui est un attribut de l'intelligence, nous servira d'appui pour une opinion que nous développerons dans l'histoire de la troisième personne de la Trinité. Le Père, en se reculant un peu sur son banc, va faire place à Jésus, qui sera ainsi à sa droite, tandis que le Saint-Esprit occupera sa gauche.

Le Père et l'Esprit consentent à ce que Jésus demande, et Jésus attache à un clou, contre la muraille, le bourdon et la panetière, comme un guerrier en retraite accroche au mur de sa maison ses armes glorieuses:

> Ainsi fu accordé. Là sont;
> Jamais remeus n'en seront.

On ne saurait rien voir de plus trivial que cette scène. Le Christ n'est pas autre chose qu'un voyageur ordinaire; il regrette de s'être fatigué pour rien ou pour peu, et dit, de la façon la plus vulgaire, qu'il ne recommencera plus. Ce voyage, comme il le déclare, lui a coûté cher, et il s'en serait fort bien passé.

A propos du départ de la seconde personne divine pour la terre, nous avons constaté la grandeur de l'art grec et la simplicité assez puérile de l'art occidental; ici, dans l'Église latine, mais chez deux peuples distincts, nous allons voir la même différence. L'art français est commun; l'art italien de la même époque arrive à la distinction la plus remarquable et monte jusqu'à la sublimité. Tandis que, dans le pèlerinage qui est à la bibliothèque Sainte-Geneviève, le Christ se répand en un flux de paroles vulgaires et en regrets inconvenants, dans un manuscrit exécuté en Italie, que possède la Bibliothèque royale, il n'y a qu'un geste et pas de paroles. Le Père éternel paraît au milieu d'une auréole ovale, traversée en tous sens par des jets de lumière qui sortent de Dieu; la divinité rayonne elle-même sur tous les points de sa circonférence. Le banc grossier du précédent dessin est ici une sorte d'arc-en-ciel bleuâtre sur lequel le Père est assis. On n'est pas dans une chambre, comme plus haut, mais en plein air, au sommet d'une montagne semée de fleurs. Jésus en crucifié et descendant de la croix, pour ainsi dire nu, couvert seulement du jupon court qu'il portait sur le gibet, paraît devant son Père, pour lui rendre

286 ICONOGRAPHIE CHRÉTIENNE.

compte de la mission qui lui avait été donnée. De ses pieds percés coule du sang, et son côté ouvert pleure également des larmes de sang. Jésus ouvre les mains, montre le sang coulant des plaies qui traversent de part en part, et se contente de dire : « Voilà ce que j'ai fait. » Alors le Père pardonne au monde et, de la main droite, donne sa bénédiction à Jésus. Voici le dessin :

79. — JÉSUS MONTRANT SES PLAIES SAIGNANTES À SON PÈRE [1].
Miniature italienne, xiv° siècle.

[1] Ce dessin rappelle, mais cependant d'une manière incomplète, les expressions de saint

La physionomie est élevée et digne de la grandeur d'une pareille scène [1].

Revenu dans le ciel, le Christ continue d'intercéder pour les hommes; il est alors prêtre et victime tout à la fois, et les artistes grecs aiment à le peindre sous le costume d'un archevêque ou d'un patriarche, recevant les honneurs des deux autres personnes de la Trinité et les adorations de la foule des saints et des anges. Le Père éternel, en empereur byzantin, tenant le globe d'une main et le sceptre de l'autre, sort des nuages, tout en haut du cadre. Sous lui, dans un cercle lumineux, rayonne le Saint-Esprit, qui a la forme d'une colombe. Les archanges Michel et Gabriel, la Vierge, saint Jean-Baptiste, les grands saints grecs Georges et Démétrius s'inclinent devant le Christ et représentent les divers ordres des anges et des saints. Le Christ, comme son Père, porte le nimbe crucifère et marqué des lettres ο ων. Les noms de saint Georges et de saint Démétrius sont écrits en entier sur une banderole, au-dessus de leur tête; ceux de la mère de Dieu et de saint Jean le précurseur sont tracés en abrégé dans le champ même de l'auréole; ceux des deux archanges sont indiqués seulement par la première lettre, M pour saint Michel et Γ pour Gabriel.

Anschaire, archevêque de Hambourg, qui fut enlevé en esprit dans le ciel, et vit Dieu éclatant de lumière et assis au milieu des vingt-quatre vieillards de l'Apocalypse : « Ab ipso « (Deo) claritas immensa procedebat, ex qua omnis longitudo et latitudo sanctorum il- « lustrabatur..... Sed neque ita claritas talis erat quæ oculos contemplantium impediret, « sed quæ oculos gratissime satiaret. Et cum seniores sedentes dixerim, in ipso qua- « dammodo sedebant ; nam nil corporeum erat ibi, sed erant cuncta incorporea, licet « speciem corporum habentia, et ideo ineffabilia. Circa sedentes vero splendor, ab ipso « procedens, similis arcui nubium tenebatur. » — Sur la rose orientale de la cathédrale de Laon, les vingt-quatre vieillards sont assis sur un croissant ou arc-en-ciel de couleur lumineuse ou jaunâtre. (Voyez les *Act. SS. ord. S. Bened.* VI° vol. Vie de saint Anschaire, mort en 864; cette vie a été écrite par saint Rembert, disciple et successeur d'Anschaire.)

[1] Bibliothèque royale, *Speculum humanæ salvationis*, suppl. lat. 1041. A la bibliothèque de l'Arsenal, il existe un ms. semblable (Théol. lat. 42 B.) exécuté en Italie au xiv°

288 ICONOGRAPHIE CHRÉTIENNE.

80. — JÉSUS-CHRIST EN GRAND ARCHEVÊQUE [1].
Peinture grecque, XVIᵉ siècle.

Le Christ, coiffé de la couronne archiépiscopale et vêtu des différents ornements que portent les pontifes grecs, s'appelle le grand archevêque, ὁ μέγας ἀρχιερεύς. On le voit ainsi aux grandes coupoles des églises byzantines, et recevant de la main des anges, qui passent successivement devant lui, tout ce qui doit servir au sacrifice mystique de la messe [2]. C'est

siècle. Les miniatures, moins parfaites que celles du ms. de la Bibliothèque royale, sont remarquables cependant. On attribue ces peintures à Giotto lui-même ou à Tadéo Gaddi, son élève. Elles ne sont probablement ni de l'un ni de l'autre; mais l'école d'où elles sont sorties était une des meilleures de l'Italie.

[1] Ce dessin est pris sur l'une des peintures à fresque si nombreuses en Grèce.

[2] Sur le livre que tient le Christ en grand pontife, on lit : « Seigneur, Seigneur,

ce que les Grecs appellent la LITURGIE par excellence. La cathédrale de Reims, grecque sous ce rapport comme sous certains autres, donne un exemple de cette liturgie dans les anges qui habitent les niches des contre-forts. Ces anges, qui portent chacun un attribut spécial, viennent défiler, pour ainsi dire, devant un Christ appliqué contre l'abside, à l'extérieur, et qui est encensé par d'autres anges. Le Christ de Reims ne porte pas le costume pontifical, comme chez les Grecs, mais il remplit à peu près le même office[1].

Le Christ, vainqueur des démons, sauveur des hommes et leur intercesseur éternel, vient s'asseoir à la droite de son Père, qui lui met la terre sous les pieds et lui donne la place d'honneur. Alors éclate la joie du paradis, et Jésus parcourt en triomphe, aux acclamations des anges et des saints, toutes les régions du ciel. Ce triomphe du Christ est, de tous les sujets, celui qui a le plus exalté les artistes; on le voit représenté en sculpture et en peinture dans beaucoup de monuments, et toujours avec des modifications qui en font une œuvre nouvelle. Dans la crypte de la cathédrale d'Auxerre, vers la partie orientale, à la voûte de ce qui répond au sanctuaire, on voit une peinture à fresque de la fin du XIIe siècle, représentant le triomphe de Jésus sous sa forme la plus simple. Le fond du tableau est par-

---

regardez du haut du ciel; voyez et considérez cette vigne, et prenez soin de celle que votre main a plantée. » (Voy. le manuscrit de Panselinos). — On remarquera un losange attaché à un fil et pendant sur le genou droit du Christ; c'est ce que les Grecs appellent *epigonation*, lequel est souvent orné de figures en broderies. L'étole blanche semée de croix s'appelle *omophoron*; c'est une pièce du costume consulaire et surtout impérial. Le vêtement à riches ornements s'appelle *saccos*, et la longue robe, qui répond à l'aube de nos prêtres, se nomme *sticharion*. On appelle *epitrachilion* ce qui est notre étole. Le bonnet porte, comme chez nous, le nom de *mitra*.

[1] Le manuscrit du duc d'Anjou, Lavall. 127, qui est à la Bibl. roy. montre, au f° 139, Jésus-Christ disant la messe. On est à la consécration, et un ange, qui sert d'enfant de chœur, soulève la chasuble du prêtre divin. C'est d'après le texte : « Tu es sacerdos in « æternum secundum ordinem Melchisedech », que ce motif a été figuré.

tagé par une croix qui serait totalement ce qu'on appelle une croix grecque, si les bras de la traverse étaient un peu plus longs. Cette croix est rehaussée de pierreries feintes, rondes, ovales, en losange, disposées en quinconces. Au centre, le Christ est sur un cheval blanc couvert d'une selle. Il tient la bride avec la main gauche; à la droite, la main puissante, est un bâton noir, la verge de fer avec laquelle il gouverne les nations. Il marche ainsi, la tête ornée d'un nimbe bleuâtre ou azuré, à croix de gueules; sa figure est tournée vers les spectateurs. Dans les quatre angles, qui rachètent le carré où la croix est inscrite, quatre anges, ailes déployées, à cheval comme leur maître, font une escorte à Jésus; leur main droite, qui est libre, se lève et s'ouvre en signe d'admiration : « Je vis le ciel ouvert. Il parut un cheval blanc, et celui qui le montait s'appelait le fidèle et le véritable, qui combat et qui juge avec justice. Ses yeux ressemblaient à la flamme du feu; beaucoup de diadèmes brillaient sur sa tête. Il portait écrit un nom dont nul autre que lui n'a l'intelligence. Il était vêtu d'une robe arrosée de sang; il s'appelle le Verbe de Dieu. Les armées qui sont dans le ciel le suivaient sur des chevaux blancs et en vêtements de lin blanc et pur. » Voilà ce que dit l'Apocalypse et ce que la fresque d'Auxerre traduit à quelques différences près qu'on fera bien de remarquer [1].

[1] Cette peinture sur mur, un peu endommagée, est une des plus curieuses qui existent; elle donne la traduction approximative d'un beau passage de l'Apocalypse, chap. xix, versets 11-17. On remarquera l'absence des étriers; comme on trouve des étriers à une époque plus reculée, ce n'est pas un caractère d'ancienneté. Le Christ a les cheveux jaunâtres, barbe rousse, ainsi que les sourcils; sa robe est rouge ou rosée, son manteau est gris et doublé de jaune. M. Amable Crapelet, un jeune dessinateur d'Auxerre, a bien voulu me faire un dessin très-exact de cette intéressante peinture. C'est au fond, dans la conque de l'abside, qu'est peinte cette figure divine, inscrite dans une auréole en quatre-feuilles, accompagnée des attributs des évangélistes et de deux chandeliers à sept branches, que nous avons donnée plus haut, p. 87, pl. 36. Le nimbe de ce Dieu est rosâtre et croisé de vert.

DIEU LE FILS, 291

81. — TRIOMPHE DE JÉSUS-CHRIST À CHEVAL.
Fresque française, XII⁰ siècle.

Mais ceci n'est que le germe de ces admirables triomphes dont un est peint sur verre, à Notre-Dame de Brou, et un autre décrit dans la Divine comédie. Celui de Brou est un des plus complets que nous possédions ; pour reconnaître les nombreux personnages qui le composent, ainsi que tous les triomphes qui lui sont analogues, on croit utile d'en donner une description succincte.

Dans le collatéral gauche de Notre-Dame de Brou, la chapelle dite du Retable ou des Sept-Joies[1] est éclairée par une grande

[1] Cette chapelle reçoit ce nom d'un beau retable en albâtre, où sont sculptés les sept événements heureux arrivés à la Vierge Marie : l'Annonciation, la Visitation, la

verrière sur laquelle on voit l'assomption et le couronnement de Marie. La scène est encadrée par un arc de triomphe de forme antique et dont l'arche est en plein cintre. Sur la frise du monument se déploie le triomphe du Christ en cinq compartiments, et dont quatre sont occupés par les personnages qui précèdent ou qui suivent le Fils de Dieu; c'est ainsi qu'à Paris, sur l'arc de l'Étoile, se développe la grande armée qui marche vers ses conquêtes. En tête de tous s'avancent Adam et Ève, jeune couple nu, près d'entrer dans le paradis, et joignant les mains par reconnaissance. Ils sont suivis d'Abel, nu comme son père et sa mère, et qui est le premier martyr du monde. Après eux, Noé élève en l'air l'arche où se réfugièrent, pendant le déluge, les derniers germes des hommes, des animaux et des plantes. En recueillant pour un peuple choisi la croyance en un Dieu unique, Abraham sauva le monde intellectuellement comme Noé matériellement; il s'avance accompagné de son fils Isaac, qu'il était près de sacrifier à Dieu, et qui porte sur ses épaules, comme plus tard Jésus, le bois où il devait être immolé. Puis Moïse lève en l'air les tables de la loi, comme Noé son arche. Derrière est le prophète Jonas englouti et rendu par un monstre marin, comme Jésus le fut par le sépulcre; il porte au bout d'une pique le monstre tué, comme la mort que le Fils de Dieu écrasa sous ses pieds. Après Jonas c'est David, qui a dansé autrefois devant l'arche, et qui maintenant chante et pince de la harpe en présence de la croix, arche du Nouveau Testament. Puis, dans la foule, brillent çà et là Samson, Gédéon, Élie, Salomon, Ézéchias, c'est-à-dire les principaux juges et les plus grands rois. Suit un groupe de femmes et d'hommes : ce sont les sibylles complétant les grands et les

---

Nativité, l'Adoration des mages, l'Apparition de Jésus, la Descente du Saint-Esprit et l'Assomption.

DIEU LE FILS.   293

petits prophètes. C'est, pour les prophètes, Isaïe, qui s'est écrié :
« Une tige s'élèvera de l'arbre de Jessé; une Vierge enfantera.
Un petit enfant, Emmanuel, le Messie naîtra d'une femme qui
restera vierge. » C'est, pour les femmes, la sibylle persique,
une lanterne en main et annonçant la venue du Messie ; la Li-
byque, tenant un cierge allumé et présidant à la naissance du
Christ, lumière du monde [1]; la sibylle de Cumes, qui tient une
crèche et a prédit la naissance dans une étable; la Phrygienne,
qui porte un étendard parce qu'elle a prophétisé la résurrection et la victoire du Christ. Trois étendards ou flammes
flottent au vent et se teignent des couleurs du Dieu martyr.
Des trompettes, puissantes comme celles qui ont fait tomber

[1] Les attributs que portent les sibylles, à la hauteur où la frise est du sol, ne sont pas très-distincts. Ce sujet des sibylles mises en regard des prophètes est fréquent à cette époque. A Brou, les sibylles sont encore sculptées en marbre, au tombeau de Philibert le Beau. Les sibylles sont sculptées à Autun, au retable dit *noli me tangere*, dans une chapelle de la cathédrale. Sculptées au portail occidental de l'église de Clamecy (Nièvre), elles sont peintes sur verre à Saint-Ouen de Rouen, à la cathédrale de Beauvais, à la cathédrale d'Auch. Dans la cathédrale de Sens, une des sibylles annonce à Auguste la naissance du Christ. Elles sont sculptées sur les stalles en bois de Saint-Bertrand de Comminges, de la cathédrale d'Auch ; elles sont peintes en marqueterie contre le dossier des stalles provenant de l'ancienne chapelle de Gaillon, et qui sont maintenant dans l'église de Saint-Denis; elles sont peintes sur parchemin dans plusieurs manuscrits, notamment dans les Heures d'Anne de France, fille de Louis XI, qui sont à la Bibliothèque royale, n° 920. Une chapelle dite des sibylles est à l'entrée de Saint-Jacques de Dieppe; elle renferme douze niches qui devaient être occupées par les statues des douze sibylles. Des chapelles de ce nom existent à l'abside de Saint-Étienne de Châlons (Marne). Voilà ce qui existe en France; il en est de même en Allemagne, aux stalles de la cathédrale d'Ulm, entre autres. En Italie, Michel-Ange et Raphaël se sont exercés sur ce beau sujet. Une iconographie des sibylles ne serait pas sans intérêt, et l'on doit attendre des détails curieux à cet égard d'un travail que prépare M. Ferdinand de Guilhermy. Dans les monuments, les sibylles ne remontent pas au delà du XIIe siècle; dans les textes, elles datent des premières époques, de Lactance, de saint Augustin, de saint Jérôme; il en est question dans les apocryphes. On semble ensuite les avoir oubliées pendant le moyen âge proprement dit, du VIIe siècle au XVe; cependant Vincent de Beauvais les nomme dans son *Speculum universale*, et on les voit sculptées à la fin du XIIe siècle dans la cathédrale d'Auxerre.

les murs de Jéricho, sonnent la victoire du Crucifié. Avec ces prophètes et prophétesses se ferme à peu près le monde ancien, le monde antérieur à Jésus.

Alors se présente le monde nouveau, le monde chrétien. Le personnel en est disposé chronologiquement : il commence aux apôtres, et par le premier de tous, saint Pierre, qui tient à la main deux clefs d'argent, celle qui ouvre le paradis et celle qui le ferme. Puis saint Paul avec l'épée dont il a été décollé, et qui figure en outre le glaive de sa parole tranchante. Puis saint André, qui porte sur ses épaules la croix où il mourut; saint Jean, qui tient le calice empoisonné d'où la mort s'envola sous la forme d'un dragon. Ensuite marchent les autres apôtres, chacun à leur rang : Simon porte la scie qui le fendit en deux; Matthieu, la pique dont il eut le cœur percé; Thomas, l'équerre ou la règle, qui en fait le patron des architectes. Les apôtres sont suivis des martyrs qui ont donné leur sang pour la foi, ont témoigné de leur croyance en sacrifiant leur vie, et dont les légions innombrables sont représentées par les chefs. On distingue saint Étienne à la pierre qui lui a ouvert le front, saint Laurent à son gril, qu'il élève comme un étendard de triomphe. Le grand saint Christophe, qui dépasse de tout le buste les plus élevés, porte le petit Jésus sur ses épaules; il est presque nu comme un athlète antique ou comme un chrétien du peuple, dont on le croit la personnification. Ce colosse courbe les épaules sous le tout petit Jésus, comme sous un poids énorme; il s'appuie sur un tronc de palmier qui lui sert de bâton. A côté des martyrs paraissent les confesseurs : saint Augustin, saint Ambroise, qu'on croit reconnaître à leur mitre; le vieux saint Jérôme habillé en simple prêtre et non en cardinal, comme on aimait à le figurer alors. Puis l'éclatant empereur Charlemagne, tout couvert d'armures en fer battu et forgé, la couronne en tête, le sceptre sur l'épaule droite, la main gauche sur la garde de son épée, marche à côté du pauvre saint Roch, vêtu d'habits de pèlerin, que ses longs voyages ont usés. Derrière cette foule et sortant de la porte d'une ville, paraissent les ordres religieux : les bénédictins, à qui le prieuré de Brou appartenait d'abord; les augustins, à qui on le donna ensuite; les prêcheurs ou dominicains, les mineurs ou franciscains, les chartreux ou disciples de saint Bruno. Tous sont vêtus des costumes taillés à la forme et teints aux couleurs de leur ordre. Ces religieux, comme les martyrs et les confesseurs, sont représentés par les chefs, saint Benoît, saint Dominique, saint François, saint Bruno. Derrière eux doit venir une foule considérable, qui n'est pas encore sortie des murs de la ville, et qui se presse à la porte. Cette ville représente la terre, qui enfante continuellement des saints.

Mais entre ces deux mondes, l'ancien et le nouveau, entre les prophètes et les apôtres, il y a une transition : c'est pour elle précisément que la procession s'ordonne; car c'est pour le Christ, qui joint l'Ancien Testament au Nouveau, que s'échelonne cette multitude. Le Christ est placé entre cette foule qui précède et cette foule qui suit; il en occupe géométriquement le milieu. Mais on ne part pas des prophètes pour arriver immédiatement à lui, comme on ne le quitte pas pour atteindre aussitôt les apôtres. Après les prophètes, il y a une suite qui est la fin de l'ancien monde; avant les apôtres, il y a une tête qui est le commencement du monde nouveau.

En effet, après les prophètes, soutiens de la vieille loi, s'avancent les juifs qui ont entrevu l'aurore de la nouvelle; il y a les juifs christianisants, comme l'école d'Alexandrie les appelait. C'est le Cyrénéen, qui aida Jésus à porter sa croix; Longin, qui lui perça le côté; Gamaliel, qui ensevelit son corps;

c'est le bon larron, qui se convertit sur le gibet, pria le Christ de se souvenir de lui, et entra le jour même de sa mort dans le paradis avec le fils de Dieu[1]. Le bon larron, nu, presque aussi grand que saint Christophe, marche à l'aide de sa croix comme Christophe à l'aide de son palmier : belle idée qui transforme la croix de ce larron en arbre de salut, en bâton d'appui, en bourdon pour le pèlerin qui se dirige vers le ciel. Enfin, sous ce gigantesque personnage, sept petits enfants tout nus se tiennent par la main et forment une ronde comme les Heures antiques : ce sont les petits innocents qui, avant tous les martyrs chrétiens, ont versé leur sang pour Jésus. Le premier de ces petits martyrs tient à la main le glaive qui le perça dans les bras de sa mère[2]. Après le Christ, mais avant les apôtres, s'avance un autre martyr, saint Jean-Baptiste : il porte au bout d'une pique l'Agneau divin qu'il a montré du doigt et dont il fut le précurseur; il le porte comme un légionnaire l'aigle romaine, en tête de la colonne. Jean-Baptiste ouvre la marche du nouveau monde et ferme celle du monde ancien. Juif de naissance et chrétien de cœur, il reçut encore la circoncision, ce baptême sanglant des juifs; mais il donnait déjà le baptême, cette circoncision pacifique des chrétiens. Jean-Baptiste sert de lien entre les deux Testaments.

Enfin, au centre de tout s'élève le héros de ce triomphe, Jésus-Christ, qui est assis sur un char découvert et à quatre roues. Lui seul est décoré d'un nimbe, qui s'irradie de tous les points de sa tête, et qui éclaire tout ce qui l'entoure. D'un regard il voit le passé qui le précède et l'avenir qui le suit.

[1] Saint Luc, chap. XXIII, v. 43.
[2] Il se pourrait plutôt que ces sept enfants fussent les sept frères Machabées; l'Église latine les honore, comme les Innocents, d'un culte spécial. Mais, dans un cas comme dans l'autre, le motif est le même. (Voyez la Légende dorée : *De septem fratribus Machabeis.*)

Sa figure est celle que Raphaël et les peintres de la renaissance lui ont donnée, celle que Lentulus et le Damascène ont décrite : elle est grave et douce. Au centre du char est posé un globe constellé et traversé par l'écliptique où brillent les signes du zodiaque. Ce globe figure le monde, et sert de trône au Christ; c'est au sommet que le Fils de Dieu est assis. Le char est posé sur quatre roues, et tiré par les quatre attributs ou symboles des évangélistes. L'ange de saint Matthieu et l'aigle de saint Jean sont d'un blanc céleste; le lion de saint Marc et le bœuf de saint Luc sont d'un jaune fauve, qui figure la terre où ils vivent. C'est qu'en effet l'aigle et l'ange planent, tandis que le lion et le bœuf marchent. Cependant, sur le vitrail, tous quatre ont des ailes. Une courroie d'argent, passée au cou des quatre symboles, vient s'attacher au timon du char. L'Église, représentée par les quatre puissances religieuses les plus élevées, le pape, le cardinal, l'archevêque, l'évêque, ou par les quatre Pères par excellence, saint Grégoire, saint Jérôme, saint Ambroise, saint Augustin, pousse le char aux quatre roues et le mène de concert avec les évangélistes. Jésus guide son triomphe, non pas avec des rênes, mais en répandant avec la main droite des bénédictions partout où il passe.

Tout cela marche sur le vitrail et chante de joie. Dans les nervures qui treillissent l'amortissement de la fenêtre, quarante-six anges à cheveux longs et dorés, à robes blanches et transparentes, à ailes jaunes, rouges, violettes et vertes, tous sur un fond bleuâtre comme le ciel, célèbrent à toute voix ou avec des instruments de musique la gloire du Christ. Les uns ont en main des instruments de toute espèce, les autres des cahiers de musique. Les quatre animaux des évangélistes semblent accompagner de leur voix éclatante, le bœuf de ses mugissements, le lion de ses rugissements, l'aigle de ses cris, l'ange de ses chants, les acclamations de la foule des saints et les chants des quarante-six anges qui remplissent le haut de la fenêtre. En tête de la procession, un ange guide le cortége, et, avec une petite croix qu'il tient à la main, montre à tous le paradis où il faut entrer. Enfin douze autres anges, tout bleus comme le ciel où ils se fondent, sont en adoration devant le triomphe du Christ. Ils semblent lire cette inscription monumentale qui se voit au-dessus de la frise, immédiatement sous les oves de la corniche :

TRIUMPHANTEM MORTIS CHRISTUM,
ÆTERNA PACE TERRIS RESTITUTA, COELIQUE JANUA BONIS OMNIBUS ADAPERTA,
TANTI BENEFICII MEMORES
DEDUCENTES DIVI, CANUNT ANGELI.

« Le Christ, triomphant de la mort, a rendu la paix éternelle au monde et ouvert la porte du ciel à tous les gens de bien. Reconnaissants d'un aussi grand bienfait, les saints [1] le conduisent, les anges le célèbrent. »

Dante a décrit un triomphe à peu près semblable, mais frappé cependant de différences intéressantes. Le poëte florentin a composé son cortége avec des figures tirées de l'Apocalypse et de la Symbolique chrétienne; à Brou, sauf les attributs des évangélistes, tout le cortége est historique. Au XVIe siècle, en effet, l'histoire dominait le symbole, qui régnait aux XIIIe et XIVe. Dante, en poëte politique, a fait le triomphe de l'Église et non du Christ, le triomphe du catholicisme

---

[1] On est à la renaissance, et l'on ôte aux hommes glorifiés l'épithète de saint pour la remplacer par celle de divin. Cette qualification est plus païenne que chrétienne; elle renferme l'idée d'apothéose plutôt que celle de canonisation. Elle convient, du reste, à cet arc de triomphe où elle est peinte, car le monument est antique et non moderne, païen de style et de forme, et non chrétien.

plutôt que du christianisme. Son char, qui représente l'Église, est veuf du Christ, si grand sur la verrière de Brou. Le char est vide, et Dante ne s'en est pas aperçu ou inquiété, parce qu'il voulait célébrer moins le Christ et sa doctrine elle-même, que l'organisation et l'administration de l'Église. Il a fait tirer le char par un griffon, qui représente le pape; car le griffon est aigle et lion tout à la fois. Or le pape, double aussi, est aigle comme prêtre et plane dans le ciel; il est lion comme roi, et marche sur la terre. Pour le poëte ultramontain, l'Église, la papauté est une monarchie absolue; ce n'est pas une monarchie tempérée comme chez nous, et encore moins une république comme chez les schismatiques de la Grèce et de l'Orient. Aussi, tandis qu'à Brou, le cardinal, l'archevêque et l'évêque aident le pape à conduire le char de l'Église, dans la Divine Comédie, le pape est tout seul et n'accepte pas l'assistance des autres grands dignitaires ecclésiastiques. A Brou, ce sont les évangélistes ou leurs attributs qui conduisent le char; la puissance ecclésiastique se contente de leur venir en aide. Dans le poëte italien, les évangélistes assistent au triomphe, mais ne le mènent pas; le pape seul conduit l'Église, et il ne permet ni aux évangélistes de la diriger, ni aux ecclésiastiques de l'aider lui-même. Le pape semble n'avoir besoin de personne; son œil et son bras lui suffisent[1].

Il faut donc, dans toutes les représentations analogues, étudier les moindres détails; car, on le voit, ces détails peuvent jeter une certaine lumière sur l'époque, le pays et l'artiste qui les a imaginés[2].

[1] *Divine Comédie*, purgatoire, chants XXIX-XXXII.

[2] On ne parle pas d'autres triomphes analogues à ceux de la verrière de Brou et du poëme de Dante, parce qu'il faudrait une monographie spéciale pour une pareille série de représentations. Souvent, au lieu d'être porté sur un char, Jésus-Christ navigue sur un vaisseau, qu'il gouverne lui-même et qu'il dirige vers le port du paradis. Alors on

JÉSUS-CHRIST EN AGNEAU.

Jusqu'à présent il n'a été question que de Jésus représenté sous la figure d'un homme jeune ou âgé ; mais il est une forme symbolique qui lui a été prêtée dès l'origine du christianisme, qui a traversé tout le moyen âge et qui persiste encore de nos jours : c'est celle de l'agneau. Souvent les quatre évangélistes, et nous en avons vu des exemples, sont figurés : saint Matthieu par un ange, saint Jean par un aigle, saint Marc par un lion, saint Luc par un bœuf; leur maître est figuré tout aussi souvent par un agneau. En effet, saint Jean-Baptiste, en voyant paraître Jésus, s'est écrié : « Voici l'agneau de Dieu [1]. » Le Christ, en mourant sur la croix, est l'agneau symbolique dont parlent les prophètes, l'agneau qui marche à la mort et se laisse égorger sans se plaindre [2]. Le Christ, en répandant le sang qui nous a rachetés, c'est l'agneau égorgé par les enfants d'Israël, et avec le sang duquel on marque du tau céleste les maisons qui seront préservées de la colère de Dieu [3]. L'agneau pascal mangé par les Hébreux, la veille de leur sortie d'É-

---

change de métaphore, et l'on a le vaisseau et non plus le char de l'Église; mais le motif est exactement le même, et la composition du personnel ou des passagers est semblable à celle de Brou. Un vitrail de Saint-Étienne-du-Mont, à Paris, offre un de ces triomphes maritimes du Christ ; mais il est bien moins complet que le triomphe terrestre de Brou. On peut comparer cette procession de Brou à celle des Panathénées qui couvre une des frises du Parthénon. La conception de Brou, l'ordonnance des personnages, l'ensemble enfin de la composition nous semble supérieur à la procession antique de Phidias. Quant à l'exécution, le vitrail de Brou est d'une rare beauté.

[1] Saint Jean, ch. I, v. 28.

[2] Voyez çà et là, dans les prophéties, cette assimilation de Jésus en croix et de l'agneau sous le couteau du boucher. Les offices de la semaine sainte sont remplis de ces comparaisons. « Sicut ovis ad occisionem ducetur et quasi agnus coram tondente se obmu- « tescet et non aperiet os suum. » (Cf. Isaïe, cap. LIII, v. 7 ; S. Matthieu, cap. XXVI, v. 63, et les Actes des apôtres, chap. VIII, v. 32.)

[3] Comparez la Prophétie d'Ézéchiel, cap. IX, v. 4 et 6, et l'Exode, cap. XII, v. 7 et 13.

gypte, est la figure de cet autre agneau divin que les chrétiens doivent manger à Pâques pour s'affranchir de la captivité où le vice les enchaîne [1]. Dans l'Apocalypse, saint Jean vit le Christ sous la forme d'un agneau blessé à la gorge, et qui ouvrit le livre des sept sceaux [2].

Le Christ, enfin, c'est l'agneau qui s'est offert comme victime pour laver dans son sang les taches de notre nature et pour effacer nos actions charnelles :

Carnales actvs tvlit agnvs hic hostia factvs,

comme dit l'inscription gravée autour du cercle où l'on voit l'agneau de Dieu que nous offre la planche suivante :

[1] *Exode*, cap. XII, v. 7 et 13. — M. l'abbé Cahier a fait de savantes remarques sur l'immolation de l'agneau prophétique. Les artistes chrétiens ont figuré très-souvent ce sujet, qui est peint sur verre, particulièrement dans les cathédrales de Bourges et de Chartres. Voyez les Vitraux peints de Saint-Étienne de Bourges, par MM. Arthur Martin et Charles Cahier, prêtres, ch. I, pl. 1. Dans le même ouvrage, planche VII, on voit le vitrail de Bourges où est figurée la mission que Jésus-Christ donne à ses apôtres de prêcher, de convertir et de baptiser les nations. Tout en haut, dans le dernier tableau et en face de la personnification de l'Église ou de la Religion qui allaite deux fidèles à ses deux mamelles et les couronne avec les deux mains, est peint l'agneau, de couleur bleuâtre sur fond d'azur ou d'une auréole nébuleuse d'un jaune d'or. L'agneau porte un nimbe à fond de gueules et croisé d'or. Du pied droit de devant, il tient une croix d'un rouge de feu, à laquelle flotte un étendard. La pointe de l'étendard est coupée en lanières qui figurent comme les grosses plumes d'une aile. Le champ de l'étendard est marqué d'une croix noire cantonnée de l'A, de l'Ω, d'un X et d'une autre petite croix. Ce dernier canton résume les trois premiers qui nomment le Christ et son attribut d'éternité, de principe et de fin de toutes choses. L'agneau porte vivement les regards vers l'étendard qu'il tient avec fierté. Ces deux médaillons de l'Agneau qui nous a rachetés et de la Religion qui nous nourrit, couronnent d'une façon sublime ce remarquable vitrail.

[2] « Et vidi : ..... agnum stantem tanquam occisum, habentem cornua septem, et « oculos septem.... » (*Apocal.* cap. v.) — D'après ce texte, on comprend que les cornes, même très-puissantes, comme nous en verrons deux exemples plus bas, pages 308 et 316, planches 85 et 88, puissent armer la tête d'un agneau ; car elles sont allégoriques et non pas naturelles. Cependant il en faudrait sept, comme à la planche 88 ; lorsqu'il n'y en a que deux, l'explication est plus difficile à donner.

82. — AGNEAU DE DIEU, SYMBOLE DE JÉSUS CRUCIFIÉ.
Cuivre gravé, xi° siècle.

Le monument d'où est tiré ce dessin est du xi° siècle; c'est une plaque de cuivre ciselée et découpée à jour. Cette plaque était probablement appliquée sur la couverture d'un livre d'évangiles. De forme carrée, elle montre l'agneau dans le centre, et sur les côtés la personnification des quatre fleuves du paradis : le Tigre, l'Euphrate, le Phison et le Géhon[1]. Les vers suivants, gravés sur les côtés de la plaque, expliquent le sens allégorique attaché à la présence des quatre fleuves :

> Fons paradisiacus per flumina quatuor exit;
> Hec (sic) quadriga levis te X͞p͞e per omnia vexit.

L'agneau de Dieu, ainsi entouré des fleuves mystiques, ou dominant la montagne d'où sortent les quatre sources, est bien antérieur au xi° siècle : la planche 23, page 44, nous en

[1] Ce monument fait partie de la collection de M. du Sommerard. Les fleuves sont nommés Gyon, Phison, Tygris, Eufrates, et sont représentés à la manière antique : ce sont des hommes presque nus, coiffés du bonnet phrygien, et tenant une urne d'où s'échappent des flots. C'est à peu près ainsi qu'ils sont sculptés au portail occidental de la cathédrale de Reims.

a donné un exemple tiré des catacombes et qui date du vᵉ ou viᵉ siècle de notre ère [1]. De nos jours, sur les chasubles ou les devants d'autel, on voit fréquemment l'agneau couché comme mort sur le livre aux sept sceaux, ou debout et tenant avec l'un de ses pieds, tantôt de derrière et tantôt de devant, l'étendard de la résurrection. Cette seconde manière de le figurer est plus populaire et plus fréquente que la première; elle entre même comme armoiries dans le blason de plusieurs villes et de plusieurs familles nobles : la ville de Rouen porte de gueules, à un agneau pascal d'argent, et la famille Pascal possède l'agneau également d'argent, mais sur champ d'azur [2].

Saint Jean-Baptiste est très-souvent représenté tenant l'agneau de Dieu; c'est même l'attribut par lequel on le distingue plus particulièrement. Ainsi la planche suivante donne le dessin d'une statue colossale qui orne les parois du portail septentrional de la cathédrale de Chartres. Saint Jean, pieds nus, comme s'il était un apôtre du Nouveau Testament, nimbé comme un saint, vêtu d'une robe en poil de chameau [3], montre de la main droite l'agneau qu'il tient avec la main gauche.

---

[1] Dans les monuments de la primitive Église, on voit fréquemment l'agneau debout sur la montagne d'où s'écoulent les quatre fleuves du paradis terrestre, ou bien entouré de la personnification de ces fleuves. L'agneau, c'est le Christ; les fleuves, ce sont les évangélistes : « Quatuor flumina, quatuor evangelistæ, » comme disent les docteurs chrétiens. On a été plus loin dans l'assimilation, et G. Durand (*Rat. div. off.* lib. VII) dit que le Géhon est saint Matthieu; le Phison, saint Jean; le Tigre, saint Marc; l'Euphrate, saint Luc. Durand et le pape Innocent III trouvent de curieuses ressemblances entre les qualités de chaque évangéliste comparé à son fleuve correspondant. « Per Physon Johannes, « per Gion Mattheus, per Tigrim Marcus, per Eufratem Lucas designati sunt. Sic enim « clare probat Innocentius III de evangelistis in sermone. »

[2] *L'Art héraldique*, par Baron; in-12, Paris, 1695.

[3] « Ipse autem Johannes habebat vestimentum de pilis camelorum, et zonam pelliceam « circa lumbos ejus... » (Saint Matthieu, ch. III, v. 4.) — A la ceinture de cuir et à la robe en poil de chameau les Grecs ajoutent constamment, dans leurs représentations de saint Jean-Baptiste, les cheveux incultes ou hérissés. Nous en avons vu un exemple planche 24, p. 48.

83. — SAINT JEAN-BAPTISTE TENANT L'AGNEAU DE DIEU.
Statue du XIIIe siècle, à la cathédrale de Chartres.

L'agneau est inscrit dans une auréole. Il ne porte pas le nimbe crucifère, parce que la sculpture ne se prêtait pas à le décorer de cet insigne; mais il devrait l'avoir. Il en est orné sur la planche 82 qui précède, et sur une grande statue de saint Jean-Baptiste qui se dresse contre les parois du portail occidental de la cathédrale de Reims.

Au XIVe siècle, cet agneau, qui était volontiers symbolique jusqu'alors, tombe dans la réalité, dans le naturel. Le saint Jean qui suit, et qui est de cette époque, tient l'agneau, non plus dans un disque, dans une divine auréole, mais absolument comme un berger tiendrait une petite brebis qui serait fatiguée ou qu'il chérirait.

84. — AGNEAU NATUREL PORTÉ PAR SAINT JEAN.
Miniature française, XIV⁰ siècle [1].

Au XV⁰ siècle, le naturalisme est plus prononcé encore. A cette époque l'agneau perd son nimbe, il court à terre, il broute l'herbe du désert où se repose saint Jean, il se dresse sur ses deux pattes de derrière contre son précurseur qu'il cherche à caresser. Enfin, au XVI⁰ siècle, un joli tableau sur bois, qu'on

---

[1] Ce dessin est tiré du Roman des trois pèlerinages, manuscrit de la bibliothèque Sainte-Geneviève. La miniature est au folio 187, verso. La cathédrale de Reims, qui devance, au moins de cent ans, les autres cathédrales de France, quant à la statuaire et à la sculpture d'ornement, offre, dès le XIII⁰ siècle, un saint Jean tenant et caressant de ses mains un charmant petit agneau. Ce joli groupe se voit parmi la population de statues qui vivifient le mur intérieur du portail occidental et qui font, de cette partie de l'admirable édifice, un chef-d'œuvre unique en France.

voit dans une chapelle latérale de Notre-Dame de Brou, à Bourg, a été plus loin encore. Saint Jean y est représenté assis sur un tertre vert, dans une forêt, au bord d'une petite rivière. Il tient sous son bras gauche l'agneau, qui n'a plus rien d'hiératique. De la main droite il lui donne à boire de l'eau qu'il a puisée dans une coquille. L'agneau de Dieu qui a soif et auquel on donne à boire, c'est peu divin! Quelle différence de cet agneau de Brou, qui est du xviᵉ siècle, avec celui qui décore un coffret d'ivoire provenant, dit-on, du couvent de Saint-Gall, et qui doit être du ixᵉ ou du xᵉ siècle! Sur le couvercle de ce coffret, un agneau, qui porte le nimbe crucifère et qui est posé sur un disque comme une « imago clypeata », est adoré par quatre anges qui se prosternent devant lui, et par les vingt-quatre vieillards de l'Apocalypse, qui lui tendent les mains, comme pour en recevoir des trésors de grâce. Pendant que ces scènes se passent dans le ciel inférieur, tout en haut, une main, la main de Dieu le père, sort des nuages et lance cinq torrents de lumière, qui tombent sur l'agneau, symbole de son fils [1]. C'est ici d'une gravité, d'un mysticisme sublimes; à Brou, la réalité est presque triviale. Cependant à Brou, derrière saint Jean, est posée une petite croix de roseau avec une banderole où l'on a écrit : Ecce agnus Dei; on est rappelé ainsi à la sévérité du symbole. Cette inscription accompagne ordinairement la représentation de l'agneau divin; on la voit à Arles, dans la vieille église du cimetière des Dames de Saint-Césaire. A la voûte de l'abside, quatre nervures plates, terminées par des chapiteaux ou impostes feuillagés, viennent aboutir à une clef sur laquelle est sculpté l'agneau tenant la croix de la résurrection; cette inscription, distribuée en deux bandes semi-

---

[1] Ce curieux coffret appartient à M. Michéli, qui l'a moulé et jeté dans le commerce.

circulaires, est gravée autour de l'agneau : Dei ecce ahgnus [1].

Dans les vitraux et les sculptures qui représentent les événements ou les figures de l'Ancien Testament en regard des scènes du Nouveau, on voit un jeune homme égorgeant un agneau, tandis qu'un vieillard trempe dans le sang de la victime une plume, un style avec lequel il marque du *tau* (T) le dessus des portes (*superliminare*) des maisons que la colère de Dieu doit épargner [2].

Dans toutes les sculptures et peintures sur verre et sur parchemin qui représentent l'Apocalypse, on voit l'agneau à sept yeux et à sept cornes brisant les sceaux du livre mystérieux.

C'est toujours l'agneau que l'on voit et jamais la brebis, jamais le bélier, car les textes sont explicites : « Ecce agnus; « vidi agnum; agnus Dei; agnus qui tollis peccata mundi. » Cependant, et par une anomalie des plus extraordinaires, la cathédrale de Troyes présente sculpté à une clef de voûte un agneau de Dieu en bélier. Les formes de ce bélier sont nettement caractérisées, et le dessin qu'on en donne ici montre deux cornes très-bien indiquées et très-puissantes.

[1] L'*h*, qui est dans *ahgnus*, semble indiquer une aspiration qu'on faisait sentir alors, au moins dans la Provence. Nous avons déjà constaté qu'à Chartres un sculpteur du xiii° siècle avait écrit *terrem* pour *terram*. A la même époque, presque partout, sur les vitraux, les émaux et les sculptures, on voit *Solomon, Solomonem* pour *Salomon, Salomonem*; les manuscrits disent souvent *Salemons*. Dans la vieille église de l'île Barbe, près de Lyon, on lit, au milieu d'une inscription relative au Christ, *michi* pour *mihi; michi* règne encore en Italie. Dans ces exemples et dans bien d'autres, il y a probablement des indices de la prononciation propre à certaines époques et à certaines localités ; il faut les signaler avec soin.

[2] Voyez une grande statue colossale qui décore le portail occidental des cathédrales d'Amiens, de Reims, de Senlis; une statue semblable est au portail septentrional de Notre-Dame de Chartres. Voyez un vitrail de la cathédrale de Chartres, nef latérale du nord, et un vitrail de la cathédrale de Bourges, à l'abside. Ces deux vitraux font partie de la monographie de la cathédrale de Bourges, dont M. Arthur Martin fait ou surveille tous les dessins et dont M. Charles Cahier rédige le texte. Sur ce vitrail de Bourges, on lit sous le prophète qui écrit : « Scribe thau. »

308   ICONOGRAPHIE CHRÉTIENNE.

85. — AGNEAU DE DIEU EN BÉLIER.
Sculpture française, dans la cathédrale de Troyes, fin du xiii° siècle.

C'est bien un bélier. D'un autre côté c'est vraiment l'agneau de Dieu, puisqu'il porte la croix de résurrection comme l'agneau pascal, et le nimbe crucifère comme les personnes de la Trinité. Jusqu'à présent on ne connaît pas d'autre exemple d'une pareille particularité; mais cet exemple est en Champagne, où, comme à Reims et à Troyes, l'art est tout exceptionnel, on pourrait même dire schismatique, relativement à l'art chrétien des autres provinces de France. Ce dessin est de la dernière exactitude, il a été exécuté après un examen minutieux des formes les plus imperceptibles[1]. Les cornes sont le caractère de la force matérielle; elles signifient peut-être que ce bélier divin est le symbole de la puissance divine du Fils. Dans ce cas, ces cornes seraient à l'agneau ce que le double nimbe triangulaire[2] est au Père éternel, ou le nimbe croisé et

---

[1] M. Fichot, dessinateur de Troyes, a fait ce dessin après avoir constaté avec moi, au moyen d'une excellente lunette, que les cornes étaient réelles et aussi prononcées en forme et dimension que le dessin l'indique. Cette sculpture orne une clef de voûte placée à douze mètres du sol, dans une chapelle du latéral méridional de la cathédrale de Troyes. C'est un fait curieux que l'agneau se soit changé en bélier dans la Champagne, province qui nourrit de nombreux troupeaux de moutons.

[2] Planche 21, p. 37.

DIEU LE FILS. 309

recroisé à l'agneau donné dans le chapitre du nimbe (pl. 13, p. 22); elles annonceraient la puissance absolue.

L'art ne s'est pas contenté, dans les premiers siècles du christianisme, de représenter Jésus-Christ sous la forme d'un agneau ; il figura ainsi, ou sous celle de la brebis, d'autres personnages de l'Ancien et du Nouveau Testament : Abraham, Moïse, saint Jean-Baptiste, les apôtres. Pour les apôtres, on les voit fréquemment sous cette forme sur les anciens sarcophages, sur les fresques des catacombes, sur les anciennes mosaïques des basiliques romaines. Un dessin donné ici représente Jésus, sous forme humaine, debout sur la montagne du paradis, et donnant ses dernières instructions à ses apôtres. La personne divine est accompagnée de son symbole, l'agneau qui porte une croix sur la tête [1].

86. — LE CHRIST ET LES APÔTRES SOUS FORME D'AGNEAUX OU DE BREBIS.
Sculpture latine, premiers siècles de l'Église.

[1] Le Christ aux sept agneaux est dessiné d'après un sarcophage en marbre blanc

Au bas de la montagne, et tournés vers Jésus, se voient six agneaux, qui figurent les apôtres; la place manquait pour les sculpter tous les douze. Aucun de ces agneaux, pas même celui de Dieu, n'a de nimbe, parce qu'à cette époque cet insigne n'était pas encore adopté par le christianisme. La personne même du Christ n'a pas de nimbe. Ici, nous n'avons que sept agneaux; mais plusieurs mosaïques latines, à Rome et à Ravenne surtout, offrent bien les douze agneaux sortant six de Jérusalem, six de Bethléem, et se rendant vers Jésus, qui a la figure de l'agneau divin et qui est debout près du Jourdain; c'est vers ce fleuve que semble venir converger tout le christianisme[1]. Dans le Rational des divins offices, Guillaume Durand dit : « Quelquefois on peint les apôtres sous la forme de douze brebis, parce qu'ils ont été tués à cause du Seigneur, ainsi que des brebis. Mais en outre on peint quelquefois les douze tribus d'Israël sous la forme de douze brebis. Quelquefois on en voit plus ou moins autour du trône de la majesté divine; mais, dans ce cas, ils figurent autre chose, suivant ce

---

provenant du cimetière du Vatican. Tout le sarcophage est gravé dans Bosio (*Roma sotterr.* p. 63 de l'édit. ital. Rome, 1632). A droite et à gauche du Christ s'élèvent deux palmiers; sur celui de droite est un oiseau, une colombe, peut-être le Saint-Esprit. Dans ce cas, ce serait, avec la petite colombe sculptée sur la frise du tombeau de Junius Bassus, la plus ancienne représentation de l'Esprit divin.

[1] Voyez Ciampini, *Veter. monim. passim.* Dans la *Rom. sotterr.* p. 411, les douze Apôtres et Jésus au milieu d'eux, en pasteur, sont debout sur un sarcophage trouvé près de Saint-Laurent-hors-les-Murs, à Rome. Chaque figure est accompagnée de son agneau, et Jésus caresse le plus gros d'entre eux, celui qui figure l'agneau de Dieu. En outre, aux deux extrémités du sarcophage, deux pasteurs (ils figurent encore le Christ) sont accompagnés de cinq agneaux. Celui de droite en a trois, et il en caresse un avec tendresse; celui de gauche en a deux, qu'il bénit à la manière latine. Il y a donc dix-huit agneaux dans cette jolie scène. Lisez dans l'Évangile tous les textes où Jésus se compare au bon Pasteur, et assimile les hommes à des brebis; où, avant de mourir, il se compare au berger qui sera frappé et dont les brebis se disperseront; où il confie à Pierre, pour les mener dans de bons pâturages, ses brebis si chères. (S. Jean, ch. x; S. Luc, ch. xv; S. Matthieu, ch. xxvi.)

texte de saint Matthieu : « Lorsque le Fils de l'homme viendra « dans sa majesté, alors il sera assis sur le siége de sa gloire, « plaçant les brebis à sa droite, et les boucs à sa gauche. » Ainsi les apôtres, les tribus israélites et les fidèles étaient symbolisés par l'agneau et la brebis [1].

On a été plus loin encore, avons-nous dit; on a figuré des personnages de l'Ancien Testament, et même de simples Hébreux, sous la forme de l'agneau. Des scènes entières de la Bible ont été représentées par des acteurs religieux transformés en agneaux. Il semble voir les apologues anciens et les fables de La Fontaine mis en action par les animaux allégoriques qui prêchent la sagesse. Ainsi le tombeau de Junius Bassus, en marbre blanc, qui date du IVe siècle de notre ère, et qu'on voit dans le musée chrétien du Vatican, représente quelques sujets de l'Ancien et du Nouveau Testament : la chute d'Adam et d'Ève, le sacrifice d'Abraham, Job raillé par sa femme, Daniel entre deux lions, Jésus entrant dans

---

[1] « Pinguntur etiam quandoque (Apostoli) sub forma duodecim ovium, qui tanquam « bidentes occisi sunt propter Dominum; sed et duodecim tribus Israël quandoque sub « forma duodecim ovium pinguntur. Quandoque tamen plures, vel pauciores oves circa « sedem majestatis pinguntur, sed tunc aliud figurant, juxta illud Matth. : Cum vene- « rit Filius hominis in majestate sua, tunc sedebit super sedem majestatis suæ, statuens « oves a dextris, et hædos a sinistris. » (Guill. Durand, *Rationale divin. offic.* lib. I, cap. III, edit. de Venise, 1572.) — Durand, par ce texte, semble laisser croire que de son temps on peignait sous la forme de la brebis les apôtres, les tribus d'Israël et les justes ressuscités ; mais il nous reste de l'époque où vivait et écrivait Durand (le XIIIe siècle) une foule de monuments tout peints et tout sculptés. Or, dans ces monuments, qui sont entre autres les cathédrales de Reims, d'Amiens, de Paris, de Chartres, de Sens, il n'y a pas une seule brebis qui figure, soit un apôtre, soit une tribu, soit un juste près du trône de Dieu. Bien antérieurement à cette époque, depuis le IVe siècle jusqu'au IXe environ, mais cela en Italie à peu près exclusivement, on donnait la forme de l'agneau ou de la brebis aux personnages dont parle Durand, et les agneaux que nous avons signalés sortant de Bethléem et de Jérusalem pour venir boire au Jourdain, près duquel est le Fils de Dieu, pourraient bien être les tribus d'Israël plutôt que les apôtres encore. Dans une lettre (c'est la douzième du recueil) à Sulpice-Sévère, évêque de Tours, saint

Jérusalem, ou comparaissant devant Pilate, ou triomphant et donnant ses instructions à saint Pierre et à saint Paul.

Tous les personnages de ces différentes scènes sont debout dans des cadres en plate-bande ou dans des niches circulaires et triangulaires. Mais ni les antiquaires ni les graveurs n'ont fait attention à la frise, aux pendentifs qui relient entre elles les arcades de l'étage inférieur; du moins, ils n'en ont pas compris le système d'ornementation. En allant de gauche à droite, comme quand on lit, on voit d'abord trois agneaux dans les

---

Paulin, évêque de Nole, dit qu'il avait fait exécuter une mosaïque dans l'abside de la basilique de Fondi. Cette mosaïque représentait la Trinité. La croix y symbolisait le Christ, et cette croix était portée sur un rocher, une élévation :

> Et quia celsa (crux) quasi judex de rupe superstat,
> Bis geminæ pecudis discors agnis genus hædi
> Circumstant solium; lævos avertitur hædos
> Pastor, et emeritos dextra complectitur agnos.

C'est bien là le troupeau d'agneaux et de boucs mentionné par Durand. Il faut donc en conclure que notre évêque de Mende parlait de l'art italien et non de l'art français, et de plus qu'il en parlait d'après des liturgistes antérieurs à lui, et non d'après les monuments figurés de son époque. Du reste, bien d'autres faits légitiment cette conclusion; on ne doit pas accepter sans critique et comme des usages constants et contemporains de Durand tous ceux que ce liturgiste nous détaille avec complaisance. Durand est un compilateur qui fait son ouvrage avec des livres anciens et très-souvent étrangers à notre pays. Ainsi, dans ce même chapitre III du livre I de son Rational, il dit qu'on représente honorés d'un nimbe carré tout prélat et tout homme vertueux, lorsqu'on les peint de leur vivant. Mais, nous l'avons déjà vu dans l'Histoire du nimbe, cet usage est spécial à l'Italie et n'a jamais été adopté en France. Du reste, voici le texte de Durand; il complétera ceux que nous avons déjà donnés sur le nimbe : « Cum vero aliquis prælatus aut sanctus vivens pingitur, « non in formam scuti rotundi, sed quadrati, corona ipsa depingitur, ut quatuor cardinali- « bus virtutibus vigere monstretur, prout in legenda beati Gregorii habetur. » — Si l'étude des monuments figurés ne venait pas limiter cette pratique à l'Italie, on croirait, d'après Durand, qu'on a peint en France des nimbes carrés. Il faut donc contrôler les textes par des œuvres de l'art, et faire de l'archéologie plutôt avec les monuments sous les yeux qu'avec des livres dans les mains. On remarquera le nom de couronne et de bouclier que Durand donne au nimbe; cet attribut est en effet une couronne religieuse, et, d'après les idées mystiques du moyen âge, c'est un bouclier de tête, une espèce de casque qui protége les saints, comme s'exprime l'*Hortus deliciarum* de l'abbesse Herrade.

flammes; puis un agneau tenant une baguette au pied droit de devant et frappant un rocher d'où s'échappe une source, tandis que deux autres agneaux, dont l'un s'apprête à boire et dont l'autre est couché, regardent se passer l'action; puis un agneau levant son pied droit de devant, comme pour recevoir un livre tendu par une main qui sort des nuages; puis un petit agneau plongé dans l'eau et sur la tête duquel un agneau plus gros étend son pied gauche de devant; puis un agneau frappant avec une baguette trois paniers pleins de pain; enfin un agneau touche avec une baguette un mort debout dans son tombeau. Ces scènes, qui ont des agneaux pour acteurs, sont la copie de scènes semblables exécutées par des hommes, et qu'on a sculptées constamment sur les autres vieux sarcophages. C'est l'histoire de l'Ancien et du Nouveau Testament, choisie dans les principaux épisodes et figurée par des êtres allégoriques. Cette ornementation multiplie et continue les sujets représentés par les figures humaines placées dans les arcades.

87. — AGNEAUX REPRÉSENTANT DES SCÈNES DE L'ANCIEN ET DU NOUVEAU TESTAMENT.
Sculpture latine du IV° siècle.

Les trois agneaux dans le feu sont les trois enfants que Nabuchodonosor a fait jeter dans la fournaise[1]. Au n° 1, Moïse en agneau frappe l'eau du rocher. Au n° 2, Moïse, sous la même forme, reçoit les tables de la loi. Jésus-Christ en petit agneau est plongé dans le Jourdain, et, tandis que le Saint-Esprit, qu'on voit sous la forme d'une colombe, souffle la grâce sur cette petite tête de l'agneau divin, saint Jean-Baptiste, en gros agneau, verse sur la même tête l'eau du baptême : c'est le n° 3. Jésus en agneau multiplie les pains, au n° 4, avec la même baguette dont il se sert, au n° 5, pour ressusciter Lazare.

La faveur pour l'agneau était telle alors, qu'on avait presque abandonné la figure humaine du Christ pour y substituer celle de son emblème. L'Église s'inquiéta de cette tendance à l'idéalisme; elle craignit que l'allégorie ne finît par engloutir la réalité et l'histoire. En 692, sous l'empereur Justinien II, un concile appelé Quini-Sexte décréta formellement qu'à l'avenir la figure historique de Jésus-Christ, la physionomie humaine du fils de Dieu, serait substituée, dans les peintures, à l'image de l'agneau. Voici le texte, qui n'est pas sans importance : « Dans certaines peintures et images vénérables, on représente le Précurseur montrant du doigt l'agneau. Nous avons adopté cette représentation comme une image de la grâce; pour nous, c'était l'ombre de cet agneau, le Christ, notre Dieu, que la loi nous montrait. Donc, accueillant d'abord ces figures et ces ombres comme des signes et des emblèmes, nous leur préférons aujourd'hui la grâce et la vérité, c'est-à-dire la plénitude de la loi. En conséquence, pour exposer à tous les regards ce qui est parfait, même dans les peintures, nous décidons qu'à l'avenir il faudra représenter dans les images le Christ, notre Dieu, sous la forme humaine, à la place du vieil agneau. Il

---

[1] Ce sujet, mal gravé dans Bosio (*Rom. sotterr.* p. 45), n'a pas été reproduit ici; les cinq autres suffisent pour la démonstration.

faut que nous contemplions toute la sublimité du Verbe à travers son humilité. Il faut que le peintre nous mène comme par la main au souvenir de Jésus vivant en chair, souffrant, mourant pour notre salut, et acquérant ainsi la rédemption du monde [1]. »

Malgré cette défense positive, on n'a cessé, tant les artistes sont indépendants ou tant est puissante une idée ancienne, de représenter Jésus sous la figure d'un agneau. Il est vrai que, depuis cette époque, on n'a pas abusé de l'agneau pour en travestir, comme avait fait le sculpteur du tombeau de Bassus, tous les personnages de l'Ancien et du Nouveau Testament, mais l'agneau divin fut peint et sculpté aussi souvent qu'auparavant. A Bourg, au xvie siècle, l'agneau de Dieu boit à une coquille l'eau que lui présente saint Jean; de nos jours, sur la porte des tabernacles de nos églises, sur le dos des chasubles que portent nos prêtres, est figuré l'agneau couché endormi ou égorgé sur le livre des sept sceaux. En effet, Jésus est représenté en agneau, surtout quand saint Jean-Baptiste le montre du doigt et quand il brise les sceaux du

---

[1] « In nonnullis venerabilium imaginum picturis, agnus qui digito Præcursoris mons-
« tratus, depingitur, qui ad gratiæ figuram assumptus est, verum nobis agnum, per
« legem Christum Deum nostrum, præmonstrans. Antiquas ergo figuras et umbras, ut
« veritatis signa et characteres Ecclesiæ traditas, amplexantes, gratiam et veritatem præ-
« ponimus, eam ut legis implementum suscipientes. Ut ergo quod perfectum est, vel
« colorum expressionibus omnium oculis subjiciatur, ejus qui tollit peccata mundi,
« Christi Dei nostri humana forma characterem etiam in imaginibus deinceps pro veteri
« agno erigi ac depingi jubemus, ut per ipsum Dei Verbi humiliationis celsitudinem
« mente comprehendentes, ad memoriam quoque ejus in carne conversationis, ejusque
« passionis et salutaris mortis deducamur, ejusque quæ ex eo facta est mundo redemp-
« tionis. » (Voyez le P. Labbe, *Conciliorum Collectio maxima*, tom. VI, col. 1177. « Conci-
« lium Quini-Sextum. ») Saint Jean Damascène (*Oratio III de Imaginibus*), rappelle textuellement le canon 82 de ce concile Quini-Sexte, ou *in Trullo*, qui interdit de représenter l'agneau. Le concile voulut substituer entièrement l'histoire au symbolisme; mais la figure symbolique persista toujours, particulièrement chez nous, à côté de la figure historique.

livre apocalyptique. Dans le premier cas, l'agneau est naturel; dans le second, il est symbolique, idéal et monstrueux, relativement à la réalité. Ainsi, il a sept cornes sur la tête et sept yeux sur le front ou sur le cou. Ce nombre est mystique comme celui des têtes et des cornes des bêtes infernales de l'Apocalypse. Il désigne, dit saint Jean, les sept esprits de Dieu envoyés sur toute la terre. Les sept dons du Saint-Esprit, qui remplissaient l'agneau, s'appellent : la vertu, la divinité, la sagesse, le courage, l'honneur, la gloire, la bénédiction[1].

88. — AGNEAU DE DIEU À SEPT YEUX ET SEPT CORNES[2].
Miniature française du xiii° siècle.

Ainsi chaque œil désigne la faculté, chaque corne est l'emblème de la puissance qui éclaire et fortifie l'agneau divin.

[1] « Et vidi... AGNUM stantem tanquam occisum, habentem cornua septem et oculos « septem, qui sunt septem spiritus Dei, missi in omnem terram..... Et audivi vocem an- « gelorum..... dicentium voce magna : Dignus est AGNUS, qui occisus est, accipere virtu- « tem, et divinitatem, et sapientiam, et fortitudinem, honorem, et gloriam, et bene- « dictionem. » (*Apocalyp.* cap. v, v. 6, 11 et 12.) — Rhaban Maur (*de Laudibus sanctæ Crucis*, figura xv) a dessiné un agneau armé de sept cornes. Sur les cornes on lit : « Septem « spiritus, » et sur le corps de l'agneau : « Ecce agnus Dei, ecce qui tollit peccata mundi. » Cet agneau porte un nimbe crucifère, car il est le symbole de Dieu; mais il n'a ni les sept yeux, ni la plaie de notre planche 88.

[2] Cet agneau à sept yeux et à sept cornes est tiré d'une Apocalypse manuscrite qui

Les antiquaires doivent faire une grande attention à la place qu'occupent ces yeux et ces cornes, non moins qu'à leur nombre. La place est ordinairement la tête; mais souvent le cou se hérisse de ses cornes comme d'une crinière, et se perce des sept yeux comme de taches ocellées. Quant au nombre, il devrait être invariable; mais, par erreur, indifférence, défaut de place ou inattention, on voit quelquefois six [1], cinq et même quatre cornes seulement. D'autres fois, et c'est extrêmement fréquent, l'agneau apocalyptique est rabaissé à l'état d'agneau naturel, et, en conséquence, n'a que des cornes en germe et invisibles; alors il n'a plus que deux yeux. On sent toujours la volonté et l'indépendance de l'homme; l'artiste traduit à sa fantaisie les textes sacrés et ramène le mystique au réel, lorsque son caractère spécial l'y pousse. Sur un manuscrit carlovingien, écrit et peint sous Charlemagne, on lisait ces vers composés par Alcuin:

> Omnia quæ præsens tellus producit alendo
> Et maris hæc facies limbo circumvenit amplo,
> Agne, Deum solio semper venerantur in alto.
> Sanguine qui fuso tersisti crimina secli
> In cruce, tu Karoli detergas vulnera regis.

Ces vers étaient écrits au-dessous d'une miniature qui représentait l'agneau, les vingt-quatre vieillards de l'Apocalypse, la terre et la mer. Sous une autre miniature, où

---

est à la bibliothèque de l'Arsenal (théol. lat.) et qui date du XIII° siècle. L'ouvrage est de médiocre exécution, cet agneau apocalyptique surtout; mais je n'avais pas sous la main d'autre exemple aussi complet. Dans la cathédrale d'Auxerre, sur un vitrail, on voit un de ces agneaux exécuté avec beaucoup plus de soin. Un vitrail de Saint-Étienne-du-Mont, qui porte la date de 1614 et qui est dans la nef, côté du nord, donne un curieux exemple de cet agneau mystérieux et de toute la scène apocalyptique où il figure.

[1] A Auxerre, sur un vitrail de la cathédrale, je crois bien n'avoir aperçu que six cornes sur la tête d'un agneau apocalyptique, qui se dresse et qui pose les pieds sur le livre des sept sceaux. Ce vitrail, qui est du XIII° siècle, est placé dans le collatéral méridional du

l'agneau seul était peint, on lisait ces deux autres vers composés également par Alcuin :

> Hunc Moyses agnum monstravi lege futurum
> Cunctis pro populis perferri vulnera mortis.

Le poëte ne décrit pas l'agneau qui se rapportait à la première ou à la seconde inscription ; mais il est probable que même l'agneau du premier sujet, l'agneau apocalyptique, était naturel et n'avait que deux cornes et deux yeux, comme l'agneau existant encore dans la bible de Charles le Chauve. Le Charles, nommé dans le dernier vers de la première inscription, est Charlemagne [1].

Ainsi donc, malgré le concile Quini-Sexte, on continua à figurer Jésus par l'agneau. Que ce fait se constate dans l'Occident, dans l'Église latine, qui a toujours été en froid avec l'Église grecque, même à l'époque du concile Quini-Sexte, il ne faudrait pas trop s'en étonner : une prescription partie de Constantinople pouvait être regardée comme non avenue à Rome. Mais en Grèce même, on semble avoir ignoré ou méprisé, si on le connaissait, le canon du concile ; on y rencontre, peinte à fresque et en mosaïque, la figure de l'agneau représentant le Christ. Sous cette figure, j'ai lu dans les églises d'Athènes, aux Météores et au mont Athos : ὁ ἀμνὸς τοῦ Θεοῦ [2]. Du reste, en Orient comme en Occident, on n'a cessé de chanter à la messe : « Agneau de Dieu, qui enlèves les péchés du monde, aie pitié de nous [3]. » On a toujours invoqué dans les prières et on a toujours figuré en sculpture et

---

chœur. A Saint-Étienne-du-Mont, l'agneau apocalyptique a sept cornes et sept yeux; mais il est sans nimbe et n'est pas blessé au côté.

[1] Baluze, *Miscellanea*, IV° vol. Carmina Alcuini, in fronte codicis.

[2] Au couvent de Philothéou, dans le mont Athos, est peint en grand un agneau de Dieu, avec l'inscription ὁ ἀμνὸς τοῦ Θεοῦ.

[3] « Agnus Dei, qui tollis peccata mundi, miserere nobis. »

en peinture l'agneau divin, sans s'inquiéter du concile Quini-Sexte. Enfin, au XIII° siècle, même à cette époque où l'histoire cherchait à dominer l'allégorie, on indiqua un moyen de figurer la personne et tout à la fois le symbole du Christ. Avant le XIII° siècle, on préfère le symbole; après, on affectionne la réalité. Mais du temps de Guillaume Durand, on trouve à peu près un juste milieu; alors l'agneau, bien qu'au second plan, n'est pas trop sacrifié à la personne du Christ. Voici le texte de Durand qui complétera celui du concile. « Parce que Jean-Baptiste montra du doigt le Christ, et dit : « Voici l'agneau de Dieu », quelques-uns peignaient le Christ sous l'apparence d'un agneau. Mais cependant, parce que l'ombre s'est écoulée, et parce que le Christ est un homme réel, le pape Adrien[1] déclare que nous devons le peindre sous la forme humaine. Ce n'est pas l'agneau de Dieu, en effet, qui doit être peint sur la croix; mais, après avoir figuré l'homme, rien ne s'oppose à ce qu'on représente l'agneau, soit au bas, soit au revers de la croix[2]. » — Il faut le dire, on a peu profité de la permission que l'évêque de Mende donne de figurer en même temps le Christ et son symbole sur la croix; car les monuments de cette espèce sont assez rares, et l'on devrait

[1] Adrien I°, au VIII° siècle. Ce qui est curieux, c'est que le pontife de Rome s'adresse à Barasius, patriarche de Constantinople, en exprimant cette opinion.

[2] « Sciendum autem est quod Salvatoris imago tribus modis convenientius in ecclesia « depingitur, videlicet : aut residens in throno, aut pendens in crucis patibulo, aut ut « residens in matris gremio. Quia vero Johannes Baptista Christum digito demonstravit « dicens : « Ecce agnus Dei », ideo quidam depingebant Christum sub specie agni. Quia « vero tamen umbra transivit, et Christus verus est homo, dicit Adrianus papa (de Con-« secratio. distinct. III, cap. VI), quod ipsum in forma humana depingere debemus. « Non enim agnus Dei in cruce principaliter depingi debet; sed, homine depicto, « non obest agnum in parte inferiori vel posteriori depingi, cum ipse sit verus agnus « qui tollit peccata mundi. His quidem et aliis diversis modis Salvatoris imago depin-« gitur propter diversas significationes. » (Guill. Durand, *Rationale divin. offici.* lib. I, cap. III). — Guillaume Durand, nous l'avons déjà vu, prend tous ces exemples dans

signaler avec soin ceux qu'on découvrirait. Mais, si le Christ et l'agneau n'ont pas été souvent représentés ensemble, sur le même subjectile, on n'a jamais cessé de figurer à part l'agneau de saint Jean-Baptiste ou celui de saint Jean évangéliste.

JÉSUS EN BON PASTEUR.

Le Christ a donc été représenté constamment sous l'apparence d'un agneau; mais, en outre, on l'a figuré sous celle du berger qui garde l'agneau. Jésus, comme l'agneau, a donné sa vie sans se plaindre, et de plus, comme le berger plein de sollicitude pour son troupeau, il a été chercher l'homme perdu et l'a ramené dans le sein de Dieu. Jésus, lui-même l'a dit, est le bon pasteur qui va chercher sur ses épaules la brebis égarée, l'âme infidèle, et la ramène au bercail. « C'est moi, » dit Jésus par l'organe de saint Jean, « c'est moi qui suis le bon pasteur ; je connais mes brebis et mes brebis me connaissent, comme mon père me connaît et comme je connais mon père. Je donne ma vie pour mes brebis. J'ai encore d'autres brebis qui ne sont point de cette bergerie : il faut que je les amène ; elles entendront ma voix, et il n'y aura plus qu'une seule bergerie et qu'un seul pasteur [1]. » Plus bas, on va voir que le Christ a

l'art ou plutôt dans les textes italiens. Le liturgiste français vivait au milieu des sculpteurs et des peintres qui peuplaient alors nos plus célèbres cathédrales de statues et de figures, et cependant il n'a vu ni ces figures ni ces statues. Il fermait les yeux à l'art monumental de son pays : il ne les ouvrait que pour lire, souvent sans les comprendre, les textes des écrivains étrangers. Ainsi, chez nous, on ne peint pas en même temps Jésus à la croix et l'agneau au pied de cette croix ; mais en Italie, du IVe au Ve siècle, on figurait la croix, probablement sans le Christ, mais avec l'agneau divin au pied. On lit, en effet, les vers suivants dans les œuvres de saint Paulin, évêque de Nole, au milieu de la douzième épître qu'il adresse à Sulpice-Sévère :

Sub cruce sanguinea niveo stat Christus in agno,
Agnus ut innocua injusto datus hostia leto.

[1] Saint Jean, ch. x, vers. 14, 15, 16.

DIEU LE FILS. 321

été figuré comme le poisson et, tout à la fois, comme le pêcheur qui prend le poisson; ici, il est agneau et berger. Dans
l'église de Sainte-Pudentienne, à Rome, on voit sur la porte
un agneau de Dieu dans un médaillon, avec cette inscription :
« Mort et vivant, je ne fais qu'un; je suis à la fois le berger et
l'agneau [1]. » Les monuments figurés des catacombes, les sarcophages et surtout les peintures à fresque montrent très-souvent un berger, jeune, imberbe, en tunique courte et rayée
de deux bandes longitudinales, debout, tenant sur ses épaules
la brebis égarée, la brebis chérie. A ses pieds broutent ou sont
couchées les brebis fidèles. Ici, dans ce dessin qui reproduit
une fresque des catacombes, le berger tient une flûte de Pan
à la main droite, tandis que de la gauche il affermit la brebis
sur ses épaules [2].

[1] « Hic agnus mundum restaurat sanguine lapsum. — Mortuus et vivus idem sum,
« pastor et agnus. » (Ciampini, *Vet. monim.* pars 1ᵃ, cap. III, page 23.) — Saint Paulin
(*Epist. III ad Florent.*) dit encore : « Idem agnus et pastor reget nos in sæcula, qui nos
« de lupis agnos fecit; earumque nunc ovium pastor est ad custodiam, pro quibus fuit
« agnus in victimam. »

[2] Ce dessin est gravé dans Bosio, *Rom. sotterr.* p. 351. Le bon Pasteur, portant la
brebis sur ses épaules et tenant en main la flûte de Pan, est très-fréquent dans les premiers siècles du christianisme où la religion est d'une merveilleuse douceur. Bosio en
a fait graver plusieurs exemples; voyez notamment pages 339, 348, 349, 373, 383,
387. Sauf la tunique qu'ils portent toute unie et toute seule, sans les deux bandes longitudinales et sans le manteau, les deux derniers pasteurs ressemblent entièrement à celui
de notre dessin. Ces bergers assujettissent plus ou moins fermement sur leurs épaules
la brebis perdue, et semblent ainsi craindre plus ou moins qu'elle ne prenne une seconde fois la fuite. Ordinairement ils la tiennent à deux mains, par les quatre pieds,
comme dans les exemples des pages 339, 383, 455, 461. D'autres fois, surtout quand
la main droite est occupée par un instrument de musique, comme dans le dessin donné
ici, la brebis n'est retenue que par une seule main. Enfin, à la page 391 de la *Rom.
sotterr.* la brebis est assise affectueusement sur les épaules de son bon Pasteur, qui ne
craint pas, tant elle est fatiguée ou tant elle est heureuse de revenir au bercail, qu'elle
s'échappe de nouveau. A la page 373, le bercail où va rentrer la brebis est figuré dans
la scène, et le sujet est ainsi plus complet. Le nombre des brebis fidèles, couchées sur
le gazon, ou broutant aux pieds du bon Pasteur, varie également : il est ordinairement

322   ICONOGRAPHIE CHRÉTIENNE.

89. — JÉSUS EN BON PASTEUR.
Fresque des catacombes de Rome, premiers siècles de l'Église.

Ces diverses représentations font allusion à ces belles paroles de Jésus-Christ : « Quel est l'homme d'entre vous qui, ayant cent brebis et venant à en perdre une seule, n'abandonne pas les quatre-vingt-dix-neuf dans le désert et ne va pas à la recherche

de deux ; il y en a sept à la page 265. Le bon Pasteur semble lui-même plus ou moins fatigué ou du fardeau qu'il a sur les épaules, ou du chemin qu'il a fait pour retrouver la brebis perdue. Ordinairement il ne s'aperçoit ni de la fatigue ni du poids. Néanmoins, dans l'exemple de la page 391, il s'aide d'un bâton comme le voyageur au terme de sa route. Ce motif rappelle ces belles paroles du *Dies iræ* : « QUÆRENS ME SEDISTI LASSUS. » Nous voyons ainsi le bon Pasteur s'asseoir réellement de fatigue aux pages 269 et 273. A Ravenne, dans l'église de Galla Placidia, une mosaïque de l'an 440 montre Jésus orné d'un nimbe uni, et assis sur un tertre, au milieu d'une riche campagne. Le Sauveur tient de la main gauche une croix de résurrection et caresse une brebis de la main droite ; cinq autres brebis regardent avec plaisir cette affection dont l'une d'elles est l'objet. (V. Ciampini, *Vet. mon.* 1ᵉ pars. tab. 57, p. 227.) Ces bergers divins sont quelquefois sans instrument de musique, comme celui de Ravenne et comme ceux des pages 339, 343, 473 de la *Rom. sott.* Les figures du bon Pasteur occupent ordinairement la place d'honneur sur les sarcophages et dans les peintures des catacombes : elles sont au centre du tombeau, au centre des voûtes, et au milieu des archivoltes ou des tympans. En raison de la multitude des représentations, il y a une grande variété dans la manière de les traiter ; il faut noter toutes ces variétés, même les moins importantes, parce qu'il y a toujours un fait et une idée à en tirer.

DIEU LE FILS.   323

de la brebis perdue, jusqu'à ce qu'il la retrouve? Et quand il l'a retrouvée, il la met avec bonheur sur ses épaules; il revient chez lui, réunit ses amis et ses voisins et leur dit : Réjouissez-vous avec moi, parce que j'ai trouvé ma brebis qui était perdue [1]. » Des paroles aussi palpitantes devaient inspirer saint Thomas d'Aquin, lorsqu'il composa son office du Saint-Sacrement. Le grand docteur et poëte s'écrie, en effet, dans l'une de ses hymnes : « Bon pasteur, pain réel, Jésus, aie pitié de nous. Nourris-nous, défends-nous; fais-nous voir le bonheur dans la patrie des vivants. Toi qui sais tout et qui peux tout; toi qui nous fais vivre ici mortels, là-haut fais-nous les commensaux, les cohéritiers, les compagnons des habitants des cieux [2]. »

Du reste, au moins les antiquaires païens l'affirment, ce sujet du bon pasteur n'appartient pas en propre et comme invention au christianisme; ainsi qu'ils ont fait du nimbe, les chrétiens, à ce qu'on dit, l'auraient emprunté à l'art païen. Mais, à supposer l'assertion fondée, c'était un sujet de charité égaré dans le paganisme, et que la religion du Christ, religion d'amour, devait revendiquer comme lui appartenant. Aussi le cœur, l'imagination et l'art des chrétiens ont tourmenté ce sujet en quelque sorte, et l'ont reproduit incessamment et sous tous les

---

[1] Saint Luc, ch. xv, vers. 4-7.
[2] Voici les admirables paroles de saint Thomas :

> Bone pastor, panis vere,
> Jesu, nostri miserere.
> Tu, nos pasce, nos tuere ;
> Tu, nos bona fac videre
>   In terra viventium.
>
> Tu, qui cuncta scis et vales,
> Qui nos pascis hic mortales
> Tuos ibi commensales,
> Cohæredes et sodales
>   Fac sanctorum civium.

aspects possibles. Dès les premiers siècles, le christianisme se l'était complétement assimilé. On le figurait partout, jusque sur ces vénérables calices de verre, les plus anciens vases sacrés que nous connaissions, et dont nos musées possèdent quelques fragments. Tertullien parle de calices où l'on avait peint le bon Pasteur et la brebis égarée [1].

JÉSUS EN LION.

L'agneau n'est pas seulement le symbole du Christ, mais encore le lion; toutefois le lion est infiniment plus rare que l'agneau dans les monuments figurés. Pour les raisons données plus haut, Jésus a été assimilé au lion et quelquefois, bien que je ne connaisse jusqu'à présent que deux exemples de ce fait [2], on rencontre le lion portant un nimbe crucifère. Si le nimbe était uni, le lion serait l'attribut de saint Marc, comme nous en avons vu plusieurs exemples [3]; mais la croix dont il est timbré dénonce positivement qu'il s'agit du lion de Juda, du lion qui a vaincu la mort par sa résurrection et qui, dans le tombeau, dormit les yeux ouverts ou le cœur éveillé. Au mont Athos, dans la grande église (catholicon) du couvent de Philothéou, une fresque représente le sommeil de l'enfant Jésus; Marie et deux anges adorent le repos de l'enfant divin et se prosternent en prières devant lui. Aux pieds de l'enfant est couché un jeune lion, qui dort comme celui dont il est le symbole,

[1] « Patrocinabitur Pastor quem in calice depingitis. — A parabolis licebit incipias, « ubi est ovis perdita, a Domino requisita et humeris ejus revecta. Procedant ipsæ pic- « turæ calicum vestrorum, si vel in illis perlucebit interpretatio pecudis illius; utrumne « christiano an ethnico peccatori de restitutione colliniat. » (*De Pudicit.* cap. II et X). Dans les grands musées, on voit plusieurs de ces calices sur lesquels est figuré le bon Pasteur.

[2] Celui de la bible de Charles le Chauve et celui du vitrail de Suger.

[3] Pages 34 et 35, à propos du nimbe uni ou croisé attribué au lion, nous avons parlé de cet animal comme symbole du Christ et de saint Marc. Nous renvoyons aux Vitraux de Bourges, p. 78-82; on y trouvera d'amples et curieux détails sur le lion, symbole du Christ.

et qui est entouré d'une inscription tirée des livres sacrés [1].

L'agneau, le lion et la croix sont les trois symboles uniques sous lesquels on représente Jésus-Christ [2]. Mais, avant de prouver cette proposition, il est nécessaire de préciser la différence qu'il faudrait établir entre les expressions SYMBOLE et FIGURE, que l'on confond ordinairement, qui causent des erreurs et engendrent des disputes de mots.

On entend par symbole et figure tout signe sensible au moyen duquel se traduit une idée : le nimbe circulaire qui environne la tête des saints est le signe matériel de leur sainteté. Sous ce rapport, le symbole et la figure sont exactement la même chose. Voici en quoi ils diffèrent. Le symbole est la formule extérieure ou la représentation d'un dogme; c'est, comme le dogme lui-même, un article de foi. L'agneau est le symbole de Jésus-Christ; car les textes sacrés relatifs à l'agneau divin obligent à croire que l'agneau est la représentation nécessaire et dogmatique du Christ. L'agneau est le Christ lui-même, le Christ en personne et sous des traits visibles. La figure, au contraire, est la représentation arbitraire d'une idée quelconque. La figure n'est pas imposée par le dogme, par un texte révélé; mais elle résulte d'une pure opération de l'esprit humain. La figure est un produit variable de notre imagination. On nous oblige à recevoir un symbole, on nous engage à admettre une figure; la foi est commandée par le

[1] « Ἀνάπεσων, ἠκοίμηθη ὡς λέων, καὶ τῆς δύναται ἐγειρεῖν αὐτόν; » C'est dans la Genèse, ch. XLIX, verset 9, qu'on lit ce texte. Au lieu de καὶ τῆς δύναται, il faut τίς. Les Grecs modernes, prononçant de même l'êta et l'iôta, commettent assez souvent des fautes de ce genre. Au portail occidental de Notre-Dame de Paris, porte de gauche, un petit lion est couché endormi sur le socle qui porte une statue de Marie tenant Jésus dans ses bras. C'est le motif grec exécuté en sculpture.

[2] Il ne s'agit ici que des symboles purement iconographiques. L'Ancien Testament est tout rempli de figures dont Jésus-Christ est le type; ces figures sont de vrais symboles, mais des symboles historiques et qui ne rentrent pas dans notre travail.

premier, l'esprit est séduit par la seconde. Le Christ est symbolisé par le lion, mieux encore par l'agneau; mais il est seulement figuré par le pélican. Le pélican, qui s'ouvre le sein pour nourrir ses petits avec son sang, est la figure de Jésus qui meurt et verse tout le sang de ses veines pour racheter les hommes. Mais jamais le pélican ne porte de nimbe, encore moins de nimbe croisé; jamais, dans la cour céleste, le pélican ne représente Jésus-Christ, et n'assiste en cette qualité aux événements qui s'y accomplissent. Au contraire l'agneau, orné du nimbe que partage une croix, est très-souvent représenté dans les scènes de l'Apocalypse et de l'Évangile; il n'est autre que Jésus lui-même sous la forme et l'apparence d'un agneau. Enfin le symbole développé devient un mythe; mais la figure, déroulée dans ses détails, ne donne jamais qu'une allégorie. Un mythe est une croyance, un ensemble de dogmes; une allégorie n'est qu'une réunion de métaphores : y croit qui veut. Un mythe est de foi, une allégorie n'est que d'opinion. C'est Dieu qui crée le symbole et qui le révèle; c'est l'homme qui invente et qui manifeste la figure. L'eau dans le baptême, le pain et le vin dans l'eucharistie, sont des signes, sont des symboles. On ne peut remplacer, dans l'eucharistie, le vin par l'eau, ni, dans le baptême, l'eau par le vin; car le symbole est un, invariable et éternel. Une figure, au contraire, peut se substituer parfaitement à une autre figure; la vigne, qui donne son jus pour nourrir les hommes, peut remplacer le pélican qui donne son sang pour ses petits. Enfin, avec de l'imagination, on crée des figures tant qu'on veut, mais non pas des symboles [1].

[1] Voyez dans Baluze (*Miscellanea*, IIe vol.) un ouvrage de saint Hildefonse, évêque de Tolède, et disciple d'Isidore de Séville. Cet ouvrage, intitulé *Liber adnotationum*, donne l'explication allégorique de plusieurs plantes, fleurs, fruits, animaux, minéraux qui

Cela posé, nous disons que l'agneau avant tout, le lion et la croix secondairement sont les uniques symboles du Christ. Mais, comme figures du Christ, on offre à notre choix une foule d'objets pris dans les trois règnes de la nature. Nous avons le poisson, le pélican, l'aigle, la poule, le serpent, et bien d'autres êtres, parmi les animaux; entre mille, les végétaux nous donnent la vigne, le figuier, l'olivier, le cèdre. Entre les minéraux, toutes les pierres précieuses, pour leur couleur, leur solidité ou leur transparence, figurent le Christ, aussi bien que les montagnes en masse. Les principales constellations, surtout le soleil et la lune, ont été regardées comme des reflets du Fils de Dieu [1].

Une fois dans le domaine de l'imagination, on tombe dans un océan; on ne peut et on ne doit donc pas tenir compte des images innombrables sous lesquelles on a FIGURÉ le Christ. Cependant, comme l'une de ces images a spécialement attiré l'attention et les études des antiquaires, il convient de la signaler ici, ne serait-ce que pour relever des erreurs accréditées à ce sujet : cette image c'est le poisson.

JÉSUS FIGURÉ PAR LE POISSON.

Le poisson, à ce que disent les antiquaires, est le symbole de Jésus-Christ; nous croyons qu'il n'en est que la figure. Sur une foule de monuments chrétiens, particulièrement sur les an-

---

sont assimilés à Jésus-Christ et à l'Église. Saint Hildefonse est mort en 667; ainsi ce texte a beaucoup d'importance par son antiquité. C'est dans ce travail qu'ont puisé, en grande partie, les symbolistes du moyen âge, Durand, Jean Beleth, Jean d'Avranches et Hugues de Saint-Victor. On trouve ces interprétations dans la 2ᵉ part. du *Lib. adnot.* de la page 43 à 45 du 2ᵉ volume de Baluze.

[1] Voyez, au sujet du sens qu'on peut attribuer aux mots symbole, figure, mythe, M. Guignaut, *Religions de l'antiquité*, t. Iᵉʳ, 1ʳᵉ partie, p. 16 et suiv. t. Iᵉʳ, 2ᵉ partie, p. 528 et suiv. M. J. J. Ampère, dans un cours professé au Collège de France en 1837, a nettement établi la valeur des expressions symbole, figure, image, métaphore, emblème, mythe, allégorie. Sur le point spécial discuté ici, j'ai suivi principalement M. Ampère.

ciens sarcophages, est sculpté un poisson; il est seul ou accompagnant d'autres représentations, et se place sous des inscriptions funéraires. On le voit sur des médailles frappées à l'effigie du Christ [1] et sur des pierres gravées, camées et intailles [2]. Plusieurs amulettes qu'on suspendait au cou des enfants, des verres anciens et des lampes sépulcrales en sont marqués [3]. Une mosaïque de la cathédrale de Ravenne, dit Montfaucon, représente le poisson comme symbole des chrétiens. Dans l'intérieur d'une grotte de la nécropole de Cyrène, en Afrique, on voit au centre d'une peinture à fresque le bon Pasteur qui porte un agneau sur ses épaules et le tient par les quatre pieds. Aux pieds du pasteur se tiennent six agneaux déjà armés de cornes et qui considèrent leur maître. Le berger est vêtu d'une tunique, comme dans les monuments des catacombes; il est, de plus, couronné d'une couronne de feuilles. Mais en outre, au-dessus de l'agneau principal, sont rangés en cercle sept poissons, particularité précieuse qui semble unir l'allégorie du bon Pasteur à celle du poisson. On voit encore le poisson et la croix grecque remplir des rinceaux peints sur mur et qui décorent

[1] Je n'en connais pas d'exemple, mais je répète un fait généralement admis.

[2] M. le marquis Fortia d'Urban possède une calcédoine blanche, qui a la forme d'un cône tronqué, qui est percée de part en part et qui a pu servir d'amulette. Sur la base de ce cône est figuré le Christ jeune, imberbe, vu de profil, avec son nom ΧΡΙΣΤΟΥ et la représentation d'un poisson. Ce monument, dit M. Raoul-Rochette qui l'a fait dessiner (*Types du christianisme*, frontispice et p. 21), doit être du temps d'Alexandre Sévère. On dirait que ce Christ, si c'est vraiment un Christ, a une couronne radiée comme en portent les empereurs romains.

[3] M. P. Belloc (*La Vierge au poisson de Raphaël*, Lyon, 1833) a fait lithographier huit monuments chrétiens propres à éclairer cette question. Il y a deux cornalines, deux pierres gravées servant de cachet, un anneau en or, une améthiste et une sardoine. On y voit encore une lampe sépulcrale représentant des poissons, des dauphins, des ancres cruciformes, un pêcheur à la ligne avec les sigles allégoriques ΙΧΘΥΣ, Α. Ω., ΙΗ. ΧΘ. et même le mot ϹΩΤΗΡ. Ces différents monuments sont italiens et paraissent d'un âge reculé.

un hypogée chrétien situé près d'Aphrodisias, en Afrique [1].

Les fonts baptismaux sont particulièrement ornés de poissons. Ainsi, à Gemona dans le Frioul, à Pirano en Istrie, deux grandes urnes baptismales portent le poisson [2]. Dans une église de village en Danemark, près de Beigetad, on voit trois poissons enlacés en triangle autour d'un baptistère [3]; la France offre aussi de ces exemples. Le poisson est nettement figuré sur les fonts baptismaux de Boulogne-sur-Mer; on croit le voir sur ceux de l'église Saint-Jacques, à Compiègne [4]. Dans Saint-Germain-des-Prés, à l'entrée de la chapelle occidentale et semi-circulaire où sont les fonts baptismaux, où ils ont toujours été, je crois, on remarque sur un chapiteau une sirène femelle et une sirène mâle et barbue; les deux animaux fabuleux tiennent des poissons entre leurs bras, pendant que d'autres poissons jouent au-dessous dans les eaux, qui ondulent sous ces personnages fantastiques.

Les poissons se remarquent encore ailleurs que dans les baptistères. A Saint-Caprais d'Agen, dans la nef, on a figuré trois poissons. Un poisson est sculpté sur une statue recueillie dans le cimetière de Saint-Jean, département de la Nièvre.

Enfin, dans les monuments sculptés et peints qui représentent la Cène, le dernier repas de Jésus-Christ, on voit figurer le poisson parmi les autres mets; il accompagne l'agneau

---

[1] Voyez ces curieuses peintures dans l'ouvrage de Pacho, *Voyage dans la Marmarique et la Cyrénaïque*, atlas, planches XIII et LI. Ces peintures datent probablement des premiers temps du christianisme.

[2] P. Belloc, *Vierge au poisson*, p. 78.

[3] C'est dans Münter (*Images symboliques et représentations figurées des anciens chrétiens*, in-4°, en allemand; Altona, 1835) qu'on trouve ce fait; M. Cyprien Robert le cite dans son Cours d'hiéroglyphique chrétienne; nous le répétons aussi, mais sans y attacher aucune importance.

[4] *Bulletin du comité historique des arts et monuments*, session de 1840-1841, notice de M. Ch. Bazin, p. 115, 118.

pascal entre autres. Au portail de l'église paroissiale de Nantua, le deuxième apôtre qui est à la gauche du Christ tient un poisson parfaitement indiqué [1]. Nos manuscrits à miniatures [2], nos vitraux et nos émaux des xiii° et xiv° siècles [3] montrent fréquemment le poisson posé sur un plat, au milieu de la table de la Cène, et entre les pains, les couteaux et les verres qui servent au repas.

Voilà ce qu'offrent les monuments ; voici ce que disent les textes.

Avant Constantin, les textes nomment l'ΙΧΘΥΣ, mais sans explication ; le mystère, s'il y en a, reste dans l'ombre pendant toute la durée des persécutions. C'est une métaphore purement littéraire, ou du moins qu'on veut faire considérer comme telle. Il faut s'approprier les images du paganisme et les purifier par une idée chrétienne ; mais elles restent des images toutes simples. « Que la colombe et le poisson, que le vaisseau qui vole au souffle du vent, la lyre harmonieuse dont se servait Polycrate, l'ancre marine que sculptait Séleucus, soient des signes pour vous », dit saint Clément d'Alexandrie [4]. Tertullien ajoute : « Nous sommes de petits poissons en Jésus-Christ, notre grand poisson, car nous naissons dans l'eau et nous ne pouvons être sauvés qu'en y restant [5]. »

[1] *Vierge au poiss.* p. 77.
[2] Voyez plusieurs manuscrits latins de la Bibliothèque royale.
[3] Vitraux de la cathédrale de Chartres et de la Sainte-Chapelle de Paris. M. du Sommerard (*Album des arts au moyen âge*) a fait dessiner un émail qui lui appartient et qui représente le repas de Jésus chez Simon le pharisien. Au milieu de la table, et comme mets principal, est un poisson dans un plat. Cet émail est du xii° siècle.
[4] « Signa vobis sint columba, aut piscis, aut navis quæ celeri cursu fertur a vento, aut « lyra musica qua usus est Polycrates, aut anchora nautica quam insculpebat Seleucus ; « et si quis piscator effictus fuerit, Apostoli meminerit et puerorum qui ex aqua extra- « huntur. » (Clem. Alex. *In Pædag.* lib. III, cap. 11.)
[5] « Nos, pisculi secundum ΙΧΘΥΝ nostrum Jesum-Christum, in aqua nascimur, nec

DIEU LE FILS.

Mais bientôt la métaphore s'élève à la hauteur de la figure; le mystère pénètre dans une comparaison purement littéraire jusqu'alors. Vers le milieu du IVe siècle, Optatus, évêque de Milésie, en Afrique, déclare que « le seul nom de poisson, suivant la dénomination grecque, contient une foule de noms sacrés dans l'ensemble des lettres qui le composent; ιχθυσ donne en latin : Jésus-Christ Fils de Dieu Sauveur[1]. » Effectivement, en prenant chaque lettre de l'ichthus pour l'initiale d'un mot grec, on peut faire : Ἰησοῦς Χριστὸς Θεοῦ Υἱὸς Σωτήρ. Dès lors la subtilité orientale, toute préparée à ce jeu de mots, revient à satiété sur les comparaisons religieuses tirées des flots et de la navigation, des mers et de leurs habitants. Des inscriptions funéraires furent précédées et escortées de l'ΙΧΘΥΣ[2]. L'ΙΧΘΥΣ entra même dans l'intérieur, dans la composition de ces inscriptions, comme la mystérieuse inscription d'Autun en donne un magnifique exemple; dans ce monument, l'ΙΧΘΥΣ est répété trois fois, quatre fois peut-être et à différents cas[3]. Jésus-Christ fut assimilé non-seulement au poisson qui se donne à manger, mais encore au pêcheur qui prend le poisson comme le Christ a pris les âmes dans les filets de son amour.

Ainsi, d'un côté, Jules Africain appelle Jésus-Christ « le grand poisson pris à l'hameçon de Dieu, et dont la chair nourrit

---

« aliter quam in aqua manendo salvi sumus. » (Tertul. *Lib. de Baptis.* cap. 1, n° 2. *Adversus Quintil.*)

[1] « Piscis nomen, secundum apellationem græcam, in uno nomine per singulas litteras « turbam sanctorum nominum continet, ΙΧΘΥΣ, quod est latine Jesus-Christus Dei fi- « lius, Salvator. » (Optat. Milev. *in Bibl. Patrum*, t. IV, lib. III.)

[2] Voy. l'inscription chrétienne recueillie par Boldetti, dans le cimetière de Saint-Épimaque, à Rome, et rapportée par Fabretti.

[3] Cette inscription, découverte récemment à Autun, est en grec, sur marbre blanc, et paraît dater du IIIe siècle. On annonce un travail de M. Letronne sur ce monument, que MM. Haze et Rochette ont étudié, et que le P. Secchi, censeur de l'Académie pontificale à Rome, a discuté dans un mémoire spécial.

le monde entier[1]. » Saint Prosper d'Aquitaine dit : « Le Sauveur, Fils de Dieu, est un poisson cuit dans sa passion et dont les entrailles nous nourrissent et nous éclairent tous les jours[2]. » Ichthus est le nom mystique du Christ, puisqu'il est descendu vivant dans l'abîme de cette vie, comme dans la profondeur des eaux, s'écrie saint Augustin[3]. Le Christ, dit-il encore, c'est ce poisson que le jeune Tobie retira vivant du fleuve, et dont le cœur brûlé par la passion a mis en fuite le démon et rendu la vue à l'aveugle[4]. De ce poisson qui nous nourrit, qui nous guérit, qui nous rachète, on a nommé piscine les fonts baptismaux, dont l'eau, cet air des poissons, nous purifie de toutes nos souillures et nous sauve[5].

D'un autre côté, Jésus fut appelé pêcheur d'hommes comme il en avait donné la qualification à saint Pierre lui-même ; saint Grégoire de Nazianze dit que Jésus, le pêcheur, est venu sur l'abîme orageux de ce monde en retirer les hommes comme des poissons, pour les emporter dans le ciel. « Un des sarcophages du Vatican, décrits dans Bottari, » dit M. C. Robert[6],

[1] Julii Africani *Narratio de iis quæ, Christo nato, in Perside acciderunt.*

[2] « Dei filius salvator piscis in sua passione decoctus, cujus ex interioribus remediis « quotidie illuminamur et pascimur. »

[3] « Ichthus in quo nomine mystice intelligitur Christus, eo quod in hujus mortalitatis « abysso, velut in aquarum profunditate vivus, hoc est sine peccato, esse potuerit. » (*Cité de Dieu.*)

[4] « Est Christus piscis ille qui ad Tobiam ascendit de flumine vivus, cujus jecore per « passionem assato fugatus est diabolus. » (Saint Augustin.)

[5] « Hic est piscis qui in baptismate per invocationem fontalibus undis inseritur ut « quæ aqua fuerat a pisce etiam piscina vocitetur. » (*Optatus epis. Milevitanus.*)

[6] M. Cyprien Robert a fait imprimer dans l'Université catholique un cours d'hiéroglyphique chrétienne. Le tome VI, de la page 345 à la page 352, traite la question délicate que nous discutons ici ; nous avons fait et nous ferons encore des emprunts à ce travail intéressant auquel nous renvoyons. Tout en restreignant considérablement l'extension donnée à la symbolique par M. Robert, et tout en n'admettant pas certaines conclusions, nous devions cependant mentionner ce qu'il y a d'ingénieux et de savant dans ce cours.

« nous montre ainsi Jésus debout sur la rive, la ligne en main, et une foule de ces petits êtres aquatiques mordant à l'hameçon. » Une cornaline publiée par l'abbé Vallarsi, de Vérone, dans ses notes sur saint Jérôme, montre un jeune pêcheur tenant un petit poisson à l'hameçon; contre le poisson est le mot ΙΧΘΥΣ. Mais le plus complet monument de cette nature est fourni par une miniature du manuscrit d'Herrade. Dieu le père y est représenté tenant à la main une ligne, qu'il jette au fond des mers. La corde de la ligne est formée du buste des patriarches, des prophètes et des rois, qui s'enchaînent l'un à l'autre, depuis Adam, qui touche à Dieu, jusqu'à David, qui touche à l'hameçon. L'hameçon n'est autre que Jésus lui-même attaché à la croix. Jésus va chercher dans l'abîme Léviathan, qui mord à la croix pour en périr, tandis que les chrétiens s'y attachent pour se sauver par elle[1]. L'imagination des artistes et des poëtes, des sculpteurs et des Pères de l'Église, des peintres et des prédicateurs, n'a cessé d'extraire de ce sujet mille comparaisons, mille métaphores délayées jusqu'à la plus longue allégorie. Aux Pères déjà cités, il faut ajouter saint Jérôme, Origène, Bède, saint Ambroise, saint Euchère et d'autres encore, qui ont fait allusion au poisson, à la mer, à l'ancre, au vaisseau, à la barque lorsqu'ils parlent du Christ, de la rédemption et de l'Église. La barque de saint Pierre, le vaisseau de l'Église, sont des images que l'on trouve déjà au IVe siècle, dans les Constitutions apostoliques[2], images qui ont persisté dans le langage ecclésiastique d'aujourd'hui, et qui, à la fin du XVIe siècle, ont fourni de curieux sujets à la peinture sur

---

[1] *Hortus deliciarum.*

[2] On lit dans les Constitutions apostoliques, publiées en 1578, par le jésuite Turrianus : « Sit ædes (il s'agit de l'église) oblonga, ad orientem versus, navi similis. » — On voit que l'orientation des églises est recommandée formellement dès les premiers siècles.

verre[1]. Enfin, un texte ancien et assez complet semble être comme le résumé des mots épars dans les anciens Pères et la source des images affectionnées plus tard par l'Occident sur ce sujet; on le trouve dans un manuscrit mérovingien qui provient de Saint-Benoît-sur-Loire. Ce manuscrit est un missel; on y lit la bénédiction suivante :

« Debout, frères très-chéris, au bord de la fontaine cristalline. Amenez les hommes nouveaux qui, de la terre au rivage, font échange et commerce. Que tous voguant sur l'eau battent la mer nouvelle, non de la rame, mais de la croix; non de la main, mais du cœur; non du bâton, mais du sacrement. Le lieu est petit, il est vrai, mais plein de grâce. Le Saint-Esprit a gouverné en bon pilote. Prions donc le maître, notre Dieu, de sanctifier ces eaux [2]. »

De tous ces faits, monuments et textes, il résulte que le poisson est l'emblème de Jésus-Christ. Mais il convient de définir la proportion dans laquelle il est cet emblème. Peut-on dire, comme les antiquaires l'affirment, que le poisson est le symbole du Christ; ou bien, comme on pourrait le croire de préférence, qu'il en est tout simplement la figure?

---

[1] A Saint-Étienne-du-Mont, un vitrail provenant du cloître et qui est placé aujourd'hui dans une chapelle latérale au chœur, près du tombeau de sainte Geneviève, montre un vaisseau dirigé par Jésus et qui est rempli d'une foule de passagers de toute condition, de tout âge, et parmi lesquels on croit remarquer François I*r*. Le vaisseau de l'Église, guidé par le Christ, qui tient en main le gouvernail, vole à pleines voiles vers le port éternel.

[2] « Stantes, fratres carissimi, super ripam vitrigi fontes (*sic*). Novos homines adduc eis
« de terra littori mercatores sua commercia. Singuli navigantes pulsent mare novum,
« non virga, sed cruce; non tactu, sed sensu; non baculo, sed sacramento. Locus quidem
« parvus, sed gratia plenus. Bene gubernatus est Spiritus-Sanctus. Oremus ergo Domi-
« num et Deum nostrum ut sanctificet hunc fontem. » (Mabillon, *De liturg. gall.* Missale gothicum, xxxvi, p. 247.) M. Michelet (*Origines du droit français*) ne pouvait oublier ce texte si poétique et si précieux; le profond historien en a fait une traduction accompagnée de réflexions pleines d'intérêt.

Le lion et surtout l'agneau sont des symboles de Jésus; l'Évangile et l'Apocalypse, les conciles, la liturgie et la pratique constante de l'art nous l'ont démontré. Pour un archéologue, Jésus s'incorpore dans l'agneau aussi complétement que, pour un théologien, il s'incorpore dans le pain et le vin ; par le symbolisme iconographique, l'agneau est anéanti pour recevoir le fils de Dieu, comme les espèces matérielles disparaissent, par la consécration, pour faire place au Christ. L'agneau, par sa présence, ne rappelle pas seulement le fils de Dieu, mais il le montre ayant pris cette forme. Enfin l'agneau est un symbole qui exige la foi. Mais il n'en est pas ainsi du poisson ; le poisson n'est qu'une métaphore rendue sensible par le dessin. A la vue du poisson on peut se rappeler Jésus auquel il fait allusion ; mais on n'y voit pas Jésus en personne, car Jésus n'est pas là. Relativement à l'eucharistie, les catholiques croient que le pain et le vin, après la consécration, ne sont autres que le corps et le sang même du Christ ; les protestants, au contraire, déclarent ne reconnaître dans les espèces consacrées que la figure du corps et du sang du Christ, et non le Christ en personne. Nous autres antiquaires, relativement au poisson, nous sommes protestants, et nous disons que cet être est la figure emblématique, mais non le corps de Jésus. Relativement à l'agneau, au contraire, nous empruntons le langage de la théologie orthodoxe et nous croyons que Jésus est là, sous la forme et sous l'apparence de l'agneau. Aussi, pour cela, l'agneau est orné du nimbe timbré d'une croix, absolument comme Jésus, parce que c'est Jésus sous la forme d'un agneau. Mais, par contre, le poisson n'est jamais représenté avec un nimbe, je ne dis pas crucifère, mais même tout uni. C'est, en un mot, une simple image qui s'applique à Jésus-Christ quelquefois, et même assez souvent, mais comme on lui applique le pélican dans la classe des oiseaux, et la vigne dans l'ordre des végétaux. Le poisson rappelle le Christ, mais l'agneau le représente; le second est un grave symbole tiré des livres saints, et le premier une simple figure extraite des livres ecclésiastiques. On est obligé de reconnaître l'agneau, mais il est permis de rejeter le poisson.

Je dis que cette image du poisson s'applique à Jésus quelquefois ou même assez souvent, mais non pas toujours. En effet, il faut se garder de l'excès dans lequel tombent les antiquaires italiens et les antiquaires français qui marchent à leur suite. Ces érudits déclarent, mais à tort, que partout et sans exception où l'on rencontre le poisson figuré sur un monument chrétien, ce poisson fait nécessairement allusion à Jésus-Christ. Mais si l'on peut dire que l'agneau ne représente pas constamment Jésus dans les monuments religieux, à plus forte raison doit-on le dire du poisson. L'agneau, en effet, figure quelquefois les apôtres, les chrétiens en général, les juifs même, comme le tombeau de Junius Bassus, entre autres, en est une preuve palpable. Assez souvent l'agneau ne représente personne; il entre dans une œuvre d'art comme un pur ornement, comme y entrent une colombe, un coq, un canard, un passereau. Alors, dans ce cas, il ne porte le nimbe ni uni, ni crucifère. De même le poisson n'a pas ordinairement plus de valeur; c'est un ornement insignifiant et qui ne rappelle le Christ ni de près, ni de loin. Le poisson frappé sur les monnaies, même chrétiennes, peut être là, et il y est souvent en effet, comme attribut de la ville qui a émis la monnaie, ou comme marque du monétaire; il n'a pas d'autre sens que le cheval, le hibou ou le poisson qui se voient sur les monnaies de différentes villes.

Un fait singulier, c'est que l'anagramme mystique de Jésus-

Christ, fils de Dieu, sauveur, fait par un Grec d'Alexandrie et avec un mot grec, ΙΧΘΥΣ, n'ait rien produit en Grèce. Dans ce pays, en effet, on ne rencontre pas un poisson peint ou sculpté qui puisse figurer Jésus. On voit des poissons dans les mosaïques et surtout dans les fresques de la Grèce; mais ces poissons nagent en pleine mer et viennent rendre, pour le jugement dernier, les membres humains qu'ils ont dévorés: celui-ci un bras, cet autre une jambe, ce dauphin une tête d'homme, cette baleine un buste de femme[1]. On voit encore des poissons glisser dans les eaux du Jourdain, au moment où Jésus se fait baptiser; on en voit dans la mer Rouge, quand les Hébreux la traversent à pied sec. Mais ces poissons ne figurent pas Jésus, pas plus que ne le figure le vieux fleuve du Jourdain qui assiste au baptême, appuyé sur son urne, ou l'abîme de la mer Rouge, représenté sous la forme d'un Hercule redoutable qui saisit Pharaon et le noie. Ces poissons n'ont aucun sens allégorique; ils sont naturels, et Jésus-Christ n'est pas là. C'est dans les monuments latins qu'il faut aller le chercher.

Mais, dans ces monuments eux-mêmes, le poisson a la plupart du temps un tout autre sens (quand il a un sens quelconque) que celui qui lui est attribué. Ainsi le poisson est fréquemment figuré sur les anciens sarcophages des catacombes recueillis aujourd'hui dans le musée chrétien du Vatican; la carpe, le dauphin, seuls ou accompagnés d'autres

[1] Ce sujet bizarre et plein de vie est représenté dans les peintures un peu détaillées du jugement dernier; il est notamment très-complet à Salamine, dans l'église de la Panaghia phanéroméni et au monastère de Vatopédi, sur le mont Athos. Le manuscrit d'Herrade (*Hort. delic.*), byzantin sous plus d'un rapport, offre le même sujet, avec cette légende : « Corpora et membra hominum a bestiis, et volucribus, et piscibus olim « devorata nutu Dei repræsentantur, ut ex integra humana massa resurgant incorrupta « corpora sanctorum quæ non tantum per bestias, ut depictum est, afferuntur, sed nutu « Dei præsentabuntur. » L'Apocalypse, XX, 13, dit : « Et dedit mare mortuos, qui in eo « erant. »

êtres ou objets, figurent sur ces tombeaux. On en a conclu qu'ils avaient, sous une forme différente, la même signification que la croix, que le monogramme du Christ gravés sur ces mêmes tombeaux, et qu'ils symbolisaient le Sauveur, ou du moins qu'ils le figuraient. On s'est probablement trompé : sur une fois, où cette intention pourrait être évidente, il y en aurait cinquante qui décèleraient un autre motif. En effet, chez toutes les nations, il est d'usage de figurer sur le tombeau d'un mort les attributs du métier exercé par lui pendant sa vie. Aujourd'hui encore, à Constantinople, dans le cimetière des Arméniens, toutes les pierres sépulcrales sont marquées des insignes de la profession exercée par le défunt que ces pierres recouvrent. Pour un Arménien tailleur d'habits, on a figuré des ciseaux, du fil, des aiguilles; pour un maçon, des marteaux, une truelle; pour un cordonnier, une forme, du cuir, un tranchet; pour un épicier, une balance; pour un banquier, des pièces de monnaie. Il en est ainsi des autres. Chez nous, au moyen âge, un compas, une règle, une équerre sont gravés sur la tombe de Hugues Libergier[1]. Dans le cimetière de l'Est, à Paris, une palette indique la sépulture d'un peintre; un ciseau et un marteau désignent celle d'un sculpteur. Des animaux qui parlent et agissent, des masques qui grimacent et sourient, annoncent, dans le même enclos, les tombes de La Fontaine et de Molière. Chez les Romains il n'en était pas autrement : un pêcheur avait une barque sur sa tombe; un berger, une brebis; un fossoyeur, une pioche; un navigateur,

---

[1] Cette tombe est aujourd'hui dans la cathédrale de Reims ; elle vient de l'église Saint-Nicaise, bâtie par Libergier dans la même ville. L'architecte de Reims porte, comme Michel le Papelart, architecte de Châlons-sur-Marne, un modèle d'église qu'il appuie contre sa poitrine, sur son cœur. Ces grands hommes, qui ont élevé Saint-Nicaise de Reims, et Saint-Étienne de Châlons, sont tous deux du xiii° siècle ; Libergier est mort en 1263 et Papelart en 1258.

une ancre ou un trident; un vigneron, un tonneau; un architecte, un chapiteau ou les instruments de son art.

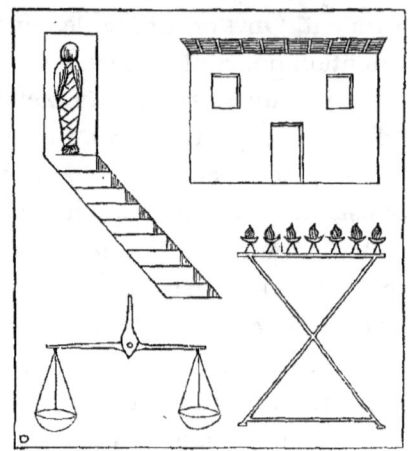

90. — TOMBE D'UN VENDEUR D'HUILE [1].
Sculpture latine, en creux, des premiers siècles chrétiens.

Voilà une pierre sépulcrale décorée tout à la fois d'une petite maison, d'un tombeau où l'on a dressé un mort en haut d'un escalier, d'un chandelier à sept branches ou à sept lampions, et d'une balance. C'est probablement la tombe d'un épicier ou d'un vendeur d'huiles et d'aromates. La petite maison serait sa boutique; dans cette boutique, il pesait avec ses balances les parfums nécessaires pour embaumer les morts, et l'huile qui alimentait les lampes funéraires ou les lampes des vivants.

Une autre tombe est ornée d'un compas à branches courbes, d'un compas à branches droites, d'une équerre,

[1] Cette pierre est gravée dans Bosio (*Rom. sotterr.* p. 302); on paraît la croire du v° siècle, parce que Stilicon est nommé dans l'inscription qui en décore le haut. Outre les quatre objets reproduits sur notre planche, il y a encore un gros poisson, une espèce de dauphin. De ce poisson on tirait l'huile qui se vendait dans la boutique, qui se pesait avec la balance et qui se brûlait dans la lampe allumée pour le mort.

340   ICONOGRAPHIE CHRÉTIENNE.

d'une règle, d'un peloton de ficelle, d'un niveau muni de son fil à plomb, d'un marteau, d'un ciseau, d'une gouge; c'est évidemment la tombe d'un architecte. Avec le premier compas, comme avec le pistolet d'aujourd'hui, l'architecte embrasse les courbes, avec le second il trace des cercles; avec l'équerre il dessine les lignes droites, avec la règle il mesure les petites longueurs, et il a le fil pour les longueurs considérables; il met d'aplomb avec son niveau, il dégrossit la pierre avec son marteau, il la sculpte avec son ciseau, il la fouille avec sa gouge.

91. — TOMBE D'UN ARCHITECTE [1].
Sculpture latine des premiers siècles de l'Église.

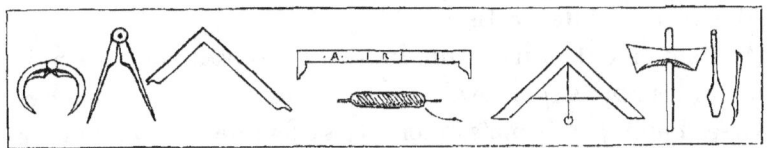

Ailleurs c'est un berger qui porte sur ses épaules la brebis fatiguée et qui rappelle ce passage de Virgile :

.... En ipse capellas
Protinus æger ago; hanc etiam vix, Tityre, duco [2].

92. — SARCOPHAGE D'UN MARIN DEVENU BERGER [3].
Sculpture des premiers siècles chrétiens.

[1] Cette pierre funéraire a été trouvée à Rome, dans la vigne de Sixte-Quint. Elle est gravée dans la *Rom. sotter.* p. 505.
[2] Églogue Ire.
[3] Cette image occupe le centre d'un sarcophage en marbre blanc, trouvé dans la

DIEU LE FILS. 341

Ou bien c'est un charpentier qui a voulu sa hache[1], ou un fossoyeur des catacombes, sa pioche; ou un navigateur, son trident et sa nacelle, qui rentre au port éclairé par le fanal[2]; ou un pêcheur, ses poissons; un architecte, le chapiteau corinthien qu'il affectionnait; un oiseleur, une colombe; un boulanger, un pain; un cordonnier, des semelles ou des formes; un marchand au poids, la balance ou le peson; un laboureur, le fléau à battre le blé; le scieur de bois ou de pierre, une scie, et ainsi des autres. Dans la planche suivante, n° 93, on voit quelques-uns de ces objets figurés : ce ne sont pas des emblèmes mystiques, mais simplement des attributs ou des instruments d'artisans.

Anciennement, quand un individu mourait, on enterrait avec lui les objets qu'il avait aimés pendant sa vie, son cheval, ses habits, ses objets précieux, sa femme même, comme encore aujourd'hui dans l'Inde. En même temps on figurait ces objets sur sa tombe; plus tard, même lorsque l'usage d'en-

vigne du collége Salviati, à Rome. J'ai peine à croire qu'il s'agisse ici du bon Pasteur, et je pense plutôt que le sarcophage a été exécuté par les ordres d'un propriétaire de moutons et d'un marin, d'un riche pêcheur qui serait devenu un opulent berger. Sans affirmer positivement, je crois que les objets sculptés font allusion à la vie matérielle, plutôt qu'aux sentiments religieux.

[1] La hache, la fameuse *ascia*, si fréquemment figurée sur les monuments funéraires des Romains, et au sujet de laquelle tout n'a pas encore été dit, la hache n'aurait peut-être pas d'autre sens que celui qu'on lui donne ici. Il est fort douteux qu'elle ait la valeur singulière qu'on lui attribue généralement.

[2] Sous le porche de Santa-Maria in Transtevere, on conserve une pierre tumulaire chargée d'une inscription, d'un petit navire et d'un fanal à trois étages. La voile du bâtiment est tendue et pleine; le fanal est allumé. M. Tournal, à qui je dois ces renseignements, pense que ces représentations sont symboliques. Dans des notes que me transmet le savant antiquaire sur les tombeaux des catacombes étudiés par lui, je lis que le palmier symbolise la force, la durée, la vertu; que l'empreinte des pieds et le limaçon font allusion au passage de ce monde dans l'autre, à la vie modeste et retirée; que le boisseau rappelle la plénitude des jours, et que le cheval est l'emblème de la mort. Nous donnons les raisons qui ne nous permettent pas d'adopter ces explications peut-être trop ingénieuses.

fouir ces objets avec le mort fut tombé en désuétude, on les représenta sur le tombeau. C'est dans ce fait, selon nous, qu'il faut chercher l'explication de la plupart de ces objets figurés sur les sarcophages ou les fresques des catacombes. Alors nous ne dirons pas comme les antiquaires italiens : la barque voguant vers le port à la lueur d'un phare, c'est l'âme qui en finit avec les orages de la vie et rentre à pleines voiles dans le ciel, à la lumière de la foi, à la chaleur de la charité; le dauphin dans les eaux, c'est le Sauveur, ami de l'homme, qu'il est venu sauver et retirer de l'abîme; la colombe qui tient au bec un rameau ou une couronne, c'est le Christ, qui vient annoncer à l'humanité que Dieu a tari le déluge et qu'il est prêt à la recevoir dans les jardins verdoyants du paradis. Devant la représentation d'un raisin, d'un pain, d'une amphore, d'un fléau, d'une balance, d'une lampe, d'une semelle de soulier, d'un cheval, d'un bélier, d'un paon, d'une fleur, d'une feuille en cœur, d'une règle, d'un niveau et de tous les autres attributs innombrables que présentent les sarcophages, nous ne dirons pas : c'est le Christ qui a donné son sang et son corps; c'est Dieu qui bat les âmes vertueuses dans sa grange divine, qui les pèse et qui les éclaire; c'est l'âme qui quitte la terre en laissant seulement l'empreinte de ses pas, et qui court vers le ciel, sans s'arrêter; c'est l'âme puissante comme le bélier, toujours éveillée comme la queue ocellée du paon, l'âme parfumée de charité, qui a réglé sa vie et mis tous ses sentiments au niveau de la justice. Au lieu de ces interprétations, qui ne semblent pas justifiées, nous dirons plutôt, à la vue de toutes ces formes : ici repose un batelier, là un pêcheur, ailleurs un fermier; plus loin dorment un vigneron, un boulanger, un cabaretier, un batteur en grange, un marchand au poids, un épicier, un cordonnier, un cavalier, un berger, un gardien

DIEU LE FILS. 343

de basse cour, un jardinier, un maçon, et ainsi de presque
tous. Nous savons, en effet, que les inscriptions funéraires
fourmillent de fautes d'orthographe et de grammaire [1], que
la plupart de ces tombeaux étaient élevés par les classes
inférieures de la société et pour elles.

93. — DIVERS ATTRIBUTS FIGURÉS SUR LES TOMBEAUX PRIMITIFS DU CHRISTIANISME.
Sculpture et peinture des Catacombes.

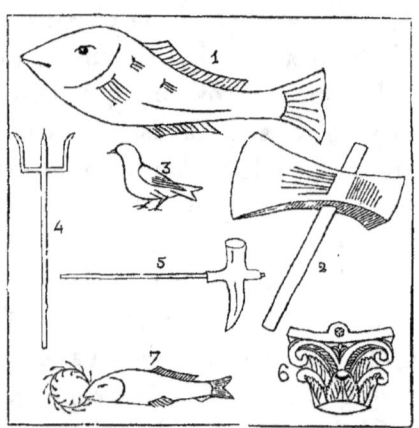

Dans cette planche, nous avons réuni quelques-uns des
nombreux attributs sculptés en relief ou en creux sur les sarcophages et sur les pierres tumulaires des époques primitives. Les sarcophages trouvés dans les Aliscamps d'Arles,
ceux qui remplissaient les cryptes des grandes églises du Midi,
ceux qu'on voit encore disséminés à Marseille, à Saint-Maximin et à Toulouse, enfin les pierres funéraires du musée de
Lyon, offrent des attributs analogues. Ceux de la planche
qui précède proviennent des monuments de Rome, et sont
tous gravés dans l'ouvrage de Bosio [2]. Le gros poisson désigne

[1] M. Tournal a fait cette remarque dans un voyage qu'il vient d'accomplir en Italie.
[2] *Rom. sotterr. passim*, surtout pages 216, 505, 506 et 508.

le pêcheur qui le prend ou l'homme d'industrie qui en extrait de l'huile. Le trident annonce encore le marin, comme la pioche le fossoyeur. Le métier de fossoyeur dans les catacombes était assez relevé; les monuments primitifs nous offrent ainsi de ces hommes[1] qui sont de la classe inférieure chez nous, et qui, dans les premiers temps du christianisme, alors qu'ils creusaient des tombeaux pour les saints et les martyrs, se faisaient enterrer à côté des riches et même à côté des saints, et se faisaient représenter tenant une pioche d'une main et une lampe de l'autre: la lampe les éclairait dans leurs travaux souterrains. La hache doit indiquer un charpentier et le chapiteau un sculpteur ou un architecte. Quant à la colombe, elle désigne probablement les fonctions de la mère de famille qui nourrit des oiseaux domestiques, ainsi que paraîtrait l'indiquer une sculpture funéraire dessinée dans Bosio[2]. Il est possible encore qu'elle naisse d'une idée symbolique, mais cette idée serait empruntée aux sentiments plutôt profanes que religieux, et j'y verrais assez volontiers la douceur du mort ou de la morte, la fidélité de l'épouse ou de l'époux. Dans tous les cas, indiquât-elle la résurrection, comme la colombe qui, reve-

[1] Ciampini, *Veter. monim.* et Bosio, *Rom. sotterr.* — Dans Bosio, p. 373, deux planches reproduisent les peintures de la onzième chambre du cimetière des saints Marcellin et Pierre. Là sont peints à fresque deux fossoyeurs; l'un tient une lampe dont il se sert pour éclairer son compagnon, qui creuse avec une pioche à peu près semblable à notre dessin 93, n° 5. (Voyez, p. 305 et 335, quatre autres fossoyeurs munis d'instruments analogues; l'un d'eux enlève la terre avec une pelle.) Page 529, le fossoyeur, en tunique courte, a son nom d'homme et celui de son état peints au-dessus de sa tête; Fosrotofimus, que Bosio croit être Fossor Trophimus. Bosio s'exprime ainsi : « Le let-« tere, che sono appresso, credo che vogliano dire : *Fossor Trophimus*. Il cui nome si « legge nella sinopse di Doroteo, trà i settenta discepoli de gli apostoli ; e si fà di esso « mentione in un' Epistola, che S. Paolo scrive a Timoteo (*II ad Timot.* 4). Questo grado « di fossori, che sepellivano li morti, era il primo nella chiesa, come afferma S. Giro-« lamo. » (S. Hieron. *De septem gradibus Ecclesiæ.*)

[2] *Rom. sotterr.* page 95.

nant dans l'arche après le déluge, annonça que les eaux s'étaient retirées et que la terre revivait[1], on ne pourrait en conclure que le poisson remplissait un rôle analogue, ni surtout qu'il est le SYMBOLE de Jésus-Christ; la colombe est dans l'Ancien Testament, le poisson n'est ni dans l'Ancien ni dans le Nouveau.

Donc, toutes les fois qu'on verra un poisson sur ces tombeaux ou sur des monuments d'une autre nature, il ne faudra pas se hâter d'interpréter mystiquement sa présence; mais on devra recourir à l'explication la plus naturelle, la plus positive. Par exemple, si la présence d'un ou de plusieurs poissons dans un monument religieux signifiait que Jésus est dans le corps de ces animaux symboliquement et même par simple figure, il faudrait soutenir, pour être rigoureux, que cette personne divine est représentée par les poissons sculptés sur les chapiteaux de Saint-Germain-des-Prés. Or, sur ces chapiteaux, on voit une sirène mâle et barbue tenant dans ses bras un poisson, une sirène femelle et imberbe tenant un autre poisson; puis deux poissons unis par un filet d'eau. On devrait donc reconnaître dans le premier groupe le Père éternel qui tient son fils, dans le second Marie qui tient Jésus, dans le troisième le Père et le Fils liés ensemble, et auxquels, pour faire une Trinité complète, il faudrait ajouter un troisième poisson. On a cru en effet que sur une cuve baptismale, où l'on avait remarqué trois poissons, la Trinité était ainsi représentée. Sur les fonts de Saint-Jacques de Compiègne existent de même trois êtres assez monstrueux que l'on a transformés en pois-

---

[1] Dans Bosio (*Rom. sotterr.* p. 449, entre autres), Noé reçoit dans ses mains la colombe, qui tient un rameau à son bec. Page 411, *ibid.* la colombe n'a pas de rameau. (Voyez encore Bosio, p. 377, 381 et 531.) Ce sujet est extrêmement fréquent dans les catacombes. L'exemple de la page 531 est l'un des plus curieux pour la forme étrange de l'arche.

sons. Mais ces poissons ne sont que des singes hideux, et il pourrait y en avoir un plus grand nombre comme il y en a trois.

Quant au poisson qu'on voit quelquefois à la Cène devant Jésus ou les apôtres, pourquoi déclarer qu'il symbolise le Christ? Comme la table de la Cène est également chargée de grosse viande et d'oiseaux diversement apprêtés, il faudrait, au même titre, reconnaître que tous ces mets symbolisent le fils de Dieu; on ne peut admettre une aussi grossière conséquence. En outre, si le poisson était le symbole de Jésus, on devrait lui voir la tête décorée du nimbe crucifère, car autrement l'assertion est gratuite, et on a autant le droit de nier que d'affirmer; or, jamais aucun monument n'a présenté ce fait. Il ne serait cependant pas plus extraordinaire de mettre un nimbe à la tête d'un poisson qu'il n'est étrange de voir une main, la tête d'un oiseau, celle d'une colombe ou d'un lion, portant un nimbe crucifère. Puisque le nimbe n'y est pas, il est peu probable que le symbolisme ou même la figure y soit.

A Ravenne, l'ambon de marbre blanc appelé chaire des évêques ariens est divisé en six cadres ou tableaux sur la hauteur, et en dix sur la longueur. Chacune des six rangées est occupée par une série de dix animaux. En allant de haut en bas, on trouve : dix brebis, dix paons, dix colombes, dix cerfs, dix canards et dix poissons. Il n'est pas probable que ces animaux aient été placés là dans une intention allégorique; ce sont des arabesques et de la pure ornementation. C'est dans son imagination et non pas dans sa croyance que le sculpteur a trouvé son sujet. Une arabesque est un caprice et non pas l'expression d'une idée religieuse ou philosophique. Raphaël assurément ni Jean Goujon n'avaient l'intention d'exprimer un dogme lorsque l'un peignait et l'autre sculptait ces arabesques délicates qui nous ravissent. Raphaël n'aurait pas répondu à qui lui aurait demandé le sens historique des bouquets d'avelines pendues aux barbillons de trois ou quatre goujons, comme on en voit au Vatican : il se serait moqué de quiconque aurait sollicité de lui l'explication de ces jolies formes nues, poissons par le bas du corps et jeunes femmes par le haut, qui dansent sur des rinceaux de plantes grimpantes, dans les cadres de ses tableaux. Que signifient ces vieux satyres, ces petits amours, ces chapelets de coquilles, ces panoplies fantastiques, ces oiseaux suspendus par la patte, ces passereaux qui picotent des grappes de raisin, ces aigles ou ces griffons qui trempent leur bec dans des coupes et qui décorent les pilastres et les meneaux de la clôture du chœur, à Notre-Dame de Chartres? Ils sont là pour amuser et non pour instruire, pour récréer la vue et non pour éclairer l'esprit. C'est un ornement que tout cela, ornement sorti du ciseau de l'artiste, au gré de sa fantaisie et non d'après l'inspiration de sa foi. Il est probable qu'il faut en dire autant des arabesques sculptées au vi^e siècle sur la chaire des évêques ariens.

Dans ce monument, si les brebis qui sont tout au sommet ne dominaient pas les paons et les colombes, mais venaient à côté des cerfs, on pourrait dire que, dans ces six étages, les animaux sont placés de deux en deux classes, suivant le milieu où ils vivent : les paons et les colombes, qui demeurent dans l'air où ils se soutiennent par leurs ailes, occupent le sommet de la chaire; les brebis et les cerfs, qui pâturent sur la terre, gardent le milieu du monument; au bas sont les canards et les poissons, qui aiment l'eau ou qui l'habitent. Aquatique par ses pattes palmées, terrestre par son corps pesant, aérien par ses ailes, le canard unirait ainsi les poissons aux colombes.

Mais, on le répète, la place occupée par la brebis ne permet pas même cette interprétation [1].

Au surplus, expliquât-on ainsi la disposition de ces animaux, on ne serait pas encore arrivé à l'idée qu'on cherche dans le poisson, et ces animaux, au nombre de dix, ne peuvent se rapporter à Jésus-Christ. Ici encore, et dans l'hypothèse où la nature zoologique entière serait représentée par ces trois classes d'animaux, le poisson serait le signe d'une idée; mais d'autres monuments, où le poisson figure, ne peuvent même pas s'interpréter ainsi. Une urne funéraire, qu'on voit dans Notre-Dame de Grotta-Ferrata, représente deux jeunes garçons nus et assis sur des rochers, du haut desquels ils pêchent à la ligne. Chacun d'eux a pris un petit poisson. Au-dessous, dans la mer, nagent de gros poissons; d'autres poissons décorent le couvercle. Il n'y a pas d'inscription qui instruise du nom et de la qualité de ceux pour qui cette urne a été faite; mais il y a bien de l'apparence que c'est quelque pêcheur qui l'aura fait exécuter pour ses enfants exerçant la même profession que lui [2]. Les Romains, par les sculptures des tombeaux, faisaient allusion à l'état et même au nom du défunt. Pour l'état, c'est une pratique constante, ainsi qu'on vient de chercher à le prouver; pour le nom, on citera un seul exemple. Une petite fille, du nom de Porcella, meurt; sur sa pierre funéraire on

---

[1] M. Tournal m'a communiqué un dessin de ce curieux monument de Ravenne.

[2] Cette urne renferme aujourd'hui de l'eau que l'on donne à boire aux fiévreux pour les guérir. Elle est gravée dans Montfaucon (*Ant. expl.* XV° vol. p. 115, pl. 47). Une urne en cristal, ayant la forme d'un poisson, a été trouvée près de Tongres en 1698; elle porte pour inscription : « Politicus Albiniæ karissimæ suæ. » Bosio (*Rom. sotter.*) donne un ancien sarcophage chrétien sur lequel est représenté un homme pêchant à la ligne. P. Belloc (*Vierge au poisson*) a fait lithographier une cornaline gravée où est un pêcheur qui tient un panier d'une main et de l'autre une ligne à laquelle pend un petit poisson; le mot ΙΧΘΥΣ se lit près du poisson. Il est fort douteux que le Christ se trouve dans tout cela, soit en présence réelle, soit en souvenir.

représente un petit cochon femelle, nom parlant de la jeune morte[1].

En résumé, que le poisson ait été figuré comme emblème du Christ, cela est possible, cela a dû se faire quelquefois ; mais prétendre que tous les poissons emportent nécessairement cette signification, c'est ériger une exception rare en une généralité. Enfin, ces restrictions qu'on vient de poser au mysticisme pour le poisson, il faut, je crois, les étendre à toutes les autres figures sculptées sur les tombeaux et les anciens monuments du christianisme.

94. — PIERRE TUMULAIRE D'UN VIGNERON.
Sculpture des Catacombes.

Dans cet homme barbu, à la tunique courte, je vois un vigneron près d'un tonneau qui indique sa profession. Cet ouvrier part pour les champs, son hoyau sur l'épaule ; il tient à la main gauche un sac où sont les provisions de la journée. Il ne serait certainement pas difficile d'interpréter allégoriquement cette figure, depuis le tonneau, le vêtement et l'attitude,

---

[1] Ce monument funéraire est gravé dans Séroux d'Agincourt (*Hist. de l'art par les monum.* section de sculpture, planche 8). On lit cette inscription au-dessous de laquelle est figuré le petit animal emblématique :

PORCELLA HIC DORMIT IN P.
Q. VIXIT ANN. III, M. X, D. XIII.

jusqu'au sac, jusqu'à l'instrument du travail; mais rien ne justifierait ce système [1]. Dans le cimetière de Sainte-Agnès, à Rome, on voyait une peinture à fresque représentant non plus un seul vigneron ou marchand de vin, comme sur la planche précédente, mais huit hommes qui portent sur leurs épaules un tonneau, sans doute rempli de vin, près de deux autres tonneaux. Cette fresque surmontait une sépulture où reposaient ces huit individus d'âge divers et composant une famille entière de marchands de vin [2].

On ne doit pas donner constamment une explication mystique des vases, canthares, fioles, écrins, tonneaux, lampes, chandeliers, balances, pesons, fléaux, marteaux, ciseaux, haches, boisseaux, tessères, ancres, vaisseaux, maisons, chaises, pains, raisins, dattes, olives, roses, cyprès, palmiers, palmes, cœurs, oiseaux, poissons, quadrupèdes. Expliquer par le symbole ou l'allégorie tous les instruments, tous les outils des métiers, tous les ustensiles de ménage, toutes les plantes, fleurs, fruits ou feuilles de la nature, tous les objets des arts, toutes les représentations humaines ou animales, tous les êtres fantastiques qui couvrent ces monuments, c'est détourner vers une acception hypothétique et souvent déraisonnable des objets

---

[1] Cette pierre tumulaire est gravée dans Bosio, *Rom. sotterr.* p. 505. L'inscription suivante accompagne ce dessin :

D M.
GAVDENTIO FECERUM
FRATRI QUI VICSIC ANNIS
XXVIIII M VIII D XVII.

On retrouve là des fautes d'orthographe qui s'expliquent très-bien par la condition du mort ; ce mort exerçait sans doute le même état que ses frères qui lui ont élevé ce monument funéraire. *Fecerum* pour *fecerunt*, *vicsic* pour *vixit* sont des exemples curieux de ces fautes qui sont si multipliées dans les inscriptions funéraires des premiers chrétiens.

[2] Bosio (*Rom. sott.* p. 557) donne un dessin de ce curieux monument.

dont le sens est prochain, réel et non pas figuré; mais appliquer tout cela à Jésus-Christ, comme on paraît disposé à le faire, c'est dépasser toute mesure et, disons-le, toute convenance.

Cependant, parmi ces signes innombrables, il en est un qui domine tous les autres, et qui, par sa présence, définit les monuments où il brille : c'est la croix. Ici, dans cette histoire de la seconde personne de la Trinité envisagée dans sa nature divine, il ne devait pas être question de la croix, gibet où expire la nature humaine; c'est à la vie terrestre de Jésus qu'elle appartient exclusivement et non pas à son existence divine. Cependant, comme l'agneau, comme le lion, la croix symbolise la seconde personne de la Trinité. Là, par exemple, où l'on figure la Trinité entière, le Père par un portrait d'homme, le Saint-Esprit par une colombe, on voit le Christ représenté quelquefois par sa croix uniquement [1], tandis que sa personne, lui-même, est absent. Il est renfermé dans sa croix, comme il l'est dans l'agneau [2], comme le Saint-Esprit l'est dans la colombe. C'est à ce titre qu'il faut en parler ici.

LA CROIX SYMBOLE DU CHRIST.

La croix est plus qu'une figure du Christ : elle est, en iconographie, le Christ lui-même ou son symbole. Aussi lui a-t-on créé une légende comme à un être vivant; aussi en a-t-on fait

---

[1] Voyez la mosaïque de Saint-Jean-de-Latran, à Rome. Le Père, en homme de trente-cinq ans à peu près, est dans le ciel, dans les nuages d'où il sort à mi-corps; de lui semble s'échapper le Saint-Esprit, qui a la forme d'une colombe et qui s'abat sur une croix richement décorée. La croix, veuve du Christ, est plantée sur le sommet d'une montagne mystique et baignée d'eau de tous côtés. Cette eau s'échappe le long de la montagne en quatre courants où viennent s'abreuver les cerfs et les brebis; puis elle tombe dans un fleuve, large comme un lac et qui figure le Jourdain.

[2] Saint Paulin, évêque de Nole, écrit à Sulpice Sévère : « Sanctam fatentur Crux et « Agnus victimam. » (*Epist. XII*, ad Severum.)

le héros d'une épopée, qui est en germe dans les apocryphes, qui se déroule dans la Légende dorée, qui se détaille et se complète dans les œuvres de la sculpture et de la peinture, depuis le xiv° jusqu'au xvi° siècle. Il ne serait pas inutile de donner ici un abrégé de cette histoire, car on en tirerait le sens qu'il faut attacher à cette image de la croix, et l'explication qu'il faut assigner à toutes ces figures et à ces nombreux tableaux peints et sculptés qui décorent nos cathédrales; mais nous serions conduit à des développements trop étendus. Nous renvoyons donc au livre de Jacques de Vorage; on y trouvera la première partie de ce petit poëme sur le gibet de Jésus-Christ à la fête de l'Invention de la croix, et la seconde à celle de son Exaltation. L'Invention se célèbre au 3 de mai, l'Exaltation au 14 de septembre. Adam mort, Seth plante sur la tombe de son père un rejeton de l'arbre de vie qui croissait dans le paradis terrestre. Il en sort trois arbrisseaux qui s'unissent en un seul tronc; Moïse y cueille la baguette avec laquelle il étonne par des miracles l'Égypte et le désert. Salomon veut faire de cet arbre, devenu gigantesque, une colonne pour son palais : trop court ou trop long, il est rejeté et sert de pont sur un torrent. La reine de Saba refuse de passer sur ce bois en annonçant qu'il causera la ruine des Juifs. Salomon fait jeter dans la piscine probatique la poutre prédestinée qui communique à l'eau sa vertu. Quand Jésus est condamné à mort, c'est avec ce bois qu'on fait son gibet. La croix est enfouie sur le Golgotha, puis découverte par sainte Hélène. Elle est emmenée en captivité par Chosroès, roi des Perses; l'empereur Héraclius la délivre et la ramène en triomphe à Jérusalem. Dispersée en une multitude de parcelles dans l'univers chrétien, elle fait une foule de miracles: elle rend des morts à la vie et des aveugles à la lumière; elle guérit des paralytiques et purifie des lépreux ; elle met les démons en fuite et chasse diverses langueurs qui pesaient sur des populations entières ; elle éteint des incendies et brise la fureur des flots emportés. Le bois de la croix naît avec le monde, dans le paradis terrestre ; il reparaîtra à la fin du monde dans le ciel, entre les bras du Christ ou de ses anges, lorsque le Seigneur viendra juger les hommes.

Après cette histoire, on peut juger de l'importance dont jouit la croix dans l'iconographie chrétienne. La croix, avons-nous dit, est non-seulement l'instrument du supplice de Jésus, mais encore sa figure et même son symbole. Jésus, pour un iconologue, est présent dans la croix comme dans l'agneau, comme dans le lion. Chosroès se flattait de posséder le Fils de Dieu en possédant la croix, et la faisait trôner à sa droite comme Dieu le père fait trôner son Fils [1] ; de même aussi les premiers artistes chrétiens, lorsqu'ils figurèrent la Trinité, placèrent une croix à côté du Père et du Saint-Esprit, une croix toute seule et sans le divin crucifié. La croix ne rappelait donc pas seulement le Christ, elle le montrait. Le Christ, en iconographie chrétienne, est donc réellement présent sous la forme et l'apparence de la croix. La croix, c'est le Crucifié en personne ; « Où est la croix là est le martyr, » dit saint Paulin [2]. Aussi fait-elle des miracles comme Jésus lui-même, et la liste des merveilles opérées par elle est vraiment immense. Le simple signe de la croix, tracé sur le front ou la poitrine, a délivré des plus grands dangers : il a constamment mis les démons en fuite [3] ; il a protégé la virginité des femmes, la croyance des fidèles ; il a rendu

---

[1] Voir la Légende dorée, *de Exaltatione sanctæ crucis.*

[2] « Ubi crux et martyr ibi. » (Opp. divi Paulini episcopi Nolani, *Epist.* XII ad Severum.)

[3] Voyez dans la Légende dorée une foule d'événements de ce genre, surtout aux fêtes de l'Invention et de l'Exaltation. A Saint-Saturnin de Toulouse, une châsse émaillée,

la vie ou la santé, l'espérance ou la résignation. La vertu de la croix est telle, qu'une simple allusion faite à ce signe, même dans l'Ancien Testament, et bien avant l'existence de la croix, a sauvé de la mort le jeune Isaac, a racheté de la ruine tout un peuple dont les maisons étaient marquées de ce signe, a guéri des morsures venimeuses ceux qui regardaient le serpent attaché à un pieu ayant la forme d'un *tau* [1]; a rappelé l'âme dans le corps mort du fils de cette pauvre veuve qui avait donné du pain au prophète. Ainsi un beau vitrail de la cathédrale de Bourges, qui est du xiiie siècle, offre Isaac portant sur ses épaules le bois qui doit servir à son sacrifice, et qui est disposé en forme de croix [2]; puis les Hébreux y marquent en forme de tau ou de croix sans sommet, et avec le sang de l'agneau pascal, le linteau de leurs maisons [3]; puis la veuve de Sarepta y ramasse et y tient croisés deux morceaux de bois qui doivent servir à cuire son pain [4]. Ces figures, jointes à d'autres

du xiie siècle, représente la translation merveilleuse d'une portion de la croix depuis l'abbaye de Josaphat, en Palestine, jusqu'à Toulouse. C'est une branche toute nationale de ce cycle épique nommé par nous *Légende de la croix*.

[1] A Saint-Denis, dans un vitrail donné par l'abbé Suger, et qui ferme aujourd'hui une fenêtre de l'abside, on voit sur une colonne (ordinairement c'est un T) le serpent d'airain, qui ressemble à un griffon; sur le monstre est plantée la croix où est attaché le Christ. On voit cette inscription qui sert de légende au sujet :

Sic ut serpentes serpens necat ereus oms :
Sic exaltatus necat hostes in cruce X$\overline{ps}$.

[2] C'est, au dire de certains commentateurs, parce qu'il porta ainsi sur ses épaules le bois du sacrifice, que Dieu envoya un ange arrêter le bras d'Abraham. Plusieurs sculptures et peintures figurent ainsi Isaac marchant à la mort, notamment une sculpture qu'on voit au portail occidental de Notre-Dame de Reims, à l'intérieur, et un vitrail de Notre-Dame de Chartres, dans le collatéral du nord.

[3] Avant leur sortie d'Égypte, les Hébreux marquèrent de la croix à trois branches ou du tau, avec du sang de l'agneau pascal, toutes leurs maisons. Dieu vit ce sang, dit l'Exode, épargna ces maisons, et la plaie de mort qui dévora les Égyptiens ne toucha point aux Israélites. (*Exod.* cap. xii, v. 7, 13 et 29.)

[4] Lorsqu'Élie rencontra la veuve de Sarepta, cette femme ramassait deux morceaux

encore, servent au triomphe de la croix et semblent découler d'un grand tableau central qui en est la source, et qui montre Jésus expirant sur son gibet. Ce gibet, cette réalité, donne aux figures de l'Ancien Testament toute leur vertu [1].

de bois qu'elle tenait croisés, et c'est pour cela que Dieu multiplia la farine et l'huile dans sa maison et fit ressusciter son fils par le grand prophète. (*Lib. III Reg.* cap. XVII, v. 10, 16 et 22.) Sur les monuments figurés, les morceaux de bois sont disposés tantôt en croix ordinaire, comme sur les vitraux de Bourges et du Mans, tantôt en forme d'X ou de croix Saint-André, comme sur un vitrail de Chartres et une sculpture de Reims.

[1] Voici, au sujet de la croix et de sa vertu anticipée, un texte tiré de Guillaume Durand. On y trouve l'explication du vitrail de Bourges et de ceux de Chartres et du Mans; comme cette explication est contemporaine de la peinture sur verre, il a paru utile de donner le texte en entier. Il faut, pour faire avancer l'archéologie, contrôler et compléter les livres par les monuments. « Numquid, ait (Stephanus papa), omnia chris-
« mata, id est sacramenta, quæ cum chrismatis unctione præstantur, sacerdotalis hic
« ministerii crucis figura, id est signo, perficiuntur? Numquid baptismatis unda sine
« cruce sanctificata, peccata relaxat? Et, ut cætera præteareamus, sine crucis signaculo,
« quis sacerdotii gradus ascendit? Baptisandus quoque signo crucis signatur in fronte
« et in pectore... Sane crux Domini multipliciter fuit in Veteri Testamento præfigu-
« rata; legitur siquidem quod Moses ad mandatum Domini æneum serpentem erexit
« in palo, in deserto, pro signo; quem aspicientes, qui percussi fuerunt a serpentibus,
« illico sanabantur. Quod ipse Christus exponens inquit, in Evangelio : « Sicut Moses
« exaltavit serpentem in deserto, ita exaltari oportet filium hominis, ut omnis qui credit
« in ipsum non pereat, sed habeat vitam æternam. » Legitur etiam quod cum Joseph
« applicuisset Manassem et Effraim ad Jacob, statuens majorem ad dexteram et minorem
« ad sinistram, ut eis secundum ordinem benediceret, Jacob manus commutans, id est
« in modum crucis cancellans, dextram posuit super caput Effraim minoris, et sinis-
« tram super caput Manassæ majoris et dixit : « Angelus, qui eruit me de cunctis malis,
« benedicat pueris istis. » Item Moses ait : « Die ac nocte erit vita nostra pendens, et vide-
« bitis et cognoscetis. » Christus enim nocte fuit in cruce pendens, quia tenebræ factæ
« sunt ab hora sexta usque ad nonam. Quod etiam fuerit pendens, certum est. Rursus
« legitur : « Ezechiel audivit Dominum dicentem ad virum vestitum lineis, habentem
« attramentarium scriptoris ad renes : Transi per mediam civitatem et signa thau in
« frontibus virorum dolentium et gementium. « Et post hæc dixit VII viris : « Transite per
« mediam civitatem, et percutite omnem super quem non vidibitis thau; nemini parcet
« oculus vester. » Item Hierem. « Congregabo omnes gentes, et erit eis in signum thau. »
« Item alibi : « Et erit principatus ejus super humerum ejus. » Christus enim portavit
« super humeros crucem in qua triumphavit. Johannes quoque vidit angelum ascenden-
« tem ab ortu solis, habentem signum Dei vivi, et clamabat voce magna quatuor an-
« gelis, quibus datum est nocere terræ et mari, dicens : « Nolite nocere terræ et mari,

Au IXᵉ siècle, on a chanté les louanges de la croix comme on chante celles d'un dieu ou d'un héros, et Rhaban Maur, archevêque de Mayence en 847, a fait un poëme en l'honneur de la croix. De même que les hommes prompts d'imagination et possédés par une passion violente s'ingénient à découvrir dans les nuages ou dans le brouillard, ou dans les formes bizarres que les ténèbres prêtent aux divers objets de la nature, la forme d'un être chéri, de même Rhaban trouve la croix dans les nombres, dans les lignes géométriques, dans les noms, dans les êtres surnaturels, dans les êtres humains. Il ne se contente pas de ce qu'il découvre, il invente des combinaisons de lettres qui lui donnent des croix; il asservit puérilement sa poésie à dessiner toutes les formes possibles de la croix dans les syllabes de ses vers. Enfin ces syllabes, changées en acrostiches, donnent un sens propre à interpréter les images qu'elles dessinent. Rhaban s'enflamme du plus ardent amour pour la croix[1]. Bien avant Rhaban, les Pères avaient fait remarquer que la forme de la croix était gravée dans les productions de la nature, dans les œuvres de l'homme, dans l'attitude des choses inanimées, dans le geste des êtres vivants. Le monde a la forme d'une croix : l'Orient brille au

« neque arboribus, quousque signemus servos Dei in frontibus eorum. » Item lignum mis-
« sum in Marath, aquas dulcoravit amaras et ad lignum missum in Jordanem, ferrum
« quod inciderat, enatavit, hoc est lignum vitæ et in medio paradisi de quo sapiens
« protestatur, benedictum lignum, per quod fit justitia, quoniam regnavit in ligno Deus.
« Hoc ergo crucis signo se armat Ecclesia, in pectore et in fronte, significans crucis
« mysterium esse corde credendum et manifeste ore confitendum. Per hoc enim signum
« confunditur civitas diaboli et triumphat Ecclesia, terribilis ut castrorum acies ordinata,
« juxta illud : « Terribilis est locus iste, etc. » Et alibi : « Vidi civitatem magnam sanctam
« Hierusalem, novam. » Et August. tamen dicit, undecima distinctione ecclesiasticarum,
« quod nulla scriptura Novi Testamenti vel Veteris docet fideles crucis signaculo insi-
« gniri. » (G. Durand, *Ration. div. off.* lib. V, cap. II.)

[1] Voir tout le poëme de Rhaban Maur, *De laudibus sanctæ Crucis,* dans ses œuvres complètes, in-folio, Coloniæ Agrippinæ, 1626, Iᵉʳ vol. p. 273-337.

sommet, le Nord est la droite, le Midi est la gauche, et l'Occident s'allonge sous la plante des pieds. Les oiseaux, pour s'élever au ciel, étendent leurs ailes en croix. L'homme, pour prier et pour fendre les eaux à la nage, est porté par la croix; c'est parce qu'il a le corps droit et qu'il peut étendre les bras que l'homme diffère de la bête. Le vaisseau, pour voler sur les mers, déploie ses antennes en forme de croix, et il ne peut couper les vagues si le mât ne se dresse en l'air comme la croix; enfin, on ne peut labourer la terre sans ce signe divin, et le tau, lettre en croix, est la lettre du salut[1].

On a donc rendu à la croix un culte semblable, sinon égal, à celui du Christ: on adore[2] ce bois sacré presque comme Dieu lui-même; on lui a consacré une foule d'églises sous le nom de Sainte-Croix[3]. Bien mieux, la plupart de nos églises, les plus grandes comme les plus petites, les cathédrales comme les

---

[1] S. Hieroni. *Comment. in Marcum* : « Ipsa species crucis quid est nisi forma quadrata mundi? Oriens de vertice, Arcton dextra tenet, Auster in læva consistit, Occidens sub plantis formatur..... Aves, quando volant, ad æthera formam crucis assumunt; homo, natans per aquas, vel orans, forma crucis vehitur. Navis per maria antenna crucis similata sufflatur. Thau littera signum salutis et crucis describitur. » — M. Cyprien Robert (*Cours d'hiéroglyphique chrétienne*) cite ce texte et ajoute : « Justin le Martyr, dans son Apologétique, fait observer que la croix est empreinte sur toute chose; qu'il n'est aucun ouvrier qui n'en ait la figure sur ses instruments, et que l'homme la dessine sur son corps lorsqu'il élève les bras. Minucius Félix, parlant aux princes, s'écrie : « Les poteaux de vos trophées imitent l'instrument de notre salut, et l'armure que vous y suspendez est l'image du Crucifié. » — Tertullien (*De oratione*) s'exprime comme saint Jérôme et comme saint Ambroise (*serm.* VI). Quant à la lettre tau, dont la valeur numérique est 300, elle fournissait un champ immense où les mystiques d'Alexandrie ont labouré sans fin.

[2] On se sert du mot adorer pour indiquer le culte qu'on rend à la croix, symbole du Christ; mais cependant ce culte n'est pas celui qui a le nom de latrie, et qu'on doit rendre à Dieu seul.

[3] Sainte-Croix, cathédrale d'Orléans; Sainte-Croix, aujourd'hui Saint-Germain-des-Prés, bâtie par Childebert; Sainte-Croix de Quimperlé (Finistère), église de forme bizarre; Sainte-Croix, charmante église de Montmajour près d'Arles; Santa-Croce de Florence et bien d'autres encore. En France, nous avions jusqu'à dix-huit abbayes qui s'appelaient Sainte-Croix.

chapelles, reproduisent dans leur plan la forme d'une croix, et ici nous sommes rappelé directement à l'iconographie et conduit à nommer les principales formes de la croix.

VARIÉTÉS DE LA CROIX.

Il y a quatre espèces de croix : la croix sans sommet, la croix avec sommet et avec une seule traverse, la croix avec sommet et deux traverses, la croix avec sommet et trois traverses.

La croix sans sommet n'a que trois branches; elle prend la forme du T ou du tau symbolique dont nous avons parlé. Beaucoup d'anciennes églises, surtout les basiliques de Constantin, Saint-Pierre et Saint-Paul de Rome, accusaient à peu près cette forme de tau; l'église de Bellaigue, en Auvergne, est ainsi configurée[1]. On a parlé plus haut des propriétés mystiques du tau, on n'y reviendra donc pas ici.

La croix avec sommet et traverse est à quatre branches; sa vertu est plus grande. En effet, la croix à trois branches est la croix anticipée, la croix figurée, la croix de l'Ancien Testament; la croix à quatre parties est la croix réelle, la croix de Jésus, la croix de l'Évangile. La croix en tau ne possédait de vertu que par la croix à quatre branches; c'était comme une planète n'ayant pas de lumière en elle et recevant tout son éclat du soleil de l'Évangile. La croix du Christ se composait d'un arbre vertical et d'une traverse en forme de potence ou de marteau[2]. « Et remarquez, dit Guillaume Durand, que la croix se divise en quatre parties, soit à cause des quatre

---

[1] Voyez M. Mallay, *Eglises romano-byzantines de l'Auvergne.*

[2] « Habuit crux Christi lignum erectum in longitudinem, alterum transversum in « latitudinem, quasi in modum potentiæ seu martelli, quæ duo significata sunt per illa « duo ligna quæ paupercula mulier in Sarepta collegit. » (Guill. Durand, *Rat. div. offic.* lib. VI, cap. LXXVII, de die Parasceves.)

DIEU LE FILS.

éléments viciés en nous et que le Christ a guéris par sa passion ; soit à cause des hommes que le Christ a attirés à lui des quatre parties du monde, suivant cette prophétie : « Quand « j'aurai été élevé au-dessus de terre j'attirerai tout à moi. » Ces quatre parties peuvent concerner encore l'âme humaine : la croix est haute, longue, large et profonde. La profondeur, c'est le pied enfoncé en terre ; la longueur va de la racine aux bras ; la largeur s'étend avec les bras ; la hauteur va des bras à la tête. La profondeur signifie la foi assise sur des fondations ; la hauteur, c'est l'espérance qui se repose dans le ciel ; la largeur, c'est la charité qui s'étend jusqu'à la gauche ou jusqu'aux ennemis ; la longueur, c'est la persévérance qui va toujours sans fin [1]. »

Les formes de la croix à quatre branches se divisent en deux types principaux, qui se partagent ensuite en plusieurs variétés : il y a ce qu'on appelle la croix grecque et la croix latine, parce que la première est affectionnée par les chrétiens grecs et orientaux, la seconde par les chrétiens latins et occidentaux.

Dans ces deux types, la croix se compose de deux parties : d'une hampe, et d'une traverse qui la coupe. Mais, dans la croix grecque, la traverse est égale au montant et les croisillons sont égaux à la hampe. Si vous partagez un cercle par deux lignes

---

[1] « Et adverte quoniam crucis figura quadripartita est, vel propter quatuor elementa « quæ in nobis vitiata Christus sua passione curavit, vel propter homines quos ex qua- « tuor partibus orbis ad se trahit juxta illud : « Si exaltatus fuero a terra omnia traham « ad me ipsum. » Vel et hæc quadratura pertinet ad mortalitatem ; habet enim longitudi- « nem, latitudinem, sublimitatem et profundum. Profundum est acumen quod terræ « infigitur, longitudo est inde ad brachia, latitudo est in expansione, latitudo seu su- « blimitas est a brachiis usque ad caput. Profundum significat fidem quæ est posita in « fundamento, altitudo spem quæ est reposita in cœlo, latitudo charitatem quæ est ad « sinistrum et ad inimicos extenditur, longitudo perseverantiam quæ sine fine conclu- « ditur. » (Guill. Durand, Rat. div. offic. lib. V, cap. II.)

droites passant par le centre et se coupant à angle droit, ces deux lignes vous donneront la croix grecque : c'est celle qui partage les nimbes que portent les personnes divines. Cette croix se compose donc de quatre parties égales entre elles : d'un pied, d'un sommet et de deux croisillons.

Dans la croix romaine, le pied est plus long que le sommet et que les croisillons. Cette croix ne pourrait plus s'inscrire dans un cercle, mais dans un rectangle. A la croix romaine, la hampe est plus longue que la traverse, et le pied de cette hampe est plus long que la partie supérieure. Cette forme est celle d'un homme étendant les bras. De l'extrémité du bras gauche à celle du bras droit il y a moins d'intervalle que de la tête aux pieds ; de la tête aux épaules il y a moins de distance que des épaules aux pieds. D'un bras à l'autre, c'est la traverse ; de la tête aux épaules, c'est la partie supérieure de la hampe ; des épaules aux pieds, c'en est la partie inférieure. La croix latine ressemble à la croix réelle de Jésus, et la croix grecque à une croix idéale. Ainsi les Latins, plus matérialistes, ont préféré la forme naturelle ; les Grecs, plus spiritualistes, ont idéalisé la réalité, ont poétisé et transfiguré la croix du Calvaire. D'un gibet les Grecs ont fait un ornement.

D'abord ces deux types n'étaient pas affectés spécialement l'un à l'Église grecque, l'autre à l'Église latine ; ils étaient, dans le principe, communs aux deux contrées, qui les admettaient indifféremment. Ainsi, dans Procope, il est dit que l'église des Saints-Apôtres, à Constantinople, fut construite sur le plan d'une croix et que l'on fit le pied de cette église, ou la nef, plus long que le sommet ou le chœur, afin de lui donner exactement la forme de la croix[1]. En outre, les plus anciennes

---

[1] Le texte de Procope (*de Ædificiis Just.* p. 13) est très-précis : « Hinc inde procur- « rentia transversi spatii latera inter se æqualia sunt ; spatii vero in directum porrecti

DIEU LE FILS. 361

sculptures de la Grèce montrent à Athènes, en Morée, en Macédoine, à Constantinople, des croix à branches inégales. Donc, le type premier était connu et pratiqué en Grèce. Quant au second, celui de la croix à branches égales, c'est le plus fréquemment employé dans l'Église orientale.

En Occident, la croix à branches égales fut connue et adoptée comme la croix à branches inégales. Ainsi les sarcophages, les colonnes et les piliers, les pierres d'autel, étaient et sont encore marqués de croix à branches égales [1]; quant à l'autre croix, elle nous appartient plus particulièrement.

Donc à l'origine les deux types furent communs aux deux Églises. Dans la suite, le premier type, la croix à branches égales, prédomina en Orient, et l'on appela cette forme de croix la croix grecque; le second type, la croix à branches inégales, prédomina chez nous, et fut appelé la croix latine.

Dans l'Église orientale, disons-nous, la croix grecque prédomine et se montre dans l'ensemble et les détails des monuments religieux, dans l'architecture comme dans la décoration. En plan, beaucoup d'églises orientales offrent la forme d'une croix grecque. Le dessin suivant donne le plan d'une église bâtie dans la terre sainte, sur l'emplacement du puits où la Samaritaine que Jésus convertit venait chercher de

« pars, illa quæ vergit ad occidentem, alteram superat quantum satis est ut figuram « crucis efficiat. (Πεποίεται μείζων ὅσον ἀπραξάσθαι τὸ τοῦ σταυροῦ χῆμα.) » — Ainsi les bras de la croix sont égaux entre eux; mais la nef occidentale est plus longue que le chœur de toute l'étendue nécessaire pour faire une croix à crucifier, une croix latine.

[1] A Saint-Maurice de Reims, dans le mur septentrional de la nef, à l'extérieur, est incrustée une pierre funéraire sculptée d'une croix grecque, comme d'une croix de Malte. On lit, gravé en creux sur les branches de cette croix : « Hic jacet Arma — mater — ma« tertera — neptis. » La première partie est au sommet, la seconde au croisillon gauche, la troisième au croisillon droit; le dernier mot, *neptis*, est au pied. (Voy. p. 384, pl. 108, n° 5, un dessin représentant approximativement cette croix de Saint-Maurice : le dessinateur n'en a reproduit que la forme générale.)

l'eau [1]. La hampe de cette croix semble cependant un peu plus longue que la nef transversale, mais il est probable que c'est par une erreur du dessinateur Arculfe. En tous cas, même avec cette forme, ce serait encore une croix grecque plutôt qu'une croix romaine.

95. — ÉGLISE EN CROIX GRECQUE.
Gravure française sur tablette de cire, viie siècle [2].

La croix grecque marque les chapiteaux de la plupart des églises byzantines. A Saint-Démétrius de Salonique, à Sainte-Sophie de Constantinople, à Saint-Marc de Venise, à Saint-Vital de Ravenne, monument purement byzantin, la croix à branches égales, libre ou inscrite dans un médaillon, brille au milieu des torsades, des entrelacs et des feuilles d'acanthe [3]. En peinture, les vêtements de saint Jean Chrysostome sont brodés de petites croix grecques qui coupent des cercles en

[1] D'autres plans analogues sont donnés par le comité historique des arts et monuments, dans les Instructions sur les monuments fixes, Ier cahier, p. 108 et 110.

[2] Ce dessin est un calque réduit du plan original relevé au viie siècle par Arculfe, évêque de France. Cet évêque traça sur des tablettes de cire les plans des principaux monuments de la Palestine, du Saint-Sépulcre, du Cénacle, de l'église de l'Ascension, etc. Ces tablettes existaient encore lorsque furent publiés les Act. SS. ord. S. Bened. Les Bénédictins firent graver les plans dans cette collection, à la 2e partie du iiie siècle bénédictin. C'est d'après ces planches qu'a été reproduite l'église du Puits de la Samaritaine; le centre, où est le puits, porte en inscription dans l'original : « Fons Jacob. »

[3] Voy. un chapiteau de Saint-Vital, Instructions du comité histor. des arts et monuments.

quatre parties égales; d'autres croix grecques, libres et multipliées à l'infini, ornent la chasuble de saint Grégoire de Nazianze. C'est une croix à branches égales qui partage le nimbe de Dieu; c'est une croix à branches égales que les chevaliers de Malte, héritiers des hospitaliers de Saint-Jean de Jérusalem, portaient pour décoration distinctive de leur ordre [1].

En Occident, nos églises s'ordonnent ordinairement sur la forme de la croix latine, à branches inégales, à sommet et croisillons plus courts que le pied. Dans le pied est la nef longitudinale, dans les croisillons sont les transsepts ou nef transversale; le chœur occupe le sommet. Plus on remonte haut dans les siècles du moyen âge, plus le chœur est court, plus la nef est longue. Dans les basiliques de Constantin la nef transversale, appelée croisée ou transsepts, coupe la nef longitudinale immédiatement après l'abside; elle ne laisse pas de place pour le chœur [2]. A partir du XIIIe siècle, le chœur s'allonge et force la croisée à descendre vers l'occident [3]. Il y a même des églises dont la nef transversale est plus rapprochée

---

[1] Plus bas, pl. 101, 104 et 108, pages 377, 379 et 384, on donnera plusieurs variétés de ces croix grecques.

[2] L'ancien Saint-Pierre bâti par Constantin, Saint-Paul-hors-les-Murs et Sainte-Marie-Majeure ont cette forme. Dans la basilique païenne de Vitruve, il y avait même une indication de nef transversale, et on en a conclu, à tort je crois, que la forme de la croix donnée aux églises n'était ni allégorique ni spéciale au christianisme. De ce qu'il existait des monuments romains plus ou moins cruciformes de plan, cela n'ôte pas aux chrétiens le mérite d'avoir attaché une idée symbolique aux églises bâties sur le modèle d'une croix. D'ailleurs la nef transversale diffère singulièrement en position et en dimension de celle de Vitruve, qui est moins une nef qu'une double poche de dégagement. Enfin des textes de Beleth, Durand, Hugues de Saint-Victor et autres liturgistes déclarent que l'on donne aux églises la forme d'une croix pour rappeler la rédemption. Le comité des arts et monuments (*Instructions sur les monuments fixes*, Ier cahier, style latin, pages 92, 93, 94) a donné divers plans de basiliques, notamment celui de Saint-Paul, qui ressemble à un T à courte traverse. Sans l'abside, qui fait une saillie en dehors, on aurait le tau complet, la croix parfaite, mais à trois branches seulement.

[3] La plupart de nos cathédrales sont dans ce cas; celles d'Amiens et de Laon particu-

du portail que de l'abside, en sorte qu'on a toujours une croix latine, puisque les branches sont inégales et que la croisée coupe la nef transversale en deux parties d'inégale longueur; mais c'est une croix latine renversée et dont le sommet est plus long que le pied. L'église de Saint-Germain-l'Auxerrois, à Paris, est dans ce cas. Du portail aux transsepts, la nef a quatre travées de longueur; des transsepts au fond de l'église, il y a neuf travées, cinq de plus. La tête est beaucoup plus longue que le pied, elle qui devrait être beaucoup plus courte. Du reste, les croisillons sont courts, comme il convient à une croix latine, et n'ont l'un et l'autre que trois travées[1].

Mais plusieurs églises cathédrales d'Angleterre ont une forme qui n'est celle ni de la croix latine, ni de la croix grecque proprement dite, ni celle de la croix en tau. Ces bizarres édifices sont partagés, non plus par une seule nef transversale, mais par deux. La première traverse coupe la nef longitudinale par la moitié; de la portion inférieure ou occidentale est formée la nef proprement dite, et de la portion supérieure, le chevet de l'église. Mais ce chevet lui-même est coupé en deux moitiés par une seconde traverse, ordinairement moins longue que la première. En deçà, c'est-à-dire de la première à la seconde traverse, est le chœur; au delà, c'est-à-dire de la seconde traverse au fond de l'église, est le sanctuaire. Les grandes églises de Lincoln, de Beverlac, de Rochester, de Worcester, sont ainsi dessinées[2]. Qu'on se figure la croix du Christ, sur laquelle

---

lièrement. (Voyez dans les Instructions, monuments fixes, IIe cahier, p. 11, le plan de Notre-Dame de Paris.)

[1] Le comité historique des arts et monuments (*Instructions, monuments fixes*, IIe cahier, p. 14 et 15) a donné quatre plans divers, dont l'un offre la croix renversée.

[2] Le comité historique des arts et monuments (*Instructions, monuments fixes*, IIe cahier, p. 14) a parlé de ces plans, et en a donné une figure. Dans le *Monasticon anglicanum*, par Roger Dodsworth et Guillaume Dugdale, on voit gravé le plan de ces curieuses

on aurait cloué un large et long écriteau portant l'inscription connue : « Jésus de Nazareth, roi des Juifs. » Cet écriteau est apparent dans les églises anglaises et forme la croisée orientale, celle qui coupe le sommet de la croix en deux parties; puis arrive la croisée ordinaire, la traverse où s'étendaient les bras du Christ[1]. Cette forme appartient à la croix de Lorraine, à la croix des hospitaliers du Saint-Esprit et à celle qui désigne aujourd'hui la dignité archiépiscopale; c'est la croix à double traverse. Il semble qu'elle provienne de la Grèce; car on la rencontre assez fréquemment dans l'Attique, en Morée et dans le mont Athos. En voici une qui décore le portail occidental d'une église d'Athènes.

églises de l'Angleterre. Cet ouvrage est en trois volumes imprimés à Londres. Le 1er vol. est de 1655, le 2e de 1671, le 3e de 1673.

[1] Cette forme est à peu près particulière à l'Angleterre; cependant la grande église de Cluny avait des transsepts doubles, et chacun des quatre croisillons était en outre recroisé. L'église de Saint-Quentin a deux nefs transversales, mais l'une est postérieure à l'autre; elle n'appartient pas au plan primitif et n'a été construite que pour agrandir le monument. L'église abbatiale de Saint-Benoît-sur-Loire affecte incomplétement la forme des églises à double traverse. Je ne connais pas en France d'autres monuments qui présentent cette disposition des églises de Cluny, Saint-Quentin et Saint-Benoît. Le célèbre vitrail de Saint-Étienne de Bourges, déjà cité plusieurs fois, et qui ouvre l'ouvrage de MM. Martin et Cahier sur les vitraux de cette cathédrale, offre, au médaillon de la résurrection, Jésus-Christ s'échappant du tombeau et tenant une petite croix d'or à la main gauche. Cette croix, par une exception qui n'est pas unique dans notre pays, est à double traverse; un grand vitrail de Notre-Dame de Chartres en offre un autre exemple. La traverse inférieure est un peu plus courte que la supérieure; elle figure certainement l'écriteau où était placée l'inscription. La traverse de dessous représente les croisillons où le Christ étendit ses bras. Mais cette croix, par ses dimensions, qui sont très-petites, par sa couleur, qui est d'un jaune d'or, présente une image réduite de la croix réelle; c'est une croix en miniature, une croix de résurrection enfin. De la grande quantité de croix à double traverse qu'on rencontre en Grèce et qui datent des plus anciennes époques, de la forme en croix à double traverse que les plans de plusieurs grandes églises d'Angleterre affectent de prendre, on pourrait tirer des conclusions intéressantes. Je ne doute pas que des recherches faites avec soin et intelligence dans ce but n'amènent des résultats qu'on peut prévoir, mais qui n'en seront pas moins très-curieux. L'Angleterre s'est-elle laissé modifier plus profondément que la France par le génie byzantin ? C'est à voir.

366 ICONOGRAPHIE CHRÉTIENNE.

96. — CROIX GRECQUE A DOUBLE TRAVERSE.
Sculpture d'Athènes, xie siècle [1].

Le plan des églises en croix était souvent révélé en vision. La nuit, un ange apparaissait à un saint endormi, à un évêque, et lui détaillait la forme du monument que Dieu voulait se faire bâtir; alors on se mettait immédiatement à l'œuvre pour

---

[1] Cette croix complète celle que nous donnerons page 374, pl. 99; elle lui sert de pendant. Sur la croix du n° 99, on lit I˜C K˜C; sur celle du 96, N˜I K˜A, qui achève la phrase : « JÉSUS-CHRIST EST VAINQUEUR ». L'aigle et le faucon qui sont au pied de cette croix doivent être allégoriques, comme on va le faire remarquer à propos de la planche 99.

élever une église d'après le modèle vu en songe ¹. Ou bien des lignes lumineuses dessinaient dans le ciel, sur des nuages, l'église dont on méditait la construction. De même que Constantin avait fait exécuter son labarum d'après la forme de celui qu'il avait vu tracé en traits de feu dans les airs, de même on bâtissait l'édifice d'après le dessin lumineux qui avait apparu. Ou bien encore, sur un terrain parfaitement sec, des lignes de rosée traçaient l'emplacement et la forme d'une basilique ² ; une autre fois c'était la neige qui s'étendait en cordon là où les murs devaient s'élever. Enfin l'abbaye et l'église du Saint-Michel français, dans le département de la Manche, et du Saint-Michel italien, au mont Gargano, furent dessinées sur la terre par les pas d'un taureau ³.

¹ Notamment Saint-Martin-des-Champs, à Paris. Il semble que le texte biblique : « Fac secundum exemplar quod tibi monstratum est in monte », ait été appliqué surtout à la construction des églises dont le plan était révélé en songe ou apparaissait dans les nuages.
² Saint Gérémar ou Germer, premier abbé de Flavigny, vers 658, demande à saint Ouen un emplacement pour bâtir un monastère. Les deux saints, après trois jours de jeûne et de prières, voient un ange qui leur annonce que Dieu les a exaucés, et que l'endroit destiné au futur monastère est Flavigny, au milieu d'une grande solitude. Ils vont dans ce lieu. « Ubi cum pervenissent et multum dubitarent quid agerent, ecce ne-
« bula descendit de cœlo et circumdedit totum locum ubi construendum erat monaste-
« rium, et cum nebula superna vox dicens : Electi Dei, ecce iste locus metuendus est.....
« cumque obtutus suos adspectum nebulæ defigerent (sancti), statim ab adspectibus
« eorum subtracta est. Ex eadem autem nebula in circuitu loci, quasi quædam virga
« geometricalis, ros totum locum circumdans remansit, ut daretur intelligi verum esse,
« quod superna vox cecinit. Tunc circumeuntes locum, repererunt signum cœlestis
« roris impressum. Beatus autem Audoenus certus de angelica visione et de superna
« voce, accipiens virgam in manu, per vestigia nebulæ mensus est plateam in circuitu,
« ubi ecclesia ædificaretur, ubi officinæ construerentur et cætera monachorum vitæ utilia. »
(*Act. SS. Ord. S. Bened.* IIᵉ vol. vie de saint Germer, écrite par un anonyme contemporain.)
³ V. la Légende dorée. *De sancto Michaele archangelo.* La Légende dit : « In loco qui
« Tumba dicitur juxta mare, qui sex miliaribus ab urbe Abricensi distat, Michael epi-
« scopo prædictæ civitatis apparuit, dicens et jubens ut in prædicto loco ecclesiam con-

Puisque l'architecture, un art aussi sévère, s'assouplit jusqu'à façonner ses plans sur les formes les plus variées de la croix, il faut s'attendre à ce que la sculpture et la peinture, arts d'ornementation et de fantaisie, dessineront la croix sur les modèles les plus nombreux, les plus différents et quelquefois les plus bizarres. Alors on donne, non-seulement une et deux traverses à la croix, mais on en élève le nombre jusqu'à trois. La croix ainsi faite a donc huit croisillons, puisque chaque traverse se partage en deux, ce qui fait six, et que la hampe en ajoute deux autres, le pied et le sommet. Ces croix, à une, deux et trois traverses, deviennent un moyen de hiérarchie comme la tiare, le chapeau et la mitre. Le pape seul eut le droit de faire porter une croix triple devant lui ; on gratifia de la croix double le cardinal et l'archevêque ; la croix simple fut abandonnée à l'évêque[1]. Les chapiteaux des colonnes, les caisses et couvercles des sarcophages, les mosaïques et les fresques, les vitraux et les boiseries, offrent des croix innombrables ; leur variété est en rapport avec leur nombre. Ces croix sont libres ou entrelacées d'autres signes.

« strueret et, sicut fit in monte Gargano, ita et ibi in memoriam sancti Michaelis archan-
« geli celebraret. Cum autem episcopus de loco, in quo ecclesiam construeret, dubitaret,
« ab ipso edocetur ut ibi construi eam faceret ubi thaurum (*sic*) a latronibus abscondi-
« tum inveniret. Iterumque de loci amplitudine dubitans, jubetur modum in amplitudine
« statuere quantum videret thaurum in circuitu pedibus intrivisse. » — Le mont Gargano, aujourd'hui Sant-Angelo, est dans le royaume de Naples, province de Capitanate, ancienne Apulie.

[1] C'est aux xvᵉ et xviᵉ siècles principalement que la croix fut appelée à ce rôle que les pièces héraldiques jouent dans le blason. Il est fâcheux que cet usage ne remonte pas plus haut, car il sert utilement à distinguer surtout un archevêque d'un évêque. Qu'un personnage entier ait disparu d'un bas-relief sculpté ou d'un tableau peint, si l'on aperçoit qu'il tenait à la main une croix simple, double ou triple, on peut affirmer que c'était un évêque, un archevêque ou cardinal, et un pape. (Voyez à Saint-Denis, sur les portes en bois qui proviennent de la chapelle de Gaillon, le pape saint Grégoire le Grand tenant en main une croix à triple traverse.)

DIEU LE FILS.

Quand la croix est libre et non chargée d'attributs ou d'ornements, il faut la distinguer en croix de passion et croix de résurrection. La croix de passion, croix réelle, gibet sur lequel Jésus est mort, est cet arbre équarri ou brut composé d'une tige et d'une traverse. C'est elle ordinairement que l'on met entre les bras du Père, lorsqu'il tient le Christ qui y est cloué[1]; c'est elle que l'on place au milieu de nos églises, dans l'ouverture du grand arc, appelé triomphal comme la croix elle-même[2]; c'est elle que l'on plante dans nos champs, au carrefour des routes[3]. La croix de résurrection est le symbole de la croix réelle; c'est avec elle que Jésus s'élance du tombeau et monte au ciel. Une bannière, une flamme, flotte ordinairement aux croisillons de la croix de résurrection, car elle n'est autre qu'un étendard dont la hampe se termine en croix au lieu de s'aiguiser en pique. Les croix que l'agneau pascal tient à l'un de ses pieds, les croix qui précèdent les processions religieuses,

---

[1] A Saint-Denis, un vitrail de l'abside, qui date de l'abbé Suger, offre un char, un quadrige sur lequel est posée une grande croix verte. Cette croix, toute relevée qu'elle soit d'ornements figurés en filigranes, est une croix réelle, une croix de passion; Jésus y est attaché. Dieu le père, qui est décoré d'un nimbe uni et non crucifère (ce nimbe a une apparence moderne), tient cette croix entre ses bras. C'est la plus ancienne représentation que je connaisse de ce sujet qu'affectionnèrent si fort le xve et le xvie siècle. Bien qu'à cinq cents ans de distance, le vitrail de Saint-Denis a beaucoup d'analogie avec celui de Troyes, dont nous avons donné le dessin page 208, pl. 63. A Saint-Denis comme à Troyes, singulier rapport, le Saint-Esprit est absent de cette représentation de la Trinité. Nous en reparlerons plus loin.

[2] « Crux triumphalis, in plerisque locis, in medio ecclesiæ ponitur, ad notandum « quod de medio corde Redemptorem nostrum diligimus, qui, juxta Salomonem, corpus « suum media charitate constravit propter filias Hierusalem, et ut omnes signum vic- « toriæ videntes, dicant : Ave salus totius sæculi, arbor salutifera. Et ne unquam a « nobis dilectio Dei oblivioni tradatur, qui, ut servum redimeret, tradidit unicum filium, « ut Crucifixum imitemur. Crux autem in altum dirigitur, per quod Christi victoria de- « signatur. » (Guill. Durand, *Rat. div. offic.* lib. I, cap. 1.)

[3] Plus haut, nous avons donné divers exemples de ces croix réelles, de ces gibets où fut attaché Jésus.

370 ICONOGRAPHIE CHRÉTIENNE.

sont des croix de résurrection et d'ascension. Ce n'est plus un arbre, comme dans la croix de la passion, mais un bâton.

97. — JÉSUS-CHRIST ARMÉ DE LA CROIX DE RÉSURRECTION ET DESCENDANT AUX LIMBES.
Miniature française, XIII° siècle.

Ici le Christ descend aux limbes et brise les portes de l'enfer avec sa croix de résurrection. Il tire de ce lieu de souffrance les premiers justes, à la tête desquels s'avancent Adam et Ève. Les démons hurlent; ils grincent des dents en voyant le Christ qui foule aux pieds un des leurs, et qui leur arrache ce qu'ils croyaient leur proie[1]. Quelquefois le Christ au ciel, assis près du Père et du Saint-Esprit, porte une croix de résurrection plutôt que de passion. La croix de passion, la vraie

[1] Remarquons, en passant, la triple forme de l'entrée de l'enfer : c'est d'abord une porte de château fort, puis la gueule d'un monstre, enfin la cheminée d'une fournaise. Ce dessin sera reproduit dans l'Histoire du diable; il a été pris sur un manuscrit à miniatures du XIII° siècle, qui est à la Bibliothèque royale.

croix, est souffrante; la croix de résurrection est triomphante. La seconde a la même forme générale que la première, mais elle est spiritualisée; c'est le gibet transfiguré.

Ces deux croix sont historiques, puisqu'elles ont figuré au crucifiement et à la résurrection de Jésus-Christ; mais il y en a d'autres qui, purement emblématiques, sont beaucoup plus nombreuses encore. Le blason en adopte plusieurs auxquelles il donne des noms qui en caractérisent la nature et la forme. La croix foudroyante, annelée, câblée, est composée de foudres, d'anneaux, de câbles; la croix vidée, anillée, cordée, est à jour entièrement, ou percée seulement au cœur, ou enroulée d'une corde; la croix coupée d'une seule traverse à chaque branche s'appelle recroisée, et recroisetée quand la traverse est double. Si les extrémités de chaque branche sont terminées par une ou deux têtes de serpent, par un croissant, une ancre, un dard, des crampons, un trèfle, une fleur de lis, une ou plusieurs boules, alors la croix se nomme gringolée, guivrée, croissantée, ancrée, barbée, cramponnée, tréflée, fleurdelisée, pommetée ou bourdonnée. Quand la pointe de chaque branche est assise dans des degrés, on dit que la croix est perronnée. Elle s'appelle aiguisée ou mousse quand la pointe est aiguë ou arrondie; potencée, quand elle est surmontée d'une traverse, et pattée, quand la pointe s'élargit. La croix de Malte est pattée, mais l'extrémité de chaque patte est entaillée d'un angle aigu. Qu'il suffise de ces indications, qui pourraient prendre de trop longs développements. Il est remarquable, d'ailleurs, que presque toutes ces croix du blason sont grecques et non romaines. Cette forme a-t-elle été prise en Orient à l'époque des croisades, ou plutôt, comme il est probable, ne serait-elle pas imposée par la forme de l'écu?

Quand la croix est entrelacée ou accompagnée d'ornements

et d'attributs, les variétés sont telles qu'il faut renoncer à les désigner toutes. En voici quelques-unes :

En Grèce, les représentations de la croix sont accompagnées ordinairement de l'inscription : I͡C X͡C NIKA (Jésus-Christ est vainqueur). L'exemple suivant donne la croix à double traverse, qui s'appelle chez nous croix de Lorraine et qui dessine le plan des églises d'Angleterre signalées plus haut avec trois églises de France.

98. — CROIX GRECQUE EN CROIX DE LORRAINE.
Sculpture du mont Athos, premiers siècles [1].

Le pied de cette croix se bifurque et se découpe en feuilles d'acanthe[2]; l'inscription entière accompagne une seule croix.

[1] Cette croix à double traverse est sculptée sur une dalle en marbre blanc servant de mur d'appui à la petite rotonde dite πηγή ou φιάλη qui précède la grande et vieille église du couvent de Sainte-Laure, au mont Athos. Ces fontaines, anciens baptistères, servent aujourd'hui à donner et à recevoir l'eau bénite.

[2] Cet ornement d'où la croix sort comme d'une racine doit être étudié avec le plus grand soin. Feuillage d'abord et à contre-courbe de chaque côté, il perd ensuite son sommet et ne garde que la courbe simple d'en bas ; c'est une espèce de croissant, mais un croissant feuillagé. Plus tard, et jusqu'à nos jours, le feuillage disparaît entièrement pour accentuer le croissant davantage encore ; car chaque courbe ou quart de cercle se

DIEU LE FILS.

Ailleurs cette inscription se coupe en deux parties : la première portion se grave au-dessus d'une croix qu'on place à gauche, et la seconde au-dessus d'une autre croix que l'on met à droite. Sous la première sont affrontés deux paons, animaux qui semblent allégoriques, puisqu'un manuscrit[1] et une pierre tumulaire du musée de Narbonne nous les offrent couronnés d'un nimbe comme en ont les saints. Sous la seconde et dans des médaillons, on voit un aigle aux ailes repliées et un faucon au vol abaissé; le faucon porte le collier, la laisse et le grelot.

rejoint et reçoit, à la jonction, le pied de la croix. Alors la croix de Jésus domine et terrasse le croissant de Mahomet, comme saint Michel domine et terrasse Satan dans nos monuments. C'est ainsi, en effet, que les partisans de l'école symbolique interprètent cette figure de la croix enracinée; mais le croissant n'est que la dégradation successive de la double feuille à contre-courbe, et ni le croissant ni Mahomet n'ont rien à voir là-dedans. On acquiert cette conviction lorsqu'on étudie l'histoire des croix byzantines au mont Athos, à Constantinople et dans toute la Grèce; car on trouve dans ces pays des croix entièrement croissantées avant la naissance de Mahomet et dès le temps de Justinien. A propos de certaines médailles de Maguelonne, où l'on voit la croix fichée dans une espèce de croissant, on a dit que l'évêque, dont c'était la monnaie, avait fait alliance avec les musulmans, et, en signe de cela, avait uni sur ses monnaies le croissant à la croix. D'abord il est invraisemblable qu'un évêque français ait fait un traité d'alliance avec des musulmans; il est plus invraisemblable encore qu'il ait accolé Jésus à Mahomet; il est impossible surtout que des populations chrétiennes aient accepté une pareille avanie. Enfin, cette croix des monnaies de Maguelonne ressemble entièrement aux croix que nous appelons enracinées, et dont celle de Sainte-Laure du mont Athos offre un exemple très-ancien. Les croix ancrées ont une grande analogie avec les vieilles croix enracinées.

[1] Il en a été question page 66, au chapitre du nimbe. En m'envoyant le dessin de la pierre de Narbonne et celui d'un sarcophage qui est à Saint-Étienne de Bologne et qui montre deux paons affrontés, regardant une croix, M. Tournal m'écrit : « Le paon a été très-souvent employé comme emblème, depuis le IV° siècle jusqu'à nos jours. On le trouve sur les mosaïques qui décorent la voûte de Sainte-Constance, à Rome; on le trouve dans le pavé de Saint-Marc de Venise, sur les sarcophages de Ravenne et du Vatican. Le sarcophage du pape Zozime (418), conservé à Saint-Laurent *extra muros*, à Rome, et celui de sainte Constance, qui est au Vatican, n'offrent que des génies qui font la vendange, des paons et des moutons. » Je ne pense pas que ces animaux et ces génies soient toujours emblématiques, et la fantaisie est pour beaucoup dans cette ornementation; mais il est bon que les antiquaires chrétiens fassent des études sur ce curieux sujet.

374   ICONOGRAPHIE CHRÉTIENNE.

Le pied de la première croix est patté, celui de la seconde est perronné ; toutes deux sont coupées par une double traverse. La croix aux paons est faite de rubans entrelacés, la croix à l'aigle et au faucon est nattée de rubans moins larges.

99. — CROIX GRECQUE À DOUBLE TRAVERSE.
Sculpture d'Athènes, xie siècle.

Ces deux croix ornent le portail occidental d'une église d'Athènes, et sont sculptées sur des plaques de marbre blanc. On avait donné la croix à l'aigle et au faucon ; il convenait donc de la compléter par la croix aux deux paons, car celle-ci est à gauche et fournit la première moitié de l'inscription.

En Grèce, au pied des croix sculptées et peintes qui ornent les églises, on voit presque toujours des animaux affrontés qui regardent avec terreur ou avec amour le signe de la rédemption sous lequel ils paraissent s'humilier. Le lion, l'aigle, le paon, le faucon, sont les animaux qui se voient le plus souvent. L'aigle et le paon, qui sont l'emblème de l'orgueil; le faucon et le lion, qui rappellent la violence cruelle et la cruauté grossière, pourraient bien signifier que ces passions mauvaises sont forcées de passer sous le joug de la croix. La colombe et la brebis, qu'on voit fréquemment sur les fresques des catacombes et les anciens sarcophages, pourraient annoncer que les vertus sortent de la croix comme les vices sont abattus par elle. Saint Paulin, évêque de Nole, envoie à son ami Sulpice Sévère les distiques suivants, qu'il avait écrits près de deux croix peintes en rouge, ceintes d'une couronne de fleurs et escortées de deux colombes :

> Ardua floriferæ crux cingitur orbe coronæ,
> Et Domini fuso tincta cruore rubet.
>
> Quæque super signum resident cœleste columbæ
> Simplicibus produnt regna patere Dei.

On dirait que ces vers ont été composés pour une croix ainsi figurée sur un sarcophage en marbre, et qui provient du cimetière du Vatican [1]. Saint Paulin dit encore :

> . . Tolle crucem qui vis auferre coronam.

Si l'intention allégorique est incertaine dans les exemples qui précèdent, elle ne saurait être douteuse dans la croix sui-

---

[1] Voyez les œuvres de saint Paulin, *Epistola XII ad Severum*, et Bosio, *Rom. sotterr.* p. 79. — En fait d'interprétations allégoriques, l'imagination a devant soi une carrière immense; nous nous arrêterons donc ici, et nous renverrons, pour plus de détails, à la quatrième partie tout entière de la *Rom. sotterr.* surtout à commencer du chapitre XLI. Nous n'adoptons pas les idées de Bosio; mais nous n'en recommandons

vante, qui est pattée, inscrite dans un cercle et cantonnée de quatre livres ouverts, dont chacun est lui-même inscrit dans une auréole circulaire. Nous avons déjà vu plusieurs dessins où Jésus-Christ, renfermé dans une auréole, soit elliptique, soit circulaire, est accompagné des attributs des quatre évangélistes ; ici le Christ est représenté par sa croix et les évangélistes par leur évangile.

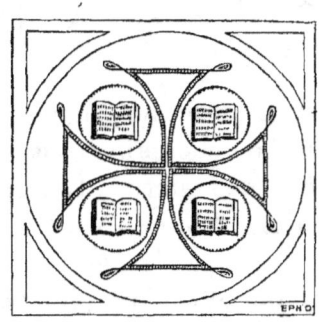

100. — CROIX CANTONNÉE DES QUATRE ÉVANGILES.
Fresque des Catacombes, premiers siècles.

Non-seulement la croix est accompagnée d'ornements et de signes, mais elle en est entrelacée pour ainsi dire. Le monogramme du Christ, le chi (X) et le rho (P) de Χριστός, le iôta (I) de Ἰησοῦς, se combinent ensemble et donnent en résultat des croix grecques, des croix romaines, des étoiles à six branches égales ou inégales. Ces croix sont libres ou inscrites dans des médaillons circulaires et quelquefois carrés. Dans la planche suivante, composée de six monogrammes cruciformes, le chi est en croix de Saint-André.

pas moins l'attention la plus minutieuse sur tout ce qui concerne le symbolisme. C'est une grave question, la plus délicate de l'archéologie nationale, que celle du symbolisme chrétien ; elle a besoin, pour être résolue, de s'appuyer uniquement sur les faits.

DIEU LE FILS.

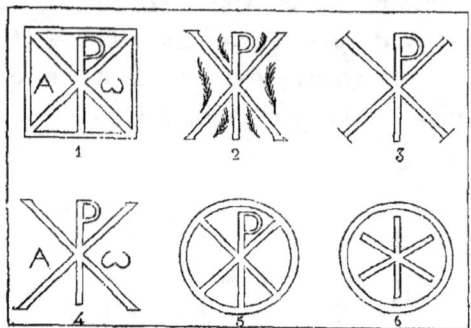

101. — CROIX DIVERSES À FORME GRECQUE.
Sculpture des anciens sarcophages, premiers siècles.

Aux cinq premiers numéros, le rho coupe verticalement le chi au point où les deux branches s'intersectent. On a ainsi les deux premières lettres de ΧΡΙΣΤΟΣ. Les monogrammes des n°ˢ 2, 3 et 4 sont libres, et le n° 3 n'est composé que du X et du P; le n° 2 est accompagné des palmes qui désignent probablement le triomphe et la gloire; le n° 4, comme le n° 1, se complète par l'A et l'Ω qui signifient que le Christ est le commencement et la fin de tout. Le n° 5 est inscrit dans un médaillon, mais les rayons de cette roue mystique touchent à la circonférence et se confondent avec elle, tandis que ceux du n° 6 n'y adhèrent pas. En outre, cette dernière figure n'offre plus un rho, mais un iôta, qui est la première lettre de Ἰησοῦς comme le chi est la première de Χριστός. Ce sixième monogramme est donc plus complet; les précédents ne disent que : Christ, et celui-là dit : Jésus-Christ.

La planche suivante a été prise sur un chapiteau de Saint-Démétrius, à Salonique; elle offre un exemple qui serait entièrement semblable à celui du n° 6, si les rayons étaient libres et n'étaient pas tangents à la circonférence.

102. — CROIX GRECQUE OU ÉTOILE, À SIX BRANCHES ÉGALES.
Sculpture de Saint-Démétrius, à Salonique, iv° siècle.

L'iôta et non le rho coupe le chi; mais les six rayons viennent aboutir à la circonférence. Ces six rayons sont circonscrits dans un cercle; plus bas, on les a dans un carré, et avec cette variété que le chi ne coupe pas l'iôta en deux parties égales; le pied de cet iôta est plus long que le sommet.

103. — CROIX GRECQUE À SIX BRANCHES INÉGALES.
Sculpture de Salonique, iv° siècle.

Dans les exemples précédents, le chi conserve sa disposition naturelle de croix de Saint-André, de croix en sautoir; dans les exemples qui suivent, au contraire, le chi devient une croix véritable à fût vertical et à traverse horizontale. D'ailleurs, au lieu de six branches pour le X et le P, il n'y en a plus que quatre; le montant vertical du X se recourbe et devient un rho. Le monogramme se resserre davantage; on économise les lignes.

104. — DIVERSES CROIX DE FORME LATINE ET GRECQUE
Monuments des Catacombes, premiers siècles.

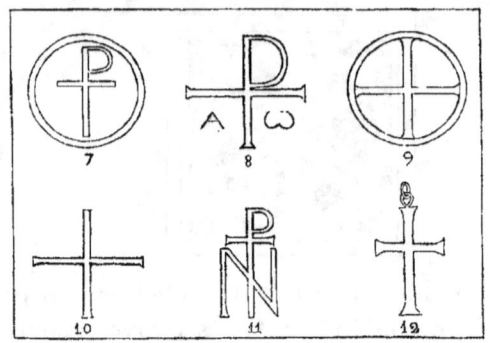

Le n° 12 a la forme de la croix pectorale des évêques. Les n°s 9 et 10 donnent la croix grecque, dont l'une est libre et l'autre inscrite dans un cercle; le disque du n° 9, ainsi timbré, rappelle entièrement le nimbe crucifère. Le n° 7 donne également le disque partagé par une croix; mais les branches de cette croix n'atteignent pas la circonférence, et le montant vertical s'arrondit en rho (P). Comme aux n°s 1 et 4, l'A et l'Ω accompagnent le n° 8. Le 11 offre, en outre, un N que traverse le pied de la croix, qui doit être l'initiale de Noster, et qui donne à ce monogramme le sens de xristos noster [1]. Nous avons complété cette qualification par celle de : Notre-Seigneur Jésus-Christ. L'exemple suivant nous donne le monogramme combiné avec la croix, mais cette croix est tenue par un jeune néophyte, comme une espèce d'étendard; c'est un labarum, en quelque sorte.

[1] Ces monogrammes étant d'origine grecque, les Latins ne les ont abandonnés ou modifiés par la forme des lettres de leur alphabet que très-tard. Dans les Catacombes et les mosaïques, les monogrammes du Christ et de la Vierge sont en lettres grecques : Ι͂C X͂C et M͂P Θ͂Υ. L'alpha et l'oméga ont persisté jusqu'à nos jours dans nos contrées. Au xiiie siècle, à Chartres, on a écrit en latin le nom du Christ; mais les deux premières

105. — MONOGRAMME UNI À LA CROIX.
Sculpture des Catacombes, premiers siècles.

Enfin des inscriptions, des ornements allégoriques, plus nombreux encore que ceux qu'on vient de voir, accompagnent la croix et développent les faits et les idées que ce symbole rappelle. Un cachet chrétien, dont on donne ci-dessous le dessin grossi à la chambre claire, est gravé d'une croix en tau (T); le chi (X) traverse la hampe du tau qui s'arrondit en rho (P) par le haut. Le nom du Christ et la forme de sa croix sont résumés dans ces lignes. Le Christ, fils de Dieu, est le commencement et la fin de tout; l'A et l'Ω, commencement et fin des signes intellectuels et, par extension, de l'intelligence même et de l'âme humaine, escortent la croix, à droite et à gauche. La croix a écrasé et dompté Satan, le serpent antique; le serpent s'enroule donc et s'enchaîne au pied de la croix. Cet ennemi du genre humain cherche à faire périr l'âme, qui est représentée sous la forme d'une colombe; mais

lettres sont grecques, la troisième et la quatrième peuvent être grecques ou latines indifféremment, et les deux dernières sont exclusivement latines : XPITVS. On a omis le premier sigma. Ici le monogramme de Christ est grec de même, tandis que celui de l'adjectif *noster* est latin. Dans l'évangéliaire de la Sainte-Chapelle de Paris, cité plus haut, page 254, le premier des quatre vers que nous avons transcrits offre *Dominum* en latin et *Christum* en grec :

...Quatuor DUM signant animalia XPM.

la colombe, toute menacée qu'elle est, regarde la croix d'où lui vient sa force, et qui la sauve du venin de Satan. Le mot SALUS, écrit sous le sol qui porte la croix et les colombes, est le chant de triomphe qu'entonne le chrétien fidèle en l'honneur de Jésus et de la croix.

106. — CROIX MYSTIQUE.
Pierre gravée, premiers siècles

La croix qui suit est une autre croix triomphante. Placée au milieu des étoiles du ciel, cette croix s'appuie sur la même inscription SALUS, que complète le mot MUNDI et qu'entoure un cercle resplendissant de pierreries; elle est toute constellée elle-même de pierres précieuses [1]. Trois autres inscriptions aboutissent à chaque extrémité des branches comme SALUS MUNDI à l'extrémité du pied; en voici la disposition. Au-dessus

---

[1] C'est bien la croix gemmée, la croix constellée, la croix fleurie, *crux gemmata, crux stellata, crux florida*, comme on la désigne lorsqu'elle est richement décorée. (Voyez dans la *Rom. sott.* p. 131, un bel exemple de croix gemmée et fleurie, avec l'A et l'Ω pendus par des chaînettes aux croisillons.) Rhaban Maur dit, comme interprétation de sa seizième figure relative à la croix : « Descripsi ergo hic FLORIGERAM crucem quatuor « coloribus præcipuis, id est hyacinthino, purpureo, byssino et coccineo, ut floris illius « jucundissimi decorem demonstrarem, quem prophetica locutio narrat de stirpe regia « exortum, qui speciosus præ filiis hominum existens, omnium virtutum decorem in « semetipso ultra omnes mirabiliter ostendit. » — Rhaban, on le voit, se prononce formellement pour la beauté du Christ. Il termine par les mots suivants ce même passage : « Homo Christus Hiesus inter homines natus serenus resplendebat, quia totius de-« coris pulchritudine INTUS FORISQUE plenus erat. » (Voyez les œuvres de Rhab. Maur, vol. I, p. 313, de *Laud. Sanctæ Crucis.*)

du sommet, dans le ciel, on lit I. M. D. V. C. On interprète ces sigles d'une façon plus ou moins plausible par : « Immolatio « Domini Jesu Christi. » Mais de cette façon on ne rend pas compte du V ou de l'Y, si réellement c'est un V ou un Y et non pas un I [1]; d'ailleurs on donne deux lettres pour le premier mot et une seulement pour les trois autres. Cette inscription relative au dévouement d'un Dieu devait être placée dans le ciel plutôt que sur la terre. Sur terre, c'est-à-dire au pied de la croix, qui plonge vers notre globe, on lit : « Salus « mundi, » parce que la croix a sauvé le monde. Enfin le Christ, qui dans son immense charité a embrassé l'univers, le monde ancien et le monde futur, depuis la création jusqu'à la fin des siècles, le Christ, qui a racheté les patriarches et les apôtres, les prophètes et les saints, le premier homme comme le dernier, méritait bien que la croix, où se sont étendus ses bras, fût marquée de l'A et de l'Ω, qui représentent le commencement et la fin de tout.

[1] C'est d'après une gravure, infidèle peut-être, comme il est fort à craindre, et non d'après le monument lui-même, que cette croix a été dessinée. Ciampini (*Vet. mon.* pars. 1ª. tab. 24), qui la donne, explique les cinq lettres comme on vient de le dire et ne remarque pas que le V ou l'Y contrarie son explication. Gori (*Thes. vet. dipty.* t. III, p. 22) a fait graver cette croix de Ravenne ; il remplace les cinq lettres latines de Ciampini par les cinq lettres grecques ΙΧΘΥC, qui forment le mot célèbre sur lequel nous nous sommes longuement appesanti. Si Gori a bien lu, ce fait est de la plus haute importance. Je regrette vivement de n'avoir pas vu de mes yeux ce curieux monument. J'ai demandé des renseignements sur cette mosaïque à M. l'abbé Lacroix, clerc national à Rome, et correspondant historique. M. Lacroix, qui a fait une étude particulière de Saint-Apollinaire *in classe*, où est la mosaïque, a dessiné cette croix avec le plus grand soin ; il m'a répondu qu'il y avait réellement ΙΧΘΥC, ainsi que Gori le déclare. Ce fait avance beaucoup la question de savoir si le Christ a été figuré par le poisson. M. Lacroix vient encore de m'envoyer le dessin d'un monument découvert récemment par lui sur la colline du Vatican, derrière Saint-Pierre ; c'est un marbre funéraire des premiers siècles de notre ère. Au-dessus de deux poissons qui se regardent, on lit : ΙΧΘΥC·ΖѠΝΤѠΝ, c'est-à-dire Ἰησοῦς Χριστὸς Θεοῦ Υἱὸς Σωτήρ Ζώντων, Jésus-Christ, fils de Dieu, sauveur des vivants. Il faut se rendre, après de pareils faits qui tranchent la question, et croire

DIEU LE FILS. 383

107. — CROIX CONSTELLÉE.
Mosaïque de Ravenne, à Saint-Apollinaire *in classe*, vɪᵉ siècle [1].

La croix est donc bien le symbole de Jésus; c'est le Christ sous les apparences du gibet où il est mort. Aussi nous la voyons qualifiée comme le Christ lui-même. Jésus, dans l'Évangile, a dit : « Je suis la lumière du monde ; je suis la voix, la vérité et la vie. Celui qui croit en moi ne mourra point. » De même, à Saint-Pierre du Dorat, on lit au-dessus d'une croix escortée de l'A et de l'Ω, ces quatre mots : Lvx. Pax. Lex. Rex [2]. La croix éclaire, comme Jésus-Christ qui a lui dans les ténèbres; la croix apaise et règle les passions, elle gouverne et dirige dans la route du devoir ; elle est le flambeau, la paix, la loi et le guide.

Ces quatre mots Lvx, Pax, Lex, Rex, sont écrits en croix comme dans le n° 1 du dessin suivant, mais avec une variante.

que décidément le Christ a été figuré, sinon symbolisé par le poisson. M. Lacroix a compté quatre-vingt-dix-neuf étoiles dans le champ où brille la croix de Ravenne ; il pense que ce nombre pourrait désigner les quatre-vingt-dix-neuf justes au sujet desquels il y a moins de joie dans le paradis que pour la conversion d'un seul pécheur. Nous adopterions difficilement cette interprétation. Au reste notre dessin ne donne que quarante et une étoiles ; mais rien n'est plus inexact qu'un dessinateur.

[1] C'est à cette croix entourée d'étoiles qu'on peut appliquer cette exclamation de l'empereur Héraclius : « O crux splendidior cunctis astris ! » qu'on chante encore dans les offices de l'Église (Voyez la Légende dorée, *de Exalt. S. Crucis*).

[2] Cette inscription, que me communique M. de Guilhermy, est du xɪɪᵉ siècle. Elle est gravée sur le mur septentrional de l'église du Dorat. Elle surmonte, comme on a dit, une croix grecque accompagnée de l'A et de l'Ω; mais, sous cette croix, on lit une autre inscription où les fidèles se recommandent à la protection de Dieu et à la garde des anges.

Dans le champ de cette croix grecque on lit, disposés également en croix : Lvx. Dvx. Lex. Rex. Ainsi *Dux* est substitué à *Pax*. Enfin le tombeau de S. Angilbert, gendre et pair de Charlemagne, septième abbé de Saint-Riquier, portait gravés sur les quatre côtés de la dalle ces quatre vers, qui commencent et finissent par les quatre mots du Dorat, et qui en donnent l'explication.

Rex, requiem Angilberto da, Pater atque pius Rex;
Lex legum, vitam æternam illi da, quia tu Lex.
Lux, lucem semper concede illi, bona qui es Lux;
Pax, pacem illi perpetuam dona, es quoniam Pax [1].

108. — DIVERSES CROIX À FORME GRECQUE ET LATINE.
Monuments français, différents siècles [2].

Ainsi la croix, comme le Christ, comme Dieu lui-même, nous éclaire et nous guide, et nous pouvons en dire ce que saint

[1] *Act. SS. ord. S. Bened.* ive siècle bénédictin, 1re partie. Vie de saint Angilbert.
[2] On a réuni dans cette planche quelques variétés de croix ; mais il y en a une foule d'autres qu'il était impossible de donner. On doit faire attention, dans un pareil sujet, aux plus petites différences dans la forme, parce que ces différences sont caractéristiques d'une époque, d'un pays, d'une idée. Le n° 1 donne la croix du Dorat. Le 2 sert

Paul a dit de Dieu: « Nous sommes, nous vivons et nous agissons en elle ». C'est ainsi que Dante l'a compris; il nous a montré dans son Paradis les âmes des justes agenouillées et priant dans une croix de feu où elles respirent, où elles demeurent et qui fait leur monde. Voici le dessin de cette croix

d'antéfixe ou de couronnement de pignon au chevet de l'église romane d'Olizy, près de Reims. Le n° 3 est une croix pattée, à croisillons recroisés et à sommet en tau. Le n° 4 est une baie ouverte dans le mur oriental de l'abside, à l'église de Beine, arrondissement de Reims. Le chevet de cette église de Beine est carré, comme celui de la cathédrale de Laon; mais la rose, ouverte en plein cercle dans la cathédrale de Laon, prend à Beine la forme d'une croix. Le n° 5 reproduit à peu près le dessin d'une pierre sépulcrale incrustée dans le mur méridional de Saint-Maurice de Reims. Une inscription funéraire, d'une certaine valeur archéologique, est gravée sur les quatre branches de cette croix; on lit en haut: HIC JACET ARMA; à gauche: MATER; à droite: MATERTERA; en bas: NEPTIS. Le n° 6 donne la croix de Malte. La croix du n° 7 est gravée sur le linteau d'une chapelle de Pontfaverger, près de Reims. Le n° 8 reproduit la forme d'une croix pectorale sculptée sur la poitrine d'une statue de femme, en bois, de l'époque romane, peut-être du x° siècle, qui existait dans le clocher de l'église rurale de Binson, où M. Hippolyte Durand et moi l'avons trouvée en 1837. Cette statue de bois, haute de deux mètres, est la plus ancienne qui existe en France. Le propriétaire de l'église pourrait conserver avec plus de soin cette curieuse figure. Le n° 9, qui n'est pas ici à sa place, donne un exemple de ces feuilles en cœur si fréquentes sur les sarcophages et qui accompagnent les inscriptions funéraires; il appartient au paragraphe où nous avons parlé des diverses représentations figurées sur les tombeaux, et auxquelles il faut attribuer avec sobriété une intention allégorique. Les huit variétés de croix données par notre planche sont, bien qu'exceptionnelles, assez fréquentes en France. Les n°ˢ 2, 3, 4, 5 et 7 appartiennent tous à l'arrondissement de Reims. Il y aurait un certain intérêt à recueillir ainsi dans tous les départements et arrondissements de la France les variétés de croix qu'on pourrait trouver. Rien n'est à omettre ni mépriser, surtout à l'égard d'une figure aussi importante en iconographie que la croix de Jésus-Christ. La forme, la couleur, les ornements qui décorent ou accompagnent le gibet divin doivent être étudiés avec un soin minutieux. M. Tournal vient de m'envoyer le dessin d'un très-ancien bas-relief trouvé récemment à Narbonne et où sont figurés deux personnages, l'un assis et l'autre debout, tenant une croix pattée et gemmée. A la cime, deux colombes se désaltèrent dans un vase; aux croisillons, pendent l'A et l'Ω; deux rosaces épanouies ou deux étoiles rayonnent entre le sommet et la traverse; un dragon semble expirer aux pieds du personnage assis; une rosace à huit pétales, deux cercles et un carré sont semés à la gauche de la croix. On peut donner pour tout cela des explications symboliques fort probables, même pour ceux qui, comme nous, restreignent beaucoup le symbolisme.

habitée, tel qu'il se trouve dans la Divine comédie imprimée à Florence[1] en 1491.

109. — CROIX HABITÉE.
Gravure florentine de 1491.

Cette croix brille d'un éclat bien plus vif que les soleils et les constellations de toute espèce au milieu desquels on la voit. Dante explique ainsi le sujet. Arrivé avec Béatrice dans la planète de Mars[2], le poëte s'écrie : « Des splendeurs m'apparurent si éblouissantes et si rouges entre deux rayons, que je dis : O Hélios, combien tu les ornes ! Comme, toute semée de grandes et de petites lumières, Galaxie[3] étend, entre les deux pôles du monde, une ligne si blanche qu'elle remplit de doutes les plus savants; ainsi ces rayons constellés composaient, dans la profondeur de Mars, le signe vénérable[4] que forme dans le

---

[1] Ce Dante est tout rempli de curieuses gravures; c'est au Paradis, fol. 271, qu'on trouve la croix habitée.
[2] Paradis, chant XIV.
[3] La voie lactée.
[4] La croix.

cercle la jonction des cadrans... Sur cette croix resplendissait le Christ.... D'un côté à l'autre de la croix, et entre la cime et la base, se mouvaient des lumières, scintillant avec force lorsqu'elles se rejoignaient et lorsqu'elles passaient outre. Ainsi l'on voit sur terre des atomes volant en ligne droite ou courbe, agiles ou lents, changeant sans cesse d'aspect, se mouvoir dans le rayon qui souvent traverse l'ombre que, par son intelligence et son art, l'homme s'est ménagée contre la chaleur. Tel, par un ciel tranquille et pur, court deçà et delà un feu subit qui attire nos yeux jusqu'alors indifférents, et semble une étoile qui change de place, sinon que, du côté où elle s'allume et dure peu, nulle clarté ne s'éteint; tel, de l'extrémité droite jusqu'au pied de la croix, courut un astre [1] de la constellation qui resplendit dans ce ciel. Et le diamant ne se détacha point de son fil, mais il parcourut la ligne radieuse, et sembla un feu derrière de l'albâtre... Je te supplie, vivante topaze qui enrichis ce précieux joyau [2], de m'instruire de ton nom [3]. »

Cette sainte lueur était l'âme de Cacciaguida. Elle parle longuement à Dante de ses ancêtres et de la destinée qui attend le poëte. Puis, au chant XVIII, elle ajoute : « Sur cette cinquième branche de l'arbre qui se vivifie par la cime, donne toujours des fruits et ne perd jamais ses feuilles [4], sont des esprits heureux qui là-bas, avant de venir au ciel, furent

---

[1] C'est, comme s'exprime le traducteur, l'ombre de Cacciaguida, le trisaïeul du poëte. Il fallait dire plutôt l'âme ou la lueur de Cacciaguida ; car il n'y a pas d'*ombres* dans le Paradis de Dante, où tout est feu et flamme. En enfer, les damnés sont des ténèbres; les patients sont des ombres en purgatoire, et les glorieux sont des lumières en paradis. Telle est la progression que Dante suit avec une intention marquée.

[2] Cette croix de feu.

[3] Paradis, chant XV.

[4] C'est-à-dire la planète de Mars, cinquième division du Paradis.

d'un si grand renom, que toute muse s'enrichirait de leurs actions. Donc, regarde aux bras de la croix ; ceux que je te nommerai à cette heure feront ce que dans la nue fait son feu rapide. Je vis sur la croix passer une lumière du nom de Josué, dès qu'il l'eut nommé ; et le nom ne me fut pas connu plus promptement que son passage. Et au nom du grand Machabée, je vis se mouvoir une autre lumière tournoyante, et la joie était le fouet de cette toupie céleste. Ainsi, pour Charlemagne et pour Roland, mon regard attentif suivit deux lueurs, comme l'œil du chasseur suit le faucon dans son vol. Puis devant mes yeux passèrent sur cette croix Guillaume et Richard, et le duc Godefroi, et Robert Guiscard. Alors, se mouvant aussi et s'étant mêlée aux autres lumières, celle qui m'avait parlé me montra quel artiste elle était parmi les chanteurs du ciel [1]. »

Ainsi, parmi les douze petits êtres nus qui habitent la croix de notre dessin, et qui représentent les âmes des vaillants guerriers, Dante nomme les huit qui occupent les branches de la croix, et qui, en allant de gauche à droite, sont : Josué, Judas Machabée, Charlemagne, Roland, pour le croisillon gauche ; Guillaume le Conquérant, Richard Cœur-de-Lion, Godefroi de Bouillon et Robert Guiscard, pour le croisillon droit. Cacciaguida est l'une des quatre âmes innommées qui s'agenouillent dans la base et le sommet de la croix. Cette croix ne contient pas matériellement le crucifié, et cependant, au chant XIV, Dante déclare que le Christ y resplendit ; c'est qu'en effet, ainsi que nous l'avons dit, la croix est le symbole de Jésus. En iconographie, le fils de Dieu est dans la croix comme dans l'agneau, comme dans le lion ; il y est caché sous les apparences du gibet divin. En résumé, une

---

[1] Ces extraits sont tirés de la Divine comédie, traduite par M. Brizeux.

multitude infinie d'objets figurent la seconde personne de la Trinité; trois seulement, l'agneau, le lion et la croix le symbolisent. Le poisson lui-même ne s'élève pas à la dignité de symbole divin.

Pour faire ici l'histoire complète de la croix, il aurait fallu une monographie spéciale; nous avons dû, en conséquence, nous limiter aux points essentiels de cet important sujet. Nous terminerons par quelques mots seulement sur le signe de la croix, sur sa couleur et sur son triomphe.

SIGNE DE LA CROIX.

Ce signe, comme représentation de la croix, est de toute antiquité chrétienne; de tout temps ce geste symbolique a dû précéder, accompagner et clore tous les actes et toutes les pensées des chrétiens. La croix, dans laquelle « se glorifiait le philosophe saint Paul, » dit saint Jean-Chrysostome, « chaque fidèle la portait suspendue à son cou; on la voyait sur tous les habits, dans les chambres, sur les lits, les instruments, vases, livres, coupes et jusque sur les animaux mêmes. » Saint Cyrille de Jérusalem, instruisant des catéchumènes, leur apprend à tracer la croix sur le front, pour faire fuir et trembler Satan, et il ajoute : « Faites ce signe quand vous mangez et buvez, quand vous vous asseyez, vous levez et vous couchez; en un mot, à chacune de vos actions. » On lit également dans saint Augustin : « Si dixerimus catechumeno : Credis in Christum ? « Respondit : Credo, et signat se cruce. » Le même Père ajoute ailleurs : « Comme la circoncision dans la partie secrète du corps humain était la preuve de l'ancienne alliance, dans la nouvelle, c'est la croix sur le front découvert.[1] »

[1] M. Cyprien Robert (*Cours d'hiérogl. chrét.*) a cité ces textes divers; nous y ajouterons celui-ci de Tertullien (*De corona militis*, cap. III) : « Ad omnem progressum atque pro-

On fait le signe de la croix sur les autres ou sur soi-même; on bénit ou bien on se signe.

Dieu est la source unique de toute bénédiction; aussi l'avons-nous vu, dans plusieurs de nos dessins [1], occupé surtout à bénir. Par délégation, les représentants de Dieu sur la terre, le pape et les évêques principalement, bénissent les hommes. Les anges, quoique ministres de la divinité, ne la représentent pas cependant au même titre que le pape et les évêques, qui en sont les vicaires en leur qualité de successeurs des apôtres. Le sacerdoce ne pouvant être exercé que par des hommes, les anges ne sont pas et ne peuvent pas être représentés bénissant. En ces derniers temps, on a placé au chevet de la cathédrale de Chartres, sur la toiture, à la place d'un ange ancien détruit par l'incendie, un ange qui bénit la ville assise à ses pieds; c'est une faute contre la liturgie et contre l'iconographie : Dieu et les hommes seuls peuvent bénir [2].

Les Grecs représentent ordinairement saint Jean-Baptiste bénissant avec la main droite, tandis qu'il tient de la gauche

« motum, ad omnem aditum et exitum, ad vestitum, ad calciatum, ad lavacrum, ad
« mensas, ad lumina, ad cubilia, ad sedilia, quacumque nos conversatio exercet, fron-
« tem crucis signaculo terimus. » — Tertullien dit encore (*De oratione,* cap. XII) : « Nos
« vero non attollimus tantum manus, sed etiam expandimus e dominica passione mo-
« dulatum, et orantes confitemur Christo. »

[1] Notamment, pour ne rappeler que les premières gravures, p. 3, 11, 29, 37, pl. 2, 6, 17, 21.

[2] Cette erreur du sculpteur qui a fait l'ange de Chartres, jointe à toutes celles qui se sont commises dans les restaurations de Saint-Denis, de Saint-Germain-l'Auxerrois, des cathédrales de Reims et d'Avignon, doit faire sentir à l'administration civile et à l'administration ecclésiastique la nécessité d'un conseil d'antiquaires et de liturgistes qui aient étudié l'archéologie chrétienne sous toutes ses faces, et qui soient appelés à donner des avis sur beaucoup de faits délicats. Sur les vitraux de Notre-Dame de Reims, à l'ange qui symbolise l'église de Soissons, l'index seulement est ouvert, et l'ange de l'église métropolitaine de Reims ouvre sa main tout entière; mais ni l'un ni l'autre de ces deux anges ne bénit.

DIEU LE FILS. 391

sa tête, sa croix de roseau ou sa banderole, et qu'il invite à la pénitence. Saint Jean est un homme, un ministre de Dieu, le précurseur du Christ; Dieu lui a délégué tous les pouvoirs et toutes les prérogatives du sacerdoce. Il bénit donc à bon droit[1]. Cependant, chez nous, saint Jean-Baptiste est représenté presque toujours tenant l'agneau de Dieu à la main gauche et le montrant avec l'index de la droite : cette main indique, mais ne bénit pas[2].

La bénédiction, nous l'avons déjà dit, est grecque ou latine; elle se fait toujours avec la main droite, la main puissante. Dans l'église grecque, on l'exécute avec l'index entièrement ouvert, le grand doigt légèrement courbé, le pouce croisé sur l'annulaire, et le petit doigt courbé. Ce mouvement et cette direction des cinq doigts forment plus ou moins bien le monogramme du fils de Dieu. Les Grecs, très-raffinés dans le mysticisme, devaient adopter cette forme de bénédiction[3]. Voici ce que le Guide de la Peinture, manuscrit byzantin, prescrit au sujet de la main divine figurée lorsqu'elle bénit : « Quand vous représentez la main qui bénit, ne joignez pas trois doigts ensemble; mais croisez le pouce avec le quatrième doigt, de manière que le second doigt, nommé index, reste ouvert, et que le troisième doigt soit un peu fléchi. A eux deux, ces doigts forment le nom de Jésus, ΙησουC, I C. En effet, le second doigt demeurant ouvert indique un I (iôta), et le troisième dessine par sa courbure un C (sigma). Le pouce se place en travers sur le quatrième

[1] Voyez, p. 48, pl. 24, un saint Jean byzantin et venant du mont Hymette; le précurseur bénit à la manière grecque.

[2] Voyez, p. 304 et 305, pl. 83 et 84, deux gravures du précurseur latin, qui indique l'agneau divin et ne bénit pas.

[3] Voyez plus haut, p. 37, 157, 184, pl. 21, 49, 52, Dieu, père et fils, donnant la bénédiction grecque.

doigt, et le cinquième doigt se courbe aussi légèrement; cela forme l'indication du mot ΧριστοC, XC. La réunion du pouce et du quatrième doigt figure un X (chi), et le petit doigt forme par sa courbure un C (sigma); ces deux lettres sont l'abrégé de Christos. Ainsi, par la divine providence du Créateur, les doigts de la main de l'homme, qu'ils soient plus ou moins longs, sont disposés de manière à pouvoir figurer le nom du Christ. »

Quant à la bénédiction latine, elle se fait avec les trois premiers doigts ouverts; l'annulaire et le petit doigt restent fermés [1]. Il paraît que cette disposition des doigts est symbolique. Guillaume Durand et Jean Beleth disent que cette façon de bénir rappelle la Trinité, et que les trois doigts ouverts désignent les trois personnes divines [2]. Les deux doigts fermés figureraient les deux natures du Christ, divine et humaine. Les Grecs, nous allons le voir, ont développé ce germe de symbolisme et ont assigné chaque doigt, en le nommant, à chacune des trois personnes. Il ne serait pas impossible de rencontrer chez nous, dans nos monuments d'iconographie occidentale, une bénédiction grecque. Il faudrait constater avec le plus grand soin un pareil fait; car il démontrerait invinciblement une influence byzantine, indirecte ou directe. Un fait de ce genre, si l'on parvenait à le signaler dans les monuments de notre pays que nous appelons byzantins fort gratuitement, trancherait la discussion et vaudrait mieux que toutes les dissertations qu'on a déjà écrites là-dessus. On recommande donc une attention spéciale sur ce point.

---

[1] Voyez plus haut, p. 188, pl. 54, un exemple des plus frappants de la bénédiction latine par une main divine.

[2] Guillaume Durand, *Rat. div. off.* lib. V, cap. II; Jean Beleth, *Explicatio divin. offic.* cap. XXXIX, *De Evangelio*.

DIEU LE FILS.

Il paraît qu'autrefois les prêtres bénissaient les hommes et les choses avec trois doigts ouverts, aussi bien que les évêques ; mais, à une époque qui est assez récente, on voulut établir une différence entre la bénédiction épiscopale et la bénédiction du simple prêtre. Les évêques se réservèrent le droit de bénir avec trois doigts ; les prêtres ne le firent plus qu'avec la main ouverte tout entière. De plus, les évêques bénissent de face, pour ainsi dire, et les prêtres seulement de profil, avec le coupant de la main. Enfin, pendant les cérémonies, dans les prières où les évêques font trois bénédictions successives, trois signes de croix, les prêtres n'en font qu'une seule, un signe unique. La bénédiction épiscopale est donc la même que celle du prêtre, mais dans toute sa plénitude. Il faut en conséquence observer avec soin, en étudiant les monuments iconographiques, non-seulement la disposition de chacun des doigts, mais encore la direction de la main. L'archéologie chrétienne, pour devenir une science, doit être scrutée, comme la botanique et toutes les sciences naturelles, jusque dans ses détails les plus microscopiques ; c'est même seulement dans ces détails que la science réside en réalité.

Le signe de la croix qu'on fait sur soi s'exécute avec la main droite, les trois premiers doigts ouverts, l'annulaire et le petit doigt fermés. A cet égard, il n'y a aucune différence entre les Grecs et les Latins. Guillaume Durand dit qu'on fait le signe de la croix avec trois doigts pour invoquer la Trinité. Les Grecs pensent de même, mais ajoutent que chaque doigt symbolise une des personnes divines. L'archevêque de Mistra, que j'interrogeai à ce sujet[1], me dit que le pouce, par sa force, désignait le Père éternel, le Créateur, le Tout-Puissant ; que le grand doigt était consacré à Jésus-Christ, qui nous a

[1] Lors d'un voyage fait en Grèce, au mois de septembre 1839.

rachetés et qui est, relativement à l'homme, la personne majeure de la Trinité; que l'index, intermédiaire entre le grand doigt et le pouce, figurait le Saint-Esprit, qui unit le Fils au Père, et qui, dans les représentations de la Trinité, se place au milieu des deux autres personnes.

Avec ces trois doigts ouverts, on marque sur son corps la forme d'une croix, en partant du front pour descendre à la poitrine et en traversant cette ligne verticale par une ligne horizontale qu'on mène de l'épaule gauche à l'épaule droite. Les Grecs vont de l'épaule droite à l'épaule gauche, et il paraît que chez nous, au XIIIe siècle, du temps de Guillaume Durand, on allait indifféremment d'une épaule à l'autre. Nous ne pouvons mieux faire, pour terminer cet article, que de traduire le texte de Durand; il résume tout ce qu'on peut dire sur le signe de la croix.

« Le signe de la croix doit se faire avec trois doigts, parce qu'on le dessine en invoquant la Trinité. De là le prophète dit : « Il suspend avec trois doigts la masse de la terre. » (Isaïe, XL, 12.) Le pouce domine cependant, parce que nous rapportons notre foi tout entière à Dieu un et triple. Aussitôt après l'invocation de la Trinité, on peut dire ce verset : « Seigneur, faites avec moi un signe pour mon bien, afin que « ceux qui me haïssent le voient et soient confondus, parce « que, Seigneur, vous m'avez secouru et consolé. » (Ps. LXXXV, v. 17.) Mais les jacobites et les eutichéens, assurant qu'il n'y avait qu'une seule nature dans le Christ, la nature divine, de même qu'il n'y a qu'une seule personne, ne font le signe de la croix, à ce qu'on dit, qu'avec un seul doigt. Leur erreur a été déracinée par les canons. » (Distinction XIIe, ch. I et II, question 3 : *Quelques eutichéens, etc.*)

« Quelques-uns se signent depuis le front jusqu'en bas, pour exprimer mystérieusement que Dieu, ayant abaissé les cieux, descendit en terre. Il est descendu en effet pour nous élever de la terre au ciel. Ensuite ils vont de la droite à la gauche, premièrement, pour montrer qu'ils préfèrent les choses éternelles, désignées par la droite, aux temporelles, signifiées par la gauche; secondement, pour rappeler que le Christ a passé des Juifs aux Gentils; troisièmement, parce que le Christ, venu de la droite, c'est-à-dire de son père, a vaincu sur la croix le diable, qui est désigné par la gauche; d'où ces paroles : « Je suis sorti de mon père, et je suis venu dans le « monde. » Mais d'autres, faisant le signe de la croix de gauche à droite, s'autorisent de ce texte : « Il sort du Père, il des- « cend jusqu'aux enfers et revient au trône de Dieu. » En effet ils commencent par se signer dans la partie supérieure, ce qui désigne le Père; puis ils descendent en bas, ce qui désigne le monde; puis ils vont à gauche, ce qui marque l'enfer, et s'étendent à droite, ce qui signifie le ciel : car le Christ est descendu du ciel en terre, de la terre aux enfers, et il est remonté ensuite des enfers au ciel, où il s'assied à la droite de Dieu le Père. Secondement, ils font ainsi pour insinuer que nous devons passer de la misère à la gloire, et des vices, qui sont désignés par la gauche, aux vertus, qui sont marquées par la droite, ainsi qu'on le lit dans l'évangile de saint Matthieu: « Le Christ, en effet, a passé de la mort à la vie. » Troisièmement, parce que le Christ nous élève, par la foi dans la croix, des choses qui passent aux choses qui durent éternellement[1]. »

---

[1] Guillaume Durand, *Rationale div. offic.* lib. V, cap. II. — Jean Beleth (*Explicatio offic.* cap. XXXIX, *De Evangelio*) s'exprime à peu près comme Durand. J'ai traduit littéralement. On voit ce qu'il y a de puéril et de laborieux dans ces explications; mais on y constate qu'au XIII° siècle le signe de la croix se faisait de haut en bas et de gauche à droite ou de droite à gauche indifféremment. Aujourd'hui les Latins vont de gauche à droite, et les Grecs de droite à gauche. La prééminence de la droite sur la gauche, dont nous avons parlé p. 162, est ici nettement développée.

Aujourd'hui cependant on fait le signe de la croix sur soi-même avec la main droite ouverte tout entière plutôt qu'avec trois doigts seulement [1]. Mais, par contre, on se sert d'un seul doigt, du pouce uniquement, pour tracer le signe de la croix sur son front, sa bouche et son cœur quand, avant la lecture de l'évangile et pour répondre au diacre qui s'apprête à le chanter, on rend hommage à Dieu en s'inclinant et en s'écriant : « Gloria « tibi, Domine ! » On fait, en forme de croix grecque, ces trois petits signes sur trois parties différentes du corps, pour marquer qu'on croit de raison et de cœur, et qu'on est prêt à confesser des lèvres la parole divine qu'on va écouter.

C'est avec le pouce également, et en figurant une petite croix grecque, que l'évêque et le prêtre marquent au front ou sur d'autres parties du corps les fidèles auxquels ils administrent les sacrements. C'est particulièrement avec le pouce, et en faisant une petite croix, que le prêtre étend sur notre front la cendre qui nous rappelle, à l'entrée du carême, que nous sommes sortis de la poussière et que nous devons y retourner.

COULEUR DE LA CROIX.

La croix est historique et symbolique, ou réelle et idéale ; d'un côté c'est un gibet, et de l'autre un attribut de gloire.

La croix historique, le gibet que le Christ porte sur ses

---

[1] « Les premiers chrétiens, dit M. Cyprien Robert, *Cours d'hiérogly. chrét.* déjà cité, ne se signaient point, comme ceux d'aujourd'hui, avec toute la main et de manière à embrasser la moitié du corps, mais simplement avec le premier doigt de la main droite ; et, comme font encore aujourd'hui les Grecs et les Russes, ils traçaient ce signe trois fois de suite, au nom des trois personnes divines. Chez les Hébreux et les païens, on bénissait déjà par trois doigts étendus :

... Digitis tria thura tribus sub limine ponit. (Ovide.)

C'est pourquoi la malédiction se répandait avec la main fermée. »

épaules en allant au Calvaire et sur lequel il est crucifié, est un arbre; en conséquence elle est de couleur verte. Sur les vitraux de Saint-Étienne de Bourges [1], sur ceux des Notre-Dame de Chartres et de Reims, sur ceux de la Sainte-Chapelle de Paris, dans nos manuscrits à miniatures, la croix est un arbre ébranché, revêtu de son écorce verdâtre. Les sculptures elles-mêmes confirment ce fait; ordinairement, quand elles ont été peintes, la couleur en a disparu; mais l'arbre rond, couvert d'écorce, l'arbre ébranché y est très-visible encore, comme au portail occidental de Notre-Dame de Reims. Chez les Pères et dans la liturgie, on trouve fréquemment des invocations à la croix, arbre divin, arbre noble et dont nulle forêt ne pourrait produire le semblable, arbre éclatant et précieux, arbre couvert de feuilles, étincelant de fleurs et chargé de fruits [2].

La couleur verte persista même lorsque la croix fut équarrie et dépouillée de son écorce pour être transformée en gibet par la hache du charpentier. Ce n'est plus un arbre, mais un madrier, une poutre, et cependant elle est verte encore. Il y a mieux : sur cette poutre ainsi équarrie, on figure des rinceaux verts ou noirâtres, comme si la croix était un support, une treille épaisse où s'attache et se développe la vigne. Le raisin, qui donne sa liqueur pour nourrir les hommes, est perpétuellement l'image de Jésus-Christ, qui verse son sang pour sauver le monde. Des rinceaux de vigne montent donc et se déroulent sur la croix à laquelle Jésus est attaché dans les vitraux de nos cathédrales. Un vitrail de Saint-Denis, exécuté sous les ordres de l'abbé Suger, celui qui porte deux vers que nous transcri-

---

[1] *Vitraux de Saint-Étienne de Bourges*, par MM. Martin et Cahier, pl. I, III, etc.

[2] Voir le *Vexilla regis prodeunt* et le *Pange lingua* du vendredi saint, qu'on attribue à Fortunat et à Claudius Mamert. Voir les Poëmes de Prudence, les OEuvres de Pierre Damien, etc.

rons plus bas, est particulièrement remarquable par la beauté des rinceaux verdoyants qui s'étalent sur la croix.

Probablement, et par suite de la même métaphore, la couleur verte teignit quelquefois la petite croix symbolique dont le nimbe du Christ est orné. Sur les vitraux de Bourges, à la cène de Jésus, au lavement des pieds, à la prise dans le jardin des Oliviers, à la descente aux enfers, etc. la croix du nimbe est verte. Cependant, comme cette petite croix est presque aussi souvent blanche, rouge et jaune, le vert n'est peut-être pas allégorique.

L'arbre de la croix ayant été couvert du sang de Jésus-Christ, cette verte écorce que nous venons de signaler a été très-souvent peinte en rouge : « La croix rougit et se teint dans le sang du Seigneur, » écrit à Sulpice-Sévère saint Paulin de Nole, qui met ces paroles en inscription près de deux croix rouges[1]. Le sang qui coule du corps de Jésus, le vin qui coule du raisin dont Jésus est le modèle éternel, ont donc teint fréquemment la croix en rouge; nous ne pouvons en citer les exemples, tant ils sont nombreux, surtout à partir du XIV° siècle jusqu'à nos jours[2].

Quant à la couleur de la croix idéale, elle est idéale elle-même : rouge comme celle de la croix réelle, par extension métaphorique; bleue, parce que la croix est céleste; blanche, parce que le blanc est la plus lumineuse de toutes les couleurs, et que la lumière est l'image visible de l'invisible divi-

---

[1] Voyez plus haut, p. 375, le distique de saint Paulin. Dans le *Vexilla regis*, saint Fortunat s'écrie :
>Arbor decora et fulgida,
>Ornata regis purpura,
>Electa digno stipite
>Tam sancta membra tangere.

[2] Lisez plusieurs textes recueillis par M. Cahier (*Vitr. de S. Ét. de Bourges*, p. 49 et 50), et où le sang et le vin, la vigne et le corps du Christ, le pressoir et le Calvaire sont curieusement mis en parallèle.

nité. C'est pour faire de la croix un foyer de lumière qu'on la représente chargée de diamants et de pierres flamboyantes; c'est pour l'inonder de feux qu'on l'entoure d'étoiles, comme à Ravenne; mais même alors la croix est plus brillante encore que les constellations, et l'Église s'écrie : « O crux splen-« didior astris ! »

TRIOMPHE DE LA CROIX.

Comme le Christ lui-même, la croix est portée en triomphe, et les représentations de cette cérémonie sont nombreuses dans nos monuments religieux. On se contentera de citer d'abord une sculpture qui complète, au portail occidental de la cathédrale de Reims, l'invention de la croix par sainte Hélène; puis des vitraux qui représentent, dans quatre églises de la ville de Troyes, la légende que nous avons signalée au commencement de ce chapitre. Mais en France, l'histoire et le triomphe de la croix sont assez sommairement traités; en Italie, on les a figurés avec plus de détails[1]. En Grèce, le triomphe ou l'exaltation de la croix est l'objet d'une prédilection particulière. Il n'y a pas d'église qui ne possède une fresque ou un tableau à l'huile représentant ce sujet. L'ordonnance de tout le triomphe est réglée comme il suit :

En bas, la terre; en haut, le ciel. Sur la terre, une ville immense remplie de palais et d'églises, de tours et de dômes. La ville représente Constantinople, au milieu de laquelle s'étend

[1] Pietro della Francesca, né à Borgo-San-Sepolcro, peintre romain, peignit à Arezzo, pour Luigi Bacci, citoyen arétin, la chapelle du maître-autel de San-Francesco. Il y représenta l'histoire de la croix, depuis le moment où la graine qui produisit l'arbre dont on forma le gibet du Christ fut placée sous la langue d'Adam par son fils Seth, jusqu'à celui où l'empereur Héraclius entra dans Jérusalem en marchant pieds nus et en portant sur son épaule l'instrument du salut des hommes. Les ouvrages de Pietro sont de l'an 1458 environ. (Voyez sa vie dans Vasari, *Vies des peintres*.)

une vaste place qui est l'hippodrome. Des galeries à arcades cintrées, des estrades en bois sculpté encadrent la place. La foule occupe cette place, ces galeries et ces estrades. Au milieu de l'hippodrome se dresse un piédestal gigantesque, sur lequel est debout le patriarche, orné de la couronne en coupole comme celle des empereurs byzantins, et du nimbe circulaire comme celui des saints. C'est le patriarche de Jérusalem, saint Macaire; il tient de ses deux mains et présente à l'adoration du peuple une croix qui a deux fois la grandeur d'un homme. La foule, qui éclate en acclamations, se compose des trois ordres de la société : des militaires, des ecclésiastiques et du peuple. Les ecclésiastiques, précédés du patriarche de Constantinople, qui porte un nimbe comme saint Macaire, entourent la croix; les militaires, en tête desquels s'avancent l'impératrice et l'empereur, Hélène et Constantin, sont à droite[1]; à gauche, c'est la foule des hommes, des femmes, des enfants, des vieillards.

La croix, par son piédestal, touche à la terre; par son sommet, elle atteint le ciel. La foule qui peuple le ciel est innombrable. Sur la terre on voit l'Église militante; dans les nuages brille l'Église triomphante. A gauche, se déroulent les neuf ordres des anges, suivant la division de saint Denys l'Aréopagite ; à droite, on voit les saints distribués en militaires, ecclésiastiques et laïques, proprement dits. Le ciel répond donc à la terre par cette triple division; mais c'est la terre

---

[1] L'empereur est nimbé comme un saint, suivant l'usage oriental et grec; nous en avons parlé dans le chapitre consacré au caractère du nimbe, page 133. Du reste Constantin est saint pour les Orientaux, absolument comme sainte Hélène. En Occident même plusieurs martyrologes l'honorent comme un saint et marquent sa fête au 22 mai ; c'est le 21 du même mois que les Grecs la célèbrent. Des gravures que j'ai rapportées du mont Athos représentent Hélène et Constantin tenant à gauche et à droite une croix gemmée enracinée dans le globe du monde. Hélène et Constantin sont nimbés tous deux et portent autour de leur tête les inscriptions : Ἡ ἁγια Ἑλένη - Ὁ ἁγιος Κωνσταντῖνος.

transfigurée. Chaque saint, debout sur les nuages, presse contre sa poitrine une petite croix, miniature de celle que l'on adore. Au centre du ciel, mais bien plus haut que les anges et les saints, resplendit la Trinité. Le Père, vénérable vieillard couronné du nimbe triangulaire, est à gauche. A droite est le Christ, orné du nimbe sur les croisillons duquel on lit : O ΩN. Au centre, et enveloppant les deux autres personnes dans un rayonnement qui embrase le paradis, éclate le Saint-Esprit sous la forme d'une colombe.

En bas, au pied de la croix, un jeune diacre porte un flambeau à trois branches, lequel semble réfléchir, sur un support unique, les trois personnes divines. Mais, de plus, le ciel est encore uni à la terre par différents anges qui s'abaissent vers le sommet de la croix, et qui s'inclinent respectueusement devant elle. Ces êtres célestes composent à cette croix comme une sorte de nimbe, car ils se rangent en couronne tout autour d'elle. Chacun d'eux porte un des instruments de la passion : l'un tient la lance, l'autre l'éponge, un troisième le marteau, un quatrième les clous, un cinquième la couronne d'épines; celui-ci montre la corde qui a lié les mains de Jésus, et celui-là le fouet qui a déchiré son beau corps. Des lumières, qui sortent du Saint-Esprit et de la Trinité, qui s'échappent du nimbe des saints, du nimbe et du corps des anges, viennent se réfléchir vers la grande croix qui, à son tour, leur renvoie son éclat.

Tel est ce triomphe; fréquemment peint dans les églises de la Grèce, il en fait un des plus beaux ornements[1]. Chez nous le même sujet est quelquefois figuré, mais avec moins de détails et moins d'éclat. Il n'est pas rare, comme la cathédrale

---

[1] Sur les tableaux et gravures qui représentent ce triomphe, on lit : Ἡ παγκόσμιος ὕψωσις τοῦ τιμίου σ1αυροῦ. J'ai rapporté de Karès, capitale du mont Athos, une gravure de ce remarquable sujet.

de Reims en offre un exemple sculpté [1], de voir la croix enlevée au ciel par des anges ; mais le cortége qui accompagne le bois triomphal est beaucoup moins nombreux et surtout moins complet. Cependant il faut noter une peinture sur verre, exécutée au temps de l'abbé Suger, et qui orne aujourd'hui l'abside de Saint-Denis[2]. Le sujet est simple, mais il représente à la fois la glorification de la croix et celle du Christ. On voit une croix verte, historiée comme en filigrane, et à laquelle est attaché Jésus. Le Père tient entre ses bras cette croix, qui est placée sur un char à quatre roues, un QUADRIGE, comme dit une inscription peinte au-dessous. Ce char n'est autre que l'arche d'alliance dans laquelle la croix semble implantée, et où l'on voit les tables de la loi et la verge d'Aaron. Près de chaque roue est comme attelé un des attributs des évangélistes. Ce curieux tableau rappelle entièrement le triomphe du Christ à Notre-Dame de Brou ; mais là c'est plutôt le triomphe du crucifié. D'ailleurs la présence du Père, l'absence du Saint-Esprit, et l'arche d'alliance, qui sert de piédestal à la croix, donnent à ce sujet un intérêt tout spécial. On voit en légende explicative le distique suivant, composé par Suger lui-même :

Federis ex arca cruce Xρι sistitur ara ;
Federe majori wlt (*sic*) ibi vita mori.

Il faut, pour noter tous les triomphes dont la croix a été l'objet, rappeler ces croix dont les ordres religieux, chevaleresques, militaires et même civils, faisaient une distinction ou une récompense, et qui viennent aboutir à notre croix d'honneur et comme s'y résumer.

---

[1] Au portail occidental, plus haut que l'Invention de la Croix par sainte Hélène.
[2] Page 377, note 1, nous avons noté ce curieux sujet. MM. Arthur Martin et Charles Cahier donnent ce vitrail de Saint-Denis, dans les Vitraux peints de Saint-Étienne de Bourges, comme point de comparaison.

LE SAINT-ESPRIT.

Le Saint-Esprit est la troisième personne de la Trinité divine. Dieu le père se connaît, et de sa connaissance est engendré Dieu le fils; Dieu le père et Dieu le fils s'aiment, et de cet amour réciproque procède le Saint-Esprit : tel est le dogme. Dans les relations qui caractérisent les trois personnes divines entre elles, le Père posséderait donc en propre la mémoire, le Fils l'intelligence, et le Saint-Esprit l'amour; en conséquence le Saint-Esprit serait le dieu d'amour. C'est la doctrine adoptée par saint Augustin[1] et la plupart des Pères, comme on le verra dans le chapitre consacré à la Trinité.

Dans les relations des personnes divines entre elles, le Saint-Esprit est le dieu d'amour; mais il paraît être, dans ses rapports avec les hommes, le dieu de l'intelligence, comme le Père est le dieu de la puissance ou de la force créatrice, comme Jésus-Christ est le dieu du dévouement ou de l'amour. Un mot sur ce point qui est grave, et qui importe beaucoup à l'iconographie.

DÉFINITION DU SAINT-ESPRIT.

Que Dieu le père ou Jéhovah soit, dans ses rapports avec ses créatures, le dieu de la puissance et de la force, on ne saurait guère en douter; l'histoire montre Jéhovah comme représentant le côté divin de la puissance. Dans l'Ancien Testament on voit tous les faits historiques naître sous le souffle de la force et se dénouer par le glaive; dans les préceptes moraux de l'ancienne loi on entend gronder un esprit qui n'est

[1] *De Trinit.* lib. IX., cap. VI.

pas celui de l'amour : « Le commencement de la sagesse est la crainte du Seigneur, » dit le psalmiste [1], à qui Salomon fait écho en ajoutant : « La couronne de la sagesse est la crainte de Dieu [2]. » « Ayez peur en entrant dans mon sanctuaire, » dit le Lévitique [3]. Lorsqu'il énumère les dons que l'Esprit saint verse dans l'âme humaine, le prophète Isaïe met la crainte parmi les principaux. « Dieu châtie ceux qu'il aime, » comme répète saint Paul lorsqu'il parle aux Hébreux [4]. Que l'on recherche, à l'aide des tables de l'Ancien Testament, tous les textes où la crainte est louée, où Dieu est déclaré punir les hommes par la crainte et la terreur, on sera presque effrayé de leur nombre [5]. Enfin tout se résume par cette terreur que le seul nom de Jéhovah doit inspirer [6]. Aussi, épouvantés par tous ces textes auxquels, enfants d'une religion d'amour, nous sommes beaucoup moins habitués que les Hébreux, nous nous écrions aux complies, à la fin des offices de la journée : « Seigneur, détournez de nous votre colère [7]. »

Il y a loin de cette religion juive, qui vous fait trembler devant Dieu comme un enfant timide devant un père rempli de sévérité, à cette religion chrétienne, où l'amour caresse

[1] « Initium sapientiæ timor Domini. » (*Ps.* cx, v. 10.)

[2] « Corona sapientiæ timor Domini. » (*Ecclésiastique*, I. 22.) — Ces paroles sont inscrites dans la coupole qui surmonte le centre de la croisée à la chapelle d'Anet ; elles entourent une couronne figurée en relief. La coupole est comme le diadème de ce joli monument.

[3] « Pavete ad sanctuarium meum. » (*Lévitique*, 25.)

[4] Pour Isaïe, voyez plus bas, page 410. — *Proverb.* III, 12. — *Epist. ad Heb.* XII, 6.

[5] Dans l'*index biblicus* d'une Vulgate imprimée à Lyon en 1743, je lis, en tête des divers paragraphes où sont indiqués tous les textes analogues : « Timendus est « Deus. — Timoris Dei fructus, utilitas et laus. — Timoris Dei defectus causa pec- « candi. — Timore punit Deus et terrore. — Timoris Dei exempla. » Il y a cent dix-neuf textes qui concernent la crainte et dans lesquels la terreur est érigée en vertu souveraine.

[6] « Sanctum et terribile nomen ejus. » (*Ps.* cx, v. 9.)

[7] « Averte iram tuam a nobis. »

l'homme dans chacune de ses paroles. De Jéhovah à Jésus il y a tout un monde; l'un resserre et l'autre dilate. La loi ancienne lève la main pour punir la moindre faute; la loi nouvelle est une mère qui pleure en reprenant ses enfants de leurs erreurs, et qui caresse en adressant des reproches. « Ayez peur, » s'écrie le prophète Isaïe; « Mes petits enfants, » dit en mourant l'apôtre saint Jean, « aimez-vous les uns les autres; » et alors saint Jean répétait, pour la millième fois peut-être, ce qu'il avait appris sur le cœur de son divin ami. En effet, tandis que Jéhovah dit : « Tremblez en entrant chez moi, » Jésus-Christ résume toute sa morale dans ces mots : « Aimez Dieu par-dessus tout, aimez les autres comme vous-même [1]. » Jésus-Christ n'est qu'amour; avant de mourir pour les hommes, il dit à ses disciples : « Je vous donne un nouveau précepte, c'est que vous vous aimiez les uns les autres et que vous vous aimiez comme je vous ai aimés. Tous reconnaîtront que vous êtes mes disciples, si vous vous chérissez mutuellement [2]. » Aussi l'évangéliste saint Jean, qui connaissait si bien le cœur de Jésus, dit-il ces belles paroles : « Jésus sachant que son heure était venue pour passer de ce monde à son père, comme il avait aimé les siens, qui étaient dans le monde, il les aima jusqu'à la fin [3]. »

Quant au Saint-Esprit, il nous apparaît comme le dieu de

---

[1] S. Luc, ch. x, v. 27. Il y a dans l'ancienne loi le germe de cet amour, mais il est glacé par la crainte; il a fallu que la parole du Christ l'échauffât pour le faire croître.

[2] « Mandatum novum do vobis : ut diligatis invicem sicut dilexi vos, ut et vos dili-
« gatis invicem. In hoc cognoscent omnes quia discipuli mei estis, si dilectionem habue-
« ritis ad invicem. » (S' Jean, chap. xiii, v. 34, 35.)

[3] « Sciens Jesus quia venit hora ejus ut transeat ex hoc mundo ad Patrem, cum di-
« lexisset suos, qui erant in mundo, in finem dilexit eos. » (S' Jean, chap. xiii, v. 1.) —
Mahomet disait que chaque prophète avait son caractère spécial; que le caractère de Jésus-Christ avait été la douceur et que le sien était la force.

l'intelligence; c'est toujours pour les instruire, pour les éclairer, qu'il se manifeste aux hommes. D'un autre côté, avons-nous dit, il est le dieu d'amour, puisqu'il procède de l'amour que le Père et le Fils ont l'un pour l'autre. Il faut donc établir une distinction importante à l'égard du Saint-Esprit, afin d'éviter la confusion où les textes et les monuments figurés feraient tomber nécessairement. En conséquence nous disons ceci : ou le Saint-Esprit est considéré dans ses relations avec les deux autres personnes divines, et, dans ce cas, il est le dieu d'amour, procédant du Père et du Fils, qu'il unit entre eux par la charité ; ou bien on l'abstrait de la Trinité et on le prend uniquement dans ses rapports avec les hommes, et alors il est le dieu de l'intelligence. En l'étudiant en regard des deux autres personnes divines et en dehors de nous, on fait de la théologie ; mais on est dans l'histoire en recherchant son action sur les hommes. Pour un théologien, le Saint-Esprit est donc dieu d'amour; pour un historien, dieu d'intelligence.

Il faut le dire, et le chapitre consacré à la Trinité le prouvera mieux encore, cette double attribution de l'amour et de l'intelligence donnée à la même personne divine a jeté de la confusion dans la doctrine théologique et dans la narration historique, dans les textes et dans l'art, dans la discussion et dans l'iconographie. L'histoire fait de Jésus le dieu d'amour, tandis que la théologie donne ce caractère au Saint-Esprit; la théologie fait du Fils de Dieu, du Verbe, le dieu de l'intelligence, tandis que l'histoire attribue au Saint-Esprit tout ce qui relève de cette propriété. Les attributions du Fils et de l'Esprit ne sont donc pas assez nettement caractérisées, assez rigoureusement limitées ; elles vont flottant de l'un à l'autre. Cependant c'est au Saint-Esprit que revient définitivement l'intelli-

gence, comme au Fils l'amour. Quand le Saint-Esprit a de
l'amour pour l'homme, c'est un amour raisonné; c'est à l'intelligence que cet amour s'adresse bien plutôt qu'au cœur.
Nous allons surprendre assez nettement ce caractère dans le
culte que l'église rend à cette personne divine.

C'est le Saint-Esprit, le dieu de l'intelligence, que l'on invoque toujours à l'entrée d'une affaire difficile, comme ici bas
on consulte un homme d'expérience mûrie et de calme raison, avant de prendre un parti dans une entreprise délicate.
Toutes les messes du Saint-Esprit se disent pour éclairer l'esprit des juges qui vont rouvrir les tribunaux, et des professeurs qui vont reprendre leurs leçons, afin que les uns ne défaillent point dans le discernement de la justice et que les
autres ne manquent pas à la vérité dans leur enseignement.
C'est sous la protection du Saint-Esprit que se placent les
conciles, les grandes assemblées œcuméniques où se discutent,
s'éclaircissent et s'arrêtent toutes les vérités du dogme, tous
les principes de la morale. On ouvre les discussions par une
messe au Saint-Esprit, et le Saint-Esprit plane constamment
sur l'assemblée, pendant la durée des séances, pour la diriger
et l'empêcher de s'égarer. Au commencement de tous les offices religieux on invoque le Saint-Esprit, et on le prie de faire
comprendre l'acte auquel on va se livrer. Dans l'hymne composée en son honneur, qu'on attribue à Charlemagne lui-
même, et qui se chante toutes les fois qu'on veut s'éclairer,
on trouve, entre autres, les paroles qui suivent:

« Venez, Esprit créateur; visitez les intelligences de vos fidèles. Doigt de la main de Dieu, vous enrichissez d'éloquence
toutes les bouches. Allumez la lumière dans nos sens. Que
par vous nous sachions le Père, nous connaissions le Fils, et
qu'en tout temps nous vous croyions l'Esprit de l'un et de

l'autre. Sous votre souffle les intelligences sont éclairées et enflammées de feux sacrés [1]. »

Dans ces poétiques prières, on voit bien que c'est au dieu de l'intelligence que l'on s'adresse, et que ces vœux iraient moins bien, soit au Père, soit au Fils. Cependant, comme on l'a dit, le Saint-Esprit empiète sur les attributions du Fils, sur l'amour; car dans cette même hymne on lit, à côté des paroles qu'on vient de citer, les aspirations suivantes :

« Emplissez de la grâce céleste les cœurs que vous avez créés. Vous êtes une source vive, un feu, la charité. Versez l'amour dans nos cœurs [2]. »

Mais ce sont des paroles égarées, pour ainsi dire, et prononcées par ces âmes ardentes du moyen âge, profondément chrétiennes, foncièrement amoureuses et qui ne pouvaient

---

[1] Veni, creator Spiritus,
Mentes tuorum visita.
. . . .
Tu septiformis munere,
Dextræ Dei tu digitus,
Tu rite promissum Patris,
Sermone ditans guttura.

Accende lumen sensibus.
. . . .
Per te sciamus da Patrem,
Noscamus atque Filium :
Te, utriusque Spiritum,
Credamus omni tempore.
. . . .
Afflante quo, mentes sacris
Lucent et ardent ignibus.

Le *septiformis munere* trouve son explication dans un passage d'Isaïe dont nous avons déjà parlé, et qui va revenir dans un instant avec de grands détails ; il s'agit des sept vertus, dons ou propriétés du Saint-Esprit.

[2] Fons vivus, ignis, caritas.
. . . .
Infunde amorem cordibus.

s'empêcher de réchauffer la froide raison dans un peu d'amour. Du reste, dans la même hymne, d'autres expressions attribuent au Saint-Esprit la force, qui est incontestablement à Dieu le père. On dit au Saint-Esprit : « Fortifiez-nous par votre puissance pour nous apprendre à supporter les infirmités de notre corps. Repoussez l'ennemi au loin ; donnez-nous promptement la paix, et qu'ainsi, marchant devant pour nous guider, vous nous fassiez éviter toute faute[1]. » Cependant Charlemagne n'entendait pas affirmer absolument que la troisième personne a la puissance en partage exclusif ; de même aussi, par les quelques paroles où il la désigne comme échauffant les cœurs, il ne voulait pas dire non plus que l'amour lui appartînt en propre. Unie en trinité, la troisième personne possède avec les

[1] Infirma nostri corporis
Virtute firmans perpeti.

Hostem repellas longius
PACEMque dones protinus
Ductore sic te prævio,
Vitemus omne noxium.

Il est curieux de voir invoquer la paix par le belliqueux Charlemagne, dont la vie n'a été qu'une bataille perpétuelle et qui a livré des combats sanglants au nord et au midi, à l'est (peut-être en Orient) et à l'ouest. A Aix-la-Chapelle, au milieu de la rotonde de la cathédrale, au-dessus du tombeau de cet empereur, pend une énorme couronne, un luminaire gigantesque en cuivre ciselé, doré, émaillé, don précieux de Frédéric Barberousse. Le César catholique des Romains (« Cesar catholicus Romanorum Fridericus »), ainsi que Barberousse se nomme sur le luminaire, a fait ciseler les huit béatitudes sous huit grandes lampes qui tiennent à cette couronne, et l'on est tout étonné d'entendre le Barberousse s'écrier, avec les inscriptions gravées sous ces lampes : « Beati « mites, quoniam ipsi possidebunt terram. — Beati PACIFICI, quoniam filii Dei vocabun- « tur. » Le terrible Barberousse, d'humeur peu pacifique, ajoute encore, en tête d'une inscription de huit vers qui règne à l'étage supérieur de la couronne et qui parle de la couronne elle-même :

Celica Iherusalem signatur imagine tali :
Visio PACIS, certa quietis spes ibi nobis.

Charlemagne et Barberousse, ainsi qu'on le voit, ont agi et écrit l'un comme l'autre.

deux autres l'amour et la force; mais, considérée en elle-même, elle possède avant et par-dessus tout l'intelligence.

Déjà même dans l'ancienne loi, chez les juifs, le Saint-Esprit dirigeait, éclairait la raison; car Isaïe, qui parle des sept dons ou propriétés, c'est-à-dire des sept esprits qui constituent l'Esprit divin, les énumère sous ces dénominations:

> Esprit de sagesse,
> Esprit d'intelligence,
> Esprit de conseil,
> Esprit de force,
> Esprit de science,
> Esprit de piété,
> Esprit de crainte [1].

Tous ces esprits ont trait à la raison, excepté les deux derniers, qui relèvent du sentiment, et le quatrième de la puissance; mais la majorité, quatre sur sept, et parmi ces quatre les trois premiers, les trois plus élevés, appartiennent à la raison. L'histoire confirme puissamment la doctrine émise ici sur le Saint-Esprit; car dans sa plus célèbre apparition, à la Pentecôte, ce Dieu se montre pour instruire des ignorants, pour apprendre aux apôtres toutes les langues de la terre. Aujourd'hui encore, la Pentecôte est la fête de l'intelligence plutôt que de l'amour; car on y célèbre cette lumière divine qui, s'étant reposée en langue de feu sur la tête d'hommes grossiers et sans instruction, les transforma en hommes de génie.

On prouverait facilement, et par des faits nombreux, que le Saint-Esprit éclaire plutôt l'intelligence qu'il n'échauffe le cœur; il convient d'en signaler quelques-uns, parce qu'il faut

---

[1] Isaïe, chap. xi, v. 1, 2 et 3. « Et egredietur virga de radice Jesse, et flos de radice « ejus ascendet. Et requiescet super eum Spiritus Domini : spiritus sapientiæ et intel- « lectus, spiritus concilii et fortitudinis, spiritus scientiæ et pietatis, et replebit eum spi- « ritus timoris Domini. »

nettement préciser le rôle que cette personne divine remplit dans ses relations avec les hommes. Tout cela intéresse beaucoup l'archéologie et l'art moderne, le passé et l'avenir.

Après la cène, prêt pour la passion et la mort, Jésus console ses apôtres et leur annonce qu'il va leur être enlevé; il ajoute qu'il ne les laissera pas orphelins, mais qu'il leur fera envoyer un autre appui. « Je prierai mon père, et il vous enverra un autre protecteur, l'ESPRIT DE VÉRITÉ, qui restera éternellement avec vous. Le monde ne peut le recevoir, parce qu'il ne le voit pas et ne le connaît pas; mais vous le connaîtrez, vous, parce qu'il demeurera avec vous, parce qu'il sera en vous [1]. » Ainsi lui, le Christ, le dieu d'amour, est sur le point de quitter ses apôtres; mais il sera remplacé auprès d'eux par le Saint-Esprit, l'esprit de vérité, l'esprit qu'il faut connaître et qui enseigne. Le Christ est un père qui va se séparer de ses enfants déjà grands; mais il les remet aux mains d'un maître qui éclairera leur intelligence, comme lui-même a formé leur cœur. D'abord, comme à des enfants, il fallait ouvrir l'âme des apôtres et des premiers disciples, et c'est le Christ qui l'a fait; maintenant, comme à des adolescents, il faut cultiver leur esprit, et c'est la troisième personne divine qui en sera chargée. C'est donc le dieu de la vérité qu'ils vont recevoir à la place du dieu de l'amour, qui leur est enlevé; l'Esprit va succéder au Fils. En effet, quelque temps après, le Saint-Esprit, sous la forme de rayons qui éclairent, s'arrête sur leur tête, le siége de l'intelligence. L'esprit de vérité, les traits de feu, la tête qui est illuminée, les langues connues

---

[1] « Et ego rogabo Patrem, et alium Paracletum dabit vobis, ut maneat vobiscum in « æternum, Spiritum veritatis, quem mundus non potest accipere, quia non videt eum, « nec scit eum. Vos autem cognoscetis eum, quia apud vos manebit et in vobis erit. » (S. Jean, chap. XIV, v. 16 et 17.)

instantanément, tout cela regarde l'intelligence; le cœur n'y est presque pour rien. Après l'Écriture sainte, voyons la légende et l'histoire.

Tout le moyen âge a été persuadé que le Saint-Esprit s'adressait particulièrement à l'intelligence, et qu'il se manifestait aux hommes surtout pour les éclairer. Au VIe siècle, Grégoire de Tours dit que la colonne de feu qui guidait les Hébreux vers la Terre sainte, lors de la sortie d'Égypte, était la figure du Saint-Esprit[1]. Or la colonne, dans ces déserts brûlants de l'Arabie, n'était pas là pour échauffer, mais bien pour éclairer. D'un autre côté, l'amour est comparé constamment à un feu qui échauffe, et l'intelligence à une flamme qui éclaire; donc Grégoire de Tours déclarait que le Saint-Esprit est le dieu de l'entendement plutôt que de l'amour.

Dans la vie de saint Dunstan, archevêque de Cantorbéry, au Xe siècle[2], on trouve une légende dramatique intéressante, et qui montre bien ce qu'est le Saint-Esprit et la définition qu'il conviendrait d'en donner. Trois faux monnayeurs avaient été condamnés à mort. Le jour de la Pentecôte, jour de la fête du Saint-Esprit, au moment où allait se célébrer la messe, saint Dunstan demande si l'on a fait justice des trois coupables; on lui répond que l'exécution a été retardée à cause de la solennité d'une aussi grande fête que la Pentecôte. Il n'en sera pas ainsi, s'écrie l'archevêque courroucé, et il donne l'ordre de faire périr immédiatement les coupables. Plusieurs déclarent que cet ordre est cruel[3]; mais on obéit. Après l'exé-

---

[1] *Hist. eccl. Franc.* lib. I.

[2] S. Dunstan est mort le 19 mai 988. Voyez, dans les *Act. SS. ord. S. Bened.* vol. de l'an 950 à l'an 1000, la vie de ce grand artiste, qui fut en même temps un grand archevêque. C'est là qu'est la légende que nous analysons et qu'on aimerait mieux ne pas trouver dans la vie de cet homme illustre; mais l'intérêt en sauve du moins l'apparente dureté.

[3] « Edictum nonnullis videbatur crudele », dit l'hagiographe.

cution des criminels, Dunstan se lave la figure et se dirige, le visage joyeux, vers son oratoire [1]. « J'espère maintenant, dit-il, que Dieu agréera aujourd'hui le sacrifice que je vais lui offrir. » En effet, pendant la messe, au moment où il élevait les mains pour prier Dieu le père de pacifier, garder, réunir et guider son Église catholique par toute la terre, « on vit une colombe blanche comme la neige descendre du ciel, et pendant toute la durée du sacrifice se tenir silencieuse sur la tête de l'archevêque, les ailes étendues, comme immobiles [2]. » A la fin de la messe, la colombe se dirigea vers la partie méridionale de l'autel, où s'élevait le tombeau du bienheureux Odon; elle s'inclina, entourant la châsse avec ses ailes, des deux côtés, et comme l'embrassant avec son bec. Dunstan admire ce prodige. Après la messe, il se retire seul, tout ému et pleurant de cette manifestation de la grâce divine. Il se dépouille de sa chasuble, laquelle, comme personne n'était là pour la recevoir, resta suspendue dans l'air par la volonté divine, de crainte que, tombant à terre, elle ne troublât les pensées du serviteur de Dieu.

Ainsi donc la colombe divine, le Saint-Esprit, approuve d'une manière éclatante une cruauté, ou du moins un acte ainsi qualifié par plusieurs clercs qui entouraient saint Dunstan. Cette cruauté, il est vrai, n'est qu'une rigoureuse justice; mais l'approbation que lui donne le Saint-Esprit prouve bien que cette personne divine préside à l'intelligence et non au sentiment. Au moyen âge, on aurait probablement refusé de faire jouer à Jésus-Christ le rôle que le Saint-Esprit remplit

---

[1] « Lota facie, ad oratorium, exhilarato vultu, abiit. »

[2] « Nivea columba, multis intuentibus, de cœlo descendit et, donec sacrificium con-
« sumptum esset, super caput ejus (Dunstani), expansis alis et quasi immotis, sub silentio
« mansit. »

dans cette circonstance, parce que Jésus est le représentant divin de l'amour.

Au XVIe siècle, en 1579, quand Henri III réorganisa l'ordre du Saint-Esprit, c'était aux hommes politiques surtout et aux magistrats, c'est-à-dire aux hommes d'intelligence, qu'il réservait cette dignité. En cela il suivait la pensée qui avait présidé à l'institution primitive, qui date de 1352. L'ordre de Saint-Michel, l'archange guerrier, se conférait aux militaires; l'ordre du Saint-Esprit, le dieu d'intelligence, était affecté à la noblesse de robe[1].

Abailard est un homme d'intelligence et non d'amour, un dialecticien, un philosophe. Abailard n'a montré aucun dévouement pour Héloïse; il est froid, il est sec dans ses réponses aux lettres ardentes de cette femme qui s'était sacrifiée pour lui. Aussi, de ce qu'Abailard est dévot au Saint-Esprit, de ce qu'il élève en son honneur le monastère du Paraclet, de ce qu'il fait sculpter une Trinité où le Saint-Esprit est identique au Père et au Fils, et plus absorbé dans les deux autres personnes que le dogme ne le permet, de tout cela je voudrais conclure encore que le Saint-Esprit est le dieu de l'intelligence. Abailard honorait le dieu qui répondait le mieux à sa propre nature.

Enfin l'art lui-même est conséquent avec tout ce qui précède. Quand saint Étienne adresse aux Juifs ce discours où est discutée et prouvée la religion chrétienne, et que nous ont conservé les Actes des apôtres, le jeune prédicateur était rempli du Saint-Esprit[2]. Dans la cathédrale de Sens, un beau

---

[1] L'ordre de Saint-Michel fut fondé en 1469. Trois cents ans auparavant, en 1163, avait été institué l'ordre militaire de l'aile de saint Michel; ce dernier fut absorbé complétement par l'ordre de 1469. Tout guerrier d'abord, cet ordre finit, sous la restauration, par être conféré surtout aux grands artistes : c'était un complet contre-sens.

[2] « Cum esset plenus (Stephanus) Spiritu-Sancto. » (*Act. Apost.* cap. VII, v. 55.)

vitrail, celui qui ferme la galerie à jour au-dessus de laquelle rayonne la rose du croisillon méridional, représente le premier martyr prêchant aux juifs assemblés; là se voit le Saint-Esprit, en colombe blanche, à nimbe d'un jaune d'or, étendant ses grandes ailes sur la tête du jeune philosophe. La colombe soutient l'intelligence de saint Étienne, en l'abritant, pour ainsi dire.

Sainte Catherine, la fille d'un roi, était instruite dans tous les arts libéraux; elle voulut disputer avec l'empereur Maxence, à l'aide de toute espèce de raisonnements et de syllogismes allégoriques, métaphoriques, mystiques, sur l'existence d'un seul dieu, créateur, ordonnateur et régulateur de tous les êtres vivants ou inanimés, des astres et des hommes, et sur l'incarnation de son fils Jésus-Christ. Maxence, qui ne pouvait tenir tête à une pareille femme, fit appeler de tous les pays des savants supérieurs à tous les autres en science mondaine, pour les mettre aux prises avec la fille royale. Il en vint cinquante, qui lui adressèrent mille questions auxquelles la sainte fit des réponses péremptoires, et qui les rendirent muets d'admiration. Catherine, dit Jacques de Vorage, savait tout en théologie, en philosophie, en sciences naturelles et historiques, et l'on peut voir dans la légende le cadre immense de la philosophie qu'elle remplissait de sa science et de son intelligence [1]. C'est qu'en effet l'esprit de Dieu parlait en elle. A la cathédrale de Freybourg en Brisgau, dans la nef latérale du nord, un vitrail représente Catherine décorée d'un nimbe d'or et d'une

---

[1] *Legenda aurea*, de sancta Katherina virgine et martyre. « Katherina, Costi regis filia, « omnibus liberalium artium studiis erudita fuit. — Per varias conclusiones syllogismo- « rum allegorice et metaphorice, diserte et mystice multa cum Cesare disputavit. — Hæc « autem puella, in qua Spiritus Dei loquitur, sic nos in admirationem convertit (disent les « savants qui disputent avec elle), ut contra Christum aliquid dicere aut omnino nescia- « mus aut penitus formidemus. »

couronne d'or, puisqu'elle est sainte et fille de roi; elle est assise, comme la Vierge dans le cénacle, au milieu d'une assemblée de docteurs qui discutent avec elle. La sainte est triomphante dans son argumentation; les philosophes s'avouent vaincus, et l'on voit sur la tête de la puissante dialecticienne descendre le Saint-Esprit en colombe blanche, avec un nimbe d'or timbré d'une croix rouge. Voilà ce que nous dit l'art de la France et de l'Allemagne. L'Italie, à son tour, vient confirmer par d'éclatants exemples tous les faits qui précèdent.

Nous lisons dans Vasari plusieurs descriptions de tableaux où figure le Saint-Esprit, et toujours le Saint-Esprit est là comme le créateur des sciences. Par exemple, on voit que dans un des compartiments de la voûte de Santa-Maria-Novella, à Florence, Taddeo Gaddi a peint la descente du Saint-Esprit. « Sur la paroi se trouvent les sept sciences, et au-dessous de chacune d'elles l'un des professeurs les plus célèbres par lesquels elles ont été illustrées. La Grammaire, sous la figure d'une femme instruisant un enfant, domine l'image de Donato l'écrivain. Vient ensuite la Rhétorique : à ses pieds, un personnage tient les deux mains appuyées sur des livres, tandis que de son manteau sort une troisième main qui s'approche de sa bouche. La Logique, armée d'un serpent caché sous un voile, est accompagnée de Zénon Éléate. Sous l'Arithmétique, tenant les tables de l'abaque, est assis Abraham, inventeur de cette science. Au-dessous de la Musique, entourée d'instruments, Tubalcain écoute attentivement les sons qu'il produit en frappant une enclume avec deux marteaux. La Géométrie, que l'on reconnaît à son équerre et à ses compas, est au-dessus d'Euclide, et l'Astrologie, tenant une sphère céleste, au-dessus d'Atlas.

« D'un autre côté, les sept sciences théologiques sont en rapport avec des personnages, parmi lesquels on remarque un pape, un empereur, un roi, des cardinaux, des ducs, des évêques et des marquis. Le pape n'est autre que Clément V. Le milieu de cette composition est occupé par saint Thomas d'Aquin, qui posséda toutes ces sciences. A ses pieds, on voit quelques hérétiques, Arius, Sabellius, Averroës, et autour de lui Moïse, saint Paul, saint Jean l'évangéliste et d'autres saints surmontés des vertus cardinales et théologales[1]. »

« Dans la chapelle de San-Domenico, à Santa-Catarina de Pise, Traini (le meilleur élève d'Andrea Orcagna) représenta saint Thomas d'Aquin assis et tenant des livres qui transmettent des rayons lumineux au peuple chrétien. Autour de lui sont agenouillés une foule de docteurs, de clercs, d'évêques, de cardinaux et de papes, parmi lesquels on remarque Urbain VI. A ses pieds se tiennent Sabellius, Arius, Averroës et d'autres hérétiques et philosophes avec leurs livres déchirés en lambeaux, tandis que Platon et Aristote montrent le Timée et l'Éthique. Le Rédempteur, au milieu des quatre évangélistes, occupe le haut du tableau et bénit saint Thomas auquel il envoie l'Esprit saint[2]. »

De tout cela il ressort nettement que le Saint-Esprit est le créateur, l'inspirateur et le directeur de la science; s'il restait encore un doute, Herrade, l'abbesse de Sainte-Odile, viendrait le détruire. En effet une miniature de ce beau manuscrit dont nous avons déjà tant parlé[3] représente la philo-

---

[1] *Vies des peintres*, par Vasari; Vie de Taddeo Gaddi, trad. de MM. Leclanché et Jeanron, 1ᵉʳ vol. p. 372-73.

[2] *Ibid.* Vie d'Andrea Orcagna, 1ᵉʳ vol. p. 387-88.

[3] *Hortus deliciarum*. La philosophie y est représentée par un être humain à trois têtes sur un seul corps; les trois têtes figurent l'Éthique, la Logique et la Physique, dont la philosophie de cette époque était composée. Le texte dit : « Spiritus Sanctus inventor « est septem liberalium artium, etc. » A la bibliothèque communale de Reims, une bible

sophie donnant naissance aux sept arts libéraux, dans lesquels était comprise toute la science connue au moyen âge. Mais le créateur, l'INVENTEUR de ces muses chrétiennes, c'est le Saint-Esprit lui-même, ainsi que Taddeo Gaddi l'a peint plus de cent cinquante ans après Herrade. D'abord, dans une légende qui explique les figures et ensuite dans un texte courant qui développe la légende, Herrade dit : « Le Saint-Esprit est l'inventeur des sept arts libéraux, qui sont : la grammaire, la rhétorique, la dialectique, la musique, l'arithmétique, la géométrie, l'astronomie. » Ainsi donc, dans toutes ses relations avec les hommes, chaque fois que le Saint-Esprit paraît, c'est pour faire éclore sous le souffle l'intelligence qui perçoit, la science qui découle de cette intelligence, et la mémoire qui est l'instrument de la science et qui retient ce que l'intelligence a discerné. Avec l'histoire, l'allégorie, la légende, les mœurs et l'art, avec les textes et les monuments, nous prouvons donc que le Saint-Esprit est vraiment pour les hommes le dieu de la raison et non le dieu du sentiment. Si, dans ses relations avec les personnes divines, il est le dieu d'amour, nous le voyons, dans ses rapports avec le genre humain, comme le

manuscrite, du XIe siècle probablement, offre un sujet semblable et servant comme de préface au livre de l'Ecclésiastique. Ce livre commence par « Omnis sapientia. » C'est dans l'O d'*omnis* qu'est peinte l'allégorie de la science ou de la sagesse, qui étaient la même chose au moyen âge, comme c'est encore tout un dans nos villages : en Champagne et en Picardie, on est sage quand on est savant. Dans cet O majuscule on voit la Philosophie (PHYLOSOPHYA) assise sur un trône ; c'est une femme qui porte un nimbe à la tête comme une sainte ; elle pose la main droite sur un demi-cercle qui contient la Physique (PHISICA) ; la gauche, sur un demi-cercle occupé par la Logique (LOGYCA) ; les pieds, sur un demi-cercle rempli par l'Éthique (ETHICA). On remarquera l'indifférence professée par ce manuscrit pour les y et les i. Ces trois filles de la Philosophie sont trois femmes voilées, sans nimbe et en buste seulement ; elles portent de petits médaillons où est écrit le titre des sciences qui dérivent d'elles. La grammaire, la géométrie et l'astronomie appartiennent à la Physique ; la rhétorique et la dialectique relèvent de la Logique ; la justice, la tempérance, la force et la prudence procèdent de l'Éthique. (V. *Biblia sacra*, in-f°, A pars II.)

LE SAINT-ESPRIT.

dieu de l'intelligence; c'est le dieu qui éclaire et qui instruit, non pas le dieu qui fortifie ni le dieu qui échauffe.

110. — ESPRIT D'INTELLIGENCE PLANANT SUR DAVID.
Miniature grecque du x° siècle[1].

Ce dessin est tiré d'un manuscrit grec où nous avons déjà

---

[1] Bibliothèque royale, *Psalterium cum figuris*, grec, n° 139. On lit sur le livre que tient David : « Ο ΘΕ ΤΟ ΚΡΙΜΑ ϹΟΥ ΤѠ ΒΑϹΙΛΕΙ ΔΟϹ ΚΑΙ ΤΗΝ ΔΙΚΑΙΟϹΥΝΗΝ ϹΟΥ ΤѠ ΥΙѠ ΤΟΥ ΒΑϹΙΛΕѠϹ. » On voit que le *sigma* est partout en forme de C;

pris le prophète Isaïe placé entre le Jour et la Nuit[1]. David, assisté par la Sagesse et la Prophétie, tient un livre où est écrit : « O Dieu ! donnez votre discernement au roi, et au fils du roi votre justice. » Le texte et les deux personnifications de la Sagesse et de la Prophétie, assistant au trône, ont trait à l'intelligence. Ce discernement que David demande pour lui, cette justice qu'il implore pour Salomon son fils, lequel prononça un jugement dont l'intelligence fait encore aujourd'hui notre admiration, tout cela est de la sagesse et de la droiture d'esprit. Dieu est favorable à la prière de David, et le Saint-Esprit plane sur la tête du roi, qu'il remplit de tous ses dons. On remarquera le nimbe qui entoure la tête de David et celle des deux allégories. Ce tableau est réellement l'apothéose de l'intelligence que sanctifie l'Esprit divin. L'Esprit est le dieu de la raison.

Du reste, cette doctrine est dans le passage suivant de saint Paul, qu'on ne saurait trop méditer : « L'esprit est donné visiblement à chacun pour l'utilité. L'un reçoit de l'esprit la parole de la sagesse; l'autre reçoit du même esprit la parole de la science. A l'un la foi arrive par le même esprit; à l'autre, et par cet esprit unique, le don de guérir les maladies. L'un a le don des miracles, un autre des prophéties, un autre du discernement des esprits, un autre des langues diverses, un autre

---

l'*epsilon* et l'*oméga* sont archaïques également. Remarquez des fleurs de lis au xe siècle, semées avec des quatre-feuilles sur le manteau de David. Ceci me rappelle qu'une couronne fleurdelisée, en marbre blanc, est sculptée sur la façade méridionale, au dehors de l'église principale de Chilandari, grand couvent du mont Athos. Des fleurs de lis décorent également l'abside de l'église dite Hécatompyli, à Mistra. Le manuscrit est reconnu du xe siècle, l'Hécatompyli m'a semblé du xiiie et la couronne de Chilandari du xve. Je doute qu'on trouve en France des fleurs de lis réelles qui soient authentiquement antérieures au xie siècle, et je pense que c'est un ornement choisi au hasard parmi beaucoup d'autres et adopté par les rois de France, pour leur blason, seulement à partir du xiie ou même du xiiie siècle.

[1] Plus haut, p. 184, pl. 52.

de l'interprétation des langues. Mais c'est un seul et même esprit qui opère toutes ces choses et fait, selon qu'il lui plaît, la part à chacun [1]. » Moïse avait déjà dit que l'esprit de Dieu fait prophétiser et qu'il donne l'intelligence de l'avenir; et les Actes des apôtres avaient ajouté que le Saint-Esprit parlait par la bouche des prophètes [2]. Tout cela est conforme au texte de saint Paul et au dessin du manuscrit grec. Saint Pierre enfin avait reproché à Ananie de mentir au Saint-Esprit; or le mensonge est surtout un vice intellectuel. La science et la pensée modernes recueillent ces textes épars; elles groupent et multiplient ces faits isolés et trop rares encore, les mettent sous un jour plus éclatant, et prononcent, que le Saint-Esprit a commencé son règne. Ce qui flottait au moyen âge commence à se fixer aujourd'hui; et chaque personne divine rentre dans ses attributions spéciales [3].

Au reste, l'art chrétien lui-même attribue quelquefois l'intelligence au Saint-Esprit, tandis qu'il donne la force au Père et l'amour au Fils. Le dessin suivant présente ce fait, qui est pour nous du plus haut intérêt.

[1] *Ad Corinthios*, I, cap. XII, v. 7-11. « L'esprit de Dieu scrute et CONNAÎT ce qui est en Dieu, dit saint Paul dans la même épître, chap. II, v. 10 et 11. Il y aurait peut-être lieu de parler ici du péché contre le Saint-Esprit, péché qui paraît purement intellectuel, irrémissible et sur lequel on a tant discuté; mais nous ne sortirions de ce grave débat qu'après une dissertation fort longue et où l'archéologie monumentale n'a presque rien à voir. On peut consulter d'ailleurs un traité du bénédictin allemand Martin Gerbert; cet ouvrage, imprimé en 1767, a pour titre : *De peccato in Spiritum Sanctum in hac et in altera vita irremissibili.*

[2] *Lib. Numerorum*, cap. XII, v. 25-29. — Tertullien, *De anima*, cap. II, dit : « Sancti Spiritus vis operatrix prophetiæ. » — *Act. Apost.* cap. XVIII, v. 25.

[3] « Dieu est en trois personnes : la puissance est au Père, qui a tout créé; l'amour au Fils, qui a tout racheté; l'intelligence au Saint-Esprit, qui a tout vivifié. » Ainsi s'exprime M. Fabisch, statuaire lyonnais, dans une introduction à l'histoire et à la philosophie de l'art chrétien. (Voyez l'Institut catholique, tome II, p. 308, n° de décembre 1842.) L'Institut est un recueil périodique; il se publie à Lyon, sous les yeux et le patronage de Mgr de Bonald, cardinal-archevêque.

111. — SAINT-ESPRIT EN DIEU DE L'INTELLIGENCE ET TENANT UN LIVRE.
Miniature française du xive siècle[1].

Au centre de cette Trinité, Dieu le père tient le globe, attribut de sa toute-puissance et de la création, dont il est l'auteur. Le Fils, qui est assis, suivant la loi, à la droite de son Père, tient la croix où il est mort et qui est surmontée quelquefois d'un pélican s'ouvrant les entrailles pour ressusciter ou nourrir ses petits[2] : cette croix est le symbole de l'amour.

[1] Manuscrit français, Bibl. roy. fonds Lavall.

[2] Voyez un remarquable dessin à la couleur noire, sur soie, qui appartient à M. Jules Boilly. Cette pièce, longue de deux mètres cinquante centimètres, sur soixante et dix centimètres de haut, vient des environs de Narbonne et a dû être exécutée en Allemagne; elle a servi sans doute de parement d'autel. Au centre, Jésus meurt entouré de sa mère, de saint Jean évangéliste, de la Religion chrétienne personnifiée et d'Isaïe, de la Synagogue personnifiée et de David. Au pied sont agenouillés un roi et une reine qui ressemblent à Charles V de France et à sa femme, qui sont aujourd'hui à Saint-Denis et qu'on prend bien à tort pour saint Louis et pour Blanche de Castille. Le K de Karolus sert d'ornement

Le Saint-Esprit, à la gauche du Père, aussi âgé que le Père et le Fils, et couvert symboliquement de leur propre manteau, tient un livre ouvert, qui est l'attribut de l'intelligence et qui a la forme des tables de la loi. Constamment le livre désigne l'intelligence, l'étude, la science. Un texte de Guillaume Durand, que nous avons donné plus haut, ne laisse aucun doute là-dessus. Le rouleau signifie la science incomplète; le livre, la science parfaite. On devrait toujours donner le livre aux apôtres et le rouleau aux prophètes, pour marquer le degré de connaissance des uns et des autres[1]. Le Saint-Esprit est donc ici la source, la cause de l'intelligence, et c'est ainsi principalement qu'il devra être figuré dans l'avenir.

CULTE DU SAINT-ESPRIT.

Les honneurs extérieurs rendus au Saint-Esprit, moindres que ceux du Christ, surpassent ceux qu'on attribue à Dieu le père. L'art figure le Saint-Esprit plus rarement que Jésus, mais beaucoup plus souvent que Jéhovah.

Sous le nom de Saint-Esprit et sous celui de Paraclet, beaucoup d'églises et de couvents ont été élevés à la troisième per-

---

au cadre. A droite et à gauche du crucifiement sont l'arrestation de Jésus au jardin des Oliviers, la flagellation, le portement de la croix, la sépulture, la descente aux enfers et l'apparition à Madeleine. Au sommet de la croix le pélican se perce le ventre. C'est du xive siècle et d'une fort remarquable exécution. Un pélican est posé de même sur la cime de la croix dans les crucifiements qui ornent beaucoup de manuscrits à miniatures. Le pélican, image du dévouement absolu, devait accompagner le crucifiement; on le voit sur des vitraux du xiiie siècle qui décorent la chapelle du fond de l'abside, dans l'ancienne église abbatiale d'Orbais (Marne, arrondissement d'Épernay).

[1] Voyez ce que nous disons à ce sujet, page 256. Du reste, voici le texte de Durand; on ne sera pas fâché de le connaître : « Ante Christi adventum fides figurative ostende-
« batur, et quoad multa in se implicita erat. Ad quod ostendendum patriarchæ et pro-
« phetæ pinguntur cum rotulis, per quos quasi quædam imperfecta cognitio designatur.
« Quia vero apostoli in Christo perfecte edocti sunt, ideo libris, per quos designatur con-
« grue perfecta cognitio, uti possunt. » (*Rationale div. offic.* lib. I, cap. III.)

sonne divine. En Italie, à Florence, c'était une église et un cloître qui furent peints par Cimabue[1]; à Rome, une église et un hôpital construits et sculptés par Marchione d'Arezzo, sous le pape Innocent III[2]; à Arezzo, c'était l'oratoire du Saint-Esprit, dont le maître-autel fut peint à fresque par Taddeo Gaddi, élève de Giotto[3]. A l'entrée de Palerme, l'église de Santo-Spirito, bâtie en 1173[4], est célèbre dans les annales du pays; car là se passa l'événement qui fit éclater la vengeance méditée depuis longtemps par Jean de Procida[5]. Le Campo-

---

[1] Vasari, *Vies des peintres*, Vie de Cimabue. L'église fut rebâtie par Brunelleschi.

[2] *Idem, ibid.* Vie d'Arnolfo di Lapo. Au Borgo-Vecchio existaient cet hôpital et cette église de Santo-Spirito-in-Sassia. (Voyez dans les Mémoires de la commission des antiquités de la Côte-d'Or, in-4°, tome I, pages 3-99, l'Histoire de la fondation des hôpitaux du Saint-Esprit de Rome et de Dijon, par M. G. Peignot.) L'hôpital du Saint-Esprit fut fondé à Rome en 1198, par le pape Innocent III; mais ce fut une restauration à nouveau, car l'origine en remonte au VIII° siècle. Sur ce modèle fut fondé à Dijon, en 1204, par Eudes III, duc de Bourgogne, un hôpital également dédié au Saint-Esprit. Une bulle de 1241 résume les priviléges accordés par les papes à l'ordre hospitalier du Saint-Esprit en général. Dans l'énumération des contrées, provinces et villes où l'ordre avait des possessions et des hôpitaux, on nomme Dijon, Dôle, Tournus, Besançon, etc. Les hospitaliers du Saint-Esprit portaient sur leur habit religieux, en signe distinctif, la croix d'argent à double traverse, espèce de croix de Lorraine. Nous en avons donné plusieurs exemples plus haut, pages 96, 98, planches 366, 372. Cette croix double des hospitaliers du Saint-Esprit fut montrée en révélation par un ange au pape Innocent III, fondateur de l'ordre. La robe des religieux était bleue; le manteau, qui était noir, portait cette double croix. Dans les hôpitaux de Rome et de Dijon on recevait les orphelins, les enfants trouvés, les malades pauvres et les pèlerins ; on y exerçait les sept œuvres de miséricorde. Cet hôpital a existé jusqu'en 1790. A la bibliothèque de la ville de Troyes existe un curieux manuscrit rempli de dessins à la main; le texte contient l'histoire et la description de cet hôpital du Saint-Esprit, dont les dessins présentent des vues de toute nature. Un manuscrit semblable est à Dijon, et c'est d'après ce bel ouvrage que M. Peignot a fait son travail.

[3] Vasari, *Vies des peintres*, Vie de Taddeo Gaddi.

[4] Fazellus dit : « Gualterius Panormitanus cœnobium S. Spiritus, Cisterciensis ordinis, « condidit anno 1173. »

[5] C'était la coutume, à Palerme, d'aller entendre la messe à Santo-Spirito le mardi de Pâques. Le dernier jour du mois de mars de l'année 1282, les Palermitains se trouvaient réunis en très-grand nombre dans l'église, comme à l'ordinaire. Un des soldats

Santo de Palerme dépend de cette église. En Allemagne, une église de Cobourg s'appelle Saint-Esprit. En France, dans le département de la Somme, une chapelle de l'église paroissiale de Rue a le nom de Saint-Esprit; dans le même département, une abbaye, fondée en 1218, s'appelle Paraclet-des-Champs[1]. L'abbaye du Paraclet, à Nogent-sur-Seine, est célèbre par Abailard qui l'a fondée, et par Héloïse qui en fut la première abbesse[2]. Des abbayes du Saint-Esprit existaient à Béziers et à Luxembourg; des abbayes de Sainte-Colombe (la colombe est le symbole du Saint-Esprit) existaient dans le diocèse de Limoges, dans le territoire d'Ardres, près de Vienne en Dauphiné, près de Sens et dans le diocèse de Chartres[3]. Ainsi la troisième personne divine avait, sous ses deux noms de Saint-Esprit et de Paraclet, et sous celui de Sainte-Colombe, des établissements considérables, églises et chapelles, cloîtres et monastères, qui lui étaient consacrés. On se contentera des faits qui précèdent, sans en signaler de semblables ni en An-

---

français, nommé Droet, qui étaient venus se mêler aux fidèles, insulta une jeune fille de Palerme, distinguée par ses vertus et sa beauté. Ses parents accoururent à ses cris et massacrèrent le soldat brutal. Le peuple, qui haïssait les Français, se jeta sur ceux qui étaient dans l'église et les égorgea tous. La nouvelle du massacre se répandit bientôt dans toute la ville, et alors commencèrent les vêpres siciliennes. (Gally Knigth, *Excursion monumentale en Sicile*, et *Bulletin monumental* de M. de Caumont, 5ᵉ vol. p. 198.)

[1] Cette abbaye, qui était de femmes, fut fondée par Enguerrand, seigneur de Boves; deux des filles d'Enguerrand en furent les premières abbesses. Cette abbaye était de l'ordre de Cîteaux; c'est une ferme aujourd'hui, et elle n'a conservé que peu de restes de ses anciennes constructions. Je dois ces renseignements à M. Goze, correspondant du comité des arts et monuments, à Amiens. On remarquera que cette abbaye du Paraclet était de l'ordre de Cîteaux, comme celle de Santo-Spirito, à Palerme.

[2] Le Paraclet de la Picardie et celui de la Champagne étaient tous deux des couvents de femmes. Le nom de Paraclet, qui signifie consolateur, l'avait peut-être voulu ainsi. C'est sous les ailes de la divine colombe qu'Héloïse abrita sa douleur et chercha à se consoler.

[3] *Monastères de France*, par M. Louis de Mas-Latrie, dans l'Annuaire historique pour l'année 1838.

gleterre ni en Espagne[1]. En France, on a même dédié une petite ville de Provence et une autre de Gascogne au Saint-Esprit[2].

Enfin, dans la liturgie, il existe un office entier en l'honneur du Saint-Esprit. On a composé des hymnes, des proses, des litanies, des prières, en son honneur; on lui a consacré une des plus belles fêtes, la Pentecôte, qui se célèbre en mai, dans la plus belle saison et dans le plus beau mois de l'année. Ce sont là de grands hommages, grands surtout quand on les met en regard de ceux rendus au Père, auquel pas une église, pas un office, ne sont dédiés[3]. Comme nous l'avons dit, un ordre célèbre de chevalerie a été institué portant le nom de la troisième personne divine. L'ordre du Saint-Esprit, ordre privilégié et réservé aux plus hautes notabilités de l'aristocratie, fut fondé en 1352; réorganisé en 1579, il a existé jusqu'en 1830. Voilà, dans le culte religieux ou civil, à peu près tous les honneurs rendus au Saint-Esprit; voyons maintenant ce que l'histoire rapporte, ce que l'art a fait pour lui. La part de la troisième personne divine a été belle assurément dans la

---

[1] M. Cyprien Robert (*Cours d'hiéroglyphique chrétienne*, dans l'Université catholique, tome VI°, page 266) dit : « Les premières basiliques, placées ordinairement sur des hauteurs, s'appelèrent *Domus Columbæ*, demeures de la Colombe, c'est-à-dire de l'Esprit saint. Elles recevaient les premiers rayons de l'aurore et les dernières flammes du couchant. » Je n'ai pu vérifier ce fait ni savoir sur quoi on le fondait. D'ailleurs, si des basiliques élevées sur des hauteurs ont été nommées maisons de la colombe, c'est peut-être parce que les colombes et les pigeons ramiers y faisaient leur demeure, plutôt qu'en vue du Saint-Esprit. J'émets un doute, sans rien affirmer, parce que, je le répète, je ne connais pas les faits énoncés par M. Robert.

[2] Le pont Saint-Esprit est célèbre en Provence. La terre du Saint-Esprit est la plus grande des nouvelles Hébrides.

[3] Qu'on se rappelle, relativement à la différence des honneurs rendus à chacune des personnes divines, la note 1, p. 218. Cette différence s'explique et se justifie par l'histoire. On n'a pas vu le Père; mais le Fils, qui nous sauve, et le Saint-Esprit, qui nous guide, se sont manifestés visiblement. Nous devions donc les représenter plus souvent et les honorer plus tendrement que le Père : c'était plus facile et plus naturel.

narration historique comme dans les œuvres de la peinture et de la sculpture.

MANIFESTATIONS DU SAINT-ESPRIT.

Dans l'histoire sainte, le Saint-Esprit est souvent indiqué; il est nommé quelquefois, et il se produit par diverses apparitions. Nous parlerons même de certains textes où, selon les commentateurs, l'Esprit se révèle avec plus ou moins de probabilité, parce que l'art s'est emparé de ces interprétations et les a traduites en faisant apparaître la troisième personne. Dieu dit dans la Genèse : « Faisons l'homme à notre image. » On a expliqué le pluriel FAISONS par le conseil que les personnes divines tiennent entre elles, et l'on a déclaré que la Trinité tout entière, le Saint-Esprit par conséquent, se révélait dans ce pluriel [1], comme elle s'était révélée visiblement à Abraham, sous la forme des trois jeunes hommes auxquels il servit un repas, et devant l'un desquels il se prosterna. Les sociniens ne voulaient pas reconnaître la pluralité des personnes divines dans le « faciamus « hominem ad similitudinem nostram. » Dieu, disaient-ils, avait bien pu parler au pluriel comme un artiste qui s'excite lui-même, ou comme un souverain qui ne s'exprime pas au singulier; d'ailleurs il pouvait tout simplement, en parlant ainsi, s'adresser à un ange qui l'aurait servi dans l'œuvre de la création. Les théologiens ont réfuté les sociniens avec plus ou moins de force; ils ont reconnu que les trois personnes s'étaient révélées dans ce premier chapitre de la Genèse, au « fa- « ciamus ; » comme dans le troisième, à ce passage : « Voici « qu'Adam est devenu semblable à nous [2]; » comme dans le

---

[1] Voyez un dessin que nous avons donné p. 11, pl. 6.
[2] « Ecce Adam quasi unus ex nobis factus est. » (*Genesis*, III, 22.)

onzième, en cet endroit : « Venez, descendons et confondons leur langage [1]. »

Quoi qu'il en soit de ces controverses, le Saint-Esprit apparaît nominativement dans le second verset de la Genèse : « La terre était informe et nue; les ténèbres couvraient la face de l'abîme, et l'ESPRIT de Dieu était porté sur les eaux [2]. »

112. — SAINT-ESPRIT EN COLOMBE ET PORTÉ SUR LES EAUX.
Miniature française, XVe siècle [3].

Lorsque Dieu reçoit son fils et lui dit de s'asseoir à sa droite,

---

[1] « Venite, descendamus et confundamus linguam ipsorum. » (*Genesis*, XI, 7.)
[2] « Spiritus Dei ferebatur super aquas. » (*Ibid.* I, 2.)
[3] Le miniaturiste, amoureux du paysage, a été fort infidèle au texte; la terre, au lieu

on voit souvent, dans les manuscrits à miniatures, en tête du psaume CIX[1], le Saint-Esprit planant au-dessus des autres personnes ou les unissant par l'extrémité de ses ailes, ou se plaçant à côté du Père et à sa gauche. Isaïe le nomme plusieurs fois et analyse même les propriétés qui le constituent; les sept esprits qu'il possède, qui rayonnent autour du Messie, se reposent sur lui et le remplissent[2]. L'archange Gabriel dit à Marie : « Le Saint-Esprit surviendra en vous et la vertu du Très-Haut vous couvrira de son ombre[3]. » Plus tard, au baptême de Jésus-Christ, le texte est plus formel encore, car le Saint-Esprit apparaît visiblement sous la forme d'une colombe[4]; il se montre à Jésus, s'arrête sur lui, le remplit de sa vertu et le conduit au désert pour y être tenté par le démon. Avant de quitter la terre, Jésus promet à ses apôtres de leur envoyer le Saint-Esprit, le Paraclet, l'esprit de vérité[5]. En effet, « Les jours de la Pentecôte étant accomplis, et tous étant assemblés dans

---

d'être informe, nue et ténébreuse, comme dit la Genèse, est charmante d'aspect, habillée de verdure, éclatante de lumière. Les petites vagues sur lesquelles glisse le Saint-Esprit, et que la gravure a pu rendre seulement par des lignes sèches et noires, sont rehaussées de lumière dans le dessin original. L'eau de ce beau fleuve est glacée d'argent et brille comme du cristal. Le manuscrit d'où est tiré ce dessin est à la bibliothèque de l'Arsenal : c'est un livre d'Heures du XVe siècle. (Théol. fr. 8, f° 3 verso.)

[1] « Dixit Dominus Domino meo : sede a dextris meis. » Voyez principalement p. 283, pl. 78. Le Saint-Esprit que nous donnons est là, tenant un livre, comme celui qui précède, à la pl. 111.

[2] « Effundam spiritum meum super semen tuum. » (Isaias, cap. XLIV, v. 3.) C'est au chapitre XI, v. 1, 2 et 3, que sont énumérés les sept attributs du Saint-Esprit.

[3] S. Luc, cap. I, v. 35.

[4] S. Matth. chap. III, v. 16, dit : « Ecce aperti sunt ei (Jesu baptisato et oranti) cœli, « et vidit spiritum Dei descendentem sicut columbam » (corporali specie, ajoute S. Luc, chap. III, v. 22). En parcourant les gravures qui précèdent et d'autres qui vont suivre, on trouvera plusieurs baptêmes dans lesquels le Saint-Esprit se manifeste. (Voyez surtout page 186, pl. 53.)

[5] « Et ego rogabo Patrem et alium Paracletum dabit vobis, ut maneat vobiscum in « æternum, spiritum veritatis. » (S. Jean, chap. XIV, v. 16 et 17.)

un même lieu, il se fit tout à coup un bruit qui venait du ciel, semblable à celui d'un vent impétueux, et qui remplit la maison où ils étaient assis. Et ils virent apparaître comme des langues de feu qui se dispersèrent et vinrent se poser sur chacun d'eux. Et tous furent remplis du Saint-Esprit, et ils commencèrent à parler diverses langues, selon que l'Esprit saint les faisait s'exprimer [1]. » On est ici à la plus importante, à la plus complète de toutes les manifestations du Saint-Esprit : c'est comme l'Épiphanie de la troisième personne divine.

Outre ces apparitions historiques, il y en a d'autres qui tiennent de l'histoire et de la légende tout à la fois, et que l'art s'est empressé d'adopter.

Jésus-Christ, après avoir accompli sa mission sur la terre et terminé son douloureux pèlerinage, remonta au ciel pour venir rendre compte à son père de tout ce qu'il avait fait; ordinairement, sur les monuments qui représentent cette belle scène, on figure le Saint-Esprit accompagnant le Père éternel dans la réception qu'il fait à son fils.

Dans l'histoire de Dieu le fils, nous avons donné un dessin où le Saint-Esprit est assis à côté du Père, qui bénit son fils revenant de son pèlerinage terrestre. Le Saint-Esprit, qui tient un livre, attribut de l'intelligence, bénit également Jésus [2].

Après l'Ascension, vient l'Assomption; après le triomphe du Christ, celui de Marie. La Vierge étant morte, « les apôtres portèrent son corps dans un sépulcre et s'assirent auprès, selon qu'il leur avait été ordonné par le Seigneur. Le troisième jour, Jésus vint avec une multitude d'anges et salua ses apôtres de ce salut qu'ils connaissaient si bien : « Paix à vous. » Les apôtres

---

[1] *Act. Apostol.* cap. II, v. 1-4.

[2] Voyez page 283, planche 78. Ce sujet est extrait du manuscrit de la bibliothèque Sainte-Geneviève, *Romant des trois pèlerinages.*

répondirent : « A vous, Seigneur, qui faites seul de grandes mer-
« veilles, à vous la gloire. » « Quelle faveur et quelle dignité, leur
demanda Jésus, dois-je accorder en ce moment à ma mère? »
Et ceux-ci : « Il paraît juste à vos serviteurs que vous, qui avez
« vaincu la mort et qui régnez sur l'éternité, vous ressuscitiez
« aussi le corps de votre mère et le placiez pour toujours à
« votre droite. » Jésus consentit, et aussitôt l'archange Michel
apparut et lui présenta l'âme de Marie. Alors le Sauveur dit ces
paroles : « Levez-vous, ma mère, ma colombe, tabernacle de
« gloire, vase de vie, temple céleste, afin que votre corps, qui
« n'a reçu aucune tache à l'approche d'un homme, ne se dé-
« truise pas dans le tombeau. » Aussitôt l'âme de Marie revint
dans son corps, qui sortit glorieux du tombeau. Ainsi la
Vierge, accompagnée d'une foule d'anges, fut enlevée au sé-
jour azuré[1]. » Arrivée au ciel, Marie y fut accueillie par les
trois personnes de la Trinité; elle s'agenouilla à leurs pieds et
fut couronnée d'une couronne de reine ou d'impératrice. C'est
à ce triomphe que le Saint-Esprit assiste, surtout dans les monuments figurés des XVe et XVIe siècles [2].

[1] *Legenda aurea*, De assumptione beatæ virginis Mariæ.
[2] Ces monuments sont très-communs; l'un des plus curieux est celui que nous repro-
duisons sur la planche suivante et où la Trinité, aussi égale que possible, assiste au couronnement de Marie. Est-ce le Père, comme c'est probable, qui couronne Marie, sa
fille céleste? Le Fils paraît bien être la personne qui est à la droite du Père et le Saint-
Esprit celle qui est à sa gauche. Du reste c'est par comparaison avec d'autres monuments
semblables de la même époque, et où des attributs divers caractérisent les trois personnes
divines, qu'il est possible de dire que le Père tient la couronne sur la tête de Marie.
Page 484, planche 126, nous donnerons un couronnement de Marie, où le Père, le Fils
et l'Esprit sont parfaitement distincts. Si l'on ne possédait aucun monument de ce
genre, on ne pourrait rien affirmer relativement à la distinction des personnes; car,
au XIIIe et même encore au XIVe siècle, c'est le Fils qui couronne sa mère, et ni le
Père ni l'Esprit ne lui rendent cet honneur. Il y a des raisons tirées de l'Ancien Testament pour cela; on assimile Jésus et Marie à Salomon et Bethsabée, et l'on sait que
Bethsabée fut couronnée par son fils. (Voy. à la Bibl. roy. suppl. L, 638. Au tiers de
ce manuscrit, le Fils bénit sa mère, que deux anges vont couronner.)

113. — LE SAINT-ESPRIT EN HOMME ASSISTANT AU COURONNEMENT DE MARIE.
Sculpture française en bois, xvi⁰ siècle, stalles de la cathédrale d'Amiens.

A ces apparitions, moitié historiques et moitié légendaires, il faut en joindre d'autres empruntées uniquement à la légende, qui sont plus ou moins douteuses et que l'art a très-souvent figurées.

Il faut citer d'abord celle qui est relative à saint Joseph. On lit, dans l'histoire apocryphe de la nativité de Marie, que le grand-prêtre consulta Dieu pour savoir à qui il destinait en mariage la jeune vierge Marie. Dieu lui dit d'enfermer dans le saint des saints des baguettes appartenant à tous ceux de la tribu de Juda qui seraient sans épouse, et que celui dont le

LE SAINT-ESPRIT.   433

bâton laisserait partir une colombe qui s'élèverait vers le ciel, celui-là était l'époux désigné. Comme Joseph tendait la main pour recevoir sa baguette, une colombe s'en échappa, plus blanche et plus resplendissante que la neige; puis, après avoir voltigé quelque temps sur le temple, elle s'élança vers les cieux [1]. Dans plusieurs peintures à fresque, dans diverses miniatures de manuscrits, surtout chez les Italiens, on voit ainsi une colombe blanche, le Saint-Esprit, qui s'échappe du bâton fleuri que porte saint Joseph au moment de son mariage avec la Vierge.

Quant à la présence du Saint-Esprit au moment où la Vierge met au monde l'enfant dieu, on la remarque au portail septentrional de la cathédrale de Paris, sur le tympan de la porte; mais elle n'est pas authentique. Il est probable que ce Saint-Esprit, qui ressemble plus à un petit oiseau, à un humble passereau, qu'à une colombe, a été ajouté dans une restauration récente et qui date de l'empire.

Mais le Saint-Esprit, comme la muse de la vérité, la muse du christianisme, a inspiré la poésie, l'amour et la vérité, les idées et les sentiments. On le voit, comme dans le manuscrit grec [2], planer sur la tête de David, qu'il semble protéger de ses deux ailes étendues; David, la tête illuminée d'un large nimbe, attentif au souffle de l'Esprit, recueille de nouveaux chants pendant qu'il tient son psautier ouvert et chargé d'un verset. Le Saint-Esprit ne se contente pas d'inspirer David, il fait assister le prophète-roi, à gauche par la Prophétie, à

---

[1] *Codex apocryphus Novi Testamenti*, par Fabricius. Ce sujet a été représenté sur des fonts baptismaux romans qu'on voit dans une église paroissiale des environs de Saintes; des antiquaires, ignorant la légende, ont pris ce bâton de saint Joseph pour un sceptre et cette colombe pour un aigle. (Voy. le Bulletin monumental, VIII, p. 319.)

[2] Plus haut, page 419, planche 110.

droite par la Sagesse, deux génies, deux jeunes femmes, ornées du nimbe qui symbolise la puissance autant que la sainteté [1], et dont l'une tient un rouleau et l'autre un gros livre fermé. A elles deux, ces femmes possèdent l'intelligence entière sous ses deux formes principales, le rouleau ou volume, et le livre carré.

Saint Étienne, nous l'avons déjà dit, recevait ses inspirations du Saint-Esprit, qui prononçait par la bouche du jeune diacre le discours recueilli dans les Actes des apôtres. Le Saint-Esprit, comme un oiseau familier, vient se poser sur l'épaule droite du pape Grégoire le Grand; la colombe cause avec le pape et lui inspire ses divers ouvrages, qui l'ont mis à la tête des quatre pères de l'Église romaine [2].

---

[1] A ce caractère, fût-il unique, on reconnaîtrait que la miniature est byzantine d'origine ou tout au moins de tradition. Qu'on se reporte à ce que nous avons dit à ce sujet, surtout pages 61 et 66-69.

[2] Paul Diacre, *Vie de saint Grégoire* (Sancti Gregorii opera, in-f°, Paris, 1705, t. IV, p. 14, 15), raconte ainsi cette curieuse légende qui est souvent figurée en détail dans nos églises, et qui est sculptée notamment à la cathédrale de Chartres, sur le pilier des confesseurs, arcade droite du porche méridional : « A fideli et religioso viro... » (il s'agit de Pierre, diacre de saint Grégoire) « fideliter post obitum ejus (sancti Gregorii) nobis « narratum didicimus, quod cum idem vas electionis et habitaculum Sancti-Spiritus vi- « sionem ultimam prophetæ Ezechielis interpretaretur, obpansum velum inter ipsum et « eumdem exceptorem tractatus sui, illo per intervalla prolixius reticente, idem minister « ejus stilo perforaverit et, eventu per foramen conspiciens, vidit columbam nive candi- « diorem super ejus caput sedentem, rostrumque ipsius ori diu tenere appositum. Quæ « cum se ab ore ejusdem amoveret, incipiebat sanctus pontifex loqui, et a notario gra- « phium ceris imprimi. Cum vero reticebat Sancti-Spiritus organum, minister ejus ocu- « lum foramini iterum applicabat, eumque, ac si in oratione levatis ad cœlum manibus « simul et oculis, columbæ rostrum more solito conspicabatur ore suscipere. — Dans les représentations figurées la colombe est sur l'épaule de saint Grégoire; dans le texte du biographe elle se pose sur la tête du pontife. La difficulté de représenter sur la tête du pape la colombe qui vient lui déposer l'éloquence sur les lèvres a dû faire prendre l'autre parti. Du reste l'Esprit saint serait mieux placé sur la tête, siége de l'intelligence, ainsi qu'on le voit sur la pl. 110. On se rappelle le texte « fides ex auditu » lorsqu'on voit cette colombe parler à l'oreille du grand saint Grégoire.

114. — LE PAPE SAINT GRÉGOIRE LE GRAND INSPIRÉ PAR LE SAINT-ESPRIT.
Statue française du xiiie siècle, dans Notre-Dame de Chartres.[1]

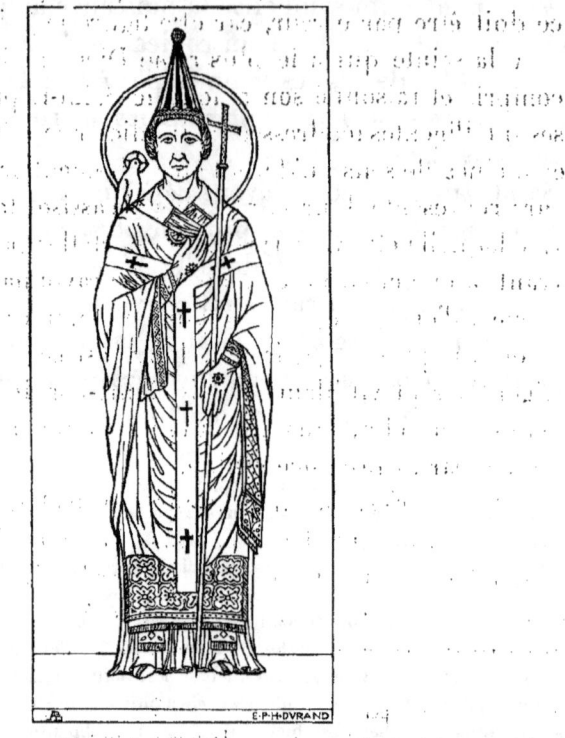

Les œuvres de saint Jérôme furent inspirées à ce grand saint par l'esprit de Dieu. Ainsi l'on voit, dans une très-belle miniature, une colombe soufflant dans l'oreille de saint Jérôme des

[1] Saint Grégoire le Grand ne fut pas le seul inspiré directement et visiblement par le Saint-Esprit sous forme de colombe; l'incomparable saint Grégoire VII eut le même honneur, et, dans son office, on voit en tête de la sixième leçon : « Dum missarum so-« lemnia perageret, visa est viris piis columba e cœlo delapsa humero ejus dextro insi-« dens, alis extensis caput ejus velare ; quo significatum est Spiritus Sancti afflatu, non « humanæ prudentiæ rationibus ipsum duci in Ecclesiæ regimine. » Saint Éphrem de Syrie déclarait avoir vu une colombe éclatante se poser sur l'épaule de saint Basile le

rayons d'intelligence, et le saint écrit sous cette inspiration [1]. Cette colombe, fait singulier, ne porte pas de nimbe; mais ce doit être par erreur, car elle figure le Saint-Esprit.

A la sainte qui a le plus aimé Dieu, mais qui a le mieux compris et raisonné son amour, le Saint-Esprit vient inspirer ses intelligentes tendresses, et lui dicter ces effusions brûlantes et pleines de sens qui feront éternellement sa gloire. Une gravure représente donc sainte Thérèse assise, tenant une plume avec laquelle elle va écrire ses immortelles pensées. La sainte, ayant la tête environnée d'un nimbe rayonnant, lève les yeux au ciel, d'où partent des rayons enflammés. Sur l'un de ces rayons, le plus large, le plus long, est écrit : « Spiritus intel- « ligentiæ replevit illam [2]; » et le Saint-Esprit, qui descend du ciel derrière elle, dans une auréole flamboyante, explique ces paroles par sa présence visible.

Enfin, et c'est là une admirable tâche, le Saint-Esprit éclaire les rois dans leurs actions. Au sacre des rois et reines d'Angleterre, un duc, encore aujourd'hui, porte un sceptre surmonté d'une colombe devant le souverain qui va recevoir l'investiture sacrée. Dans Montfaucon, on voit Charlemagne

Grand et dicter à ce père les beaux écrits que nous connaissons. Tout cela n'est qu'une imitation, comme on doit le sentir, de la descente du Saint-Esprit en forme de colombe sur les apôtres réunis dans le cénacle. Mahomet lui-même, qui sentait tout le crédit qu'un pareil phénomène pouvait donner à ses doctrines, avait dressé un pigeon à venir se poser sur son épaule, et l'oiseau y restait des heures entières. Le prophète arabe faisait passer cette colombe familière pour un messager céleste chargé de lui révéler les ordres de Dieu. Chez les païens, la colombe était déjà un instrument de doctrine, un organe de la volonté divine. Au sommet des chênes de Dodone les colombes prophétisaient l'avenir.

[1] Ms. de la Bibl. roy. *Biblia sacra*, n° 6829, fin du xiv° siècle. Willemin a gravé ce sujet dans son ouvrage des Monuments inédits.

[2] Si le Saint-Esprit était le Dieu d'amour, c'eût été surtout à sainte Thérèse, cette amante de Dieu, qu'il eût inspiré toutes ses ardeurs. Cependant l'inscription porte que c'est de l'intelligence qu'il lui donne, et non de l'amour. Le Saint-Esprit éclaire et n'échauffe pas sainte Thérèse : « Accendit lumen sensibus. »

portant également un sceptre surmonté d'une colombe qui doit représenter le Saint-Esprit[1]. Si le sceptre est un bâton qui sert à affermir la démarche, la colombe est l'esprit qui dirige les pas. Voici la colombe divine brodée sur un étendard religieux et militaire à la fois : religieux par la croix qui termine la hampe, militaire par sa forme. La colombe descend du ciel figuré par les ondulations qui sont brodées au sommet de cette voile guerrière; elle descend sur la terre et plane au-dessus des bataillons qui vont en venir aux prises.

115. — SAINT-ESPRIT EN COLOMBE SUR UN ÉTENDARD.
Miniature française, xv° siècle, Bibl. roy. Heures du duc de Berri.

Cet étendard est entre les mains de la Religion chrétienne personnifiée, de l'Église, qui s'apprête à vaincre la synagogue et le paganisme.

[1] *Monum. de la monarch. franç.* J'ignore si l'on doit se fier à la gravure; mais on trouva dans le tombeau de Philippe le Bel, violé à Saint-Denis en 1793, un sceptre doré, long de cinq pieds, et terminé par une touffe de feuillage, sur laquelle était représenté un

Au sacre de nos rois de France, après l'onction, on lâchait dans l'église des colombes blanches; cela marquait, dit-on, que ces oiseaux captifs ayant recouvré la liberté, le peuple, captif aussi, venait de regagner l'indépendance par le sacre de son roi. Je trouve cette explication fort insuffisante. Le peuple en effet ne perdait pas sa liberté par la mort du souverain; il ne la recouvrait pas non plus par le sacre de son successeur. J'aimerais mieux voir dans ce fait une idée analogue à celle du sceptre où se pose le Saint-Esprit. Le Saint-Esprit, la divine colombe, prenait possession de la cathédrale, de même que l'intelligence s'emparait du roi après sa consécration. La multitude des colombes lâchées dans l'église signifiait peut-être que le roi venait d'être doué de tous les dons du Saint-Esprit, et que, si l'un ou l'autre périssait en lui, il lui en resterait toujours quelques-uns, tant le nombre en était considérable. Chaque don du Saint-Esprit est symbolisé par une colombe, comme nous en verrons plusieurs exemples; les nombreuses colombes du sacre royal pouvaient donc figurer les nombreuses vertus de la royauté[1]. .

LE SAINT-ESPRIT EN COLOMBE.

Spiritus en latin et ΠΝΕΥΜΑ en grec signifient haleine et souffle; du verbe spirare nous avons fait respirer. L'esprit est donc l'air en action; c'est le vent dans la nature, c'est l'âme dans l'homme, c'est la vie et le mouvement dans l'une et dans l'autre. Le mouvement, la rapidité, sont donc les qua-

oiseau de cuivre doré également. (V. M. de Chateaubriand, *Génie du Christianisme* vol. IV, notes et éclairciss. pag. 442.)

[1] Au sacre de Charles X, en 1825, après l'intronisation, on lâcha ainsi une grande quantité de colombes dans la cathédrale de Reims. La plupart vinrent se brûler les ailes aux innombrables bougies qui illuminaient l'église; j'en ai reçu une qui tomba morte dans mes bras.

lités essentielles de l'esprit. Lorsqu'on voulut représenter sous une forme visible cet esprit invisible et divin qui anime la nature entière, on dut naturellement songer à l'être vivant qui est doué de la plus grande activité. En un instant l'oiseau monte de la terre et s'élève jusque dans les profondeurs de l'air, où il se dérobe aux regards; il peut, avec une facilité aussi extraordinaire que sa vitesse, se transporter d'une contrée dans une autre; en hauteur et en largeur, il prend presque instantanément possession des plus grandes distances. L'oiseau, dans le règne organique, était nécessairement destiné à figurer l'esprit, qui est le souffle en mouvement, qui est la vitesse vivante.

Le christianisme exprime par des formes ornithologiques, non-seulement la rapidité, la vitesse, mais la nature spirituelle, la substance incorporelle. Du reste, cette seconde idée est corrélative de la première, car l'âme est aussi légère que le corps est lourd. Les anges, âmes sans corps, ont des ailes aux épaules; ils en ont toujours une paire et quelquefois trois, comme les chérubins et les séraphins.

116. — ANGE OU ESPRIT CÉLESTE À TROIS PAIRES D'AILES.
Peinture sur bois par le Pérugin [1].

Non-seulement on leur met des ailes aux épaules, mais on les place sur des roues qui figurent la vitesse, et sur des roues ailées et enflammées tout à la fois pour représenter la vitesse

---

[1] Le tableau où l'on voit ce séraphin est aujourd'hui dans l'église de Saint-Gervais, à Paris. Il représente le Père entouré des esprits célestes.

Au sacre de nos rois de France, après l'onction, on lâchait dans l'église des colombes blanches; cela marquait, dit-on, que ces oiseaux captifs ayant recouvré la liberté, le peuple, captif aussi, venait de regagner l'indépendance par le sacre de son roi. Je trouve cette explication fort insuffisante. Le peuple en effet ne perdait pas sa liberté par la mort du souverain; il ne la recouvrait pas non plus par le sacre de son successeur. J'aimerais mieux voir dans ce fait une idée analogue à celle du sceptre où se pose le Saint-Esprit. Le Saint-Esprit, la divine colombe, prenait possession de la cathédrale, de même que l'intelligence s'emparait du roi après sa consécration. La multitude des colombes lâchées dans l'église signifiait peut-être que le roi venait d'être doué de tous les dons du Saint-Esprit, et que, si l'un ou l'autre périssait en lui, il lui en resterait toujours quelques-uns, tant le nombre en était considérable. Chaque don du Saint-Esprit est symbolisé par une colombe, comme nous en verrons plusieurs exemples; les nombreuses colombes du sacre royal pouvaient donc figurer les nombreuses vertus de la royauté [1]. .

LE SAINT-ESPRIT EN COLOMBE.

SPIRITUS en latin et ΠΝΕΥΜΑ en grec signifient haleine et souffle; du verbe SPIRARE nous avons fait respirer. L'esprit est donc l'air en action; c'est le vent dans la nature, c'est l'âme dans l'homme, c'est la vie et le mouvement dans l'une et dans l'autre. Le mouvement, la rapidité, sont donc les qua-

---

oiseau de cuivre doré également. (V. M. de Chateaubriand, *Génie du Christianisme* vol. IV, notes et éclairciss. pag. 442.)

[1] Au sacre de Charles X, en 1825, après l'intronisation, on lâcha ainsi une grande quantité de colombes dans la cathédrale de Reims. La plupart vinrent se brûler les ailes aux innombrables bougies qui illuminaient l'église; j'en ai reçu une qui tomba morte dans mes bras.

lités essentielles de l'esprit. Lorsqu'on voulut représenter sous une forme visible cet esprit invisible et divin qui anime la nature entière, on dut naturellement songer à l'être vivant qui est doué de la plus grande activité. En un instant l'oiseau monte de la terre et s'élève jusque dans les profondeurs de l'air, où il se dérobe aux regards; il peut, avec une facilité aussi extraordinaire que sa vitesse, se transporter d'une contrée dans une autre; en hauteur et en largeur, il prend presque instantanément possession des plus grandes distances. L'oiseau, dans le règne organique, était nécessairement destiné à figurer l'esprit, qui est le souffle en mouvement, qui est la vitesse vivante.

Le christianisme exprime par des formes ornithologiques, non-seulement la rapidité, la vitesse, mais la nature spirituelle, la substance incorporelle. Du reste, cette seconde idée est corrélative de la première, car l'âme est aussi légère que le corps est lourd. Les anges, âmes sans corps, ont des ailes aux épaules; ils en ont toujours une paire et quelquefois trois, comme les chérubins et les séraphins.

116. — ANGE OU ESPRIT CÉLESTE À TROIS PAIRES D'AILES.
Peinture sur bois par le Pérugin¹.

Non-seulement on leur met des ailes aux épaules, mais on les place sur des roues qui figurent la vitesse, et sur des roues ailées et enflammées tout à la fois pour représenter la vitesse

¹ Le tableau où l'on voit ce séraphin est aujourd'hui dans l'église de Saint-Gervais, à Paris. Il représente le Père entouré des esprits célestes.

extrême. Rien de plus prompt que la lumière. Le tétramorphe suivant (les quatre attributs des évangélistes réunis sur un seul corps) est, par ses triples ailes à plumes longues, fortes et nombreuses, la figure d'une vitesse énorme, vitesse multipliée encore par le véhicule ailé et enflammé sur lequel est posé le mystérieux symbole.

117. — TÉTRAMORPHE AILÉ, PORTÉ PAR DES ROUES AILÉES ET ENFLAMMÉES.
Mosaïque byzantine, du xiiie siècle [1].

En partant du même principe, mais en lui donnant de l'extension, les artistes ont prêté les ailes et les formes de l'oiseau aux figures allégoriques inventées par leur imagination. Pour personnifier le vent, chez les païens comme chez les chrétiens, on figurait ordinairement une tête soufflant des bouffées d'air

[1] Cette mosaïque est à Vatopèdi, un des principaux couvents du mont Athos.

et agitant avec force une paire d'ailes soudées au cou. L'air lui-même a été représenté sous la forme d'un homme jeune, vigoureux, nu, tenant sous ses pieds et dans ses mains les quatre vents ailés qui se partagent les quatre points cardinaux; l'Air porte deux puissantes ailes d'aigle attachées à ses épaules et qui désignent la promptitude avec laquelle il vole et passe du calme à la tempête [1]. Chez les anciens comme chez les modernes, on donne des ailes à la Renommée, ce « mal qui n'a « pas son pareil en rapidité, et qui, prompt des pieds et des « ailes, se nourrit de mouvement et gagne des forces à la « course[2]. » En vertu du même symbolisme, la Victoire, comme Mercure, qui est le messager céleste, porte des ailes aux épaules et quelquefois à la tête et aux pieds; la Victoire sans ailes était une exception que la ville d'Athènes avait consacrée par un temple existant encore sur le sommet de l'Acropole.

Le moyen âge, fidèle à ces idées païennes, qu'il a complétées avec un rare bonheur, a toujours regardé les ailes et les formes ornithologiques comme appartenant à la rapidité. En conséquence l'ange ou l'ESPRIT de la jeunesse, génie que rien ne fatigue, que rien n'arrête, devait avoir des ailes. En effet

---

[1] Voyez en tête d'un manuscrit de la bibliothèque communale de Reims (*Exceptiones de libro pontificali*) un superbe dessin sur parchemin qui représente l'Air ailé, tenant sous ses pieds et dans ses mains les quatre têtes également ailées du Zéphyr, de l'Auster, de l'Aquilon et de l'Eurus. Des ailes étendues et puissantes se voient aux vents peints dans le pastoral de saint Grégoire que l'on conservait, en 1836, à l'évêché d'Autun, où j'ai pu l'étudier. Sur la cuve ou *lavabo* qui provient de l'abbaye de Saint-Denis et qu'on a placée à l'école des Beaux-Arts, Jupiter, Diana, Aer, sont sculptés en haut relief; ils portent chacun deux ailes à la tête, près des oreilles. Ce curieux monument est du XIIIe siècle.

[2] Ce sont les expressions de Virgile (*Énéide*, IV), lorsqu'il fait la description de la Renommée, à laquelle nous empruntons seulement ces quelques traits :

Fama, malum quo non aliud velocius ullum,
Mobilitate viget, viresque acquirit eundo. »

Les anciens représentent également la foudre avec des ailes.

un manuscrit auquel nous avons emprunté plusieurs sujets le représente ainsi[1].

118. — ESPRIT DE LA JEUNESSE.
Miniature française du xiv° siècle.

Le pèlerin, qui est dans la force de l'âge, rencontre la Jeunesse portant aux pieds des ailes vertes, couleur d'espérance. La Jeunesse a les cheveux blonds, la robe bleue ; elle prend le pèlerin sur ses épaules, et lui dit en lui faisant passer la mer :

J'ai nom Jeunesce la légière,
La gileresse, la coursière,
La sauterelle, la saillant,
Qui tout dengier ne prise un gant.
Je vois, je viens, je sail, je vole,
Je espringalle et carolle.
Mes piés me portent où je veuil
E eles ont ; tu les vois bien à l'euil.
Bail çà la main, je veuil voler
Et par la mer te veuil porter.

[1] *Romant des trois pèlerinages*, à la bibliothèque Sainte-Geneviève, f° 79.

Il y a une remarquable rapidité dans cette poésie du XIVᵉ siècle[1].

L'Église, cette généralisation abstraite de tous les chrétiens, cette société animée du Saint-Esprit, a été, comme le Saint-Esprit, assimilée à une colombe. Le pape également, qui est le vicaire de Dieu et le directeur de l'Église; le pape, qui doit être plutôt un ange qu'un homme et une âme qu'un corps, a été allégorisé et doué, jusqu'à un certain point, des formes de l'oiseau. Un mot sur ces figures symboliques de l'Église et du pape, parce qu'elles peuvent compléter ce que nous devons dire sur le Saint-Esprit.

Dans le manuscrit d'Herrade, on voit l'Église représentée sous la forme d'une colombe, comme on figure la troisième personne divine, mais avec certaines particularités. L'avant du corps est argenté; l'arrière est doré. Cette colombe a des ailes à la tête, des ailes aux épaules, des ailes aux pieds; ces trois paires d'ailes la mènent, aussi vite que la parole, d'une extrémité de la chrétienté à l'autre. Tout cela est emblématique, et le texte qui explique cette miniature dit : « Cette colombe signifie l'Église, qui est, par son éloquence divine, sonore comme de l'argent; elle est ornée d'instruction et de sagesse pour qu'elle instruise les autres. Cette colombe est d'or parce qu'elle est éclatante de charité; l'or pâle ou rouge, qui couvre l'arrière de son dos, signifie l'amour des fidèles[2]. »

---

[1] Ce poëme français, qui est à la bibliothèque Sainte-Geneviève, est, comme texte et comme miniatures, un des plus curieux livres qui existent.

[2] *Hortus deliciarum.* « Hæc columba significat Ecclesiam, quæ per divinam eloquentiam « quasi argentum est sonora, et erudita, et sapientia exornata ut alios erudiat. Hæc et co- « lumba est aurea, id est caritate splendida; et posteriora dorsi ejus sunt in pallore vel « rubore auri, id est caritas fidelium. » Ces expressions semblent provenir du psaume CXVII, v. 14 : « Si dormiatis inter medios cleros, pennæ columbæ deargentatæ, et posteriora « dorsi ejus in pallore auri. »

119. — L'ÉGLISE EN COLOMBE À SIX AILES.
Miniature franco-germaine, xi° siècle.

Dante a représenté, non pas l'Église, mais le pape sous la forme d'un oiseau. Cet oiseau n'est pas une colombe, mais un griffon, animal fantastique, moitié aigle moitié lion. Le griffon est aigle par la partie supérieure, lion par l'inférieure. Quoiqu'il s'agisse d'un griffon et non d'une colombe, on doit cependant signaler ce fait ici, parce qu'il procède et de l'idée qui assimile l'Église à une colombe mi-partie d'or et d'argent, et de l'idée qui figure l'esprit sous la forme d'une colombe à peu près monochrome. La colombe de l'Église, dans Herrade, sert de transition entre le griffon de Dante et la colombe du Saint-Esprit : le griffon possède une double nature, et l'Église brille d'une double couleur; la colombe du Saint-Esprit est ailée comme le griffon et la colombe de l'Église, mais elle n'a plus qu'une seule nature et une seule couleur.

Voici donc ce qu'on lit dans le Purgatoire de Dante. Le poëte décrit le triomphe de l'Église, ordonné à peu près comme celui du Christ peint à Brou et que nous avons signalé plus haut. Le chandelier à sept branches ouvre la marche, qui se continue par les vingt-quatre vieillards de l'Apocalypse et les quatre attributs des évangélistes. Puis arrive un char à deux roues, qui figure l'Église roulant sur l'Ancien et le Nouveau Testament. Le char est tiré par le griffon; il est escorté à droite par les trois vertus théologales, à gauche par les quatre vertus cardinales. Puis arrivent, derrière le char, les douze apôtres précédés de saint Luc et de saint Paul. Quant au griffon, la bête à deux natures et à deux formes, comme Dante l'appelle, il tire le char derrière lui. Il étend ses ailes si haut, que bientôt on ne les voit plus. Il a des membres d'or dans la portion de son corps où il est oiseau; dans l'autre, il a des membres d'argent et de vermeil[1]. C'est une seule personne en deux natures. Elle rayonne dans les yeux de Béatrix tantôt sous une forme, tantôt sous une autre; tout en restant immobile, elle met le char en mouvement sans qu'aucune de ses plumes en soit agitée[2].

Dans Herrade, l'oiseau mystique à double couleur est l'Église; dans le Dante, l'oiseau à double forme est le représentant de l'Église : c'est le pape. Le pape, en effet, est prêtre et roi tout à la fois; il dirige les intelligences et gouverne les corps; il règne sur les choses de ce monde et sur celles du ciel. Le pape est donc une seule personne en deux natures et sous deux formes; il est aigle et lion. Aigle ou pontife, il plane dans le ciel et monte jusqu'au trône de Dieu pour aller prendre ses ordres; lion ou roi, il marche sur la terre dans sa force et dans sa puissance[3].

[1] Dans Herrade et dans David, la colombe de l'Église est également d'or et d'argent.
[2] Dante, *Purgatoire*, chants xxix-xxxii.
[3] Les commentateurs de Dante ont cru que le griffon figurait le Christ, qui est effec-

Parmi les oiseaux, la colombe, pour ses mœurs douces et aimantes d'abord, et puis pour la pureté de son plumage, a dû être choisie de préférence pour figurer le Saint-Esprit. En effet, c'est dans une colombe blanche que l'histoire et l'art ont incarné l'esprit de Dieu, souffle divin, symbole brillant et sans tache de la Trinité. Dans l'histoire, l'esprit de Dieu descendit sous la figure corporelle d'une colombe sur la tête de Jésus, que venait de baptiser saint Jean [1]; dans l'art, c'est presque toujours sous la forme d'une colombe que le Saint-Esprit est figuré, ainsi que plusieurs dessins nous l'ont déjà montré [2], et que d'autres nous le feront voir encore. Dans les légendes particulières, l'Esprit divin ou le Saint-Esprit s'incarne dans une colombe; l'esprit humain ou l'âme elle-même apparaît aussi sous cette forme. Quant au Saint-Esprit se manifestant en colombe dans nos légendes, les preuves abondent. Voici quelques faits pris à différentes époques.

On lit dans Grégoire de Tours [3] : « Tandis que les élèves

tivement une seule personne en deux natures; le Christ, qui est Dieu et homme tout ensemble. Mais ils se sont trompés. D'abord il y aurait de l'inconvenance à faire tirer un char par un Dieu comme par une bête de somme ; c'est tout au plus si Dante n'est pas inconvenant en attelant le pape à ce char de l'Église. Ensuite le triomphe peint sur verre, à Notre-Dame de Brou, montre l'Église personnifiée dans ses quatre grands dignitaires : le pape, le cardinal, l'archevêque et l'évêque, qui poussent à la roue le char de l'Église. Ce motif est analogue au griffon de Dante. Quant au Christ, il est sur le char, comme un triomphateur ; il dirige et ne tire pas. Enfin l'Église est symbolisée dans le manuscrit d'Herrade par un oiseau à double couleur, et le pape n'est autre chose que le représentant vivant de l'Église; c'est l'Église incarnée. Entre l'oiseau d'Herrade et le griffon de Dante, l'analogie est complète. Ce qui a trompé les commentateurs, c'est la double nature du griffon ; mais la difficulté se lève en songeant que le pape, par l'autorité spirituelle, ressemble à l'aigle, et, par la puissance temporelle, au lion ; le pape est une personne en deux natures et en deux formes. L'allégorie de Dante est donc ce qu'il y a de plus transparent au monde.

[1] « Et descendit Spiritus Sanctus corporali specie sicut columba in ipsum. » (S. Luc, cap. III, vers. 22.) — [2] Planches 21, 40, 53, pages 37, 99, 186 — [3] *Hist. eccl. Franc.* 2ᵉ vol. p. 136 de la trad. de M. Guizot.

chantaient des psaumes dans la cathédrale de Trèves, une colombe descendit de la voûte, voltigeant légèrement autour du jeune Arédius, que l'évêque Nicet élevait et instruisait. La colombe se reposa sur sa tête, pour indiquer qu'il était déjà rempli du Saint-Esprit; puis elle descendit sur son épaule. Quand Arédius rentra dans la cellule de l'évêque, elle y entra avec lui et ne voulut pas le quitter de plusieurs jours. Il retourna dans son pays de Limoges pour consoler sa mère, qui n'avait plus que lui. »

Au sacre de Clovis, la colombe divine a vraiment présidé aux destinées chrétiennes de la France. Clovis et l'évêque de Reims, saint Remi, se rendirent en procession au baptistère, où le chef des Francs allait être sacré roi et chrétien. « Lorsqu'on y fut arrivé, le prêtre qui portait le saint chrême fut arrêté par la foule, et ne put parvenir jusqu'aux fonts sacrés. Mais une colombe, blanche comme la neige, apporta dans son bec une ampoule pleine d'un chrême envoyé du ciel. Remi prit l'ampoule et parfuma de chrême l'eau baptismale[1]. » Dans le même pays, à vingt kilomètres de Reims, à Hautvillers, la célèbre abbaye que Thierry Ruinart a illustrée dans ces derniers temps fut bâtie d'après le plan que le Saint-Esprit, en colombe toujours aussi blanche que la neige, traça dans son vol[2].

Quant à l'âme des saints, esprit immortel des hommes, on devait aussi la voir paraître sous la forme de la colombe, car l'âme est faite à l'image de Dieu. Dans un monastère de Redon, en Bretagne, un enfant muet depuis sa naissance priait Dieu de le guérir. Un jour qu'il faisait paître dans les champs les bestiaux des moines, il se laissa gagner par le sommeil. Tout à coup une clarté d'une lumière immense vint de l'orient et

---

[1] Flodoard, *Histoire de l'église de Reims*, liv. I.
[2] *Act. SS. ord. S. Bened.* 2ᵉ vol. année 685, Vie de S. Berchaire, abbé d'Hautvillers.

l'entoura. Au milieu de cette lumière il lui apparut comme une colombe d'une blancheur de neige; elle lui toucha la bouche, lui caressa la figure et lui dit : « Je suis Marcellinus. » L'enfant se leva guéri, et raconta de ses propres lèvres ce qu'il avait vu et entendu [1].

Il n'y a qu'une colombe dans la légende qui précède, mais en voici une troupe venant chercher une âme, leur compagne, qui abandonne la terre. Le duc Louis de Thuringe, mari de sainte Élisabeth de Hongrie, étant sur le point d'expirer, dit à ceux qui l'entouraient : « Voyez-vous ces colombes plus blanches que la neige? » On le croyait en proie aux visions; mais un peu après il leur dit : « Il faut que je m'envole avec ces colombes resplendissantes. » En disant cela, il s'endormit dans la paix. Alors son aumônier Berthold aperçut ces colombes s'envoler à l'orient, et il les suivit longtemps du regard [2]. Un Anglais, témoin de la mort de Jeanne d'Arc, déclara, dans une déposition que nous possédons écrite, qu'il avait vu s'envoler

---

[1] *Act. SS. ord. S. Bened.* IV siècle bénéd. II part. de 855 à 900, p. 216. « Et ecce « repente circumfulsit eum lux immensæ claritatis ab oriente ; et in medio luminis appa- « ruit illi quasi columba niveo candore, tetigitque os ejus et protexit faciem, et dixit ei : « Ego sum Marcellinus. »

[2] M. le comte de Montalembert, *Vie de sainte Élisabeth*; l'auteur cite Berthold, ms. de la vie du duc Louis. « Videtis-ne columbas has super nivem candidas ? — Oportet me cum « columbis istis splendidissimis evolare. — Vidit easdem columbas ad orientem evolare. » « On connaît, ajoute M. de Montalembert, la belle légende de saint Polycarpe, qui fut brûlé vif : son sang étouffa les flammes, et de ses cendres on vit sortir une colombe blanche, qui s'envola vers le ciel. On vit de même une colombe sortir du bûcher de Jeanne d'Arc. » M. Cyprien Robert (*Cours d'hiérogly. chrét.*) dit, à l'article de la co- lombe : « Cet oiseau est l'emblème qui se retrouve le plus souvent sur les sarcophages primitifs. Là, on le voit emporter dans son bec une palme, une branche d'olivier, ou percer des raisins, figure de l'âme des confesseurs qui s'envole innocente, versant, comme un vin précieux, son sang sur la terre. C'est ainsi qu'on voit monter en colombe, au-dessus de son corps décapité, l'âme de sainte Reparata, vierge et martyre, qui avait refusé de sacrifier aux idoles. La même chose se répète pour saint Potitus et l'évêque saint Polycarpe, décollés, du sang desquels l'oiseau blanc comme la neige s'élance et vole

LE SAINT-ESPRIT.   449

de la bouche de Jeanne, avec son dernier soupir, une colombe qui prit le chemin du ciel[1]. La colombe divine s'était manifestée au baptême de Clovis, fondateur de la monarchie; une colombe encore s'échappa du cœur de Jeanne d'Arc qui venait de restaurer la même monarchie en ruines.

COULEUR DU SAINT-ESPRIT EN COLOMBE.

Quant à la couleur de la colombe divine, elle est celle de la neige, qu'elle surpasse en éclat et en blancheur, comme les textes le déclarent positivement. Cette colombe, symbole d'un dieu, devait arborer la couleur où viennent se réunir symboliquement toutes les vertus. Le bec et les pattes sont rouges ordinairement; c'est la couleur naturelle des colombes blanches[2]. Le nimbe qu'elle porte à la tête est presque toujours d'un jaune d'or et divisé par une croix, qui est rouge assez souvent[3], et

à tire d'ailes vers les cieux. Les actes du martyre de saint Quentin disent avec une suavité de paroles et un élan de foi rempli de charme : « Visa est felix anima velut co-« lumba, candida sicut nix, de collo ejus exire et liberissimo volatu cœlum penetrare. » Pour des esprits grossiers, encore offusqués par les ténèbres de l'idolâtrie, on exprimait ainsi la survivance et l'immortalité de l'âme, comme plus tard, lorsque parut dans l'art l'anthropomorphisme, on l'exprima par un petit enfant sortant quelquefois de la bouche même du décédé. » M. Robert aurait pu dire *très-souvent*, et même *presque toujours*, au lieu de *quelquefois*, tant cette façon de représenter l'âme sous la forme d'un enfant tout nu est fréquente au moyen âge.

[1] M. Michelet, *Histoire de France*, V⁰ vol. p. 176.

[2] M. le docteur Comarmond, bibliothécaire du palais Saint-Pierre, à Lyon, possède un manuscrit byzantin qui date du x⁰ ou xi⁰ siècle, et qui provient de la Grande-Chartreuse. Ce manuscrit est tout rempli de belles miniatures et couvert de plaques d'ivoire sculptées d'une manière remarquable. A la scène qui représente le baptême de Jésus-Christ, on voit le Saint-Esprit en colombe blanche, rouge au bec et aux pattes, avec quelques parties noires sur le dos des ailes.

[3] Les exemples sont tellement nombreux que je ne les citerai pas ; je me contente de faire remarquer que l'on voit quelquefois des colombes divines ayant le nimbe rouge croisé d'or : le contraire se rencontre le plus souvent.

quelquefois noire[1]. Dans la cathédrale d'Auxerre, le rouge est au champ du nimbe et l'or sur les croisillons qui le partagent[2]. Il n'y a, je crois, aucun caractère archéologique à recueillir de la variété de ces couleurs; on doit seulement dire, en général, que les couleurs riches et resplendissantes ont été préférées. Nous avons vu que la lumière entrait comme partie intégrante dans les figures divines. Nous avons vu que le Père et le Fils étaient considérés comme des sources de lumière; qu'ils étaient vêtus et environnés du plus éblouissant éclat. Il fallait bien aussi que le Saint-Esprit, dieu comme le Père et le Fils, fût représenté resplendissant comme eux. On lit dans Ermold le Noir, historien de Louis le Débonnaire[3] : « La garde de l'église consacrée à Marie[4] fut autrefois confiée à Theutram.... Une nuit, il vit le temple éclairé d'une lumière semblable à celle du soleil et telle que la répand cet astre dans le jour le plus serein. Il s'élance hors de son lit, et cherche à savoir d'où peuvent provenir les flots de lumière dont le saint édifice est inondé. Un oiseau de la grandeur d'un aigle couvrait l'autel de ses ailes

---

[1] Vitrail du xiv° siècle, dans la cathédrale de Freybourg en Brisgau, dans la nef latérale du sud.

[2] Vitrail du xiii° siècle, au pourtour du sanctuaire; il représente la création. Le Saint-Esprit y plane entre les eaux. Nous avons fait graver ce Saint-Esprit; on le trouvera page 491, pl. 129.

[3] Ermoldus Nigellus, *Collection des Historiens de France*, par M. Guizot. Cette colombe divine, qui a la grandeur d'un aigle, rappelle un coffret d'ivoire appartenant à M. Michéli et provenant de l'abbaye de Saint-Gall; le Saint-Esprit y est sculpté sous la forme de son symbole ailé. Ce Saint-Esprit, à nimbe crucifère, est posé de face, comme un aigle, dont il possède les proportions; il a les ailes ouvertes et abaissées sur un disque légèrement concave. Une main sort des nuages et montre cette colombe énorme. La main, qui est celle de Dieu, n'est pas sur un nimbe crucifère; mais d'elle partent en croix trois pinceaux ou foyers de lumière. Quatre anges adorent cette colombe. Ce coffret est du x° siècle sans doute; le poëme d'Ermold est de l'an 826, et, dans le poëte comme sur le coffret, la colombe est de la taille d'un aigle. Cet aigle a diminué de siècle en siècle; il n'a plus guère, vers la fin du moyen âge, que les dimensions d'un gros passereau.

[4] La cathédrale de Strasbourg, qui est une Notre-Dame.

étendues; mais cet oiseau, ce n'est point la terre qui l'a engendré. Son bec est d'or; ses serres sont d'une matière plus riche que les pierres précieuses; sur ses ailes est répandue la couleur azurée de l'éther, et de ses yeux jaillit une lumière éclatante. Le saint prêtre, frappé d'étonnement, n'ose fixer ses regards sur ceux de l'oiseau, dont il contemple avec admiration et les ailes et le corps, et surtout les yeux étincelants. L'oiseau demeure sur l'autel jusqu'au moment où les trois chants du coq se font entendre et appellent les religieux à l'office. Alors il prend son vol, et, chose miraculeuse, la fenêtre opposée à l'autel s'ouvre d'elle-même pour lui laisser la liberté de sortir du temple. A peine s'est-il élevé vers les cieux, que toute lumière disparaît et prouve, en s'éclipsant, que cet oiseau était un habitant du royaume de Dieu. »

Cet esprit qui porte la lumière avec lui et qui, à ce signe, trahit son origine céleste et peut-être divine, ressemble à ces colombes en cuivre émaillé et doré qu'on suspendait autrefois au-dessus des autels. On les attachait par une petite chaîne à la voûte de l'église. L'intérieur de la colombe était creux, et l'on y renfermait des hosties consacrées. Cette colombe servait de tabernacle, et Jésus était contenu dans le Saint-Esprit, comme autrefois il avait été contenu dans le corps de Marie, cette épouse du Saint-Esprit, ainsi que s'expriment les textes sacrés. Dans les cabinets d'antiquités chrétiennes, on voit de ces colombes divines en métal. L'orbite des yeux incrusté de rubis ou d'autres pierres précieuses, le bec en or ou en cuivre doré comme les serres et les pattes, l'émail rouge incrusté sur la tête et la poitrine, l'émail bleu-vert et blanc coulé dans les ailes, tout cela rappelle le bec d'or, les yeux lumineux et les ailes azurées de l'esprit céleste vu par Theutram [1].

[1] M. du Sommerard (*Atlas des arts au moyen âge*, chap. xiv, pl. 3) a donné le dessin

A moins que la matière qui entrait dans la composition de ces colombes ne s'y opposât, ou que l'imagination, comme celle de Theutram, ne créât des formes ou des couleurs nouvelles, les colombes divines sont blanches, lumineuses et ne dépassent guère, soit en plus, soit en moins, la taille des colombes de la nature. Cependant un Saint-Esprit, planant au-dessus des eaux au moment où le ciel et la terre, qui viennent d'être créés, n'offrent encore que le chaos informe et nu, est noir comme les ténèbres qui couvrent la face de l'abîme. C'est qu'alors Dieu n'a pas encore fait la lumière, et il faut qu'en effet les ténèbres soient bien puissantes, pour que la lumière du Saint-Esprit en paraisse comme éclipsée[1]. La couleur blanche affectée au Saint-Esprit est d'une importance majeure, parce qu'elle est symbolique. Dans l'antiquité persane, deux génies, l'un bon et l'autre mauvais, Ormuzd et Ahriman, se disputent et se partagent le monde. L'un de ces dieux préside au bien et règne pendant le jour, l'autre au mal et gouverne pendant la nuit. Ormuzd, le bon génie, est lumineux, éclatant et blanc comme la lumière qui lui est soumise; Ahriman, au contraire, est noir et funèbre comme la nuit et les enfers qui lui appartiennent. La lutte qui s'établit entre ces deux principes se traduit par le combat alternatif et continuel de la lumière et des ténèbres. De même l'esprit du bien qui, chez les chrétiens,

---

d'une de ces colombes en cuivre émaillé et doré, qui appartient à M. le colonel Bourgeois. M. l'abbé J. Corblet, membre de la société des antiquaires de Picardie, a publié un mémoire liturgique sur les ciboires du moyen âge, à la fin duquel est dessinée une colombe émaillée, que possède le musée d'Amiens. Cette colombe, qui est du XII° siècle, paraît avoir été employée comme custode pour les hosties consacrées. Une cavité peu profonde, creusée dans le dos, entre les ailes, et fermée par un couvercle qu'on maintenait à l'aide d'un bouton tournant, servait à cet usage. Cette colombe provient de l'abbaye de Raincheval (Somme). (Voyez les Mémoires de la Société des antiquaires de Picardie, tome V.)

[1] C'est à la bibliothèque de l'Arsenal qu'on voit cette ténébreuse colombe, dans un manuscrit du XIII° siècle, théol. lat. et fr. 8.

soutient des luttes contre l'esprit du mal, est un esprit de lumière qui combat l'esprit de ténèbres. On a donc attribué au Saint-Esprit le blanc, la plus lumineuse des couleurs et qui les renferme toutes, comme on a donné au mauvais esprit le noir, qui est l'absence complète de la lumière. Tout ce qui précède nous a parlé de la blanche, de la resplendissante colombe, qui porte la lumière partout; elle fait le jour où elle entre, et laisse la nuit dans tous les lieux d'où elle se retire. Dans le dessin suivant, un oiseau, un esprit, mais un esprit malfaisant, souffle à un magicien des pensées mauvaises et noires comme lui.

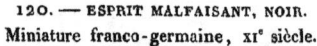

120. — ESPRIT MALFAISANT, NOIR.
Miniature franco-germaine, xi° siècle.

Ce ténébreux esprit, violent dans son attitude, efflanqué dans tout son corps, allonge son maigre cou vers l'oreille du mauvais savant, qui écrit les mauvaises pensées qu'on lui inspire[1]. L'art

[1] Ce dessin est pris sur une miniature de l'*Hortus deliciarum*.

chrétien traduit volontiers par la forme d'un oiseau le mot esprit. Quand l'esprit est bon l'oiseau est blanc, et quand il est mauvais l'oiseau est noir : c'est le démon[1]. Nous le voyons sous cette forme et avec cette couleur dans le dessin qui suit. Satan, espèce de moucheron humain, ailé comme une chauve-souris, vole à tire d'ailes vers une statue de femme, une idole nue de déesse païenne, laquelle est debout sur une colonne où ses adorateurs l'ont placée.

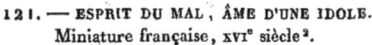

121. — ESPRIT DU MAL, ÂME D'UNE IDOLE.
Miniature française, XVIᵉ siècle[2].

Outre les exemples qui précèdent, on voit souvent dans les vitraux, dans les manuscrits à miniatures et les tapisseries, Jésus-Christ, les saints, les apôtres chassant les mauvais esprits qui habitent des démoniaques; alors on remarque un ou plusieurs oiseaux s'échappant de la bouche des possédés, et

[1] Hermas dit dans le Pasteur : « Tu autem crede Spiritui venienti a Deo, habenti virtutem. Spiritui autem terrestri vacuo, qui a diabolo est, in quo fides non est neque virtus, credere noli. » (S. Hermæ *Pastor,* lib. II, mandata 9, apud Fabricium, *Codex apocryphus Nov. Test.* IIIᵉ pars, pag. 903.)

[2] Saint Augustin, *Cité de Dieu,* ms. de la biblioth. Sainte-Geneviève, fol. 21.

toujours ces oiseaux sont noirs. Dans l'histoire du diable on trouvera une grande quantité de textes où Satan est appelé Éthiopien, noir, enfumé, ténébreux, tandis que les bons génies, les anges, sont blancs et illuminent, presque autant que le Saint-Esprit lui-même, tous les lieux où ils passent. C'est au Saint-Esprit surtout qu'il faudrait appliquer ce que Dante dit des anges : « Plus s'approchait de nous l'oiseau divin, plus brillant il apparaissait, de sorte que de près les yeux ne pouvaient soutenir sa splendeur [1]. »

LE SAINT-ESPRIT EN HOMME.

Le Saint-Esprit prend souvent une forme moins commune, mais plus curieuse que celle de l'oiseau, c'est la forme humaine. La colombe, depuis les VIe et VIIe siècles jusqu'à nos jours, a constamment représenté le Saint-Esprit; mais vers le Xe siècle, à ce qu'il paraît, on lui donne un symbole rival. Ce nouveau type n'a jamais joui d'une grande faveur; la durée en a été plus courte que celle de la colombe et l'usage beaucoup plus restreint. C'est au Xe siècle seulement qu'on commence à figurer le Saint-Esprit en homme, et, vers la fin du XVIe, on en revient exclusivement à la colombe que, du reste, on n'avait pas cessé de représenter. « Quand on approche des temps modernes, dit M. Cyprien Robert, le génie de l'invention cherche à représenter l'Esprit saint comme un beau jeune homme, comme l'éternel adolescent dont est éprise la nature [2]. Mais le pape, dans un bref qu'on verra cité ailleurs, prohiba cette icone comme contraire aux traditions. A la rigueur, il n'y a que le Verbe qui devrait revêtir la forme humaine; car toute révélation extérieure de la divinité se fait par lui : le créateur dans

---

[1] *Divine comédie*, Purgatoire, chant. II.
[2] « *Chronique de Strasbourg*, année 1404. » C'est M. Robert qui fait la citation.

le Paradis terrestre, et le Jéhovah du Sinaï ne sont que lui-même. Pourtant, on comprend qu'alors il apparaisse sous la figure d'un vieillard et soit ainsi confondu avec le Père éternel. Mais, pour le Saint-Esprit, il n'est aucun moyen de lui donner la forme humaine sans tomber à l'instant dans les méprises les plus graves. Ainsi la papauté eut raison de tenir ferme et de maintenir l'antique colombe[1]. »

L'un des premiers et des plus célèbres exemples du Saint-Esprit fait homme par la puissance de l'art est déposé dans le manuscrit anglais attribué à saint Dunstan, mort en 988, et qui fut archevêque de Cantorbéry. Les trois personnes sont représentées sous forme humaine dans ce curieux volume. Le Père est en empereur et vieux; le Fils, en Christ et tenant sa croix, est plus jeune et peut n'avoir que trente ans; le Saint-Esprit, sans attribut, est jeune et presque imberbe[2]. Au XIIe

---

[1] *Cours d'hiéroglyphique chrétienne,* dans l'Université catholique, t. VI, p. 352. La représentation du Saint-Esprit en homme est plus ancienne que ne le croit M. Robert; on en connaît un exemple qui date du xe siècle, et il y en a peut-être d'autres antérieurs. Le bref dont parle M. Robert est sans doute celui d'Urbain VIII; mais la défense s'applique à la représentation de la Trinité sous forme d'une tête unique à trois visages, ou de trois têtes sur un seul corps, et non pas à la représentation du Saint-Esprit sous forme humaine. Au reste, du moment où il est permis de figurer en homme le Père, qu'on n'a pas vu, on ne peut défendre de représenter sous cette forme le Saint-Esprit lui-même. En iconographie comme en théologie, les trois personnes divines sont non-seulement semblables, mais encore égales entre elles; ce qui est attribué à l'une convient également à l'autre. On fait fort bien de représenter le Saint-Esprit sous la forme d'une colombe, mais on ferait encore mieux de lui donner la forme humaine. Le concile *in Trullo* s'éleva contre l'usage de figurer Jésus en agneau et prescrivit de le représenter en homme; il serait à désirer également que le symbole de la colombe cédât, relativement au Saint-Esprit, devant la forme humaine. Je fais des vœux sincères pour que les artistes chrétiens revêtent le plus souvent possible de la figure humaine la troisième personne de la Trinité; on peut trouver dans ce type, disgracié jusqu'alors, mille motifs nouveaux et pleins de charme.

[2] M. le comte Auguste de Bastard (*Peintures et ornements des manuscrits*) a reproduit cette Trinité de S. Dunstan.

siècle, en 1180, le manuscrit d'Herrade donne les trois personnes parfaitement égales d'âge, d'attitude, de costume et de physionomie; le Saint-Esprit, comme les deux autres personnes, est là un homme de trente à trente-cinq ans. Un peu avant cette époque, mais au commencement du même siècle, Abailard, à ce qu'il paraît, aurait fait sculpter sur pierre la Trinité comme Herrade la figura. C'est pour l'abbaye du Paraclet, à Nogent-sur-Seine, qu'il fit exécuter cette représentation. Ce curieux monument n'existe plus; il a été détruit à la révolution. Mais le P. Mabillon, qui l'avait vu probablement, dit que le Saint-Esprit, ayant la forme humaine, croisait ses mains sur sa poitrine et disait : « Je suis le souffle de l'un et de l'autre (du Père et du Fils). » L'Esprit portait une couronne d'olivier, se drapait dans une longue robe et partageait avec le Fils le manteau du Père[1].

Une trop grande propension à confondre l'Esprit avec les deux autres personnes, et la discussion que les doctrines d'Abailard avaient soulevée à ce sujet, semblent interrompre pendant cent ou cent cinquante ans les représentations du Saint-Esprit sous forme humaine. Mais on y revient au XIVe siècle; on les multiplie aux XVe et XVIe, pour les abandonner totalement vers 1560, sous François Ier. Du XIVe au XVIe siècle, ces représentations abondent et, en ne considérant le Saint-Esprit que sous le rapport de l'âge, nous le trouvons ayant la forme humaine, depuis l'enfance la plus tendre, et âgé de quelques mois, de quelques années seulement, jusqu'à la vieillesse assez avancée. Un manuscrit[2] nous le montre porté sur les eaux au

[1] *Annales benedict.* VIe vol. p. 85, n° 14. Le monument dont Mabillon donne la description n'était certainement pas du temps d'Abailard, mais de la fin du XVe siècle. Il est fâcheux que le savant bénédictin n'ait pas discuté l'âge de cette sculpture, qui n'existe plus.

[2] Manuscrit contenant divers offices, Bibl. roy. Suppl. 1. 638. Le Créateur porte un

moment où Dieu crée le ciel et la terre. Ce Saint-Esprit est étendu sur les vagues, légèrement agitées; c'est un enfant nu, tout jeune, et qui vient de naître.

122. — SAINT-ESPRIT EN ENFANT ET PORTÉ SUR LES EAUX.
Miniature du xiv° siècle.

On croirait voir le petit Moïse flottant sur les vagues du Nil et recueilli par la fille de Pharaon. Mais ici c'est le Verbe de Dieu qui est sur la rive; il sépare la lumière des ténèbres. Dans un autre manuscrit, le Saint-Esprit est plus avancé en âge. C'est encore un enfant et le Père éternel le porte dans

nimbe en or, à rayons rouges et nombreux, mais sans croix. Le globe qu'il tient à la main gauche est sans croix également. Quant au Saint-Esprit, il est totalement privé de nimbe. C'est aux trois quarts du manuscrit, avant l'office *in Dominica in palmis,* qu'on trouve cette miniature. Malgré mes recommandations les plus fréquentes et les plus positives, mon dessinateur a donc ajouté trois caractères qui ne sont pas dans l'original; je devais signaler ces erreurs, qui sont assez graves et que j'aurais fait disparaître si je m'en étais aperçu à temps.

LE SAINT-ESPRIT.   459

ses bras, comme une mère l'enfant qu'elle nourrit; mais il a de huit à dix ans déjà.

123. — SAINT-ESPRIT EN ENFANT DE HUIT OU DIX ANS DANS LES BRAS DU PÈRE.
Miniature française, xvi° siècle.[1]

C'est âgé de quinze ans que nous le voyons dans une Trinité dessinée pour illustrer un paradis de Dante[2]. Il n'en a que dix ou douze dans une planche que nous avons donnée plus haut[3].

Dans un manuscrit de la Bibliothèque royale[4], le Saint-Esprit a déjà de la barbe; il porte de vingt à vingt-cinq ans; il en a trente sur un bas-relief du xvi° siècle, qui décore le tympan d'une église de village[5]. Le Saint-Esprit y est reconnaissable par la colombe divine qu'il porte sur la main gauche, contre sa poitrine. Jusqu'alors ce beau jeune homme se montre comme le frère de Jésus, dont il a la figure, la physionomie,

[1] A la bibliothèque Sainte-Geneviève, *Heures latines*, n° 464.
[2] xvi° siècle. L'ouvrage où se trouve ce dessin appartient à M. Longueville Jones, correspondant anglais du comité historique des arts et monuments.
[3] Page 199, planche 61.
[4] *L'Aiguillon de l'amour divin*, in-4°, n° 5094 ou 7275, xv° siècle.
[5] Voir plus bas, p. 484, pl. 126.

la taille et l'attitude. La couleur et la longueur des cheveux sont les mêmes aux deux personnes divines; mais le Saint-Esprit est plus jeune que Jésus, plus jeune surtout que le Père éternel. Jésus est le frère aîné de cette divine famille. Le dogme déclare que le Verbe est le fils de Dieu le père, et que le Saint-Esprit procède du Père et du Fils. Ces trois personnes sont coéternelles et aussi âgées l'une que l'autre. Mais l'art a voulu figurer à sa façon, matériellement et pour les yeux, la filiation du Verbe et la procession de l'Esprit; il a donc représenté le Fils plus jeune que le Père et l'Esprit plus jeune que le Père et le Fils. De là ces trois âges différents, qui seraient une hérésie en théologie, s'ils étaient destinés à figurer une différence réelle dans l'âge; mais ils sont orthodoxes, d'une façon grossière il est vrai, parce qu'ils caractérisent seulement la différence de relation des personnes divines entre elles.

Sur les stalles de la cathédrale d'Amiens[1], le Saint-Esprit a gagné trois ou quatre ans; il porte absolument le même âge que Jésus-Christ, qui est assis près de lui et qui, comme lui, assiste au couronnement de la vierge Marie par le Père éternel. Le Saint-Esprit et Jésus sont devenus deux frères jumeaux, et, le Père étant aussi jeune qu'eux, il n'y a plus dans ce tableau l'idée de famille ni de génération, mais celle de la coéternité et de l'égalité des trois personnes.

Dans le manuscrit d'Herrade, on dirait que le Saint-Esprit a quarante ans, comme les deux autres personnes divines. La figure est plus sérieuse, plus sévère et même plus triste que dans tous les exemples précédents, où la physionomie est bien accentuée, suivant la différence de l'âge, et où, de bruyante pour l'enfant, de gaie pour le jeune homme, elle est grave pour l'homme mûr, qui vient d'atteindre trente ans.

[1] Rangée de gauche en regardant le maître-autel, à l'extrémité opposée à la nef.

LE SAINT-ESPRIT. 461

Enfin différents monuments[1] donnent le Saint-Esprit âgé, à barbe longue, à cheveux gris ou blancs, à front ridé; il a cinquante, soixante, soixante et dix ans, comme le Père éternel lui-même. Le Père éternel alors, et c'est au xv° siècle, reconquiert la puissance qu'il avait perdue pendant tout le moyen âge : il impose sa figure et ses traits au Saint-Esprit et même à Jésus-Christ; il fait tout le monde à son image et à sa ressemblance. Alors la paternité, la filiation et la procession disparaissent, chassées par la coéternité et l'égalité des trois personnes.

Ces portraits du Saint-Esprit en homme, quoique peu rares, surtout au xv° siècle, sont cependant beaucoup moins nombreux que les représentations de la colombe; la différence de proportion est peut-être de un sur mille. D'ailleurs ces hommes divins se montrent tard et disparaissent avec la renaissance. Or le symbole de la colombe, quelque pur et élevé qu'il soit, est inférieur à celui de l'homme, comme un oiseau est inférieur à un être humain. On aime donc, après l'avoir vu si longtemps et si souvent abaissé à la condition d'un oiseau, on aime à voir le Saint-Esprit se transformer, comme on regarde avec plaisir un insecte grossier se changer en un papillon brillant, élégant et alerte. De l'oiseau à l'homme il y a progrès. Quand on passe sa vie dans l'archéologie et qu'on rencontre à chaque pas, à chaque siècle, dans chaque monument, le Saint-Esprit sous la forme d'un oiseau, on applaudirait volontiers avec joie lorsque par hasard se montre à vous un beau jeune homme imberbe ou à la barbe blonde et fine, aux joues fraîches et roses, aux cheveux onduleux et dorés, au sourire doux et bienveillant. Ce divin adolescent, on l'em-

[1] Notamment les manuscrits qui sont à la Bibliothèque royale, et connus sous le nom de *Bréviaire de Salisbury* et d'*Heures du duc d'Anjou*, Lavall. 82 et 127.

brasserait volontiers comme ferait une mère qui aurait laissé partir un fils tout jeune, encore enfant, et qui, après une longue absence, le reverrait beau garçon, très-grandi, très-distingué, très-intelligent, ayant fait fortune, étant devenu un homme.

Quoique ce portrait du Saint-Esprit en homme ait été abandonné à la renaissance, c'est à nous de le reprendre et de le perfectionner encore; les artistes chrétiens ne doivent pas laisser périr un si beau sujet, soit dans les représentations de la Trinité entière, soit dans celles du Saint-Esprit tout seul. L'Esprit en homme n'a pas fini sa carrière; c'est à l'avenir surtout qu'il appartient d'honorer l'intelligence, de cultiver la raison dans le Saint-Esprit, comme le passé a vénéré la puissance dans Dieu le père et l'amour dans Dieu le fils.

PROPRIÉTÉS DU SAINT-ESPRIT.

Jusqu'à présent nous avons considéré le Saint-Esprit comme une personne une et indivisible; mais, si nous avons cherché à le définir en le montrant comme dieu de l'intelligence, nous n'avons pas encore analysé ses propriétés diverses et spéciales. Il nous reste donc à dire quels sont les attributs divins du Saint-Esprit et les qualités qu'il possède en propre.

On lit dans Isaïe[1] : « Un rameau sortira de la tige de Jessé, et de sa racine montera une fleur, et l'ESPRIT du Seigneur se reposera sur lui[2] : l'esprit de sagesse et d'intelligence, l'esprit

[1] Cap. XI, vers. 1, 2 et 3 :

[2] A la bibliothèque de l'Arsenal, dans le *Speculum humanæ salvationis*, manuscrit du XIVᵉ siècle, Théol. lat. 42 B, f° 6 recto, on voit Jessé assis. De la poitrine du patriarche sort un arbre, un rosier. Au sommet de cet arbre brille une rose à cinq pétales, au centre de laquelle, comme dans un berceau de fleurs, est un oiseau marchant, une petite colombe. C'est le Saint-Esprit qui se repose dans cette fleur. En 1007, dit le

de conseil et de force, l'esprit de science et de piété ; l'esprit de la crainte de Dieu le remplira. »

Ces paroles s'adressaient au Messie, à Jésus, à Emmanuel, qu'une vierge devait concevoir et enfanter ; à ce petit enfant qui devait porter la royauté sur ses épaules et s'appeler admirable, conseiller, dieu, fort, père du siècle futur, prince de la paix[1]. Cet enfant divin était donc revêtu de l'esprit de Dieu, dont les facultés sont au nombre de sept, car il possède en propriété la sagesse, l'intelligence, le conseil, la force, la science, la piété, la crainte.

L'art chrétien a figuré très-souvent ce tableau : un arbre s'échappant des entrailles, de la poitrine ou de la bouche[2] de Jessé. Le tronc symbolique jette à droite et à gauche des rameaux qui portent les rois de Juda, les ancêtres du Christ ; au sommet est assis sur un trône, ou dans le calice d'une fleur gigantesque, le Fils de Dieu. Tout autour de Jésus, et comme lui formant une auréole ovale, s'échelonnent sept colombes, disposées trois à gauche, trois à droite et une au sommet. Chacune inspire à Jésus la qualité qui lui appartient spécialement : l'une la sagesse, l'autre l'intelligence, la troisième le conseil et ainsi des autres. Ces colombes, blanches comme

R. P. dom Guéranger (*Institutions liturgiques*, vol. I, p. 309), Fulbert, évêque de Chartres, composa l'*Introït* suivant pour la nativité de Marie :

    Stirps Jesse virgam produxit, virgoque florem,
    Et super hunc florem requiescit Spiritus almus.
    Virgo Dei genitrix virga est ; flos, Filius ejus.

[1] Isaias, cap. VII, vers. 14 ; cap. IX, vers. 6. De ces dernières paroles on a fait l'*Introït* qu'on chante encore à la messe de Noël.

[2] A Reims, c'est de la bouche de Jessé, c'est-à-dire de l'organe de l'intelligence, et non de la poitrine ou des entrailles, organes de la vie matérielle, que sort l'arbre mystique qui porte à son sommet une grande fleur où repose le Messie, Jésus, l'Emmanuel d'Isaïe. (Voyez, à la bibliothèque de Reims, le manuscrit intitulé *Bible historiale* ; il est du XIIIe siècle et il a pour n° 28.)

le Saint-Esprit, et ornées comme lui d'un nimbe crucifère, ne sont pas autre chose que la représentation vivante des sept propriétés du Saint-Esprit. Le Saint-Esprit est dessiné sous la forme d'une colombe; chacune des sept énergies qui le distinguent est, elle aussi, figurée sous cette même forme. Ce sont, pour ainsi dire, sept personnifications de ce Dieu un en sept propriétés, comme la divinité absolue est une en trois personnes réelles. Plus haut, nous avons donné un dessin tiré du psautier de saint Louis[1] où l'on voit le Christ au sommet de l'arbre généalogique et entouré des sept Esprits; ici, Jésus est porté par sa mère, et les sept petites colombes divines volent vers l'enfant et semblent le réjouir de leur chant mystérieux.

124. — JÉSUS ENVIRONNÉ DES SEPT DONS DU SAINT-ESPRIT
Miniature française, xiv° siècle [2].

Il est important de constater la place occupée par ces colombes relativement à Jésus, qu'elles environnent comme

[1] Voyez page 99, pl. 40.
[2] Manuscrit de la Biblioth. roy. *Biblia sacra*, 6829. Rien n'est plus fréquent que de

d'un cercle. Au chapitre de Dieu le père, on a dit quel était l'esprit de l'esthétique chrétienne dans la hiérarchie des objets entre eux; on se contentera donc de rappeler que le haut l'emporte en distinction sur le bas, que la gauche est inférieure à la droite et la circonférence au centre. Le sommet est préféré à la base et la droite à la gauche, de même que le foyer l'emporte sur le rayonnement. Or, dans Isaïe, l'ordre donné aux dons du Saint-Esprit est celui-ci : sagesse, intelligence, conseil, force, science, piété, crainte de Dieu. Si l'on s'élève en commençant par la crainte de Dieu, on aura la sagesse au sommet; si au contraire on place la sagesse au bas de la série, c'est la crainte de Dieu qui dominera sur l'échelon supérieur. Mais, dans les deux cas, la force et la science occuperont le milieu. Isaïe, en commençant par la sagesse et en finissant par la crainte, n'a pas dit malheureusement s'il montait ou s'il descendait d'une propriété à une autre; on ne sait donc pas où est la racine, où est la base, où est le sommet, où est la suprême vertu, où est au contraire la plus humble. Les symbolistes et les artistes du moyen âge ont eu le champ libre aux conjectures, et la place qu'ils ont donnée à telle propriété doit avoir probablement un sens et être l'expression de telle préférence ou de telle antipathie. Dans un ordre d'idées analogues, on voit que parmi les trois vertus théologales, la foi, l'espérance et la charité, tel artiste ou tel moraliste de cœur, a mis la charité en tête; tel autre qui souffrait, l'espérance; un troisième, qui sentait le prix extrême de la croyance, et que les douleurs du scepticisme ont broyé, place la foi par-dessus

---

voir les colombes environnant ainsi Jésus homme ou enfant. On les remarque deux fois sur les vitraux de l'église de Saint-Denis, trois fois sur ceux de la cathédrale de Chartres, une fois sur les vitraux de la collégiale de Saint-Quentin, des cathédrales d'Amiens et de Beauvais, et sur ceux de l'église de Breuil, village de l'arrondissement de Reims.

tout. Fénélon et saint Vincent de Paule auraient pu préférer la charité aux deux autres vertus; mais saint Jérôme, Tertullien et Bossuet auraient certainement préféré à la charité la foi. Ainsi, dans la place que l'on fait occuper à une vertu, se révèle une sympathie individuelle et quelquefois une sympathie sociale. Ce qu'on vient de dire en effet de Fénélon, de saint Vincent de Paule, de Bossuet, de saint Jérôme et de Tertullien, on peut le dire de la société entière. Quand, à telle époque, à tel siècle, c'est la foi qui l'emporte, on met cette vertu au pinacle; on la fait reine, on la couronne, on l'assied sur un trône. La foi domine alors ses deux compagnes. Au contraire, lorsque la société est croyante, mais écrasée par des souffrances de toute espèce; lorsque les guerres, les famines, les maladies désolent un pays, ce pays se réfugie dans l'espérance; on fait descendre la foi de son trône pour y placer l'espérance. Mais lorsque le sentiment moral est oblitéré, lorsque le cœur malsain ou aveuglé est stérile ou ne sait plus se diriger, alors c'est la charité qu'on fait luire comme un phare et qu'on propose en remède à l'espérance.

Il en est arrivé ainsi effectivement. Aux premiers jours du christianisme, il fallait croire avant tout et croire à l'incarnation du Verbe, à l'immortalité de l'âme, à la résurrection des corps; tous les monuments figurés se sont imposé la tâche de provoquer la foi. Les anciens sarcophages, les fresques des catacombes, les mosaïques des basiliques romaines offrent constamment aux regards Jésus qui naît, agit et ressuscite. Sans cesse la vie est extraite de la mort, pour montrer qu'au jugement dernier le corps ressuscité sortira du tombeau : Jonas est vomi par la baleine, les trois enfants de Babylone sont respectés par le feu de la fournaise, Jésus ressuscite Lazare. Alors il faut croire, puisqu'il s'agit de substituer une religion à une autre : c'est le règne de la foi. Mais dans les mauvais jours, à l'époque des invasions des barbares d'abord, des Normands ensuite, surtout après la mort de Charlemagne, quand l'empire se disjoint de tous côtés, et que la guerre court d'une province dans une autre et se promène de ville en ville; quand la féodalité s'enfante et quand les appréhensions de l'an 1000 viennent effrayer toutes les âmes, alors c'est à l'espérance qu'on s'adresse; c'est l'espérance qu'on place à la tête des trois grandes vertus. On croit, et la foi n'est plus mise en doute; mais il faut espérer au milieu de ces terribles événements qui semblent ôter toute espérance. Au xiie siècle, tout se raffermit : on a passé l'an 1000 et l'on s'étonne de vivre encore. La royauté, bienfaisante et forte, écrase ou domine les petits tyrans féodaux; prévoyante, elle établit l'ordre, elle réforme ou plutôt elle invente l'administration. On est heureux; mais, comme dans tout bonheur, on se laisse aller à la nonchalance, au luxe, à la bonne chère, au plaisir. Il faut donc relever ces âmes amollies et égoïstes par l'ardeur et le dévouement de la charité.

En cherchant bien, on retrouve dans les sculptures des cathédrales, dans les peintures des vitraux, dans les miniatures des manuscrits, ces différences de sympathies qui témoignent d'une différence d'époque; on va même jusqu'à surprendre dans des édifices de même âge, mais de pays différent, une différence individuelle. Ainsi, à la cathédrale de Paris, comme on l'a déjà remarqué, on préfère les confesseurs aux martyrs, c'est-à-dire l'intelligence à la foi; à Chartres, au contraire, la foi a le dessus sur l'intelligence, les martyrs sur les confesseurs. A Notre-Dame de Brou, dans une église bâtie par une femme, la charité prime toutes les autres vertus. Pendant la renaissance, on est plutôt païen que chrétien;

on néglige, non-seulement l'une des vertus théologales, mais toutes les trois à la fois, pour leur substituer les quatre vertus cardinales, la prudence, la justice, la tempérance et la force, vertus morales et que le paganisme exaltait avant tout. En résumé, les vertus personnifiées et représentées dans les monuments chrétiens témoignent, par leur nature, leur nombre et la place qu'elles occupent, de l'état social de l'époque et du pays où on les représente. Par conséquent la place respective donnée aux sept dons ou propriétés du Saint-Esprit ne saurait être indifférente. Il suffirait d'avoir appelé l'attention sur ce sujet pour en démontrer l'importance, mais il ne sera pas inutile de produire quelques exemples à l'appui de notre observation.

Isaïe, avons-nous dit, laisse de l'incertitude sur la place qu'il assigne à la sagesse et à la crainte. En étageant les sept vertus, faut-il mettre la crainte en bas et la sagesse en haut? Il est probable qu'il en est ainsi, car Isaïe, en nommant la sagesse avant toutes les autres et en terminant par la crainte, établit une série dont les analogues sont toujours descendants. La sagesse marche en tête comme un chef suivi de ses subordonnés. De plus, la crainte est un sentiment assez simple, tandis que la sagesse est une vertu complexe; la sagesse est donc, à ce titre, une plus grande vertu que la crainte. C'est ainsi que toutes les civilisations et toutes les religions l'ont entendu. L'homme qui se règle sur la peur est inférieur à celui que la sagesse dirige. Enfin un texte sacré, corrélatif à celui d'Isaïe, semble donner une solution complète. Il est dit, dans les Psaumes, que la crainte est le commencement de la sagesse [1]; la crainte entière n'est donc qu'une partie de la sagesse, qui est un grand tout. De la crainte naît la sagesse, comme de la racine l'arbre entier et son sommet. Ainsi donc le dernier des

---

[1] « Initium sapientiæ timor Domini. » *Psal.* cx, v. 10.

dons nommés par Isaïe est le plus faible, tandis que le premier est le plus puissant; la crainte doit être placée au bas. De la piété à la science, à la force, au conseil, à l'intelligence on arrive à la sagesse, comme du bas d'une échelle on parvient jusqu'au sommet. Telle doit être la disposition en ligne verticale; en ligne horizontale, la sagesse doit être à la tête et la crainte à l'extrémité opposée. Rhaban Maur, dans le poëme déjà cité, a disposé en croix les sept dons du Saint-Esprit; il les échelonne verticalement, puis il les distribue horizontalement, comme nous venons de l'indiquer [1].

Voici à peu près la figure que dessine cette disposition :

spiritus
sapientiæ,
spiritus
intellectus,
spiritus
spiritus spiritus spiritus consilii,   spiritus spiritus spiritus
sapientiæ, intellectus, consilii, fortitudinis, scientiæ, pietatis, timoris.
spiritus
scientiæ,
spiritus
pietatis,
spiritus
timoris.

En ligne circulaire et continue, les vertus doivent être placées à peu près comme les heures dans le cadran. La première et la plus importante, la sagesse, doit être en haut où l'on place une heure; la crainte, où on lit douze heures. En arcade cintrée ou ogivale, la crainte doit être à la naissance du cintre, à gauche; la piété à la naissance du cintre, à droite, et la sagesse à la clef de l'archivolte. Telle devrait être la disposition

---

[1] Rhaban Maur, *De laudibus sanctæ Crucis*, 1ᵉʳ volume des OEuvres complètes, p. 312, fig. XVI.

normale et conforme au texte d'Isaïe; mais, par les raisons données plus haut, par les préférences des époques et des pays, par les sympathies ou l'humeur des individus, il a dû y avoir et il y a eu en effet des inversions. Toutes ces variétés doivent être signalées avec soin, parce qu'il peut y avoir un enseignement et des déductions historiques à en tirer.

Dans l'Apocalypse [1], l'agneau est doué de sept yeux et de sept cornes, qui sont les sept esprits de Dieu; le lion de Juda, le Christ, reçoit les sept dons de l'esprit divin; or ces sept dons diffèrent, à quelques égards, de ceux d'Isaïe, quant au nom et quant à la hiérarchie; les voici en regard tels qu'on les trouve dans Isaïe et dans l'Apocalypse :

Isaïe.	*Apocalypse.*
SAPIENTIA.	VIRTUS.
INTELLECTUS.	DIVINITAS.
CONSILIUM.	SAPIENTIA.
FORTITUDO.	FORTITUDO.
SCIENTIA.	HONOR.
PIETAS.	GLORIA.
TIMOR.	BENEDICTIO.

La force et la sagesse sont les seuls noms communs aux deux textes. La force est à la même place, au milieu, dans l'un comme dans l'autre; mais la sagesse est à la première place dans Isaïe et à la troisième dans l'Apocalypse. Quant aux autres noms, ils diffèrent assez notablement pour qu'on ne puisse pas les trouver tous analogues. On comprend que la sagesse, mise en tête des sept dons par Isaïe, puisse s'appeler la vertu par excellence, puisqu'elle en est la plus haute ex-

[1] *Apocalyp.* cap. v, v. 6 et 12. « Vidi.... Agnum stantem tanquam occisum, habentem
« cornua septem et oculos septem, qui sunt SEPTEM SPIRITUS DEI missi in omnem terram.
« — Dignus est Agnus, qui occisus est, accipere virtutem, et divinitatem, et sapientiam,
« et fortitudinem, et honorem, et gloriam, et benedictionem. »

pression. Mais entre crainte et bénédiction, entre gloire et piété, entre science et honneur, on ne saisit pas bien le rapport, si ce n'est que la bénédiction peut être cause de la crainte, et que l'honneur et la gloire sont la conséquence, le produit de la science et de la piété. Quant à l'intelligence d'Isaïe, elle est appelée la divinité par l'Apocalypse ; ce fait viendrait-il en aide à ceux que nous avons donnés pour prouver que l'Esprit divin était le dieu de l'intelligence et non de l'amour?

Quoi qu'il en soit, si des différences aussi notables se constatent entre la prophétie d'Isaïe et l'Apocalypse de saint Jean, il faut s'attendre à en trouver quelques-unes dans les sculptures et peintures qui représentent les sept esprits, les sept colombes environnant Jésus. A la Sainte-Chapelle de Paris, dans Notre-Dame de Chartres, dans l'église de Breuil, village de l'arrondissement de Reims; dans l'église de Saint-Denis, on voit, peint sur des vitraux, ce sujet du Christ entouré des sept colombes. Les manuscrits à miniatures offrent fréquemment le même motif exécuté depuis le XIIe siècle jusqu'au XVIe. Mais rarement chaque colombe porte son nom ; en sorte qu'on ne peut dire avec certitude que la première est l'esprit de sagesse, la seconde l'esprit d'intelligence et ainsi des autres[1]. Un manuscrit, qui est de la seconde moitié du XIIIe siècle[2], offre les esprits qui sont nommés tous les sept et disposés en arcade autour de Jésus. A gauche, en montant, on a les esprits de conseil, d'intelligence et de sagesse; à droite, en montant, on a les esprits de force, de science et de piété. L'esprit de crainte do-

---

[1] A Chartres, au vitrail de droite du portail occidental, et à Saint-Denis, vitrail de l'abside, bas-côté de droite, les noms sont écrits autour du médaillon qui environne chaque colombe, mais en caractères trop fins ou trop effacés pour que j'aie pu les lire ; j'y ai cependant apporté la plus extrême attention et j'y suis revenu à diverses reprises.

[2] *Vergier de Solas*, Suppl. fr. 11², in-fol.

mine à la clef, au sommet de l'arcade. Cet esprit semble donc s'appuyer à gauche sur la sagesse et à droite sur la piété, tandis qu'il paraît poser les pieds sur le conseil et la force. L'intelligence et la science, en regard l'une de l'autre, sont au milieu. Dans cet ordre, c'est la crainte qui est la vertu suprême, disposition tout hébraïque et toute conforme à la religion juive, où la peur de Dieu est imposée aux hommes, de même que l'amour est la loi fondamentale de la religion chrétienne. Ceci est en tête d'un arbre de Jessé qui porte à son sommet la Vierge tenant Jésus.

En face de cet arbre, dans le même manuscrit, la Vierge tient encore l'enfant Jésus, et les sept colombes environnent également l'enfant dieu. Les noms accompagnent les colombes; mais leur ordre est différent. Disposées en arcade, comme les claveaux d'une archivolte, les colombes partent de la naissance de l'arcade, à gauche, et montent au sommet, où se trouve la quatrième colombe ou vertu, pour continuer et descendre jusqu'à la naissance de l'arcade à droite. Dans cette disposition, on suit l'ordre d'Isaïe. A la gauche, qui est inférieure à la droite, et dans le bas, qui est moins honorable que le haut, se pose la colombe de la crainte; puis paraissent celles de la piété, de la science, de la force, du conseil, de l'intelligence et de la sagesse. Il faut regretter que la sagesse soit à la fin; mais cette arcade a été considérée comme une ligne droite, horizontale, et, dans ce cas, on est complétement d'accord avec Isaïe, qui met la sagesse en tête et la crainte à l'extrémité opposée.

Enfin le même manuscrit présente, dans une curieuse miniature, une roue morale coupée en sept rayons et composée de plusieurs cordons concentriques. Les rayons forment sept compartiments où sont placés, en divers cordons, une des sept demandes de l'oraison dominicale, un des sept sacrements, une des sept armes spirituelles de la justice, une des sept œuvres de miséricorde, une des sept vertus, un des sept péchés capitaux et l'un des sept dons du Saint-Esprit[1]. A prendre tous ces cordons, cette roue ressemble à une cocarde multicolore et plissée de sept plis; à ne prendre que le cordon des sept esprits de Dieu, c'est comme le cadran d'une horloge, cadran qui serait divisé en sept et non en douze heures ou degrés. En suivant l'ordre de ce cadran, on lirait, sur cette miniature, l'intelligence à la première division, la crainte à la sixième et la sagesse au point culminant; les autres sont disposés dans des espaces intermédiaires et s'asservissent à l'ordre d'Isaïe. Ainsi là, contrairement au premier tableau, c'est la sagesse qui domine, et non la crainte, comme le prophète paraît le vouloir; la crainte est complétement soumise.

Il ne serait pas très-utile de s'arrêter plus longtemps sur ce sujet, quoique curieux et fécond en déductions historiques et en inductions morales. Nous dirons seulement que pour être conséquent avec la nature du Saint-Esprit, qui est l'intelligence, il faudrait, en représentant les sept colombes, mettre

---

[1] Reiner, bénédictin du XIII° siècle, a composé sept hymnes en l'honneur du Saint-Esprit. Le nombre sept est un nombre sacré au moyen âge. Les auteurs de cette époque font remarquer avec un plaisir profond qu'il y a sept dons du Saint-Esprit, sept sacrements, sept planètes, sept jours de la semaine, sept branches au chandelier de Moïse, sept arts libéraux, sept églises d'Asie, sept sceaux mystérieux, sept étoiles et sept trompettes symboliques, sept têtes du dragon, sept joies et sept douleurs de la Vierge, sept psaumes de la pénitence, sept péchés mortels, sept heures canoniales. Les mystiques donnent des explications sur tous les nombres, mais sur le nombre sept spécialement; ils font, par addition et par soustraction, une arithmétique des plus bizarres. (Voyez surtout Bède, Rhaban Maur et Guillaume Durand.) « Septenarius numerus est numerus universitatis », dit Jacques de Vorage, *Legenda aurea,* De sanctis Machabæis. — Mahomet lui même dit, dans le Koran, ch. II, verset 27 : « Dieu se porta vers le ciel et en forma sept cieux. » Dieu, suivant Mahomet, divisa le ciel en sept cieux ou sept couches concentriques et superposés comme les pellicules de l'oignon.

l'intelligence à la place souveraine; la crainte et la force à la place tout à fait inférieure, la piété et la sagesse au-dessus de la crainte et de la force; enfin, comme approchant de plus près l'intelligence et comme lui servant d'appui, la science devrait être à gauche et le conseil à droite de cette vertu suprême et qui les résume toutes. On aurait ainsi, à la base, le génie de la force, au milieu, celui de l'amour, et au sommet celui de la raison. Dans une cathédrale, à l'abside, on fait rayonner d'ordinaire sept chapelles, comme à Reims, comme à Chartres : supposez que les deux premières chapelles, à gauche et à droite, sont dédiées à la crainte et à la force; les deux suivantes, celle de gauche à la piété, celle de droite à la sagesse; les deux suivantes à la science et au conseil, et enfin, celle qu'on nomme chapelle de la Vierge, qui est la principale chapelle, la plus longue et la plus riche, consacrée à l'intelligence. Tel serait l'ordre logique. Du reste, on s'écarterait ainsi de la disposition voulue par Isaïe.

Quand la place ne s'y oppose pas, quand les dispositions ont été bien prises, on représente toutes les sept colombes; mais, dans le cas contraire, on ne se fait pas scrupule d'omettre deux, trois, quatre colombes et de n'en figurer que cinq, quatre ou même trois seulement. Les artistes du moyen âge ne s'embarrassaient pas pour peu : lorsqu'ils avaient à représenter les douze vertus principales, les douze mois de l'année, les douze apôtres, les vingt-quatre vieillards de l'Apocalypse, et que la place, mal calculée, leur faisait défaut, ils n'en sculptaient ou n'en peignaient que les deux tiers, la moitié ou un tiers seulement, suivant l'occurrence. Par contre, lorsqu'ils avaient trop de place, ils mettaient trente vieillards, quinze mois, vingt vertus; ils répétaient une, deux et même trois fois le même cordon de patriarches, de rois, de martyrs, de vierges[1]. Il en est ainsi pour les esprits de Dieu. A Chartres, dans la nef de la cathédrale, au côté du nord, un vitrail représente Marie tenant devant elle Jésus qui est inscrit dans une auréole circulaire; là, six colombes blanches et non pas sept (la place manquait) viennent converger vers l'enfant divin.

125. — SIX COLOMBES DIVINES AU LIEU DE SEPT.
Vitrail du xiiie siècle, cathédrale de Chartres.

Dans la même cathédrale, à la rose du croisillon septentrional, il n'y en a que quatre seulement qui viennent inspirer à Jésus leur don spécial; mais, à la fenêtre droite du portail occidental, toutes les sept colombes ont été figurées sans exception. On pourrait facilement trouver et multiplier des exemples analogues.

[1] A Chartres, où la place abonde, surtout aux porches latéraux, la cathédrale offre de ces répétitions : les vierges sages et folles y sont représentées deux fois ; les vertus et les vices y sont répétés trois fois ; les rois ancêtres de la Vierge y sont quatre fois reproduits. Au portail occidental, où la place manquait, on a supprimé deux mois du zodiaque sculpté à la porte gauche, pour les reporter à la porte droite, où ils n'ont aucune signification, mais où ils comblent un vide.

Il serait intéressant de constater quels sont les esprits qu'on a sacrifiés, et ceux, au contraire, qu'on a préférés et représentés. On trouverait certainement dans ce fait des renseignements curieux. Par exemple, si le peintre de Chartres, supprimant les colombes de la crainte, de la force et de la piété, avait représenté seulement celles de la sagesse, de la science, du conseil et de l'intelligence, ne faudrait-il pas en conclure que cet homme, en esprit indépendant, avait fait un choix dans les dons mentionnés par Isaïe, et avait préféré, homme de raison, la raison à tout le reste, à l'amour et à la force?

Il y a plus, Abailard, qui a beaucoup parlé des personnes divines et qui a disserté sur leur nature, Abailard dit que dans le Christ n'était pas l'esprit de la crainte de Dieu; c'est du moins un grave reproche que saint Bernard, son antagoniste, lui a fait. Un manuscrit de l'abbé de Clairvaux, trouvé par les PP. Martenne et Durand dans l'abbaye de Vigogne, contient, parmi les autres propositions hérétiques extraites des œuvres d'Abailard et envoyées par saint Bernard au pape Innocent II, celle-ci : « Quod in Christo non fuerit SPIRITUS TIMORIS Domini[1]. » Abailard, prenant le sens grossier des expressions, ne concevait pas que Jésus pût craindre son père; du reste, il ne refuse pas au Christ les six autres esprits. A Chartres aussi, nous trouvons que sur le vitrail de la nef, qui est postérieur de soixante et dix années environ à Abailard, il n'y a que six esprits sur sept. Le septième, qui est supprimé, est précisément celui du sommet, celui qu'on appelle, dans la miniature d'un manuscrit de la Bibliothèque royale[2], l'esprit de la crainte de Dieu. La doctrine écrite et prêchée par Abailard aurait-elle donc été peinte par le verrier de Chartres? Ce fait n'est pas impossible, quand

---

[1] *Voyage littéraire de deux religieux bénédictins*, IIe partie, p. 213.

[2] Le *Vergier de Solas*, déjà cité.

nous voyons dans la même église la liberté personnifiée et mise au milieu des vertus et à la plus belle place; quand le magicien, être dégradé ailleurs, est introduit là parmi les saints et dans un lieu très-honorable; quand nous y voyons peintes et placées à l'abside les légendes apocryphes les plus anathématisées. Quoi qu'il en soit, ce fait devait être constaté; il fallait appeler l'attention des antiquaires sur la corrélation certaine, ou tout au moins fort probable, qui existe pendant tout le moyen âge entre les doctrines même suspectes, même hérétiques et les monuments figurés; entre les théologiens, les philosophes et les artistes. Malheureusement nous ne pouvons, quant à présent et pour ce point spécial, résoudre la question posée; car deux de ces vitraux de Chartres ne portent point d'inscription, et sur le troisième, vu la hauteur, elles sont illisibles. Le sixième esprit, qui manque, pourrait être tout autre que celui de la crainte; mais, encore une fois, quel que soit l'esprit oublié ou sacrifié, il faut regretter, pour les inductions qu'on aurait pu en extraire, de ne pas savoir son nom.

Les sept colombes, comme le Saint-Esprit lui-même, portent un nimbe et un nimbe crucifère; car, propriétés d'un dieu, elles sont divines et devaient, à ce titre, se revêtir de la marque distinctive des personnes de la Trinité. Dans un manuscrit de la Bibliothèque royale[1], on voit chacune des sept colombes ornée du nimbe crucifère. A Chartres, les quatre colombes de la rose qui éclaire le croisillon septentrional portent toutes les quatre un nimbe rouge croisé de blanc.

Mais, nous l'avons vu, les sept colombes n'ont pas toutes la même importance: l'une d'elles représente une propriété inférieure, la crainte; l'autre une propriété suprême, la sagesse. L'art a voulu quelquefois constater à sa manière ces

[1] *Miroir de l'humaine salvacion*, déjà cité.

divers degrés. Des six colombes qui symbolisent la crainte, la piété, la science, la force, le conseil et l'intelligence, l'art a fait des colombes saintes, il est vrai, mais célestes simplement et non divines; il leur a donné le nimbe des anges et des saints, mais le nimbe uni. Quant à la sagesse, l'art l'a divinisée; la colombe qui la représente a été douée, seule entre toutes, du nimbe crucifère, du nimbe qu'on donne seulement aux personnes divines. Le dessin tiré du psautier de saint Louis, que nous avons donné à l'histoire de l'auréole[1], attribue également à l'esprit de sagesse une plus grande importance qu'aux six autres; la colombe qui le représente est non-seulement placée tout au sommet de l'arbre de Jessé, ce qui est un honneur spécial, mais la colombe qui le figure est la seule qui porte un nimbe à la tête. Ce nimbe est uni, c'est vrai, mais il indique une distinction particulière dont ne jouissent pas les six autres. Du reste, toutes les sept colombes sont enfermées dans une auréole entièrement circulaire. La gloire, selon le sens que nous lui avons donné (réunion du nimbe et de l'auréole), est donc réservée à la colombe de la sagesse, puisque seule elle baigne son corps dans une auréole et sa tête dans un nimbe.

D'autres fois on revient à l'égalité des sept dons, des sept colombes, et on leur ôte à toutes et la croix du nimbe et le nimbe entier, en sorte que la nature divine ou céleste leur est enlevée. Quand ce fait se produit au xvie siècle, il n'est pas spécial aux esprits de Dieu; car à cette époque tous les saints, les anges, la Vierge, les personnes divines elles-mêmes perdent leur nimbe. Mais, si l'absence du nimbe se remarque dans le xive siècle, ce pourrait être le résultat d'un oubli. Nous l'avons répété plusieurs fois, les artistes ont souvent commis des erreurs dans leurs dessins, comme les copistes dans leurs

[1] Page 99, pl. 40.

transcriptions. Ainsi, dans un exemple précédent, qui est tiré d'un manuscrit du xive siècle[1], il pourrait y avoir erreur de l'artiste, oubli et non pas intention ; l'absence de nimbe et de nimbe crucifère pourrait bien n'être pas significative. Du reste, on voit déjà que le nimbe perd un peu de sa valeur, puisque celui de Jésus rayonne de tous côtés et non pas, ainsi qu'il devrait le faire, de trois côtés seulement, du front et des tempes, pour former les trois aigrettes dont il a été question dans l'histoire du nimbe[2]. Sur plusieurs monuments figurés, surtout dans les miniatures des manuscrits, les colombes étant forcément d'une dimension assez petite, il n'est pas facile de constater si leur nimbe est ou n'est pas crucifère. Les images du *Vergier de Solas* sont dans ce cas particulièrement.

Comme le Saint-Esprit, les sept colombes sont blanches, ont le bec et les pieds rouges; comme le Saint-Esprit, elles ont la proportion des colombes naturelles. Pourtant, de même que l'Esprit se montra grand comme un aigle à Theutram, gardien de la cathédrale de Strasbourg, de même aussi ses propriétés grandissent quelquefois jusqu'à prendre la taille du plus grand aigle. Mais, en général, les colombes du Saint-Esprit sont plus petites que le Saint-Esprit lui-même; car la fraction doit être moindre que le tout. Dans ce cas, on les voit aussi petites que les colombes de Virginie, qui n'atteignent que la grosseur d'un passereau. Parfois le Saint-Esprit lui-

[1] *Biblia sacra*, 6829, Bibl. royale; le dessin est plus haut, page 464, pl. 124. Cette Vierge, qui tient Jésus illuminé des sept esprits, est posée sous le chandelier à sept branches; c'est ainsi qu'on place Jésus ressuscitant sous Jonas vomi vivant par la baleine, ou le Christ versant le sang et l'eau de ses plaies sous le rocher que frappe Moïse et qui donne une source d'eau vive. Le chandelier allumé de sept feux, c'est la figure de Jésus animé des sept esprits. Nouvelle preuve encore que le Saint-Esprit est le dieu de l'intelligence, puisque ses propriétés elles-mêmes sont figurées par des flambeaux; or les flambeaux éclairent mais ils n'échauffent pas.

[2] Plus haut, p. 82, pl. 34.

même se réduit à ces faibles dimensions ; à plus forte raison les propriétés, qui ne sont que des attributs de lui-même, doivent-elles se contracter dans cette petite taille. Il faut avoir grand soin de ne pas prendre un simple oiseau, un humble passereau, pour le Saint-Esprit.

Le Saint-Esprit, disons-nous, se rapetisse quelquefois à la taille d'un passereau ; mais le nimbe croisé qu'il porte à la tête en fait immédiatement le symbole de la troisième personne divine. Quand le nimbe est absent, ce qui arrive assez souvent, c'est le sujet où la petite colombe est figurée, c'est encore le lieu occupé par elle qui empêchent de la confondre avec un oiseau ordinaire. Dans tous les sujets où se voient les deux autres personnes, la colombe, même petite et sans nimbe, forme la troisième. Tout oiseau descendant du ciel et planant sur la tête de Marie, au moment où l'ange lui annonce qu'elle sera la mère d'un Dieu, ne peut être autre chose que le Saint-Esprit. Tout oiseau étendant les ailes dans le cénacle ou au-dessus du Jourdain, sur la tête des apôtres ou sur celle de Jésus-Christ, ne peut être que le symbole divin. On voit dans nos églises un groupe fréquemment sculpté aux xive et xve siècles, et même à la fin du xiiie ; c'est la Vierge, assise ou debout, tenant l'enfant Jésus dans ses bras. D'une main Jésus folâtre avec sa mère ; de l'autre il joue avec un petit oiseau qu'il tient par les ailes, par le cou, par la queue, et auquel il tire les plumes ou qu'il caresse avec douceur. Cet oiseau n'est pas la colombe divine, n'est pas le Saint-Esprit, mais un passereau, un pinson, un rossignol, un rouge-gorge qui sert de jouet à Jésus, comme tout autre animal ou objet pourrait le faire. Il ne faut pas s'y tromper, ni voir dans cet oiseau le symbole divin. Dans l'église de Vertus (Marne), un groupe en pierre, de la fin du xiiie siècle, offre ainsi un enfant Jésus folâtrant avec un petit oiseau; le passereau s'impatiente, s'irrite et pince fortement dans son bec un des doigts de l'enfant divin, qui le tourmente [1].

Les sept dons du Saint-Esprit, les sept colombes n'appartiennent qu'à Jésus; cependant l'Allemagne, qui chérit la femme plus qu'on ne le fait dans toutes les autres contrées [2], a presque gratifié la vierge Marie de ces qualités divines. Dans la cathédrale de Freybourg en Brisgau, sur un vitrail de la nef latérale du nord, on voit la Vierge assise et tenant l'enfant Jésus qui est habillé de jaune et debout sur sa cuisse gauche. Jésus porte le nimbe crucifère; de la main gauche, il tient une belle fleur rouge qui est peut-être une rose, mais une églantine, une rose simple à nombreuses étamines jaunes. De la main droite Jésus cherche à prendre une grosse prune rouge que lui présente sa mère. Marie porte une robe verte et un manteau violet doublé de rouge, sur la tête un voile blanc assujetti par une couronne d'or. Un nimbe rouge, ourlé de perles ou de diamants en or, lui éclaire la figure. Marie est dans le plus splendide costume. Autour de son nimbe, et non pas autour de celui de Jésus, s'abat une volée de sept petites colombes blanches; elles

[1] Une Vierge en marbre blanc, donnée à l'église abbatiale de Saint-Denis par la reine Jeanne d'Évreux, femme de Charles le Bel, et appartenant aujourd'hui à l'église Saint-Germain-des-Prés, tient un enfant Jésus qui joue avec un petit oiseau, comme fait le petit Jésus de Vertus, mais un peu plus pacifiquement. Dans l'hospice de Rue (Somme) un oiseau, pris à tort pour le Saint-Esprit, égaye également Jésus tenu par sa mère. (*Voyage pittoresque dans l'ancienne France*, province de Picardie, par M. le baron Taylor.) On voit le même motif, plus ou moins varié, dans diverses églises de l'arrondissement de Reims, notamment dans celle de Courcy.

[2] Avant le christianisme et depuis, les Germaines et les Allemandes ont joué un grand rôle dans l'histoire religieuse, politique et civile; les textes et les monuments sont là pour l'attester. A Cologne, sans compter sainte Ursule et ses onze mille compagnes, qui protégent la ville et l'Allemagne entière, une foule d'églises, plus de la moitié, étaient dédiées à des saintes; dans la cathédrale de Freybourg en Brisgau, tous les vitraux sont remplis de l'histoire de la Vierge et de la vie de saintes.

convergent au centre du nimbe de la Vierge et ne se tournent en aucune façon vers Jésus. C'est donc un être divin que Marie; elle est donc douée, comme son fils, des sept dons du Saint-Esprit. On peut bien dire que les colombes sont là parce que Jésus s'y trouve; mais toujours est-il que c'est à Marie et non au fils de Dieu que les colombes font fête et battent des ailes. Du reste, le Saint-Esprit lui-même, et non plus ses propriétés seulement, joue familièrement avec la jeune Vierge. Dans la même cathédrale de Freybourg, nef latérale du sud, un vitrail du xive siècle représente sainte Anne apprenant à lire à Marie. Anne, comme une reine, reine par sa fille, porte une couronne d'or sur un voile blanc; comme sainte elle est ornée d'un nimbe rouge. Une robe violette et un manteau jaune doublé de rouge complètent son riche vêtement. Anne tient à la main gauche un livre richement relié d'une couverture bleue; de la main droite elle prend la petite vierge Marie. La céleste petite fille porte une couronne d'or sur sa tête nue et un nimbe violet; ses cheveux, d'un beau jaune d'or, tombent sur ses épaules en deux longues tresses allemandes. La Vierge, qui a de huit à dix ans, est habillée d'une petite robe verte qui lui prend étroitement la taille. De la main droite elle cherche à ouvrir le beau livre bleu de sa mère pour y apprendre à lire; mais de la gauche elle serre contre sa poitrine un meilleur maître que le livre et la vieille Anne réunis, elle presse le Saint-Esprit, qui l'inspire déjà. Le Saint-Esprit est une petite colombe blanche, à nimbe d'or croisé de noir. L'oiseau symbolique vient de se poser sur la main de cette petite fille, et ses ailes sont frémissantes encore; il est descendu du ciel pour jouer avec la divine enfant. C'est un ravissant tableau; la tendre et gracieuse Allemagne pouvait seule en offrir un semblable.

A part ces exceptions, lesquelles tiennent sans doute au

caractère de la nation allemande, les sept colombes sont réservées uniquement au fils de Dieu, à l'Emmanuel d'Isaïe.

ICONOGRAPHIE CHRONOLOGIQUE DU SAINT-ESPRIT.

Le Saint-Esprit, assez varié quant à la forme, puisqu'il est homme et colombe, et homme à tous les âges, depuis l'enfance jusqu'à la vieillesse, le Saint-Esprit offre cependant peu de variétés chronologiques. Ainsi, depuis les premiers siècles jusqu'aux nôtres, la colombe persiste à peu près constamment à se montrer la même de forme, de dimensions, de proportions, de couleur et d'ornementation ou d'attribut. Les caractères différents qu'on pourrait signaler ne dépendent pas des siècles, mais plutôt du pays et de la fantaisie de l'artiste; ils reviennent à la géographie et à l'esthétique bien plutôt qu'à la chronologie. Quant au Saint-Esprit homme, la variété est là purement physiologique et non chronologique. En suivant les époques, on devrait voir cet Homme-Dieu, qui représente le Saint-Esprit, naître petit enfant au XIe siècle, où on le voit pour la première fois; enfant de dix ou quinze ans au XIIe, adolescent de quinze ou vingt au XIIIe, jeune homme au XIVe, homme de trente à cinquante ans au XVe, et vieillard au XVIe. Il n'en est pas ainsi : aux XIe et XIIe siècles, il atteint immédiatement trente et quarante ans, tandis qu'au XVIe nous le voyons enfant de quelques mois, de quelques années, et tout à la fois vieillard de soixante ans. Les XVe et XVIe siècles le figurent en homme de tout âge.

Ce qu'il faut dire, c'est que jusqu'au XIe siècle la colombe seule est destinée à symboliser le Saint-Esprit, et qu'à partir de cette époque la colombe partage cet honneur avec l'homme. Au XIVe siècle, jusqu'au XVIe, non-seulement la colombe et l'homme figurent le Saint-Esprit à peu près indifféremment, mais on les montre souvent à la fois sur le même monument. La colombe se pose sur la tête de l'homme qui représente le Saint-Esprit, comme nous en verrons un exemple à l'Histoire de la Trinité, ou bien elle s'abat sur la main de ce même homme divin, comme dans l'exemple suivant :

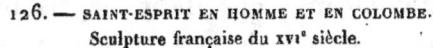

126. — SAINT-ESPRIT EN HOMME ET EN COLOMBE.
Sculpture française du XVIe siècle.

On dirait que le Saint-Esprit est un chevalier qui porte le faucon au poing[1]. Il faut encore ajouter que, jusqu'à la fin

---

[1] Ce dessin est pris sur une sculpture de l'église de Verrières (département de l'Aube), dont nous avons déjà parlé. Les personnages de cette scène, qui représente le couronnement de la Vierge par la Trinité, sont fort médiocres; mais on les a gravés avec une rigoureuse exactitude. Le dessin original est de M. Fichot. Souvent, pour des représentations analogues où est figuré le couronnement de la Vierge par Dieu le père ou par Dieu le fils, on lit en texte ces versets du psalmiste : « Posuisti in capite ejus coro- « nam de lapide pretioso. » (*Psal.* XX, v. 4.) « Gloria et honore coronasti eum (eam). » (*Psal.* VIII, v. 6.) Ces textes s'appliquent également à Dieu le père lorsqu'il couronne son fils ressuscité et remonté au ciel.

du XIVe siècle, le Saint-Esprit homme a toujours de trente à quarante ans; mais, à partir du XVe jusqu'à la moitié du XVIe, il prend tous les âges. Enfin, depuis 1550, à peu près, jusqu'à nos jours, la colombe reprend le droit exclusif qu'elle avait primitivement de représenter le Saint-Esprit; dès lors l'homme disparaît. Le Saint-Esprit homme était tellement oublié, surtout de notre temps, que plusieurs personnes s'étonneront certainement d'en voir ici des représentations.

La colombe seule a symbolisé le Saint-Esprit tant qu'on s'est inquiété à peu près exclusivement de l'histoire, et tant que la raison pure ou l'argumentation philosophique ne fut pas admise dans la théologie. L'histoire évangélique déclarait positivement que le Saint-Esprit, au baptême de Jésus, avait apparu sous la forme d'une colombe; ce fut en colombe qu'on le représenta. Mais quand le raisonnement, quand les arguments tirés de la raison, et non plus de l'histoire seulement, envahirent la théologie; quand la théologie, pure d'abord, finit par se faire scolastique avec Anselme de Laon, Guillaume de Champeaux, Abailard, et les autres qui l'ont précédé ou suivi, alors, même pour la forme, le Saint-Esprit fut assimilé à Jésus-Christ et à Dieu le père; on le fit donc homme aussi bien que les deux autres personnes divines. Mais c'était l'époque, si on se le rappelle, où Jésus entraînait tout dans sa sphère, où il faisait tout, même son père, à son image et à sa ressemblance; le Saint-Esprit suivit comme le reste et fut représenté avec l'âge et la physionomie du Christ, en homme de trente-trois ou même de quarante ans. Plus tard, la raison pénètre plus avant encore; elle préfère, relativement aux personnes divines, la distinction à la similitude. Alors elle différencie le Saint-Esprit du Fils, comme elle avait différencié le Père du Fils lui-même. Mais c'est l'époque en même temps où le Père reprend la puissance iconographique que son fils avait absorbée. Le Père, alors, au lieu de se voiler sous les traits et l'âge de Jésus, impose à Jésus son âge et ses traits d'ancien des jours, de vieillard. Le Saint-Esprit aussi, qui n'a jamais eu de puissance spéciale et qui a suivi presque toujours les révolutions iconographiques dont Jésus et Dieu le père étaient les auteurs, le Saint-Esprit subit les traits, l'âge et la physionomie du Père; il se fit voir en vieillard.

D'autres variétés chronologiques peuvent se tirer de l'art, c'est-à-dire de la manière dont la colombe ou l'homme qui représentent le Saint-Esprit sont dessinés. Mais ces caractères ne sont pas spéciaux à la troisième personne divine; ils appartiennent à tous les personnages figurés dans le moyen âge, ils sont communs à toute l'iconographie chrétienne. Ce dessin est large à l'époque latine, minutieux à l'époque romane, simple au XIIIe siècle, maniéré au XIVe, sec au XVe; c'est donc l'art entier qu'il faut étudier pour se rendre compte de l'âge que telle colombe ou tel homme figurant le Saint-Esprit peuvent avoir : il ne saurait être autrement question ici de ces variétés esthétiques.

ATTRIBUTS DU SAINT-ESPRIT.

Quant aux attributs du Saint-Esprit, ils peuvent fournir quelques variétés chronologiques et certains caractères distinctifs, comme ils en ont donné pour le Père et le Fils; mais, comme ils sont de même nature que ceux des deux autres personnes, il suffira de les signaler et de renvoyer aux paragraphes où nous en avons déjà parlé. Ainsi le Saint-Esprit, comme le Père et le Fils, se distingue d'abord des créatures ordinaires par un nimbe; puis des créatures célestes et glorifiées, ou des anges et des saints, par un nimbe crucifère. Mais ce nimbe suit les phases que nous avons constatées dans le chapitre spécial à ce sujet. D'abord, en effet, le Saint-Esprit est sans nimbe, comme sur les anciennes mosaïques [1]; ou bien ce nimbe est rayonnant, mais non crucifère, ainsi qu'une mosaïque de Rome en offre un exemple. Le Saint-Esprit est là sur un palmier, et ressemble entièrement au phénix gravé sur les médailles romaines, à cet oiseau qui porte assez souvent un nimbe rayonnant et qui est l'emblème de l'immortalité, ou même de l'éternité. Puis le Saint-Esprit prend un nimbe, mais un nimbe uni et sans croix. Puis ce nimbe se partage par deux traverses qui se coupent à angles droits.

127. — COLOMBE DIVINE À NIMBE CRUCIFÈRE.
Miniature française du xive siècle [2].

Bientôt après, le champ du nimbe disparaît, les traverses restent seules et se transforment en faisceaux ou en fleurons lumineux qui partent du front et des tempes du Saint-Esprit en homme

---

[1] Voyez le Saint-Esprit planant sur David, dessiné d'après la miniature d'un psautier grec du xe siècle, page 419, pl. 110. — [2] Biblioth. royale, ms. lat. fonds Lavall.

ou en colombe. Ensuite les faisceaux et fleurons disparaissent eux-mêmes, et le Saint-Esprit revient à la seconde époque primitive, quand il n'avait pas encore de nimbe; seulement alors il n'en a plus. Mais c'est l'époque aussi où les auréoles, nimbes du corps, sont assez fréquentes sous la forme de rayons; alors le Saint-Esprit, que nous avons vu dans une fresque du mont Athos[1] au centre d'une auréole rayonnante qui enveloppe les deux autres personnes divines, se montre assez souvent ainsi, comme dans le dessin suivant.

128. — COLOMBE DIVINE DANS UNE AURÉOLE RAYONNANTE.
Miniature française, xve siècle[2].

Aux époques où le nimbe crucifère est constamment donné aux personnes divines, il n'est pas rare d'en voir totalement dépourvue la colombe qui représente le Saint-Esprit. Cela peut tenir à une erreur, erreur que nous avons déjà constatée pour des faits analogues ou différents; mais cela tient surtout à la petite dimension de la colombe. Cette forme, ou seule ou dans des trinités, n'occupe qu'une place très-restreinte; la tête de la colombe n'est elle-même qu'une très-petite partie de l'oiseau divin, partie peu visible. On conçoit alors qu'autour d'un

---

[1] Planche 21, page 37.
[2] Voir, à la Biblioth. royale, la plupart des *Heures* des xve et xvie siècles.

point presque imperceptible on n'ait pas mis de nimbe. En sculpture, il y avait souvent grande difficulté, pour ne pas dire impossibilité, à cerner la tête de la colombe divine d'un nimbe crucifère; aussi n'est-il pas rare de rencontrer des colombes privées de cet attribut. Quand cette colombe n'atteint que la dimension d'un passereau, ce qui se voit fréquemment, alors elle est toujours sans nimbe et sans nimbe crucifère. Le psautier de saint Louis, dont nous avons extrait le Christ environné des sept colombes d'Isaïe, offre six d'entre elles sans nimbe; la septième porte un nimbe, mais un nimbe uni [1]. Cependant, puisque c'est une miniature et que les colombes ont une certaine dimension, il était assez facile, plus facile que sur une sculpture, de figurer des nimbes crucifères.

Nous ne parlerons pas des autres attributs qui peuvent caractériser le Saint-Esprit, parce qu'ils ne sont pas chronologiques et parce qu'ils trouveront plus naturellement leur place dans le chapitre consacré à la Trinité divine.

HÉRÉSIES CONTRE LE SAINT-ESPRIT.

Des honneurs remarquables, nous l'avons vu, ont été rendus au Saint-Esprit; des églises lui ont été dédiées, un office a été établi en son honneur, un ordre de chevalerie lui a été consacré. Dès les premiers siècles de l'Église jusqu'à celui-ci, le Saint-Esprit n'a cessé d'être représenté sous la forme d'une colombe ou d'un homme. On le voit déjà sur le tombeau de Junius Bassus, au IVe siècle, versant sur la tête de Jésus-Christ un souffle de lumière [2]. Dès lors on le retrouve fréquemment

---

[1] Ce manuscrit appartient à la bibliothèque de l'Arsenal; le dessin dont on parle ici est plus haut, page 99, pl. 40.

[2] Page 313, pl. 87, nous avons donné ce Saint-Esprit. Voyez Bosio, *Rom. Sotterr.* p. 45.

sur les tombeaux des premiers chrétiens, et Bosio, dans son grand ouvrage de la Rome souterraine, en a donné plusieurs exemples[1]. A Ravenne, dans Saint-Jean-Baptiste, église bâtie en 451 par l'évêque Néon, on voit, sur la mosaïque où est figuré le baptême, le Saint-Esprit au-dessus de la tête de Jésus[2]. A Sainte-Marie *in Cosmedin* de Ravenne, la mosaïque, qui date de 533, porte également un Saint-Esprit[3]. Sur les mosaïques de Sainte-Praxède de Rome, qui sont de l'an 818, la colombe a la tête entourée d'un nimbe uni; elle se pose à la cime d'un palmier, pendant que le Christ marche sur les flots du Jourdain et que la main du Père sort des nuages, fermée et tenant un rouleau où devait être écrit : « Voici mon fils bien-aimé, dans lequel j'ai mis toutes mes complaisances[4]. » Aux Xe, XIe et XIIe siècles, les colombes divines abondent; qu'on se rappelle les exemples que nous avons cités. Au XIIIe siècle, les monuments où paraît le Saint-Esprit sont innombrables; il n'y a pas, pour ainsi dire, de création figurée où, pour le « Spiritus Dei ferebatur super aquas, » on ne voie sculptée ou peinte la colombe couvant et animant les eaux[5].

[1] Voyez notamment pages 63, 75 et 327. Le Saint-Esprit de la page 131 ne nous paraît pas ancien, quoique cependant il n'ait pas encore de nimbe; à la page 327, il porte un nimbe uni et domine un siége pastoral, une *cathedra*.

[2] Ciampini, *Vet. monim.* 1ª pars, tab. 70, p. 235.

[3] *Idem, ibid.* 2ª pars, tab. 23, p. 78.

[4] *Idem, ibid.* IIe vol. pl. 47 et 52, p. 148 et 160.

[5] C'est à Auxerre, sur un vitrail du XIIIe siècle qui est dans la cathédrale, au pourtour latéral du sanctuaire, qu'on voit la colombe suivante, planche 129. Cette colombe est blanche, à nimbe rouge croisé de jaune, la tête en haut, les ailes étendues, environnée par les eaux, qui lui forment comme une auréole irrisée d'azur et d'or. Malgré le texte, la colombe n'est pas portée sur les eaux; mais elle en est entourée : les flots l'encadrent d'une ligne ondulée comme un médaillon environne un buste. Sur la planche 112, page 428, on voit la colombe littéralement portée sur les eaux. La planche 122, page 458, offre le Saint-Esprit également porté sur les eaux; seulement, dans ce dernier dessin, le Saint-Esprit a la forme d'un petit homme ou d'un enfant, tandis que dans l'autre et dans le 129, qui suit, il est figuré en colombe.

129. — COLOMBE DIVINE A NIMBE CROISÉ, PLANANT ENTRE LES EAUX DE LA CRÉATION.
Vitrail du xiiie siècle, dans la cathédrale d'Auxerre.

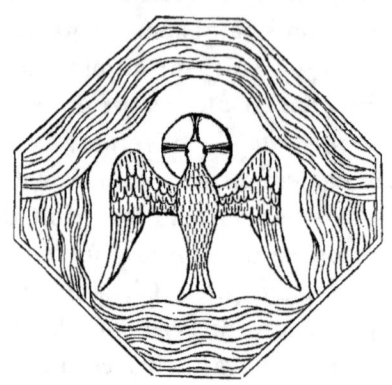

Ainsi l'art et la liturgie ont rendu des honneurs remarquables au Saint-Esprit; cependant les artistes ont quelquefois commis à son préjudice des erreurs ou des omissions dont Jésus-Christ n'est jamais l'objet. Jésus-Christ, comme la personne divine aimée par excellence, vit constamment dans la mémoire des chrétiens et ne peut être oublié en aucun cas; mais il n'en est pas de même du Saint-Esprit, qui n'apparaît qu'assez rarement dans les livres saints, et qui, dans la dévotion des fidèles, dut prendre moins de place que le Christ. L'art nous a conservé des preuves de cette disposition des esprits au moyen âge. Ainsi, à la Pentecôte, cette fête du Saint-Esprit, cette histoire dont il est la personne essentielle, il n'est pas rare de le voir absent. Ordinairement la scène se présente ainsi : les douze apôtres (quelquefois la Vierge est au milieu d'eux) sont assis dans le cénacle et attentifs au bruit extraordinaire qui se fait au-dessus de leur tête. Dans le haut, et descendant du ciel, on voit la colombe divine, qui souffle ou des rayons ou des langues de flamme sur chaque tête d'apôtre et sur celle même de la Vierge, lorsque la Vierge assiste à cette scène. Le Saint-Esprit est et devait être présent, puisqu'on expliquerait difficilement sans lui ces rayons qui descendent d'en haut. Cependant un manuscrit espagnol, qui est à la bibliothèque d'Amiens [1], montre douze rayons rouges et jaunes sortant du ciel et tombant sur la tête des douze apôtres; la Vierge est absente. Le Saint-Esprit ne paraît pas et les rayons s'échappent directement du ciel; il est vrai que le ciel est entr'ouvert, en forme d'arc-en-ciel renversé, et qu'on peut supposer le Saint-Esprit caché dans les profondeurs éternelles, d'où il lance ses rayons.

Mais un triptyque émaillé, du XIIe siècle, qui se voit dans la chapelle Vendôme de la cathédrale de Chartres, montre une main versant des rayons d'un rouge de flamme sur les apôtres; les apôtres sont assis contre les volets de ce curieux monument de l'orfévrerie romane. En iconographie, cette main étant celle de Dieu le père, c'est le père qui distribue les rayons, et ce n'est plus le Saint-Esprit qui les souffle de sa bouche. Dans le cloître de Saint-Trophime d'Arles, on s'est bien gardé de représenter ainsi la Pentecôte. Là sont réunis les douze apôtres sans la Vierge; tous nimbés, en longs vêtements, trois imberbes et dont deux plus jeunes

---

[1] *Figuræ bibliorum*, ms. in-4° de l'année 1197. M. Dusevel, membre non résident des comités historiques, a bien voulu me communiquer un calque de cette descente du Saint-Esprit dont le Saint-Esprit est absent. A Saint-Marc de Venise, dans la grande coupole, sont figurés en mosaïque à fond d'or les apôtres assis et recevant le Saint-Esprit avant de se disperser dans le monde. Un rayon bleuâtre descend sur chacun d'eux; au bout de chaque rayon s'allume une langue de feu qui se pose sur la tête de chaque apôtre. Comme dans le manuscrit espagnol, le Saint-Esprit est absent : on n'en voit que les flammes. Du reste, ces flammes symbolisent peut-être le Saint-Esprit lui-même. La troisième personne divine pourrait se trouver dans une simple langue de feu; elle serait présente dans un rayon lumineux aussi bien que dans la colombe. J'adopte avec empressement cette explication que me fournit M. l'abbé Gaume.

LE SAINT-ESPRIT.   493

que les autres. Ces apôtres de Saint-Trophime ne sont pas assis, comme on les représente ordinairement, et comme le manuscrit espagnol et le triptyque de Chartres, entre autres, les figurent; mais ils sont agenouillés pour recevoir plus dignement le Saint-Esprit. Dans le haut, paraît en entier la divine colombe, du bec de laquelle s'échappent quatre cordons de flammes qui descendent sur la tête des apôtres; il n'y a qu'un rayon pour trois apôtres, contrairement aux représentations ordinaires, où chacun a son rayon et sa langue de feu.

Un vitrail de Troyes a été bien plus loin encore que le triptyque de Chartres. La Trinité est peinte sur ce petit monument qui date du xvie siècle; le Père y est représenté habillé en pape, assis sur un arc-en-ciel, posant ses pieds sur un autre arc-en-ciel, et soutenant dans ses mains les bras de la croix où est attaché son fils. C'est ainsi qu'à partir du xiie siècle on représente fréquemment la Trinité; cette manière est l'une des plus usitées pour grouper ensemble les trois personnes divines. Toujours dans ces représentations[1] on voit le Saint-Esprit en colombe allant du Père au Fils, ou du Fils au Père, ou se tenant à égale distance entre l'un et l'autre, ou, tout au moins, posé sur un des bras de la croix. Ici le Saint-Esprit est totalement oublié, comme la gravure donnée plus haut[2] le montre parfaitement. Ce dessin est d'une exactitude absolue. Le dessinateur[3] a reproduit, à ma prière, jusqu'au nombre et des rayons et des ondulations des nuages qui remplissent le champ de l'auréole, jusqu'au nombre des couronnes qui cerclent la tiare du Père éternel. Les nimbes sont unis, les pieds du Père sont chaussés; tout cela est comme

---

[1] Il en sera donné plusieurs exemples au chapitre de la Trinité.
[2] Page 208, planche 63.
[3] M. Fichot, qui a bien voulu exécuter d'autres dessins pour mon travail.

sur le vitrail, et le Saint-Esprit n'y a jamais été figuré. Or une personne de moins sur trois, et dans un sujet consacré spécialement à figurer la Trinité, c'est un fait d'une certaine importance et qui témoigne de l'oubli où les artistes se laissaient facilement aller relativement au Saint-Esprit.

Du reste ce fait, tout extraordinaire qu'il soit, n'est pas unique. Le XVIe siècle était assez léger et même, dans les choses religieuses, assez ignorant; le vitrail de Troyes, qui date de cette époque, pourrait donc ne pas avoir une importance extrême. Mais au XIIe siècle, époque grave et savante, il n'en était pas ainsi. Cependant, sur un des vitraux que Suger fit exécuter pour Saint-Denis, vitraux qui existent encore et pour lesquels l'illustre abbé a fait lui-même des inscriptions, on voit également Jésus attaché à la croix que tient le Père, et qui est le plus ancien modèle que je connaisse de ces représentations si fréquentes aux XIIIe et XIVe siècles. Or, dans cette Trinité, le Saint-Esprit manque également, bien qu'une place convenable pût lui être faite à la cime de la croix [1]; un pareil oubli, de la part de Suger, ne peut être volontaire et veut une explication. Ainsi, aux deux époques extrêmes de notre peinture sur verre, aux XIIe et XVIe siècles, nous retrouvons le même phénomène iconographique. Hors de France, dans l'église de Vieux-Brissac, sur les bords du Rhin, les stalles, qui sont du XIVe siècle, offrent un Père éternel, chape sur le dos, tête nue, tenant son fils attaché à la croix. Le Saint-Esprit est absent de cette sculpture, comme des vitraux de Saint-Denis et de Troyes [2].

---

[1] Nous avons déjà signalé ce vitrail, pag. 402, au paragraphe du triomphe de la croix; il est dessiné par M. l'abbé Martin. *Vitraux de S.-Étienne de Bourges*, Étude IV, F.

[2] A la rigueur, le Saint-Esprit aurait pu être cassé; mais j'ai étudié ces stalles avec le plus grand soin, et je n'ai vu aucune trace de fracture. (Voyez dans le *Missel de Poitiers*, Bibl. roy. n° 873, une Trinité sans Saint-Esprit au f° 150. C'est du XVIe siècle.)

Ainsi, dans les catacombes, aux scènes où la Trinité aurait dû être figurée entière et par les trois personnes, on supprime le Père en quelque sorte, ou du moins on ne le montre pas [1]. Plus tard le Père reprend, aux dépens du Saint-Esprit, la place que le Saint-Esprit avait occupée, et, dans quelques Trinités des XII, XV° et XVI° siècles, une des trois personnes divines manque, comme dans celles des IV°, V° et VI°; mais alors ce n'est plus le Père, c'est le Saint-Esprit. Le Saint-Esprit a donc eu quelquefois à se plaindre des artistes.

Enfin, dans le dessin que nous avons donné plus haut [2] et qui représente le Père et Fils se donnant la main en signe d'union, tandis que la colombe descend du ciel pour les unir encore et s'unir à eux par l'extrémité de ses ailes, il y a je ne sais quelle irrévérence pour le Saint-Esprit. L'oiseau céleste s'abat du haut en bas pour aller retrouver les deux personnes divines; mais un ange qui montre son buste hors des nuages, hors du ciel, semble modérer l'impétuosité de l'oiseau en le retenant par la queue avec les deux mains. Ce dieu, ainsi tenu en équilibre entre les deux autres personnes et par un ange, par une créature qu'il a faite, est réellement dans une position subalterne et inconvenante. Il fallait, pour représenter aussi grossièrement un pareil sujet, qu'on eût peu d'égards pour le Saint-Esprit. Déjà nous avons eu occasion de faire remarquer tout le mauvais vouloir des hérétiques et des artistes

---

[1] Il n'y a pas une seule Trinité vraiment complète dans les monuments des catacombes. Au baptême de Jésus-Christ, le Père manque constamment. Au baptistère de Saint-Jean, à Ravenne, v° siècle, le Saint-Esprit et Jésus-Christ se voient seuls sur la mosaïque; il en est de même à Sainte-Marie *in Cosmedin*, à Ravenne, sur une mosaïque du VI° siècle.

[2] Page 197, planche 60. C'est dans le psautier de Jean, duc de Berri, ms. de la Bibl. roy. Suppl. fr. 2015, et non dans les Heures du duc d'Anjou, ainsi qu'on l'a dit par erreur, que l'on voit ce curieux sujet. La miniature qui le représente est au psaume *Dixit Dominus Domino meo*.

eux-mêmes relativement au Père éternel [1]; il semble également que le Saint-Esprit ait été victime d'erreurs et de passions analogues. C'est un sujet de recherches que je suggère, une opinion que je soumets et non un fait certain que je proclame; mais la représentation suivante, que d'autres viennent confirmer, mérite une attention spéciale.

130. — SAINT-ESPRIT AU SOMMET DE LA CROIX, SANS NIMBE, SANS RAYONS CRUCIFORMES, SANS AURÉOLE, SANS GLOIRE.

Peinture sur bois à Saint-Riquier, xve siècle.

Dans ce dessin, pris sur une peinture du xve siècle à l'abbaye de Saint-Riquier, le Père est peu respectable, le Fils est fort triste, mais l'Esprit est particulièrement sacrifié. Cet oiseau, à ailes et pattes repliées, est cloué sur le haut de la croix plutôt qu'il ne s'y appuie : c'est vraiment indigne et misérable.

En présence de pareils faits, il faut noter que Macédonius, patriarche de Constantinople, nia au ive siècle, sous Constance, la divinité du Saint-Esprit; au xvie siècle, Socin en

---

[1] Voyez l'histoire de Dieu le père, *passim*, et notamment page 209.

fit autant. Les montanistes, au lieu de nier le Saint-Esprit, le dédoublaient, mais pour l'amoindrir également et pour arriver à peu près au même résultat que les macédoniens; ils distinguaient le Saint-Esprit et le Paraclet. Jésus ayant promis aux apôtres, animés déjà des dons du Saint-Esprit, de leur envoyer le Paraclet, les montanistes en concluaient que l'un était complétement distinct de l'autre, et que le Paraclet n'était pas l'Esprit. Ils distinguaient donc les chrétiens en πνευματικοί, qui croyaient au Paraclet, sorte d'esprit plus parfait, et en ψυχικοί, qui s'arrêtaient aux premiers dons du Saint-Esprit[1]. Comme on ne peut suspecter l'orthodoxie de Suger, il n'en est que plus étonnant que ce grand homme ait supprimé la colombe divine dans la représentation de la Trinité peinte sur verre. Au VIIIe siècle, le deuxième concile de Nicée anathématisa Sévère, un hérétique qui condamnait la représentation du Saint-Esprit sous la forme d'une colombe. Armé du prétexte qu'il ne fallait pas représenter le Saint-Esprit en oiseau, Sévère enlevait les colombes d'or et d'argent qu'on suspendait au-dessus des autels et des fonts baptismaux[2]. L'hérésie intéressée de Sévère rappelle le procédé de Denys le

---

[1] Le Saint-Esprit portait deux noms: ἅγιον πνεῦμα et ἅγια ψυχή; on l'appelait encore νοῦς, et même λόγος. Les deux premiers noms désignent l'âme, et semblent se rapporter au Saint-Esprit en tant qu'amour; les deux autres entendement, et concernent l'Esprit intelligence.

[2] Voyez le deuxième concile de Nicée. Consultez un travail intéressant de M. l'abbé J. Corblet, déjà cité et ayant pour titre : *Mémoire liturgique sur les ciboires du moyen âge*, in-8°. Amiens, 1842. — M. Corblet s'exprime ainsi « L'acte V° du 2° concile de Nicée mentionne les plaintes des moines d'Antioche contre l'hérétique Sévère qui s'était approprié des colombes d'or et d'argent suspendues sur les fonts baptismaux, sous prétexte qu'on ne devait point représenter le Saint-Esprit sous la forme d'une colombe. « Columbas aureas et argenteas, in figuram Spiritus-Sancti super divina lavacra et al- « taria appensas, una cum aliis sibi appropriavit, dicens non opportere in specie columbæ « Spiritum-Sanctum nominare. » Les pères du concile de Nicée et de Constantinople con-

tyran, qui débarrassait les statues de Jupiter du manteau d'or dont la piété les couvrait, sous prétexte qu'un pareil vêtement était trop froid en hiver et trop chaud en été. On rapporte tous ces faits pour fixer l'attention des antiquaires sur l'absence ou la présence du Saint-Esprit dans les représentations de la Trinité, et non pour en tirer des conclusions qui seraient encore prématurées [1].

Ce n'est pas seulement dans les premiers siècles que le Saint-Esprit reçoit de ces outrages; aux XIe, XIIe et XIIIe, on alla jusqu'à discuter s'il était permis, comme avait fait Abailard [2], de lui dédier des églises. Le Saint-Esprit, nous l'avons vu, donne son nom à beaucoup d'édifices sacrés; mais il y avait quelque chose d'injurieux, même à poser simplement la question.

damnèrent Xénaïa, qui se moquait de la représentation du Saint-Esprit par des colombes. (Voir Duranti, *de Rit. eccl. cath.* cap. v.)

[1] En effet, il serait possible d'attribuer à l'absence du Saint-Esprit, dans les diverses représentations peintes et sculptées dont il vient d'être question, une cause autre que celle de l'oubli ou du mauvais vouloir. Ces représentations, si nombreuses dans le moyen âge, sont identiques, sauf l'absence de la troisième personne divine, avec celles où nous voyons les trois personnes réunies, et que nous appelons des *Trinités;* cependant, quand on n'y remarque pas le Saint-Esprit, ce n'est peut-être pas une *Trinité,* mais un autre sujet que l'artiste aura voulu représenter. Le Père donne son fils au monde, et le Fils s'offre, pour le salut des hommes, à mourir sur la croix; c'est le don du Père et le sacrifice de Jésus qu'on aurait voulu figurer, et non l'image de la Trinité. Présenté ainsi, le sujet peint sur les vitraux de Saint-Denis par les soins de Suger, trouve une explication fort naturelle, aussi bien que le vitrail de Troyes, la stalle de Vieux-Brissac et la miniature du Missel de Poitiers. Je suis tout disposé à restreindre dans ces limites l'interprétation que je donne et d'où il résulterait que l'absence du Saint-Esprit serait une injure faite à la troisième personne divine. Quoi qu'il en soit, il faut constater avec le plus grand soin si le Saint-Esprit est figuré ou non dans les images de ce genre. L'avantage de la discussion soulevée ici devra être d'appeler l'attention minutieuse de toutes les personnes qui s'occupent d'iconographie chrétienne.

[2] Lebœuf, *État des sciences en France depuis le roi Robert jusqu'à Philippe-le-Bel,* p. 149. Lebœuf cite le *Thesaurus anecdotorum* et l'*Amplissima collectio.*

LA TRINITÉ.

Les trois personnes divines se résolvent en un seul Dieu, comme les trois images se relient en un groupe unique. Le dogme et l'art, la théologie et l'iconographie marchent de conserve, ici pour décrire, et là pour dessiner la Trinité. Nous avons étudié jusqu'à présent chacune des trois personnes à part et prise isolément; il nous reste en ce moment à les faire voir groupées, unies entre elles, et à montrer des Trinités.

HISTOIRE DU DOGME DE LA TRINITÉ.

A peu près inconnu des païens et confus pour le peuple juif, le dogme de la Trinité s'est manifesté complétement et sans nuages dès l'origine du christianisme. Parallèlement aux siècles successifs de notre ère, il s'est déroulé dans toute son étendue et dans toutes ses conséquences.

On a recherché quelles notions les païens avaient de la Trinité; on s'est enquis des connaissances qu'ils possédaient sur l'unité de l'essence divine et la triplicité des personnes ou des hypostases. Platon semble avoir entrevu le dogme chrétien, mais comme on voit les objets à une distance que le regard n'atteint pas nettement ou saisit mal. La doctrine attribuée au philosophe grec et qui paraît ressortir de sa méthode, sans que toutefois il ait consenti à la reconnaître lui-même, c'est que la triplicité divine doit s'appeler le bien, l'intelligence, l'âme ou la cause [1].

[1] Τὸ εὖ, ὁ νοῦς ou ὁ λόγος, ἡ ψυχή. (Voyez les Études sur la Théodicée de Platon et d'Aristote par M. Jules Simon, pages 148, 151, 175.) — Dans les peintures grecques

Les platoniciens et surtout les philosophes de l'école d'Alexandrie se sont plu à scruter, éclaircir, compléter, étendre outre mesure la pensée du maître. Plotin et Longin, que suivent Jamblique et Porphyre, admettent un seul Dieu en trois personnes; mais Numérius veut trois dieux. Numérius reconnaît le Père, le Créateur et le Monde [1]; il semble faire, de chacun de ces trois dieux, une trinité composée de l'idée, de l'intelligence et de la puissance. Amélius et Théodore découpent également trois trinités dans celle de Platon, et veulent qu'il y ait trois biens, trois intelligences, trois âmes [2]. Sénèque paraît se rapprocher du dogme chrétien dans un passage curieux où il nomme, comme cause de ce qui arrive, d'abord Dieu, qui peut tout; ensuite la Raison incorporelle, qui produit les grandes œuvres; puis l'Esprit divin, qui circule dans tout. A ces trois causes il ajoute la Fatalité, c'est-à-dire la réunion et l'enchaînement des causes entre elles [3].

En comparant ce texte avec ce que la mythologie grecque nous apprend des trois grandes divinités qui, nées d'un père unique, sont à la tête du monde qu'elles se partagent, on doit

---

du mont Athos, on représente, parmi les païens qui ont entrevu la vérité, le philosophe Platon. C'est un vieillard à la barbe longue et large; il semble prononcer ces paroles peintes sur un rouleau qu'il tient à la main gauche : « L'ancien est nouveau et le nouveau est ancien; le père est dans le fils et le fils est dans le père. L'Unité est divisée en trois, et la Trinité est réunie en un. » Ces expressions ne sont pas textuellement dans les œuvres du philosophe grec; mais les peintres byzantins les lui ont prêtées comme résultant de sa doctrine.

[1] Πατήρ, ποιητής, ποίημα.

[2] Voir, de M. Jules Simon, une thèse intitulée : *Commentaire du Timée de Platon*, par Proclus, p. 105.

[3] « Id actum est, mihi crede, ab illo, quisquis formator universi fuit, sive ille Deus « est, potens omnium; sive incorporalis Ratio, ingentium operum artifex; sive divinus « Spiritus, per omnia maxima, minima et æquali intentione diffusus; sive Fatum et immu- « tabilis causarum inter se cohærentium series. » (Ap. Senecam, *De Consolatione ad Helviam*, cap. VIII.)

convenir que le dogme de la Trinité était au moins flottant chez les païens. En effet, chez les Indous, une *trimourti* divine préside à tous les phénomènes de l'Univers [1]. Chez les Grecs, Jupiter, Neptune et Pluton règnent sur les trois étages qui composent l'édifice du monde. Au sommet, dans les hautes régions de l'air, plane Jupiter, le roi du ciel; au milieu, Neptune commande à la mer; à la base, Pluton gouverne les enfers et la terre, qui leur sert comme d'enveloppe. Tous trois sont fils d'un père unique, du vieux Saturne, fils lui-même du Ciel et de la Terre. Quand une divinité grecque cumule des fonctions universelles, elle s'appelle ordinairement de trois différents noms. Ainsi la puissance femelle, qui correspond aux trois divinités mâles dont nous venons de parler, se nomme Lune dans le ciel, Diane sur la terre, Hécate ou Proserpine aux enfers.

Les anciens, les élèves de Pythagore surtout, scrutateurs de l'arithmétique céleste, se plaisaient à répéter que Dieu chérissait le nombre impair, et surtout le nombre trois. Le nombre trois, qui ne se divise que par lui-même et par l'unité, était l'image de Dieu, qui ne peut se comparer qu'à lui seul ou à l'unité absolue. Il semblait aux païens que rien ne pouvait être complet qu'à la condition de se diviser en trois et de se présenter sous un triple aspect. Ils symbolisèrent la beauté par les trois Grâces, la vie par les trois Parques, la justice par les trois Juges et la vengeance par les trois Euménides. Pour les Grecs, un ensemble quelconque se décompose en trois membres; ainsi toute colonne a un embase-

---

[1] La trimourti hindoue se compose de Brâhma, de Siva et de Vichnou. Brâhma préside à la terre et est le dieu créateur; Siva est destructeur et règne sur le feu; à Vichnou, qui est le dieu conservateur, appartient l'empire de l'eau, sur laquelle il se meut. M. Guignaut, *Religions de l'antiquité*, vol. I, ch. II et III.

ment où s'implante le fût, et le fût se couronne du chapiteau.

Ces idées sur les nombres, sur les propriétés mystérieuses du nombre trois, ont régné pendant tout le moyen âge; de nos jours, on s'en préoccupe encore. Des géomètres font remarquer qu'un objet matériel ne peut exister qu'avec les trois dimensions, longueur, largeur, hauteur. Des physiologistes prouvent que la vie totale se compose de trois vies particulières : la vie intellectuelle dont le siége est dans le cerveau; la vie digestive, qui a pour centre l'estomac; la vie locomotive, qui gît dans les muscles. Certains psychologistes s'emparent eux-mêmes de la vie intellectuelle ou cérébrale, qui est la plus élevée des trois existences matérielles, et la partagent en intelligence proprement dite, en amour et en volonté, d'où découlent les facultés, les sentiments et les actes. Beaucoup de philosophes modernes, admettant cette division et cette terminologie, disent que l'homme est un petit monde, un dieu fini en quelque sorte, et que les principaux attributs de la divinité sont la sagesse, la bonté et le pouvoir [1].

[1] Vivre, penser, agir, dit la métaphysique hindoue, sont les trois modes de l'existence divine; selon Cambry (*Monuments celtiques*, in-8°, p. 157), ce serait plutôt être, penser et parler. L'homme est, de sa nature et par essence, sensation, sentiment et connaissance indivisiblement unis, dit M. P. Leroux dans tous ses livres. Cette définition psychologique de l'homme rappelle la trinité du saint-simonisme : industrie, science, religion, qui ont pour termes l'utile, le vrai et le bon ou le beau unis ensemble. Selon M. de la Mennais (*Esquisse d'une philosophie*), l'homme, étudié sous un point de vue élevé, montre les lois de l'intelligence, de la volonté et de l'amour, étroitement liées en lui aux lois de l'organisme. L'homme s'exerce dans trois sphères d'activité, unies parce que l'homme est un, mais distinctes parce qu'elles se rapportent à des termes différents : l'industrie, dont le terme est l'utile; l'art, dont le terme est le beau; la science, dont le terme est le vrai. L'ecclectisme français et toute la philosophie allemande, surtout celle de Hégel, parlent à peu près dans le même sens. — Il serait déplacé ici de pousser plus loin cet inventaire de la philosophie moderne, et ce que nous venons de dire suffira pour constater combien de nos jours encore on se préoccupe du nombre trois. Nous sommes des disciples de Pythagore et des adeptes du moyen âge beaucoup plus que nous ne consentons à l'avouer.

LA TRINITÉ. 503

Le christianisme est l'expression la plus complète, la plus haute et, en même temps, la plus populaire de toutes les vérités : les vérités passées, il les a dévoilées, épurées, filtrées, pour ainsi dire ; les vérités futures, il les prépare. Le christianisme devait donc proclamer que Dieu est un en trois personnes. « Fides catholica hæc est : ut unum Deum in Trinitate et Tri-« nitatem in unitate veneremur [1]. » Ces paroles, Dante les traduit ainsi : « Cet un et deux et trois, qui vit toujours en trois et deux et un, non circonscrit et qui circonscrit toute chose, trois fois était chanté par chacun des esprits [2]. » On trouve dans Jacques de Vorage, à la légende de l'apôtre saint Thomas, une justification psychologique et matérielle de la triplicité se résolvant dans l'unité. Ce texte, qui date des premiers temps du christianisme [3], devant nous faire passer de l'exposition du dogme de la Trinité à la définition des personnes divines, nous le donnons ici. Saint Thomas, arrivé dans l'Inde, guérissait les malades et leur prêchait les vérités chrétiennes. « L'apôtre se mit à leur enseigner les douze degrés des vertus ; le premier de ces degrés était la croyance en un dieu, unique en essence et triple en personnes. Il leur donna trois exemples sensibles de la trinité des personnes dans une seule substance. Le premier, c'est qu'il y a dans l'homme une seule sagesse et que de cette unité procèdent l'intelligence, la mémoire et le génie. Car le génie, dit-il, consiste à trouver ce qu'on n'a pas appris ; la mémoire, à ne pas oublier ce qu'on a lu ; l'intelligence, à comprendre ce qu'on peut montrer ou enseigner.

---

[1] Voir le symbole de saint Athanase. Lactance, comme nous l'avons déjà dit, résume ce dogme dans ces paroles pleines de concision : « Deus trinus unus. » Le mot de Trinité, plus compacte encore, contient virtuellement tout le symbole de saint Athanase.

[2] Dante, *Divine Comédie*, Paradis, ch. XIV.

[3] On le trouve dans le livre apocryphe intitulé *Historia certaminis apostolorum* ; il est attribué au premier évêque de Babylone, Abdias, qui était contemporain des apôtres.

Le second exemple, c'est qu'il y a trois choses dans un cep de vigne : le bois, les feuilles, les fruits; ces trois choses n'en font qu'une et constituent une seule vigne. Le troisième exemple, c'est que la tête se compose de quatre sens. Dans une tête unique, en effet, on trouve la vue, le goût, l'ouie et l'odorat; tout cela est multiple et n'est qu'une seule tête [1]. »

DÉFINITION DES PERSONNES DIVINES.

Ce qu'on a dit, dans le chapitre du Saint-Esprit, relativement à la propriété particulière qu'on peut attribuer spécialement à chacune des personnes divines, doit être complété ici.

Nous avons fait remarquer combien cette question avait été flottante pendant tout le moyen âge. En confondant les relations des personnes divines entre elles et leurs relations avec les hommes, on attribue au Fils ce qui appartient au Saint-Esprit, et à l'Esprit ce qui convient au Père, mais surtout au Fils. Quant à nous, nous avons distingué le ciel de la terre; ce qui existe dans l'éternité nous a paru différent, sous quelques rapports, de ce qui se passe dans le temps. La théologie, comme on le comprend facilement, n'est pas toujours adéquate à l'histoire. En conséquence, nous avons dit que, dans leurs

---

[1] Ce troisième exemple se rapporte à la pluralité en général et non à la triplicité. Voici le texte de la Légende dorée (De sancto Thoma apostolo) : « Tunc apostolus cœpit « eos docere et duodecim gradus virtutum assignare. Primus est ut in Deum crederent, « qui est unus in essentia et trinus in personis. Deditque eis triplex exemplum sensibile, « quomodo sint in una essentia tres personæ. Primum est quia una est in homine sa- « pientia, et de illa una procedit intellectus, memoria et ingenium. Nam ingenium est, « inquit, ut quod non didicisti invenias; memoria, ut non obliviscaris quod didiceris; « intellectus, ut intelligas quæ ostendi possunt vel doceri. Secundum est quia in una « vinea tria sunt, scilicet : lignum, folia et fructus; et omnia tria unum sunt et una vi- « nea sunt. Tertium est quia caput unum quatuor sensibus constat. In uno enim capite « sunt visus, gustus, auditus et od ratus, et hæc plura sunt et unum caput sunt. »

relations avec les hommes, le Père se manifestait comme la source de la toute-puissance; le Fils, comme le dieu de l'amour; l'Esprit, comme la cause de l'intelligence. Nous avons donné des gravures où chaque personne divine est ainsi caractérisée. Mais, il faut le dire, ces gravures sont des exceptions : deux exemples sur plusieurs centaines de sujets sont les seuls qui soient arrivés jusqu'à présent à notre connaissance. Habituellement on donne l'amour au Saint-Esprit et l'intelligence à Jésus, qui est le verbe fait chair, la parole de Dieu incarnée, le λόγος des Grecs.

Saint Augustin adopte deux opinions sur la définition spéciale de chacune des trois personnes. L'homme, dit-il, est fait à l'image de Dieu; nous devons donc trouver une trinité dans l'homme, comme il y a une trinité en Dieu. Il y a, dans l'homme, l'âme, la connaissance qu'elle a d'elle-même, l'amour dont elle se chérit[1]. En Dieu résident aussi ces trois facultés, mais en puissance infinie. Dans cette opinion, celle que saint Augustin préfère et dont il était probablement l'auteur, notre substance spirituelle, notre âme est l'image du Père; notre connaissance ou notre verbe, celle du Fils; notre amour, celle du Saint-Esprit. « De même, dit saint Augustin, que l'esprit et l'amour qu'il a de lui-même sont deux choses différentes; de même l'esprit et la connaissance qu'il a de lui sont deux choses distinctes. Donc l'esprit, l'amour et la connaissance qu'il a de lui-même forment une triade, et cette triade est à la fois une unité. Lorsque les trois sont parfaits, ils sont égaux[2]. » Selon une seconde opinion de saint Augustin, notre mémoire serait l'image du Père; notre intelligence, l'image du Fils; notre

---

[1] « Mentem, notitiam qua se novit et dilectionem qua se diligit. » (S. August. *de Trinitate*, lib. IX, cap. VI.)
[2] *De Trinit.* lib. IX, cap. IV.

volonté, l'image du Saint-Esprit. Dans les deux opinions, le Saint-Esprit est amour et le Fils intelligence. Dans la première, le Père est substance; mais il est mémoire dans la seconde.

La doctrine de saint Ambroise est différente. Notre âme, dit l'archevêque de Milan, est faite à l'image de Dieu, et tout l'homme est en elle. De même que du Père est engendré le Fils, et que du Père et du Fils procède le Saint-Esprit; de même aussi, de l'intelligence est engendrée la volonté, et des deux procède la mémoire. L'âme n'est point parfaite sans cette triade; un seul de ces actes ne peut manquer sans que les autres soient imparfaits. Et de même que Dieu le Père, Dieu le Fils, Dieu le Saint-Esprit ne sont pas trois dieux, mais un Dieu unique en trois personnes, de même l'âme intelligence, l'âme volonté et l'âme mémoire ne sont pas trois âmes en un seul corps, mais une seule âme en trois puissances[1].

Ainsi, pour saint Ambroise, le Père est intelligence; le Fils, amour ou volonté; l'Esprit, mémoire. Ici, l'amour est transféré du Saint-Esprit au Fils, et l'intelligence du Fils au Père. Le Saint-Esprit devient mémoire, et il n'est plus question de la substance de l'âme divine dont parle saint Augustin.

Cette formule, dit M. Buchez[2], à qui nous empruntons cette série de faits, est de beaucoup supérieure à celle de saint Augustin[3]. Dans la formule de ce grand docteur, on voit que le Saint-Esprit procède du Père, mais non qu'il procède du Fils.

---

[1] S. Ambrosii *Hexaemeron*, lib. VI, cap. vii, § 43 : ap. Opera, tom. II, append. p. 612.

[2] *Traité complet de philosophie*, vol. III, Ontologie, chap. de la Trinité humaine, p. 374-377.

[3] Nous ne pouvons partager cet avis, parce que la mémoire étant un produit de l'intelligence, un résultat immédiat de cette faculté, on peut dire que la formule de saint Ambroise attribue l'intelligence à deux personnes divines. Et d'ailleurs, que devient la force, la puissance, qui est cependant une faculté principale?

LA TRINITÉ. 507

D'ailleurs, on a tort de confondre la volonté et l'amour : vouloir, c'est agir, c'est choisir; mais, dans l'un ni l'autre cas, ce n'est désirer.

De ces trois opinions, saint Bernard adopte la seconde[1]. Saint Thomas d'Aquin ne semble adopter ni l'une ni l'autre, tout en prenant les deux tiers de la première, à savoir, que le Fils est connaissance, et le Saint-Esprit amour[2]. Bossuet prend à la fois les deux premières[3], que M. l'abbé Frère fond en une seule et entre lesquelles hésitent saint Augustin et Bossuet[4]. M. Buchez s'attache à la troisième, qui est celle de saint Ambroise[5].

L'abbesse Herrade adopte la seconde opinion de saint Augustin; elle déclare que la mémoire appartient spécialement au Père, l'intelligence au Fils, la volonté ou l'amour au Saint-Esprit[6].

Richard de Saint-Victor, voyant que, dans toutes ces formules, on oubliait la toute-puissance, qui est cependant une faculté primordiale et génératrice, laissa au Saint-Esprit l'amour et au Fils l'intelligence, mais il attribua la force au Père[7].

---

[1] S. Bernard. *Meditat. de cognit. human. cond.* cap. 1.
[2] S. Thomæ *Summa*, pars I°, quest. 93, art. 8.
[3] Bossuet, *Élévations sur les mystères*, 2° semaine, 6° élévat. édit in-4°, tom. X, p. 33. — 4° semaine, 7° élévat. tom. X, p. 71. — Exorde du sermon sur le mystère de la sainte Trinité.
[4] *L'homme connu par la révélation*, tom. I.
[5] Buchez, *Traité complet de philos.* vol. III, pages 397-408.
[6] *Hortus deliciarum.* « Divinitas consistit in Trinitate. Hujus imaginem tenet anima, « quæ habet memoriam, per quam præterita et futura recolit; habet intellectum, quo præ- « sentia et invisibilia intelligit; habet voluntatem, qua malum respicit et bonum eligit. »
[7] Pour ne pas trop allonger ces réflexions, où l'iconographie chrétienne de l'avenir est beaucoup plus intéressée que l'iconographie du moyen âge, nous nous contenterons de citer les textes latins de Richard. Le profond théologien dit, dans le *Tractatus exceptionum*, lib. II, cap. II (*Opp. Richardi S.-Vict.* in-f°; Rouen, 1650) : « Invisibilia Dei « a creatura mundi per ea quæ facta sunt intellecta conspiciuntur. Tria sunt invisibilia

En cela Richard se conformait à l'esprit de son temps, à l'esprit de tout le moyen âge, on peut le dire, et à la définition qui a prévalu[1] et que les monuments ont traduite presque toujours par des images. En effet, les formules proposées par saint Augustin et saint Ambroise relèvent de la philosophie bien plutôt que de la théologie; elles ne devaient donc pas avoir grand cours pendant le moyen âge, et l'on s'est accordé assez généralement à reconnaître, dans le Père, la toute-puissance; dans le Fils, la sagesse suprême; dans le Saint-Esprit, l'amour infini. Abailard lui-même attribuait au Père la toute-puissance, au Fils la sagesse, à l'Esprit la bonté; il répétait ce qu'on disait à peu près partout. Abailard ne s'est trompé que pour avoir attribué à chaque personne une seule qualité, en lui refusant les deux autres. On l'a condamné pour avoir dit que le Père possédait la toute-puissance, mais non la sagesse ni la bonté; pour avoir soutenu que le Saint-Esprit avait la bonté, mais

« Dei : potentia, sapientia, benignitas. Ab his tribus procedunt omnia, in his tribus con-
« sistunt omnia, per hæc tria reguntur omnia. Potentia creat, sapientia gubernat, beni-
« gnitas conservat. Quæ tamen tria sicut in Deo ineffabiliter unum sunt, ita in opera-
« tione separari non possunt. Potentia per benignitatem sapienter creat, sapientia per
« potentiam benigne gubernat, benignitas per sapientiam potenter conservat. Potentiam
« manifestat creaturarum immensitas, sapientiam decor, bonitatem utilitas. » — Puis,
dans un traité qu'il adresse à saint Bernard et qu'il intitule *De tribus appropriatis personis
in Trinitate*, lib. VI, p. 270, il examine : « Cur attribuatur potentia Patri, sapientia Filio,
« bonitas Spiritui sancto. » Enfin, dans son traité *de Trinitate*, lib. VI, p. 264, il recherche :
« Quare speciali quodam dicendi modo potentia attribuitur ingenito, sapientia genito, bo-
« nitas Spiritui sancto. » Il conclut : « Quoniam ergo in potentia exprimitur proprietas
« ingeniti, speciali quodam considerationis modo merito adscribitur illi. Sed quoniam in
« sapientia exprimitur proprietas geniti, merito et illa juxta eumdem modum adscribitur
« ipsi. Item quia in bonitate proprietas Spiritus sancti invenitur, merito et ei bonitas spe-
« cialiter assignatur. »

[1] Dante (*Divine Comédie*, Paradis, ch. X) parle ainsi de la Trinité : « En regardant son Fils avec l'amour que l'un et l'autre exhalent éternellement, la première et ineffable Puissance fit avec un si grand ordre tout ce que notre intelligence et nos yeux aperçoivent, que nul ne peut admirer l'œuvre du Créateur sans goûter de sa vertu. »

aucune puissance[1]. Il isolait complétement les trois personnes à l'égard de leurs attributions spéciales, et, par une singulière contradiction, les confondait ensuite dans une unité divine tellement compacte qu'il n'était pas possible d'y retrouver les trois hypostases. Cette indépendance des personnes, d'une part, et, de l'autre, cette excessive fusion, ont fait errer doublement Abailard; mais le célèbre représentant de la scolastique admettait la spécialité des attributs et les qualifiait, en les appliquant aux personnes divines, comme Richard de Saint-Victor et la plupart des autres théologiens.

Toutefois, cette formule expliquait bien la relation des personnes divines entre elles et non la relation des personnes divines avec les hommes; en conséquence nous avons dû faire la distinction dont il a été question dans le chapitre consacré au Saint-Esprit, et dire qu'il fallait, en laissant la toute-puissance au Père, attribuer l'amour au Fils et l'intelligence à l'Esprit. Les grands génies chrétiens que nous avons nommés, saint Ambroise, saint Augustin, saint Thomas d'Aquin et les autres, sont restés orthodoxes en changeant des termes qui leur paraissaient désigner les trois personnes divines; nous

---

[1] Les deux bénédictins Martenne et Durand trouvèrent, dans l'abbaye des Prémontrés de Vigogne (diocèse d'Arras), un manuscrit renfermant un traité de saint Bernard contre Abailard, et que l'abbé de Clairvaux avait envoyé au pape Innocent II. A la fin de ce manuscrit on lit, après ces mots *Collegi et aliqua transmisi*, les propositions suivantes, extraites par saint Bernard des ouvrages d'Abailard :

« Quod Pater sit plena potentia, Filius quædam potentia, Spiritus-Sanctus nulla po« tentia. Quod Spiritus-Sanctus non sit de substantia Patris aut Filii. Quod Spiritus-Sanc« tus sit anima mundi. Quod neque Deus est homo, neque hæc persona quæ Christus est, « sit tertia persona in Trinitate. Quod in Christo non fuerit Spiritus timoris Domini. « Quod ad Patrem, qui ab alio non est, proprie vel specialiter attineat omnipotentia, non « etiam sapientia et benignitas. Quod adventus in fine sæculi possit attribui Patri. » (Voir le Voyage littéraire de deux bénédictins, II° partie, p. 213.)

croyons également ne pas sortir du dogme en proposant une autre formule d'attributions divines.

Au surplus, les représentations gravées et données plus haut attribuent aux personnes divines les propriétés que nous avons signalées. Aujourd'hui surtout, la formule que nous adoptons gagne les esprits, et nous redirons encore que Daniel, évêque de Lacédémone en 1839, nous donna l'explication suivante du signe de la croix tel que les Grecs l'exécutent. « On le fait en ouvrant les trois premiers doigts de la main droite, avec le pouce, l'index et le doigt majeur. On y emploie les trois doigts en l'honneur de la Trinité et pour la figurer. Le doigt puissant et actif par excellence, le seul opposable aux quatre autres, l'organe principal de l'action manuelle, le pouce enfin représente le Père. Le grand doigt, qui domine tout et qui est à la droite du pouce lorsque la main est vue par le dos, c'est le Fils. Dans l'index, qui unit le pouce au doigt majeur, on voit le Saint-Esprit. L'index en effet dirige les regards, enseigne la place des êtres; c'est l'organe de l'intelligence et l'instrument de la notion. » On sent tout ce qu'il y a d'ingénieux et de subtil dans cette interprétation byzantine.

Chez nous, aux XIIe et XIIIe siècles, on pensait ainsi, et les liturgistes Durand et Beleth, entre autres, déclarent que c'est en l'honneur de la Trinité qu'on exécute avec trois doigts le signe de la croix. L'idée fondamentale est, chez les Latins, la même que chez les Byzantins. Il n'est pas certain que le développement de cette idée n'appartienne pas en commun aux deux Églises et que même il ne provienne pas de la nôtre. Dans les rituels des XIIe, XIIIe et XIVe siècles, à la cérémonie du mariage, l'anneau nuptial se passe successivement aux trois premiers doigts de la main droite de l'époux et de l'épouse. Lorsqu'il est au pouce, on dit : *In nomine Patris;* à l'index, *et Filii;* au grand doigt, *et Spiritus-Sancti.* Ici l'index est attribué au Fils et non à l'Esprit, mais cette particularité n'a peut-être rien d'essentiel[1].

En résumé : le Père, c'est la force suprême, et on doit le caractériser en lui donnant le globe, l'univers, qu'il a créé; le Fils, c'est l'amour infini, et la croix est son symbole; l'Esprit, c'est l'intelligence, et il faut lui donner le livre. Dans les représentations on voit ordinairement le Père avec le globe, le Fils avec la croix ou le livre, mais plus souvent encore avec le globe, et le Saint-Esprit sans attribut. Ainsi le Fils absorbe les trois facultés divines; car les artistes du moyen âge lui donnent en propre la puissance, que désigne le globe; l'intelligence ou la sagesse, que marque le livre, et l'amour, que la croix symbolise, tandis qu'on semble déshériter complétement le Saint-Esprit. En matière aussi grave, il ne faut rien laisser à l'arbitraire; on doit définir les idées et les termes pour que les artistes contemporains ne s'égarent pas et pour qu'ils représentent les personnes divines selon toute la rigueur du dogme.

Nous devons demander pardon d'avoir fait, à propos d'archéologie, une pareille invasion dans le domaine théologique ou philosophique. Mais l'archéologie chrétienne est appelée peut-être à rendre de grands services à la théologie et à la philosophie. L'archéologie n'est pas une simple science de nomenclature, ni une science purement descriptive; c'est de l'histoire surtout, et de l'histoire qui doit donner l'interprétation des faits. Nous ne voulons rien résoudre assurément; mais nous disons

---

[1] Voyez, dans le Bulletin archéologique du comité historique des arts et monuments, vol. II, p. 498, 499, des Notices de M. l'abbé Poquet et de M. Lucien de Rosny, correspondants historiques, sur deux rituels qui ont appartenu à la cathédrale de Soissons (Aisne) et à l'abbaye de Barbeau (Seine-et-Marne).

qu'on ne peut faire d'archéologie chrétienne un peu utile et qu'il n'est même possible de comprendre les monuments figurés du christianisme sans s'être occupé de théologie. A la vue de certains monuments, il faut absolument rappeler les questions principales et les faits essentiels de l'histoire ecclésiastique. La théologie, grande science qu'on n'étudie pas assez et qu'on a le grave tort d'abandonner aux ecclésiastiques, comme si le clergé seul y était intéressé, doit être remise en honneur. De nos jours tout marche, et toutes les sciences doivent être scrutées profondément dans leur partie historique et dogmatique à la fois. Nous serions heureux si notre travail contribuait à raviver le goût de cette noble étude qui s'inquiète, pour les creuser, des questions les plus difficiles et les plus profondes.

MANIFESTATIONS DE LA TRINITÉ.

La Trinité, c'est-à-dire la réunion des trois personnes divines, n'apparaît pas une seule fois dans l'Ancien Testament. Certains textes en font bien soupçonner la présence; mais ces textes ne sont pas suffisamment à l'abri des objections. Dans la Genèse, Dieu dit : « Faisons l'homme à notre image et ressemblance. » Il dit encore : « Voici qu'Adam est devenu comme l'un de nous; » il dit enfin : « Venez, descendons et confondons leur langage [1]. » Mais ces expressions n'impliquent pas nécessairement l'idée de la Trinité. Dieu pouvait parler au pluriel uniquement parce qu'il s'adressait à un ange. Comme un souverain qui commande ou comme un artiste qui s'excite à faire son œuvre, Dieu pouvait s'exprimer au pluriel sans s'adresser aux deux autres personnes divines. Ces objections ont été combattues par les théologiens, mais elles ne manquent pas

[1] Ces textes ont été cités pages 427, 428.

LA TRINITÉ. 513

d'une certaine puissance. Une théologie[1] qu'on enseigne dans les séminaires de France prétend que Dieu ne pouvait pas s'adresser aux anges lorsqu'il disait : « Faisons l'homme à notre image; » mais le XIIIe siècle avait répondu d'avance à la théologie moderne, car il représenta un ange aidant le Créateur à pétrir l'argile dont le premier homme fut fait. Entre autres exemples, le suivant est parfaitement caractéristique.

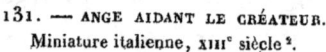

131. — ANGE AIDANT LE CRÉATEUR.
Miniature italienne, XIIIe siècle[2].

Dieu est assimilé à l'artiste éminent qui met la dernière main à une œuvre qu'un artiste inférieur a ébauchée. Cet artiste inférieur, ce praticien, c'est l'ange qui vient de façonner l'argile et lui donner la forme grossière, les linéaments généraux d'un homme. Mais cet homme n'est que de la terre encore; il est informe, inerte, privé de sens; il n'a pas de vie. Dieu est donc là debout, bénissant de la main droite cette statue qui va être Adam, et lui soufflant à la face l'haleine

---

[1] *Theologia dogmatica et moralis*, par Louis Bailly, tom. II, Tractatus de S. Trinitate. p. 1-17.
[2] *Psalterium cum figuris*, in-f°, Bibl. royale.

de la vie[1]. Ainsi l'ange concourt avec Dieu à former Adam; l'ange dégrossit ce que Dieu achève et perfectionne. Le « faisons » de la Genèse implique donc la pluralité des êtres qui participent à la création d'Adam, mais non la pluralité et encore moins la triplicité des personnes divines. Le manuscrit d'où est extrait notre dessin n'est pas le seul à traduire ainsi le passage de la Genèse. Dans la cathédrale de Chartres, au porche septentrional, le cordon extérieur de la voussure, à l'entrée du milieu, est occupé par une série de figures qui représentent la création; le Créateur y est de même assisté par un ange duquel il semble prendre conseil. Un manuscrit de la Bibliothèque royale[2] offre de plus l'ange uni intimement à Dieu et ne faisant avec lui qu'un seul corps, comme il ne fait qu'une pensée lorsqu'il crée la terre, les animaux et l'homme. Du reste, disons-le, cette manière d'expliquer le pluriel de la Genèse est assez exceptionnelle; car, pendant tout le moyen âge, surtout à l'époque gothique, les artistes ont figuré les trois personnes de la Trinité formant et animant Adam. Nous en avons déjà donné des exemples que d'autres vont suivre dans un instant. Nous voulions montrer seulement que les sociniens auraient pu trouver dans l'iconographie religieuse du moyen âge des arguments en leur faveur; mais nous reconnaissons que les docteurs et les artistes chrétiens se sont accordés presque tous pour constater la présence de la Trinité dans les textes que nous avons signalés.

Nous avons déjà dit qu'Abraham se prosterna devant un des trois anges qu'il rencontra dans la vallée de Mambré, et qu'il invita à venir se reposer près de sa tente, sous un arbre.

[1] « Et inspiravit in faciem ejus spiraculum vitæ, et factus est homo in animam viventem. » (*Genesis*, cap. II, v. 7.)
[2] *Chronique d'Isidore de Séville*, Bibl. roy. 7135; fin du XIIIe siècle.

LA TRINITÉ.   515

Abraham avait vu trois anges; mais, comme il ne s'était adressé d'abord qu'à l'un d'eux, pour parler ensuite à tous les trois ensemble, les commentateurs en ont conclu l'apparition de la Trinité au père des patriarches[1]. Cette interprétation d'un texte vague est plus ingénieuse qu'irréfragable. Toutefois l'art s'est rangé assez souvent du parti des commentateurs; il a figuré les trois personnes réunies, et au pied de l'une desquelles Abraham se prosterne. Sous ce tableau, on voit quelquefois en légende : « Tres vidit, unum adoravit[2]. »

Dans les psaumes, David fait parler les personnes divines : « Le Seigneur m'a dit : tu es mon fils; je t'ai engendré aujourd'hui. — Le Seigneur a dit à mon seigneur : assois-toi à ma droite......... Je t'ai engendré de mon sein avant Lucifer[3]. » En conséquence de ces expressions, on a encore affirmé qu'il était question de la Trinité. C'était aller trop loin : il peut y être question de deux personnes divines, mais non de trois. L'indigence de l'Ancien Testament en textes relatifs à la Trinité a été cause que les commentateurs ont torturé le sens des mots et la signification des faits. Les artistes, poussés par les commentateurs, ont représenté des semblants de Trinité dans des scènes qui n'en comportaient pas; ainsi, dans le dessin suivant, ils font combattre Béhémoth et Léviathan par trois

---

[1] *Genesis*, cap. XVIII, v. 2-5. — Dans un manuscrit latin de Prudence (Bibl. royale, 8085), les trois anges, symbole de la Trinité, dit Prudence, apparaissent à Abraham. Un cercle, en guise de nimbe, entoure la tête d'un seul; les deux autres ne sont pas nimbés.

[2] Voyez à Saint-Étienne-du-Mont un vitrail du XVI° siècle, dans le collatéral sud, où sont représentés le fait et la légende qui l'explique. A la bibliothèque de l'Arsenal, le ms. *Missale parisiense*, théol. lat. 182, offre trois anges entièrement semblables adorés par Abraham. En Grèce, au pied du mont Pantélique, dans une petite chapelle voisine d'un monastère, un tableau représente Abraham qui reçoit les trois anges à sa table. Les anges sont entièrement égaux, comme dans l'*Hortus deliciarum*; tous trois portent le nimbe identique, timbré de la croix divine, avec ὁ ὤν dans les croisillons.

[3] Psal. II, v. 7. — Psal. CIX, v. 1-3.

anges qui figurent les trois personnes divines. L'un de ces anges, celui qui n'a pas d'ailes, porte le nimbe crucifère, qui n'appartient qu'à Dieu ; si les deux autres ont le nimbe uni, c'est qu'on a craint sans doute ou peut-être qu'on a oublié de le croiser.

132. — FIGURE DE LA TRINITÉ COMBATTANT BÉHÉMOTH ET LÉVIATHAN.
Même source et même date que celles de la planche 131.

On a également vu une révélation de la Trinité dans les trois compagnons de Daniel : Ananias, Misaël et Azarias, que Nabuchodonosor fit jeter dans une fournaise. Qu'il y ait là une image plus ou moins obscure de la Trinité, rien de mieux ; mais il n'est pas possible d'y voir un symbole de ce dogme. D'ailleurs, en matière aussi grave, ce ne sont pas des à peu près qui peuvent satisfaire ; il faut des réalités, des textes clairs et précis[1]. L'Ancien Testament n'en offre que très-peu ; dans

---

[1] Disons cependant que l'ange, envoyé de Dieu pour éteindre le feu du bûcher où Nabuchodonosor avait précipité les trois Hébreux, apparut au roi de Babylone comme semblable au fils de Dieu. Les trois Hébreux symbolisaient en quelque sorte les trois personnes divines qui venaient se réunir en un seul Dieu, dans une unité divine et vi-

LA TRINITÉ. 517

cette partie des livres saints on ne voit pas assez de manifestations réelles, et vraiment inattaquables de la Trinité divine.

Le Nouveau Testament est bien autrement précis ; il nomme et il montre matériellement la Trinité.

Jésus dit à ses apôtres : « Allez donc ; enseignez toutes les nations en les baptisant au nom du Père, du Fils et du Saint-Esprit[1]. » « Je prierai mon père, dit ailleurs Jésus à ses disciples, et il vous enverra un autre consolateur (l'esprit de vérité), qui demeurera éternellement avec vous.[2] » Dans sa première épître, saint Jean déclare qu'il y a trois personnes qui rendent témoignage dans le ciel : « Le Père, le Verbe et l'Esprit-Saint : et ces trois ne font qu'un[3]. » Ces textes nomment positivement, en les réunissant dans la même phrase, les trois personnes divines ; mais, au baptême de Jésus-Christ, la Trinité se manifeste visiblement et dans la même action. « Jésus ayant été baptisé sortit de l'eau sur-le-champ, et voilà que les cieux lui furent ouverts et qu'il vit l'Esprit de Dieu descendant sous la forme d'une colombe et venant sur lui. Alors une voix du ciel dit : « celui-ci est mon fils bien-aimé en qui je me suis complu[4]. »

---

vante sous la forme d'un ange. C'est ainsi que beaucoup de commentateurs et d'artistes du moyen âge l'ont compris. Toujours est-il que la Trinité sort de cette histoire biblique par voie d'interprétation et non par conséquence nécessaire. (Voyez la Prophétie de Daniel, ch. III, versets 23, 24, 91 et 92.) — Saint Cyprien a vu la Trinité, non-seulement représentée par les trois Hébreux, mais figurée même dans la distribution des prières que ces jeunes hommes faisaient avec Daniel. (Saint Cyprien, *De oratione dominica*, vers la fin. Voir les Institutions liturgiques, par Dom Gueranger, Ier vol. p. 49 et 81.) Ajoutons encore que le verset 51 du chapitre III, qui prête aux trois enfants une seule voix pour louer Dieu, était un argument de plus en faveur des commentateurs qui voyaient une image de la Trinité dans tout cet événement : « Tunc hi TRES quasi ex « UNO ore laudabant et glorificabant et benedicebant Deum in fornace. »

[1] Matth. XXVIII, 19.
[2] Joh. XIV, 16.
[3] Joh. *Epist.* I, cap. v, v. 7.
[4] Matth. III, 16, 17.

133. — TRINITÉ AU BAPTÊME DE JÉSUS.
Sculpture italienne sur bois, xive siècle [1].

Une fois clairement formulé et visiblement montré, le dogme de la Trinité s'empara de tous les esprits. On relut l'Ancien

[1] Ce bois a été rapporté d'Italie par M. Paul Durand, à qui il appartient. Cette sculpture est du xive siècle, et cependant on remarquera que déjà par négligence, peut-être par pur oubli, on n'a pas croisé le nimbe du Père ni le nimbe du Fils. Quant au Saint-Esprit, il est dans une auréole et on ne pouvait lui donner un nimbe. Ce Baptême est un des plus complets que l'on connaisse ; il a une certaine physionomie byzantine.

LA TRINITÉ. 519

Testament, et on voulut voir la vérité dévoilée dans des textes trop peu explicites ou qui avaient passé inaperçus. C'est alors que les pluriels de la Genèse, que les trois acclamations des Séraphins, que les trois doigts auxquels Dieu suspend la masse du monde, que les trois anges reçus par Abraham, que les trois enfants jetés dans la fournaise, furent regardés comme des allusions à la Trinité, comme des symboles ou du moins comme des figures des trois personnes divines[1].

Après l'histoire, on interrogea l'âme humaine et l'on y trouva un reflet de la Trinité. L'âme faite à la ressemblance de Dieu était une dans sa substance et triple dans ses attributs ; la puissance du Père, la bonté du Fils, la sagesse de l'Esprit se répétaient en petit dans la volonté, l'amour et l'intelligence de l'âme humaine.

L'âme peut connaître, désirer et faire le mal tout comme elle peut apprendre, vouloir et accomplir le bien avec les facultés dont elle dispose ; c'est la conséquence de sa nature et l'imperfection de la liberté qu'elle possède. Le mal complet, le mal absolu dans l'homme, se présente donc sous trois faces correspondantes aux attributs de l'âme. Dans l'ordre sur-

[1] Le texte suivant du liturgiste Guillaume Durand rendra compte de la disposition où étaient les esprits du moyen âge relativement à la Trinité, et complétera les textes que nous avons déjà indiqués. « Dicens Deum singulariter deorum fugit pluralitatem..... « (Deut. vi.) Audi Israel, Dominus Deus tuus, unus est. Et apostolus (Eph. iv) : Unus est « Deus, una fides, unum baptisma. Dicens vero Patrem incipit personas distinguere, de « quibus Esaias (Esa. xl) : Quis appendet tribus digitis molem terræ. Et alibi (Esa. vi) : « Seraphim clamabant sanctus, sanctus, sanctus. Et Dominus (Matt. xxviii) : Baptisate « omnes gentes in nomine Patris, et Filii, et Spiritus-Sancti. Et Joannes (Joan. v) : Tres « sunt, qui testimonium dant in cœlo : Pater, Verbum et Spiritus-Sanctus. Pater est prima, « non tempore sed auctoritate, in Trinitate persona. Quod sequitur omnipotentem, no- « men est essentiale, ideoque illud ad substantivum Deum, vel ad relativum Patrem, « non sine ratione referimus, dicentes credo in Deum Patrem omnipotentem, vel credo « in Patrem omnipotentem. Similiter et quod sequitur : Creatorem cœli et terræ. » (Guillaume Durand, *Rationale*, lib. IV, de Symbolo.)

naturel, dans l'ordre infini, Dieu est l'absolu du bien, et Satan est l'absolu du mal. Dieu est un en trois hypostases; Satan est un en trois personnes ou plutôt en trois figures. C'est ainsi que les théologiens et les artistes du moyen âge ont compris et représenté la plénitude de la vertu et du vice. Des images montrent Dieu sous l'aspect d'un homme à trois visages, un pour chaque personne; d'autres images offrent le diable sous l'apparence d'un être humain portant trois figures sur un tronc unique comme dans ce dessin.

134. — TRINITÉ DU MAL.
Miniature française, xiiie siècle [1].

Comparez cette Trinité diabolique avec plusieurs des Trinités divines que nous avons données ou que nous allons montrer, et vous verrez que l'idée à laquelle les artistes ont obéi, pour exécuter ces représentations, est la même. Mais le mal est plus mauvais en quelque sorte que le bien n'est bon; on a donc, dans le dessin suivant, représenté la Trinité satanique poussée à la plus haute puissance. Trois têtes au bas du corps,

[1] Ce dessin est tiré du curieux manuscrit de la Bibliothèque royale intitulé *Emblemata biblica*, et qui est du xiiie siècle. Il y a peu de manuscrits aussi riches que celui-là en miniatures; il en contient plus de trois cents.

LA TRINITÉ.

trois ou quatre têtes à la poitrine, trois têtes ou trois faces au haut du corps, sur le cou, et ces trois faces surmontées de trois cornes de cerf, épineuses, acérées. A la main droite de cet horrible monarque du mal est un sceptre fleuronné de trois têtes monstrueuses.

135. — TRINITÉ DU MAL ABSOLU.
Miniature française du xve siècle[1].

Le temps, qui est l'image finie de l'éternité sans fin, fut envisagé au moyen âge sous les trois aspects du passé, du présent

[1] Manuscrit français de la Bibl. royale, *Histoire du Saint-Graal*, n° 6770. Ce terrible

et de l'avenir. Le présent n'était pas ou était peu pour les païens[1]; mais, aux yeux des chrétiens, il valait mieux que le passé, autant que l'avenir. Les Romains figuraient Janus, le génie ou la personnification du temps, sous la forme d'une tête à deux faces. Le *Janus bifrons* regardait le passé avec sa figure de derrière, et scrutait l'avenir avec sa figure de devant; quelques artistes chrétiens incrustèrent entre ces deux figures celle du présent[2], comme dans la représentation suivante.

Satan préside une assemblée de démons qui délibèrent sur la naissance de Merlin, destiné à réparer le mal que Jésus-Christ, par sa mort et sa descente aux enfers, a fait au démon. Je dois à l'obligeante amitié de M. Paulin Paris, membre de l'Institut et conservateur à la Bibliothèque royale, la connaissance et la communication de cette miniature remarquable.

[1] Delille, poëte semi-païen de forme et de pensée, a supprimé le présent autant qu'il dépendait de lui, lorsqu'il a dit :
> Le moment où je parle est déjà loin de moi.

[2] Nous disons quelques chrétiens, parce que, il faut en convenir, l'influence du Janus à deux visages, du Janus antique et *bifrons*, a été très grande pendant tout le moyen âge. C'est à deux visages et non pas à trois que nous le voyons figuré en divers endroits, notamment aux portails occidentaux des cathédrales de Chartres, de Strasbourg et d'Amiens, et de l'abbatiale de Saint-Denis. Un homme à deux têtes sur un seul corps est assis près d'une table chargée de nourriture. L'un est triste et barbu; l'autre est gai, imberbe et jeune. La tête barbue figure l'année qui va finir, le 31 décembre; la tête jeune personnifie l'année qui va commencer, le 1er janvier. Le vieux est assis du côté où la table est vide; il a épuisé toutes ses provisions. Le jeune a devant lui, au contraire, plusieurs pains et plusieurs plats, et un enfant, un petit domestique, vient encore lui en apporter. Cet enfant est une autre personnification de l'année future; il est le complément de la jeune tête du Janus. En effet un enfant accompagne l'homme barbu et l'homme imberbe; mais du côté du vieillard l'enfant est comme mort, et l'on ferme sur lui la porte d'un petit temple, tandis que du côté du jeune homme l'enfant sort joyeux d'un temple semblable. L'un meurt et se retire du monde; l'autre y entre tout plein de vie. Une monographie complète de ces Janus chrétiens serait d'un haut intérêt. Il faudrait en recueillir les éléments dans les sculptures, sur les vitraux, et surtout dans les manuscrits à miniatures. C'est un sujet fort curieux et qu'on peut recommander aux jeunes antiquaires qui abordent l'iconographie du moyen âge. Notre époque est favorable à ce genre de recherches, car on commence enfin à se préoccuper du symbolisme chrétien.

136. — LE TEMPS A TROIS FACES.
Miniature française du XIVᵉ siècle [1].

C'est effectivement un Janus que ce petit homme à trois visages sur un seul tronc, qui mange et qui boit pour commencer l'année; il sert de frontispice au mois de janvier, en tête d'un calendrier. Mais c'est un Janus chrétien, une image complète du temps. Qu'est-ce que la vie en effet sans le présent? Les souvenirs du passé et les espérances de l'avenir ne peuvent être, sans les réalités du présent, que des songes évanouis ou des rêves non éclos. Le présent seul gagne le pardon pour le passé et la grâce pour l'avenir.

Le présent, fils du passé, est, suivant la pensée profondément chrétienne de Leibnitz, gros de l'avenir. Ainsi donc, ici comme ailleurs, le christianisme dépasse la civilisation antique.

---

[1] Cette Année à trois visages est à la bibliothèque de l'Arsenal, ms. théol. lat. 133ᵉ: *Officium ecclesiasticum*. On la voit à l'entrée du manuscrit, au bas du mois de janvier. C'est le présent qui boit, qui se nourrit. Le passé et l'avenir se contentent de méditer: l'un semble se souvenir pour la dernière fois, et l'autre peut déjà se prendre à espérer.

Le christianisme a renouvelé toutes les choses anciennes ; quand il les conservait, il se faisait gloire de les enrichir au moins d'un élément nouveau.

Le nombre trois devint de plus en plus sacré; le christianisme le proclama comme le nombre souverain par excellence, comme le vrai nombre divin. Précisant et circonscrivant l'axiome païen qui disait, *numero Deus impare gaudet,* il limita le nombre impair au nombre trois. Une fois le dogme de la Trinité révélé, on fit souvent violence aux choses les plus compactes, les plus homogènes, les plus indivisibles pour les partager en trois et les recomposer ensuite en unité. Toute une histoire d'hommes et de choses, l'histoire des Celtes de la Grande-Bretagne, fut forcée d'entrer de gré ou de force dans des cases à trois compartiments; c'est comme un morceau de musique réglé, du commencement à la fin, par la mesure en trois temps. Ces mesures historiques s'appellent des triades [1].

---

[1] Nous nous contenterons de donner les têtes de chapitre de cette bizarre histoire, faussée constamment par le système ternaire et le symbolisme.

« Triades de l'île de Bretagne, qui sont des triades de choses mémorables, de souvenirs et de sciences concernant les hommes et les faits fameux qui furent en Bretagne, et concernant des circonstances et infortunes qui ont désolé la nation des Cambriens à plusieurs époques. — Voici les trois noms donnés à l'île de Bretagne. — Les trois principales divisions de l'île de Bretagne. — Les trois piliers de la nation dans l'île de Bretagne. — Les trois tribus sociales de l'île de Bretagne. — Les trois tribus réfugiées. — Les trois envahisseurs sédentaires. — Les trois envahisseurs passagers. — Les trois envahisseurs tricheurs. — Les trois disparitions de l'île de Bretagne. — Les trois événements terribles de l'île de Bretagne. — Les trois expéditions combinées qui partirent de l'île de Bretagne. — Les trois perfides rencontres qui eurent lieu dans l'île de Bretagne. — Les trois insignes traîtres de l'île de Bretagne. — Les trois traîtres méprisables qui mirent les Saxons à même d'enlever la couronne de l'île de Bretagne aux Cambriens. — Les trois bardes qui commirent les trois assassinats bienfaisants de l'île de Bretagne. — Les trois causes frivoles du combat dans l'île de Bretagne. — Les trois recèlements et décèlements de l'île de Bretagne. — Les trois énergies dominatrices de l'île de Bretagne. — Les trois hommes vigoureux de l'île de Bretagne. — Les trois faits qui causèrent la réduction de la Lloegrie et l'arrachèrent aux Cambriens. — Les trois

LA TRINITÉ. 525

Avec les études sur le moyen âge le mysticisme a repris de nos jours. On ne se contente pas de signaler le nombre trois et la Trinité elle-même dans les objets qui décèlent évidemment ce symbole, mais on le découvre où il n'est probablement pas. On proclame, par exemple, que les artistes du moyen âge ont bâti un hymne en l'honneur du nombre trois, et qu'ils ont construit l'image géométrique de la Trinité en élevant les portails de nos cathédrales où l'on se plaît à retrouver trois étages en hauteur divisés par trois tranches en largeur. Le trèfle, qui abonde dans l'ornementation gothique, n'y serait encore que pour faire honneur à la Trinité. Mais, comme les portails à quatre et à cinq étages sur quatre et cinq pans de murs sont aussi nombreux que les fleurons à quatre, cinq, six et sept lobes, il en résulte que l'idée de la Trinité n'était pas si constamment présente à l'esprit des artistes qu'on le suppose de nos jours [1]. Toutes les fois qu'on voit trois objets

premiers ouvrages extraordinaires de l'île de Bretagne. — Les trois hommes amoureux de l'île de Bretagne. — Les trois premières maîtresses d'Arthur. — Les trois chevaliers de la cour d'Arthur qui gardaient le Graal. — Les trois hommes qui portaient des souliers d'or dans l'île de Bretagne. — Les trois royaux domaines qui furent établis par Rhadri le Grand en Cambrie. » — « Un roi d'Irlande, nommé Cormac, ajoute M. J. Michelet, écrivit, en 260, *De Triadibus*; quelques triades sont restées dans la tradition irlandaise sous le nom de Fingal. Les Irlandais marchaient au combat trois par trois; les higlanders d'Écosse sur trois de profondeur. » (Voyez *Histoire de France*, par M. Michelet, vol. I, p. 461-71, édit. in-8°.)

[1] L'illustre et savant M. Boisserée, *Description de la cathédrale de Cologne*, in-f°, Paris, 1825, dit : « Les principes fondamentaux de l'ancienne architecture d'église se trouvent : 1° dans le triangle équilatéral adopté d'abord par les pythagoriciens comme le symbole de Minerve ou de la sagesse, et ensuite par nos ancêtres comme symbole de la Trinité; 2° dans le dodécagone résultant de l'application de ce triangle au cercle, combinaison que les anciens, ainsi que nos ancêtres, regardaient comme contenant toute proportion musicale et astronomique. » Nous regrettons de ne pouvoir admettre ces idées, tout ingénieuses qu'elles soient. — Dans un récent ouvrage (*Manuel de l'histoire générale de l'architecture*, par M. Daniel Ramée, 2 vol. in-12; Paris, 1843), on a repris, pour la pousser à l'absurde, la théorie symbolique des nombres, et du nombre trois en parti-

réunis, plantes, bêtes, monstres ou hommes, immédiatement l'idée de la Trinité divine apparaît aux yeux de certains mystiques. Que trois poissons soient sculptés sur une cuve baptismale du Danemark, que trois singes hideux soient gravés sur une cuve baptismale de France, que trois personnages fantastiques se découpent en relief sur le tympan d'une porte d'église, et l'on voit la représentation de Dieu le Père, de Jésus-Christ et du Saint-Esprit dans ces êtres bizarres et même dans ces monstres. S'efforcer d'extraire une idée de tous les faits est une opération très-louable assurément; mais la raison doit l'éclairer et la contenir[1]. Les objets où la Trinité apparaît certainement en intention et même en réalité sont assez nombreux pour qu'on ne cherche pas à en créer de fictifs. Nous en allons indiquer plusieurs en parlant du culte direct ou indirect

culier; cette imagination est à la réalité ce que le rêve est à la claire pensée d'un homme sain et bien éveillé. L'architecture, même dans son histoire, a plus à perdre qu'à gagner dans des songes de cette espèce : l'esprit net et positif de la France a raison de reléguer dans les aberrations de l'esprit toutes ces inventions bizarres.

[1] Frédéric Münter, évêque de Seeland en Danemark, que nous avons déjà cité, a publié, en 1825, à Altona, les parties I et II d'un ouvrage in-4° intitulé : *Sinnbilder und Kunstvorstellungen der alten Christen* (*Images symboliques et représentations figurées des anciens chrétiens*). C'est là qu'il est question de ces trois poissons figurant la Trinité sur la cuve baptismale d'une église de Danemark, à Beigelad. C'est de l'Allemagne et du nord de l'Europe que nous arrivent toutes ces singulières et nébuleuses explications. Dans un rapport adressé par M. Schmit au comité historique des arts et monuments, et imprimé en 1842 sous le titre de *Souvenirs d'un voyage archéologique dans l'Ouest*, nous lisons, à la page 33 : « Sur le flanc méridional de l'église de Notre-Dame-des-Neiges, à Brelevenez (Bretagne), s'élèvent trois piliers dont la partie inférieure sert de contre-fort au bas-côté; ils s'élancent ensuite isolés jusqu'à la hauteur (d'ailleurs fort médiocre) de l'arête de la toiture. Celui de droite et celui de gauche, un peu moins élevés que celui du centre, sont tronqués carrément; le troisième est chaperonné. Le portail à plein cintre, couronné par un pignon formant comble à deux égouts, est placé entre le second et le troisième pilier. La tradition locale veut voir ici un emblème de la Trinité adopté par l'ordre du Temple dans la construction de ses églises. Je ne sais si cet usage est bien constaté; sinon, on pourrait voir tout aussi bien dans ces trois piliers une représentation du Calvaire, surtout au sommet d'une montagne passa-

rendu au dogme de la Trinité, ou à Dieu se révélant dans ses trois hypostases.

CULTE DE LA TRINITÉ.

Huit jours après la grande fête de la Pentecôte, qui est dédiée au Saint-Esprit, on célèbre celle de la Trinité. A Noël, dit-on, on fait la fête du Père[1], à Pâques celle du Fils, à la Pentecôte celle de l'Esprit, et, huit jours après la Pentecôte, on groupe en une seule ces trois solennités distinctes. Un office entier fut composé pour la Trinité; mais, ce qui est curieux, c'est que Noël, Pâques et la Pentecôte, qui sont au rang d'annuel majeur, c'est-à-dire au suprême degré de la hiérarchie des fêtes, viennent se concentrer dans une fête inférieure de trois degrés et descendre au solennel mineur. Cependant la Trinité a toujours

blement écartée, qui n'a pas moins de 100 mètres d'élévation. Peut-être est-il plus simple et plus exact, par conséquent, de ne reconnaître dans ces piliers que des contre-forts parvenus à la hauteur que devait avoir l'édifice évidemment inachevé. » C'est à la dernière de ces explications que nous donnons notre assentiment; elle est plus sensée, plus simple et par conséquent plus vraie que les deux autres.

[1] C'est à la fin du moyen âge et pendant la renaissance qu'on s'inquiéta d'attribuer au Père une fête spéciale. Il eût été plus simple et plus convenable de la créer; mais des difficultés historiques s'étaient offertes. En effet, Dieu le père ne s'étant pas manifesté visiblement, on ne pouvait consacrer la mémoire d'un fait qui n'existait pas; les liturgistes proposèrent alors de consacrer le jour de Noël au Père. C'était évidemment violenter la signification réelle des événements. Le jour où Marie met Jésus au monde, et où le Verbe fait chair naît dans une étable, ce jour-là doit appartenir, soit à Marie, soit à Jésus; le Père n'y intervient que secondairement. Aussi, malgré le vœu de certains théologiens et malgré les efforts de certains liturgistes (v. Guill. Durand, *Rationale div. offic.*), Noël resta à Jésus-Christ et à la Vierge, et le Père n'eut pas de fête spéciale. Un manuscrit de la Bibliothèque royale ouvre la fête de Noël par la représentation du Père, comme celle de Pâques par le portrait du Fils; mais habituellement, pour ne pas dire toujours, c'est la nativité qu'on voit à Noël, et le nom de Noël (*Natalis*) resta au jour de la naissance du Sauveur. Le septième volume des œuvres du B. Tommasi, éditées par Bianchini, renferme une note sur une supplique demandant l'institution d'une fête pour le Père éternel.

joui de grands honneurs dans le culte. A la fin des introïts, des oraisons, des proses, des hymnes, des psaumes, des répons, la doxologie unit dans les louanges chacune des trois personnes; quelquefois elle les confond dans une louange unique [1].

De même que le Saint-Esprit, la Trinité protégea de son nom un ordre de religieux appelés les Trinitaires [2].

Dans toute la chrétienté, des églises et des monastères furent élevés en l'honneur de la Trinité. L'abbaye de la Sainte-Trinité de Florence est réputée pour les peintures qu'y exécuta, selon Vasari, Giovanni Cimabue. Arezzo avait, et a peut-être encore, un couvent de religieuses de Santo-Spirito. A Caen et à Rouen, à Fécamp, à Poitiers, à Vendôme, à Angers, à Lefay (diocèse de Coutances) et en bien d'autres lieux, il y avait des abbayes célèbres et des églises dédiées à la Trinité. Le nom de Trisay-la-Sainte-Vierge, au diocèse de Luçon, vient probablement de

[1] Le « Gloria Patri et Filio et Spiritui sancto » est attribué à saint Jérôme, qui l'aurait envoyé au pape Damase. C'est ce pape qui le fit chanter à la fin des psaumes. Les hymnes composées par saint Ambroise, et qui se chantent aux heures du dimanche ou des féries, se terminent par des actions de grâce aux trois personnes divines :

    Deo Patri sit gloria
    Ejusque soli Filio
    Cum Spiritu paraclito,
    Nunc et per omne seculum.

Ou bien :

    Præsta, Pater piissime,
    Patrique compar unice,
    Cum Spiritu paraclito,
    Regnans per omne sæculum.

[2] Les Trinitaires datent de 1198; ils ont été fondés, pour le rachat ou la rédemption des captifs, par saint Jean de Matha et Félix de Valois. Leur règle fut approuvée par le pape Innocent III, qui leur donna, en 1199, un habit blanc décoré d'une croix rouge à double traverse. Cette croix dominait le Saint-Esprit gravé sur leur sceau. Je dois un exemplaire de ce sceau à l'obligeance de M. le baron de Girardot, conseiller de préfecture et correspondant du comité des arts. L'un des articles de la règle des Trinitaires est ainsi conçu : « Omnes ecclesiæ istius ordinis intitulentur nomine sanctæ Trinitatis « et sint plani operis. » Ce *planum opus*, dont on fait une obligation aux Trinitaires, est un point d'une certaine importance pour l'histoire de l'architecture.

l'acclamation répétée trois fois en l'honneur de la Trinité par les esprits célestes [1]. Saint Williborde, évêque de Trèves, mort en 739, éleva un monastère en l'honneur de la Trinité, dans la basilique duquel il se fit enterrer [2].

Non-seulement on bâtissait des églises et des couvents pour honorer l'union des trois personnes divines, mais on donnait à ces églises et à ces couvents une configuration qui rappelait la Trinité par le nombre ou la forme de certaines parties. Saint Benoît d'Aniane, l'apôtre carlovingien du midi de la France, fait construire une église qu'il dédie, non pas à un saint, mais à la Trinité. Il subordonne à l'autel majeur trois autres autels, pour que les trois personnes fussent symbolisées par ceux-ci et l'unité divine par celui-là. Le maître-autel, emblème des deux Testaments, était plein en dehors, creux en dedans et percé par derrière d'une petite porte servant d'entrée aux châsses et aux reliques des saints qu'on enfermait aux jours ordinaires [3]. Dans cette église, un autel était dédié à saint Michel, un autre aux apôtres Pierre et Paul, un troisième à saint

---

[1] En grec, *Trisagion*, qui est latinisé par *Trizaium, Trisagium*. Le *Sanctus, Sanctus, Sanctus* (ἅγιος, ἅγιος, ἅγιος), a été placé par saint Ambroise et saint Augustin dans le *Te Deum* qu'ils ont, à ce qu'on dit, composé en commun, paroles et chant. Ces deux grands docteurs faisaient répéter ainsi sur la terre l'hymne que saint Jean entendit dans le ciel, et dont il parle dans l'Apocalypse, chap. iv, verset 8. En Grèce, beaucoup d'anges, peints à fresque ou en mosaïque, tiennent à la main des espèces d'étendards où se lit ἅγιος, ἅγιος, ἅγιος. — Près de Mantes existait un couvent des Célestins, dit de la Trinité. (V. *Catalogue Joursanvaalt*, II° vol. n° 1244.) A Beaulieu, en Touraine, il y avait une abbaye de la Sainte-Trinité.

[2] Alcuin a écrit la vie de saint Williborde.

[3] Voyez le texte, qui ne manque pas d'importance, dans les *Act. SS. Ord. S. Bened.* iv° siècle bénédictin, I° partie, de l'an 800 à l'an 855. La vie de saint Benoît d'Aniane a été écrite par Ardon ou Smaragdus, son disciple. — A Munich, une église est dédiée à la Trinité. Ce monument porte le nombre trois inscrit dans ses autels et dans son plan, qui est une sorte de trèfle. L'église est toute peinte de sujets historiques, psychologiques, physiques ou naturels et symboliques, rappelant le nombre trois et ses divines propriétés. Dieu crée le soleil, la lune et la terre (trois mondes distincts), et porte un nimbe en

Étienne. Une seconde église, dédiée à la Vierge, contenait un autel consacré à saint Martin, un autel à saint Benoît et sans doute le maître-autel à Marie. Enfin, une troisième église était érigée dans le cimetière en l'honneur de saint Jean-Baptiste. Ainsi, dans ce couvent, on voyait trois églises : l'une d'elles à la Vierge avec trois autels, une autre à la Trinité avec trois autels également, mais subordonnés à l'autel majeur.

A Fleury, aujourd'hui Saint-Benoît-sur-Loire, ce n'était pas dans une, deux, trois églises que brillait la Trinité; mais l'emplacement du monastère entier portait la Trinité écrite dans son aire. Le plan avait la forme d'un delta, triangle mystérieux de l'alphabet antique. Une pointe de ce triangle regardait la France, une autre la Bourgogne, tandis que la troisième se tournait vers l'Aquitaine. « Fleury était aux confins de trois régions, comme le présent entre le passé et l'avenir, comme le nombre parfait entre l'imparfait et le plus-que-parfait [1]. »

triangle. Jésus se transfigure en présence de Moïse et d'Hélie, et saint Pierre demande à établir trois tentes sur la montagne. Une main bénit avec trois doigts au nom des trois personnes divines. Un grand A rayonne avec cette inscription : *Linea terna est unum alpha.* Sous une main, qui tient un chandelier à trois branches, on voit : *Tenet una trinum.* Sous un vaisseau à trois voiles, on lit : *Tribus his pellitur una.* Un œil reluit dans un triangle enflammé, et trois cercles s'entrelacent. Trois miroirs se renvoient un rayon unique jaillissant du soleil. Bien d'autres emblèmes décorent cette curieuse église, que j'aurais décrite ici avec détails, si elle ne datait pas de 1714, époque sans valeur pour l'archéologie religieuse.

[1] On se rappellera ce que nous avons dit du présent, que le moyen âge regarde comme supérieur au passé et à l'avenir, tandis que l'antiquité, qui semble le supprimer, ne donne que deux visages à Janus, à la personnification du temps. Nous transcrivons encore le texte relatif à Fleury, parce qu'il intéresse les faits historiques et mystiques à la fois : « Situs loci Floriacensis monasterii..... instar trigoni visitur sisti, et, ut ex-
« pressius dicam, in modum litteræ propio statu cernitur sidereum cornu occupare. Nam
« a septentrione Franciam, ab oriente Burgundiam, ab australi vero parte Aquitaniam
« tangit. Sicque in confinio trium regionum, velut præsens inter præteritum et futurum,
« naturali ordine obtinet primatum, et sicut perfectus numerus inter imperfectum et
« plusquam perfectum. Nam medietate vicem et locum possidet virtutum. » (*Act. SS. Ord. S. Bened.* ive siècle bénéd. Histoire de l'illation de saint Benoît. Vers l'an 883.)

Enfin un troisième passage, contemporain des deux précédents, montrera l'emblème de la Trinité poussé à l'extrême et même à l'enfantillage, dans la disposition d'un monastère immense, celui de Saint-Riquier[1]. Saint Angilbert, gendre de Charlemagne, l'un des compagnons et l'un des pairs du grand empereur, se retire à Centula et y rebâtit le monastère de Saint-Riquier. Il fait élever trois églises, l'une à saint Riquier, l'autre à la Vierge, la troisième à saint Benoît. Un cloître triangulaire les unit l'une à l'autre. Trois petites églises, à l'entrée des trois portes du monastère, étaient dédiées en outre à saint Michel, à saint Gabriel, à saint Raphaël. Dans l'église de saint Benoît, il y avait trois autels ; on voyait trois autels aussi dans les églises des Anges, trois *ciboria*, trois *lectoria*. Le nombre des moines était de trois cents, celui des enfants de chœur de cent, divisés en trois sections ; trente-trois enfants composaient les deux dernières sections et trente-quatre la première[2]. Ce personnel était partagé en trois chœurs : cent moines et trente-quatre enfants desservaient l'autel où le chœur de saint Sauveur ; cent moines et trente-trois enfants appartenaient au chœur de saint Riquier, et un pareil nombre était assigné au chœur de la Passion. Ces trois chœurs chantaient les offices en commun ; mais ensuite, pendant que les deux tiers restaient à l'église, le troisième tiers se reposait[3]. On voit, dans cette affectation puérile à reproduire le nombre

[1] Nous avons cité textuellement un long extrait de ce passage, plus haut p. 39-40. Nous en donnons ici une analyse plus étendue ; notre sujet exigeait cette répétition.

[2] Il en aurait fallu trente-trois seulement pour la régularité absolue, pour le symbolisme complet.

[3] *Act. SS. Ord. S. Bened.* Ire partie du IVe siècle bénéd. de l'an 800 à l'an 855. Vie de saint Angilbert. Angilbert, qu'on surnommait Homère dans l'académie palatine, comme Charlemagne s'y appelait David, résumait, dans sa plus brillante et plus forte expression, la pensée mystique dominante sous le règne des Carlovingiens. Du reste c'était l'époque où l'on discutait beaucoup sur la Trinité et sur la procession du Saint-Esprit.

trois, les préoccupations des esprits en faveur de la Trinité.

Le cloître de Saint-Riquier n'existe plus; mais nous possédons encore à Planès, dans le Roussillon, une petite église triangulaire en plan et surmontée d'une coupole. L'idée qui a présidé à la construction de ce curieux édifice devait être analogue à celle qui dominait Angilbert[1]. Dans Rome, à ce que l'on dit, le chevalier Bernin a marqué de la forme triangulaire l'église de la Sapience, qui est dédiée à la Trinité. La sagesse en effet est aux vertus principales ce que Dieu est aux personnes divines. La sagesse est l'unité morale d'où procèdent, comme les filles d'une mère commune, la foi, l'espérance et la charité. La vive imagination byzantine a donné la vie à ces trois filles de la Sagesse et à la Sagesse leur mère. On lit, dans les légendes, la vie de sainte Sagesse, mère de trois filles d'une rare beauté et d'une vertu incomparable, sainte Foi, sainte Espérance et sainte Charité. La mère et les filles, converties au christianisme, baptisées, prêchant la vérité et convertissant à leur tour une immense quantité de païens, sont persécutées. Amenées devant un proconsul, elles refusent de sacrifier aux faux dieux; on les torture et on finit par les décapiter. Un couvent du mont Athos[2] contient, peinte sur mur, la légende entière de cette intéressante famille, depuis sa naissance jusqu'à sa mort; dans la cathédrale de Cantorbéry, parmi les reliques des vierges, on possédait celles de sainte Sagesse et de ses filles, Foi, Espérance et Charité[3].

[1] Voyez, dans le Bulletin archéologique, publié par le comité historique des arts et monuments, vol. I, page 133, une description de cette église par M. Jaubert de Passa, membre non résident du comité.

[2] Le grand monastère de Chilindari. Dans le manuscrit byzantin déjà cité, on enseigne à peindre sainte Sophie et ses trois filles, sainte Foi, sainte Espérance et sainte Charité, qui ont été décapitées.

[3] « De reliquiis S. Sapientiæ et filiarum ejus, Fidei, Spei et Charitatis. » (V. le *Monasti-*

LA TRINITÉ.   533

Cette personnification et cette généalogie de la Vertu rappellent la généalogie et la personnification de l'intelligence, dont nous avons déjà parlé et qu'on voit figurées dans une bible manuscrite de la bibliothèque publique de Reims[1]. La Philosophie engendre la Physique, la Logique et l'Éthique, absolument comme sainte Sophie donne le jour à Foi, Espérance et Charité.

ICONOGRAPHIE CHRONOLOGIQUE DE LA TRINITÉ.

Un culte aussi solennel, aussi développé que celui qui se rendait à la Trinité, dut faire naître une grande quantité de représentations des trois personnes divines réunies en groupe. C'est ce qui advint en effet. L'art s'empara de ce motif, qui prêtait singulièrement à l'imagination, et le diversifia presqu'à l'infini.

On peut partager en quatre périodes les siècles qui se sont écoulés depuis l'origine du christianisme jusqu'à la renaissance, et durant lesquels on figura des Trinités. Le premier

---

con anglicanum, par Dodsworth et Dugdale, vol. I, page 5.) Je vois, dans ce fait assez curieux, une certaine influence byzantine à laquelle aurait obéi l'Angleterre. Je ferai remarquer encore que les véritables croix grecques ne sont pas les croix à quatre branches égales, puisque le grec Procope déclare que la croix doit avoir le pied plus long que le sommet et les bras. Les croix grecques sont à double traverse, comme celles que nous avons fait graver et qui viennent d'Athènes et du mont Athos. Des reliques venant de la Grèce, et que les rois de France avaient données à la Sainte-Chapelle de Paris, étaient enfermées dans des étuis en forme de croix à double traverse. Or, c'est sur ce plan que sont fondées plusieurs grandes cathédrales d'Angleterre, et j'apercevrais encore dans ce fait la preuve que l'Angleterre a subi une influence byzantine qu'il faudrait constater avec le plus grand soin. On ne voit rien ou presque rien d'analogue en France ; chez nous l'art gothique, l'art chrétien, est autochthone, à peu d'exceptions près.

[1] Dans le manuscrit d'Herrade, *Hortus deliciarum*, on voit la Philosophie assise sur un trône et versant de ses deux mamelles la source des arts libéraux. Pour fleurons à son diadème, elle porte trois têtes humaines, qui sont l'Éthique, la Logique et la Physique, comme le dit la légende.

groupe comprend les huit premiers siècles; le second s'étend du ixe au xiie; le troisième groupe atteint le xve siècle; la dernière période enfin saisit la renaissance, c'est-à-dire le xve et surtout le xvie siècle. Relativement à l'architecture, la première période s'appelle latine, parce que la basilique de Constantin règne alors; la seconde est dite romane, parce que le latin, chez nous principalement, s'allie à des éléments indigènes; la troisième est gothique ou ogivale; la quatrième se nomme la renaissance.

Dans les huit premiers siècles, les Trinités s'ébauchent, pour ainsi dire; on essaye des formes diverses qui reparaissent plus développées dans les périodes suivantes. Il n'existe pas un groupe réellement complet de la Trinité dans les catacombes ni sur les vieux sarcophages. On voit fréquemment Jésus, mais isolé ou accompagné tout au plus de la colombe qui figure le Saint-Esprit. On aperçoit une main, qui doit être celle de Dieu le Père, et qui tend une couronne sur la tête du Fils, mais en l'absence du Saint-Esprit. Des croix et des agneaux qui symbolisent le Fils, des mains qui révèlent le Père, des colombes qui représentent quelquefois[1] l'Esprit, se voient fréquemment peintes à fresque ou sculptées sur le marbre. Mais ces symboles sont isolés presque toujours, fort rarement réunis dans un même lieu ou sur un même monument; jamais on ne les voit groupés et serrés en faisceau.

Cependant, dès le ive siècle, avec saint Paulin, évêque de Nole, qui est né en 353 et mort en 431, apparaissent les groupes de la Trinité. A l'abside de la basilique de Saint-Félix, bâtie à Nole par Paulin lui-même, on voyait la Trinité exécutée en

---

[1] On dit quelquefois, car le plus souvent la colombe peinte ou sculptée dans les catacombes est celle qui rapporte un rameau à Noé, et non la colombe du Saint-Esprit. Parcourez, à ce sujet, la *Roma Sotterranea* de Bosio.

mosaïque. Saint Paulin fit les vers suivants pour expliquer le sujet :

> Pleno coruscat Trinitas mysterio :
> Stat Christus agno, vox Patris cœlo tonat,
> Et per columbam Spiritus-Sanctus fluit.
> Crucem corona lucido cingit globo ;
> Cui coronæ sunt corona apostoli,
> Quorum figura est in columbarum choro.
> Pia Trinitatis unitas Christo coït.

Ainsi, dans cette Trinité, le Christ est en agneau, l'Esprit en colombe. Quant au Père, il parle ; mais le poëte ne dit pas comment il l'a fait peindre[1]. Un peu plus loin, dans la même lettre, décrivant la peinture qu'il avait fait exécuter dans la basilique de Saint-Félix à Fondi, au fond de l'abside, saint Paulin ajoute :

> Sub cruce sanguinea niveo stat Christus in agno,
> Agnus ut innocua injusto datus hostia leto.
> Alite quem placida sanctus perfundit hiantem
> Spiritus, et rutila genitor de nube coronat.

Ici l'agneau s'ajoute à la croix pour compléter ou pour doubler le symbole du Christ. L'Esprit est toujours en colombe, en oiseau divin ; mais le Père doit être figuré, sinon sous forme humaine entière, au moins sous celle d'une main qui tient une couronne sur la tête de son fils. Voilà les premières traces que nous connaissions des représentations de la

---

[1] Voyez, dans les œuvres de saint Paulin, l'*Epistola 12ª ad Severum*. Un peu plus haut que le texte qu'on vient de citer, saint Paulin avait déjà dit :

> Atque ubi Christus ibi Spiritus et Pater est.

Mais ce vers signifie seulement que, quand on voit le Christ, on voit par conséquent le Père et l'Esprit, et non pas qu'on représente sous une forme spéciale chacune des trois personnes.

Trinité. Il est à remarquer que ces groupes sont en mosaïque et qu'ils ornent l'abside des basiliques. C'est en mosaïque en effet, et dans le fond des basiliques latines, que nous voyons de ces Trinités semblables à la seconde que décrit saint Paulin. A Saint-Damien et Saint-Côme de Rome, en 530; à Saint-Marc de la même ville, en 774; à la cathédrale de Padoue, vers la fin du VIIIe siècle; à Sainte-Praxède de Rome, en 818, on exécute en mosaïque [1] des Trinités qu'on croirait copiées sur celles de saint Paulin. Du reste, ce motif est resté en honneur à Rome jusqu'aux XIIIe et XIVe siècles. Le pape Nicolas IV fit décorer, de l'an 1288 à l'an 1294, l'abside de Saint-Jean de Latran. Une grande mosaïque y brille du plus vif éclat ; elle offre, au centre, la représentation de la Trinité. Une croix, couverte de pierreries, s'élève au sommet d'une montagne qui figure le paradis. L'Esprit, en colombe, plane sur la croix et l'enveloppe dans un torrent de rayons. Tout en haut, le Père sort des nuages et montre son buste et sa tête nue, que cerne un double nimbe circulaire et carré [2].

Un autre type de Trinité, très en honneur au XIVe siècle, paraît avoir été trouvé dès l'origine du christianisme. On lit dans Jacques de Vorage, à la fête de l'Exaltation de la croix, l'histoire suivante :

« L'an du Seigneur 615, Dieu permit que son peuple fût flagellé par la cruauté des païens. Chosroès, roi des Perses, soumit à son empire tous les royaumes du monde. Il vint à Jérusalem, et, tout effrayé, sortit du sépulcre du Seigneur; mais cependant il en emporta la portion de la sainte croix

---

[1] Voyez Ciampini, *Vetera Monimenta*. Ces mosaïques et beaucoup d'autres sont gravées dans cet ouvrage.

[2] Nous avons déjà signalé cette mosaïque intéressante, dont un dessin nous a été donné par M. Tournal.

que sainte Hélène y avait laissée. Chosroès, voulant se faire adorer par tout le monde comme un Dieu, ordonna d'élever une tour d'or et d'argent, garnie de pierres lumineuses; là il plaça les images du soleil, de la lune et des étoiles. Par des conduits étroits et cachés, il en faisait tomber de la pluie comme s'il eût été Dieu. Au sommet de l'édifice, des chevaux traînaient des chars et circulaient tout autour, afin d'agiter le monument et de simuler le tonnerre. Alors Chosroès abandonne le royaume à son fils, et, le profane, il se retire dans ce phare. Il fait placer la croix du Seigneur près de lui, et ordonne à tout le monde de l'appeler Dieu. Ainsi qu'on le lit dans l'ouvrage *De Mitrali officio* [1], Chosroès, assis sur un trône, comme Dieu le Père, mit la croix à sa droite, à la place de Dieu le Fils, et un coq à sa gauche, au lieu du Saint-Esprit. Quant à lui, il voulut qu'on l'appelât Dieu le Père. »

L'empereur Héraclius fait la guerre au fils de Chosroès et le défait; il entre dans la capitale, et pénètre jusqu'au vieux roi devenu fou. Il le trouve assis dans sa tour d'argent et d'or, espèce de paradis, comme le Père éternel entre les deux personnes divines. Chosroès ayant refusé de se faire chrétien, Héraclius lui trancha la tête d'un coup d'épée, à la face de ses anges de peinture et de son saint-esprit en coq [2].

Ainsi nous avons là le groupe vivant de la Trinité; la Trinité

---

[1] Ce livre, si souvent cité par les légendaires et les liturgistes, est attribué à un évêque de Crémone, Richard, qui vivait en 1195. Le *Mitrale vel Summa de divinis officiis* est resté manuscrit. Voilà de ces livres qu'il serait utile d'imprimer; les ouvrages analogues au *Mitrale* rendraient les plus grands services aux savants qui étudient les antiquités chrétiennes.

[2] Voici le texte important de ce passage, que nous avons traduit littéralement : « Anno Domini 615, permittente Domino flagellari populum suum per sævitiam paganorum, Cosdroe, rex Persarum, omnia regna terrarum suo imperio subjugavit. Hierusalem autem veniens, a sepulcro Domini territus rediit, sed tamen partem S. Crucis quam S. Helena ibidem reliquerat asportavit. Volens autem ab omnibus coli ut Deus, turrim et auro et argento et interlucentibus gemmis fecit, et ibidem solis, lunæ et

chrétienne est jouée, mimée, mise en action par un vieux païen qui a perdu la tête. Dans ce groupe, le Père est un vieillard, le Fils est représenté par sa croix et le Saint-Esprit par un coq qui remplace la colombe divine. Ce motif est semblable à celui que signale saint Paulin, et que montrent les mosaïques dont nous avons parlé; mais il en diffère aussi. Il est semblable, quant aux symboles qui représentent les personnes divines; mais il en diffère, quant à l'agencement général du groupe et quant à la disposition des symboles qui le constituent. Dans saint Paulin et sur les mosaïques, la Trinité est verticale; elle est horizontale dans la Légende dorée. Dans saint Paulin, la croix est en bas, le Saint-Esprit est au-dessus de la croix et le Père domine; dans la Légende, le Père est au milieu, ayant à sa droite la croix et le Saint-Esprit à sa gauche. En outre, saint Paulin et les mosaïstes placent le Saint-Esprit au milieu, tandis que Chosroès, Père éternel, se met au milieu lui-même, et donne la gauche à son coq, à son Saint-Esprit. Plus bas, nous aurons occasion de montrer par des dessins la différence qui existe entre ces deux types.

« stellarum imagines collocavit. Per subtiles etiam et occultos ductus, quasi Deus, aquam « desuper infundebat, et in supremo specu equi quadrigas trahentes in circuitu ibant, « ut quasi turrim moverent et tonitrua simularent. Filio igitur regno suo tradito, in « tali phano prophanus residet, et juxta se crucem Domini collocans appellari ab omni- « bus se Deum jubet. Et, sicut legitur in libro *Mitrali de officio*, ipso Cosdroe in throno « residens, tanquam Pater, lignum crucis sibi a dextris posuit loco Filii, et gallum a si- « nistris loco Spiritus-Sancti; se vero jussit Patrem nominari. — L'empereur Héraclius fait la guerre au fils de Chosroès, détruit son armée et arrive à la ville royale. « Cosdroe « autem ignorabat exitum belli, quia, cum ab omnibus odiretur, sibi a nemine intima- « tur. Heraclius autem ad eum pervenit et in throno aureo eum sedere reperiens, eidem « dixit : Quia lignum S. Crucis secundum tuum modulum honorasti, si baptismum et « fidem Christi susceperis, adhuc vitam et regnum, paucis a te acceptis obsidibus, ob- « tinebis. Si autem hoc implere contempseris, gladio meo te feriam et caput tuum pres- « cidam. Cum igitur ille acquiescere nollet, extracto gladio, eum protinus decollavit, et, « quia rex fuerat, sepeliri præcepit. » (Jacques de Vorage, *Legenda aurea*, de Exaltatione S. Crucis.)

LA TRINITÉ.   539

Dans la seconde période, du ixe au xiie siècle, les deux types antérieurs persistent[1], mais ils s'enrichissent de deux motifs nouveaux : l'un est emprunté à la forme humaine, l'autre aux formes géométriques.

L'anthropomorphisme[2], qui avait effarouché les premiers chrétiens et qui semblait rappeler le paganisme, ne trouva pas la même résistance pendant le moyen âge proprement dit. Une fois arrivé au ixe siècle, on n'eut plus rien à craindre des idées païennes; la mort en était constatée depuis longtemps. Le Père éternel, dont on n'avait osé montrer que la main encore, ou le buste tout au plus, se fit voir en pied. Cependant il ne prit pas une figure spéciale; mais il emprunta celle de son fils, et, dès lors, il devint fort difficile de les distinguer l'un de l'autre. Le Fils continua d'apparaître tel qu'on l'avait vu sur la terre, sous la forme d'un homme grand, beau et grave, âgé de trente à trente-cinq ans. La colombe du Saint-Esprit quitta quelquefois aussi son enveloppe d'oiseau, pour prendre la forme humaine. Comme le dogme déclarait nettement que les trois personnes étaient non-seulement semblables, mais égales entre elles, les artistes étendirent aux représentations la similitude et quelquefois même l'égalité des hypostases divines.

[1] Ces types durèrent pendant tout le moyen âge, même en France, où l'on est moins fidèle aux traditions latines. Au portail occidental de la collégiale de Mantes, dans la voussure de la porte centrale, on voit une Trinité figurée par la croix que portent, qu'*exaltent* deux anges, par le Père qui a l'âge et les traits de son fils, et par l'Esprit en forme de colombe qui descend du ciel. Les sujets sont disposés verticalement, à l'extrémité des trois cordons. Le Père est au milieu, la croix au bas, et la colombe domine le tout. Cette sculpture date du xiie siècle, peut-être de la fin du xie. C'est une disposition nouvelle et pleine d'intérêt. Je ne puis parler de l'église de Mantes sans louer M. de Wavrechin, curé de cette belle et ancienne collégiale, qui la fait réparer et meubler avec une science vraiment archéologique.

[2] Nous entendons par anthropomorphisme, non pas l'hérésie de ce nom, mais la représentation des personnes divines sous forme humaine; nous exposons simplement un fait et n'apprécions pas une doctrine.

Saint Dunstan, archevêque de Cantorbéry, mort en 908, nous a laissé un manuscrit où les trois personnes sont figurées sous forme humaine. Le Père et le Fils, habillés en rois, couronne en tête et sceptre en main, portent à peu près trente-cinq ans. L'Esprit est plus jeune et n'a guère que de dix-huit à vingt-cinq ans. C'est de la similitude, quant à la forme; mais c'est de la différence, quant à l'âge. Cette différence finit par disparaître, et nous trouvons dans le manuscrit d'Herrade, qui date de 1180, l'identité presque absolue. Les trois personnes ont le même âge, la même attitude, le même tempérament, le même costume. Où est le Père, où est le Fils, où est l'Esprit dans cette Trinité anthropomorphique? Par comparaison avec d'autres monuments, et en se rappelant les textes bibliques que nous avons cités, on pourrait croire que le Père est au centre, et qu'il a mis son Fils à sa droite et le Saint-Esprit à sa gauche : ainsi le veut l'usage le plus constant. Mais le miniaturiste semble avoir pris à tâche de dérouter l'antiquaire et le théologien; il a tracé sur les pieds de la personne divine des stigmates qui sont à peine visibles dans la miniature originale[1]. Ces stigmates ne peuvent convenir qu'au Christ; cependant il faut considérer que les mains n'en portent aucune trace, et que, sur les pieds, ils affectent une forme assez singulière, celle d'une croix, que les clous n'ont pu produire. Néanmoins cette forme est sans doute symbolique, et nous devons croire que la personne du centre est Jésus-Christ. Mais où est le Père? Il est impossible de le dire, comme il est impossible d'affirmer que le Saint-Esprit est plutôt à gauche qu'à droite. Il y a donc là identité presque absolue.

[1] M. Durand, mon dessinateur, ne les avait pas remarqués d'abord; j'ai dû appeler son attention sur ce point microscopique et lui faire corriger son dessin. Quelques erreurs de ce genre se sont glissées dans les gravures; nous les signalons, lorsqu'il n'a pas été possible de les faire disparaître.

LA TRINITÉ. 541

137. — LA TRINITÉ EN TROIS PERSONNES HUMAINES ET IDENTIQUES.
Manuscrit du XIIe siècle [1].

En opposition à cet anthropomorphisme aussi complet, aussi matériel, on représente la Trinité sous la forme la plus abstraite et la plus sèche. On emprunte le triangle à la géométrie. C'est alors que le triangle où est bâti le couvent de Fleury prend une signification mystique; c'est alors que saint Angilbert élève le cloître de Saint-Riquier sur un plan triangulaire et pour honorer la Trinité. Le triangle, qui comprend trois angles dans une seule aire, est l'image des trois personnes se résolvant dans un seul Dieu.

La gloire éternelle du XIIIe siècle, c'est non-seulement d'a-

---

[1] *Hortus deliciarum.* C'est à la création, au moment où Dieu dit, avant de créer l'homme, *Faciamus hominem ad imaginem et similitudinem nostram, et præsit cunctis animantibus terræ,* qu'on voit cette Trinité. Ce passage de la Genèse est écrit sur la banderole que les trois personnes tiennent en commun.

voir trouvé, inventé des éléments nouveaux, qu'il a jetés dans le creuset où la civilisation chrétienne et catholique se cristallisait, en quelque sorte, après s'être élaborée dans les siècles antérieurs; mais c'est encore et surtout d'avoir développé ce qui n'était qu'en germe aux époques précédentes. Le mérite immortel de cette époque est d'avoir fait monter en tige ce que les périodes précédentes s'étaient contentées de semer. La sonnette latine, nous l'avons dit ailleurs [1], se fait cloche à l'époque romane; mais elle devient bourdon à partir du XIIIᵉ siècle. La flèche devient clocher, et se fait tour au XIIIᵉ siècle. Il en est de même en iconographie. Les Trinités, hétéromorphes sous la première période et de formes semblables durant la seconde, subsistent pendant la troisième; mais elles se complètent, se perfectionnent et se multiplient. Pour une Trinité latine, pour deux Trinités romanes, on rencontre peut-être vingt ou trente Trinités gothiques; c'est dans cette proportion qu'on les trouve, même à partir de la fin du XIIᵉ siècle.

Alors on voit, comme dans la première époque, des Trinités où le Père se révèle par sa main; le Fils, par sa croix, son agneau ou sa forme humaine; le Saint-Esprit, par sa colombe. Comme dans la première époque, les symboles de ces trois personnes se groupent verticalement ou horizontalement. Comme dans la seconde, nous avons des Trinités géométriques et des Trinités anthropomorphiques.

Mais la troisième période ne se contente pas de multiplier, de reproduire, en nombre considérable, les groupes trouvés antérieurement; elle les modifie et les perfectionne. Sur la croix de l'époque latine, on étendit, à l'époque romane, le divin Crucifié; de même l'égalité des personnes divines, qui naît sous la période romane, se prononça énergiquement pendant la période

---

[1] *Monographie de Notre-Dame de Brou*, dans l'introduction.

LA TRINITÉ. 543

gothique. Le manuscrit d'Herrade nous offre les trois personnes sous la forme humaine et aussi égales que possible. Cependant ces personnes, quoique assises sur un même trône, quoique tenant une banderole unique, quoique portant le même âge, sont encore très-distinctes néanmoins; elles sont rapprochées, mais elles ne se touchent pas. Or, dès le XIII° siècle, non-seulement les personnes divines se touchent, mais elles sont adhérentes; les trois corps n'en font plus qu'un seul portant trois têtes, lesquelles, à leur tour, sont parfaitement soudées entre elles.

138. — LES TROIS PERSONNES DIVINES SOUDÉES L'UNE À L'AUTRE.
Miniature espagnole, XIII° siècle [1].

Dans les représentations anthropomorphiques, on passe, pour ainsi dire, de la similitude à l'identité; par contre,

[1] *Chronique d'Isidore de Séville*, ms. de la Bibl. roy. 7135. On n'aperçoit pas la troisième

dans les figures géométriques, on distingue un peu plus que ne l'avait fait l'époque précédente[1]. Le triangle donne en effet, aussi compacte et aussi indistincte que possible, la triplicité se résolvant dans l'unité. Le XIIIe siècle ajoute un nouveau type géométrique, où la triplicité est plus visible et l'unité moins absolue. Le cercle est pris comme l'emblème de Dieu, et trois cercles figurent les trois personnes; mais, afin de marquer l'union indissoluble qui lie les trois personnes entre elles, on enlace les trois cercles l'un dans l'autre, de façon qu'on ne peut soulever ni arracher l'un sans que tous les trois viennent ensemble et s'arrachent à la fois. Le mot de trinité, par un singulier hasard, se décompose lui-même en trois syllabes. On donne une de ces syllabes à chaque cercle; mais elles n'ont de sens complet, elles ne forment un mot qu'en se réunissant : TRI-NI-TAS. Dans l'espace laissé vide par l'intersection des trois cercles, on lit UNITAS. Ainsi donc l'unité est le centre d'où rayonne la Trinité.

tête, parce qu'en plan ces trois têtes forment un trèfle, et que la troisième est cachée par les deux têtes qui se voient. Si le manuscrit d'où est tiré ce dessin est espagnol comme le texte qu'il contient, il faut dire que le moyen âge de l'Espagne est assez différent du nôtre; il est beaucoup plus original ou anormal, si on aime mieux. Un manuscrit espagnol conservé à la bibliothèque d'Amiens offre de même des particularités fort bizarres et qu'on ne trouve pas chez nous.

[1] Dès le VIIIe siècle, lorsqu'on veut montrer l'égalité des personnes divines, on prend des exemples qui prouvent trop; on arrive presque à l'identité. Sainte Odile, abbesse du couvent de Hohenburg en Alsace, lequel s'appelle aujourd'hui Sainte-Odile, planta trois tilleuls en l'honneur de la Trinité. Le récit de ce fait est assez curieux pour être transcrit ici. Un homme vint trouver la sainte et lui présenta *trois* rameaux provenant d'un tilleul unique; il la pria de les planter pour qu'ils restassent en souvenir d'elle : « Et tulit (S. « Odilia) unam in manu sua, et ait : « In nomine Patris te planto. » Et accipiens alteram, « dixit : « Et in nomine Filii. » Et tertiam tulit dicens : « Et in nomine Spiritus-Sancti; » « mysterium Trinitatis complens. » Les trois rameaux donnèrent naissance à trois grands arbres entièrement semblables, égaux, à peu près identiques, et sous l'ombrage desquels les religieuses prenaient le frais en été. (Voyez, dans les *Act. SS. Ord. S. Benedic.* 4e vol. la vie de sainte Odile, écrite par un anonyme qui paraît être du XIe siècle. Odile est morte vers 720.)

LA TRINITÉ.   545

139. — TRINITÉ SOUS LA FORME DE TROIS CERCLES.
Miniature française, fin du xiiiᵉ siècle [1].

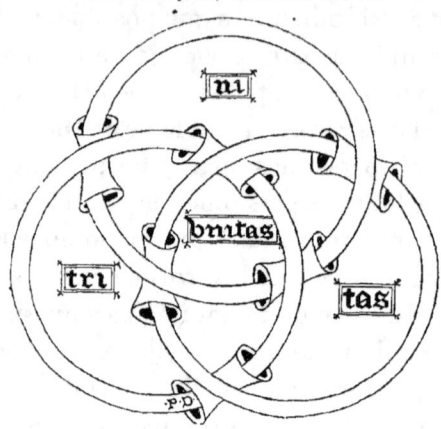

Le même manuscrit comprend trois autres groupes de trois cercles outre celui qui précède. L'un des groupes offre ces mots distribués également dans chacun des trois cercles : Pater-Filius-spiritus-sanctus, qui viennent se résoudre au centre dans : Vita Deus. On a, pour le second : Verbum lux vita, qui aboutissent vers le centre à : Deus est [2]. Dans le troisième, on lit : tri-tri. ni-ni. tas-tate; et, au centre : unitate-unitas. L'unité diverge en trinité, la trinité converge dans l'unité. Enfin, en glose, on lit : « Verbum, lux, vita Deus est. — Verbum, lux, vita Jesus-Christus est. — Verbum, lux, vita Spiritus-Sanctus est. » Renversez ces trois termes et déplacez les

---

[1] Manuscrit de la bibliothèque communale de Chartres, n° 1355, fin du xiiiᵉ siècle.
[2] Dans ce groupe, *Verbum* est à la place où, dans le précédent, on lit *Pater*; c'est *Filius*, qui répond à *Lux*, et *Spiritus-Sanctus* à *Vita*. Cette disposition a-t-elle été prise à dessein? Il n'est guère possible de le croire; car, si le Fils peut être appelé la Lumière et le Saint-Esprit la Vie, le Père n'est pas spécialement le Verbe. En attribuant, au contraire, le Verbe au Fils, la lumière au Saint-Esprit et la vie au Père, on rentre, à peu près, dans la définition que nous avons donnée des personnes divines.

attributs, vous arriverez en résultat à ce dogme : *Deus trinus unus*. Ces figures ne sont donc que la traduction, sous forme géométrique, du symbole de saint Athanase.

Le génie subtil de Dante devait adopter facilement de pareilles formules géométriques. Le grand poëte termine en effet le Paradis par les strophes suivantes, où l'unité et la trinité divines sont exposées en magnifique langage.

« Dans la profonde et claire substance de la haute lumière m'apparurent trois cercles, de trois couleurs et d'une seule dimension. Et l'un paraissait réflété par l'autre comme Iris par Iris[1]; et le troisième paraissait un feu qui s'exhalait deçà et delà[2]... O lumière éternelle qui résides seule en toi, qui seule te comprends; et, comprise de toi et te comprenant, t'aimes et te souris! Ce cercle, qui paraissait conçu en toi comme une lumière réflétée, lorsque je l'eus un peu parcouru des yeux, me parut avoir au dedans de lui notre effigie peinte de sa propre couleur[3]. C'est pourquoi ma vue plongeait tout entière en lui. Tel que le géomètre qui s'applique tout entier à mesurer le cercle et ne retrouve pas dans sa pensée le principe dont il a besoin, tel j'étais à cette vue nouvelle. Je voulus voir comment l'image s'unissait au cercle et comment elle y était adaptée; mais mes propres ailes n'étaient pas de force à cela, si mon esprit n'avait été frappé d'une clarté dans laquelle son désir fut satisfait[4]. »

On a souvent répété que le génie de Dante s'était reproduit dans celui de Michel-Ange. Le tableau du Jugement dernier a paru avec raison une traduction, par la ligne et

---

[1] Le Fils par le Père : *Lumen de lumine*.

[2] L'Esprit-Saint : *Qui ex Patre Filioque procedit*.

[3] C'est l'effigie de Jésus-Christ. Le poëte italien a dessiné un portrait où l'auteur scolastique de Chartres a écrit un mot. Idée analogue en deux langages différents.

[4] Dante, *Divine Comédie*, Paradis, chant XXIII, à la fin. (Voyez la traduction de M. Brizeux, in-12. Paris, 1841.)

la couleur, du sombre et glorieux poëme écrit et chanté par Dante. Les deux illustres Florentins nous apparaissent comme deux frères jumeaux. On a bien remarqué les traits pareils qui les faisaient de la même famille, mais on a complétement négligé un fait qui porte leur ressemblance jusqu'au plus haut degré; ou plutôt on l'a vu ce fait, mais on ne l'a pas compris. Vasari, qui a vécu assez familièrement avec Michel-Ange, s'y est trompé lui-même. On lit en effet dans la vie du sublime artiste: « Michel-Ange, pendant la plus grande partie de sa vie, s'était servi d'un cachet portant l'emblème de trois cercles entrelacés. Sans doute il voulait donner à entendre par là qu'il existe une union si intime et si nécessaire entre la peinture, la sculpture et l'architecture, qu'elles ne doivent jamais se séparer. Les académiciens[1], jugeant qu'il était parvenu au plus haut degré dans les trois arts du dessin, changèrent ces trois cercles en trois couronnes et y joignirent cette devise : TERGEMINIS TOLLIT HONORIBUS[2]. »

Je ne puis partager l'opinion de Vasari. D'abord je comprendrais difficilement Michel-Ange portant constamment sur lui, par un orgueil puéril, la preuve qu'il excellait dans les trois arts du dessin; ensuite, quand on compare ce texte avec celui de Dante et avec nos trois cercles de Chartres, on voit que ce prétendu cachet n'était pas un monument d'orgueil, mais de foi. C'était une bague où le symbole de saint Athanase avait été tracé au compas; c'était un CREDO géométrique. Vasari a pu s'y tromper et les académiciens de Florence également, mais la pensée du taciturne et de l'impénétrable artiste s'élevait à une portée bien différente de celle que lui prêtaient ses compatriotes et ses contemporains. Michel-Ange avait d'ail-

---

[1] Ceux de Florence, lors des pompeuses funérailles qu'ils firent à Michel-Ange.

[2] Vasari, *Vies des Peintres*, Vie de Michel-Ange, trad. de MM. Leclanché et Jeanron.

leurs un autre cachet, à savoir la fameuse pierre gravée, ce précieux monument de l'antiquité où, sur un très-petit champ, on voit quinze figures humaines, deux animaux, un arbre entouré d'une vigne et un rideau.

Les trois cercles, extension et complément du triangle, furent inventés au xiiie siècle et persistèrent jusqu'au xvie. Pendant cette période, qui s'ouvre à la fin du xve, dure jusqu'au xviie, et embrasse la renaissance entière, tous les types antérieurs sont admis à peu près au même rang et reçus avec les mêmes honneurs; c'est une époque de synchrétisme pour toutes choses. On est païen et chrétien au même degré, monarchique et républicain d'égale force; en art plastique, comme en politique, comme en croyance religieuse, on reçoit tout ce qui se présente. La renaissance ajoute au passé quelque peu de nouveau, mais avant tout elle donne droit de cité à ce qu'on a fait et pensé depuis que le monde existe[1]. Aussi retrouvons-nous, dans les monuments figurés de ce temps, des exemples de toutes les Trinités que nous avons signalées. Les époques latine, romane et gothique, s'empressent d'offrir à la renaissance, qui les accueille tous, les types qu'elles ont créés ou modifiés.

Les symboles de la première époque, la main du Père, la croix du Fils, la colombe de l'Esprit, reviennent à la renaissance, mais avec les développements que l'on y ajouta du ix[e]

---

[1] Cette époque de la renaissance s'inspire, on le dirait, du génie des Romains, dont elle cherche à ressusciter la civilisation. Les empereurs romains, dans leur tolérance universelle pour les religions, donnaient le droit de bourgeoisie aux divinités de tous les peuples, et l'on sait que l'empereur Alexandre Sévère avait placé dans son laraire les images du Christ, d'Apollonius de Tyane, d'Orphée et d'Abraham, à côté de celles des meilleurs princes et des plus célèbres philosophes. A ces personnages, fort étonnés de se trouver ensemble, Sévère rendait un hommage religieux. La renaissance honora également les idées les plus discordantes entre elles et les individus les plus opposés, même les plus ennemis.

LA TRINITÉ. 549

au XIIe siècle. Le Père montre sa tête, son buste, son corps tout entier; la croix porte le Crucifié, et la colombe se pose sur la tête ou sur la main de l'Esprit, qu'elle symbolise. Cette dernière addition appartient spécialement à la renaissance, tandis que les deux époques précédentes revendiquent les deux autres. Du reste, il est fort rare de rencontrer le Saint-Esprit sous forme humaine et sous forme de colombe tout à la fois; rien de moins fréquent que de voir, dans un même monument, la troisième personne divine s'envelopper dans son double symbole d'homme et d'oiseau. Nous n'en connaissons jusqu'à présent que trois exemples, et nous en avons donné deux[1].

De même qu'à la colombe de l'époque latine on ajoute l'homme de l'école romane, pour figurer le Saint-Esprit; de même aussi, pour représenter la Trinité entière, on unit le triangle roman au cercle gothique dont nous avons parlé. On enlace l'une dans l'autre ces deux figures géométriques, et l'on obtient ainsi la formule la plus complète de l'unité de la substance circonscrivant la triplicité des personnes. Bien plus, comme si la figure ne donnait pas une idée suffisante de la divinité, on la fait tenir par Dieu lui-même. L'explication vivante, en quelque sorte, de cette abstraction géométrique est donc ce vieillard qui mesure de ses bras, comme avec les branches d'un compas, le diamètre du cercle éternel, l'aire de l'unité divine dans laquelle vient s'inscrire le triangle des trois personnes[2].

---

[1] Planches 126 et 150, pages 484 et 581. Le troisième exemple m'a été signalé par M. Dusevel d'Amiens. On y verrait chaque personne divine sous forme humaine et tenant son attribut symbolique sur ses genoux. Le Père aurait un triangle; le Fils une croix, et l'Esprit une colombe. Ce curieux sujet serait peint dans un manuscrit du XVe siècle qui est en la possession de M. Dusevel. J'aurais fait graver ce dessin, si j'en avais eu connaissance plus tôt.

[2] Il y a plus de dignité à figurer ainsi Dieu qui mesure le monde qu'à le montrer tenant à la main un compas, ainsi que la planche 149 nous le fera voir plus bas, page 576. La renaissance, quoi qu'on dise, a jeté dans les idées et dans leur expres-

140. — LA TRIPLICITÉ DIVINE INSCRITE DANS L'UNITÉ.
Gravure allemande, XVIe siècle [1].

Quant aux Trinités dont les personnes ont toutes trois la forme humaine, type que nous avons vu poindre au IXe siècle et se continuer jusqu'à la fin du XIIIe, pendant la période romane, c'est aux XVe et XVIe siècles surtout que nous en remar-

sion une noblesse que le moyen âge, en France particulièrement, ne montrait que trop rarement.

[1] Ce dessin reproduit une gravure de la fin du XVIe siècle, composée et gravée par Matheus Gruter; elle appartient à M. Guénebault, qui a bien voulu me la communiquer. (Voir l'œuvre de Gruter à la Bibl. roy. au cabinet des estampes.) On remarquera le nimbe rayonnant, en dents de scie, qui environne la tête de Dieu, et l'auréole de forme semblable qui entoure une partie de son corps.

quons le développement complet. Nous avons déjà donné divers exemples auxquels nous renvoyons et que nous allons augmenter encore. La Chronique d'Isidore de Séville nous a fourni une trinité anthropomorphique offrant les têtes des personnes divines qui animent un corps unique; mais ces têtes sont distinctes, quoique soudées. Dans l'exemple suivant, au contraire, les têtes sont plus que juxtaposées, plus qu'adhérentes, plus que soudées; elles se mêlent, elles se confondent, et n'offrent plus qu'un seul crâne pour trois visages.

141. — LES TROIS VISAGES DE LA TRINITÉ SUR UNE SEULE TÊTE ET SUR UN SEUL CORPS. Image française, XVIe siècle[1].

Ici la représentation de la Trinité est aussi complète que possible. Outre le triple visage qui donne l'explication du triangle

[1] Cette représentation se voit particulièrement dans un livre d'Heures, imprimé sur

552   ICONOGRAPHIE CHRÉTIENNE.

échancré aux coins par les trois cercles appartenant aux trois personnes divines, nous avons une légende qui sert de glose et qui traduit la différence en même temps que l'égalité des trois hypostases. La différence se lit sur les côtés du triangle, et l'égalité vient converger au cœur, dans un cercle semblable à ceux des coins. On voit sur les côtés : « Le Père n'est pas le Fils. Le Père n'est pas l'Esprit saint. L'Esprit saint n'est pas le Fils. » — Mais, en allant des coins au centre, on lit : « Le Père est Dieu. Le Fils est Dieu. L'Esprit saint est Dieu. »

Ce curieux sujet nous fait passer des représentations purement géométriques aux représentations purement humaines ou anthropomorphiques.

C'est l'époque romane qui a créé cette manière de figurer les trois personnes sous la forme humaine, le Père aussi bien que le Fils, l'Esprit aussi bien que l'un et l'autre. Nous avons cité le manuscrit de saint Dunstan, et nous avons donné une miniature du manuscrit d'Herrade; mais nous devons ajouter qu'au philosophe Abailard les trois personnes apparaissaient

vélin, à Paris, en 1524, par Simon Vostre. Du reste elle est très-fréquente à partir du xve siècle; on la voit sculptée à Bordeaux, dans une maison qu'on prétend avoir été habitée par Montaigne, dans la rue des Bahutiers. Cette sculpture occupe le tympan extérieur de la porte d'entrée. On y distingue le triangle et les inscriptions, mais les trois visages et les quatre attributs des évangélistes ne s'y trouvent pas; notre dessin est le plus complet de ce genre. M. Albert Way, directeur de la Société des antiquaires de Londres et correspondant du comité des arts et monuments, me fait savoir que, dans les comtés de Norfolk, de Suffolk et dans l'Essex, on rencontre souvent des Trinités géométriques comme celle de Bordeaux. Ces représentations se remarquent aux portails des églises, assez souvent sur les dalles tumulaires, quelquefois sur les vitraux; elles sont toutes des xve et xvie siècles, et tracées sur des écussons, en guise d'armoiries. C'est uniquement, à ce qu'on assure, dans la partie orientale de l'Angleterre qu'on trouve ce sujet; on ne l'a vu ni dans le Nord ni dans l'Ouest. Cette remarque peut être précieuse, non-seulement pour l'archéologie, mais encore pour l'histoire proprement dite. Ce qui est fréquent chez nous, est rare en Angleterre, et n'existe chez nos voisins que dans les comtés qui regardent la France, ou qui ont été les premiers occupés par les Normands.

ainsi, et qu'il les avait fait sculpter toutes trois sous forme humaine dans l'abbaye du Paraclet. « Il paraît à remarquer, dit le père Mabillon, qu'Abailard fit sculpter dans une seule pierre les trois personnes de la très-sainte Trinité, à laquelle l'oratoire de ce lieu (le Paraclet) est consacré. On les voit sous la figure et avec la stature humaine, manière inaccoutumée et digne d'un homme original en tout[1]. » Le Père était au milieu, le Fils à droite, l'Esprit à gauche et tenant ses mains en croix sur sa poitrine.

Il était hardi de représenter en homme le Père éternel, qu'on n'avait pas vu ; mais il y avait un excès d'audace à faire un homme, et un homme sans ailes, du Saint-Esprit, qui ne s'était manifesté que sous la forme d'une colombe. Aussi l'époque gothique proprement dite, celle qui s'écoule de la fin du XIIe siècle à la fin du XIVe, abandonna presque complétement ce type inventé par les artistes romans ; mais au déclin du gothique, à l'aurore et pendant toute la durée de la renaissance, on revint à cette manière de traiter les hypostases.

A l'exception de la miniature empruntée au manuscrit d'Herrade, les dessins que nous avons donnés et ceux que nous allons offrir encore sont tous des XVe et XVIe siècles ; et même, circonstance singulière, c'est que la Trinité sculptée par ordre d'Abailard, telle que Mabillon la décrit, appartient au XVIe siècle et non au XIIe. Il est possible que le groupe dont parle Mabillon en ait remplacé un autre ancien et plus ou moins semblable à celui que le savant bénédictin avait pu voir, mais ce

---

[1] *Annales benedict.* vol. VI, p. 85, n° 14. Mabillon se trompe. Cette manière de figurer la Trinité n'était pas insolite, puisque, dès le IXe siècle, des monuments représentent ainsi les personnes divines, et que d'innombrables monuments des XVe et XVIe siècles nous les offrent sous la même forme. Nous allons revenir, dans un instant, sur ce texte de l'illustre bénédictin.

dernier ne pouvait être contemporain d'Abailard. En effet, le Père était en empereur, portant un globe à la main et une couronne fermée sur la tête. Il était vêtu d'une aube, d'une étole croisée et fixée sur la poitrine par une ceinture, et d'une chape qui s'étendait aux deux autres personnes qu'elle allait couvrir pour figurer l'unité divine. De l'agrafe de ce manteau tombait une banderole où on lisait : « Tu es mon Fils. » Celui-ci était à la droite du Père et portait une aube semblable à la sienne; mais il n'avait pas de ceinture. Il tenait à la main la croix qu'il appuyait contre sa poitrine. Vers la gauche pendait une banderole avec ces mots : « Tu es mon Père. » A gauche du Père était le Saint-Esprit, portant une aube pareille, croisant ses mains sur sa poitrine et tenant ces mots : « Je suis le souffle de l'un et de l'autre. » Le Fils portait une couronne d'épines, le Saint-Esprit une couronne d'olivier. Tous deux regardaient le Père qui, seul des trois, avait une chaussure. A tous trois étaient le même visage, la même physionomie, la même forme[1]. Excepté l'étole croisée, qui appartient au Fils et non pas au Père[2], tous ces caractères désignent un

[1] « Videtur hic observare trium sanctissimæ Trinitatis, cui dedicatum ejus loci oratorium est (le Paraclet), personarum extantes figuras ad humanam staturam, ex uno lapide fabrefactas, quas Abailardus ipse fabricari curavit, insolito, ut in omnibus insolitus erat, modo. Pater in medio positus est cum toga talari, stola e collo pendente et ad pectus decussata, atque ad cingulum adstricta; cum corona clausa in capite et globo in sinistra manu; pallio superindutus, quod ad duas hinc inde personas extenditur, cujus a fibula pendet lambus deauratus his verbis adscriptis: *Filius meus es tu*. Ad Patris dexteram stat Filius cum simili toga, sed absque cingulo, habens in manibus crucem pectori appositam, et ad sinistram partem lambum cum his verbis : *Pater meus es tu*. Ad sinistram extat Spiritus-Sanctus, consimili toga indutus, decussatas super pectus habens manus cum hoc dicto: *Ego utriusque spiraculum*. Filius coronam spineam, Spiritus-Sanctus olearem gerit. Uterque respicit Patrem, qui calceatus est, non duæ aliæ personæ. Eadem in tribus vultus, species et forma. » (*Annales benedict*. vol. VI, p. 85, n° 14.)

[2] Le Fils est prêtre selon l'ordre de Melchisédech; le Fils est pontife et victime tout à

monument du xvie et non du xiie siècle. La couronne d'épines, dans les monuments où est figurée la Trinité, la croix entre les mains du Fils, la couronne fermée sur la tête du Père, la chape d'où pend une banderole et qui couvre les trois personnes à la fois, tout cela n'est pas antérieur à la fin du xve siècle. Nous avons des Trinités contemporaines d'Abailard, et pas une n'obéit au signalement donné par Mabillon; nous possédons et nous avons reproduit des Trinités des xve et xvie siècles, et les caractères qui les distinguent viennent se ranger au nombre de ceux qu'on attribue à la Trinité d'Abailard.

La renaissance et la fin du gothique affectionnèrent donc cette représentation anthropomorphique de la Trinité. Ce type fut très-multiplié; il dut, en conséquence, subir de nombreuses modifications. Pour nous en tenir à celles qui ont affecté les trois têtes divines portées par un corps unique, nous ajouterons, à ce que nous avons déjà dit, que les têtes, distinctes d'abord et isolées, puis en contact, puis adhérentes, puis soudées intimement, finirent par se confondre dans un seul cerveau. La tête fut unique alors, mais les trois faces étaient distinctes, parce qu'il fallait au moins marquer la triplicité des figures. Cependant quatre yeux d'abord, puis trois[1], puis

la fois. De là vient que nous le voyons quelquefois disant la messe; souvent habillé en évêque, très-souvent portant par-dessus l'aube l'étole croisée comme les prêtres la portent sous leur chasuble. Il n'en est pas ainsi du Père. Mabillon a bien pu prêter au Père ce qui convient au Fils, puisqu'il s'est trompé de quatre siècles sur la date du monument qu'il décrit.

[1] Il paraît qu'en Bretagne, à Saint-Pol-de-Léon, une Trinité serait sculptée sur une clef de voûte, et montrerait trois figures n'ayant que trois yeux en tout. On comprend bien que quatre yeux et même deux puissent être placés convenablement et assez naturellement sur trois visages soudés, et dont un se verrait de face, tandis que les deux autres apparaîtraient de trois quarts ou de profil; mais on ne peut aisément distribuer trois yeux seulement sur trois figures. Il faut, pour cela, montrer ces figures non plus en

deux seulement furent percés dans ces trois visages, et l'on tomba enfin dans l'unité presque absolue, tout en conservant une apparence de Trinité. Trois visages, mais avec deux yeux seulement, un seul front et un seul corps, c'est une bien faible indication de la Trinité.

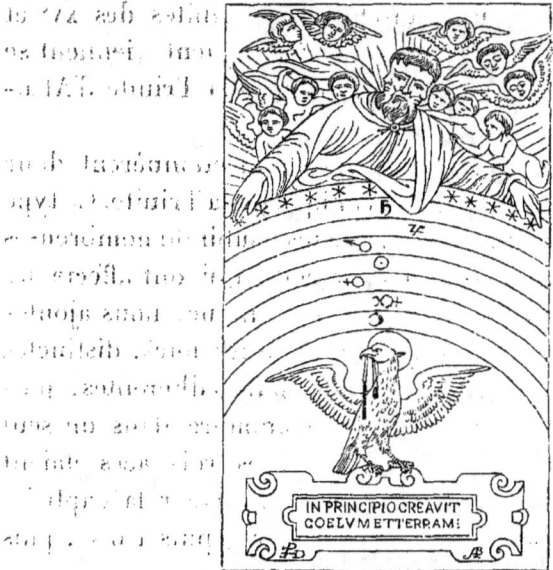

142. — TROIS VISAGES DIVINS À DEUX YEUX ET UN SEUL CORPS.
Miniature française, XVIᵉ siècle [1].

D'ailleurs on tombait dans le monstrueux. Les allégoristes ont, il est vrai, leurs licences toutes particulières, et on leur

élévation ou verticalement, mais horizontalement ou en plan. C'est effectivement ce qu'on a fait à Saint-Pol-de-Léon. Il faut dire que ces trois yeux, ces trois bouches et ces trois nez sculptés sur la clef en forme de trèfle qui s'agrafe à la voûte de l'église de Saint-Pol, désignent bien une triplicité, mais que Dieu n'y est peut-être pour rien ; c'est probablement un pur caprice de l'artiste, qui aura voulu réunir trois objets tels quels dans un champ unique.

[1] Manuscrit du roi Henri II, Bibl. roy. Ici la Trinité est représentée créant le monde,

permet, comme aux poëtes, des métaphores audacieuses ; mais une métaphore sculptée ou peinte n'a pas plus d'autorité qu'une figure de rhétorique. Cependant la hardiesse ne connaissait pas de bornes, et plus la matière sur laquelle s'exerçait l'imagination avait d'importance, plus l'audace pouvait entraîner dans de graves conséquences. Saint Christophe porta l'enfant Jésus sur ses épaules pour lui faire traverser un bras de mer tempétueux ; c'est le Christ, c'est la seconde personne de la Trinité que porte le saint, et non pas la Trinité elle-même. Cependant une sculpture du xve siècle, qui se voit encore dans l'église de Sedgeford, en Angleterre, présente le géant Christophe portant le petit Jésus, un enfant de trois ans, sur ses épaules. Mais cet enfant n'est pas Jésus seulement, c'est toute la Trinité, car trois têtes s'élèvent sur ce petit corps unique. Ainsi voilà le Christ qui fait, à lui seul, la Trinité tout entière [1].

ainsi que l'indique l'évangile de saint Jean, dont on voit l'aigle dominant un cartouche où se lit : *In principio creavit cœlum et terram*. L'aigle, attribut d'un apôtre, est nimbé ; symbole d'un évangéliste, il porte une écritoire dans son bec. L'aigle ne s'est pas toujours contenté de tenir l'écritoire, un des instruments matériels destinés à fixer la pensée. Aux anciennes époques, il inspire directement, il dicte cette pensée même, ainsi que font l'ange de saint Matthieu, le lion de saint Marc et le bœuf de saint Luc. Mais nous sommes au xvie siècle, et alors les attributs des évangélistes sont de simples domestiques, et non plus des génies inspirateurs.

[1] Je dois à l'obligeance de M. Thomas Wright, antiquaire anglais, correspondant de l'Institut de France et du comité des arts et monuments, communication d'un dessin très-fidèle représentant ce saint Christophe qui tient sur ses épaules l'enfant Jésus à trois têtes. Une seule des trois têtes porte un nimbe ; les deux autres sont privées de cet ornement distinctif. Il faut ajouter en outre que ces têtes, couvertes d'un badigeon qu'on vient d'enlever, sont assez indistinctes aujourd'hui. M. le baron Taylor, auquel ce dessin a été communiqué, croit avec raison que deux de ces têtes sont probablement un essai, un repentir du peintre. L'artiste aura essayé à trois reprises différentes de poser la tête sur le corps de l'enfant qu'il venait de dessiner, et c'est à la troisième fois seulement qu'il se sera arrêté : de là ces trois têtes. Cette explication est fort plausible et nous l'adoptons volontiers. Cependant nous ferons remarquer que la tête définitive, celle qui porte le nimbe, est plus indistincte que les deux autres encore : celles-ci ont parfaitement tracés les yeux et la bouche, qu'on ne voit pas dans la première. D'ailleurs le fait que

On alla plus loin encore, mais en partant de la même idée. La seconde personne de la Trinité, le Fils de Dieu, est descendue seule dans le sein de Marie : ni le Père, ni l'Esprit ne se sont incarnés dans les entrailles de la Vierge. Cependant un manuscrit de la fin du xiv° siècle renferme une prière adressée à Marie, et dont l'écriture paraît dater du xv°. On lit dans cette prière, qui est assez remarquable, le passage suivant : « Si vous souveigne, doulce dame, de la doulce annunciacion que le Sauveur de tout le monde vous envoya quand il se voulut tant humilier que il voulut en vous descendre et en vos précieulx flans prendre cher humaine, pour nous povres pécheurs rachepter. Vuelliés ouvrir les oreilles de vostre très-grant doulceur à escouter les prières de moy povre pécheresse, quant pour les pécheurs se voust en vous herbergier le Père, le Filz et le Seint-Esperit. Pour quoy, doulce dame, à vous appartient estre advocate aux povres pécheurs, et par quoy vous estes la chambre de toute la Trinité[1]. »

Dès la fin du xiv° siècle, ou vers le commencement du xv°, on avait fait du sein de Marie la chambre de toute la Trinité, et le chancelier Gerson n'avait pu retenir son indignation en voyant dans l'église des Carmes, à Paris, un tableau où l'on avait figuré ce que le texte de Troyes disait environ cent ans plus tard. « On se doit bien garder, s'écrie Gerson[2], de paindre

présente la peinture de Sedgeford, pour être étrange, n'est pas unique, et nous avons une foule d'exemples démontrant que le Christ a été figuré absorbant en lui seul les deux autres personnes divines. — Le saint Christophe le plus ancien, à notre connaissance, est peint sur verre dans le transsept méridional de la cathédrale de Strasbourg ; il est byzantin de forme et doit dater du xi° siècle. Du reste le petit Christ qu'il porte n'a qu'une seule tête.

[1] Ce manuscrit a été communiqué à M. Léon Aubineau, archiviste à Tours et correspondant du comité des arts, par M. l'abbé Tridon, professeur d'archéologie au petit séminaire de Troyes.

[2] Bibl. roy. Ms. 7282, f° 60. On doit ce texte, curieux sous plusieurs rapports, à

faulsement une histoire de la saincte Escripture, tant que bonnement se peut faire. Je le dy partie pour une ymage qui est aux Carmes et semblables, qui ont dedens leur ventre une Trinité, aussi comme toutte la Trinité eust prins char humaine en la vierge Marie. Et, qui plus merveille est, il y a enfer dedens peint, et ne voy point pour quelle cause on œuvre ainsi; car, en mon jugement, il n'y a baulté ne dévocion en telles paintures; et ce doit estre cause d'erreur et de indignation ou indévocion. »

Le cri d'alarme poussé à bon droit par Gerson fut entendu à Rome. Il y avait inconvenance à ouvrir les entrailles de la Vierge pour y mettre les personnes divines, et, chose inouïe, l'enfer lui-même; il y avait hérésie à faire incarner la Trinité [1]; il y avait témérité à montrer les trois hypostases soudées et confondues monstrueusement. En 1628, le 11 d'août, le pape Urbain VIII défendit de représenter la Trinité sous la

---

M. R. Thomassy, qui l'a trouvé dans un sermon sur le jour de Noël, prononcé par le chancelier Gerson. Nous avons bien vu des tableaux représentant Jésus dans les entrailles de Marie, et saint Jean dans celles d'Élisabeth; nous avons même donné (pl. 71, p. 263) le dessin d'un vitrail où l'on voit Jésus nu, debout et les mains jointes, dans le sein de sa mère. Mais les tableaux signalés par Gerson, et que semble rappeler le manuscrit de Troyes, sont inconnus jusqu'à présent ; il est présumable qu'on les aura détruits. Si l'on pouvait en retrouver, il faudrait les signaler et les conserver précieusement.

[1] De nos jours, sans le savoir et sans le vouloir, on est hérétique au même chef lorsqu'on place sur le dos des chasubles modernes, à l'intersection des bras de la croix, le triangle qui est l'emblème de la Trinité. Par là, en effet, on semble incarner et crucifier la Trinité tout entière, tandis que le Christ seul s'est incarné et seul est mort sur la croix. De pareilles chasubles, et elles sont nombreuses, ne devraient pas servir aux offices divins. Et cependant tous les jours on les annonce et on en montre le dessin dans les journaux religieux, et tous les jours le clergé, qui devrait être plus scrupuleux sur le dogme théologique, en achète et s'en habille. Le R. P. dom Guéranger, qui m'a signalé cette erreur involontaire, déplore, avec juste raison, que la confection des ornements sacerdotaux soit livrée à des ignorants ou à des indifférents, et que le clergé accepte, sans y prendre garde, absolument tout ce qu'on lui présente. Dire la messe avec une hérésie flagrante sur le dos, c'est assez extraordinaire.

560   ICONOGRAPHIE CHRÉTIENNE.

figure d'un homme à trois bouches, trois nez, quatre yeux ; il proscrivit d'autres images semblables. La contravention est frappée d'anathème, et le pape ordonne de brûler les Trinités de ce genre[1]. Dans un bref adressé à l'évêque d'Augsbourg, en 1745, Benoît XIV rappelle, pour la confirmer, la condamnation portée par son prédécesseur[2].

Les Grecs sont bien prompts d'imagination, bien portés à la métaphore vivante et à la personnification ; cependant ils n'ont osé qu'une seule fois, à notre connaissance, représenter la Trinité comme nous l'avons fait. Ils suivent de plus près la Bible et ne se permettent pas les écarts où la raison, dominée par l'imagination, nous entraîne quelquefois. Cette Trinité, offrant trois figures humaines sur un seul corps, est peinte à fresque dans la chapelle du cimetière de Saint-Grégoire, couvent du mont Athos. Du reste, cette peinture est de 1736 ; les trois figures divines ont quatre yeux, trois nez, trois bouches et un seul nimbe, lequel est crucifère et porte ὁ ὤν sur les branches de la croix. Un exemple unique et du XVIII° siècle n'est pas d'une grande importance. Le manuscrit byzantin que nous citons souvent, et qui a pour titre *Guide de la peinture*, enseigne la manière de figurer les Trinités et chacune des trois personnes ; or il ne parle en aucune façon des trois têtes ni des trois visages portés sur un corps unique, mais il se contente de dire : « Nous représentons en peinture le Christ sous une forme humaine, parce qu'il a paru sur la terre conversant avec les hommes et qu'il s'est fait homme mortel,

---

[1] Lucius Ferraris, *Prompta Bibliotheca canonica*, in-4°, Romæ 1787, dit au mot *Imagines* : « Urbanus VIII comburi jussit imaginem cum tribus buccis, tribus nasis et qua« tuor oculis, et alias si quæ invenirentur similes. Hæc enim nova inventio (nouvelle « en Italie, mais déjà ancienne en France) repræsentandi sanctissimam Trinitatem tole« rabilis non videtur. »

[2] Voyez le Bullaire de Benoît XIV, t. I, p. 166, § 28.

semblable à nous, excepté pour le péché. De même nous représentons le Père éternel comme un vieillard, parce que c'est ainsi que l'a vu Daniel (chap. VII). Nous représentons le Saint-Esprit comme une colombe, parce que c'est ainsi qu'il a été vu dans le Jourdain. » — On en conviendra, les Grecs sont fort loin des hardiesses et des témérités des Latins.

ATTRIBUTS DE LA TRINITÉ.

Les artistes, lorsqu'ils ont peint ou sculpté la Trinité, se sont attachés à représenter, les uns l'égalité, les autres la distinction des personnes : de là deux séries dans ce genre de groupes.

Quand c'est l'égalité ou l'unité divine qu'on veut montrer, on fait les trois personnes le plus indistinctes qu'il est possible. L'absence totale de caractères ou, tout au moins, le petit nombre d'attributs signale ces représentations. La Trinité du manuscrit de Henri II, que nous avons donnée plus haut[1], représente simplement un personnage qui tient le ciel.

Si les personnes sont distinctes, comme nous les avons vues dans le manuscrit d'Herrade[2], on les ramène encore à l'égalité et on les couvre assez souvent toutes trois d'un manteau unique pour figurer l'unité qui les relie l'une à l'autre. Abailard, au dire de Mabillon, s'y était pris ainsi; rien n'est plus fréquent dans les monuments figurés, sculptures, peintures, miniatures, des XVe et XVIe siècles[3].

Quelquefois la diversité, même dans les groupes où l'on cherche à mettre l'unité en relief, se trahit par de légers ca-

---

[1] Planche 142, page 556.
[2] Planche 137, p. 541.
[3] Reportez-vous aux planches 123 et 126, pages 459 et 484, que nous avons données plus haut.

ractères : on fait l'Esprit plus jeune, le Père plus âgé et le Fils d'âge moyen; on donne à l'Esprit un livre, une croix au Fils, un globe au Père; la couronne impériale ou papale distingue le Père, comme la couronne d'épines le Fils, comme l'absence de toute couronne le Saint-Esprit.

Entre l'unité presque complète et la diversité presque absolue, on voit des Trinités où s'équilibrent assez bien l'égalité et la distinction des personnes.

143. — PERSONNES DIVINES DISTINCTES.
Miniature française, XVIe siècle [1].

Dans cet exemple, le Père et le Fils sont très-semblables. Le même nimbe, la même tiare, une pareille chevelure, une

[1] Ce dessin est tiré de la célèbre Cité de Dieu, magnifique manuscrit in-f° du XVIe siècle,

aube semblable, un manteau unique les rapprochent l'un de l'autre; ils s'unissent par le même livre qu'ils tiennent ensemble comme par l'Esprit qui, du bout de ses ailes, les relie l'un à l'autre. Mais ici commence la différence. Le Saint-Esprit n'est pas un homme, comme les deux autres personnes; c'est une colombe. Et puis le Père est plus âgé que le Fils; la barbe est fourchue au premier, ronde au second. Le Père, et non le Fils, porte le globe du monde. L'aube du Père n'a pas de ceinture; c'est une robe. Le Fils, qui est prêtre, devait porter une aube serrée par une ceinture et assujettie par une étole qui se croise sur la poitrine.

Dans les Trinités où l'on cherche à faire prédominer la distinction des personnes, les caractères distinctifs abondent. La plus grande diversité possible est donnée par les Trinités de l'époque latine, alors que le Père est une main ou un buste, le fils une croix ou un agneau et le Saint-Esprit une colombe. Mais entre ce type et ceux qui tendent vers l'égalité des personnes, il y a mille variétés qu'on ne peut signaler. Il est facile, en effet, de se rencontrer quand on cherche un même objet, quand on veut représenter l'unité; mais, lorsqu'on poursuit la distinction, on invente autant de types qu'on exécute de représentations.

Il serait superflu en ce moment d'énumérer les attributs qui signalent les trois personnes divines, puisqu'on les a notés dans les chapitres précédents consacrés à chacune des personnes; nous n'avons donc à nous occuper que des attributs qui caractérisent le groupe, c'est-à-dire l'unité dans laquelle se résout la diversité, ou la distinction des hypostases venant

que possède la bibliothèque Sainte-Geneviève; on le trouve au f° 406. Les nimbes sont rayonnants et non crucifères. On est à une époque où la croix du nimbe divin et le nimbe lui-même n'ont plus une grande valeur.

converger dans l'égalité divine, dans l'unité substantielle. Le groupement est donc important à constater; on y voit la tendance qui se manifeste de plus en plus à rapprocher les trois personnes entre elles.

D'abord les personnes sont espacées, isolées pour ainsi dire. On les voit dans le même tableau, mais ce tableau couvre toute la voûte d'une abside. C'est ainsi qu'elles apparaissent dans les mosaïques latines et sur les anciennes fresques [1]. Pendant cette première période, c'est moins le groupe de la Trinité qui s'exécute que la rencontre des trois personnes.

Vers le IXe siècle, il y a tendance au rapprochement. Dans le manuscrit de saint Dunstan, les trois personnes sont voisines. Dans le manuscrit d'Herrade, elles sont assises sur le même banc; elles touchent en même temps la même banderole, qui leur sert de lien en quelque sorte; cependant on les a encore distancées.

Mais au XIIe siècle, le Père tient la croix où son fils est attaché, et l'Esprit plane sur eux ou bien descend de la bouche du Père, comme un souffle, pour se reposer sur la tête du Fils. Alors le groupe est parfaitement marqué. Aux XIIIe et XIVe, une auréole encadre assez souvent les trois personnes et les unit plus intimement encore. Cette auréole suit les phases que nous avons indiquées dans le chapitre spécial qui vient après le nimbe; elle est circulaire, ovale, triangulaire, en amande, en trèfle, en quatre-feuilles. Dans cette auréole, les trois person-

[1] Voyez Ciampini, *Vetera monimenta*. Le savant antiquaire donne plusieurs gravures de ces mosaïques. Voyez également Bosio, *Roma sotterranea*, qui a fait graver les fresques anciennes des catacombes. La mosaïque qui décore l'abside de Saint-Jean-de-Latran, quoique exécutée de 1288 à 1294, offre encore une Trinité dont les trois symboles sont espacés; mais on est à Rome, où l'art chrétien est resté stationnaire. Aux XIIIe et XIVe siècles mêmes, pendant la période gothique la plus active, cet art romain s'est toujours inspiré de l'art des catacombes et des vieilles basiliques constantiniennes.

nifications divines sont réunies, mais non encore juxtaposées.

Il faut entrer dans le xiv° siècle, pour arriver à la juxtaposition. Le célèbre manuscrit du duc d'Anjou[1] présente les personnes divines, toutes trois sous la forme humaine, mais l'une derrière l'autre et seulement prêtes à se toucher. Aux xv° et xvi° siècles, il y a contact intime. L'art avança de plus en plus, je ne dirai pas précisément dans l'identité des personnes divines, mais dans une similitude fort voisine de l'identité, dans une agrégation très-proche de la fusion, dans une trinité qui tendait à l'unité[2].

A partir du xv° siècle, le contact est plus complet encore; on cherche à identifier le Père, le Fils et l'Esprit. D'abord on les soude par les pieds; pour trois têtes et trois corps, il n'y a que deux pieds seulement. Puis la soudure monte davantage et gagne les trois corps eux-mêmes. Comme trois troncs d'arbre qui partent d'une même souche et qui, grossissant de jour en jour, finissent par se toucher, se pénétrer, s'absorber

[1] Bibl. roy. manuscrit déjà cité.
[2] Pour compléter les indications et les exemples que nous avons déjà donnés, nous ajouterons que, dans une Légende dorée manuscrite de la Bibl. roy. n° 6889, xv° siècle, vol. I, f° 107, on voit, à l'Annonciation, une Trinité dont les trois personnes ont la forme humaine : ce sont trois hommes de trente à trente-cinq ans; tous trois en costume papal, vêtus d'une chape unique et qui les couvre tous trois. Le Saint-Esprit tient un globe. Au f° 158, à la fête de la Pentecôte, on voit une autre Trinité également composée de trois hommes que couvre un seul et même manteau. Mais, de plus, un second Saint-Esprit, sous forme de colombe, se détache de ces trois personnes pour descendre sur les apôtres. Cette colombe ne serait donc pas une personne divine ni son symbole, mais bien le symbole et l'âme de la Trinité entière, l'esprit de Dieu commun aux trois personnes. Là encore le Saint-Esprit tient un globe, attribut qui convient plus spécialement au Père. Le Fils, en costume de prêtre, a une étole croisée sur sa poitrine. Au vol. II, f° 156, on voit Jésus-Christ vêtu en pape, portant une étole croisée, que n'a pas le Père. Au ms. suppl. f. 638, Jésus couronne sa mère; il est habillé en pape et tient en main le globe du monde; c'est du xiv° siècle. Une Légende dorée, Ms. de la Bibl. roy. xiv° siècle, n° 6888, montre Jésus en empereur et couronnant sa mère; le Père est là tout simplement en vieillard à barbe grise.

et ne faire plus qu'un tronc unique, de même les trois corps se soudèrent ensemble; mais les têtes, nous l'avons vu, restèrent encore distinctes.

Bientôt, surtout au xvie siècle, les têtes elles-mêmes se prirent l'une dans l'autre, et les trois visages furent couronnés d'un front unique[1]. Les visages, vus d'abord de face ou de trois quarts, rentrèrent ensuite dans la face principale, celle du milieu. Le manuscrit d'Henri II nous a montré trois figures avec un seul front, sur un seul corps, et soudées si étroitement l'une à l'autre, qu'il y a bien deux profils et une face, mais non plus six, non plus quatre yeux; on n'en voit que deux. Chaque profil a son œil, quand on le regarde isolément, et la face elle-même, qui est au milieu, possède ses deux yeux; mais en somme il n'y a qu'une tête, qu'une face entière, que deux yeux seulement. Ces trois figures, par un jeu de théologie pittoresque, se prêtent mutuellement leur face et leur œil. On peut dire réellement d'elles, en changeant un seul mot au texte célèbre, en mettant *trois* pour *deux* : « erunt tres in « carne una ».

Ainsi la manière différente dont se groupent les personnes divines peut fournir de bons caractères archéologiques pour classer ces groupes par ordre de date. La place que ces personnes occupent entre elles mérite aussi quelques observa-

---

[1] Voir un beau vitrail du xvie siècle, qui éclaire la nef latérale nord de Notre-Dame, à Châlons-sur-Marne. — M. l'abbé Jourdain, vicaire de la cathédrale d'Amiens, a trouvé et acheté chez un vitrier d'Amiens une plaque de verre portant la date de 1520, et sur laquelle est peinte une Trinité toute particulière. On y voit deux têtes sur un seul corps; ces têtes, soudées l'une à l'autre, ont deux nez et deux yeux seulement, et portent une couronne unique. Quant à la troisième personne, c'est une colombe qui se colle sur le côté, à la tête ou à la face de droite, absolument comme une oreille. On a, dans ce bizarre exemple, l'égalité et la distinction réunies; l'Esprit est distinct des deux autres personnes, qui sont absolument égales. Je regrette vivement de n'avoir pas eu le temps de faire graver ce vitrail, dont M. Jourdain a bien voulu me faire un calque.

tions. D'après le dogme, le Père a engendré le Fils, et l'Esprit procède des deux; il faudrait donc, en conséquence des lois hiérarchiques, représenter le Fils à la gauche du Père et l'Esprit entre les deux. On agit ainsi relativement au Saint-Esprit, que l'on figure assez souvent entre les deux autres personnes; mais, pour le Fils, la place que le dogme lui attribue a été changée par ce texte des psaumes, où David dit que le Père fait asseoir le Fils à sa droite et non pas à sa gauche. C'est la droite en effet que le Fils, sauf erreur, tient constamment à côté du Père. Mais cette droite, le texte est précis, est celle du Père et non celle du spectateur; elle est la gauche pour la personne qui regarde. Il en est des images de la Trinité comme de celles du blason; l'écusson de l'homme se pose à la droite de celui de la femme. C'est le blason qui regarde, et qui fait la droite et la gauche de même que dans les Trinités; c'est de Dieu et non du spectateur que partent la gauche et la droite.

Cependant, par erreur ou pour avoir pris la gauche et la droite du spectateur, on a quelquefois mis le Père à la droite et non à la gauche du Fils. Le plus frappant exemple de cette anomalie est donné par le portail de la Sainte-Chapelle de Vincennes. Dans la voussure, s'étage la hiérarchie des anges; la Trinité est sculptée au sommet. Le Père, vêtu en pape et tenant la boule du monde, se place à la droite de son Fils, qui tient la croix; le Saint-Esprit, en colombe, est entre eux et les unit l'un à l'autre par l'extrémité de ses ailes [1]. Des manuscrits à miniatures nous offrent la même faute.

[1] A Étampes, sur le portail d'une église, on voit les élus à la gauche du Christ et les damnés à sa droite, dans une scène qui représente le jugement dernier. C'est contraire à l'usage universel, et, qui plus est, au texte sacré qui place les brebis ou les élus à droite, et les boucs ou les damnés à gauche. Le sculpteur d'Étampes, comme celui de Vincennes, mettant Dieu de côté et prenant le spectateur pour point de départ, aura établi la gauche et la droite sur l'homme qui regarde, non sur le Christ qui juge.

568   ICONOGRAPHIE CHRÉTIENNE.

Le Père, en vertu des lois hiérarchiques, est souvent placé au milieu ; il met son Fils à sa droite et le Saint-Esprit à sa gauche. Nous en avons donné des exemples dans les chapitres précédents [1]. Mais, lorsqu'on veut exprimer la procession du Saint-Esprit, alors c'est l'Esprit qui se met au milieu ; le Fils reste à droite et le Père se place à gauche. Ceci regarde les Trinités disposées horizontalement. Quant à celles qui s'étagent et s'ordonnent verticalement, le Fils est en bas, le Père en haut, l'Esprit au milieu. L'Esprit descend de la bouche du Père, s'abat sur la tête du Fils et procède des deux, comme dans l'exemple suivant.

144. — SAINT-ESPRIT DESCENDANT DU PÈRE SUR LE FILS.
Miniature française, Ms. du duc d'Anjou, fin du XIII° siècle, à la Bibliothèque royale.

D'autres fois l'Esprit, toujours au milieu entre le Père et le Fils, semble remonter, au contraire, du Fils au Père. Les exemples de cette particularité sont fort rares, et le suivant est tiré d'un manuscrit champenois dont il orne le commencement.

[1] Notamment pages 199, 422, 459 et 484; planches 61, 111, 123 et 126.

145. — SAINT ESPRIT PROCÉDANT DU PÈRE ET DU FILS, ET REMONTANT DU FILS AU PÈRE.
Miniature française, XIIe siècle [1].

Dans d'autres représentations, le dogme de la procession n'est pas marqué aussi visiblement. Le Saint-Esprit, comme dans l'exemple qui suit, est en présence du père et du fils, mais il ne les unit plus et ne paraît pas en procéder.

[1] Ce manuscrit, qui appartient aujourd'hui à la bibliothèque municipale de Troyes, provient de l'abbaye de Notre-Dame-aux-Nonnains. Il date du XIIe siècle. Le dessin que nous donnons a été calqué sur la miniature même par M. Ch. Fichot, dessinateur troyen. On remarquera l'auréole, ovale de forme et végétale de nature, qui environne la Trinité. Des quatre coins extérieurs sortent les quatre attributs des évangélistes. M. Vallet de Viriville a particulièrement attiré l'attention sur ce manuscrit de Notre-Dame-aux-Nonnains. Jusqu'en 1840, on se doutait à peine de l'existence de ce livre curieux. Remarquons encore que Jésus est attaché à la croix, non par trois clous, comme on l'a fait dès le XIIIe siècle et comme le montre le dessin précédent, mais bien par quatre; notons enfin que les attributs des évangélistes portent le nimbe comme les personnes qu'ils symbolisent.

146. — SAINT-ESPRIT NE PROCÉDANT NI DU PÈRE, NI DU FILS.
Gravure sur bois du XVI° siècle [1].

Ici le Père tient la croix où Jésus est attaché, comme dans les deux dessins que nous venons de voir; mais le Saint-Esprit, qui se pose et qui marche sur un des croisillons du gibet, ne paraît pas signifier qu'il procède du Père et du Fils. La colombe est là seulement pour compléter la Trinité. D'autres fois l'intention de ne pas traduire le dogme de la procession est bien plus évidente encore, puisqu'on supprime le Saint-Esprit, ainsi que nous l'avons vu plus haut[2].

Les Grecs, qui nient la procession, ne représentent jamais le Saint-Esprit unissant les personnes divines par l'extrémité de ses ailes[3], ou descendant du Père sur le Fils, ou remontant

---

[1] Le Père est sur un trône que surmonte un dais; il porte le costume impérial. Ce dessin est tiré d'une gravure sur bois du XIII° siècle; on en voit divers exemples dans des livres d'heures de la même époque.

[2] Page 208, planche 63.

[3] Les Grecs anathématiseraient un peintre qui ferait une Trinité comme celles que nous avons données pages 11 et 18, planches 6 et 11.

du Fils au Père. Les Trinités grecques sont assez semblables aux nôtres, et celle que nous avons donnée dans l'histoire du nimbe[1] en est bien la preuve. Néanmoins, dans les groupes qui représentent la Trinité, les Grecs peuvent placer et placent en effet le Saint-Esprit entre le Père et le Fils, parce que, pour les Grecs comme pour les Latins, la troisième personne divine unit les deux autres entre elles; mais jamais il ne sort de l'une ni de l'autre, jamais il ne touche par ses ailes la bouche des deux autres personnes.

Le nimbe, l'auréole, la gloire caractérisent les groupes de la Trinité comme chacune des trois personnes représentées isolément; nous renverrons donc aux articles où nous avons traité ce sujet. Un mot seulement. Puisque le triangle est l'emblème de la Trinité, le nimbe triangulaire devait surtout appartenir aux trois personnes groupées ensemble. Cette forme de nimbe est cependant fort rare, et l'exemple suivant est l'un des plus curieux que nous puissions offrir.

Ici un seul corps porte trois têtes : celle du milieu figure le Père ; elle est plus âgée et plus grosse que les deux autres, double façon de représenter matériellement la paternité divine. La tête de droite, relativement à la grosse tête, représente le Fils ; celle de gauche, qui est imberbe, plus jeune et plus petite que les deux autres, désigne le Saint-Esprit. Un seul nimbe triangulaire encadre ces trois têtes, qui n'ont que deux mains aussi bien que deux pieds. La main gauche porte le globe, emblème de la puissance ; la main droite bénit, attribut de la grâce. Cette Trinité rayonne dans une auréole circulaire dont la circonférence est occupée par des séraphins. Nous sommes dans le paradis, et le groupe divin, centre de la lumière incréée, est assis sur un arc-en-ciel.

[1] Page 37, pl. 21.

147. — LES TROIS TÊTES DIVINES DANS UN TRIANGLE UNIQUE.
Gravure italienne sur bois du xv° siècle [1].

La tiare, la couronne d'empereur et de roi ornent la tête de la Trinité, qui est nue très-souvent; il n'y a pas, dans cette particularité, de caractères autres que ceux fournis par la forme de la coiffure, laquelle varie suivant les siècles et suivant les pays. La tiare italienne diffère de la tiare française; pour en prendre un seul exemple, le pape saint Grégoire le Grand, dont la statue décore le portail méridional de la cathédrale de Chartres [2], porte pour tiare un bonnet conique à côtes et qui est surmonté d'une bouffette. C'est la tiare française du xiii° siècle [3]. En Italie, au xiv° siècle, c'est bien changé. Le

[1] C'est d'après un Dante, imprimé à Florence en 1491 et avec des gravures, que nous avons fait exécuter ce dessin, dont nous avons déjà parlé; il se trouve dans le Paradis, au f° CCLXXVIII.

[2] Nous l'avons donné dans le chapitre du Saint-Esprit, page 435, planche 114.

[3] M. le comte de Montalembert (Du Vandalisme et du Catholicisme dans l'art, in-8°, Paris, 1839, p. 172) s'est élevé, et avec une grande raison, contre ce prétendu bonnet carré que le clergé de Paris portait encore en 1840, et que l'on a conservé malheureu-

pape porte une tiare en dôme, de forme allongée, ovale et ornée d'une couronne dans le bas[1]. De nos jours, la tiare conserve à peu près cette forme, mais elle s'enrichit de deux autres couronnes[2]. Quand Dieu s'habille en pape, il prend le costume pontifical et la tiare qu'on portait à l'époque où on le représente. Il faut faire une grande attention aux moindres détails, parce qu'il y a dans ces détails des caractères archéologiques irrécusables.

Quant au Saint-Esprit, sa tête est nue[3]. Le Christ prend indifféremment, comme le Père, la couronne de pape, d'empereur et surtout de roi; mais il y ajoute la couronne d'épines. Souvent il est nu-tête.

Entre les mains de la Trinité on voit le globe du monde ou le livre des saintes écritures. Dieu, la Trinité, ayant créé le monde, le globe surmonté d'une croix se voit fréquemment entre ses mains. Beaucoup d'exemples en ont été donnés plus haut[4]. Nous avons vu la Trinité pétrissant et animant l'homme[5]. Le manuscrit d'Henri II nous a montré la Trinité tenant le ciel et les planètes qu'elle vient de créer[6]; le

sement dans beaucoup de diocèses; mais on n'avait pas songé que ce bonnet pointu n'était autre chose que la tiare du XIII° siècle, telle que les Français la concevaient, et telle peut-être que les papes la portaient en Italie.

[1] Voyez le Christ d'Orcagna, que nous avons donné page 244, pl. 67.

[2] On dit que la tiare à une couronne fut en usage jusqu'en 1298; que la tiare à deux couronnes régna jusqu'en 1334, et que, depuis cette époque, elle a trois couronnes. C'est Boniface VIII qui aurait doublé la couronne de la tiare, et Boniface XII ou Urbain V qui l'aurait triplée. Les monuments figurés ne sont pas complètement d'accord avec ces documents historiques, et il faut se fier plutôt aux monuments qu'aux textes.

[3] La couronne d'olivier, que Mabillon lui prête dans la Trinité qu'Abailard aurait fait sculpter au Paraclet, n'est pas authentique et nous la révoquons positivement en doute.

[4] Particulièrement aux pages 432, 572, planches 113, 147.

[5] Voyez la planche 6, p. 11.

[6] Planche 142, page 556.

574　ICONOGRAPHIE CHRÉTIENNE.

dessin suivant offre le même sujet traité par Buonamico Buffamalco.

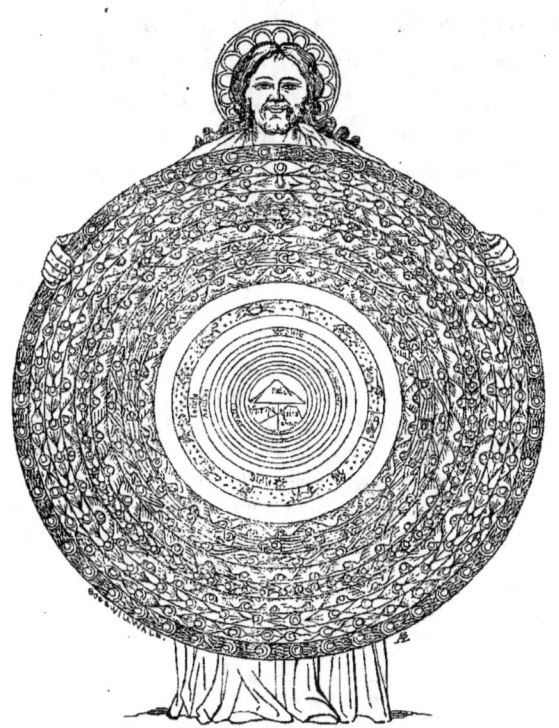

148. — TRINITÉ EN UN SEUL DIEU ET TENANT LE MONDE.
Fresque du Campo-Santo de Pise, xiv° siècle.

Il y a dans cette belle représentation, qui est de la première moitié du xiv° siècle, une supériorité incontestable sur celle du manuscrit d'Henri II. Ici la Trinité est concentrée dans une seule personne, dans Dieu, qui tient les cercles dont se compose l'univers, peuplé par lui d'êtres de toute nature. Les neuf chœurs des anges[1] animent les cercles extérieurs; au

[1] On les décrira en détail dans l'histoire de l'ange.

milieu, roulent les constellations ; la terre, considérée comme le noyau du monde, est assise au centre[1].

Un manuscrit nous présente à peu près le même sujet, mais traité d'une façon fort inférieure. Dieu est au foyer de neuf cercles concentriques dont sept sont enflammés; il tient, à la droite, le compas qui lui sert à prendre les dimensions du monde, et, à la gauche, la balance où il le pèse. C'est pour répondre à ce texte célèbre de Salomon, qui se lit au chapitre XI de la Sagesse : « Omnia in mensura, et numero, et pondere disposuisti. »

Le nombre consiste dans les neuf cercles mystiques qui entourent Dieu; la mesure est dans le compas, et le poids dans la balance.

[1] Au lieu d'esquisser une description, je préfère donner l'extrait suivant de Vasari (*Vies des peintres*, Vie de Buffamalco); ce passage n'est pas sans intérêt.
« Buonamico Buffamalco peignit quatre fresques au Campo-Santo. On distingue, dans ces compositions, la création de l'univers, où le Père éternel est représenté haut de cinq coudées et soulevant la grande machine des cieux et des éléments. Au bas de ce tableau, dont les deux angles sont occupés par un saint Augustin et un saint Thomas d'Aquin, Buonamico écrivit, en lettres majuscules, un sonnet explicatif de son sujet, que nous allons rapporter pour donner une idée du savoir des gens de cette époque. » — Buffamalco est mort à 68 ans, en 1340. Voici le sonnet qu'il écrivit sous sa peinture :

> Voi che avvisate questa dipintura
> Di Dio pietoso sommo creatore,
> Lo qual fe' tutte cose con amore,
> Pesate, numerate ed in misura.
>
> In nove gradi angelica natura
> In ello empirio ciel pien di splendore,
> Colui che non si muove ed è motore,
> Ciascuna cosa fece buona e pura.
>
> Levate gli occhi del vostro intelletto,
> Considerate quanto è ordinato
> Lo mondo universale ; e con affetto
>
> Lodate lui che l'ha si ben creato :
> Pensate di passare a tal diletto
> Tra gli angeli, dove è ciascun beato.
>
> Per questo mondo si vede la gloria,
> Lo basso, ed il mezzo, e l'alto in questa storia.

149. — TRINITÉ EN UN SEUL DIEU, TENANT LA BALANCE ET LE COMPAS.
Miniature italienne du XIII° siècle [1].

C'est pour toutes ces raisons que le globe se voit si souvent aux mains de la Trinité ; quelquefois on le lui place sous les pieds, comme dans l'admirable manuscrit d'Anne de Bretagne qui appartient à la Bibliothèque royale. Aux deux tiers de ce beau livre, on voit le Père habillé comme un pape, à longue barbe blanche, nimbe en disque autour de la tête, aube de neige, étole verte, chape rouge à orfroi et parements historiés de personnages en or ; pieds chaussés de pantoufles d'or. Les trois premiers doigts de la main droite sont ouverts et bénissent.

[1] Ce dessin provient du *Psalterium cum figuris*, Ms. du XII° siècle, à miniatures italiennes qui sont des XII° et XIII° siècles. La miniature d'où vient notre dessin nous paraît être de la dernière époque.

A gauche, Jésus-Christ en robe brune, manteau rouge, tête nue et couronnée d'épines. Il tient à la main gauche la croix de résurrection, croix processionnelle ou de triomphe. La barbe est rousse et le nimbe en disque; pas de plaies aux mains, et pieds chaussés comme ceux du Père. Les pieds du Père et du Fils sont posés sur un globe où étincellent, en haut, le soleil, la lune, les étoiles; en bas, ondulent les flots de la mer, que sillonnent des vaisseaux; au milieu, s'élèvent des villes et verdissent des prés. Entre la tête du Père et celle du Fils, le Saint-Esprit, en colombe blanche et à bec rouge, étend ses ailes; il porte un nimbe discoïdal. Le fond d'où se détache cette Trinité est en or et encadré dans un ovale tout ourlé de nuages. Dans les quatre coins, hors de l'ovale lumineux, se tournent vers la Trinité les attributs des évangélistes, tenant chacun une banderole où se lit : « Matheus homo. — Johannes avis. — Marcus « leo. — Lucas vitulus. » Ces symboles des évangélistes sont d'azur, fouetté d'or, tous ailés, mais sans nimbe. Le Père et le Fils tiennent ensemble un grand livre ouvert où est écrit :

Ego sum alpha et O; principium et finis [1].

En effet, après le globe, l'attribut qui se voit le plus fréquemment aux mains de la Trinité, c'est le livre de vie, la Bible.

---

[1] Dans un autre Ms. de la Bibl. roy. n° 886, et qui est également contemporain d'Anne de Bretagne, on voit une Trinité semblable à celle qu'on vient de décrire. C'est vers la moitié du manuscrit : la Trinité est dans une auréole d'or circonscrite par un cercle de nuées bleues. Le Père est en pape, à barbe et cheveux blancs, âgé de soixante et dix ans à peu près, en ancien des jours. Le Fils est à sa droite, en robe violette, chape rougeâtre, tête nue, mais couronnée d'épines; ses pieds sont chaussés, comme ceux du Père, de babouches rouges à galons d'or; il a de trente à trente-cinq ans. Entre eux deux, à la hauteur de leur front, le Saint-Esprit en colombe blanche déploie ses ailes. Le Père et le Fils tiennent à eux deux un livre ouvert, où se lit : *Sancta Trinitas, Pater et Filius et Spiritus Sanctus. Ego sum alpha et o.* Ce livre a sept fermoirs d'or, qui sont les sept sceaux apocalyptiques.

Le dessin tiré de la Cité de Dieu nous a donné un exemple de ce genre[1]. Sur ce livre, outre l'inscription qui précède et qui est la plus fréquente, on en lit encore d'autres analogues : « Ego sum qui sum.—Rex regum.—Dominus dominantium. » La plupart de celles que nous avons relevées, et qui se voient sur le livre de Jésus-Christ, se reproduisent également sur le livre de la Trinité[2]. Le manuscrit byzantin consacre à ces inscriptions un article que voici :

« Inscriptions pour la Trinité :

  Le Père éternel — l'Ancien des jours.
  Le Fils coéternel — Le Verbe de Dieu.
  Le Saint-Esprit — Celui qui procède du Père.
  La Sainte-Trinité — Seul Dieu de toutes choses.

« Lorsque vous représentez le Père et le Fils avec des cartels déployés, écrivez sur le cartel du Père : « Je t'ai engendré

---

[1] Voyez page 563, pl. 143.

[2] Un émail roman du XII° siècle, provenant de la collection de M. Didier Petit, de Lyon, offre Dieu assis sur un arc-en-ciel, environné d'une auréole ovale et ondulée de nuages. Ce Dieu bénit de la main droite, à la façon latine; de la main gauche, il tient un livre long, comme le *Liber precum* qu'on voit à la Bibl. roy. Ce livre est ouvert; on lit, sur le recto et le verso de deux feuillets, en petites minuscules romaines et légèrement oncialisées : a b c d e f g — h i k m n o p. Ces quatorze lettres, sept sur chaque page, sont ainsi disposées; j'ignore si le nombre et le choix de ces caractères peuvent avoir un sens. En tout cas cet alphabet, à peu près complet et écrit sur le livre divin, marque sans doute que toute science vient de Dieu, et que ce livre est celui des écritures divines. C'est au n° 184 du Catalogue de M. Petit que l'on trouve cette indication. J'ai vu cette plaque émaillée, en 1843, à l'époque où la vente s'en est faite, et j'ai relevé moi-même cette espèce d'alphabet. Au n° 204 du même Catalogue, on lit : « Plaque émaillée. Couverture de manuscrit, représentant le Christ bénissant et tenant de la main gauche une tablette où sont gravées quelques lettres en caractères romans et onciaux : »

A	I
O F	X
M S	N
M E	M

Ces lettres sont ainsi disposées et placées dans un cadre ; l'A seul est incertain.

LA TRINITÉ.

« avant Lucifer; » — ou bien : « Asseyez-vous à ma droite jusqu'à
« ce que je réduise vos ennemis à vous servir de marchepied. »
Sur l'évangile du fils : « O Père saint, je vous ai glorifié sur la
« terre et j'ai fait connaître votre nom aux hommes; » — ou
bien : « Moi et mon père nous ne faisons qu'un; je suis dans
« mon père et mon père est en moi[1]. »

Les pieds de la Trinité, comme nous l'avons fait remarquer
pour chaque personne divine, sont et doivent être nus. En
iconographie chrétienne, Dieu, les anges, saint Jean-Baptiste
et les apôtres se distinguent seuls, entre les autres personnages,
par la nudité des pieds. Cependant on trouve des exemples de
personnes divines à pieds chaussés; nous en avons signalé
deux[2] et nous en avons donné un troisième[3]. Quand le Père
ou le Fils sont habillés en pape, on leur donne, avec les autres
vêtements pontificaux, la chaussure que portent les souverains
pontifes; mais c'est un cas tout particulier et, dans cette circonstance même, les personnes divines ont très-souvent les
pieds nus[4].

La forme du nimbe, de la couronne et de l'auréole; la forme
du globe et des divisions qui le partagent, et des objets qui
remplissent ces divisions; la forme du livre et des lettres dont
se composent les inscriptions qu'on y peint; la forme, le nombre,

---

[1] Voyez le Guide de la peinture (Ἑρμηνεία τῆς ζωγραφικῆς), presque à la fin. Le Saint-
Esprit y est dit procéder du Père, mais non du Fils. L'inscription tirée du psaume CIX est
plus complète que chez nous, qui n'en mettons ordinairement que le commencement; les
Grecs, moins charitables, plus durs et plus judaïques dans leur christianisme, y ajoutent :
« Jusqu'à ce que je réduise vos ennemis à vous servir de marchepied. »

[2] On les trouve dans le manuscrit d'Anne de Bretagne, et dans un autre manuscrit
de la même époque et qui est également à la Bibl. roy. n° 886.

[3] Page 208, pl. 63.

[4] Dans la Trinité suivante, qui est tirée de l'Aiguillon de l'amour divin, Bibl. roy.
in-4°, 5094 ou $\frac{2272}{3}$, le Père, quoique couronné de la tiare, a les pieds nus comme les
deux autres personnes.

580   ICONOGRAPHIE CHRÉTIENNE.

la nature, la couleur des vêtements fournissent des caractères archéologiques par lesquels on peut déterminer la date des Trinités sculptées, ciselées et peintes. Il serait trop long et sans doute très-inutile de nous y arrêter ici, après ce que nous avons dit dans tout ce qui précède. Nous nous contenterons de donner la Trinité suivante, qui est du XVe siècle et qui montre les trois personnes sous forme humaine; elles portent le nimbe crucifère et sont enveloppées dans une auréole flamboyante. On remarquera la colombe divine, qui s'assied sur la tête du jeune Saint-Esprit. Le Père est en pape, et porte le globe de la toute-puissance; le Fils est en Christ, et tient la croix de l'amour infini; l'Esprit est au milieu, pour unir les deux autres personnes[1].

150. — TRINITÉ, SOUS FORME HUMAINE, À NIMBE CRUCIFÈRE ET AURÉOLE FLAMBOYANTE.
Miniature française du XVe siècle.

Ici finit la tâche que je m'étais imposée. J'ai cru nécessaire de donner en détail d'abord l'histoire d'un attribut archéologique important, l'histoire du nimbe et de la gloire; puis celle

[1] Voyez l'Aiguillon de l'amour divin, cité dans la note précédente.

de la personne qui domine les représentations figurées, comme elle domine le dogme chrétien, l'histoire de Dieu. Des développements analogues pour le reste de l'iconographie chrétienne seraient exagérés, et la vie d'un homme ne suffirait pas à les donner, ni même à en recueillir les éléments. Maintenant donc quelques renseignements fort courts et purement techniques sur l'Ange, le Diable, les personnes et les scènes de l'Ancien Testament, de l'Évangile et de la Légende suffiront sans doute au but que le comité des arts et monuments se propose. On a ouvert un sentier; c'est à MM. les correspondants de le prolonger et de l'élargir par des études approfondies et des observations subséquentes. Du reste, on avait annoncé dans l'introduction, écrite plus de deux ans avant le livre même, que la première partie des instructions sur l'iconographie chrétienne comprendrait, outre l'histoire de Dieu, celle de l'Ange et du Diable; notre travail s'étant étendu au delà de nos prévisions, il a fallu, pour le moment, nous limiter à la seule histoire de Dieu.

En terminant, je dois mentionner, parmi les personnes auxquelles j'ai des obligations, M. Leberthais, qui a dessiné, sur un vitrail de Saint-Remi de Reims, le saint Jean évangéliste qu'on voit à la page 8, planche 3. M. Launay, peintre à Vendôme, correspondant historique, a donné un dessin colorié, d'après lequel a été faite la planche 4, page 23. M. Longueville Jones, correspondant historique pour l'Angleterre, a fait calquer pour moi les planches 109 et 147, pages 386 et 572, sur un Dante qui lui appartient. M. Claude, de la Bibliothèque royale, m'a signalé avec obligeance des manuscrits à miniatures, où j'ai puisé divers sujets.

Malgré le soin qu'on a mis à collationner le texte avec les citations, aussi bien que les dessins avec les monuments, quelques erreurs se sont glissées dans notre travail ; nous nous contenterons de faire les rectifications suivantes :

Il faut lire, page xviii de l'introduction : « l'Ange, être immortel, non éternel, » au lieu de « sinon éternel. »

Dans l'énumération incomplète des noms divers que le moyen âge impose aux encyclopédies d'alors (page viii de l'introduction), on a oublié le nom de *Trésor,* qui est certainement le plus populaire.

A la page 496, la planche 130 est annoncée comme représentant une peinture sur bois; c'est une sculpture peinte qu'il aurait fallu dire. Ce groupe de la Trinité est une ronde bosse en bois, couverte de couleurs qui doivent être contemporaines de la sculpture. Le Père porte une couronne dorée; sa barbe et ses cheveux sont bruns. L'aube est blanche, l'étole est jaune et le manteau rouge avec galons dorés. La croix est jaune, et le Christ est de carnation ; le linge roulé autour des reins de Jésus est jaune, et la couronne d'épines dorée. Le Saint-Esprit est blanc, pieds et bec rouges. Le banc est jaunâtre. Malgré tout ce qu'on peut dire, et avec raison, contre l'imperfection et même la laideur des figures, ce groupe, qui est posé sur un autel, dans une des chapelles absidales de Saint-Riquier, est en grande vénération; la calotte rouge d'un enfant de chœur est placée à demeure sur l'autel même, pour recevoir les offrandes des fidèles.

Nous avons dit, page 281, que le Christ debout sur le trumeau de la porte centrale, au portail occidental de la cathédrale d'Amiens, foulait, comme à la cathédrale de Chartres, le lion et le dragon ; il aurait fallu ajouter que l'aspic et le basilic se voyaient également sculptés, mais plus bas que les deux premières bêtes. C'est pour être fidèle au texte, qui met le Christ en contact direct avec le lion et le dragon, qu'on a placé plus bas, et pour un contact médiat, l'aspic et le basilic. Sur l'ivoire dessiné dans notre planche 76, page 280, l'aspic et le basilic ne sont pas écrasés directement par le Christ, tandis que le lion et le dragon hurlent sous les pieds nus du jeune Dieu.

Page 154, planche 48, on indique, en titre de la planche, que le dessin représente une fresque du IXe siècle, tandis que la note annonce un ivoire du XIIe ou XIIIe; l'erreur est dans le titre, et la note a raison. Ce n'est pas une fresque, mais un ivoire que Gori a fait graver.

Enfin, pages 24 et 25, il est question d'un nimbe crucifère que porte le souverain juge, ciselé à la couronne ardente suspendue par Frédéric Barberousse au-dessus du tombeau de Charlemagne, dans la rotonde d'Aix-la-Chapelle. M. l'abbé Arthur Martin, qui a fait une étude spéciale de cette couronne, dont il a dessiné tous les sujets, me communique un calque du Christ au nimbe crucifère. Dans le dessin de M. Martin, on ne voit pas les trois lettres ὁ ὤν que j'ai cru apercevoir sur les branches de la croix du nimbe, mais bien de petits ovales qui seraient l'indication de cabochons ou de pierres précieuses. Comme j'ai constaté sur les lieux et avec une attention extrême cette particularité de lettres grecques inscrites sur le nimbe d'un Christ latin, et comme d'ailleurs j'ai toute confiance dans la scrupuleuse fidélité du dessin de M. l'abbé Martin, c'est après un nouveau voyage à Aix-la-Chapelle qu'il sera possible d'établir ou de renverser le fait assez important que j'ai signalé.

Quant aux autres fautes qui ont pu nous échapper, nous pensons que le lecteur peut les corriger de lui-même assez facilement.

FIN DE L'HISTOIRE DE DIEU.

TABLE DES MATIÈRES.

TEXTE.

INTRODUCTION.

Les figures sculptées et peintes dans les églises sont très-nombreuses, I. — Double but, l'instruction et l'édification, que l'art se propose en offrant des images, II. — Classification des figures et des sciences au moyen âge, VIII. — *Miroir universel* de Vincent de Beauvais, X. — Les statues de la cathédrale de Chartres classées d'après le Miroir universel, XIII. — Les statues sont une encyclopédie en pierre, XV. — Sur les monuments religieux, la distribution des figures rentre plus ou moins dans celle des statues de la cathédrale de Chartres, XVII. — Il y a des lacunes, mais faciles à combler, dans ces encyclopédies figurées, XVII. — Plan du travail sur l'iconographie du moyen âge, XVIII. — Secours prêtés à l'auteur, XX.

DE LA GLOIRE.

Définition de la gloire, qui se compose du nimbe et de l'auréole, 1. — Importance de cet attribut, 2. — La gloire entoure la tête et le corps, 3. — Autour de la tête, c'est le nimbe, 4.

NIMBE.

Définition du nimbe, 4. — Formes diverses du nimbe, 7. — Nimbe à trois gerbes lumineuses, 12. — Nimbe à sept ou quatorze rayons et à rayons sans nombre, 14. — Nimbe en langue de feu, 16. — Application du nimbe, 17. — Nimbe des personnes divines, 17. — Nimbe croisé et recroisé, 18. — Nimbe grec, 24. — Erreurs des artistes, 27. — Nimbe uni, 28. — Absence du nimbe, 30. — Ange à nimbe crucifère, 31. — Main divine nimbée, 32. — Agneau divin nimbé, 33. — Lion, symbole divin, nimbé, 34. — Signification du nimbe triangulaire, 36. — Symbolisme du triangle, 38. — Signification du nimbe carré, 40. — Nimbe en losange, 42. — Nimbe de l'agneau de Dieu avec monogramme, 44. — Nimbe de l'ange et des saints, varié, mais non crucifère, 44. — Dieu en ange porte le nimbe crucifère, 45. — Les personnages de l'Ancien Testament avec le nimbe en Orient, sans nimbe en Occident, 45. — Saint Jean-Baptiste nimbé, 48. — Nimbe riche de la Vierge, 49. — Nimbe des apôtres, 50. — Nimbe des divers saints, 50. — Légende et monogramme entourant le nimbe, 52. — Nimbe carré réservé aux vivants, 54. — Nimbe en table et en rouleau, 57. — Le nimbe carré est particulier à l'Italie, 58. — Nimbe hexagonal, 59. — Nimbe des êtres allégoriques, 60. — Nimbe de la Liberté, 62. — Nimbe des éléments, des saisons, des êtres de raison, 63. — Nimbe des planètes, 64. — Nimbe des attributs des évangélistes, 65. — Animaux nimbés, 65. — Signification générale du nimbe, 66. — Le nimbe est un attribut de sainteté en Occident et de puissance en Orient, 66. — L'absence du nimbe peut provenir d'une erreur, d'un oubli ou d'une difficulté, 68. — Le nimbe n'a de valeur que jusqu'à la fin du xiv° siècle, 69. — Histoire du nimbe, 69. — Le nimbe est toujours à la tête, la plus importante partie de l'homme, 70. — C'est à la tête que s'adressent les hommages et que se placent les insignes, 72. — Le nimbe est une couronne religieuse, 74. — Les païens ont connu le nimbe, 75. — Le nimbe ne se montre pas dans les quatre premiers siècles de notre ère, 75. — Aux v° et vi° siècles, le nimbe est un caractère de sainteté et un moyen de hiérarchie, 77. — Au vii° siècle, transition entre l'absence absolue et la présence constante du nimbe, 77. — Jusqu'au xii° siècle, le nimbe a la forme d'un disque transparent, 78. — Du xii° au xv°, le nimbe s'épaissit, 78. — Aux xv° et xvi°, le nimbe devient une coiffure, 79. — Pendant la renaissance on revient au nimbe, 80. — Nimbe en aigrettes, 82. — Nimbe transparent, 83. — A la fin du xvi° siècle, le nimbe disparaît, 84. — Confusion où, de notre temps, on tombe relativement au nimbe, 85.

AURÉOLE.

Étymologie et définition du mot, 85. — L'auréole est le nimbe du corps, 86. — L'auréole, qui se moule sur le corps, est de forme diverse, 86. — Auréole en quatre-feuilles, 87 — Le nom de nimbe byzantin, donné à l'auréole, est impropre; celui de *vesica piscis* est impropre et grossier, 88. — Auréole ovoïdale, 88. — Cadre onduleux de l'auréole, 90. — Dieu assis dans l'auréole, 91. — Auréole circulaire au champ découpé, 92. — Soleil et lune accompagnant l'auréole, 94. — Auréole en roue, 94. — Auréole byzantine, 95. — Auréole en gourde de pèlerin, 96. — Auréoles diverses et en forme de bouclier, 97. — Auréole elliptique, 99. — Application de l'auréole, 100. — L'auréole est à peu près réservée à Dieu, 100. — La vierge Marie et les âmes des saints en sont quelquefois décorées, 101. — Ame de saint Martin dans une auréole, 104. — Histoire de l'auréole, 105. — L'auréole suit les vicissitudes du nimbe, mais elle paraît plus tard et disparaît plus tôt, 105. — L'auréole perd son cadre aux xv° et xvi° siècles, 106. — Auréole flamboyante, 107.

GLOIRE.

Étymologie du mot, 108. — Le nom de gloire se donne à des soleils rayonnants, 109. — Ce que la Bible entend par gloire, 109. — La nature de la gloire est le feu, 111. — Mercure à nimbe lumineux, 112. — En Orient, le nimbe est du feu, 113. — La gloire est une flamme, comme le prouvent différents faits bibliques, histo-

TABLE DES MATIERES.

riques, légendaires, poétiques, 115. — L'époque où la gloire se montre est très-ancienne, 126. — Les Hindous, les Égyptiens, les Grecs, les Romains ont connu la gloire, 126. — Virgile y fait allusion dans l'Énéide, 128. — Le christianisme n'a pas inventé mais s'est approprié cet insigne, 130. — C'est chez les chrétiens d'Orient que la gloire et le nimbe se développent d'abord, 130. — Le nimbe, image du fluide lumineux, devait naître dans les pays embrasés, 131. — La gloire est très-fréquente en Orient, 133. — La gloire n'est pas, en Orient, l'attribut de la divinité et de la sainteté, mais de la puissance, 133. — En Occident, sauf de curieuses exceptions, la gloire est réservée aux personnes divines et saintes, 136. — Judas nimbé, 136. — Satan nimbé, 139. — Bête apocalyptique nimbée, 141. — En Champagne, comme en Orient, la gloire est un attribut de puissance, 142. — La couleur de l'auréole est celle de la lumière, 143. — La couleur de la gloire est souvent un moyen hiérarchique, 144. — Quelquefois elle est symbolique, 145. — Le symbolisme de la couleur est rare, 146.

DIEU.

Dieu est un en trois personnes, 147.

DIEU LE PÈRE.

Manifestations du Père, très-fréquentes dans l'Ancien Testament, 148. — Plus rares dans le Nouveau, 149. — A la fin du moyen âge, les artistes ont suivi l'histoire dans les représentations du Père, 150. — Au commencement, ils se sont attachés au dogme, 150. — D'après le dogme, le Fils parle et agit pour son père, 151. — A la création, on voit presque toujours le Fils, 152. — Le Christ créateur, 154. — Le Christ apparaissant à Moïse, 155. — Le Christ en Tout-Puissant, 156. — Le Christ parlant à Samuel, 158. — Le Christ apparaissant à Isaïe, 159. — En Grèce, le Fils substitué à la sagesse du Père, 160. — Le Fils en sainte Sophie, 161. — Le Père sacrifié au Fils, 161. — Le Fils a la préséance sur le Père et occupe la place d'honneur, 162. — Rôle ridicule, grossier ou odieux, qu'on fait jouer au Père, 166. — Jéhovah en Dieu des armées, 167. — Haine des gnostiques pour le Père, 168. — On craint de faire une idole en représentant le Père, 174. — La ressemblance identique du Fils et du Père est une cause de la substitution du premier au second, 176. — Le Fils est le Verbe, et doit être figuré quand on fait parler le Père, 177. — Les artistes, inhabiles ou timides, n'osent pas figurer le Père, 178. — La rareté ou l'absence des manifestations visibles du Père produisent la rareté de ses portraits, 182. — Portraits du Père, 183. — On ne voit d'abord que la main divine, 183. — Cette main est nimbée ou sans nimbe, 185. — La main divine s'appuie ordinairement sur un nimbe crucifère, 187. — Elle bénit à la manière grecque ou latine, 188. — La main du Père tendue vers son fils, 189. — La main désigne la puissance, 191. — Elle enlève au ciel les âmes des justes, 192. — A partir du XIIe siècle, le Père se montre en buste d'abord, en pied ensuite, 192. — Alors le Père n'a pas de figure à lui, et prend celle de son fils, 193. — Au XIVe siècle, le Père prend une figure spéciale, mais assez semblable à celle du Fils, 195. — A la fin du xiv° siècle, le Père gagne de l'âge sur le Fils, et s'approprie une physionomie particulière, 197. — Aux xv° et xvi°, la figure du Père est complétement différente de celle du Fils, 199. — Le Père est un vieillard, le Fils un homme mûr, l'Esprit un jeune homme, 201. — Avant le xiii° siècle, le Père emprunte l'âge du Fils ; mais, aux xv° et xvi°, le Fils prend souvent celui du Père, 201. — Au xvi°, l'Esprit se montre quelquefois en vieillard, avec l'âge et la physionomie du Père, 202. — Le Père gagne successivement en importance, 202. — Le Père tient le globe comme un de ses attributs caractéristiques, 203. — L'étendard de Jeanne d'Arc représentait sans doute le Père tenant le globe, 203. — Le Père porte assez souvent le livre, 204. — Le nimbe crucifère et la nudité des pieds conviennent aux trois personnes divines, 204. — A la fin du xiv° siècle, un âge avancé est constamment donné au Père, 205. — La couronne impériale ou royale, plus ordinairement la tiare, sont posées sur la tête du Père, 206. — En Italie, presque toujours le Père est en pape, 207. — Tiare du Père à une, deux, trois, quatre et cinq couronnes, 207. — En France, le Père en roi, 208. — En France, le Père en pape et décrépit, 209. — L'art réfléchit chaque époque, 210. — A la renaissance, le Père en vieillard sublime, 211. — Triangle divin dans une gloire, 213. — Gloire environnant Dieu, 214.

DIEU LE FILS.

Le Fils est glorifié dans l'iconographie, 215. — Églises élevées au Fils, 216. — Liturgie honorant spécialement le Christ, 217. — La croix du nimbe vient du Fils, 218. — Le Fils gratifié de la toute-puissance aux dépens du Père, 219. — Le Fils représenté sous toutes les formes et à toutes les époques, 220. — Fils créateur, 221. — Portraits variés, 223. — Les gnostiques favorables au Fils, 224. — Images acheiropoïètes, non faites de main d'homme, 226. — Signalement du Christ, 228. — Christ imberbe, 231. — Christ barbu, 233. — Le Christ imberbe est fréquent jusqu'au x° siècle, 234. — Du xi° au xvi° siècle, le Christ presque toujours barbu, 236. — Transition entre le Christ imberbe et le Christ barbu, 238. — Le Christ byzantin est terrible, 239. — Le Fils en crucifié, et le Christ au tombeau, 241. — Le Crucifié tout nu, 242. — Le Christ en Jupiter tonnant, 243. — Le Christ redevenu doux, 245. — Laideur du Christ, 246. — Beauté du Christ, 247. — L'art n'a fait le Christ ni beau ni laid, mais en homme et barbu, ou en Dieu et sans barbe, 248. — Christ laid et barbu sur la croix ; Christ beau et imberbe dans la gloire, 257. — Christ ordinairement beau avant le xii° siècle ; Christ ordinairement laid après cette époque, 258. — L'âge et la physionomie ne caractérisent pas le Fils, 260. — Ni la couronne, ni la nudité des pieds, ni le nimbe, ni l'auréole, ni le livre ne le distinguent spécialement, 261. — Variétés de l'auréole qui entoure le Fils, 264. — Le Fils en *imago clypeata*, 266. — Les mains du Fils rayonnantes, 269. — Le Fils portant le nimbe frappé d'un monogramme, 270. — La croix est l'attribut caractéristique du Fils, 271. — Stigmates aux pieds, couronne d'épines à la tête, le livre à la main et couvert de légendes, 272. — Les colombes du Saint-Esprit entourent le Christ, 273. — Apothéose du Fils,

TABLE DES MATIÈRES. 589

275. — Le Fils en ange, 276. — Le Fils en enfant tout nu, 277. — Le Fils foulant le lion et le dragon, l'aspic et le basilic, 279. — Le Fils écrasant la Mort, 281. — Le Fils revenant au ciel, 282. — L'art français est vulgaire, et l'art italien élevé, 285. — Le Fils béni par le Père, 286. — Le Fils en archevêque, 287. — Le Fils triomphant dans le ciel, 289. — Le Fils à cheval entre les anges, 290. — Le Christ sur un char entre les personnages de l'Ancien et du Nouveau Testament, 291. — Triomphe du Christ, 298. — Le Fils en agneau, 300. — Agneau de Dieu indiqué ou porté par saint Jean-Baptiste, 303. — Agneau divin tombant dans la réalité, 304. — Agneau de Dieu en bélier, 307. — Le Christ et les apôtres sous la forme de l'agneau, 309. — Personnages de l'Ancien Testament en agneaux, 311. — Condamnation de la représentation de l'agneau, 314. — Agneau apocalyptique, 316. — Agneau à sept cornes et sept yeux, 316. — Le nombre des cornes et des yeux varie, 317. — L'agneau est figuré malgré la défense du concile Quini-Sexte, 318. — Jésus en bon pasteur, 320. — Le bon pasteur, qui n'est pas un motif païen, est d'invention chrétienne, 322. — Jésus en lion, 324. — L'agneau, le lion et la croix sont les trois uniques symboles du Christ, 325. — Différence entre un symbole et une figure, 325. — Jésus est figuré par le poisson, 327. — Exemples de la forme du poisson attribuée au Christ dans les monuments, 328. — Exemples tirés des textes, 330. — Jésus est figuré mais non symbolisé par le poisson, 335. — Le poisson n'est jamais nimbé, 335. — L'image du poisson ne s'applique pas toujours à Jésus, 336. — Sur les tombeaux, l'image du poisson indique un pêcheur, 337. — Les figures gravées sur les monuments funéraires désignent la condition, la profession, le sexe ou le nom du mort, 338. — Très-souvent le poisson n'est pas même la figure du Christ, et encore moins son symbole, 345. — Les objets d'ornementation sont de pures arabesques, et ne paraissent pas symboliques, 346. — Les explications allégoriques sont presque toujours fausses, 349. — La croix, symbole du Christ, 351. — Histoire du bois de la croix, 352. — La croix, c'est le Crucifié, 353. — Figures de la croix dans l'Ancien Testament, 354. — Louanges à la croix, 356. — Culte de la croix, 357. — Croix en *tau* ou sans sommet, 358. — Croix à quatre branches, 358. — Croix grecque, 359. — Croix latine, 360. — Les croix grecques et latines sont communes d'abord à l'Orient et à l'Occident, 360. — La croix à branches inégales appartient spécialement aux Latins, 361. — La croix à branches égales prédomine en Orient, 361. — Le plan des églises s'ordonne sur la croix grecque, en Orient, sur la croix latine, en Occident, 362. — Plan des églises d'Angleterre en croix à double traverse, 364. — La croix à double traverse est spécialement orientale, 365. — Croix à triple traverse, insigne de la papauté, 368. — Croix de passion ou patibulaire et croix de résurrection, 369. — Croix héraldique, 371. — Croix accompagnée de monogrammes, 372. — Croix accompagnée d'animaux, 374. — Croix couronnées, 375. — Croix auréolée et cantonnée des évangiles, 375. — Croix grecques en monogrammes du Christ, 377. — Croix grecques et latines en monogrammes, 379. — Croix mystiques, 381. — Croix diverses, 384. — Croix habitée, 386. — Signe de la croix, 389. — Bénédiction réservée à Dieu et à ses délégués, 390. — Bénédiction grecque, 391. — Bénédiction latine, 392. — Bénédiction sacerdotale et épiscopale,

393. — Forme du signe de la croix, 393. — Explication mystique du signe de la croix, 394. — Couleur de la croix, 396. — Couleur verte de la croix historique, 397. — Couleur éclatante de la croix idéale, 398. — Exaltation de la croix, 399. — Triomphe de la croix, 402.

LE SAINT-ESPRIT.

Définition, 403. — Le Père, Dieu de la force, 403. — Le Fils, Dieu de l'amour, 405. — L'Esprit, Dieu de l'amour en théologie, mais Dieu de l'intelligence en histoire, 406. — Confusion dans les attributions des personnes divines, 406. — L'intelligence revient définitivement à l'Esprit, 407. — Invocation à l'Esprit pour s'éclairer, 407. — Les dons de l'Esprit se rapportent à l'intelligence, 410. — Par l'Écriture sainte, par la légende, par l'histoire, par l'art de France, d'Allemagne, d'Italie, de Grèce, on prouve que l'Esprit est le Dieu de la raison, 411. — L'Esprit tenant en main le livre, emblème de l'intelligence, 421. — Culte de l'Esprit, supérieur à celui du Père, inférieur à celui du Fils, 423. — Monuments dédiés à l'Esprit, 424. — Office du Saint-Esprit, 426. — Manifestation de l'Esprit dans l'Ancien Testament, 427. — Dans le Nouveau, 429. — Dans la légende et l'histoire, 430. — Dans la pure légende, 432. — Dans les œuvres d'art, 433. — Apparition de l'Esprit à Grégoire le Grand et à divers saints, 434. — L'Esprit dirige les rois, 436. — Apparition de l'Esprit au sacre de Clovis et des autres rois de France, 438. — L'Esprit en oiseau, pour désigner la vitesse, 439. — Les ailes, attribut de la promptitude, 439. — Ailes aux êtres allégoriques, qui désignent la rapidité chez les païens comme chez les chrétiens, 440. — Jeunesse ailée, 441. — L'Église en oiseau, 443. — Le pape en oiseau, 444. — L'Esprit en oiseau ou en colombe, dans l'histoire et la légende, 446. — L'âme en colombe, 447. — Couleur blanche et lumineuse de la colombe divine, 449. — L'Esprit du mal est noir, 452. — L'Esprit du mal à ailes de chauve-souris, 454. — L'Esprit en homme, avant l'an mil, 455. — Exemple du xe siècle, 456. — Exemple du xiie, 457. — Interruption, au xiiie siècle, de la représentation de l'Esprit en homme, 457. — On y revient aux xve et xvie, 457. — Homme, l'Esprit prend tous les âges, depuis l'enfance jusqu'à la vieillesse ; exemples divers, 458. — L'Esprit se montre tard et rarement sous forme humaine, et disparaît de bonne heure; sous forme de colombe, il traverse tous les siècles, 461. — On devrait, de nos jours, donner à l'Esprit la forme humaine, 461. — Propriétés de l'Esprit, 462. — Les sept dons de l'Esprit sous forme de sept colombes, 463. — Ordre des dons de l'Esprit, 465. — Cet ordre accuse l'état moral de la société, 466. — Les sept dons disposés horizontalement, verticalement, circulairement, 469. — Disposition des sept dons dans l'Apocalypse, 470. — L'Esprit de crainte au sommet d'une arcade, 472. — L'Esprit de sagesse en tête d'un cercle, 473. — L'Esprit d'intelligence devrait être à la place d'honneur, 473. — A Chartres, six Esprits au lieu de sept, 475. — Abailard, comme la cathédrale de Chartres, supprime l'Esprit de crainte, 476. — Les sept colombes de l'Esprit se voient auréolées et nimbées, 477. — Une des colombes, le don par excellence, porte quelquefois le nimbe crucifère, 478. — Ailleurs, les sept colombes sont égales, avec ou sans nimbe, 478. — Les sept co-

TABLE DES MATIÈRES.   591

lombes sont lumineuses et petites, 479. — La colombe du Saint-Esprit est souvent sans nimbe; moyen de la reconnaître, 480. — Il faut distinguer un oiseau ordinaire de la colombe divine, 481. — La Vierge entourée, comme Jésus, de sept colombes, 481. — L'Esprit jouant avec Marie, 482. — Jusqu'au x° siècle, l'Esprit ne se voit qu'en colombe, 483. — Du xi° au xiv°, il est homme et colombe, 483. — Du xiv° au xvi°, l'Esprit en homme porte quelquefois sa colombe symbolique, 484. — A l'apparition de la scolastique, la figure humaine est donnée à l'Esprit, 485. — L'Esprit subit la physionomie du Fils et du Père, 486. — Le nimbe de l'Esprit suit les variétés du nimbe des deux autres personnes divines, 487. — L'Esprit prend l'auréole, 488. — L'art représente souvent l'Esprit, 489. — L'Esprit oublié quelquefois, 491. — L'Esprit remplacé par le Père, 492. — L'Esprit supprimé, 493. — L'Esprit déconsidéré, 495. — Hérésies contre le Saint-Esprit, 496.

LA TRINITÉ.

Les païens ont entrevu le dogme de la Trinité, 499. — La mythologie et la philosophie antique se sont préoccupées de la Trinité, 500. — Propriétés du nombre trois, 501. — Ces propriétés encore admises de nos jours, 502. — Le christianisme proclame la divinité du nombre trois, 503. — Définition des trois personnes divines, 504. — Définition par les Pères de l'Église et les théologiens, 505. — Attribution de la puissance au Père, de l'intelligence au Fils, de l'amour à l'Esprit, 508. — Cette attribution ne convient qu'aux personnes divines considérées théologiquement et dans leurs relations entre elles, 509. — Historiquement, et dans leurs relations avec les hommes, le Père est puissance, le Fils amour, l'Esprit intelligence, 510. — Le Père doit avoir le globe, le Fils la croix, l'Esprit le livre, 511. — La Trinité n'apparaît pas dans l'Ancien Testament, 512. — Violences faites aux textes, 513. — Le Nouveau Testament montre et nomme la Trinité, 517. — L'âme humaine, image de la Trinité, 519. — Trinité malfaisante, 520. — Trinité du temps, 521. — Trois est un nombre sacré, 524. — Le symbolisme du nombre trois vu où il n'est pas, 525. — Fête de la Trinité inférieure aux fêtes du Fils et de l'Esprit, 527. — Les trinitaires et les monuments en l'honneur de la Trinité, 528. — La Trinité figurée dans le plan et le nombre des constructions, 528. — La Sagesse, mère de la Trinité morale, 532. — Abondance des groupes de la Trinité, 533. — Dans les huit premiers siècles chrétiens, ébauches de Trinités, 534. — Alors le Père est représenté par une main, le Fils par l'agneau ou la croix, l'Esprit par la colombe, 534. — Trinité mise en action par le roi de Perse, Chosroès, 536. — Du ix° siècle au xii°, Trinité anthropomorphique, 539. — Trinité géométrique et en triangle, 541. — Au xiii°, les types antérieurs se multiplient et se perfectionnent, 542. — Les trois personnes adhèrent l'une à l'autre et finissent par se souder, 543. — Trinité géométrique en cercles, 544. — Michel-Ange porte cette Trinité sur une bague, 547. — Du xv° siècle au xvi°, mélange de tous les types, 548. — Triangle inscrit dans un cercle, 550. — Adhérence et soudure des trois têtes sur un seul corps, 551. — Trinité d'Abailard, 552. — Erreur de Mabillon, 553. — La renaissance affectionne la Trinité anthropomorphique, 555. — Les trois têtes se soudent, se pénètrent, s'absorbent de plus en plus, 555. — Monstruosité, 556. — La Trinité dans le sein de Marie, 558. — Condamnation des Trinités ayant la forme d'un homme à trois têtes, 559. — Exemple unique d'une de ces Trinités en Grèce, 560. — Absence d'attributs à la Trinité, quand on figure l'égalité des personnes, 561. — Légères différences dans l'égalité, 562. — Caractères nombreux, lorsqu'on veut faire ressortir la distinction des personnes, 563. — Groupement des personnes tendant de plus en plus au rapprochement, 564. — Au XIV° siècle, contact des personnes; au XV°, soudure et pénétration, 565. — Au XVI°, absorption, 566. — Disposition des personnes entre elles, 567. — Différences et erreurs à cet égard, 567. — Procession du Saint-Esprit, 568. — Absence de procession de l'Esprit, 578. — Nimbe et auréole à la Trinité comme à chacune des trois personnes divines, 571. — Nimbe triangulaire unique pour les trois têtes, 571. — Tiare, couronne impériale, couronne royale sur la tête de la Trinité, 572. — Coiffures des trois personnes, 573. — Globe aux mains de la Trinité, 573. — Costume de la Trinité, 576. — Livre avec inscriptions aux mains de la Trinité, 577. — Pieds de la Trinité nus et quelquefois chaussés, 579. — Rectifications, 581.

DESSINS.

DE LA GLOIRE.

Planches. Pages.

1. — Nimbe circulaire, ourlé d'une légende, enveloppant la tête de Charlemagne. Vitrail allemand de la cathédrale de Strasbourg, XII° et XIV° siècles........ 2
2. — Auréole elliptique encadrant Jésus-Christ, qui monte au ciel; le Christ porte le nimbe crucifère. Miniature italienne, Bibliothèque royale, XIV° siècle...... 3

NIMBE.

3. — Nimbe circulaire, surmonté de deux tiges d'héliotrope, autour de la tête de saint Jean évangéliste. Vitrail français du XII° siècle, dans l'abbatiale de Saint-Remi de Reims.. 8
4. — Nimbe triangulaire et rayonnant à Dieu le Père. Fresque grecque du mont Athos, XVII° siècle... 9
5. — Nimbe carré à saint Grégoire IV. Mosaïque de Rome, dans l'église Saint-Marc, IX° siècle... 10
6. — Nimbe crucifère aux trois personnes divines. Miniature française de la fin du XIII° siècle, à la Bibliothèque royale............................. 11
7. — Nimbe à rayons inégaux et non bordé d'une circonférence. Miniature française du XVI° siècle, à la Bibliothèque royale........................ 12
8. — Nimbe croisé de trois pinceaux lumineux, et débordant la circonférence. Miniature romaine du IX° siècle, à la Bibliothèque royale................. 13
9. — Apollon nimbé et coiffé de sept rayons. Sculpture romaine d'époque incertaine. 14

TABLE DES MATIÈRES. 593

Planches.	Pages.
10. — Nimbe frangé de quatorze rayons. Pierre gravée, abraxas des premiers siècles chrétiens	15
11. — Nimbe divin aux trois personnes de la Trinité. Miniature française de la fin du xiii° siècle, à la Bibliothèque royale.	18
12. — Nimbe crucifère, rayonnant et ondulé, à Maya, déesse hindoue. Sculpture hindoue.	20
13. — Nimbe croisé et recroisé à l'agneau de Dieu. Sculpture italienne du x° siècle.	22
14. — Nimbe divin à croisillons surhaussés. Fresque française du xi° siècle.	23
15. — Nimbe divin grec, crucifère, à croisillons marqués de ὁ ὤν. Fresque des Météores, en Thessalie, du xiv° siècle.	24
16. — Nimbe uni à Jésus-Christ montant au ciel dans une auréole circulaire. Sculpture italienne sur bois, xiv° siècle.	26
17. — Nimbe uni et non crucifère à Jésus imberbe. Fresque des catacombes de Rome, premiers siècles chrétiens.	29
18. — Absence de nimbe à Jésus imberbe. Sculpture des sarcophages du Vatican, premiers siècles chrétiens.	30
19. — Nimbe crucifère sur un personnage, représentant de Dieu. Miniature latine du x° siècle, à la Bibliothèque royale.	31
20. — Nimbe crucifère à la main divine. Miniature latine du ix° siècle, à la Bibliothèque royale.	32
21. — Nimbe bitriangulaire au Père; le fils à nimbe circulaire; l'Esprit sans nimbe et dans une auréole. Fresque du mont Athos, xvii° siècle.	37
22. — Nimbe au Père en losange, à côtés concaves. Miniature italienne du xiv° siècle, à la Bibliothèque royale.	42
23. — Nimbe non crucifère à l'agneau de Dieu, mais marqué du monogramme nominal et du monogramme symbolique. Sculpture des anciens sarcophages du Vatican, premiers siècles chrétiens.	44
24. — Nimbe uni à saint Jean-Baptiste. Fresque du mont Hymette, xvii° siècle.	48
25. — Nimbe circulaire, décoré d'ornements et ourlé d'une légende, à l'empereur Henri le Boiteux. Vitrail de la cathédrale de Strasbourg, xii° et xiv° siècles.	53
26. — Nimbe carré ou des vivants, au pape Pascal. Mosaïque de Sainte-Cécile de Rome, ix° siècle.	55
27. — Nimbe en rouleau et rectangulaire à un évêque vivant. Miniature italienne du ix° siècle.	58
28. — Nimbe carré à Charlemagne et au pape Léon III, circulaire à saint Pierre. Mosaïque romaine du ix° siècle.	59
29. — La statue de la Liberté, décorée d'un nimbe circulaire. Sculpture de la cathédrale de Chartres, xiii° siècle.	62
30. — Nimbe circulaire à la lune. Sculpture païenne, âge incertain.	64
31. — Nimbe en roue au soleil coiffé de sept rayons. Sculpture étrusque, âge incertain.	64

594   TABLE DES MATIÈRES.

Planches.   Pages.

32. — Absence de nimbe à Dieu imberbe. Sculpture des sarcophages du Vatican,
    premiers siècles chrétiens 76
33. — Nimbe en casquette. Sculpture en bois, du xvi° siècle, dans la cathédrale
    d'Amiens 80
34. — Jésus nimbé de trois aigrettes rayonnantes. Miniature du xvi° siècle, à la
    Bibliothèque royale.. 81
35. — Nimbe en perspective à saint Pierre. Peinture romaine à l'huile, xvi° siècle. 83

AURÉOLE.

36. — Auréole en quatre-feuilles, enveloppant le Christ apocalyptique. Fresque du
    xii° siècle, dans la cathédrale d'Auxerre................................... 87
37. — Auréole onduleuse, à trois lobes intersectés. Miniature française du x° siècle,
    à la Bibliothèque royale... 89
38. — Auréole circulaire, rayonnante dans le champ et divisée en carrés symbo-
    liques. Fresque grecque, dans l'île de Salamine, xviii° siècle............. 93
39. — Auréole en roue. Vitrail français du xii° siècle, dans la cathédrale de Chartres. 95
40. — Auréole elliptique et formée de rinceaux. Miniature française du xiii° siècle,
    à la bibliothèque de l'Arsenal... 99
41. — Auréole ovale, intersectée par une autre auréole ovale, toutes deux enve-
    loppant Marie. Miniature latine du x° siècle, à la Bibliothèque royale..... 101
42. — Nuée en auréole elliptique, enveloppant l'âme de saint Martin. Vitrail fran-
    çais du xiii° siècle, dans la cathédrale de Chartres...................... 104
43. — Auréole flamboyante, entourant Marie, qui tient Jésus. Miniature française
    du xvi° siècle, à la bibliothèque Sainte-Geneviève.........................

GLOIRE.

44. — Large nimbe, espèce d'auréole, autour de Mercure. Sculpture païenne, âge
    incertain.. 112
45. — Nimbe en pyramide flamboyante, sur la tête d'un roi persan. Miniature per-
    sane, à la Bibliothèque royale... 113
46. — Nimbe circulaire à Satan. Miniature française du x° siècle, à la Bibliothèque
    royale... 139
47. — Bête à sept têtes, nimbée. Miniature italienne du xii° siècle, à la Bibliothèque
    royale... 141

DIEU.

DIEU LE PÈRE.

48. — Le Créateur en Jésus-Christ, non en Père. Ivoire romain du xii° siècle... 154

TABLE DES MATIÈRES. 595

Planches. Pages.

49. — Le Tout-Puissant en Fils, non en Père. Fresque grecque, dans l'île de Salamine, xviiie siècle... 157
50. — La Sagesse en Fils, non en Père. Miniature latine du xie ou xiie siècle, dans la bibliothèque du palais Saint-Pierre, à Lyon....................... 161
51. — Le Père en Dieu des combats. Miniature italienne, fin du xiie siècle, à la Bibliothèque royale... 167
52. — Main divine, rayonnante, sans nimbe, bénissant à la grecque. Miniature grecque du xe siècle, à la Bibliothèque royale........................ 184
53. — Main divine, sans rayons, sans nimbe, et non bénissante. Miniature latine du xe siècle, à la Bibliothèque royale.................................... 186
54. — Main divine bénissant à la manière latine, enfermée dans un nimbe crucifère. Sculpture italienne du xiie siècle, à la cathédrale de Ferrare........ 188
55. — Main divine dans une auréole ou nimbe circulaire en couronne. Mosaïque latine du ixe siècle, à Santa-Maria-Nova............................ 189
56. — Main divine emportant au ciel les âmes des justes. Fresque grecque du xviiie siècle, dans l'île de Salamine................................. 192
57. — Figure du Père sous les traits de son Fils. Miniature française du xive siècle, à la Bibliothèque royale.. 193
58. — Dieu imberbe, Père ou Fils, bénissant à la manière latine. Miniature française du xie siècle, à la bibliothèque de Beauvais................... 195
59. — Père et Fils à figure identique. Miniature française du xiiie siècle, à la bibliothèque de Chartres... 196
60. — Père peu distinct du Fils. Miniature française, fin du xiiie siècle, à la Bibliothèque royale... 197
61. — Père distinct du Fils et du Saint-Esprit Miniature française, du xive siècle, à la Bibliothèque Sainte-Geneviève.................................. 199
62. — Père entièrement distinct, créateur, vieillard habillé en pape. Vitrail français du xvie siècle, à Sainte-Madelaine de Troyes........................ 200
63. — Père en pape, en tiare à cinq couronnes, et à nimbe uni. Vitrail français, fin du xvie siècle, à Saint-Martin-ès-Vignes de Troyes................. 208
64. — Nom de Jéhovah dans le triangle rayonnant. Sculpture en bois, du xviie siècle, à Hautvillers (Marne).. 213

DIEU LE FILS.

65. — Le Fils en créateur des anges. Miniature italienne, fin du xiiie siècle, à la Bibliothèque royale... 222
66. — Jésus imberbe et sans nimbe. Sculpture romaine des anciens sarcophages, ive siècle.. 232
67. — Jésus en souverain juge et en tiare à une couronne, enfermé dans une auréole elliptique. Fresque du Campo-Santo de Pise, xive siècle.......... 244

TABLE DES MATIÈRES.

Planches. Pages.

68. — Christ souffrant, barbu, humain ou laid. Ivoire latin du xiᵉ siècle, à la Bibliothèque royale... 252
69. — Christ triomphant, bénissant à la manière latine, imberbe, divin ou beau, dans une auréole elliptique. Ivoire latin du xiᵉ siècle, à la Bibliothèque royale. 255
70. — Christ barbu, tenté par Satan. Miniature française du xiiᵉ siècle, à la Bibliothèque royale... 259
71. — Jésus dans le sein de Marie et enfermé dans une auréole elliptique flamboyante. Vitrail français du xviᵉ siècle, dans l'église de Jouy (Marne)...... 263
72. — Jésus imberbe, en ange, bénissant à la grecque, enfermé dans une auréole polytriangulaire. Peinture grecque sur bois, xvᵉ siècle, au Megaspilœon, en Achaïe.. 265
73. — Jésus en *imago clypeata*. Sceau en argent du mont Athos............. 267
74. — Marie glorifiée comme son fils, entourée d'une auréole elliptique. Fresque italienne du Campo-Santo de Pise, xivᵉ siècle......................... 269
75. — Le Verbe en enfant tout nu, à nimbe crucifère. Miniature française du xivᵉ siècle, à la bibliothèque Sainte-Geneviève......................... 278
76. — Jésus imberbe, à nimbe orné non crucifère, foulant l'aspic, le basilic, le lion et le dragon. Ivoire italien du xᵉ siècle, au musée du Vatican........ 280
77. — Jésus imberbe, à nimbe crucifère, terrassant la Mort enchaînée. Miniature allemande du xiᵉ siècle, à la Bibliothèque royale...................... 282
78. — Le Christ barbu, à nimbe crucifère, revenant de son pèlerinage, béni à la manière latine par le Père et l'Esprit. Miniature française du xivᵉ siècle, à la Bibliothèque royale... 283
79. — Le Christ barbu et nu, montrant ses plaies saignantes au Père, qui le bénit à la manière latine. Miniature italienne du xivᵉ siècle, à la Bibliothèque royale. 286
80. — Jésus en grand archevêque, barbu, à longs cheveux, à couronne impériale, à nimbe crucifère avec ὁ ὤν, bénissant à la grecque. Fresque grecque d'une église d'Athènes, xviᵉ siècle.. 288
81. — Jésus à cheval, nimbe crucifère à la tête, verge de fer en main. Fresque française du xiiᵉ siècle, dans la cathédrale d'Auxerre.................... 291
82. — Agneau de Dieu à nimbe crucifère. Cuivre gravé, xiᵉ siècle, dans le musée du Sommerard.. 302
83. — Agneau de Dieu sans nimbe, tenu par saint Jean-Baptiste, enfermé dans une auréole circulaire. Sculpture du xiiiᵉ siècle, à la cathédrale de Chartres. 304
84. — Agneau de Dieu sans auréole, portant un nimbe crucifère, tenu par saint Jean-Baptiste. Miniature française du xivᵉ siècle, à la bibliothèque Sainte-Geneviève.. 305
85. — Agneau de Dieu en bélier. Sculpture française de la cathédrale de Troyes, fin du xiiiᵉ siècle... 308
86. — Le Christ et les apôtres sous forme d'agneaux ou de brebis. Sculpture latine des sarcophages du Vatican, premiers siècles chrétiens............. 309

ns.

TABLE DES MATIÈRES.

Planches.   Pages.

87. — Agneaux et brebis représentant des scènes de l'Ancien et du Nouveau Testament. Sculpture latine du tombeau de Junius Bassus, dans le musée du Vatican, iv° siècle... 313
88. — Agneau de Dieu apocalyptique, à sept yeux et sept cornes. Miniature française du xiii° siècle, à la bibliothèque de l'Arsenal.................... 316
89. — Jésus imberbe et sans nimbe, en bon pasteur. Fresque des catacombes de Rome, premiers siècles... 322
90. — Tombe d'un épicier ou vendeur d'huile. Sculpture latine des premiers siècles chrétiens... 339
91. — Tombe d'un architecte. Sculpture des premiers siècles de l'Église...... 340
92. — Berger en bon pasteur. Sculpture latine des anciens sarcophages chrétiens. 340
93. — Poissons et attributs divers sur les tombeaux des premiers chrétiens. Sculpture et peinture des catacombes de Rome......................... 343
94. — Tombe d'un vigneron. Sculpture des catacombes de Rome........... 349
95. — Croix en plan d'église grecque. Gravure française, sur cire, vii° siècle... 362
96. — Croix grecque à double traverse. Sculpture d'Athènes, xi° siècle...... 366
97. — Croix résurrectionnelle. Miniature française du xiii° siècle, à la Bibliothèque royale.. 370
98. — Croix grecque en croix de Lorraine. Sculpture du mont Athos, premiers siècles de l'Église... 372
99. — Croix grecque à double traverse, nattée, adorée par deux paons. Sculpture d'Athènes, xi° siècle... 374
100. — Croix cantonnée des quatre évangiles et dans une auréole circulaire. Fresque des catacombes de Rome, premiers siècles.................... 376
101. — Croix diverses de forme grecque. Sculpture des anciens sarcophages, premiers siècles de l'Église... 377
102. — Croix grecque ou étoile, à six branches égales. Sculpture de saint Démétrius, à Salonique, iv° siècle..................................... 378
103. — Croix grecque à six branches inégales. Sculpture de saint Démétrius, à Salonique, iv° siècle.. 378
104. — Diverses croix de forme latine et de forme grecque. Monuments des catacombes, premiers siècles... 379
105. — Croix formée du monogramme du Christ. Sculpture des catacombes, premiers siècles.. 380
106. — Croix mystique. Pierre gravée dans les premiers siècles de l'Église..... 381
107. — Croix gemmée et constellée, dans une auréole circulaire. Mosaïque du vi° siècle, à Saint-Apollinaire de Ravenne............................ 383
108. — Diverses croix de forme latine et grecque. Monuments français de différentes époques.. 384
109. — Croix habitée. Gravure florentine du xv° siècle..................... 386

LE SAINT-ESPRIT.

Planches.	Pages.
110. — Esprit d'intelligence, planant sur David. Miniature grecque du x° siècle.	419
111. — Saint-Esprit en Dieu de l'intelligence. Miniature française du xiv° siècle, à la Bibliothèque royale.	422
112. — Esprit en colombe et porté sur les eaux. Miniature française du xv° siècle, à la bibliothèque de l'Arsenal.	428
113. — Esprit en homme de trente ans. Sculpture française du xvi° siècle, dans la cathédrale d'Amiens.	432
114. — Esprit en colombe, inspirant saint Grégoire le Grand. Sculpture française en pierre, à la cathédrale de Chartres, xiii° siècle.	435
115. — Esprit en colombe sur un étendard. Miniature française du xiv° siècle, à la Bibliothèque royale.	437
116. — Trois paires d'ailes à un ange. Peinture italienne, sur bois, xv° siècle.	439
117. — Trois paires d'ailes ocellées, ou tétramorphe grec porté par des roues ailées et enflammées. Mosaïque byzantine du xiii° siècle, au mont Athos.	440
118. — La Jeunesse ailée. Miniature française du xiv° siècle, à la bibliothèque Sainte-Geneviève.	442
119. — L'Église en colombe à six ailes. Miniature franco-germaine du xi° siècle, à la bibliothèque de Strasbourg.	444
120. — Esprit du mal, noir. Miniature franco-germaine du xi° siècle, à la bibliothèque de Strasbourg.	453
121. — Esprit du mal, en moucheron, à ailes de chauve-souris. Miniature française du xvi° siècle, à la bibliothèque Sainte-Geneviève.	454
122. — Esprit en enfant et porté sur les eaux. Miniature française du xiv° siècle, à la Bibliothèque royale.	458
123. — Esprit en enfant de huit ans, dans les bras du Père, portant en nimbe trois pinceaux lumineux. Miniature française du xvi° siècle, à la bibliothèque Sainte-Geneviève.	459
124. — Les sept dons de l'Esprit en sept colombes sans nimbe, entourant Jésus et Marie. Miniature française du xiv° siècle, à la Bibliothèque royale.	464
125. — Les six colombes de l'Esprit, au lieu de sept, nimbe uni à la tête, corps dans une auréole circulaire, tournées vers Jésus en *imago clypeata*. Vitrail français du xiii° siècle, à la cathédrale de Chartres.	475
126. — Esprit en homme, et portant sa colombe symbolique sur la main gauche. Sculpture française du xvi° siècle, à Verrières (Aube).	484
127. — Esprit en colombe, à nimbe crucifère, planant au-dessus des eaux. Miniature française du xiv° siècle, à la Bibliothèque royale.	487
128. — Colombe divine dans une auréole rayonnante. Miniature française du xv° siècle, à la Bibliothèque royale.	488

TABLE DES MATIÈRES. 599

Planches. Pages.

129. — Colombe divine, à nimbe croisé, planant entre les eaux. Vitrail du
xiiie siècle, dans la cathédrale d'Auxerre 491
130. — Esprit en colombe, à la tête de la croix, sans nimbe, sans rayons cruciformes, sans auréole, sans gloire. Sculpture sur bois, commencement du
xve siècle, dans l'église de Saint-Riquier (Somme)..................... 496

TRINITÉ.

131. — Créateur aidé d'un ange. Miniature italienne du xiiie siècle, à la Bibliothèque royale.. 513
132. — Figure de la Trinité, combattant Béhémoth et Léviathan. Miniature italienne du xiiie siècle, à la Bibliothèque royale......................... 516
133. — Trinité au baptême de Jésus. Sculpture italienne sur bois, xive siècle... 518
134. — Trinité diabolique. Miniature française du xiiie siècle, à la Bibliothèque royale.. 520
135. — Trinité du mal absolu. Miniature française du xve siècle, à la Bibliothèque royale.. 521
136. — Trinité allégorique du temps à trois faces. Miniature française du xive siècle, à la bibliothèque de l'Arsenal.. 523
137. — Trinité en trois personnes humaines, identiques, mais séparées, portant le nimbe uni. Miniature du xiie siècle, à la bibliothèque de Strasbourg..... 541
138. — Les trois personnes divines soudées l'une à l'autre, deux seulement étant visibles. Miniature espagnole du xiiie siècle, à la Bibliothèque royale..... 543
139. — Trinité géométrique sous la forme de trois cercles entrelacés. Miniature française, fin du xiiie siècle, à la bibliothèque de Chartres............ 545
140. — Triplicité divine en triangle, inscrite dans l'unité en cercle. Gravure allemande du xvie siècle.. 550
141. — Trinité à trois visages sur une seule tête et sur un seul corps. Gravure française du xvie siècle... 551
142. — Trois visages divins à deux yeux et un seul corps. Miniature française du xvie siècle, à la Bibliothèque royale... 556
143. — Les trois personnes divines distinctes; le Père et le Fils en pape, l'Esprit en colombe. Miniature française du xvie siècle, à la bibliothèque Sainte-Geneviève.. 562
144. — Esprit procédant du Père et du Fils, et descendant du premier sur le second. Miniature française du xiiie siècle, à la Bibliothèque royale......... 568
145. — Esprit procédant du Père et du Fils, et remontant du Fils au Père. Miniature française du xiie siècle, à la bibliothèque de Troyes................ 569
146. — Esprit ne procédant ni du Père ni du Fils. Gravure française sur bois, xvie siècle... 570

TABLE DES MATIÈRES.

Planches.		Pages.

147. — Les trois têtes divines, inégales d'âge, dans un triangle unique. Gravure florentine du xv° siècle.. 572

148. — Trinité en un seul Dieu et tenant le monde. Fresque du Campo-Santo de Pise, xiv° siècle.. 574

149. — Trinité en un seul Dieu, tenant le compas et la balance. Miniature italienne du xiii° siècle, à la Bibliothèque royale.................................... 576

150. — Trinité sous la forme de trois hommes à nimbe crucifère, entourée d'une auréole flamboyante. Miniature française du xv° siècle, à la Bibliothèque royale.. 580

FIN DE LA TABLE DES MATIÈRES.

www.ingramcontent.com/pod-product-compliance
Lightning Source LLC
Chambersburg PA
CBHW071931240426
43668CB00038B/1136